本書獲

二〇一九年貴州省出版傳媒事業發展專項資金資助

貴州出版集團有限公司出版專項資金資助

本成果系 2018 年度國家社科基金重大項目 "貴州遵義市新蒲播州楊氏土司基地考古發掘與研究"（項目批準號 :18ZDA219）的階段性成果

編委會

主　編

周必素　白　彬

副主編

胡　盛　楊鳳武　彭　萬

播州楊氏土司文獻集成

文獻集成

卷二

貴州省文物考古研究所 編

周必素 白彬 主編

貴州出版集團
貴州民族出版社

圖書在版編目（CIP）數據

播州楊氏土司文獻集成. 卷二／周必素，白彬主編
. － 貴陽：貴州民族出版社，2023.1
ISBN 978-7-5412-2733-2

Ⅰ. ①播… Ⅱ. ①周… ②白… Ⅲ. ①土司制度-文
獻-彙編-遵義 Ⅳ. ①D691.4

中國版本圖書館 CIP 數據核字（2022）第 192334 號

播州楊氏土司文獻集成　卷二

貴州省文物考古研究所　編

周必素　白彬　主編

出版發行：貴州民族出版社
地　　址：貴陽市觀山湖區會展東路貴州出版集團大樓
郵　　編：550081
印　　刷：浙江海虹彩色印務有限公司
開　　本：787mm×1092mm　　1/16
版　　次：2023 年 1 月第 1 版
印　　次：2023 年 1 月第 1 次印刷
印　　張：24.5
書　　號：ISBN 978-7-5412-2733-2
字　　數：500 千字
定　　價：210 圓

凡　例

（一）本套書采用繁體字横排。原書没有標點，點校本根據通行的標點符號用法，并結合古籍整理標點的通例，對全書進行統一規範標點。所輯録的文字，除專有名稱的异體字外，其他异體字均改爲正體字，通假字、古今字則不改。

（二）本套書輯録經、史、子、集四部文獻中所有與播州楊氏土司有關的文字，傳統考古學中的金石材料、考古出土及博物館（文物管理所）收藏的銘刻材料不收，擬另書整理出版。

（三）爲避免重複，前人已校勘整理之《平播全書》《征播奏捷傳》，本套書不再輯録。

（四）本套書的編排，首爲正史，編年體、紀事本末體文獻，次爲別史、雜史、雜記、禮記文獻，再次是地區文獻、總志、省志、府州廳志、縣志、鄉鎮志，人物傳記、綜合類和文集殿后。難以歸入上述各類者，歸入其他。

（五）方志文獻（省志、府州廳志、縣志、鄉鎮志）數量最多，鑒於本書的主題是播州楊氏土司，故將貴州排列在前，餘則南方的排列在前，北方的排列在後。府州廳志、縣志，以現在所屬行政區劃爲單元排列。同一單元内的方志，則按成書的早晚先後排列。

六、同一地區的方志，不同時代、不同作者多次編修，有時書名完全相同，爲加以區別，在書前標明成書年代，并加括号以示區別。

（七）所輯録文字，原書的夾注，則以有別于正文的其他字體加以區別。文末注明出處（書名、卷次、子目），以便查考。同一事件或文字，若同時見於數書，均加以輯録。

（八）爲了便于讀者閲讀，所輯録的條目内容，根據原書内容上下文，在開頭或者中間用（ ）寫出具體的時間等。如："（熙寧六年）五月癸卯朔，播州楊貴遷遣子光震來貢,以光震爲三班奉職。"

（九）原文字迹若有模糊不清者,以□代之;原文字有誤者,在其後用〈〉標出改正後的字;原文中有漏字者,用［］補出所漏之字。

（十）古籍經多次傳抄翻刻,不同程度存在刻版錯漏、後人羼入、有意篡改等問題,故本書儘量選擇經过校勘整理的版本;若無校勘整理本,則儘量采用成書年代較早、後人改動較少、最能反映原書面貌的古籍善本爲依據。

（十一）所輯録的史料文獻爲封建統治階級文人站在統治政權的立場上所纂寫,内容上普遍存在對少數民族群體的蔑稱,對少數民族群體在歷史事件、文化習俗等方面的表述和記録存在不當之處。但作爲史籍,其記録下當時的一些歷史和文化事項,具有一定的史料價值。請讀者在閲讀時,應當以辯證唯物史觀進行正確的認識。

目　録

地區文獻

蜀中廣記*

遵義府遵義縣附郭

《四夷傳》:"宋淳熙中,遷遵義軍於穆家川。"

《志》云:"海龍囤爲楊酋穴壘,在治北三十里,四面斗絶,後有側徑略一線。今居人尚不知通於何所,故老相傳昔白龍太子據此,今爲白龍寺。又城外福光寺有銅佛像,初,人見之荒莽中,欲取者數,風雷輒作,不敢近,有异僧率土人齋戒,乃得。今在寺中。又有龍山鐘,黑達樹,皆异物也,播平,鐘爲水西持去,樹猶存。"

——《蜀中廣記·蜀中名勝記卷》卷二十《遵義道》,載《中華再造善本·明代篇·史部》,第7册,第2頁

《寰宇記》云:"貞觀九年,分牂牁北界置郎州,領恭水、高山、貢山、柯盈、邪施、釋燕六縣;十一年,省;十三年,又於其地置播州,取播川爲名,仍附六縣;其明年改恭水爲羅蒙縣,高山爲舍月縣,貢山爲胡〈湖〉江縣,柯盈爲帶水縣,邪施爲羅爲縣,釋燕爲胡刀縣;十六年又改羅蒙爲遵義縣。……景龍三年,升播州爲都督府;先天二年,罷;天保元年,改爲播川郡;乾元元年,復爲播州。"

宋大觀建遵義軍於白錦堡,亦在府北三十里,似同一地。

——《蜀中廣記·蜀中名勝記卷》卷二十《遵義道》,載《中華再造善本·明代篇·史部》,第7册,第3頁

真安州

《志》云:"楊六郎寓白鳩亭,亭在古城。其憩休處在三塊石,足迹猶可存。"按:楊六

---

* (明)曹學佺著:《蜀中廣記》,載《中華再造善本》工程編纂出版委員會編:《中華再造善本·明代篇·史部》,國家圖書館出版社,2014年。

郎,宋太原楊業之子楊延昭也,事迹不可考。

按:平播之後,真州始加"安"字。

——《蜀中廣記·蜀中名勝記卷》卷二十《遵義道》,載《中華再造善本·明代篇·史部》,第 7 册,第 11 頁

唐

楊端,太原人,乾符中南詔陷播州,端應募領兵復播州,授安撫使,諭以威德,縻以恩信,蠻人懷服,子孫世襲,宋開禧中贈太師。

——《蜀中廣記·蜀中宦游記》卷三《川東》,載《中華再造善本·明代篇·史部》,第 41 册,第 4 頁

遵義道開府夜郎與總戎同城而居,近以建南有事,大將軍移鎮以游擊一員代,其他材官各有差。歲抽通省民兵五千名,歛其食餉而已。説者謂蕩平既久,當以播供播,勿煩内地爲也。然盈庭不决,則任事之難耳!

——《蜀中廣記·蜀中邊防記》卷七《上川東》,載《中華再造善本·明代篇·史部》,第 43 册,第 1 頁

《寰宇記》云:"牂州屬黔州,轄三縣,曰建安即州理、曰賓化、曰新興,其地與播州同。"《唐書》:"武德二年立充州,因是置播牂等郡。"

——《蜀中廣記·蜀中邊防記》卷七《上川東》,載《中華再造善本·明代篇·史部》,第 43 册,第 4 頁

《播州志》云:"唐末,南詔陷播州,太原人楊端應募復之,遂有其地。四傳至楊昭,無子,維時宋益州刺史楊延昭之子充使廣西,與昭通譜,以其子貴遷後之。從狄青南征楊文廣,即延昭之孫也。在播州者,傳至粲而益大,鑑乃其裔云。"

——《蜀中廣記·蜀中邊防記》卷七《上川東》,載《中華再造善本·明代篇·史部》,第 43 册,第 5 頁

《土夷傳》考云:"東至偏橋衛,南至養龍坑,楚、黔二省界;西至瀘州、合江縣,北至重慶綦江縣,俱川省界,此今之播州也。明興,楊鑑率衆歸附,以其地爲播州宣慰司,授鑑宣慰使,領播州、餘慶、白泥、容山、真州、重安六長官司;草塘、黄平、甕水三安撫司,自鑑至相十世矣!嘉靖十七年,楊相父子争職議勘,相不敢入播,客死水西。萬曆元年,楊應龍襲職,即相之子〈孫〉也。世有逆德,應龍淫殺無忌。初,黄平、草塘、白泥、餘慶、重安五

司,凡承襲表箋,須宣慰司印文乃達,往往索賄無厭,此釁端所由起。又其地有七姓之民,應龍寄以腹心,七姓又藉龍爲奇貨,縻費金錢累巨萬,久之,龍覺其欺,乃稍稍收其權,遂交仇怨,七姓叩閽鳴冤,且反噬龍矣。應龍娶妻張氏,失寵,其族弟瑞龍聘田氏,應龍強委禽焉。萬曆十五年,田氏生子,方彌月,與應龍在室共語,族弟繼龍偶入戶,遁去,應龍見而立斬之。田氏曰:'妾非張氏,何例視我?'應龍怒曰:'不殺此奴,今效尤耶!'立殺張首并剮張之母等。張闔族奏應龍殺妻并妻母兄弟等,命下川貴勘處。應龍初亦抗拒不出,已聞議撫,乃俯首出聽勘,勘龍革任,罰贖金四萬,免死。會朝鮮告急,應龍計以征倭贖前愆,朝廷可其奏,遂得解網,然疑畏日甚,進退維谷。二十三年,應龍子以贖金未完死渝州獄中,應龍親率蠻兵,驅僧千餘至,發喪。二十六年,托獻大木,所過無不殘滅。朝議應龍雖經勘問,皆務姑息,非鎮攝蠻夷之策。於是天子赫然震怒,命將興師,大集三省之兵,猛將、謀臣星聚雲合,而又特遣總制侍郎刑玠以臨之。貴州支可大撫湖廣;江鐸撫偏橋;李化龍總督川、貴、湖廣之師,會軍重慶府。二十七年正月進兵,六月初六日破海龍囤,二十一日俘入重慶,死於途。事平,剖播爲二,四川遵義府屬三縣一州;貴州平越府屬四縣一州,改流設官,詳《平播全書》中。"

《土夷傳》又云:"播州長官司治附郭。長官王姓。其地左抵永安驛,右抵海龍囤,間雜楊氏腹裏。播事訌,長官王積禄甘爲應龍死黨,亦其勢不得不爾。今多屬遵義縣,夷漢民各半。"

餘慶長官司在司南百六十里。元至正間,毛昱從宣慰楊加禎征蠻有功,授校尉本部長官,後改爲餘慶州。俾毛氏世爲土知州,本朝仍爲長官司,其地接連播州、七牌、苗巢,左抵湄潭,右抵雍水,上達烏江,下至岑黃。於播最近楊氏不靖,毛匪寧宇焉。蕩平後,改餘慶縣屬貴州平越府。

白泥長官司在司東南三百里。宋景定中,楊萬從征八播蠻有功,授白泥長官。元改爲白泥州。本朝復改長官司。其地上抵草塘,下抵偏橋,鎮遠帶其左,黃平列其右。土田闊饒,士馬強健,實甲諸司。與楊氏不睦,七姓之一也。

容山長官司在司東三百二十里。長官張姓。其地界湖、貴間,於八司中獨爲外服,溪山荒曠,土田鹵瘠,中國商販不到。其人以獵射爲生,以劫殺爲業。自嘉靖間爲臻洞苗所殘破,數十年來,民夷篤鷙,土田荒蕪,長官不能治也。舊有湄潭驛,蕩平後改湄潭縣,屬貴州平越府。

重安長官司在司東南四百里,宋、元黃平府地。國初,頭目張佛保招撫苗蠻有功,授正長官。馮鐸從宣撫楊鑑征麻哈有功,授副長官。多生苗,去播最遠,原屬黃平,故知有黃平,不知有播。《圖經》:"其地東至宣化司界、北至楊義司界各二十里,南至凱里司界十里,西至清平縣界五里。"

草塘安撫司在司東二百二十里,介甕水、黃平之間。其地環江,土饒裕,頗有華風。

宋咸淳間,有雲南貴者商賈入滇,因邊警投楊宣慰邦憲爲頭目。元世祖時雲貴孫邦佐有戰功,授都勻軍民府知府,始有草塘地。國初,宋顯威從楊鑑歸附,改授安撫。其地東至黃平司椒溪、暖水界,西至高平、甕水二司界,南至平越衛界,北至播州楊梅、浪干界。

黃平安撫司在司東南三百里,舊爲黃平府,實楊鎮之孫世守之。元世祖時,黃平蠻叛,楊宣慰漢英討平,其將羅季明功多,遂以土授羅氏,改隸播州。洪武初,羅鏞從楊鑑歸附,授黃平安撫。其地廣饒險固,有城垣足據,扼雲貴之門户,爲諸司之襟帶,蓋西南一要境。舊設通判一員,總轄諸司;又設千户所,駐劄司城,聽通判調用。城中夷、漢雜處,昔楊酋不道,首與爲難者也。

甕水安撫司在司東一百二十里,宋紹興年間開設,長官猶姓,景定中進士猶道明,播人,蓋其族也。洪武初,猶恭歸附,授安撫,密邇于播,亦與楊酋交惡。其地東至播四牌界,西至黃灘關十五里,南至水西界二十里,北至麻子水界二十里。蕩平後改甕安縣,屬平越府。

——《蜀中廣記·蜀中邊防記》卷七《上川東》,載《中華再造善本·明代篇·史部》,第 43 册,7~11 頁

黔記[*]

……乃今有郭中丞青螺公《黔記》也。中丞讀書盡天下，其記黔也，直取兵於武庫，不勞更鑄。第中丞自平播以來，拮据戎馬兵食間，宜無餘力。而游翰所染，輒至充棟。余曾不聞杜元凱平吳，裴中立平淮，有所論著也……

——《黔記》之《序》，載《中國地方志集成·貴州府縣志輯》，第 2 冊，第 8 頁

蟎衣生曰："國之大事在戎。黔極西鄙，故紀黔事之大者，十九戎也。予讀《漢史·西羌傳》，武丁征西戎、鬼方，三年乃克；唐稱鬼主，宋元稱羅施鬼國，今猶稱大鬼主、羅鬼云。三年克之，孔子傷其憊。至於今，而有播之役。二月出師，六月克敵。皇上英武，遠過高宗。"

——《黔記》卷一《大事記上》，載《中國地方志集成·貴州府縣志輯》，第 2 冊，第 12 頁

（唐）太宗

丙申，十年，以思州高富縣屬黔州。<small>高富廢縣在今播州。</small>

己亥，十三年，置播州。<small>於朗州置播州之名始此，仍置六縣。</small>

丙午，二十年，以夷州之芙蓉琊川屬播州。

（唐）中宗

庚戌，景龍四年，廢。

莊州都督府，置播州都督。

（唐）玄宗

壬子，先天元年，廢播州都督府，復置於黔州。

戊寅，二十六年，廢胡刀、琊川二縣，并入帶水。<small>帶水廢縣在播州。</small>

---

* （明）郭子章：《黔記》，載《中國地方志集成》編委會編：《中國地方志集成·貴州府縣志輯》，巴蜀書社，2006 年。

壬午，天寶元年，改黔州爲黔中郡，都督如故。領施、夷、播、思、費、珍、溱、商九州。改夷州爲義泉郡，播州爲播州郡，思州爲寧夷郡，費州爲涪川郡，溱州爲溱溪郡，珍州爲夜郎郡。

（唐）肅宗

戊戌，乾元元年，復以黔中郡爲黔州都督府。復義泉、播州、寧夷、涪川、溱溪、夜郎六郡，仍爲州。

（唐）懿宗

庚寅，咸通十一年，南詔陷播州。

——《黔記》卷一《大事記上》，載《中國地方志集成·貴州府縣志輯》，第 2 册，15 ~ 16 頁

（宋）哲宗

丁丑，四年春三月丁卯，播州楊光榮納土。

（宋）徽宗

己丑，三年春二月丙子朔，播州楊文貴納土。置遵義軍。

政和某年，復置思、播、珍、承、溱五州。尋廢。

宣和某年，廢播州爲播川縣，隸南平軍。置播州宣撫司。

（宋）理宗

丙戌，寶慶二年秋七月己酉，思、播守臣田應庚、楊文各遷官一級。以守禦勤勞。

戊子，紹定元年夏五月甲辰，羅氏鬼國言元兵屯大理國，取道西南入邊。詔思、播結約羅鬼爲援。予銀萬兩。

庚寅，三年夏四月丁酉，詔田應己駐思州。築播州關隘防禦。秋七月乙亥，吕文德入播州。詔京湖給銀萬兩。

未己，開慶元年秋七月辛亥，知播州楊文、知思州田應庚各遷官一級。以守禦勤勞。

——《黔記》卷一《大事記上》，載《中國地方志集成·貴州府縣志輯》，第 2 册，第 19 頁

（元）世祖

乙亥，至元十二年冬十二月己亥，四川行樞密咨順請降詔，貸播州安撫楊邦憲、思州安撫田景賢，并許世封。從之。

丁丑，十四年春三月庚戌，田、楊二家豸鵝夷民各遣使納款。夏五月乙卯，詔諭思州安撫使田景賢。使其來附。冬十一月甲申，播州安撫使楊邦憲乞降璽。從之。

戊寅，十五年夏五月乙未，詔烏蒙路總管阿牟置驛修路，聽雲南行省平章賽典赤節制。秋七月壬午，官軍襲思州烏羅洞。冬十二月庚辰，思、播安撫使田景賢、楊邦憲，請歸

宋舊借鎮遠、黃平二城,仍徹戍卒。不允。田景賢等請降詔,禁戍卒,毋擾思、播民。從之。丙申,以鼎山仍隸播州。<small>從安撫楊邦憲請也。</small>

己卯,十六年春正月壬戌,改鼎山縣為播州縣。丙子,賜思州田師賢部軍衣服及鈔有差。夏六月丁丑,詔諭王相府及四川行省宣慰司,撫治播川、務川西南諸夷。

庚辰,十七年春三月甲辰,思、播侵鎮遠、黃平界,命李德輝等往視之。……十二月,己卯,羅氏鬼國入寇,阻思、播路,發兵千人與洞蠻開道。

(辛巳,十八年)秋閏八月丁巳,命播州每歲親貢方物。

壬午,十九年春二月壬子,詔亦奚不薛及播、思、叙三州軍征緬。

甲申,二十一年夏閏五月己卯,思、播二州隸順元路宣撫司。

丙戌,二十三年夏六月辛酉,封楊邦憲妻田氏為永安郡夫人,領播州安撫司事。

己丑,二十六年春二月丁卯,命萬戶劉德禄鎮八番。秋八月癸酉,以八番羅甸宣慰司隸四川省。甲戌,改金竹寨為金竹府。冬十月乙卯,以八番羅甸隸湖廣省。十一月丁巳,改播州為播南路。

庚寅,二十七年春二月戊寅,播州安撫使楊漢英進雨氈千。秋七月戊午,貴州苗作亂,陷順元路,湖廣省檄八番蔡州、均州二萬戶府及八番羅甸宣慰司,合兵討之。九月戊申,金竹府之服掃閭貢馬。金竹府趙堅招降竹古、弄古、魯花等寨,乞立縣,從之。

壬辰,二十九年春正月丙申,仍以羅甸宣慰安撫司隸雲南。癸丑,設陳蒙、爛土軍民安撫司。丙辰,楊漢英為紹慶、珍州、南平等處沿邊宣慰使,管軍萬戶,仍佩虎符。……三月戊申,合宣慰司及都元帥府,置八番順元宣慰司都元帥府。命亦奚不薛興思、播州同隸湖廣省,羅甸還隸雲南。以八番羅甸宣慰使幹羅思等,并為八番順元等處宣慰使、都元帥,佩虎符。庚戌,駕幸上都。賜速哥幹羅思不、賽因不花蠻夷長金幣及弓矢鞍轡。

癸巳,三十年夏五月癸亥,括思、播等處亡宋涅手軍。冬十二月乙未,督思、播二州及鎮遠、黃平,發宋舊軍,從征安南。

成宗

(丁酉,大德元年)十二月己卯,平伐等蠻未附,播州宣撫使楊漢英請討之。

庚子,四年二月乙亥,立烏撒縣。

辛丑,五年夏五月壬戌,土官宋隆濟叛。冬十月丁未,遣劉國杰及也先忽都魯、八剌阿塔赤,將兵討宋隆濟。

壬寅,六年春正月乙卯,增劉國杰等軍,仍令屯戍險隘,俟秋進師。乙未,以諸王真童誣告濟南王,謫置劉國杰軍中自效。二月,丙戌,遣陝西省平章也速帶而參政。汪惟勤將川陝軍,湖廣平章劉國杰將湖廣軍,征亦奚不薛。冬十一月甲午,劉國杰裨將宋光率兵大敗蛇節,賜衣二襲,仍授金符。十二月丙子,劉國杰、也先忽都魯來獻蛇節、羅鬼等捷。

武宗

庚戌,三年春正月辛丑,乖西帶蠻阿馬等入寇,遣萬戶移剌四奴及調思、播土兵討之。

仁宗

癸丑,皇慶二年春二月丁亥,以乖西府隸播州宣撫司。

英宗

癸亥,(至治)三年春二月丙寅,罷播州黃平府長官,所徙其民隸黃平。冬十二月丁亥,免八番、思播差稅一年。

泰定帝

乙丑,(泰定)二年秋七月丙辰,播州蠻黎平愛等入寇。湖廣行省請兵討之。不許。詔播州安撫使楊燕里不花招諭之。庚午,思州洞蠻楊銀千等入貢。冬十月己丑,播州凱黎苗入寇。

丙寅,三年春正月丙午,播州安撫使楊燕里不花招諭黎平愛等來降。……六月癸未,播州蠻黎平愛復叛,合謝烏窮爲寇。安撫使楊燕里不花招平愛出降。命湖廣行省討謝烏窮。冬十一月辛酉,播州蠻宋王保來降。

(丁卯,四年)秋七月甲辰,播州蠻謝烏窮來貢。

文宗

己巳,天曆二年春正月丁丑,四川囊加台陷播州猫兒隘,安撫使楊燕里不花開關納之。壬午,播州楊燕里不花引四川賊至烏江峰,官軍敗之。八番元帥脫出破烏江北,賊復奪關口。諸王月魯帖木兒、答剌罕諸軍,俱至烏江。二月丙午,囊加台分兵逼襄陽,湖廣行省調兵領播州及歸州。癸丑,諸王月魯帖木兒等至播州,招諭土官楊燕里不花等來降。

——《黔記》卷一《大事記上》,載《中國地方志集成·貴州府縣志輯》,第 2 册,20 ~ 25 頁

太祖高皇帝

丙辰,九年秋八月,播州、思南宣慰使楊鏗、田仁智入朝。

——《黔記》卷二《大事記下》,載《中國地方志集成·貴州府縣志輯》,第 2 册,第 28 頁

成祖文皇帝

己丑,(永樂)七年,封何福寧遠侯。播州楊昇請剿尚科等寨。不許。

——《黔記》卷二《大事記下》,載《中國地方志集成·貴州府縣志輯》,第 2 册,第 29 頁

今上皇帝

甲午,(萬曆)二十二年,邢玠爲兵部左侍郎兼右副都御史,總督川、貴,勘剿播酋楊應龍。貸楊應龍。邢玠還京。玠,益都人。

——《黔記》卷二《大事記下》,載《中國地方志集成·貴州府縣志輯》,第 2 册,第 36 頁

己亥，二十七年春三月癸未，郭子章爲右副都御史，巡撫貴州。_{江西泰和人。}乙未，平壩等衛白晝天黑如夜，烈風迅雷，遍地震動，雪雹如碗、盆、磚、石。巡按御史宋興祖至貴州。_{四川中江人。}壬寅，播賊楊應龍寇平越飛練，殺都司楊國柱等。夏四月，設川湖貴總督李化龍爲兵部右侍郎兼右僉都御史，總督川湖貴，巡撫四川。_{直隸長垣人。}閏四月丙戌，貴州總兵沈尚文免。己丑，童元鎮爲貴州總兵官。_{廣西人。}五月戊辰，總督李化龍至四川。己巳，巡撫郭子章至沅州。乙亥，播賊寇綦江境。六月戊戌，播賊陷綦江縣。游擊房嘉寵、守備張良賢死之。……乙亥，都給事中張輔之等追論播事，詔四川巡撫譚希恩、貴州巡撫江東之俱罷職，不敘。詔嚴禁泄漏播事。秋八月己卯，詔暴播賊楊應龍罪，頒賞格。_{從兵部請也。}戊子，楊寅秋爲貴州按察使，張存意爲參議，俱監軍。辛丑，陳璘爲湖廣總兵官，鎮偏橋。甲辰，設興隆參將。九月壬子，設畢節參將，尋罷。乙丑，賜劍總督李化龍，令便宜行事。冬十月，貸安疆臣，令討播自效。十一月壬戌，播賊寇東坡。庚午，詔逮沈尚文，降童元鎮充爲事官，以李應祥爲貴州總兵官。_{應祥，湖廣九溪衛人。}十二月甲申，降工部主事黃龍光爲布政司經歷。_{以六科廊失火也。}壬辰，詔以湖廣漕糧濟川貴軍興。_{從科臣李應策請也。}

庚子，二十八年春正月庚戌，播賊寇龍泉司，守備楊惟中遁，土長官安民志死之。辛亥，巡按御史宋興祖請停木運，專力討播。丙寅，詔貴州孤懸，令各直省助餉。壬申，設偏沅巡撫。癸酉，江鐸爲右僉都御史，駐鎮偏沅。_{鐸，浙江仁和人。}二月戊寅，五靖參將黃沖霄督兵勘皮林苗，我師敗績。苗殺守備陳世忠等。癸未，播賊襲河渡，虜宣慰宋承恩去。_{承恩，應龍婿也。}丙戌，總督李化龍、貴州巡撫郭子章、湖廣巡撫支可大誓師，合兵討播。丙申，降刑部郎中夏爇爲貴陽府通判。_{爲問中瑞失火罪，瑞以病故也。}三月，乙巳，平越兵克四牌。平越兵克高囤。壬子，貴陽兵克烏江關。甲寅，貴陽兵克河渡關。乙卯，平越兵克青崗囤。戊午，播賊突犯烏江河渡，參將楊願，守備陳雲龍、阮士奇、白明逵，指揮楊續之等死之。偏橋兵克板角關。己未，水西兵至楊亡水，克大紅洛、濛水等七關。平越兵渡構皮灘河。丁卯，都給事中李應策追論播事，詔原任四川巡撫艾穆、貴州巡撫林喬相俱革職。壬申，水西兵與賊戰於大水田，破之。夏四月丙子，偏沅巡撫江鐸至沅州。丁丑，謫刑部主事曹文緯爲布政司照磨。_{爲主事謝廷瓚請立太子也。}乙酉，平越兵克黃灘關。丙戌，水西鎮雄兵克桃溪，焚其衙署、家廟。辛卯，工部員外郎黃士吉、行人王孟震爲貴州考試官。水溪鎮雄兵入播州。五月丁未，逮童元鎮。留御史宋興祖再按貴州。_{爲播事留，從巡撫郭子章請也。}六月丁丑，滅播州，楊應龍自經死，俘其妻子及賊黨。壬午，總督李化龍加右都御史。_{以考滿加。}戊戌，總督李化龍以父憂乞終喪，不許，詔留之。秋七月戊辰，都御史臺東園芝生。庚午，興武衛指揮周原茂奏設貴州稅監，不報。八月丁酉，監軍按察使楊寅秋病，請告。九月辛丑朔，新添邱禾實爲翰林院檢討。_{州翰林自禾實始。}庚午，詔偏沅巡撫江鐸墨縗討皮林苗，川湖貴、廣西都撫督兵協擊。冬十月戊子，貴州巡按御史宋興祖請停刑,不報。十二月庚辰,督撫李化龍、郭子章、江鐸俘楊朝棟等獻於關下。丙寅,上御樓受之,群臣稱賀。磔楊朝棟等于西市,釋宋承恩。己巳,詔補故南京工部尚書孫應鰲諡。應鰲,清平人,從撫按郭子章、宋興祖及御史李時華請也。

　　辛丑,二十九年春正月壬子,頒平播詔於天下。甲子,巡撫郭子章如鎮遠,會楚師、粵師,協剿皮林。三月,滅皮林苗,班師。監軍按察使楊寅秋卒。大理寺寺正江盈科恤刑雲貴。盈科,桃源人。賜黎平梅友月、桂陽楊師孔、銅仁徐穆進士。夏四月戊辰朔,不雨。戊子,設播州總兵官,改李應祥爲四川總兵官。駐播州。川湖貴總督、右都御史李化龍以憂去。夏五月戊戌,大饑。斗米四錢。己亥,詔分播地,以播州爲遵義府,隸四川。革五司,以其地爲平越軍民府,隸貴州。設黃平州,湄潭、甕安、餘慶三縣隸平越府。龍泉縣隸石阡府。以副使尤錫類爲參政,貴陽府知府劉冠南爲副使,管平越府事,經理播地。加貴州巡撫兼制湖南及川南四土府地方。改鎮遠、偏橋、平溪、清浪四衛隸貴州。黎平府永從縣隸湖廣。加貴陽爲軍民府。設鎮遠府推官。癸卯,王象乾爲兵部右侍郎兼右僉都御史,總督川湖貴,巡撫四川。象乾,山東新城人。庚子,雨桂子于貴陽。俗曰莎蘿子。壬寅,貸故總兵官童元鎮謫戍。詔賑貴州萬金。戊午,謫禮科給事中楊天民、王世昌爲永從、鎮遠縣典史。爲請立太子也。六月戊辰,御史畢三才巡按貴州,御史宋興祖改差雲南。壬申,開偏橋河。定番州地震。七月,大疫。謫吏科給事中許子偉爲銅仁府經歷。爲論奇臣張棟,語侵中貴也。秋八月丙戌,兩臺東園芝并生。謫吏刑二科給事中郭如星、陳維春爲印江、銅仁縣典史。爲論楚璫陳奉也。冬十月庚辰,指揮馮國恩妻一產三男。設印江縣學。從撫按郭子章、宋興祖及御史蕭重望請也。

　　——《黔記》卷二《大事記下》,載《中國地方志集成·貴州府縣志輯》,第2冊,37~38頁

　　……予業已請題,疏略曰:

　　"(明)國初建貴州省城,率因元舊城址狹隘,墻垣卑薄。二百餘年以來,北關生齒既繁且稠,與城中埒。頃者,楊酋聲言渡江,直走貴陽。關外居民奔沓入城,填滿城闉,寄住街市。當時士民即有增築外城之呈,顧時倥偬,不暇議工;又乏金錢,誰與爲資? 今播州即平,皮林未剿,東坡雖通,九股尚存,儻復有楊酋者出,而後爲之所,則晚矣。……"

　　——《黔記》卷四《輿圖志一》,載《中國地方志集成·貴州府縣志輯》,第2冊,第51頁

蟻衣生　重修龍里衛城記

　　萬曆己亥春,予自家園奉天子命討播。夏五月入沅,六月道龍里,是時,飛練新衈,百備頓馳,諸生強謁文廟,予爲卜學宮移之。明年播平,得雋者二。又三年癸卯,得雋者一。衛設二百餘年,鄉舉九人。而自新移學宮後得其三,諸生咸詫予精石函玉尺書,不知其偶中也。

方予平播後,尋討皮林,班師至龍里,環視垣半圮,跛羊涉顛,圉門不鍵,衛士寢柝。予下令亟修之,檄故守備、貴州衛指揮薛紹瑄專董其役。始於癸卯四月,訖於甲辰十月。

——《黔記》卷五《輿圖志二》,載《中國地方志集成·貴州府縣志輯》,第 2 冊,第 81 頁

黃平州,舊黃平所,與播州安撫司同城。萬曆二十八年播平,會題改流,隸黔,屬平越軍民府。

——《黔記》卷五《輿圖志二》,載《中國地方志集成·貴州府縣志輯》,第 2 冊,第 87 頁

甕安縣城,舊乾平地也。萬曆二十八年播平,二十九年,會題將播州草塘、雍水二司改流,合爲一縣,隸黔,屬平越軍民府。

——《黔記》卷五《輿圖志二》,載《中國地方志集成·貴州府縣志輯》,第 2 冊,第 90 頁

餘慶縣城,舊播州白泥司地也。萬曆二十八年播平。二十九年,會題改流,割隸於黔,合餘慶、白泥二司爲縣,屬平越軍民府,城于白泥。

——《黔記》卷五《輿圖志二》,載《中國地方志集成·貴州府縣志輯》,第 2 冊,第 92 頁

湄潭縣城,舊播州苦竹壩地也。萬曆二十八年播平,二十九,會題改流,割隸於黔,合三里七牌爲一縣,屬平越軍民府。

——《黔記》卷五《輿圖志二》,載《中國地方志集成·貴州府縣志輯》,第 2 冊,第 93 頁

石阡府

萬曆二十八年播平,會題將龍泉長官司改流爲縣,屬府,葛彰長官司先因土官安其位通播,近議改流。

——《黔記》卷五《輿圖志二》,載《中國地方志集成·貴州府縣志輯》,第 2 冊,第 112 頁

龍泉縣城,舊龍泉長官司地也。萬曆二十年播平,二十九年,會題改流,將龍泉長官司爲縣,屬石阡府。……蟫衣生《城記》云:

"萬曆癸卯春正月,予從瀨水歷石思,閱視龍泉城垣,客有過予問曰:'城龍泉,何也?'"

予曰:"龍故無城,寇至不能禦,寇平而城,亡羊補牢意也。"

曰:"非是之謂也。播叛,五司激。播叛,龍不叛。不激叛,安民志且死綏,而槪城之,可乎?"

曰："子謂龍土司土邪？天子土邪？天子命二長官、二百户守龍，曰世世無抎也，而民志失之，民志駡賊死，謂之死難可，謂之善守未可。予憐其死，聞之天子，官其子世爲丞，酬忠也。而令其侄鼻朱氏，世爲簿、二百户如故，興滅繼絶，仁也。播平，龍泉復。天子曰，若不能守，吾自取而守之爾矣。脫再與之，再失之，可以土地人民戲乎？此龍泉所隸城也。既城矣，不得不縣，何也？土司無城，例也。懼尾大也。即播悍且叛，不敢城夜郎。今水西、永順、保靖，猶無城也，此龍泉所隸縣也。非若是也，天子豈愛掌大地，弊弊焉捐數千金城而邑之邪？雖然，周命南仲城朔方，而獫狁于襄。趙靈、秦始築長城，而匈奴不敢南牧。國家禦虜，修邊墙數千里，海上禦倭，築六十餘城。黔咫尺苗夷，亦西南之虜倭也。播平，築四城，拓平月〈越〉、銅人〈仁〉二城，繕龍里、新添、黄平三城，儻亦禦虜倭計乎？"

——《黔記》卷五《輿圖志二》，載《中國地方志集成·貴州府縣志輯》，第 2 册，第 114 頁

萬曆壬寅闕員，都御史郭公、御史畢公會言苗無狀，肆鹵掠逾曩時，宜推擇名將鎮之，庶方略綏靖，氓稍承寧。大司馬是其議，以俾大都督粵東陳侯。侯起家偏裨，屢立戰功，平羅旁、平倭、平播、平皮林諸苗，所至大克捷，聲實彌朗。既報，可。易楚節，往莅事，鰥寡有辭，泣訴踵至，以千萬計。

——《黔記》卷五《輿圖志二》，載《中國地方志集成·貴州府縣志輯》，第 2 册，第 125 頁

《道藏》記王宋徽宗時，解池蚩尤爲祟，張真人命王戰，戮之，其顯異有難以意度者。即近日郭師平播，亦陰得王助，作廟勒碑頌焉。所以然者，王亦天也。

——《黔記》卷五《輿圖志二》，載《中國地方志集成·貴州府縣志輯》，第 2 册，第 128 頁

夜郎縣，今普安州、播州、石阡府皆是。

且蘭縣，今播州地。

——《黔記》卷六《輿圖志三》，載《中國地方志集成·貴州府縣志輯》，第 2 册，第 134 頁

夜郎

蟎衣生曰："今播州地有夜郎廢縣，《水經》曰：'東北入於郁'。"

——《黔記》卷六《輿圖志三》，載《中國地方志集成·貴州府縣志輯》，第 2 册，第 135 頁

歐陽修《新唐書·地理志》

(夷州)義泉郡下。本隸明陽郡。……武德二年，以信安、義泉、綏陽三縣置義州，并置都牢、洋川二縣。五年曰智州。貞觀四年，省都牢。五年，以廢邵州之樂安、宜林、芙蓉、琊川四縣隸之。後又領廢夷州之綏養。十一年曰牢州，徙治義泉。十六年州廢，省綏養、樂安、宜林，以綏陽、義泉、洋川來屬，芙蓉、琊川隸播州。

播州播川郡下，本郎州。貞觀九年，以隋牂柯郡之牂柯縣置。十一年廢，十三年復置，更名。土貢斑竹，戶四百九十，口二千一百六十八，縣三。遵義中下，本恭水。貞觀元年，以牂柯地置，并置高山、恭山、柯盈、邪施、釋鷥五縣，及朗州廢，縣亦省。十三年，復置州，亦復置縣。十四年，更恭水曰羅蒙，高山曰舍月，貢山曰湖江，柯盈曰帶水，邪施曰羅爲，釋鷥曰胡刀。十六年更羅蒙曰遵義。顯慶五年，省舍月、湖江、羅爲。

——《黔記》卷六《輿圖志三》，載《中國地方志集成·貴州府縣志輯》，第 2 册，第 137 頁

馬端臨《文獻通考·輿地考》

靖州，秦、漢黔中地，唐爲夷播、叙二州之境。

播州，古蠻夷之域，黔中郡地，夜郎國之東南隅也。漢屬牂柯，其後無聞。唐以隋牂柯縣置播州，或爲播川郡，屬江南道，領縣三，遵義、帶水、芙蓉。宋大觀二年，南平夷人楊友貴等獻其地，建爲州，領播川、琊川、帶水三縣。宣和三年廢爲城，隸南平軍。

——《黔記》卷六《輿圖志三》，載《中國地方志集成·貴州府縣志輯》，第 2 册，第 138 頁

明宋濂《元史·地理志》

(至元)二十八年，從楊勝請，割八番洞蠻，自四川行省隸湖廣行省。三十年，四川行省官言，思、播州元隸四川，近改入湖廣，今土人願仍其舊。有旨遣問，還云：田氏、楊氏言，昨赴闕廷，取道湖廣甚便，況百姓相鄰，驛傳已立，願隸平章答剌罕。

沿邊溪洞宣慰使司。至元二十八年，播州楊賽因不花言，洞民近因籍戶，懷疑竄匿，乞降詔招集。又言向所授安撫職任隸順元宣慰司，其所管地於四川行省爲近，乞改爲軍民宣撫司，直隸四川行省。從之。以播州等處管軍萬戶楊漢英爲紹慶、珍州、南平等處沿邊宣慰使，行播州軍民宣撫使、播州等處管軍萬戶，仍虎符。漢英，即賽因不花也。仍頒所請詔旨，詔曰："爰自前宋歸附，十五餘年，閱實戶數，乃有司當知之事。諸郡皆然，非獨爾播。自今以往，咸奠厥居，流移失所者，招諭復業。有司常加存恤，毋致煩擾，重困吾民。"

播州軍民安撫司。黃平府，今有黃平州及千戶所。平溪、上塘、羅駱家等處，水車等處，

石粉、羅家、永安等處，六洞、柔遠等處，錫樂平等處，白泥等處，_{今爲白泥長官司。}南平、綦江等處，_{今綦江縣屬重慶府。}珍州、思寧等處，_{廢珍州在珍州長官司。}水烟等處，_{今仍名水烟。}溱洞、涪洞等處，_{今有溱洞長官司。}洞天觀等處，葛浪洞等處，寨壩、堀黎、焦溪等處，小姑單張、倒柞等處，烏江等處，_{今仍名烏江。}舊州草塘等處，_{今爲草塘安撫司。}恭溪杳洞、水囤等處，平伐、月石等處，_{今有大平伐長官司。}下壩、寨章、橫坡、平地寨、寨勞、寨勇、上塘、寨坦、嗲奔、平莫、林種、密秀、沿河、祐溪等處。

————《黔記》卷六《輿圖志三》，載《中國地方志集成·貴州府縣志輯》，第 2 冊，139 ~ 142 頁

貴州布政司

三代，《禹貢》梁州南境，而荊州西裔也。殷爲鬼方，周爲靡莫之屬。戰國時，楚頃襄王遣莊蹻略地黔中。秦爲黔中郡，漢爲西南夷地。武帝元鼎六年平南夷，分屬牂牁、犍爲、武陵三郡。蜀漢爲牂牁、興古二郡。晉爲牂牁、犍爲、興古、武陵四郡，屬荊、益、寧三州。南宋、齊因之。隋爲巴東、黔安、清江、明陽四郡地。唐武德二年歸附。貞觀十六年，開山峒，益拓其地，置牂、夷、播、珍等州，屬黔中、劍南二道采訪使。昭宗大順二年。爲蜀王建所有。五代唐天成二年，附於唐。晉天福五年，都匀酋長尹懷昌率其屬十二部，牂牁酋長張萬濬率其屬思、夷等州，皆附於楚。宋至道二年，分隸荊湖與劍南之東西三路。元豐間，改隸湖北、夔州二路。政和中，復置思、播、珍、承、溱五郡，尋廢。元爲湖廣、四川、雲南、廣西四行省地。至元十六年，諸夷降附，置八番、羅甸等處軍民宣慰使司及都元帥府於貴州。十九年，以降夷八番、金筑百萬寨悉爲郡縣，置順元路金筑府，貴州以統之。二十年，又以討平九溪十八峒爲郡縣，并立總管府，俱聽順元路宣慰司節制。初隸湖廣，后改隸雲南及四川，尋復隸湖廣，而割普定以西隸雲南焉。二十九年，合宣慰司都元帥府，置八番、順元等處宣慰司都元帥府。本朝洪武初平定，分隸雲南、湖廣、四川三布政司，設都司於貴州。永樂十一年，廢思南、思州二宣慰司，建貴州等處承宣布政使司。十八年，置提刑按察司。萬曆二十八年滅播，以播之五司、湖廣四衛益貴州，而以黎平改屬湖廣，領府八，州八，縣十一，宣慰司一，衛二十二，所二。

————《黔記》卷七《輿圖志四》，載《中國地方志集成·貴州府縣志輯》，第 2 冊，第 145 頁

永寧衛

衛名，蘭州，_{唐名。}定川。

形勝，環城皆山，疊翠如屏。馬口崖鎮其北，漁漕溪橫其南。俱《一統志》。西引三渝，南控六詔。舊《志》。邦域險固，關塞嚴密。東連貴播，西接叙瀘，南距芒部，北抵合江。水

路交通,黔蜀分界。

——《黔記》卷七《輿圖志四》,載《中國地方志集成·貴州府縣志輯》,第 2 册,第 157 頁。

清平衛

衛名,仙山。以山名。

凱里安撫司,在治東四十五里。元屬四川播州,明洪武間,揚〈楊〉氏兄弟爭殺。至正統間割置,改屬貴州,隸本衛。

興隆衛

明洪武八年,以其地隸四川播州重安長官司。二十二年,潁國公傳友德征南,以地當西南要害,始置興隆衛,隸貴州都指揮使司,領千户所五。

——《黔記》卷七《輿圖志四》,載《中國地方志集成·貴州府縣志輯》,第 2 册,第 159 頁

平越軍民府

……萬曆二十八年播州平,以黃平安撫司改黃平州,草塘、甕水二安撫司,白泥、餘慶、重安、容山四長官司,改餘慶、湄潭、甕安三縣,而建平越軍民府於衛城以統之。并割清平衛、凱里安撫司、平越衛、楊義長官司俱屬於府。於是,府領州一,縣三,黃平千户所一,安撫司一,長官司一,衛領千户所五。

黃平州

黃平州,古西南夷地,漢屬牂牁郡,唐屬播州樂源郡,宋爲黃平府。領上下三曲二長官司,隸叙州。元改隸播州宣慰司。明洪武八年,改府爲安撫司。以地皆夷僚,多叛,添置黃平所以守禦之,隸四川都司。十五年,改隸貴州都司。嘉靖間,以草塘司爭官搆兵,播州等司糧馬遞欠,移四川重慶府通判一員駐鎮。二十八年播州平,裁重慶通判,革安撫司,改爲黃平州,與所同城。三十一年,章親歷州,以石砌其城,距州里許,建平越行府,以便催徵糧馬。

——《黔記》卷七《輿圖志四》,載《中國地方志集成·貴州府縣志輯》,第 2 册,第 162 頁

餘慶縣

餘慶縣,在府東百五十里。本餘慶、白泥二長官司地。餘慶,元末爲餘慶州,隸播州宣撫司。明洪武十七年,改爲長官司。白泥,元爲白泥等處長官司,隸播州宣撫司,至正末,改爲白泥州。洪武十七年,復改爲長官司。萬曆間,楊應龍叛,二十八年討平播州,以

餘慶、白泥二長官司改爲餘慶縣,割隸貴州平越府。

甕安縣

明洪武八年,於此置長官司。草塘,元爲舊州草塘等處長官司,隸播州宣撫司。洪武十七年,改爲草塘安撫司。甕水無印,亦稱安撫司。萬曆間,楊應龍叛,二十八年討平播州,以草塘、甕水、重安三司改爲甕安縣,割隸貴州平越府。

湄潭縣

湄潭縣,在府東二百餘里。本播州苦竹壩地。萬曆間,楊應龍叛,二十八年討平播州,以三里七牌改爲湄潭縣,割隸貴州平越府。

——《黔記》卷七《輿圖志四》,載《中國地方志集成·貴州府縣志輯》,第 2 冊,第 163 頁

施秉縣

風俗:思播流裔,地狹民貧。耕讀織紡,多從朴素。

——《黔記》卷七《輿圖志四》,載《中國地方志集成·貴州府縣志輯》,第 2 冊,第 165 頁

關王廟四,一在演武場,嘉靖三年總兵牛桓建,有記。一在南門月城內。一在軍門前。一在軍民東園,名神武祠,章建,鑄銅爲鐘鼎,并峙祠前,有記。

章《記》曰:"……萬曆己亥,予祇役於黔,受命討夜郎,離西昌,又夢王戒予周重,默示賊平期。予入黔逾年,始會蜀楚師入播,不五月播平,悉如王旨。"

——《黔記》卷十二《群祀志》,載《中國地方志集成·貴州府縣志輯》,第 2 冊,第 288 頁

忠勛祠,在城內東街,萬曆三十年建,祀監軍按察使楊公寅秋及討播陣亡諸將士。

章《記》曰:

播之役,黔無幸近,又無幸瘠與脆。黔之瘠之脆,四方罔不聞,即主上深居九重,亦罔不聞。播隔一衣帶水,市井耦類爲之耳,爲之目,不知凡幾,而獨不聞乎?其易黔久矣,方吾糧未峙,卒未萃也,有飛練之寇,有東坡、龍泉之寇,有烏江河渡之寇。當其時,將卒枵腹禦虎口,雖長子弟子殊,而身膏草野,骨碎鋒鏑,總之皆忠魂也。

比予丐之主上,主而臣憐。求之四方鄰國,鄰而予助。懸罄之室,猝而金錢百萬,三里之城,猝而貔貅十萬。即市井耦類爲之耳,爲之目者,且謂不必然,而播之易黔如故也。於是有大水田之捷,有黃澤關之捷,有桃溪衞、海龍囤之捷。當其時,將卒鷹揚,以逐鸇雀。雖長子弟子殊,而雪夜馳蔡,風聲入泚,總之皆勛庸也。此兩者,勝負相懸,則悲愉異

情,生死相隔,則人鬼殊涂。焚車之信,不得與韓曹一傳;彭亡之岑,不得與鄧賈齊策。勢也若合,忠與勛咸之,大震天聲,繼聞月捷,鞠躬盡瘁,功成身隕。老上之庭方焚,營中之星告墜,泗水之碑未豎,大鳥之祥復現。則惟左監軍楊公乎?己亥十二月入黔,明年二月出師,六月破賊。黔之人嘉其伐,曰:“楊公以勞定國也。”六月賊滅,八月病予告,明年三月卒于里。黔之人又莫不哀其殉,曰:“楊公以死勤事也。”

子章稽之祀典,勞定國者祀,死勤事者祀,乃援陳御史效、張廉使棟例,請於朝,下部議。顧師后棘叢,大陵氣溢,十室九死,人莫必命。僉謂陣亡諸魂,未有所歸,乃謀合祀之城東隅。中爲堂,堂除列東西廡,堂設監軍楊公,主配以參將、都司、守備、指揮。兩廡祀千百戶、把總及三軍死義者,階除下爲儀門。儀門外,左爲齋宿所,右以居司香僧,前爲大門,顏曰“忠勛祠”。堂后故有佛閣,予葺之,範黑金爲佛,祀之。題曰:“忠魂妙依處。”脫此理不爽,魂歸有所,豈獨以甘冥骨,亦以慰氓思而鼓士氣,所云神道設教,非邪?昔漢高帝每過大梁,祠信陵公子。及擊黥布還,爲公子置守冢五家,世世歲以四時奉祠公子。狄梁公撫江南,黜淫祠,不廢伍大夫員祀。公子何功於漢?大夫何忠於唐?存魏之勛著,而鴟夷之死烈也,即異世不廢也。予勒之石,用以告來者。楊公名寅秋,字義叔,江西泰和人,萬曆甲戌進士,歷官貴州按察使,贈太僕寺卿,蔭一子入監讀書。

——《黔記》卷十二《群祀志》,載《中國地方志集成·貴州府縣志輯》,第 2 冊,290 ~ 291 頁

止榷志上

萬曆己亥三月,予奉命撫黔。五月,與故撫臣江公東之代於沅,六月入黔。是時,播酋楊應龍已破飛練,既陷綦江,狂象野獸,搪捱蹯蹟,羽書紛發,日亡陳刻。所幸者稅礦遍宇內,獨黔未有命耳。六月間,有應天衛百戶范倉者上言:“恪遵祖制,敬復貴州稅課,少助大功。”上曰:“貴州稅課并土產名馬,有裨國用,差內官監左監丞張慶率原奏官民往黔,照例徵收。”旨下,八番士民謷謷,一時中外臣工咋舌錯愕,謂黔方用兵,民坐萬仞坑中,益以飛丸激矢,令人瞻截耳。於是,吏部尚書李公戴疏,略曰:“貴陽一省皆山也,其地狹隘,無奇異之產,其閭閻蕭索,無難得之貨,即該省歲額兵餉,且仰川湖。目今播酋猖獗,流毒川貴,民心洶洶,又以稅使臨之,民其何堪?伏讀聖諭,稅止三萬及名馬耳,時下用兵,即有名馬,不給軍征戰而實內廄,非計之得也。遣將調兵,所需不資。西征寧夏,東援朝鮮,皆以數百萬計,今平播酋,恐亦不減此數。朝廷爲川貴不惜內帑數百萬,而顧與爭三萬之利乎?此斷斷乎當止者。況道路喧傳,播酋傳檄,爲謀叵測。今復以榷稅之事,離散民心,是驅民就亂矣。民不讎播而讎稅使,已不可與爲敵,況歸而助彼乎?以利言則不必行,以害言則不可行。主上明見萬里,獨不念及此乎?”

督察院左都御史溫公純,副都郭公惟賢,僉都陳公薦疏,略曰:“貴州彈丸之區,餉資

各省,而播酋復鴟張,皇上惻然西顧,方且趣兩省督撫星馳征討,以拯塗炭。奈何從而重困之? 軍馬芻餉,方望內帑給發數千百萬,而求數萬之稅于其地,與素不產之名馬乎? 此驅民歸播,驅商旅不出入于滇楚。譬如藩垣不培,盜必斬關而入。病夫垂斃,而復飲以鳥啄,鮮不立仆。皇上不爲封疆計則已,苟爲封疆計,可任網利之徒忽意漁獵,以撤其藩垣,且益之疾而速其斃乎?"

　　戶部尚書陳公蕖疏,略曰:"貴州本西南夷,古稱鬼方,不入職方。永樂中始制行省,止爲一線之路,可通滇南。官則土多漢少,民則夷十漢一。僻處遐荒,孤懸可念,實不及江南一大縣,崎嶇萬狀,商賈不通。況今征播,肆螫等於絶域,三萬五千之稅,并名馬四十匹,安所取辦? 無論稅額,即頻年軍餉,尚仰給楚蜀,彼銜命而往者,廩給夫役,安所編派乎? 狼子野心,安戢最難,求金于魍魎之鄉,索馬于躑躅之境,徒取山鬼揶揄耳,臣未見其可也。"

　　兵部尚書田公樂、王公世揚疏,略曰:"百戶范倉,臣誠不知爲何如人,要不過一市井無賴耳,彼見稅使滿天下,獨遺貴州,以爲此奇貨可居也。皇上因之過聽,亦以爲貴州乃十三省之一,奈何獨遺! 不知大謬不然者。按貴州古羅施國,萬山險惡,地實不毛。語曰:'天無三日晴,地無三尺平。'此在平時猶懼發難,而今何時哉? 逆酋楊應龍包藏禍心,睥睨西南,匪一朝夕,皇上獨不見彼中撫按告請兵餉之疏乎? 臣等切齒此逆,以么麼小醜,抗侮天朝,至食不下咽,寢不帖席。日夜望督撫諸臣蚤至地方,計處兵馬,謀合滇、粵、楚、蜀之師,爲傾巢覆卵之舉。若以征稅之故,既奮其力于供億,又戕其心于箕斂。不知此時督撫將爲民計乎? 將爲討逆計乎? 夫論黔之地,稅本無利,論黔之時,稅反有害,豈惟有害,其害將大。臣等誠不忍無缺金甌,一旦爲群小搖撼而瓦礫壞之也。"

　　戶科都給事中李公應策疏,略曰:"黔自國初開一線通于滇南,爲保釐滇也。諸司窺竊,恨不能得間隙而入,楊酋負嵎吞舟,已漸有無奈伊何之勢。若稅使一至,勢必攪擾軍民,酋出,乘機發端,藉欲離之衆志,廣已叛之賊巢,橫行西南,致危軍國,則誰實貽之? 咽喉既塞,滇南寧復可保哉? 皇上尚謂黔民無慮邪? 所轄下六衛、上六衛、西四衛籍止存二三,與無兵同。協濟銀陸萬八千兩,解多逾時,緩不及濟,與無餉同。撫按方扼腕傷心,臣又痛惜阽危。條議清尺籍,督積逋,增將吏,弘化誨,拓疆圉,五策見今覆議允行,未見實效。而賊鋒愈熾,徒手搏虎,無米炊粥,雖勇而巧者難與爲謀矣。皇上尚謂黔地無虞邪? 據奏榷稅,每稅不過三萬五千兩,榷名馬亦不過四十匹。廟堂肯一節省,不知當幾千百萬,舍源泉而問行潦,進萊稗而冀穧嘉,臣等殊切爲今日惕。況由御門至黔中,實八千餘里,一路喁喁相繼,夫馬逃竄,驛遞蕭條,已慘極入骨。而蒙差監丞張慶等,百戶范倉等,土人譚應麒等,即至少亦不下數百人,沿途所餐所乘所宿,而供應者出自何地何人也?"

　　貴州道御史應公朝卿疏,略曰:"貴州逼鄰播地,楊應龍自去冬猖獗,軍民受害已極。頃臣得代,出境後,將吏以輕動敗,殺戮官兵,難以數計。臣謂皇上且赫然震怒,不惜帑金助餉，矧此而後朝食，詎意更遣使榷稅，以益亂而長寇邪！臣竊計之，有萬萬不可者五：貴州崎嶇山谷中，苗夷盤據，國家以滇南門戶而郡縣之，兵餉倚辦川湖，徵解愆期，動欲脫巾。商苦盜劫，往來稀少，乃天下最貧最苦之地，不宜驚擾，其不可一也。平居支持已難，遇警張皇益甚，倘稅監一到，軍民驚惶逃竄，散入夷方，恣行勾引，莫可究詰，是驅民資寇，其不可二也。楊應龍去冬傳播木刻，謂方今稅礦遍天下，民心思亂，將出兵上掃雲南、下平兩都，此其志已叵測。今虐焰方張，輿尸正寢，更遣使徵稅，人心動搖，示之以隙，而益長其雄心，其不可三也。貴州水銀等物，俱產窮山苗穴中，今榷稅以此為名，奸人蟻附成群，苗僚劫奪蜂起，鄉落騷然，道路阻塞，其不可四也。民叛于內，播乘于外，致亂益速，滇省坐隔，四方聞之，且有環起而嚮應者，其安危且不獨一隅，其不可五也。夫邀必不可得之微利！冒此五不可之危機，皇上亦何利而為之？"

御史蕭公重望疏，略曰："蠢爾賊酋，狂悖稱尊，睊底且無朝廷，何有於中使？籍使得足償失，以軍屯夷寨而有稅可徵也，則當事者何不務議以裕兵餉，而翻壑協助于川湖？以深山窮谷而有利可確也，則主計者何不疏請以佐時難，而必俟搜括於弁豎。當此之時，陛下慨然深恤，發內帑以為此方生靈紓倒懸之阨，猶慮弗給，而忍更促其生乎？必不然矣。倉之言曰：'恪遵祖制。'臣聞我二祖之馭貴州，僅僅以不治治，則化誨而懷服者，先朝柔遠之訏謨也。倉又曰：'敬復課稅。'蕞爾貴州，二百餘年未嘗設有抽分衙門，本無課，何名為復也？以貴之危急如彼，而倉之欺罔如此，臣固願陛下罷中使勿遣，而無徒為奸人所熒惑也。"

疏入，俱不報。時予與御史宋公興祖接邸報，懍懍皇懼，乃會同上疏，略曰："貴州雖名一省，實不如江南一大縣。山林之路，不得方軌，溝渠之流，不能容船。民居其一，苗居其九，一線之外，四顧皆夷。即平居無事，商賈稀闊。今年，楊酋二月圍我偏橋，三月屠我飛練。四郊小苗，乘間蝟起，道路行劫，無日無之。加以綦江之破，民莫必命，商且絕武，誰肯委身豺狼，投尸鯨鯢？即城市所貿易者，不過米穀、菜果、綿花、油布之類，蓋菫菫也。至范倉所稱水銀、硃砂、銅鉛、名馬等物，生於嶄巖之中，鄰於虎豹之穴，倘一開鑿之後，苗人眈眈，劫奪而去。臣將欲陳兵衛之乎？則禦播之兵，臣方疏請之皇上，而安得復請兵護洞穴也？將欲貨之商賈乎？則青犢嘯風，游商斂迹，而臣安能驅之必來也？將盡菫而致之闕下乎？則鳥道千里，龍灘九折，非若金銀之轉輸，其損猶可辦也。名馬之有無，臣不敢知，然每土司貢馬，折銀以進，則此方之驥駑，大較可知也。況查貴州常賦，每年硃砂共三十三斤，水銀共四百四十四斤，黃蠟共二千九百一十斤。祖宗朝豈不知諸物之產黔中哉？而限其數若此之儉者，以為荒服外，可以責包茅，不當盡銖錙，明以其利遺之，實以安之也。況地方官兵之力量，以守城池猶且不足，而必不能分其力以布於巖洞之間。臣等之謭劣，以禦強寇猶尚未周，而必不能分其心以杜彼苗羅之發。如使臣言不驗，國家之福也。萬一稅使甫臨，播寇環於外，苗賊竊於內，臣顧此失彼，捉襟肘見，此身不足惜，如辱朝廷何？此臣等所爲愁慮迴腸，丐之皇上，以貴州非他省比也，肥瘠之地殊，而治亂之形異也。伏望皇上仰體祖宗貢賦之額，毋溢舊數，近憐地方殘破之劇，特收成命。俾臣等專力戰守，以淨妖氛，則內地之隱憂既銷，而邊圉之底定可期矣。"

疏行，計尚未入長安，大學士沈公密奏曰：

"礦稅一事，天下皆以爲不便，皇上獨以爲便。亂端數見，天下皆以爲危，皇上獨以爲安。豈皇上之心獨與天心通，而能保天下必無事乎？臣愚殆不能曉也，聖意堅定，轉移未聞，臣民日夜禱求，庶幾少減，而乃日甚一日，使人何所歸命？至於廣西，乃窮苦百粵之地，諸蠻巢穴，控御爲難。民無他業，惟田是資，傴僂出没，往往病耕。地促賦逋，一切官俸軍需，皆仰給於廣東。先朝設置總督，兼制兩廣，正爲此。此地自給然且不足，而況可加一稅使乎？四萬之徵，從何而出？"

"尤不可之大者也，昨日奉旨，又有貴州之差。則滿朝臣子益驚怖而嘆息矣。蓋貴州乃古羅施鬼國，地皆蠻夷，山多箐穴，水不涵渟，土無貨殖，通計民屯僅十四萬石，爲天下第一貧瘠之處。官戎歲給，全仰於湖廣、四川二省。蓋本非都會之地，從古不入版圖，我朝但因雲南而從此借一綫之路，以通往來。一綫之外，悉皆夷峒，鴟張豕突，易動難安。今云產有水銀、銅、鉛、硃砂、雄黃、白蠟等貨，每年可徵稅三萬五千兩、名馬四十匹，理所必無，臣不敢信，縱使有之，亦出蠻夷。今蠻夷侵田奪貨，逞欲無厭，撫之尚難，豈可復擾？彼稅使能從蠻夷徵乎？"

"況楊應龍正肆猖獗，殺戮無算，朝廷方議征討，一新督撫鎮守等官，而施爲次第，尚無可言。昨巡撫郭子章交代以書問臣，內設四策，一曰戰，二曰撫，三曰先撫後戰，四曰先戰後撫。臣心皆以爲難，不能對答。蓋撫則損威辱國，而此酋又非撫之所能定，前事覆轍，已可鑒矣。臣故難之。戰則須兵一二十萬，餉一二百萬，假以便宜，寬之歲月。而彼主我客，彼守我攻，難易懸殊，勝負莫料，臣又難之。臣思督撫鎮按等官，正是無米而炊，徒手而搏，千難萬難，不堪展布之日。皇上宜爲之夙宵軫念，發餉處兵以鋤此酋梟獍之心，聯屬諸夷，招徠異類，以削此酋羽翼之助。庶可近安楚蜀，遠通滇南，而還太平之舊規。何爲顧惜小利，妨害大事，又遣此一稅監邪？臣恐彼處久困水火望救之民，將避益深益熱之害，奔迸林藪，助賊爲虐，有司益難拊循，將校益難攻討，一綫之路，坐致淪没，而雲南亦將永斷矣。關係國家安危，豈小小而已哉！"

"且用兵制敵之法，弱當示之以强，饑當示之以飽，貧當示之以富，不足當示之以有餘。今天帑所儲，原無不足，司農出入，尚可拮据。而必以窮乏二字遠播，夷方兵戈之場，亦皆刮取。楊酋若信朝廷窮乏，則猖獗益甚，若不信朝廷窮乏，必謂方吝兵費，不能用兵，而其猖獗亦甚。非所以昭廣大富實，而讋服蠻夷反側之心也。妨於安攘大計，又非小小矣。夫各處礦稅，臣每苦諫，未即賜允，猶曰庶幾。至於貴州稅監，則臣謂萬萬不可，所宜亟收成命。蓋皇上誠欲奮誅楊酋，當示兵力之雄，財力之富，決不可虛示貧弱，爲彼所輕笑侮慢。既不惜兵餉，大發將士，則宜先免此三萬五千，以慰彼軍民之心。權衡於輕重緩急之間，所蠲者甚少，而所獲者甚多。願毋以反汗爲難，安危之幾，在呼吸間也。臣不勝懇竭祈求之至。"

疏奏上，下優詔答之曰："覽卿奏揭，忠君愛國，遠慮深謀，嘉尚不已。貴州差官，非專爲貨財，欲訪彼中軍民利病、起釁之由耳。朕復思之，黔中正在用兵征討之時，敕諭中使已停寢矣。"

旨下，貴陽軍民舞蹈踊躍，甚至有泣下者。曰："聖天子舉動如此，何憂賊哉？"明年六月，播州平，稍隙，予摭拾舉朝諍疏，次第其語，作《止榷志上》。

蟬衣生曰："礦稅之遣，宇內共苦，蕞爾貴陽，主上不難反汗，聽閣臣之諍，章以爲仁、明、武三善具焉。仁故隱黔氓罹於鋒鏑，明故見萬里外，武故必於戰，不以稅使分封疆臣之力。不然，以黔之瘠，章之庸，益以礦稅，立槁耳。黔槁而西南可完活哉？雖然，蘇文忠言之，欲聞仁人之言與天下之大計，自非元老，將安取斯？是舉也，機發於舉朝之諍，而環轉於密勿大臣。黔之幸，西南之幸也。"

——《黔記》卷十三《止榷志上》，載《中國地方志集成·貴州府縣志輯》，第 2 册，301～306 頁

萬曆庚子六月，西南三省兵會海龍囤下。五日，破賊外郭及其月城。六日，酋自殺，妻子就縛。捷書奏，上大悦，乃下詔曰："元惡既殄，脅從罔治，招復流移，無容豪强兼并，優加賑恤，以安新定地方。"大哉王言，所以覆露西南，仁矣。黔人士如久病邪，客入皮毛，舍於孫絡，閉塞不通，不得溢於大絡，而生奇病，遇扁倉劑而通之，求一日之卧以養天倪，即雞犬之鳴，兒童之跳，亦不樂聞。亡何，有興武衛指揮周原茂者，踵范倉故智，復以礦稅之説進。是時，山西道御史李公時華，貴陽人也。思貴被兵後，十分狼狽，不堪再擾，乃上疏曰："臣奉命巡方，行有日矣。偶聞興武衛指揮周原茂又上貴州開采之疏，臣不覺髮上指冠，恨不生食其肉而寢處其皮也。竊念今日貴州，正在安危未定之天，有萬萬不可擾之使亂者。敬泣血爲皇上陳之：蓋自播酋肆逆，三省騷然，皇上憤此賊之憑陵，憫生民之涂炭，費內外金錢百萬，徵調八路兵馬，廟堂籌畫，備極苦心，當事劼勤，殫厥謀力，頃方捷奏，成何容易？乃欲以成之一旦者，而激之使亂，弃之一旦。臣不知原茂何心，忍於發此。廣西交南之事，殷鑒不遠。皇上超然遠覽，斷不行原茂之言，以蹈交南之轍。惟是臣鄉如在水火，纔幸脱離，則關心莫先於此者。至於地方疲瘠之狀，臣近疏善後十款，業已盡其大概。萬望皇上破格優恤，如驛遞無人走馬，堡站無糧養軍，舊穀以兵餉罄盡，市無賣米者，即有之，斗米數錢，人鮮再食。新穀以運糧未種，所在抛荒，即間有栽插，又值淫雨淋漓，立根不定。十室九空，千瘡萬孔。臣心慟咽喉，難於悉數。皇上謂此等景象，尚堪以一事擾之乎？貴州一線之路，商賈不通，原無稅可榷，萬山之中，虎狼爲政，毫無礦可

采。原茂之意，不過以播酋厚積動皇上，而不知桃谿廟舍，業空於煨燼之中，諸囷原藏，盡火於銃炮之下。以彼亂臣賊子，即有珠山金海，總是不祥之物，不宜致之内庭。況已烈焰無餘，原茂何所垂涎於己？何所欣動於上？乃爲此釀亂激變之厲階，蓋亦不思之甚矣。臣非不知，未滅播酋之先，曾有開采貴州之疏，已蒙皇上采閣臣之言，慨然下明詔禁止其事。原茂何人，御墨未乾，忽慢有此，悖詔旨，喪良心，首大難之端，弃垂成之地。臣謂原茂之頭可斬也。伏望皇上大奮乾斷，置原茂於理，以爲計利不計害，殘忍不仁，欺誑不忠者之戒，仍乞王音申飭前旨，以安西南方，定未定之人心。貴州安則天下舉安，勿謂一隅無關於全盛也。臣愚幸甚，天下幸甚。"

書奏留中。是時，内外臣工唾罵原茂，以貴陽人方出水就岸，奈何復投之火也。上亦不忍食優恤之言，以故原茂疏遂寢不行。

三十年春正月，千户王應魁拾原茂餘唾，復請設貴州税監，大學士沈公擬旨云："貴州地方，連年興師動衆，播賊平，善後事宜尚未寧定，軍民正當優恤之時，豈宜采辦大木、礦銀、顏料等件，以滋騷擾。這所奏罷，該衙門知道。"上從之，内擬不下，而事因以寢。作《止榷志下》。

蟬衣生曰："病加於小愈，破賊難，方破賊而救之尤難。張輔定交趾，郡縣之矣，中官馬騏索賄激變。黎利再逆，遂討不服，竟立陳暠，弃交州，則馬騏之爲禍烈也。麓川之役，斬思任，設隴川，靖遠裂土，伯矣。未幾，而思機擾孟養，再勤王師，竟不得機而割金沙以外界思禄，則王振之爲崇深也。黔，交趾、孟養埒耳，甫定之後，安得重加以騏、振之擾邪？故知主上之爲黔摯矣，沈少師之救黔深矣，而李柱史之爲維桑計亦厚矣。"

——《黔記》卷十三《止榷志下》，載《中國地方志集成·貴州府縣志輯》，第 2 册，306～307 頁

《黔草》二十卷

子章撰，豐城徐憲長即登序，略曰："一時三大役，西哮東倭，而播最黠。同事三大省，左楚右蜀，而黔獨約。夫以約力當勍敵，時事無艱於此者。聖天子方廑南顧，簡相奎氏授之斧鉞，而倚以掃犁之寄，藉第令拮据足食之計，以不隳武功，亦已難之，而況能修文事乎？乃今取所爲《黔草》讀之，則見其光焰萬丈，金薤琳琅，如入錦繡萬花中，接應不暇。其奏疏之忠讜，似陸宣公；其策論之才識，似賈太傅；銘若陳后山之有法度，誄若韓昌黎之多情思；而詩之探囊嘔心，於李長吉不啻似之。此皆夫人之所擅長于平時者，而公獨得之於有事之日。至若告諭儆巴蜀之文，誓命凛商周之體，而奏凱露布即于公异所爲。收復京邑，能使德宗聽之而感泣者，無以加焉。則又夫人所假手於人者，而公獨親自揮灑而有餘。且所指授方略，控險阨要，如身所嘗經；料敵制變，若持券取責，一一符契不少爽。卒之巢覆種殲，克奏蕩平之績，蓋所謂有用文章也。夫以時若彼，爲文若此，自非其

播州楊氏土司
文獻集成
卷一

養之素豫而挾之素弘,安能神閒氣定於臨戎之際以辦此哉!"

丘太史禾實序,略曰:"余讀中丞諸草,見公之貌;讀諸草中論學書,見公之神。乃今讀《黔草》,而後知公之貌之神之不可測也。夫文章家雕龍繡虎之業出,而理學二;理學家探玄索珠之鍵啟,而事功二。非自爲二也,好奇者浮,好修者泥,浮者矜己,泥者滯物。是以詞人往往有遺行,而儒者或斤斤守咫尺之義無所見,彼于所謂不二者,未數數然也。余觀中丞爲古文詞,意氣在秦漢上,顧其沉雄渾樸,爲鼎爲彝,又似三代間物,苔封蠹蝕而精光不可磨滅。至其論學,多發抒所自得,不拘拘于門户,繹之如飲醍醐,令人神醉,如得水于諸而取火于燧,無其形而有其實。蓋知公無意鉛槧而徒以緒餘發之,顧其用物弘而取精多,其能以古文辭爲鼎爲彝,則亦其萃九牧之金而成也。故以此謬謂見公之貌而并見公神。乃公諸草成時,治有績才,見之簿書,功有成才,見之平世。所謂道隱於小成,言隱于榮華,未有若黔之役,一出而嘯風鞭雷、須臾底定者。自今觀《黔草》中,若奏諫,若公移,或出民於湯火,或玩敵于掌上,或倉皇而應一時之卒,或鄭重而周百年之防,算無遺籌,計不再慮,又何其以繻袚之思,斧藻之業,談笑而當虜也。意者公好奇而不爲浮,好修而不爲泥,摻不二之精,而御無窮之變,故于黔若承蜩然。噫,此余所稱讀《黔草》而後知公之貌之神之不可測也。"

——《黔記》卷十五《藝文志下》,載《中國地方志集成·貴州府縣志輯》,第 2 册,330～331 頁

《疾慧編》二卷

蟫衣生撰,自序曰:"予入黔三年矣。始討夜郎,繼討皮林。封豕長鯨,東奔西吼,劍躍弓翻,風毛雨血,其疾在兵。大兵之後,繼以大侵。斗米伍百錢,玉屑糠核,民并日不一飽。菜色載途,白骨填壑,其疾在荐饑。民死於兵,死於饑,冤魄未紓,蠥而爲厲。巇魃晝嘯,猶狂夕現。呻吟於牀第而泣淚於原野,至不忍聽聞,其疾在疫。"

——《黔記》卷十五《藝文志下》,載《中國地方志集成·貴州府縣志輯》,第 2 册,第 331 頁

利器解

蟫衣生《序》曰:"章聞之,地生度,度生量,量生數,數生稱,稱生勝。故不度量數稱,不足以勝,而不計地,不名度量數稱。夫所云地,豈獨險易、迂直、衢重、坎圍之辨已哉?南北東西,剛柔之氣,水火金木,生克之宜,皆兵地也。今天下語戰勝利械,必曰火器,大都不出佛郎機、鳥嘴銃二者而神變化之。顧此二器,國初未有也。嘉靖間,一來自佛郎,一來自倭,皆東夷器也。以此二器籌海,制中國,人髡爲夷者則可,而以制夷,談天稷下,說劍漆園,恐未可必勝。而以制虜則勝,龍堆狐塞,亡鐵山也。而以制苗又勝,五溪三苗,

溽暑伊鬱,亡硝穴也。而以制黔苗則又勝。夜郎、牂牁,西土也,火能爍金,勝之勝也。予從里中受討播命,徦裝七日,行橐中止攜有閩人所贈倭銃、九龍等銃數十門。入黔,自督匠造於署之東園,而未有佳匠,又其製不甚猛烈。大中丞三原温公自長安函《利器解》見示,乃其季將軍編所梓者,予卒業之,如受黃石公。又虞紙上威遠,圖中迅雷,人猶謂畫餅也,乃以其所製五雷、三捷、萬勝等器見遺,予拜受之,如開豐匣,急令匠仿製之。未幾,公又虞器即具而撥機提硝者或匪人也。乃馳其素所善擊裨將王真等來。於是,火傳藥、噴星門、鑽架之類,無不具備。會黔數捷後,圍賊於險囤,乃以公利器授故監軍楊義叔分授諸將,東擊西突,若狂矢騰雲,飛槍摧山,雷駁電激,落攙槍而殞天狼也。囤破賊滅,利器之力居多。歸而藏其書於名山,崢其械於武庫。異日者何以使人人知是器利乎? 命重鐫之,爲論著。其說如此。"

　　——《黔記》卷十五《藝文志下》,載《中國地方志集成·貴州府縣志輯》,第 2 册,第341 頁

　　蠛衣生曰:"元以前,黔故夷區,人亡文字,俗本椎魯,未有學也。黔之學自元始,元有順元路儒學,有藺州儒學。我明洪武二十六年,設貴州、思州二宣慰司學,永樂間廢田氏,思州宣慰司學亦廢。已而,思南、思州、鎮、銅、黎平五府學以次建焉,比各衛州縣學亦以次建,中間沿革具詳各學。萬曆二十八年,播平,又益以印江縣學,又議改平越衛學、普定衛學俱爲府學,又設黃平州學、新貴縣學,而學益備。"

　　——《黔記》卷十六《學校志》,載《中國地方志集成·貴州府縣志輯》,第 2 册,第 344 頁

　　子章疏略:
　　謹題爲謹摘陳善後未盡事宜,懇乞聖明裁定以永治安事。
　　一議建學校,以化夷民。臣等會看得黃平等司屬播,時逆龍禁文字,仇儒生,以故民多弄兵,鮮知向方。頃播平,時臣等會題以平越衛學改平越府學,黃平州另建一學。又該前巡按御史宋興祖題將安順州改安順軍民府,新設平越府,州縣建立學校。

　　——《黔記》卷十六《學校志》,載《中國地方志集成·貴州府縣志輯》,第 2 册,第 351 頁

　　總督川湖貴州軍務都御史一員,間值地方有警,特命專征,事定還朝,不常設。嘉靖間,御史宿應麟題設總督一員,駐沅州,節制三省,尋省。萬曆二十二年,因楊酋叛,復設總督一員,駐四川,節制三省,原議俟播平經歷善後,事竣仍省。

　　——《黔記》卷十八《職官志》,載《中國地方志集成·貴州府縣志輯》,第 2 册,第392 頁

貴州等處提刑按察司

鎮守貴州兼提督平清等處地方總兵官一員,舊駐會城,嘉靖間移駐銅仁。平播后,萬曆二十九年,子章題總兵官春夏駐貴陽,以防播,秋冬駐銅仁,以防苗。

……

分守貴州興黃參將一員,舊無,萬曆二十七年征播題設,爲防播蘖也。

——《黔記》卷十八《職官志》,載《中國地方志集成·貴州府縣志輯》,第 2 冊,第 393 頁

思南府

知府一員,同知一員,正統間革,萬曆二十七年,因播事題設。通判一員,景泰間革。

——《黔記》卷十八《職官志》,載《中國地方志集成·貴州府縣志輯》,第 2 冊,第 400 頁

蟎衣生曰:"黔本夷區,唐宋爲羈縻州,我明翦田、楊二宣慰而郡縣之,始雁行蜀、滇。顧山岩叢林,田疇蜂房,自國初至嘉靖,未丈量也。今上十年,始度田,田始有額。予作《貢賦志》,分爲十目,以十年度田額,及播平后,度平越田額總紀之。"

——《黔記》卷十九《貢賦志上·田土》,載《中國地方志集成·貴州府縣志輯》,第 2 冊,第 402 頁

萬曆二十八年,子章平播善後具題將黃平等五司改流,屬貴州,設平越府,黃平州,甕安、餘慶、湄潭三縣,丈出田地壹拾陸萬貳拾貳畝,龍泉縣田地在外。

——《黔記》卷十九《貢賦志上·田土》,載《中國地方志集成·貴州府縣志輯》,第 2 冊,第 404 頁

萬曆二十八年,子章平播善後具題,設平越一府,黃平一州,甕安、餘慶、湄潭三縣,招復民户玖千陸百柒拾捌丁口。又九股降苗貳千肆百陸拾陸户,苗民男婦玖千伍百壹拾叁丁口。

——《黔記》卷十九《貢賦志上·户口》,載《中國地方志集成·貴州府縣志輯》,第 2 冊,第 406 頁

萬曆二十八年,子章平播善後具題,設平越府,黃平州,甕安、餘慶、湄潭三縣,派徵秋糧米共肆千玖百肆拾陸石貳升叁合,疏略詳有司土田項下。

——《黔記》卷十九《貢賦志上·稅糧》,載《中國地方志集成·貴州府縣志輯》,第 2 册,第 407 頁

　　外播州宣慰司額納秋糧壹萬陸百貳拾伍石肆斗,屢年拖欠。隆慶三年,委官責令認納肆分之叁,今實徵伍千捌百伍拾石,内實米玖拾陸石,折色叁千壹百陸拾肆兩柒錢,今改爲遵義府。

　　二十八年,子章平播善後題,將黄平、餘慶等五司改流屬貴州,除去糧米壹千柒百玖石玖升,不入協濟數。

　　二十九年,子章題將湖南、長沙、川南四土府、西陽附隸貴州督撫節制,以便催徵錢糧。

——《黔記》卷十九《貢賦志上·協濟》,載《中國地方志集成·貴州府縣志輯》,第 2 册,410～411 頁

　　户口:萬曆二十九年播平后,共編壹千柒百零貳户,捌千捌拾柒丁口。

　　土田:萬曆二十九年播平后,新丈壹拾伍萬玖千柒百陸拾貳畝壹分零。

　　徭役:萬曆二十九年播平后,條鞭銀、力差,公費銀壹萬壹千陸百伍拾肆兩陸錢捌分零。

——《黔記》卷二十《貢賦志下·平越軍民府》,載《中國地方志集成·貴州府縣志輯》,第 2 册,第 443 頁

　　蠨衣生曰:“……予入黔,而有播與皮林之役。所謂率然者,不能向賊遺一矢,是備猶不備也。夫竭楚蜀之餉,養不備之戍,而欲備招募之卒,不能備招募之訾。誦士季語,爲之竊嘆,矧四方之以惡來者日紛員也。作《兵戎志》。”

——《黔記》卷二十一《兵戎志》,載《中國地方志集成·貴州府縣志輯》,第 2 册,第 459 頁

本省驛傳道議詳頒行驛遞應付規則

　　貴州驛傳道爲督撫地方事,萬曆二十九年十月初二日,奉軍門郭批,據本道呈奉憲牌照得貴州平播之後,復剿皮林,兩被兵戈,夫馬逃竄,至今尚未復業。

——《黔記》卷二十二《郵傳志》,載《中國地方志集成·貴州府縣志輯》,第 2 册,第 479 頁

平越軍民府

　　……黄平驛,興隆衛城南,舊隸四川黄平安撫司,萬曆二十九年播平改流,割屬平越府。原額馬驢貳拾柒匹頭,每年叁百陸拾日,徵銀雇募,每日議價銀柒兩伍錢,除清平衛、

凱里司每年幫銀陸拾兩外,本府年該銀貳千陸百肆拾兩,舘銀計叁百陸拾日,每日議銀捌錢,共銀貳百捌拾兩。

——《黔記》卷二十二《郵傳志》,載《中國地方志集成·貴州府縣志輯》,第 2 册,第 486 頁

貴陽府通判、前刑部郎中夏爀《便屯倉記》:"中丞郭公平播之二年,邊鄙既戢,百廢具興。乃復擇隙地,置倉於省之東隅,以便兩衛屯糧之輸灌,名便屯倉。或謂黔既有豐濟倉矣,焉用是倉爲? 則爀嘗考於利弊知之。按黔設省衛二,衛轄百屯,歲計屯糧七千有奇,雖不當中州一邑,然而祖宗分屯列戍,戍以衛疆圉,控裔苗,而屯以餘粒歲輸官,給軍餉十三,蓋亦積貯之大命也。惟是屯百而屯之倉一,輸者驛絡,而倉不及收,則守候淹,不便一;有守候,勢不得不寄店户,寄店户則租賃有費,鋪墊有費,不便二;又況寄貯而久也,風雨漂泊,歲月損耗,不便三;其甚者,官藉口於輸費之艱,必且多科派,多科派則病屯耕,不便四;官恣意於出納之便,必且多乾没,多乾没則病公廩,不便五。……屯人趨事子來,有以也,爀是爲《便屯倉記》。"

——《黔記》卷二十四《公署志下》,載《中國地方志集成·貴州府縣志輯》,第 2 册,第 521 頁

平越軍民府

平越軍民府與平越衛同城,在衛左。平播后,萬曆二十九年,兩院檄知府劉冠南、同知楊可陶建。府正佐衙署俱在府内,經歷司在府内左。守備署在城,萬曆三十年建。平越衛在府右,洪武十四年建,萬曆二十九年重修。經歷司在衛内左,鎮撫司在城内,洪武二十一年建,副使趙之屏修。左、右、中、前、後五所在城内,洪武間建。稅課司在衛西,洪武間建。廣豐倉在衛南,指揮端聚建。察院在城内。按察司在城西南,弘治間建。兵備道在城内南,成化間副使方中建,嘉靖間趙之屏修。分司公署,萬曆二十五年副使詹啟東行推官李珏重建。楊義司治在府東二十里,洪武間建。

黃平州與黃平所同城,平播后,萬曆二十九年,兩院檄知州曹進可建。知州、判官、吏目衛署,俱在州内。

黃平所,在城内,洪武八年建。鎮撫司,在城内。按察司,在城内,宣德間建,成化間重修。

餘慶縣,平播后萬曆二十九年建。知縣、典史衙署俱在縣内。

甕安縣,平播后萬曆二十九年建。知縣、典史衙署俱在縣内。

湄潭縣,平播后萬曆二十九年建。知縣、典史衙署俱在縣内。察院,在城内,萬曆二十九年建。

——《黔記》卷二十四《公署志下》,載《中國地方志集成·貴州府縣志輯》,第 2 冊,第 523 頁

龍里衛

龍里衛治,在城內。經歷司在衛堂右,鎮撫司在城內西。左、右、中、前、後五所在衛前,俱洪武二十三年建。預備倉在城內南。養濟院在城內北。

察院在西,舊衛按察分司,萬曆元年遷建。布政分司在城東南,永樂間建,成化二年指揮賈武修。

駐鎮廳在城內。龍里故無駐鎮官,萬曆二十九年平播后,撫按題將貴陽府佐於彼駐鎮,自推官楊可成始。

新添衛

駐鎮廳在衛治東,萬曆六年,巡撫何起鳴議移都勻刑廳鎮衛,自推官劉啟鵬始。萬曆二十九年平播后,撫按題將都勻推官改鎮清平,平越府推官鎮新添,自推官徐雨始。

清平衛

駐鎮廳在城內。清平故無駐鎮官,萬曆二十九年平播后,撫按題將都勻府推官駐鎮,自推官羅德星始。

興隆衛

駐鎮廳在城內。興隆故無駐鎮官,萬曆二十九年平播后,撫按題將平越同知駐鎮,自同知楊可陶始。

——《黔記》卷二十四《公署志下》,載《中國地方志集成·貴州府縣志輯》,第 2 冊,542~544 頁

公侯伯總兵參將都司守備表

……萬曆二十七年,播賊猖獗,入寇思、石、興、黃等處。銅苗稍戢,總兵官倚銅爲兔窟,不肯出銅仁一步以制賊。部議,貴州總兵所轄信地,准照巡撫例駐劄會城。時都督同知李應祥爲總兵,領敕,敕曰:"皇帝敕諭都督同知李應祥,今特命爾充總兵官,鎮守貴州,兼提督平清等衛地方漢土官兵,駐劄會城,便宜調度,操練軍馬,修理城池,撫恤士卒,振揚威武,控制鄰近苗賊。目今方在用兵,總兵所轄信地,准照巡撫事例,湖北道所轄辰、常二府,靖州、麻陽、鎮筸,九、永二守備,常德、辰州、沅州、九谿、永德、施州六衛,永順、保靖二宣慰司,施南、散毛、忠建、容美等宣慰司,筭子坪五寨長官司,川東所轄重、夔二府,并各衛所,酉陽、平、邑等土官,除文職不在所轄,參將、守備、軍衛、土官,俱聽兼制。有事會行各總兵官調遣,大則合營攻剿,小則倚角聲援。無事照常分轄,不得侵越滋擾。廣西、雲南與貴州接境去處,官兵如遇警急聲息,亦聽飛檄調遣,協力援剿。爾仍與川湖總

兵,俱聽總督節制,有功三鎮一體論賞,失事一體論罪。凡事須與巡撫公同計議,呈請總督,停當而行。勿得偏執違拗,致乖事體。爾尤須持廉奉法、正己率下,以副委任,如或貪懦不職,國典具存,絕不輕貸。爾其慎之! 故諭。"

總兵之駐會城,以平播改也。播平后,子章復題,總兵官春、夏駐貴陽以防播,秋、冬駐銅仁以防苗,兵部題覆,制曰可。

貴州故無參將,清浪參將楚屬也,永寧參將蜀屬也。嘉靖間以苗叛,設銅仁參將,嗣議總兵駐銅仁,革參將爲守備。萬曆二十七年征播,設興隆、婺川、畢節各參將一員。播平,革婺川、畢節二參,止留興隆參將一員,爲防播孽也。二十九年,以平、清、偏、鎮四衛屬黔,則清浪參將始爲黔將。

——《黔記》卷二十七《公侯伯表》,載《中國地方志集成·貴州府縣志輯》,第 2 冊,545~546 頁

……萬曆中,以播州楊酋之叛,二十二年命邢侍郎玠,二十七年命李侍郎化龍,二十九年命王侍郎象乾,俱駐四川,仍名三省總督云。

……萬曆二十八年,平播州,督撫按題,益以平、清、偏、鎮四衛,及兼理湖南、川南四土府糧餉,吏、戶二部、督察院題覆。子章疏請增易敕書,疏略曰:"萬曆二十八年六月內,臣肅將天威,會蜀、楚兵討平播酋後,准史部咨該本部題覆,內開白田壩設一府、四縣、一州,隸四川,平越設一府、四縣、一州隸貴州等因,題奉聖旨俱依擬。"

——《黔記》卷二十八《總督撫按藩臬表》,載《中國地方志集成·貴州府縣志輯》,第 2 冊,562~563 頁

永樂十八年,設貴州等處提刑按察司,……一思石兵備,整飭思石等處,分巡思仁道,兼治鎮筸、平茶、播州等處,駐銅仁。

——《黔記》卷二十八《總督撫按藩臬表》,載《中國地方志集成·貴州府縣志輯》,第 2 冊,第 565 頁

紀年	總督	巡撫	巡按	藩臬二司
(萬曆)二十二年,甲午	邢玠 益都人,辛未進士。播酋楊應龍亂,以兵部左侍郎兼制副都,總督川、貴兵勘剿,尋勘報還。			

紀年	總督	巡撫	巡按	藩臬二司
二十七年,己亥	李化龍 　　長垣人,甲戌進士。播酋楊應龍叛,以右副都御史兼兵部右侍郎總督,播平以憂去。萬曆三十二年十一月,以平播功升兵部尚書加少保,蔭一子錦衣衛指揮使,世襲。	郭子章 　　相奎,泰和人,隆慶辛未進士。由福建左布政升右副都任,萬曆三十二年十一月,以平播功升督察院右都御史兼兵部右侍郎,照舊巡撫,蔭一子錦衣衛指揮使僉事,世襲。	宋興祖 　　汝杰,漢州籍,中江人,癸未進士。	楊寅秋 　　按察使,征播監軍,請告卒。萬曆三十二年,以平播功贈太僕寺卿,蔭一子入監。 張存意 　　參議,岳州人,進士,征播監軍,調河南。
二十八年,庚子			宋興祖 　　以征播再留巡按一年,以平播功升大理寺右少卿。	
二十九年,辛丑	王象乾 　　新城人,隆慶辛未進士,參政重光孫。播平,以兵部左侍郎兼右僉都御史,總督經理善後。			

　　——《黔記》卷二十八《總督撫按藩臬表》,載《中國地方志集成·貴州府縣志輯》,第 2 册,第 596 頁

泰和郭子章相奎父著
漢洲宋興祖汝杰父正
貴州畢三才成叔父校

守令表

　　……(萬曆)二十七年播州叛。二十八年播平。子章會同巡按御史宋興祖疏,略曰:"播州之地,東西相距二千餘里,南北相距四百餘里,雖云慝國,亦係樂土。今議改流,東西可設二府,每府可設二三縣。播境原屬四川,與貴州鄰,二省界限,原自分明。至論建置大概,臣意自沙溪以至白泥,當以烏江爲界,設一府於白壩,而真州、婁山、松坎等處可爲三縣,黃平在元已爲府矣,當設一府於黃平平越,而餘慶、白泥二司可爲一縣,雍水、重安二司可爲一縣。此沙溪至白泥一帶建置之大概也。自白泥渡江至婺川縣,以三渡、板角、苦竹三關爲界,其中漢夷苗土錯雜,惟湄潭可縣,龍泉可縣。龍泉土官安民志陣亡,其

子尚幼,其印已失,其土地已爲楊酋踐躪,合無將龍泉改建一縣,增築城郭,而以安民志之子世爲土縣丞,以爲死義者之勸,其祖職長官世爲土主簿。此則思石一帶建置之大較也。第播州之名,其來已久,播之爲字,番之有才者也。以故應龍阻兵,崛强獷戾,竭四方之力,僅乃克之。夫南越破而聞喜建,吕嘉得而獲嘉名,龍州平改爲龍,安九絲夷更名建武,即播州納土於宋,亦改名遵義,計廟堂當有定謨,而播之名似當更易。"

疏入,下部覆請,詔設平越軍民府,以黄平州、餘慶、湄潭、甕安三縣隸之。龍泉司改縣,仍隸石阡。貴陽府加軍民字。三十年,御史宋興祖奏改安順州爲軍民府。於是,貴州得府十、州七、縣十二,而守令始備。

——《黔記》卷二十九《守令表》,載《中國地方志集成·貴州府縣志輯》,第 3 册,4 ~ 5 頁

黔記卷三十科第表

泰和郭子章相奎父著

漢洲宋興祖汝杰父正

貴州畢三才成叔父校

科目紀年	進士	鄉舉	武會
(萬曆)丙戌會試			阮仕奇 普定衛武生,建昌僉書,征播陣亡。

——《黔記》卷三十《科第表》,載《中國地方志集成·貴州府縣志輯》,第 3 册,第 64 頁

楚昭王

蟎衣生曰:"《黎平志》載,今銅鼓所西有十萬坪,相傳楚王駐兵處。嗟乎!楚、湘二王,帝子也,不難深入林箐破苗賊。播州之役,諸大將觀望首鼠,如魚上竿,如蝸緣壁。天下有事,安得令若輩如二王邪?"

——《黔記》卷三十二《帝王事記》,載《中國地方志集成·貴州府縣志輯》,第 3 册,80 ~ 81 頁

中郎將唐蒙。附馳義侯徐廣,曰越人也,名遺。

蟎衣生曰:"《文獻通考》載:'嘉州,故夜郎國,漢武開之',置犍爲郡。播州,夜郎國東境也,嘉州,即今嘉定州。犍爲,今犍爲縣。播州,即今播州。則古之夜郎,自嘉定至播州皆是,後分犍爲、牂牁二郡。牂牁郡屬縣有且蘭、夜郎、平夷等縣,則今播州是已。第播州臨江,今名烏江,不名牂牁江。烏江流入涪州,豈能入南海邪?且播州距南海番禺甚

遠,安得從夜郎制越?"

——《黔記》卷三十三《宦賢列傳一·楚漢蜀晋》,載《中國地方志集成·貴州府縣志輯》,第 3 册,第 85 頁

牂牁太守陳立

蜡衣生曰:"陳思馬以數千人諸夜郎王興。今播州之役,勤三十萬師,菫醢應龍尸,吾儕媿矣。雖然,興將數千人往見陳思馬,應龍入寇,動稱數萬。使陳思馬而在,恐非數千人能制應龍死命也。翁指據阤爲壘,陳司馬絶汲道,縱反間,與近日破海龍囤大略相似。蠻夷恃地險,嗚呼,地險何足恃邪!"

——《黔記》卷三十三《宦賢列傳一·楚漢蜀晋》,載《中國地方志集成·貴州府縣志輯》,第 3 册,86~87 頁

左丞李德輝

李德輝,字仲實,通州潞縣人。至元十七年,西南夷羅施鬼國既降復叛,詔雲南、湖廣、四川,合兵三萬人討之。兵且壓境,德輝以左丞被命。至播,乃遣安珪馳驛,止三道兵勿進。遣張孝思諭鬼國趣降,其酋阿察熟德輝名,曰:"是活合州李公邪?其言明信可恃。"即身至播州,泣而告曰:"吾屬百萬人,微公來,死且不降。今得所歸,蔑有二矣。"德輝以其言上聞,乃改鬼國爲順元路,以其酋爲宣撫使。兵後,有以受鬼國馬千數譖德輝于朝者。帝曰:"是人朕所素知,雖一羊不妄受,寧有是邪?"德輝受羅鬼降,至黃平,夜星賈如斗,自嘆曰:"他日嘗夢主烏江,今播水名烏江,與是星皆吾死徵也。吾嘗羨馬伏波老當益壯,奇曹武惠爲將不殺,今活羅鬼,馬革裹尸,歸何憾。"病七日,卒。贈中書右丞,謚忠宣。

——《黔記》卷三十四《宦賢列傳二·唐宋元》,載《中國地方志集成·貴州府縣志輯》,第 3 册,第 96 頁

都元帥速哥

速哥,蒙古人。世祖至元十九年,亦奚不薛蠻叛,置順元等路軍民宣慰司,以速哥爲宣慰使,經理諸蠻。二十四年,遷河東陝西等路萬户府達魯花赤,播州宣撫賽因不花等赴闕請留之。降八番、金竹、百餘等寨,得户三萬四千,悉以其地爲郡縣,置順元路金竹府,貴州以統之。

——《黔記》卷三十四《宦賢列傳二·唐宋元》,載《中國地方志集成·貴州府縣志輯》,第 3 册,第 97 頁

光禄大夫劉國杰

劉國杰，女直人。入中國，從姓劉。貌魁梧，善騎射，膽力過人。初爲湖廣行省平章政事。大德五年，遣雲南行省左丞劉深將兵擊八百媳婦。劉深等取道順元，遠冒烟瘴，未幾，士卒死者已什七八。驅民轉餉谿谷間，一夫負粟八斗，率數人佐之，數十日乃達。死者亦數十萬人。中外騷然，而深復令雲南調民供餽，及脅求水西土官之妻蛇節金三千兩、馬三千匹。宋隆濟因紿其衆曰："官軍徵發，汝等將悉剪髮黥面爲兵。"衆惑之。隆濟遂連蛇節，率苗僚諸蠻攻破楊黃諸寨，進攻貴州。知州張懷德力戰敗，死，遂圍深窮谷中。梁王闢兵救之，賊衆稍却，乃遣劉國杰及楊賽因不花等率四川、雲南、湖廣各省兵，分道進討諸蠻，別敕梁王提兵應之，軍中機務，一聽國杰處分。……初，國杰師出播州境，與賊戰失利，乃令軍士人持一盾，釘其上，俟陣合，即弃盾佯走。賊果逐之，馬遇盾皆仆。國杰鼓譟趣之，賊大敗。既而餘寇復合，要戰，國杰不應。數日，命楊賽因不花分兵先進，大軍繼之。賊兵潰，乘勝逐北千里，殺獲無算。遂破之于墨特川，擒斬蛇節，隆濟遁去。尋爲子宋阿重執之來獻，詔斬之，餘黨相繼平。

——《黔記》卷三十四《宦賢列傳二·唐宋元》，載《中國地方志集成·貴州府縣志輯》，第 3 册，第 98 頁

知州張懷德

張懷德，元大德間爲貴州知州，值土官宋隆濟及蛇節反，攻貴州。時治平既久、兵備廢弛，衆心洶洶無措。懷德募民壯，合軍官千餘，諭以忠義，人殊效死，軍勢頗振。然衆寡不敵，力戰被擒。賊欲降之，懷德大罵，不屈而死。郡人表其戰地曰崇節。

蟻衣生曰："勝國時有隆濟、蛇節之難，而貴州以墟。今日有應龍之難，而貴州幸全。貴人不知昔之所以墟，而又不解今之所以全。城之不陷，有司之不爲懷德也，其機固難言哉，难言哉。"

——《黔記》卷三十四《宦賢列傳二·唐宋元》，載《中國地方志集成·貴州府縣志輯》，第 3 册，第 99 頁

總督兵部尚書侯琏

蟻衣生曰："甚矣，兵之不易言也。古人發兵，頭鬚爲白。豈徒白頭，抑且嘔心。侯尚書卒於普定，張惠安卒於沅州，豈非所謂'鞠躬盡瘁，死而後已'者乎？近者播州之役，張監軍棟、楊監軍寅秋、吳總戎廣，俱以賊平病殞。嗟乎！是苦也，惟同嘗膽者知之耳。敵破臣亡，誰暇計人苦樂！"

——《黔記》卷三十六《宦賢列傳四·總督巡撫》，載《中國地方志集成·貴州府縣志輯》，第 3 册，第 123 頁

刑部尚書何文肅公喬新 父文淵

何喬新，字廷秀，廣昌人。景泰五年進士。屢官刑部侍郎。成化間，播州宣慰楊輝嬖妾，寵庶子友，欲奪嫡子愛。諸酋不從，輝矯奪大壩、鎮箪諸夷寨，立懷遠、宣化二長官司。又割播州、凱里五十二寨，設安寧宣撫司，立友爲使。張都御史瓚輒爲輝畫請旨。會愛母死，友母益橫。專結凶黨，誣愛反，交通唐王。朝廷疑愛，遣公即訊。友母子又輦金寶賂諸權貴人，欲公囚愛待命。眾籍籍爲友游説，必欲去愛。

公至，盡得友子母奸惡罪。條上，白愛無反謀，革友宣撫，削官銷印，遷保寧，與產業自給，播州遂定。後友子張歸播，兵部尚書胡世寧請立安撫司於凱里，以張爲之，今凱里司是已。何公後官刑部尚書，卒謚文肅。

蟫衣生曰："貴州之議，失之文淵而得之忠肅；播州之議，失之張瓚而得之文肅。貴州非忠肅，則西南之區久爲左衽；播州非文肅，則夜郎之禍豈待應龍。故二肅之謀國也忠矣。嗟乎！文肅豈獨蓋父之愆已邪？"

——《黔記》卷三十六《宦賢列傳四·總督巡撫》，載《中國地方志集成·貴州府縣志輯》，第 3 冊，128～129 頁

副都御史鄒莊簡公文盛

……

附兵部尚書王瓊《貴州捷音疏》略云："該巡撫貴州副都御史鄒文盛題議，照苗民逆命，自古爲然，而恃險肆惡，於今獨甚。猖亂於阿傍、阿階之桀酋，蠢動於車枕、門樓之諸寨，動稱六十年，氣數皆然……其四川管下夭漂、夭壩等處黑苗，雖經招撫，退回巢穴，但性類犬羊，叛服不常，乞敕該部轉行彼處巡撫、巡按督行該道守巡官，嚴督播州宣慰楊斌，責令該管舍目不時撫諭，不許仍前越境侵占，貽患地方。除官軍人等獲到功次，該巡按紀功，御史查照造冊，及將僭王首惡阿傍等會審明白，各另具奏。軍中用過錢糧等項，行布政司造冊……再照各官奏稱四川管下夭漂、夭壩等處黑苗，雖經招撫，退回巢穴，但性類犬羊，叛復不常，乞行四川鎮巡官嚴督播州宣慰楊斌，不時撫諭，不許仍前越境侵犯一節，合無本部馬上齎文，交與四川鎮巡官計議作何方略。督委宣慰楊斌管束黑苗，不得侵犯貴州境內。應施行者，就便從宜施行，仍星馳回奏定奪。若別有應爲議處事，宜亦須作急陳奏。不許徒爲文具，因循坐視。以後黑苗侵犯貴州，其四川鎮巡官責必難辭。"

——《黔記》卷三十六《宦賢列傳四·總督巡撫》，載《中國地方志集成·貴州府縣志輯》，第 3 冊，136～139 頁

右副都御史劉士元

劉士元，字伯儒，彭縣人。嘉靖十年，由廣東左使升副都巡撫。先是，九年，真州盜

起。真屬播,在婺川、南川之交,州有鄭、駱二土官者,漁獵刻厲,民不聊生。土豪花姓者數家各擁佃民數千户,皆亡命。二土官徵求不已。周天星、正大魚等遂乘時煽動,婺川、南川危甚。公主剿,令參議姚汝皋、僉事王尚志同領兵都指揮督土舍張鼇進剿之。賊平,各授欽賞有差。是年,流賊徐雲山等叛,流毒縣境。守備蕭鼎提兵征之,二年乃克。初,貴州安撫司每遇朝覲之年,進馬四匹,易四十金貯庫。時凱里楊張初授安撫,恐起派貢賦騷擾新民,欲比例施南,乞求蠲免。士元以聞,部議凱里爲新造之城,凱苗皆新附之民,止令照令進表,免其進貢馬匹,姑待五七年後生意漸復,事體漸安,然後與各土司一體進貢。上從部議。

　　——《黔記》卷三十六《宦賢列傳四·總督巡撫》,載《中國地方志集成·貴州府縣志輯》,第 3 册,142~143 頁

右副都御史杜拯

　　杜拯,字道濟,豐城人。嘉靖戊戌進士。隆慶元年,由陝西左使升右副都巡撫。是時,三司以黔地狹,議增楚、蜀州衛土司,又議改程番入省,貴竹、平伐二司爲縣。拯會同御史王時舉疏,略曰:"沅、靖二州與平、清、偏、鎮、銅鼓、五開六衛之去湖廣,酉陽、播州、永寧三土司之去四川,俱二千餘里,遙屬於二省,而兼制于貴州。服役者興遠道之嗟,莅事者無畫一之軌,于民情政體甚不便也。"

　　——《黔記》卷三十六《宦賢列傳四·總督巡撫》,載《中國地方志集成·貴州府縣志輯》,第 3 册,156~157 頁

右副都御史林喬相

　　林喬相,字廷翰,晉江人。嘉靖壬戌進士。萬曆二十一年,由雲南左使升副都御史巡撫。……二十八年以播事詿誤。

　　——《黔記》卷三十七《宦賢列傳四·總督巡撫》,載《中國地方志集成·貴州府縣志輯》,第 3 册,第 163 頁

僉事御史江東之

　　江東之,字長信,歙縣人。萬曆丁丑進士。爲御史,摘發内瑞馮保奸狀,侃侃有聲。……二十七年,以播事詿誤。

　　鄒爾瞻《書〈江中丞傳〉後》:

　　……曰:"黔與蜀,貧富衆寡强弱何啻天淵?總督大師未臨,播兵一指,綦江城破,殺兩名將,伏尸流江津,重慶騷動,黔有之乎?夫以一彈丸地,無兵無餉,公徒以一腔血誠,拮据搶攘,中尉而爲將,市傭爲兵,死鋒鏑者,自父母妻子咸無怨言,非得素拊循士卒,能

然乎？客曰："然則中丞一無遺議與？"曰："有。"曰："何？"曰："吾聞自古未有無居中調護而能成功于外者。公自閣部及要人皆與之齟齬，一有礙中，時露白簡，即功其孰與我？人而不仁，疾之已甚。以夷治夷，從古已然。安之與播，蟠互糾結，其來已久。即罪當聲討，孰爲後先？不度力而縻安，驅安而與播合，陰以抗公顏行。播固播也，肘腋之播，不可邇也。是公不濡忍縻夷而過之深也。公之意曰：吾以天朝殲此小醜，如泰山壓卵，然不知泰山高不可邇。即一播，後來諸君子所以請兵請餉，左羈右縻數年，艱辛萬狀者何如？矧公直兩播爲之阽哉？九原而作，公當以予爲知言。雖然，公清風愷澤，遍于黔人。黔人聞公没，至樹綽揆思公。吾友郭中丞相奎繼公後，亦謂公遭時之艱極，身無貳慮可念，没世不忘，于公見之。此豈可知力爲哉？"客曰："不以成敗論人，而中丞一腔真心，得先生益明。先生言公而核，非先生往履黔，習黔事，不悉也。請籍之，异世當不謂先生阿所好者。"

——《黔記》卷三十七《宦賢列傳四·總督巡撫》，載《中國地方志集成·貴州府縣志輯》，第 3 册，164～167 頁

監軍按察使楊寅秋

楊寅秋，字義叔，泰和人。楊文貞公士奇玄孫也。萬曆甲戌進士，令東莞，以治行最召爲御史，歷官粵西大參。會交州有黎莫之訌，公臨交，拊之，詳《綏交錄》。萬曆己亥，播酋楊應龍叛，會公入賀在長安，上命遴群臣中有才望者爲楚蜀黔監軍。是時，黔被賊急，上命公來監黔軍。公至黔，語子章曰："安與楊兩羽也，合之則軒飛，分之不能槍榆。公操縱安氏，飭慮敝舌。"已，賊寇烏江，勢將絕江。公曰："此正用安日也，安入，播賊必舍黔而顧巢。"於是，以大義責安舉兵，從沙溪向播。應龍返兵與安戰大水田，破之。自是，四方兵始合，攻囷破賊，公功最殊。賊平，公乃以狀上，其略曰："楊酋逆節滔天，提封據險，不下千里而遙，而迫近黔省烏江河渡之間八十里而近，我一投足即害地，彼一鼓翼即壓境。兵分則衆寡不敵，不分則咽喉不守，不進見爲示怯，進則苦於寡援。方賊之并力一向，阽我烏江河渡之師也。人疑不釋於安兵，賴督撫軍門審勢決策，震疊鼓舞，安其心而作其氣，遂有大水出之捷，首挫賊鋒。方兩關之既克不守也，人謂解嚴之後，不復鼓行而西矣。賴督撫軍門征兵屬甲，獎率新舊之兵，決命賈勇，載渡險關，猶能執訊獲醜，從諸路深入賊阻。方水西兵之遠嫌拔營移屯也，人謂安兵解而河渡之孤壘，不得圜陳合圍電擊矣。賴督撫軍門焦勞主持，以威信制夷，命以輪攻，申軍令以懸賞勵士心。六月初五日，黔兵得合川東綦南哨，齊驅先登，一鼓而奪鳳凰嘴，再鼓而克土城、月城。質明，賊不戰倒戈，遂平凶逆。救萬靈之塗炭，拓千里之封疆。繄繇天授，夫豈人謀？"

公即歸功於上，讓勞於諸將帥，而公焦愁至亡寢飯，坐是病，又思太夫人切，遂決意請告歸。歸而總督李化龍序公功曰："楊某才閎識定，慮遠機沉。拮据於兵食之間，紆籌心爲最苦；縱橫於戰守之際，決勝略更多奇。"

未幾,公卒。柱史宋公興祖核公功,疏曰:"楊某初至,戰守兵食,百爾不備,苦心極力,晝夜幹理。鑿鑿中窾,粗備即屈師期,乃自處其難,出烏江河渡路而兼攝沙溪。蓋其所探者虎穴,一蹶之遭,勢理所有。竟能同副使洪澄源鼓舞隴澄戰於母氏,韓魏之交始貳,而酋勢始孤,必亡之形成矣。酋牽於內顧,而諸路以次進矣。鳳氏為愛子增兵,安疆臣為胞弟同出,兵勢益振矣。進燒桃溪,酋促走囤,安隴後路之開,竟賴以成功。"而復惜之曰:"功成歸穴,九里山之布機;慮竭籌幄,五丈原之盡瘁。"

嗚呼!二公庶幾知公矣。章同宋公以恤典請於朝,贈太僕寺卿,蔭一子。

蟨衣生曰:"予結髮與義叔同黌序研席,予年十有五,義叔十一耳,而英氣咄咄,不可嚮邇。通籍幾二十年,不幸死於王事,齡才五十有五。天乎!奈何豐其才促其齡也!雖然,綏交有錄,平播有紀。男兒坐蘭錡,冒矢石,勞飣而病,病飣而死,為臣死忠,死又何妨!自古韙之矣。"

——《黔記》卷三十九《宦賢列傳六·本朝藩臬》,載《中國地方志集成·貴州府縣志輯》,第 3 冊,206~207 頁

鎮遠同知何瑄

何瑄,土人也。初為鎮遠州知州。州革,詔以為本府同知。……正統末,苗叛,道路梗塞。……十月,復領土兵屬都督陳友攻播州重安地方,於新莊舖等處截殺,連攻陳溪、翁角龍等寨。……四年,升從四品散官,朝列大夫。十月,播州草塘、黃平二安撫司弗靖,巡撫都御史蔣琳與左都督方英會議進兵,檄瑄領土兵會同雲南都司征進,都指揮王敬、詹惠、鄭俊等攻松平、琵琶、潘家等寨,生擒賊首謝革度。

——《黔記》卷四十《宦賢列傳七·知府府佐》,載《中國地方志集成·貴州府縣志輯》,第 3 冊,212~213 頁

龍場驛丞王文成公守仁

王守仁,字伯安,餘姚人。弘治十二年進士。……宋氏部羅阿賈、阿禮等叛,人言貴榮嗾之,而督府檄兵,安家輒違約不至。守仁復貽貴榮書曰:"……今播州有楊愛,凱里有楊友,西陽保靖有彭世麒等諸人,斯言苟聞於朝,朝廷下片紙於楊愛諸人,使各自為戰,共分安氏之所有,蓋朝令而夕無安氏矣。"

——《黔記》卷四十二《遷客列傳》,載《中國地方志集成·貴州府縣志輯》,第 3 冊,248~252 頁

冉璡 弟璞

冉璡,播州人。宋末與弟璞負文武材,隱居蠻中,嘗同游八番,睹山川險易,若有所

營。時人莫識，以爲景純之流。後仗策謁余玠，爲畫城釣魚山之策，人始知其異。

——《黔記》卷四十三《寓賢列傳》，載《中國地方志集成·貴州府縣志輯》，第 3 册，262~263 頁

訓導越昇 孫英、民表

越昇，宣慰司人。宣德間以經明行修召，將授館佐職，會四川播州宣慰司求明經師化夷，遂授昇播州學司訓導，尋卒於播。

——《黔記》四十七《鄉賢列傳四》，載《中國地方志集成·貴州府縣志輯》，第 3 册，第 292 頁

毛氏

烈婦毛氏，石阡木商張春妻。萬曆二十六年春，播賊殺春，驅執氏行，氏抱夫身，厲聲罵賊，賊怒斷其手，及死，面猶向夫。二十七年，御史應朝卿題旌，附祀烈婦祠。

——《黔記》卷五十三《淑媛列傳》，載《中國地方志集成·貴州府縣志輯》，第 3 册，第 342 頁

黃平州

寶相寺，在州東二里，元至元間建，洪武中重修，景云"寶寺晚鐘"即此。萬曆二十六年毀於播賊，三十一年予檄知州曹進可重建。

——《黔記》卷五十五《方外列傳二》，載《中國地方志集成·貴州府縣志輯》，第 3 册，第 363 頁

宣慰使之官，始於唐元和，置淄、青、袞、豫等州宣撫使，後始置宣慰使。大率藩方不靖，則遣重臣宣諭慰安之，故有宣慰使之名。

未置宣諭使，以宣諭德意爲職而已，不與軍事，無宣慰官。

元沿唐制，置宣慰使、副使、斷事官、經歷、知事等員於順元路。我明因之。

洪武初，高皇帝敕曰："天生一代之君，必成一代之治。自古以來，莫不皆然。而其間治有隆污，政有得失，亦由人君善用人與不善用人之所致也。朕承大統之後，矧今既爲天子，而肯私以怨惡加於人邪？故用人盡忠於國者，雖讎必賞。朕仰遵成憲，俯察輿情，推至公之心，廣仁厚之化，嘉惠海内，子育元元。欲比隆前規，以臻至治。爾天下土官，遵守朕訓，各盡乃心，勿妄懷疑，以速咎戾，則可以共保富貴於無窮。"

國初，土官就彼襲替。嘉靖三十三年，議准雲貴土舍應令照品納米，撫按查明具奏，就襲替。萬曆九年，題准停止云貴土舍輸納事例。凡土司告襲，所司作速勘明，具呈撫按

核實批允,布政司即爲代奏,該部題選填憑轉給,就彼冠帶襲職。有願赴京親襲者,聽其效忠,進獻馴象土物,并疏奏聞。撫按仍設告襲文簿,將土舍告襲,藩司代奏日期,登記明白,年終報部備考。

貴州名腹裏,土官遇三年朝覲,差人進貢一次,俱本布政司給文起送,限本年十二月終。到京慶賀,限聖節以前。謝恩無常期,貢物不等。

萬曆初,定貴州朝貢土官。貴州宣慰司、金筑安撫司、程番長官司、木瓜長官司、方番長官司、廬山長官司、清平衛凱里安撫司,養龍、底寨、乖西、水東西長官司,白納、小平伐二長官司,青山、中曹、龍里、劄佐四長官司,都匀府歸化上下二牌頭,臥龍、小龍、大龍、韋番四長官司,盧番、洪番、金石三長官司,羅番、上馬、小程三長官司,平伐、麻嚮、貴竹三長官司。其回賜,貴州宣慰使賜錦二段、綵段六表裏。貴州差來舍人,鈔二百五十錠,二表裏。把事,十五錠,一表裏。通事,十錠,絹一匹。頭目從人,賞紗如例。凡謝恩差來人與雜職同。貴州土官減鈔二十錠,隨來通把從人,給鈔如朝覲例。凡慶賀,貴州差來舍人,賞鈔五十錠,綵段二表裏。把事,鈔十五錠,綵段一表裏。通事從人,鈔如朝覲例。

蟎衣生曰:"環貴州而居者,國初有四宣慰,安、宋、田、楊,皆豪族也。永樂間,田誅於閬,裂而爲思、石、鎮、銅八郡。萬曆間,楊磔於逆,裂而爲遵義、平越二郡。即宋連於楊,幾波及而瓦全,安氏上疏討賊,執劉自效,歷千年而獨存。嗟夫!其亡也必有所以亡,其存也必有所以存。不樂其亡而存其存,安、宋子孫,其務日兢兢,與國相終始。殷鑒不遠,覆車在前。戒之哉!戒之哉!"

——《黔記》卷五十六《宣慰列傳》,載《中國地方志集成·貴州府縣志輯》,第 3 冊,371~372 頁

普貴

普貴,濟火裔,一名宇歸,五代末爲羅殿國王。

宋太祖開寶中,招降西南夷,以詔書諭普貴曰:"予以義正邦華夏,蠻貊罔不率服。爲爾貴州,遠在要荒。先王之制:要服者來貢,荒服者來享。不貢,有攻伐之兵,征討之典。予往年爲扶播南楊氏之弱,勞我王師,罪人斯得,想亦聞之。有司因請進兵爾土,懲問不貢。予曰:'遠人不服,則修文德以來之。窮兵黷武,予所不忍,尋乃班師。'近得爾父子狀,知欲向化。乃布茲文告之,爾若挈土來庭,爵土人民世守如舊,予不食言。故茲制旨,想宜知悉。"

普貴遂納土歸順,仍賜王爵,以鎮一方。

——《黔記》卷五十六《宣慰列傳》,載《中國地方志集成·貴州府縣志輯》,第 3 冊,第 373 頁

宣慰宋氏

宋氏之先,出真定府人。宋開寶八年,宋景陽爲大萬谷樂都總管,子孫世爵茲土。景陽七世孫萬明,萬明曾孫永高,永高五世孫阿重,俱有聲宋元。阿重孫宋欽,前元宣命鎮國上將軍。洪武四年,開設貴州宣慰司。五年,授懷遠將軍、宣慰使。九年,子誠襲。征剿乖西有功,授亞中大夫。傳五世孫然,絕。從子仁襲,亦絕。弟儲襲,傳八世孫天爵,故,絕。以族叔鎬襲,因患目無嗣,從子德隆襲,故,絕。弟德懋、德賢俱幼。嘉靖三十八年,以族兄一清代管地方。萬曆二年,還德懋襲,絕。十年,德賢襲,故。子承恩襲,承恩聘逆酋楊應龍女爲妻,未婚。酋擄去,不殺。酋滅,承恩以未婚故,得不死,仍使復職。

——《黔記》卷五十六《宣慰列傳》,載《中國地方志集成·貴州府縣志輯》,第 3 冊,第 375 頁

思南田氏

宋

思國公田祐恭

祐恭始祖田克昌,唐人。

……

(田定)子祐恭,字子禮。……(元符)六年,幹理播州邊,轉武節郎。七年,安定播州,遏絕楊惟聰之暴,轉武翼大夫,加榮州刺史。

附安少保爲《田祐恭墓銘》,銘曰:"維思爲州,實古黔中。……慶流三世,生少師公,子禮其字,諱曰祐恭。孝不辭難,代父匪躬。……解卜漏圍,晏州討凶,安寧播城,遏絕惟聰。鄉國連築,白沙退戎,擊走郭希,挫桑仲鋒。"

田仁智。子琛,族人田茂安,子宗鼎。

螺衣生曰:"諺云'思播田楊,兩廣岑黃',蓋大其氏也。乃文皇帝之禽二田,發單輶,持尺札入夷落。桑陰未徙而縛其兩雄,市不易肆,何其易哉!今楊氏又夷矣,宋氏幾灰而然矣。爲宣慰者,敢不主臣。"

——《黔記》卷五十七《故宣慰列傳》,載《中國地方志集成·貴州府縣志輯》,第 3 冊,379～381 頁

播州楊氏

楊之先,太原人。有楊端者,仕會稽,爲望族,徙寓京兆。唐末,南詔陷播州,端應募往,復播州,遂有其地。傳子牧南,牧南傳三公,三公傳次子寶。寶生昭,無子,以宋益州刺史楊延昭之子充廣使廣西,與昭通譜,以其子貴遷後之。自是有播州者,皆貴遷之後也。貴遷子光震,光震子始名文廣,後至璨而大,歷宋元,至我明,世爲宣慰使。

萬曆二十八年,楊應龍阻兵,西寇貴州,南陷綦江,上命川湖貴三省合兵誅之。播州亡,裂爲二府,一爲遵義府,屬四川,一爲平越府,屬貴州。

唐

楊端

楊端,唐乾符初,南詔陷播州,楊端以應募領兵復之,諭以威德,縻以恩信,蠻人懷服。五代以來,世襲其職。宋開禧間,贈太師,五傳至昭,無子,以族子貴遷嗣。

宋

楊璨 子价,价子文。

楊璨,端十三代孫也。嘉泰初,襲播州安撫使。開禧初,蜀帥吳曦作亂,璨輸金錢戰馬以助國用。卒,贈左衛大將軍、忠州防禦使,追封威毅侯。

楊价,璨子。未生時,將校有夢神自靖州來,號蜀威將軍者。暨价生,貌狀如之。紹定中襲職,以邊功授閣門宣贊舍人。卒,追贈威靈英烈侯。

楊文,价子。寶祐間授武德郎。修學勤治,累官播州安撫使。卒,贈光祿大夫、同知樞密院事。

元

楊邦憲

楊邦憲,文子,襲父職。端平間蠻人掠境,領兵拒之,擒其酉長,進武節大夫。宋亡,元世祖詔諭之,始內附,授播州沿邊安撫使。卒,贈平章政事,追封播國公,謚崇德。

楊賽因不花 子嘉貞

楊賽因不花,初名漢英,字熙載。賽因不花,賜名也。漢英,邦憲子。生五歲而父卒,二十二年,母田氏携至上京,見世祖於大安殿。帝呼至御榻前,熟視其眸子,撫其頂者久之。乃諭宰臣曰:“楊氏母子孤寡,萬里來庭,朕甚憫之。”遂命襲父職,錫金虎符,因賜名賽因不花。及陛辭,詔中書錫宴,賜金幣、綵繒,賚其從官有差。二十五年再入覲,時年十二,帝見其應對明敏,稱歎者三。後因宰臣奏安邊事,帝益嘉之。是年,改安撫使爲宣撫司,授宣慰使,尋升侍衛親軍都指揮使。

成宗即位,賽因不花兩入見。贈謚三代。大德五年,宋隆濟及蛇節等叛。詔湖廣行省平章劉二拔都、指揮使也先忽都魯率兵,偕賽因不花討之。六年秋九月,師出播境,連與賊遇,破之。前駐蹉泥,賊騎猝至,賽因不花奮擊先進,大軍繼之,賊遂潰,乘勝逐北,殺獲不可勝計。遂降阿苴、下笮籠,望塵送款者相繼。七年正月,進屯暮窩,賊衆復合。又與戰于墨特川,大破之。蛇節懼,乞降,斬之。又擒斬隆濟等,西南夷悉平。八年,賽因不花復入見,進資德大夫。至大四年,加勛上護軍,詔許世襲。播南盧崩蠻內侵,詔賽因不花暨思州宣慰使田茂忠率兵討之,以疾卒於軍,年四十。贈推誠秉義功臣、銀青榮祿大夫、平章政事、柱國,追封播國公,謚忠宣,子嘉貞嗣。

楊嘉貞，漢英子。至正初，授播州等處管軍萬户、侍衛親軍、都指揮使、上護軍。討平楊留總之叛，進湖廣行中書省左丞。

大明

楊鏗

楊鏗，嘉貞從子。洪武四年，鏗納土，以爲宣慰使。户部奏：播州宣慰司土地既入版圖，即同王民，當收其貢賦。請令自洪武四年始，每歲納二百七十三石，著爲令。兼其所有自實田賦，并請徵之。太祖曰："播州，西南夷之地也。自昔皆入版圖，供貢賦。但當以静治之，苟或擾之，非其性矣。朕君臨天下，彼率先來歸，所有田賦，隨其所入，不必復爲定額以徵其賦。"

九年，楊鏗率其屬張坤、趙簡來朝，貢馬，賜賚甚厚。陛辭，太祖諭之曰："汝先世世篤忠，故使子孫代有爵土。然繼世非難，保業爲難。知保業爲難，則志不可驕，欲不可縱。志驕則失衆，欲縱則滅身。汝能益勵忠勤，永堅臣節，則可保世禄於永久矣。"後屢隨大軍討平叛寇。卒，贈懷遠將軍。子昇襲職。莅政勤敏，邊境綏寧。永樂初，請開學校，薦士典教，州民益崇習詩書禮義。

……楊昇

楊昇，播州宣慰使。永樂七年上言：所轄當科、葛雍等十二寨蠻人梗化不服，聚衆劫掠，請發兵剿之。上敕昇曰："蠻夷反側不常，其來久矣，如遽調軍，即一方之人并受荼毒。宜遣人撫諭之。"不從，令鎮遠侯顧成經略之。"昇如上旨，遣官齎敕，宣朝廷恩德，遂皆歸化。

楊輝

楊輝，鏗之孫也。襲宣慰，怙富負險，代恣豪舉。輝二子，長友，次愛。友庶而長，輝以妾故，特嬖之，欲奪嫡。而安撫宋韜、長官毛釗等不從，曰："楊氏家法，立嗣以嫡不以長，主公奈何紊之，以啟亂階。"輝不得已，乃嗣愛。而嬖友之心終不解。

倖客張淵曰慫慂之，因説輝曰："主公欲貴孟主，而戚戚與仲主讎。即使奪彼以與此，不過轉移故物耳，且貽山責於後人。何不别爲孟主地，雙貴而朋立，是使孟主創立而仲傳世也？"輝曰："爲之奈何？"淵曰："夭壩諸苗，主公部境也，山箐險遠，懲而易凌，誣之曰賊，而請兵討之，歸功孟主，因請立官分治，則事爲有名矣。"輝大喜，乃召容山長官韓宣、重安長官張通計之，將以疏請。宣曰："夭壩諸苗，力耕服役，皆順民也，奈何以賊誣之？"輝大怒，立杖殺宣。通皇恐股栗，叩頭曰："諸苗誠賊也。"乃從輝署名，疏言苗亂，請兵討之。部議報可。乃命都御史張瓚將兵討之。諸苗被戮者千餘人。輝、通賂於瓚，瓚乃盛陳友功，且曰："友謀勇冠軍，手刃七馘，請設安撫司於安寧，以友爲安撫使，則諸苗不復反也矣。"時友年纔十三耳。部議信之，乃立司授官，一如所請。

既而爛土諸苗齎果等忿夭壩以無辜受戮也，時時攻安寧。瓚又疏請築城衛之，費糧

播州楊氏土司
文獻集成
卷一

數十萬。十九年,輝死,愛修怨於淵。淵屢謀殺愛,不克。

二十一年,丹章諸苗寇安寧。四川右參政謝士元、副使翟庭蕙、都指揮楊綱以兵往,過播州,詣愛家,置酒高會。明日視學,適州民賽社,士元等因坐學宮臨觀之。愛復携酒以往。訓導楊禮者,介士也,艴然陳曰:"視學而觀社,提兵而樂酒,略等威而款不屬,竊爲明公恥之。"士元等大慚而起。

淵自知不容於愛,乃嗾友誣愛通苗,越境爲亂,報之貴州守臣,而致書舉人路義,令通賂上下。安撫宋韜獲之,以報愛,愛乃易書於義,僞以人往,義信之,詣貴州守臣陳愛反狀,守臣不聽,曰:"播州非我轄也。"義復書於友,言非奏聞不可。愛得書,以報四川守臣,友、淵大懼,乃誣疏愛嘗言夢騎龍登天,上帝謂我曰南方帝子也。又嘗立嵩呼門、金水橋,以擬宮禁。廷議大駭,乃命刑部侍郎何喬新、錦衣指揮劉綱,會四川都御史、御史等官鞫之。淵以妖言坐死,士元等落職,義削籍,友、愛皆論死,贖免之。

友削官竄保寧。無何,友黨簒友以歸,與愛讎殺不已。而友子張,愛孫相尤酷毒。嘉靖七年,兵部尚書胡世寧議,謂張黨與已成,若不因而撫之,恐遂流禍,請立安撫司于凱里,屬治貴州,以張爲安撫使,而相宣慰,屬治四川如故。然其讎固自若也。諺云:"骨肉觺醢,參商播凱。"

附田豫陽汝成《炎徼紀聞》,論曰:"播凱之亂,其初不過楊輝奪嫡之私耳。一夷酋上書誣人以逞,大司馬不核實而遽許興師,非徇情何以有此? 張瓚欺君曲法,造禍百年,蔓延邊徼,其後展轉調停,不過分疆別省耳。貸禍首不究,何以服諸夷哉?"

王元美尚書《宛委餘編》曰:"市巷人俚歌稱楊業之子曰楊六郎延昭,延昭之子宗保,宗保子文廣,征南,陷南中,其事多誣罔。及覽宋景濂所撰《楊氏家傳》,楊端復播州,遂有其地。傳子牧南,牧南傳三公,三公傳次子實,實生昭,無子,以宋益州刺史楊延昭之子貴遷後之,貴遷子光震,光震子始名文廣,後至璨而大,迄今爲播州宣慰使。按《宋史》:延昭初名延朗,仕至保州防禦使、高陽關副都部署。有子曰文廣,從狄青南征,爲廣西鈐轄,知宜、邕二州,累遷定州路副都總管以没。今家傳所記,以子貴遷後楊昭者,當廣州鈐轄時邪? 家傳不言文廣,而云延廣,蓋以第三世復有文廣,故諱之耳。《宋史》又不著文廣有後與否。本朝楊武襄洪子俊、從子信能俱有威名,故人以附會業、延昭輩,稱楊家將,却不足論。"

蟫衣生曰:"楊璨以十訓刻石示子孫,曰:'如能順從,則世享福壽。'邦憲、漢英守之,父子事元,俱封國賜謚,稱忠順福壽矣。當時,宋隆濟、蛇節叛,隆濟今洪邊族,蛇節今水西族也,元人藉楊氏力討平之。不謂今楊氏叛,亡無焦種,而洪邊、水西尚存,應龍真不肖子哉! 楊氏宗祀八百年,比隆召公,使守十訓家法,又惡知不過其曆,而奈何以凶終也。"

——《黔記》卷五十七《故宣慰列傳》,載《中國地方志集成·貴州府縣志輯》,第3冊,382~385頁

石阡府屬土司共三司

副長官楊氏。楊九龍,太原人。其先令公業之後曰文廣者,英宗時,從將軍狄青南征儂智高。子往多勇略,由靖州克服南土,得世官。如石阡、烏羅、萬山、邛水、提、省、平、梅皆宗之。孫智通,征丹章有功,進忠武校尉、思南宣慰司都元帥府僉事。偽夏聞其名,授以思州都總管,不受。智通子政德,元副長官。洪武五年納土,授承務郎、石阡長官司副長官。遞歷楊通俊、楊通杰、楊光清,至楊祥。

龍泉縣土縣丞、主簿安氏。安德麟,龍泉司人。洪武初,父懷信以大潼長府內附,率所部蠻兵絕偽夏糧道,升鎮遠同知。麟以功授思州鎮撫。宣撫廢,改葛彰長官。兄德芳授偏橋司長官。男永和,永樂元年功陞隨司辦事長官,十一年改隨府辦事。十七年保任龍泉司正長官。歷安克敬、安紀、安演、安廷爵、安珤,至民志。萬曆二十八年,播酋楊應龍突犯龍泉,民志率兵與戰,死之。播平,錄民志一子。議龍泉近苗,土司例不設城,難守,改司爲縣。以民志子世襲縣丞。祖職長官世襲縣主簿。

葛彰司

正長官安氏。安德彰,元人,子永,洪武五年歸附,授葛彰司正長官,世襲。歷安克昌、安永禎、安克昇、安寧、安全、安桂。今其位以通播削職。

——《黔記》卷五十八《土司土官世傳》,載《中國地方志集成·貴州府縣志輯》,第 3 冊,第 393 頁

凱里司

安撫祖楊端居播州,本朝孫友授宣撫,隸四川。友與弟愛忿争,奏勘,發閬中縣,冠帶閑住。正統三年,凱里民保友回司。又施秉、麻哈、楊義、偏橋等司題准友男弘冠帶,故絕,將弟張管理凱里安撫司事,改隸貴州。沿襲至燧。萬曆二十四年,燧欲刃其弟炳并屠部中督撫,下所司正燧罪。

——《黔記》卷五十八《土司土官世傳》,載《中國地方志集成·貴州府縣志輯》,第 3 冊,第 403 頁

苗人

九股苗,在興隆凱里鄰界,楊應龍叛,勾引爲羽翼。萬曆二十八年播平,予始撫其酋長曹全真、龍歐亮等,給以紅牌,共七十二寨,納糧二十三石。其俗與鎮遠苗同。

——《黔記》卷五十九《諸夷》,載《中國地方志集成·貴州府縣志輯》,第 3 冊,406～407 頁

黔史[*]

　　石晉天福五年，牂牁張萬濬率夷、播等七州皆附于楚馬希範。先是，溪州刺史彭士然率錦、獎諸蠻攻澧州，希範遣將劉勍、劉全明等以步卒五千擊之，士然大敗，勍等遂攻溪州，士然走蔣州，遣其子師暠率諸蠻酋降於勍。溪州西接牂牁、南寧，南通桂林、象郡。希範乃立銅柱爲表，命學士李皋銘之，於是南寧州酋長莫彥殊率其本部十八州，都雲酋長尹懷昌率其昆明等十二部，牂牁張萬濬率其夷、播等七州，皆附於希範。

　　——《黔史》卷一《周秦漢唐迄五代》，載《中國地方志集成·貴州府縣志輯》，第 1 册，第 548 頁

　　唐太宗貞觀八年，以牂牁北界地置朗州，并置縣六，曰恭水、高山、貢山、邪施、柯盈、釋燕。十一年廢，十三年復置州，更其名爲播。更恭水爲羅蒙，又更爲遵義府，府之名始此。更高山爲舍月，柯盈爲帶水，釋燕爲胡刀。元至元二十八年置平月長官司，明洪武十四年置平越衛。靖果園云："遵義府所轄多唐珍州、溱州地，所得播州地，恐多在平越界內，觀胡刀、琊川二廢縣可見，苦無載籍可證耳。"愚按："舊《志》以平越爲朗州。朗州改名播州，是播州之名先得于平越，後移於遵義。至宋大觀二年，楊文貴納土置播州。端平三年，復以白綿堡置播州，皆非今遵義府治，皆珍州、溱州境土遞相沿革故耳，惟置遵義軍，則今府治地，後置府。"

　　(代宗大歷)十年春正月丙寅，罷辰、錦、溪、叙、獎五州經略使，復隸黔中。

　　舊志以餘慶爲費州，安化爲思王，婺川爲都濡，印江爲思邛，石阡爲夷州，桐梓爲珍州，綏陽爲洋川，思州爲務州，思南爲黔州。又按：《通志》以費州爲思南，溱州爲桐梓，珍州爲正安州，錦州爲銅仁，叙州爲黎平，盤州爲南籠，稱名互异，前後年分多舛，文獻不足，闕疑可也。按：以餘慶爲費州，又以爲思南，非也。費州距今思南府治東北百里，不知何所。思南本唐貞觀三年，以南謝蠻首領謝疆地置莊州。四年改名黔州，宋爲思州。《通志》謂有兩思州，非也。二田分據思州地，以其南爲思南也。又云溱州爲桐梓者，非也。

　　* (清)猶法賢：《黔史》，載《中國地方志集成》編纂委員編：《中國地方志集成·貴州府縣志輯》，巴蜀書社，2006 年。

溱州距桐梓二百里,距播州治北二十五里,不知何所。至云溱州所屬之扶歡縣在桐梓扶歡山下者,近是。按:榮懿、扶歡二寨,本楊光吉所據地,隸涪州南川。又云珍州爲桐梓,又以爲正安州,亦非也。珍州距正安南四十里,遺址猶存,即古播州,亦非今郡治,相傳白綿堡者近是。大抵唐貞觀以後,以今之平越隸播州,以今之遵義分隸珍州、溱州,至大觀端平年間置播州,乃屬遵義。然貴州自明萬曆以前未入版圖,諸郡縣特遥置名目,非砌築城垣,實指所在如内地,於今無疑也,然必以正史爲斷。

　　——《黔史》卷一《周秦漢唐迄五代》,載《中國地方志集成·貴州府縣志輯》,第 1 冊,547～548 頁

　　(徽宗大觀)三年二月丙子朔,播州楊文貴納土,即其地置遵義軍。

　　政和三年十二月,築溱、播等八州城。

　　——《黔史》卷二《宋元》,載《中國地方志集成·貴州府縣志輯》,第 1 冊,第 549 頁

　　開禧三年冬十月乙卯,復珍州遵義軍。

　　五年秋九月庚戌,遵義寨夷楊煥來貢馬。

　　(理宗淳祐)四年夏五月丁巳,詔雄威軍都統楊价,連年調戍有功,特轉右武大夫。

　　寶祐二年秋七月,詔加恩思、播二州守城田應庚、楊文。

　　四年夏五月甲辰,詔思、播結羅鬼爲援。

　　羅氏遣報,元兵屯大理國,取道西南,將大入寇。詔發銀萬兩,使思、播結援,故有是命。

　　六年春正月甲戌,出封椿庫銀,命吕逢年相度黄平、思、播諸險要,趣辦屯柵。夏四月丁酉,擢田應已御前忠勝軍副都統制,駐思州,築播州關隘。

　　帝顯德祐元年春正月,加知播州楊邦憲、知思州田謹賢并團練使,尋加觀察使,趣兵入衛。

　　元世祖至元十有四年春,宋人大去其國,即宋王帝昺景炎元年。思州長田景賢,播州楊邦憲,相繼送款,俱授安撫司,置鎮遠沿邊溪洞招討使,尋立軍民總管府,以田氏爲總管,聽順元路宣慰司節制。

　　(至元十六年)十二月丙申,楊邦憲請以鼎山縣隸播州,尋改爲播川縣。

　　(至元)十有七年春三月甲辰,思、播軍侵鎮遠、黄平界,即今偏橋。命李德輝往視之。德輝,通州潞縣人。西南夷叛,德輝以左丞被命至播,遣張李思諭鬼國趣降。其長阿察熟德輝名,曰:"是活合州李公耶? 其言可信。"即自至播州泣直告曰:"吾屬百萬人,微公來,死且不降,今得所歸,蔑有二矣。"德輝上聞,乃改鬼國爲順元路,以其長爲宣撫使司。有以德輝受賂譖於朝者,帝曰:"是人朕素知,一羊不受,寧有是耶?"德輝還至黄平,夜星

賣如斗，歎曰："吾嘗夢至烏江，今播水名烏江，適遇星賣，吾死徵矣，吾嘗奇曹武惠爲將不殺，今所活者多，馬革裹尸歸，何恨！"病七日卒，謚忠宣。

冬十有二月，羅施鬼國土寇爲患，思、播道路不通，發兵千人開道。戊子，詔發也可不薛軍千五百人復還。

十有九年春二月壬子，詔僉亦奚不薛及思、播、淑三州軍伐緬國。也可不薛、亦奚不薛俱羅氏別部。

二十六年十一月丁巳，改播州爲播南路。

二十有八年六月丁卯朔，立黃平元帥府，隸播州。

二十有九年，改思、播二州隸湖廣省。冬十二月，遣使督思、播二州及鎮遠、黃平宋舊軍八千人從伐安南。

(仁宗延祐)五年冬十月，播州南寧長官洛麼作亂，思州守臣換住歌招諭之。洛麼遣人以方物來貢。

(泰定三年)夏六月癸酉，播州黎平愛合謝烏窮爲寇。宣慰楊燕里不花招平愛出降，烏窮不附，命湖廣行省討之。已而燕里不花反，引四川賊囊加台至烏江，加台分兵寇襄陽、歸州，月魯帖木兒及參政字羅奉詔至四川，招諭之。十一月，播州蠻宋王保來。四年冬十一月庚子，授思州土官田仁爲宣慰使，播州謝烏窮爲長官司。

——《黔史》卷二《宋元》，載《中國地方志集成·貴州府縣志輯》，第 1 冊，550～551 頁

(萬曆)二十有四年，播州楊應龍大作亂。

侵虐偏橋江外四十八屯，焚掠鎮遠東坡、濫橋。應龍之叛也，逆迹未形，參將宋世臣與何承恩密告變。至是應龍詗世臣父變挈家匿偏城中，襲執指揮陳天寵，索鑾等，慘殺之。播州自洪武初楊鏗內附，世授宣慰司，地方千餘里，西北塹山，東南俯江，稱西南奧區。至應龍，性猜狠，嗜殺，數從調征，恃功驕蹇。知川兵脆弱，有窺蜀志，間出剽州縣。嬖小妻田雌鳳，讒殺妻張氏，用誅罰立威。所屬五司七姓被殘虐二十年，以事逮繫重慶獄。應龍詭以征倭自效，得脫，重逮不出，黔蜀會師征剿無功。重慶知府王士琦，諭應龍至松坎聽勘，諭斬，得贖，輸金四萬兩助采木，以次子可棟覊府質。追未幾，可棟死於重慶，促喪歸不得，復檄完贖。應龍大恨，擁兵驅千餘僧招魂而去。由是分遣土目置關據險，厚撫諸苗，名其健者曰硬手。大掠大干諸壩，焚劫草塘、餘慶二司及興隆、都勻各衛。又圍黃平，殺重安江長官，勢大熾，進掠平越、洪頭、高坪、新村等堡。

二十有七年，巡撫江東之遣都司楊國柱帥兵，及應龍子朝棟戰於飛練堡，官軍敗績，國柱、指揮李廷棟戰死。東之罷，以郭子章代巡撫，而起李化龍總督四川，節制雲、貴、湖廣軍務，調東征諸將劉鋌、陳璘等南征。六月，應龍乘大師未集，陷綦江縣，屠其城。初，賊本無意竟反，徒以猜忍倡狂，既以贖金喪子故，且覆我師飛練，則騎虎勢不得下。以故

益結九股生苗及黑脚苗爲助。十有一月，應龍屯兵官壩，聲言窺蜀，已而焚東坡、濫橋，黔楚路梗。按：王士琦松坎聽勘之役，應龍面縛跪道左，其非堅于叛亂可知。況屢立戰功，且輸金贖罪，其曲直當有任其咎者。子喪不歸，與漢吳王濞同情，特以猜嫌殘暴激而成之，故書從其輕。

二十有八年春二月，化龍駐節重慶，徵兵大集。時春雨濘泥，已而天開霽。丙戌，誓師分八路，川師四路，總兵劉綎由綦江入，總兵馬孔英由南川入，總兵吳廣由合江入，副將曹希彬由永寧入。黔師三路，總兵童元鎮由烏江，參將朱鶴齡由沙溪，總兵李應祥由興隆。湖廣一路，由偏橋分兩翼，總兵陳璘由白泥，副總兵陳良玭由龍泉。巡撫子章駐貴陽策應。總督化龍自將中軍，諭諸將以抵婁山關爲期，且曰："關外且戰且招降，多不可勝誅也。關內疾戰，勿受降，師不可老，賊詐不可信也。"綦江道最要，綎當之。應龍熟綎名，頗懼，益兵守要害。綎進兵李漢壩，大戰，生擒其將穆照等，斬獲甚衆。應龍遣子朝棟、驍將楊珠拒松坎，綎又敗之，朝棟潰走，遂大捷。應龍固憚綎威名，欲以奇兵挫其鋒。至是膽益落，聚守石虎關。初，綎聞征播命，言官疑綎與應龍有舊，綎辭。化龍以平播非綎不可，固留之，力薦於朝，綎乃受任。進克石虎，直抵婁山關。婁山萬峰插天，叢箐中投徑必側足。賊設木關、排柵十三。綎用奇攻，奪其關，追至永安莊，時三月二十九日也。綎持重，都指揮王芬者，勇而寡謀，以連勝，有輕敵心，獨營松門埡之賊，謀奪婁山。四月朔，夜襲，破芬營，殺芬，守備陳天綱、天全招討楊愈俱戰死，亡士卒二千人。綎聞急救，夾攻之，賊始却。綎懲前失，疾戰疾力，賊奔，窮追至養馬城。是日，應龍幾被獲，乃不敢復窺婁山，會孔英壁海龍囤下。後數日，綎兵亦至，乃合攻龍爪、海龍諸囤，壓海龍囤而壘。初，化龍刻師期，諸將莫利先入。孔英所將邊卒及土兵皆獷悍。孔英道南川，獨險遠，未至重慶時，推官高折枝監紀軍事，請行，折枝沉而有謀，故師獨先入。先是元鎮有烏江之敗，所部三萬人大半溺烏江死，江水爲不流。烏江最深險，觸在壁立，又以象戰，駕象者斃，象反走，又斷浮橋，爲賊所紿，遂大敗。諸路聞之，皆懼却，朝議逮元鎮，以李應祥代將。賊所恃黃灘一關最險要，聚徒死守，會降卒有石勝奉者告曰："去黃灘三十里有三關，入播門戶也，先襲破之，則黃灘難守。"應祥然其計，以故由墳林暗渡襲關後，賊潰敗，應祥直抵海龍囤。璘由偏橋亦至，已而諸軍四集，圍海龍囤。海龍囤者，賊所倚天險，飛鳥騰猿不能逾者。賊勢急，父子相抱哭，上囤死守。每路告降緩師，化龍斬使焚書，不許。應龍起，提刀自巡壘，見四面火光燭天，倉皇歔泣，同愛妾二闔室自縊焚死。廣獲其子朝棟及姜田雌鳳。時六月六日，自出師至滅賊，凡百一十有四日。化龍露布以聞，播州克平。應龍自焚死，故不書"伏誅"。

三十有二年，巡撫郭奏築龍泉、甕安、湄潭、餘慶、黃平等城，割播州地，分設遵義、平越二府。

——《黔史》卷三《明》，載《中國地方志集成·貴州府縣志輯》，第 1 册，550 ~ 557 頁

黔語[*]

　　靖難之事，實録多曲筆，野史尤不足憑。如因楊行祥事而移之楊應龍，王世貞辨之。因史仲彬之名而造爲《致身録》，錢謙益駁之，朱檢討彝尊、王尚書鴻緒辨之尤力。

　　——《黔语》卷下《建文遺迹》，載《中国西南地理史料叢刊》，第 32 册，第 424 頁

地區文獻

---

　　* （清）吴振棫:《黔語》，載姚樂野、李勇先、胡建强主編:《中国西南地理史料叢刊》，巴蜀書社，2014年。

蜀故[*]

　　明洪武五年,令四川産茶地方,每十分官取一分。三十年,令成都、重慶、保寧三府及播州宣慰司各置茶倉,歲徵川中課茶貯倉,召商與西番驛馬,差行人一員,於硐門等處諭把隘頭目:"不許私茶出境。"駙馬都尉歐陽倫以私茶犯事,賜死。

　　——《蜀故》卷四《茶税》,載《北京大學圖書館藏稀見方志叢刊》,第 300 册,第 87 頁

　　萬曆二十七年六月,播州楊應龍陷綦江,出庫銀犒兵,依倉舊食,恣掠民間財貨、子女,退屯三溪,以綦江之三溪渡、南川之東鄉壩立石爲播州界,號"宣慰官莊"。游擊房家寵、張良資死之。

　　二十八年六月,起前都御史里李化龍川湖總督,帥師平播川。化龍集三省兵,分八路進,賊奔,據海龍囤。總兵官劉綎先入婁山關,直抵囤下。諸軍繼至,築長圍迭攻。時久雨,將士馳泥淖中苦戰,大破之。應龍自縊死,七子皆就擒,及其妾田雌鳳出應龍尸於烈焰中。八路共斬賊二萬餘,播州平。

　　——《蜀故》卷二十六《邊徵》,載《北京大學圖書館藏稀見方志叢刊》,第 301 册,156～157 頁

---

　　* (清)彭遵泗:《蜀故》,載北京大學圖書館編:《北京大學圖書館藏稀見方志叢刊》,國家圖書館出版社,2013 年。

黔南識略[*]

　　黔于唐宋間析郡分州，授其土人，遥爲羈縻，其時猶屯蒙也。至元明稍稍式廓，而安撫、宣慰諸司，仍以酋長加之名號，擁地負隅，互相雄角，小則遣官勘訊，大則命將出征，播州、水西猝未能擒服也。故其時受之以訟，受之以師。皇朝義正仁育，百度維貞，日所出入，率土來臣，震奢以威，柔懷以德。古州八萬暨台拱、清江、丹江上下江諸新疆，皆唐虞以來從未知正朔者，莫不息喙帖耳，革面洗心，遵長吏約束，喁喁然惟恐後。

　　——《黔南識略》卷一《貴陽府》，載《中國西南地理史料叢刊》，第 7 册，360～367 頁

平越直隸州

　　平越直隸州在省城東一百九十里，《禹貢》："荆、梁南境。"漢爲牂牁郡地。唐爲牂州地。宋爲羈縻蠻地，後號嶕峨里等寨。元置平越等處長官司，隸湖廣行省。明洪武十四年，置平越守禦千户所。十四年，改爲平越衛。十七年，升爲軍民指揮使司，屬四川布政司，尋屬貴州都司。萬曆二十九年，置平越軍民府於衛城，以播州地益之，屬貴州布政司。國朝康熙十一年，省衛入府。嘉慶三年，改府爲直隸州，以所屬之黄平州改隸鎮遠府，移平越知縣治新設之興義縣，改府學教授、訓導爲州學正、訓導，裁縣學教諭、訓導，改府經歷爲直隸州吏目，武職仍其舊。領甕安、餘慶、湄潭三縣。

　　其境東至麻哈州屬苦李井界三十里，南至貴定縣屬谷蒙關界五十里，西至開州屬茶店界一百六十里，北至甕安縣屬牛場界五十里，東南至臘梅塘六十里與清平縣交界，東北至青岡坳五十里與黄平州交界，西南至清水江五十里與貴陽府交界，西北至乾溪六十里與甕安縣交界。州東一百四十里爲餘慶縣，北六十里爲甕安縣，又二百四十里爲湄潭縣。山溪深險，苗夷環伺，介黔播之肘腋，爲楚蜀之藩維。城爲設衛時創築，計九里三分，甃以石，門四。成化間，因城内無水，建水城於西門外，別開一門，曰小西門。

---

　　*　（清）愛必達撰：《黔南識略》，載姚樂野、李勇先、胡建强主編：《中國西南地理史料叢刊》，巴蜀書社，2014 年。

其鎮山爲嶓峨山,在城東一里,一名峨萬山,即嶓峨寨故址。疊翠山在城東南十里,大小有百峰,峻峭插天,重巒疊翠,九十九峰均在江外,惟一峰獨在江內,土人呼爲將軍峰,三江皆會其下。獬豸山在城南十里,蒼翠突兀如豸冠。石關口山在城東南二里,兩崖如門,官道經其中。杉木箐山在城西六十里,山深林密,苗倚爲險。七盤坡在城東五里,官道經其上。澄霾山在城北六十里,林深澄鬱。百人洞在城西十里,可容數百人。東有梅嶺關、羊場關,南有武勝關,西有谷芒關,西南有岩關,北有七星關、雞場關,東北有撻鐵關。又城南犀牛洞,相傳隆平侯張信葬父於洞中,地爲三丰所授。

麻哈江,一曰兩岔江,又曰算水,徑麻哈州至城東五里許,兩山側寨岉高澗深,水黝如膠,寡見曦景。明萬曆間,里人葛鏡建橋於其上,屢爲水圮,三建乃成,總督張鶴鳴題曰"葛鏡橋"。馬場河發源城西北,從金橋東南流注麻哈江。羊腸江發源城東北二十里,南流,亦注於麻哈江,是爲三江口。《明史·地理志》:"平越府東南有麻哈江,南有馬場江,又有羊腸江,俱東入於麻哈江是也,徑楊老驛下流注於清水江。"南河在城南門外。魚梁江在城東十五里。蘆坪江在城東三十里。諸梁江在城南三里。武勝河在城南五里。龍潭河在城東南三里。地松河在城東北十五里,其地名松屯,南流入麻哈江。清水河在城西四十里,其上流來自貴陽、貴定,納諸溪水,北經開州巴香諸苗寨而入烏江。皮籠江在城西二十里。巕隆河在城北三十五里。白水河在城北三十里。冷溪在城西南四十五里。廣濟泉在城內東隅,其源分自嶓峨山。明弘治間參將趙勝因城中乏水,鑿陰渠,引水入城爲井。福泉在福泉山。月山泉在城南月山寺。翰墨池在城南潮音閣下。海螺井在疊翠山南,地名樂岡,有石穴形如螺殼,水自中涌出不竭也。

田畝現在成熟田四萬二千九百四十八畝,額徵秋米三千六十四石二斗有奇。改徵米二千二百零七石六斗有奇,除折解丹江兵米二千六百一十三石,并支給兵米、廩米外,餘米變價解庫。額徵銀五十四兩一錢有奇,存州扣抵驛費。常平倉貯穀六萬四千一百八十七石二斗有奇,溢額穀四百五十三石八斗有奇。社倉穀二百七十石五斗有奇。又道光三年,紳民捐輸義穀五百石,均貯在倉。

學額因原設平越府取進文武生各二十名,平越縣額取文武生各八名。嘉慶二年,以平越府縣學歸并入直隸州學。取進文武生各二十八名。城東南隅建有墨香書院。

城中駐劄游擊一員、守備一員、千總一員、把總四員、外委四員,兵五百一十二名。分防西陽汛千總一員、額外一員,兵五十四名。楊老汛把總一員、額外一員,兵五十五名。撻鐵關汛僻路五塘,外委一員,兵二十九名。甕安汛外委一員,兵六十九名,經管僻徑十六塘。餘慶汛把總一員,兵六十六名,經管僻徑十三塘。湄潭汛把總一員,兵五十名,經管僻徑十三塘。

州屬土弁均係世襲。楊義長官司一員,明洪武時土酋楊氏授長官司,世有其地,今承襲,有印。高坪司土千總一員,中平司土舍一員,均無印。

漢苗村寨一百九十有九,共二萬一千四百零五户,男婦大小共十五萬零一百四十八名口。場市城一、鄉五,各有定期。

酉陽驛正站額設站夫一百名,馬五十匹,馬夫二十五名。楊老驛腰站設馬五十匹,馬夫二十五名。兩驛每季共領經費銀一千三百一十五兩四錢有奇,遇閏按數加增。大道塘汛八、鋪遞八。僻路塘汛七、鋪遞五。

土宜椰木、楊柳、槐、杉、梓木、桐、茶、白楊、橡樹。無銅鉛礦廠,亦無稅課。苗有仲家、木佬、仡兜、西苗、紫薑苗五種。餘與各郡同。

論曰:康熙中,巡撫佟鳳彩疏稱:"天下之苦累者,莫過於驛站;驛站之險遠最苦者,莫甚於黔省。黔省爲滇南咽喉之地,在在石山峻嶺,上則登天,下則履壁。夫擡一站,勢必足破肩穿;馬走一站,亦必蹄痂脊爛,甚至力不能勝,中途倒斃者有之。請將興隆衛至清平驛於重安江設一腰站,自清平至平越於楊老設一腰站,自平越至新添於黃絲設一腰站,自查城至安南於盤江設一腰站,自安南至新興於江西坡設一腰站,自新興至普安於軟橋設一腰站。以上六站,路遠山高,馬力愈竭,而鞭策愈疾,以至壯者傷,疾者斃,若不亟爲調劑,必至整頓無期。"并繪圖入告。旋奉旨施行。嗣是驛困全蘇,而地方有司易於督理矣。然路之奇險,猶未削平也。

雍正中,總督鄂爾泰題請開路改站以速驛遞,以便商民。上游自安順府之安莊,別開新路,直出普安之亦資孔。計舊路自關嶺至普安州係八驛;新路自鎮寧州黃果樹至普安州蒿子卡止須安設六驛,路平且近,每站不過四十餘里。又稱:"下游之黃絲驛至平越四十里,平越至楊老四十里,此八十里內有武勝關、陡箐營、葛鏡橋等處,尤爲陡峻。查由黃絲以下之虎場營分路,不經平越,直達楊老,僅五十里,并無高坡,實爲捷徑。應請裁去黃絲一驛,將平越一驛夫馬移駐於適中之酉陽塘地方,甚爲捷便。"俱蒙俞允奉行,需費共計四千有奇,至今木拔道通,化蒙翳爲軒豁,郵遞不艱,行旅亦無繭足。

夫以鄂文端之勳業,光昭於國史者固不僅於治黔,即黔之蒙其福惠者又豈僅此一事。然嘗聞古大臣之經國也,類於塞處求通,蟠結處作解,改驛一事不可想見歟?

福泉山在城南隅,仙人張三丰修真處,前爲高真觀,後爲禮斗亭,前有浴仙池,池水夏不溢,冬不竭。池旁有古桂一株,久枯,明萬曆間復榮,至今猶存,亭有三丰手書及名人題詠碑刻頗多。

——《黔南識略》卷七《平越直隸州》,載《中國西南地理史料叢刊》,第 7 册,403 ~ 405 頁

湄潭縣

湄潭縣在省城西北五百三十里,州北三百里。漢爲牂牁郡地。唐宋爲播州地。元置容山長官司,隸播州安撫司。明萬曆二十八年,以播州之苦竹壩三里七牌地置湄潭縣,屬

平越府。國朝因之。嘉慶三年,改府爲直隸州,縣仍屬焉。設知縣一、教諭一、訓導一、典史一。

其境東至錫洛坪與石阡府屬界四十里,南至袁家渡與甕安縣屬界一百三十五里,西至五里坎與遵義縣屬界四十里,北至黃河坎與龍泉縣屬界五十里,東南至落花屯與餘慶縣屬界二十五里,西南至窄溪與開州屬界一百九十五里,東北至苦竹窩與婺川縣屬界一百四十五里,西北至厢子壩與綏陽縣屬界八十五里。廣袤六百餘里。地通巴蜀,險扼全播。城周三里七分,甃以磚,設南北二門,明萬曆三十年建。

東山在城內,一名回龍山,城築於山腰。稍北爲玉屏山。鳳凰山在城東十五里。佛頂山在城南十里,頂上有平田清泉,明邑人李少岩建僧刹於其巔。象山在城南二十里,形如象鼻。牛星山在城南二十里,陟其上,雖陰暝亦見星斗。馬頭山在城西南十五里,山下清泉、幽石、奇木、異卉,極林壑之勝。覺仙山在城西南四十里,高廣數十里,茂林深箐,邑人以此山雲占晴雨,上有鐵瓦寺。朝陽山在城西一里,下臨湄水,日初出時金碧輝映,上有朝陽洞。稍南爲火焰山。瑪瑙山在城西十五里,三面石壁多五色,雨後晴初,光景尤麗。獅子山在城北三里。金條山在城西北二十里,上有間道,從葛藤箐下,徑達遵義。靈臺山在城北四十里馬蝗箐中,四面懸岩,頂上方廣十里,多茶樹,其竹木可爲紙,名平靈紙。

湄水在城外,灣環如眉,因名。大洞溪在城南,流入湄水。花水溪在城北二十里,水草浮蔓,生花如蘭蕙,冬夏不凋。落花屯水在城東南,匯入湄[水]。三江在城西南,有三源俱出苗界山箐中,合窄溪渡、上水、花水溪、湄水、大洞溪、馬渡溪、角路溪、大溪諸水,經廢容山司,至望浦,以流注烏江。

廢容山司在城東,明初土酋張氏世守其地,萬曆中省入縣。錫洛關在城東四十里。渡上關在城東南六十里。三渡關在城西五十五里。板角關在城西北八十五里。《貴州大事紀》"明萬曆二十八年,偏橋兵克板角關"是也。青龍關在城北二十里。袁家渡在城南,爲黔蜀要津。王回渡在城南,與開州接境。北門渡在城北,爲龍、婺要路。湄水橋在城南。七星橋在城北。

縣轄寶善、新化、經正、啓祥四里。田畝現在成熟田四萬八千四百七十九畝有奇,東北鄉多膏腴,西南皆磽瘠。額徵正米六百四十八石有奇,正銀三千八百二十三兩有奇。小戶完錢,每銀一錢連耗一百一十五文。常平倉貯穀一萬八千八百一十石有奇,溢額穀二百一十七石有奇。社倉貯谷二十五石,義倉城一、鄉六,共貯穀一千一百七十一石六斗,均係社長、倉正經管。兵糧在縣倉支給。

學額文武生各十二名,設有獅山書院。義學一,在城內。束脩膏火,均係土民捐理。

城中駐劄平越營分防把總一員,兵五十名。

集場十。通屬皆漢莊,無苗寨。設十三塘,道路俱屬偏僻,由新場歷合口,有赴省捷徑。

地産多桐、梓、茶、蠟之屬，無銅鉛礦廠，亦無稅課，餘與各縣同。

——《黔南識略》卷七《湄潭縣》，載《中國西南地理史料叢刊》，第 7 冊，406～407 頁

甕安縣

甕安縣在省城東二百九十里，州治北九十里。漢故且蘭縣地。唐宋隸播州。元置草塘、雍水二長官司，屬播州安撫司。明洪武十七年，改爲草塘安撫司，仍屬播州宣慰司。萬曆二十九年改縣，屬平越府。國朝因之。嘉慶三年，改府爲直隸州，縣仍屬焉。

其境東至黃平州界馬鬃嶺六十里；西至開州界棉花渡九十里；南至本岸界牛場四十里；北至湄潭縣界袁家渡八十八里；東南至石板寨六十里，連楊義司界；西南至高坪司六十五里，連本州界；東北至岑口哨六十五里，連餘慶界；西北至羊岩一百五十里，交遵義府界。城周四里三分，甃以石，門四，明萬曆二十八年建。

旗山在城東南五里，山頂有洞，一名穿岩。花竹山在城南二十里，有九泉，邑人常於此禱雨。雲霧山在城西南二十里，上建梵刹。仙橋山在城西十里，山頂有石，中空如橋。白樂山在城西三十里，地名飛練，《明史·李化龍傳》：「萬曆二十七年，楊應龍敗官軍於飛練堡。」即此地。鳥道盤旋而上，旁有飛練泉，故名。九峰山在城東北十五里，九峰迭起，延亘數里。翠屏山在城西北十里。伏龍山在城北舊草塘司，上有寺。萬丈山在舊草塘司東南二十里，巉峭高峻，矗立萬仞，又草塘司北有後岩，沿岩曲折而上，兩旁石壁環列如雉堞然。玉華山在城北六十里，山頂平曠，有池瑩澈如月。筆峰山在城北七十里。青龍屯在城南二里，其下有鼠場，通平越，相近有黃金屯，可容萬人，厄險懸陡，裁通馬步，爲縣屬第一險境。龍馬屯在城東北猴場壩。龍洞在城北三里，洞有潭，淵深不測，中有神魚，土人不敢取。震天洞在城北四十里江界河上，水勢湍急，舟不可近。殷家洞在舊草塘司南，地名擦耳岩。又有大和洞在山半，水從洞出。水落洞在舊草塘司西，凡草塘諸水皆會於此出江界河。老鷹洞在城東北紅頭堡，深邃可以避兵。

甕水亦名甕安江，在城南，自高坪司由乾溪里至縣，流入江界河。白崖河在城南二十里，匯眾溪經劉家堡入甕安江。江界河在城北五十里，入烏江。又有高坪水、袁家渡水、城西河、蛇子河、紅頭堡河、草塘司河，皆流合於烏江者也。長灘水在城南十里，青坑水在城西二里，山麓有池，每卯、酉二時水潮涌沸，候之弗爽。

縣地成熟田五萬九千三百一十六畝九分三釐，成熟土五千七十四畝九分九釐，額徵秋米一千二百九十一石一斗有奇，除撥運鎮遠縣轉運銅仁石峴汎兵米一百零二石，并支給兵米、廩米外，餘米貯倉糶價批解。額徵條編、馬館、丁差、土賦共銀三千九百四十三兩有奇。常平倉貯穀二萬六百八石二斗有奇，溢額穀二百四十四石。

學額十二名，義學一。

駐劄平越營分防外委一員,兵丁四十九名。土縣丞一,唐乾符七年,猶朝覲,以功授播州宣慰使。明洪武十七年,猶以地歸附,授甕水安撫司。萬曆二十七年,楊應龍作亂,出甕安犯龍里,事平,改授土縣丞,今因之,領有鈐記,無地方分管。又元置草塘等處安撫司,明洪武十七年,宋顯威以地歸附,仍授草塘安撫司,萬曆二十九年改授土縣丞,今裁。

大路十二塘,僻路五塘,設八鋪。

漢莊苗寨一百二十有六,共九千七百一十六戶,男婦大小共二萬九千六百五十三名口。場市十五,均以六日一集。

地向產錦雞、竹雞、麞麝之類,近亦罕有。樹有梓、杉、桐、柏、楓、橡、白楊之屬。無銅鉛礦廠。

苗有木老、紫薑、西苗、仲家四種,習俗與各處同。

——《黔南識略》卷七《甕安縣》,載《中國西南地理史料叢刊》,第 7 冊,407～408 頁

餘慶縣

餘慶縣在省城東北三百六十里,州東一百四十里。漢爲牂牁郡地。唐爲涪川、多田、扶陽三縣地,初屬思州,後屬費州,五代後廢。元置白泥等處長官司,屬播州安撫司。明洪武十七年,置餘慶、白泥二長官司,屬播州宣慰司,萬曆二十九年,改置縣,屬平越府。國朝因之。嘉慶三年,改府爲直隸州,縣仍屬焉。

其境東至施秉縣界紫薑關四十里,西至湄潭縣界爛口哨一百七十里,南至甕安縣界松坪七十里,北至石阡府界爛泥山四十五里,東南至黃平州界一碗水三十里,西南至湄潭縣界落花屯一百九十里,東北至龍泉縣界花水一百七十里,西北至石阡府葛彰司七十里。廣二百餘里,袤一百五十餘里。地跨烏江,據南北之衝要,爲楚蜀往來所必經。城周三里七十一丈,明萬曆三十年建,門四。

太平山在城南,即縣之鎮山。古佛山在城東七里,四面陡絕,上構精舍,多虬松古柏。翠蘿山在城東南三里。官山在城東三里,廣袤數十里,爲明巡撫郭子章所置葬地,建有石塔。中華山在城南十里,高聳雲表,絕頂望見黃平、施秉等處。夢羲山在城北五里,高峰屹立,傳昔有異人修煉於此。土人云,中華山每逢久雨,雲罩山頂即晴,若天旱,見夢羲山上片雲,則甘澍立至,諺所謂"南山霧晴,北山霧雨"者也。玉屏山在城西九十里,鼇溪之南。五雲山在城北餘慶司,一名江家山,橫跨餘、湄兩邑,最爲險峻,上有雲深寺。其西有白露山,又有筆架山。他山在縣西之蒲村,村之上有柳湖,湖之陰爲他山,山高不及半里,而迴曲斜抱,密樹如簪,奇石犖確,隨游人爲俯仰,中一石尤奇突,舊名曰翠屏,外削而內空,明都御史錢邦芑鐫"他山"兩大字於其上,有雲房、九面峰、梅倉、梅舟、小洞天、藏書峽、拜石亭諸勝,黔山之最靈者也。九龍山在城西三十五里,危峰高聳,下有龍泉,產魚如鱸,巨口細鱗。松隱山在鼇溪南。九龍金鳳山在城北大溪,山形如鳳,下有九泉,蜿蜒如

龍。拱辰山在城南一百五十里,以山勢向北而名。雷坡山在城西北十五里,風迴谷嘯,其聲如雷也。相近有兒洞山。空洞山在城北杉溪,其山空虛多洞穴,又名清音洞,留雲洞在其陽。慶雲洞在城東十里,兩水交會洞前,晴明常有雲覆其上,土人禱雨於此。玉虛洞在城西七里,鵝水洞在鼈溪南一里,下有泉,旱潦如一,賴以灌溉。慈雲洞在城東北二十五里,石筍林立,每雲封洞口,澍雨立應,明縣令題曰"慈雲"。走馬坪在城東南,《方輿紀要》稱:"嘉靖三十四年,督臣馮岳以播州之三渡關、餘慶之走馬坪、石阡之龍泉司,爲三省接苗夷之衝,請各立哨擘於其地。"

白泥江在城南,即牛場渡河,發源甕安,流合烏江。小烏江在城西三十里,發源九龍山,會白泥江。岩門江在城西南八十里,即烏江下流也。有渡曰岩門渡,爲黔楚蜀通津。白渡口至箐口場十數里,喬木翳薈,致爲幽奇。新村河在城東,源出響水,遠翠蘿山,由冷水小城寨入白泥江。新街河在城東,源出官山下,至縣治前流入白泥江。鼈溪在城西九十里,發源魚鼓洞,流入岩門江。杉溪在城北,深不可測,中產大魚。柳湖在城西,他山之下,大可百畝,中有十九泉,旁生大柳數百株,明錢邦芑避亂,結廬居此,有堤曰桃源堤,橋曰宛轉橋。甕鐘水即金筑水,在鼈溪東三十里。三潮水在他山之西,每日潮溢三次,不爽時刻。犀牛塘在城東北牛塘山巔,高數十里,塘廣數畝,四時不涸。龍塘在鼈溪西,旁有小山,立一石,名鳳冠石。

縣轄餘慶、合江、白泥、新歸四里。成熟田二萬五千三百三十九畝有奇,近城一帶及江外餘慶司所屬爲膏腴,餘悉畏旱。額徵丁銀一千九百一十二兩有奇,秋米八百二十石有奇,每歲撥運施秉縣轉運鎮遠碉兵及勝秉縣丞兵米共六百九十八石,餘米支給本城兵糧、廩糈,不敷於本州支領。常平倉貯穀二萬八百石有奇,溢額穀二百七十餘石。義倉一,存穀二百七十石。

學額八名,設有他山書院。

土官二:唐乾符三年,毛巴以功授餘慶土知州。元置白泥等處長官司,至正末,改爲白泥州。明洪武二年,仍爲長官司。萬曆二十九年,改授餘慶縣土縣丞,今改爲正八品文土官。又元時楊正寶以功授白泥副長官司,萬曆二十九年,授職土主簿,今改爲正九品土官。

城中駐劄平越營分防把總一員,兵丁六十六名,設十三塘。

現在戶口共一萬零六百九十三戶,男婦大小共七萬二千九百一十六名口。集場七,俱有定期。地產藍靛、蒝、蕨、樹多樗、柳、杉、槐、樟、楮之屬。

苗只仡佬一種,散居各村,與漢民同。

——《黔南識略》卷七《餘慶縣》,載《中國西南地理史料叢刊》,第 7 册,408～410 頁

獨山州

獨山州在省城東南三百三十里,府治南一百二十里。漢爲牂牁郡地,元置獨山軍民

長官司,屬新添葛蠻安撫司。明洪武十六年,改置九名九姓獨山州長官司,屬都雲衛。永樂間,直隷布政司,尋還屬衛。弘治七年,升爲獨山州,屬都勻府。國朝因之。設知州一,州同一,駐三脚屯。雍正十三年,增置學正一、訓導一、吏目一。

其境東至都江通判柳疊界一百八十五里,西至府屬平州司干裕界四十五里,南至廣西南丹土州屬六寨哨界一百二十五里,北至都勻縣黃梁堡界四十五里,東南至荔波縣扁家梁界七十里,西南至南丹土州屬劍休哨界一百二十里,東北至八寨同知雞賈塘界一百五十里,西北至府屬平浪司王政河界二十五里。廣三百里,袤一百二十里。舊係土城,乾隆十三年,甃以石,周四里五分,計八百一十六丈,門六。密邇粵西,襟帶南服,亦邊隅要地也。

距城東北二十里爲獨山,其山別無聯屬,州得名以此。筆架山在城東五里。班台山在城東二十里。羊角山在城西南六里。鎮夷山在城南三十里,土人曾結寨其上,以禦苗蠻。行郎山在城西八十里,山皆峭壁,用梯以升,上有泉水,四時不竭,苗蠻所居也。丙王山在爛土司地,高數百丈。梅花洞在城南五里,崖水噴洩,白石皆作梅花狀。《方輿紀要》:"宣德九年,叛苗據此爲變,都指揮顧勇破之。"相近又有石黃洞,亦昔叛苗據守處。阿坑關在城北三十里。雞公關在城南四十里,又有罈子窑關、黑石關在豐寧司,皆戍守要地。

獨山江在城東南,即邦水河之下流,源出府屬之邦水司,下流至三脚屯,始通舟楫,爲都江。鳳飲河在城南,即獨山江上流,徑大河寨北,有水自碻寨來注之。灣河在三脚屯西北,入都江。《明史·土司傳》"宣慰楊輝于灣溪立安寧宣撫,爛土諸苗惡其逼己"是也。打然河在城東南,自雞公山東南流注于獨山江。樟木河在城東北,入獨山江。又有馬場河在城東,亦入獨山江。深河在城北。又有王政河、豐陽河諸水,皆合于獨山江。今城東九十里爛土司之北,宋所置羈縻蠻州也,元改爲合江州長官司。《明史·土司傳》:"永樂四年,鎮遠侯顧成招諭合江州十五寨來歸。"即此。

——《黔南識略》卷十《獨山州》,載《中國西南地理史料叢刊》,第 7 冊,422～423 頁

清平縣

清平縣在府治東一百一十里,省城東北二百四十里。漢爲故且蘭地。元爲麻峽縣地。明洪武十四年,置清平堡,二十二年,升爲清平長官司,屬平越衛。二十三年,置清平衛于司北,改屬清平衛。弘治八年,改司爲縣,屬麻哈州,尋屬獨山州,後改隷都勻府。國朝因之。康熙七年,省清平縣入麻哈州。十一年,復置清平縣,省清平衛入縣。四十一年,裁凱里安撫司,并入縣。設知縣一,縣丞一分駐凱里,教諭一,訓導一,典史一。

……

香爐山,在城東三十里。……

又《明史·土司傳》："天啓四年，凱里土司楊世尉叛，合安邦彥与平茶群苗来修怨，復窺香爐山，梗塞糧运。總督楊述中檄總兵魯欽攻破崖頤，截平茶賊援，用藥弩及炮殺傷賊衆，賊自是不敢再窺，爐山四衛乃安，今設香爐山汛，重其地也。"

——《黔南識略》卷十一《清平縣》，載《中國西南地理史料叢刊》，第 7 冊，426~428 頁

凱里縣丞

凱里縣丞爲清平縣屬，在府治東北一百八十里，省城東北二百九十里，明爲凱里安撫司。國朝改爲衛，尋裁衛入縣。雍正十年，開闢苗疆，設縣丞分駐其地。

其境東至台拱廳屬龍大溝界三十里，西至本縣屬鹽井寨界十三里，南至丹江廳屬松林汛界四十里，北至黃平州屬馬田塘界四十里。城周四里二分有奇，計七百二十五丈，甃以石，門四，乾隆二年建。城中漢苗錯處，勤于耕織，田畝肥瘠不一。

新井灣産黑鉛，由縣抽撥。苗有木佬、仡兜、黑苗三種。好逸惡勞，力田析薪，多以婦人任之。《通志》云："黑苗向稱九股苗，其族浸繁，性最慄悍，頭頂鐵盔，身裹鐵鎧，約三十斤許，尚能左執牌，右持標，口銜利刃，捷走如飛。鎗重十餘斤，鉛子發至百步外。挽強弓曰偏架，長六七尺，三人共張矢，無不貫。"皆此類也，明代以來，時出掠劫。

——《黔南識略》卷十一《凱里縣丞》，載《中國西南地理史料叢刊》，第 7 冊，第 428 頁

黃平州

黃平州在省城東南三百一十里，府治西一百二十里。漢故且蘭縣地。宋爲狼洞地。元爲黃平府，屬播州安撫司。明洪武八年，改爲黃平安撫司，屬播州宣慰司；十五年，改屬貴州都司；二十二年，分置興隆衛，亦屬貴州都司。萬曆間，改安撫司爲黃平州，屬平越府。國朝因之，嘉慶三年，改平越府爲直隸州，以黃平改屬鎮遠府。設知州一、學正一，其訓導一、巡檢一，駐舊州，吏目一。

其境東至施秉縣界二十五里，西至甕安縣界六十里，南至清平縣界四十里，北至餘慶縣界四十里，東南至台拱同知界一百四十里，西南至清平縣界七十里，東北至本府界五十里，西北至平越直隸州界六十里。廣九十里，袤一百一十里。襟沅帶撫，黔楚藩維。城爲興隆衛治，明傅友德建，周五百三十丈，高一丈五尺，廣八尺，門四，甃以石。

國朝康熙二十六年，裁衛并州，移州治于衛城。轄重安、岩門、朗城三土司地，興隆、黃平、天官、太平四里，其太平一里，孤懸于甕安、餘慶、湄潭三縣之間，距州一百四五十里至一百七八十里不等。

梅花山在城東。龍岩山在城北，其下爲龍洞，又名狼洞，山勢峥嶸，水色深碧，傳有龍潜其中，時出雲雨。明初衛名興龍以此，後改爲隆。相接又有揭榜山、北辰山，其尤勝者爲飛雲岩，在城東二十里官道旁，山壁立千仞，中虛而下嵌，勢如垂天之雲。中有小洞，深

不可測,左有瀑布,琤琮作鳴玉聲。前一小峰,上構聖果亭,王守仁碑記石刻在焉。下有月潭寺,古杉萬本,垂蔭蔽虧,爲黔中第一奇境。《黔書》云:"巖性好潔,昔有信宿于此而身垢者,既去,則瀑水突至,彌漫山椒而澣之。再垢,則復澣。"鼓台山在城南五里,頂平如鼓,四圍塹削,鑿梯挽鐵緪,乃可上。相近者有銅釘山。又有宜娘山,山頂可容萬人。相傳宋時有宜娘屯兵于此,故名。香爐山在城西南十五里,與清平縣接。截洞在城南重安江中,洞有巨石,橫截江流,小舟通平越豬場地。明景泰二年,苗賊韋同烈糾衆數萬,屯聚截洞,攻平越、清平,官軍進討,賊遂退據香爐山是也。石林山在城北八十里。馬鬃嶺在城東四十里,大路所經,接鎮遠、石阡二府界,嶺陽有馬蹄井。梯子山在城南五里,山最高,中有一徑,屈曲陡峻,梯石磴而上。都凹山在城西北二十里,鎮陽江之源出焉,古之無水也。七里谷在城東五里,俗名七里衝,兩山壁立,中通一路。明時楊應龍叛,屯兵二十七營於此,以窺黃平,蓋以此爲會垣咽喉也。梅子洞在城東三里,多梅樹。燕子洞在城西十五里,紫燕千百,潛藏于此。葛浪洞在城北二十里,一山橫亘,中多洞穴,昔人於此避兵。

重安江在城東三十里,發源麻哈州,三江會流,由清平縣字羅入州境,經重安城外,下達清江。洪亮吉《水道考》以重安江即清江之別名,不知重安江特入清江之支流也。雍正十三年,苗賊陷重安驛,尋陷黃平州城及舊州城,連陷清平、餘慶、施秉等縣。後逆苗聞滇兵至,俱蟻聚重安江,以塞要衝,提督哈元生率兵開通大路,新舊兩城以次克復,又合兵攻重安江,賊潰,遂復重安驛。兩岔河在城西南十五里,水有二源,一出上塘,一出大原,合而爲一,流入平越州界即麻哈江之上源也。又城西有箏水,流入兩岔江。冷水江在城東三里,水白而寒,三伏禾可涉,流入岔江,《明史‧石邦憲傳》:"招降冷水溪諸苗二十八寨。"即此。高溪在城西北,旁有高溪屯,下流合秀水,入重安江。秀水溪在城東三里,東坡堡下。西門河在城東三十里,舊州城西,即鎮陽之上流,前因有諸葛洞,礙難行舟,開而復塞。順治十六年,疏灘鑿石,以通楚運,挽舟銜尾而上,集于城下。又城東南有苗里水,出苗里寨,下流入鎮陽江。北攸河在城北三十里,原名都凹山水,即鎮陽之源。北門河在城北。處洞河在城四十里,源出岢境,東流合北門河,入鎮陽江。翁播潭在城西十里,其深不可測,土人于此禱雨。王井在城南,明時洪武間,岷王封於滇,經此鑿井故名。

田畝現在成熟田四萬五千六百九十八畝七分有奇,徵米三千九百七十六石一斗有奇,徵銀二千六百三十八兩有奇,歲撥運鎮遠府兵米二千六百一十三石有奇,餘米供支黃平營兵糧及廩生、寒生、孤貧等米。常平倉實貯穀三萬零九百二十一石八斗有奇。義倉四:州城一、舊州一、重安一、浪洞一,共實貯穀一千七百九十五石七斗有奇。

戶口倍增於昔。漢民共四萬五千七百四十六戶,男婦大小共一十八萬四千二百零九名口;流寓客民共一千二百五十三戶,男婦大小共四千五百四十名口;苗民戶口向不編造。

學額文武各十五名,城鄉義學四,城有龍淵書院,舊州有星山書院。

城中駐劄都司一員、千總一員、經制外委一員;舊州、岩門二汛,把總各一員;翁蕩、重安二汛,經制外委各一員;存城分汛兵共三百五十五名。轄三土司,重安、岩門二司皆土吏目,朗城司係土千總。驛曰興隆,上至清平六十里,下至施秉六十里,額馬五十匹,站夫一百名,重安係腰站。

場市城鄉俱有,以十二支分配趕集。

苗有黑苗、西苗、禾苗、仡佬、木佬、仲家、佯偟七種。禾苗緝木葉爲衣,著短裙,女子年十五六,即別構竹樓處外。人死以藤蔓束之樹間。餘苗與他處同。

重安渡口,與清平縣各設渡船一。大路南入清平,北達施秉。東南僻徑直通台拱。

地産土布、藍靛、棉花,樹多楓、楠、茶、蠟。俗好訟,多江右客民故也。

——《黔南識略》卷十五《黃平州》,載《中國西南地理史料叢刊》,第 7 冊,448~450 頁

論曰,大定所領一廳三州一縣,今爲西北之藩籬,昔皆羅甸之巢穴也。明時屢動大師,旋創旋燼。我朝以十三鎮兵力削平之,編入郡縣,納賦輸租,與中土同,非威靈之最震疊乎。其山嶺雄深,川原繚繞,伊昔虔劉之始,猶可得而言焉? 夫水西諸酋非真知用兵也,徒以漢唐以來襲封席土得所憑依。我壓之以兵,則彼主而我客,其深箐邃洞易伏也,嚴關重隘易守也,易于伏則不可以一軍入,易于守則不可以一面攻。歷觀苗疆用師制勝之由,蓋未有不分兵會進而後制其命者。明李化龍之平播也,以八路進;朱燮元之誅安邦彥也,檄滇兵下烏撒以防其竄,蜀兵出永寧、畢節以奪其險,燮元自統大軍駐陸廣以當其衝,復遣一路由三岔入,一路由陸廣入,一路由遵義入,又別遣奇兵繞出其背以擊之,邦彥授首逮。

——《黔南識略》卷二十四《大定府》,載《中國西南地理史料叢刊》,第 8 冊,第 23 頁

遵義府

遵義府在省城北二百八十里,《禹貢》:"梁州之域。"戰國時,楚莊王使莊蹻將兵循江上略巴黔以西,即其地也。秦爲夜郎地。漢屬牂牁郡。唐貞觀九年,於牂牁北界分置郎州,以夜郎地而名,領恭水、高山、貢山、柯盈、邪施、釋燕六縣。十一年,廢。十三年,又於其地置播州,以其地有播川爲名,仍置六縣。十四年,改恭水爲羅蒙縣,高山爲舍月縣,貢山爲湖江縣,柯盈爲帶水縣,邪施爲羅爲縣,釋鷰爲胡刀縣。十六年,又改羅蒙爲遵義縣。二十年,以夷州之芙蓉、琊川二縣來屬。顯慶五年,廢舍月、湖江、羅爲三縣。景龍三年,廢莊州都督府,以播州爲都督府。先天二年,罷都督,以黔州爲都督府。開元二十六年,又廢胡刀、琊川兩縣。天寶元年,改爲夜郎郡。乾元元年,復爲播州。乾符初,南詔陷播,太原楊端應募復其城,歷五代,世有其地。宋大觀五年,南平夷人楊文貴等獻其地,建爲

州,領播川、琅川、帶水三縣。宣和三年,廢爲城,隸南平軍。端平三年,復以白棉堡爲播州,三縣仍廢。嘉熙三年,設播州安撫司,領樂源縣。咸淳末,以珍州來屬,隸夔州路。元至元十四年,楊邦憲歸附,置播州軍民安撫司,隸湖廣行省。十五年,以鼎山縣隸播州。二十六年,改播州爲播南路。二十八年,楊賽因不花言所授安撫職任,隸順元宣慰司,其所管地於四川行省爲近,乞改爲軍民宣撫司,直隸四川。因授漢英爲紹慶、珍州、南平等處沿邊宣慰司,行播州軍民宣撫司,於是播州亦兼宣慰、宣撫之稱。賽因不花,漢英賜名也。明洪武四年,歸附,仍置播州宣撫司。六年,升爲宣慰使司,領安撫司二:曰草塘、曰黃平,長官司六:曰真州、曰播州、曰餘慶、曰白泥、曰容山、曰重安。萬曆二十七年,宣慰司楊應龍叛,川湖貴州總督討平之。播州自唐入楊氏,傳二十九世,八百餘年,至應龍而亡。二十九年,分播州爲二,置遵義、平越二軍民府,平越屬貴州,遵義屬四川。國朝康熙二十六年,裁軍民字。雍正五年,改隸貴州布政司,領州一、縣四,舊設通判駐仁懷廳地方。(乾隆)四十一年,改通判爲直隸同知。貴州惟遵義一府歷無親轄地方,領正安州、遵義、桐梓、綏陽、仁懷四縣,屬貴西道管轄,治遵義縣。設知府一、教授一、訓導一、經歷一。

其境東至思南府婺川縣界三百里,西至四川叙永廳界五百里,南至貴陽府修文縣界一百里,北至四川綦江縣界三百七十里,東南至平越直隸州湄潭縣界一百五十里,西南至大定府黔西州新場界一百二十里,東北至四川涪州界五百三十里,西北至仁懷直隸廳界五百六十里。廣七百九十里,袤三百六十里。至京師七千九百一十里。城周七里六分,計一千三百餘丈,甃以石,門四。明萬曆二十九年,建遵義縣附郭。

正安州在郡東北二百六十里,綏陽縣在郡東一百里,桐梓縣在郡北一百二十里,仁懷縣在郡西北一百六十里。郡境西北則塹山爲關,東南則附江爲池,川貴間一都會也。山自永寧之雪山關蜿蜒而來,過仁懷之關門囤,轉折盤曲,特起崇巒,則郡城之鎮山碧雲峰也。旋而左者,爲遵邑之海龍囤,居萬山之巔,四面陡絶,昔播賊楊應龍倚爲巢穴。又左爲桐梓之婁山關。旋而右者,爲綏陽之桑木關,正安州之龍洞關,皆高出雲表,一夫守之,千人坐廢,所謂天險,殆不過是。水則烏江界其南,迤而東北,出思南以入蜀,西則赤水河限之,黔蜀畫疆,以此爲界。昔附川東,距成都千餘里,僻在一隅,無關扼塞。今割隸黔疆,而北境之形勢以壯,田賦關稅抵黔之半境。其川原奧衍,地脈疏通,介巴蜀之間,雨暘不爽,耕獲以時。《水經注》謂"牂牁、夜郎之間,山無瘴毒"是也。

地久爲土酋所據,明竭三省之兵力,然後克之。《明史·李化龍傳》:"化龍總督湖廣川貴軍務兼巡撫四川,討叛臣楊應龍,分八路進兵。川師四路:總兵劉綎由綦江,馬孔英由南川,吳廣由合江,副將曹希彬由永寧。黔師三路:總兵童元鎮由烏江,參將朱鶴齡、宣慰安疆臣由沙溪,總兵李應祥由興隆。楚師一路分兩翼,總兵陳璘由偏橋。每路兵三萬,官兵三之,土兵七之。自出師至滅賊,凡百有十四日。川路由綦江自桐梓入,以婁山爲要害;由南川自眞州、綏陽入,以桑木關爲要害;由合江、永寧自仁懷入,以二郎壩、桑木堙爲要害。黔路由烏江入,以老君關爲要害;自水西由沙溪入,以落濛關爲要害;由興隆自平越、甕安入,以黄灘關爲要害。楚路由偏橋自餘慶、湄潭入,以三渡關、青蛇囤爲要害。"

承平以來,屹然形勝,民俗男務耕讀,女勤紡織。自乾隆八年,知府陳玉璧携其蠶種由山左來,教民種橡以養之,取絲爲帛,至今衣被甚廣。橡一名槲,葉即《禹貢》之"屎"也,大如掌,其長而尖者名柞。其葉經霜雪不落,亦名不落樹,黔人謂之橡,又謂之青楓樹。子房生實如小棗,葉厚者更宜蠶。植法於秋末冬初收子,不令近火,冬月窖子於土内,春則苗芽,三年後可飼蠶。伺後息以一年或一季,乃復飼,至四年五年者,伐其本,俟新肄出,飼如前。樹欲稗,葉欲蔚,風雨調和,蠶繭始形繁茂。春季養蠶之法,於隔年小陽旬日後,揀其繭之重實有蛹者,盛以竹簑;立春後置諸密室,薪火微烘之,無使間。春分時,覺蛹稍動,用線串繭,分掛於室中竿上,仍無脱火。量其氣候之寒燠,寒則微火,宜緩出蛾;燠則甚火,宜急出蛾。蛾出拾入筐,眉粗者雄,眉細者雌,配以孕,次日取雄蛾另貯,掇雄蛾捏其溺,否則其子不遺也。子始生,筐不斷火,蠕蠕然如針鋒,先以青楓嫩枝葉置筐内外,待其蠶自上枝葉,即將蠶枝縛於樹。五六日爲初眠,不食葉,蜕去黑殼,色分青黄。又五六日爲二眠,經三四眠後,食葉旬日,則噤口退膘,吐絲成繭矣。閱三日,漿固,連葉摘下,去葉繅絲,稍遲則變蛹出蛾,不堪用,如欲留貯,以火熏之,不成蛹。凡蠶眠時,不可翦移,俟起眠後葉食盡,方移他樹。蠶一上枝,須人毆鳥雀。其蠶筐以黄荆嫩條爲之,餘竹木所爲則不能黏子。秋季養蠶,於五月中,將春所收繭晾於竿上,不使罯壞,蛾出則拾入竹簑,讓其合。次日取雌蛾二,以四寸許長線分繫之,置樹間,即生子,麗於枝葉。春蠶宜稠散樹上,葉一盡則易翦。秋蠶宜少,撒樹巔就嫩葉與之食。秋多油蚱蜢,每夜須伺聲以捕。取絲之法,以大釜盛水,傾繭於其中,煮半時,輒翻轉,將軟,則沃以蕎草灰汁,取小竹管擄其浮絲,分成緒,作數提,仍置釜内,無斷火,水熱,然後絲易抽也。其抽絲器具與家絲同。織而成之則爲繁綢,又謂之遵義紬。郡境彌山漫谷,一望蠶叢,絲之値倍繭,紬之値倍絲。其利甲於黔省,其紬行于荆蜀吳越間矣。

學額文武生各十八名,仁懷廳改隸之後,考試仍在遵義附棚,城中建有湘川、培英、啓秀三書院,束修、膏火均在遵義收納棚租内劃出。

府無親轄地方,其田畝、糧賦、倉儲、市集、關隘、兵防等類,分載各屬。由知府經管者十九處稅口,每年經徵鹽雜稅銀五千六百五十七兩二錢有奇,除開消折耗等費,解司庫五千零四十七兩有奇。月亮巖等處向有鉛廠,因洞老山空,於乾隆六十年詳請封閉。餘與各府同。

論曰:習俗之錮人也甚矣哉。播爲楊氏所據者八百年,明定其亂,以平越隸黔,遵義隸蜀,我朝復以遵義隸黔。其地沃饒,冠于全省,顧其民多訟,正安、綏陽次之,桐梓、仁懷其最著也。人命盜賊,所在紛塡,揆厥所由,蓋漸積者久矣。聞楊氏爲土酋時,殺人者令以牛馬自贖,有被盜者聽民自搜,令盜以一償十,故民有疾病死,亦必誣指其素嫌之人以洩忿,被盜之家皆糾人遠近自搜,指疑似之贓,取倍稱之息,并有不必失盜而故擾人以漁利者。故盜蹤全無影響,而誣良磕索之風,較之真盜爲尤烈。及官訊出實情,照例懲治,而良民之受其波累者,指不勝屈矣。今遵郡通屬,命盜案件,歲不過數十起,而藉端誣陷者,風未盡泯,蓋流毒之深,自楊酋階之屬也。渤海之守,文翁之化,斯固不專以武健勝者,今豈必無其人哉。

——《黔南識略》卷三十《遵義府》,載《中國西南地理史料叢刊》,第 8 冊,54～57 頁

遵義縣

遵義縣附郭。漢鱉縣地,屬牂牁郡。晉建興元年,改屬平夷郡,後廢。隋爲牂牁地。唐貞觀元年,以牂牁地置恭水縣,屬郎州。十一年,省。十三年,復置爲播州治。十四年,更恭水曰羅蒙。十六年,更羅蒙曰遵義。顯慶五年,廢舍月并入。宋大觀二年,建遵義軍及遵義縣。宣和三年,廢爲遵義寨,屬珍州。開禧三年,升爲軍。嘉定十一年,復爲寨。嘉熙中,復置播州,不領縣,遷置穆家川。元因之,置播州總管府。明洪武九年,置播州長官司於郭內,授土酋王慈子孫世守。萬曆二十九年,改置遵義縣,與府同隸四川。國朝雍正五年,改隸貴州,與府同城。設知縣一、教諭一、訓導一、典史一。

其境東至綏陽縣界八十里,西至仁懷縣界一百五十里,南至貴陽府開州界一百里,北至桐梓縣界九十里,東南至貴陽府修文縣界一百四十里,西南至大定府黔西州界一百五十里,東北至綏陽縣界九十里,西北至仁懷縣界一百六十里。山川險奧,田地寬衍。東由湄潭而入以葛藤爲扼要,西由黔西而入以古樓爲扼要,南限烏江達省之要津也,北峙婁山通蜀之重阻也。

鳳山在城東一里,形如鳳壽。湘山在城東二里。湘江上有鶴池洞,林木罨藹,泉石涓潔,爲游憩勝地,上有寺。龍鎮山在城東十里,一名高岩。香風山在城東二十里,上有石洞,相近有玉屏山、仙人山。聚秀山在城東四十里,一名水園山,林壑隱秀,山麓有清水橋。板角山在城東九十里,勢極險峻,舊有板角關。征播之役,陳璘攻長坎、瑪瑙、保子三囤,陳良批師來會,令伏囤後,別以一軍守板角關,防賊逸。力攻三日,三囤遂下,是也。錦屏山在城西南二里,茂林修竹,如屏障然。南宮山在城南十里。天臺山在城南三十里。放牛山在城西十五里,爲郡之鎮山。馬坎山在城西二十里。明李化龍檄鎮雄土官隴澄搗賊巢,賊伏兵大水田,別以五千人來襲,敗還,部將王嘉猷乃揚聲搗大水田,而潛以一軍拔大夫關,直抵馬坎,斷賊歸路,即此。天馬山在城西三十里。元寶山在城西四十里,上有瀑布,相近又有大水田,上有池,可資灌溉。又有崆峒山、雷變山在城西八十里,山麓有池,寬平數十丈,可灌田。洪關山在城西八十里,有溫泉。石笋山在城西百里。緝麻山在城西南一百里。《方輿紀要》"楊應龍叛,遣其子朝棟守沙溪、緝麻山,防永寧貴州之師"

是也。龍山在城北二里,傳爲郡之主山。眠象山在城北十五里,相近有蘭山、白鹿山、蟠龍山。紫霞山在城北三十里。定軍山在城北四十里,唐咸通中,楊端擊南詔,駐軍於此,因名。永安山在城北六十里,外高內平,有田二千餘畝。又有岩門山、婁山在城北九十里,俗名大樓山,舊有關曰太平關,亦曰婁山關,又曰婁關,爲自川入境第一險要。明播酋楊應龍作亂,兵分八道,以綦江道最要,令綖當之,綖逾夜郎舊城,攻克賊滴淚、三坡、瓦窯坪、石虎諸隘,直抵婁山關。婁山萬峰插天,叢菁中一徑纔數尺,賊設木關十三座,排柵置深坑,百險具備。綖分奇兵爲左右,間道趨關後,自督大軍仰攻,奪其關。婁山北三十里有九盤隘,又有白石口隘。《明史·四川土司傳》“萬曆十九年,張時照上變告應龍反,巡撫王繼光嚴提勘問,應龍抗不出。二十一年,分兵三道,進婁山關,屯白石隘。應龍佯約降,統苗兵據關衝擊,殺傷大半,即撤兵。二十八年,總兵劉綖破九盤,入婁山關”是也。越寧峰在城東四里,相近又有十三峰。碧雲峰在城西十里,四峰并峙,中一峰迥出,青碧如雲,下有碧水。滴水岩在城東南五十里,有石洞可容萬人。黃鐘岩在城北四十里,一名伴雲峰。櫃岩在城北三百里,中有石穴,穴前有石如櫃,故名。

　　長箐萬丈林在城南。明都指揮徐成合、泗城土官岑紹勛兵克河渡關,賊將張守欽、袁五受據長箐萬丈林。永順兵擊破,生擒守欽,攻清潭洞,復擒五受是也。藏玉邱在城北十五里,有蓮花月池。青蛇囤在城東八十里。明陳璘征播之役,璘由偏橋進,營楠木橋,次湄潭。賊悉聚青蛇、長坎、瑪瑙、保子四囤。地皆絕險,而青蛇尤甚。璘先攻三囤,次及青蛇。青蛇四面陡絕,璘困其三面,購死士從瑪瑙後附葛至山背舉炮,賊惶駭,諸軍進攻,賊退入囤內,木石交下,將士冒死上,毀大柵二重,前後擊之,賊大敗,即此處也。海龍囤在城北四十里,上有飛昇岩,舊爲楊應龍巢穴。《方輿紀要》:“楊應龍於囤前築九關以拒官軍,萬曆二十八年,官軍進圍海龍囤,囤前陡絕,飛越難至,諸將以勁兵逼其間,并力攻囤後。別將徐成奪據鳳凰嘴,賊奔土城,官軍毀城而入,賊進據月城。因縱火焚其土城、月城二樓,四面奮擊,遂克之。”今建有海潮寺。水烟、天旺囤在城西南。《明史·貴州土司傳》“楊應龍之祖以內難走水西,客死。宣慰安萬銓挾之,索水烟、天旺地聽還葬,其地遂爲水西所據”是也。桃源洞在城中里許,洞前有碑,鐫曰“李白聽鶯處”白詩有“清浮蟻酒醅初綠,暖入鶯簧舌漸調”,流夜郎時所詠也。有亭,榜曰“懷白”,明大學士王應熊建。白雲洞在城東三里。仙女洞在城東五里。卿雲洞在城北十里,相近又有景仙洞。楠木洞在城北二百四十里,其南爲山陽洞及簡臺洞,名曰三洞。由綦江東溪入播,三洞素稱奇險。明劉綖督諸將克丁山銅鼓岩村,遂直搗楠木、山羊、簡臺三洞。賊將穆照等眾數萬連營,綖分兵攻其三面,大戰於李漢壩,生擒其魁,餘賊奔入洞,乘勢克三關,直搗洞前。焚之,盡克三洞。地險既失,播由是破也。

　　烏江在城東南八十八里,源出威寧州北山,徑畢節縣南爲七星河,又徑大定府爲六歸河,又東徑黔西州南爲玀革河,又徑清鎮縣北爲鴨池河,又東北徑修文縣之西北、遵義縣之東南始名烏江。合湘、洪、仁三江水，由餘慶、石阡、龍泉至思南入涪江。洪亮吉《水道考》：“據《漢志》《水經》以烏江爲即延江，謂唐以前尚無有以延江水爲烏江者。”按：《元和郡縣志》：“黔州西有延江水，一名涪陵江，自牂牁北歷播、費、思、黔等州，北注岷江。”《太平寰宇記》：“邘水在播州芙蓉縣東三十里，南流廢湖江縣，在播州東南四十里，以界内江名邑。”又《唐書》：“貞觀五年，以廢邘州之樂安、宜林、芙蓉、琊川四縣屬智州，邘水當以邘州得名。邘音於，邘、胡、烏聲相近，是邘水、胡江皆烏江也。”《方輿紀要》：“涪陵江自思州，_{即今思南。}境流入黔州境，分流爲施州江，其正流經彭水、武隆二縣，凡五百餘里，會於涪州之東，蓋即烏江下流矣。”庾仲雍云：“別江出自武陵水，經延江水從鱉縣東屈北流，自巴郡涪陵縣注更始水。”酈道元曰：“更始水即延江枝分之始，蓋皆涪陵江矣。”是烏江之名兆於唐即延水別稱，亦更無別川可當之也。

　　湘江在城東四里，一名穆家川。《方輿紀要》曰“《四裔傳》宋遷遵義軍於穆家川”，即此。源出縣北四十里龍岩山，徑湘山南與桃溪水合，迂回五百里入烏江。洪江在城東四十里，源出婁山關南山，合仁江入烏江。仁江在城東南五十里，源出縣西北六十里永安驛山澗，流合湘江入烏江。《太平寰宇記》“仁水在芙蓉縣西南一里，東南經邘水”是也。《水道考》曰：“湘江即古之鱉水。”《地理志》：“牂牁郡鱉縣下不狼山，鱉水所出，東入延，過郡二，行七百三十里。”今本《漢書》“延”字誤作“沅”，過郡二者，牂牁、犍爲。龍岩山當即古之不狼山也。古犍爲符縣之溫水、黔水，即今合湘江之洪江、仁江。《地理志》：“符縣溫水南至鱉，入黔水，黔水亦南至鱉入江。”此江即延江水也。按《水經》：“延江水東至牂牁鱉縣，又東屈北流至巴郡涪陵縣，是鱉入延，即在其縣。”《水經》於“江水條”曰：“江水東至枳縣西，延江水從牂牁郡北流注之。”於“延江水”條曰：“延江水注更始水，東南入於酉水，東南至沅陵縣入於沅。”今烏江正流由四川彭水縣入岷江，支流由湖南永順縣境合酉水入沅江，是也。過郡二者，牂牁、武陵。《華陽國志》亦曰：“鱉水入沅，《漢志》未嘗誤也。”若如洪說，鱉水於其縣入延，不當歷犍爲境，安得云“過郡二，行七百餘里”乎？以延江考鱉縣，實在今郡屬諸縣界。湘江屈曲繚繞，縣境水多入焉，豈即漢之鱉水歟！唐以播川名郡，亦疑即此。不狼山所在未審。《說文》：“溫水出犍爲符南入黔水。”《水經注》：“溫水一曰暖水，出犍爲符縣而南入黔水；黔水亦出符縣，南與溫水會，闞駰謂之闞水，俱南入鱉水。鱉水徑其縣，而東注延江水。”漢符縣爲今四川瀘州合江縣，今仁懷廳縣地均與合川縣接界，溫水當在其境，實未能定其爲今何水也。《方輿紀要》引《地記》云：“府東有鐔封廢縣。”《漢志》：“溫水出於此入鬱，非也。黔與黔同。”《水經注》：“酉水北岸有黔陽縣。”許慎曰：“溫水南入黔，蓋鱉水以下，津流沿注之通稱也，故縣受名焉。”是黔水即烏江也。溫、鱉二水俱匯黔入江，謂涪陵江，非延江也。《水道考》傅會古籍，礙難徵實矣。又《漢志》“犍爲漢陽縣”：“漢水東至鱉入延”不可考。

　　桃溪在城南十里，源出城北六十里上莊山，溪水匯流爲羅家河，至壩竹水、羅爲水，又數里與湘江合流入烏江。樂閩河在城西南八十里，《明史·地理志》作落閩水，源出雷變山，東流八十里合湘江而入烏江。金鼓潭在城西南四十里，入樂閩河。樂安河在城東七十里，源出綏陽之金竹里，南流爲綠塘河，經樂安里穿袁門屯山與烏江合。沙溪在城西一百里，源出西南二百里之岩孔山，流入烏江。《明史·四川土司傳》：“洪武十五年，城播州沙溪，以官兵一千人，土兵二千人戍之。”即此。鳳凰溪在城東四十里，源自綏陽之西山，西南流至縣東境之清乘橋。合洪江亦名長灘，有石洞下流合湘江。湄潭水在城東一百里，源出湄潭縣，經三渡關外流入烏江。黑水河在城西七十里，出洪關入偏岩。龍坪河在城南四十里。龍馬溪在城北十五里。芙蓉江在城北二十里。九節灘在烏江。《方輿紀要》“萬曆中，永寧奢崇明作亂，其子寅據遵義，官軍討之，戰於九節灘，復追，敗之於南城外鑼鋼渡，遂復遵義”是也。養馬水在城南三十里，山有犀牛洞，泉自洞中石穴迸出，出閱一晝夜即止，或積雨而仍涸，或久晴而忽涌，未有以測也。刀靶水在城南八十里。石壁泉在城北三十里石壁上，刊有“山齒齒，水瀰瀰，白飛霞，曾到此”十二字。下有青泉一道，傳白真人曾於此浴手，至今取以療疾，頗驗。龍泉在城北六十里。易氏井在城南一里，水極甘美。海風井在城西南八里，井上多風，昔有異人指曰：“此南海風也。”因名。躍龍井在城北龍山，井有三，一在山頂，一在山腹，一在山麓，三井相通，冬溫夏涼。《太平寰宇記》：“江南西道遵義縣東四十里，有禽陵山，縣北有夷牢水，又帶水縣有帶水，胡刀縣有胡刀水。”今不可詳。

三渡關在城東一百一十里，有上度、中度、下度三關。《方輿紀要》：“萬曆中，貴州帥李應祥討楊應龍，自平越進兵攻四牌、乾溪、旋水、三百落等寨，盡克之，長驅直抵疆界河，屯袁家渡。得降賊爲鄉導，潛出小溪，直抵黃灘關，乘勝追至西戶、張王壩及三渡關，關係楚兵出入咽喉，應祥悉拔之。由是湖帥陳璘自湄潭直抵上度關以扼播州，應龍勢愈蹙。”即其處也。老君關在城南八十里，又有河渡關。明童元鎮督永順、鎮雄、泗城諸土軍先奪烏江，復奪老君關，再拔河渡關。賊以步騎數千，先衝水西軍。陣亂，兵走爭浮橋，橋斷，殺溺死者數千人。河渡既敗，烏江相去六十里，猶未知賊咸爲水西裝，兵不之疑，賊掩殺三百人，亦襲其裝，直趨烏江，軍信爲水西，不設備，遂爲賊所破。烏江關在城西南八十里，明洪武中建。下有烏江渡，頗通舟楫，官設渡船，經費給之藩庫。落濛關在城西三十里，明巡撫郭子章許安疆臣，以應龍平後，還播所侵水西烏江地六百里以酬功，疆臣從沙溪入，率所部奪落濛關，至大水田，焚桃溪莊，即此。鎮南關在城南八十里。小洪關在城南八十里。大洪關在城西八十里。黑水關在城西九十里，路出瀘州。明馬孔英道南川，奪桑木關，連破九杵、黑水諸關，是也。崖門關在城北五十里，明吳廣出合江，屯二郎壩，分四哨進攻崖門，連破之，進營母豬塘，遂薄崖門。徑小，止容一騎，攀崖競進，追至第四關，賊黨出降。其第一關猶扼不下，廣乘夜疾進，奪其關，連戰紅碗水、土崖、分水關，皆捷，遂進營水牛塘，逼海龍囤，急燒第二關，奪三山，與陳璘從囤後登。應龍急，自焚死，蓋扼塞處也。木來關在城西一百六十里。合口渡在城東八十里,上有合口關。長灘渡在城東八十里。黃灘渡在城東八十里。明李應祥征播時,由興隆入,會烏江敗,乃取他道渡河。賊所恃止黃灘一關,會賊徒石勝俸等率萬餘人降,告曰:"去黃灘三十里,有三關,入播門戶也,先襲破之,則黃灘難孤守。"應祥然其計,攻關,直抵海龍囤是也。茶山渡在城南一百里。米梁渡在城北一百八十里。

吳公橋、趙公橋俱在城東門外。又有巨濟橋,元大德中建。通遠橋在城東三里,旁有峭壁,高數仞。鐵鎖橋在城東三十里。清水橋在城東四十里,兩岸如削。綠塘橋在城東六十里。後川橋在城北三里。會川橋在城北五里。會川河大板橋在城北七十里。又十里有小板橋。

廢溱州在城北二十五里。廢且蘭縣在城南。《方輿紀要》云:今郡治即故且蘭地。按《華陽國志》:莊蹻泝沅水出且蘭,以伐夜郎,植牂牁系船於是,因名。且蘭爲牂牁國縣,距沅水遠,恐非且蘭地也。廢甖縣在城西。遵義故縣在城東北百里。廢寧夷縣在城東。廢帶水縣在城北三十里。唐貞觀中,改柯盈縣置養馬城,在城北三十里,唐末楊氏建爲牧馬地。《明史·四川土司傳》:"總兵劉綎師屯白石,應龍率諸苗決死戰。綎親勒騎衝中堅,分兩翼擊敗之,追奔至養馬城,連破龍爪、海雲堅囤,壓海龍囤。"是也。樂蒙城在城西四十里。明天啓間,兵備道盧安西築,舊址尚存。

冉璡、冉璞故宅在城東十里冉家林。普澤廟在城南二里,祀唐巴川令兼鎮南軍使趙延之。宋慶歷間,賜號"普澤",累封英顯廣利公,水旱祈禱,多應。劉將軍祠在桃源洞口,祀明贈少保總兵劉綎。陳太守祠祀知府陳玉璧。乾隆初守郡,創橡繭之利,民所在祀之。

縣轄四鄉十三里。東鄉曰:東隅里、通平里、樂安里,南鄉曰:南隅里、清潭里、忠莊里、平水里,西鄉曰:西隅里、天旺里、沙溪里,北鄉曰:北隅里、永安里、大溪里。

原額全熟上中下田二十六萬四千四百三十一畝有奇,全熟地十四萬三千四百九十九畝有奇。徵糧九千四百四十八石九斗有奇,該徵糧銀九千二百七兩有奇,條銀四千三百四十六兩五錢有奇。遇閏之年,地丁銀內加徵閏銀九百三十四兩九錢有奇。原額每田六十畝載丁一丁,每地一百五十畝載丁一丁,共該人丁五千三百六十三丁,每丁徵銀四錢六分,該徵丁銀二千四百六十七兩二錢有奇。以上銀米,總計藩庫項下督催丁糧條銀,并遇閏加徵,共銀一萬六千九百五十五兩八錢有奇,內除改徵米石銀三千九百九十九兩八錢有奇,餘銀盡行申解藩庫彈收。再每年於地丁銀內存留,改徵米石銀三千九百九十九兩八錢,徵米四千九百九十九石七斗五升。除支遵義協左右兩營兵丁六百四十九名,按月支給并支府縣學廩生餼糧外,餘米俟青黃不接,詳請平糶。每年餘改徵米內徵收耗米七百四十九石九斗有奇,變價申解道庫,額貯常平穀四萬五千一百十八石。

學額歲科試額進二十五名。設湘川、培英、啓秀三書院,別置義學一。

播州楊氏土司 文獻集成 卷二

本處産米頗饒,食用之餘,尚多蓋藏。市價斗米三錢四五分爲最貴,三錢一二分爲中平,二錢七八分爲最賤。市斗倍於倉斗。

樹多楓香、青橱、白楊等樹。物産生漆、桐油、藍靛、五倍、苎麻、茶、蠟之屬。

通計漢民一萬三千六百二户。

城中駐劄副將一員,左營都司一員,右營守備一員、千總三員、把總五員,兵八百七十三名。明於播州地設十三驛,今裁。

——《黔南識略》卷三十《遵義縣》,載《中國西南地理史料叢刊》,第 8 册,57~63 頁

廢播州在城北三十里白綿堡,昔楊光榮子孫承襲守此,宋忠烈公楊燦以十訓刻石示子孫,今有家訓碑。

——《黔南識略》卷三十《遵義縣》,載《中國西南地理史料叢刊》,第 8 册,第 62 頁

桐梓縣

桐梓縣在府治北一百二十里,省城北四百四十里。漢夜郎縣地,屬牂牁郡。晉仍屬牂牁郡。永嘉五年,寧州刺史王遜分置夜郎郡,治夜郎。隋并入牂牁縣。唐貞觀十六年,開山洞置夜郎縣於舊播州城,兼置珍州。天寶元年,改爲夜郎郡。乾元元年,復爲珍州。元和三年,州廢,以夜郎屬溱州,復置珍州。宋乾德四年,改曰高州,尋曰西高州,後入於蠻。大觀二年,復置夜郎縣,屬溱州,宣和三年,廢。元置珍州、思寧等處長官司。明洪武六年,以其地析置播州、松坎、桐梓三驛。萬曆二十九年,平定播亂,以舊夜郎縣望草地置桐梓縣,取驛爲名,屬四川遵義府。國朝雍正五年,隨府改隸貴州。

其境東至羅五山綏陽縣界五十五里;西至牛渡河仁懷縣界七十五里;南至婁山關遵義縣界三十里;北至界牌四川綦江縣界二百六十里;東南至石炭關遵義縣界三十五里;西南至楠木廠遵義縣界三十里;東北至大坰槽四川南川縣界四百五十里,又至深坑正安州界三百一十里;西北至水滾仁懷縣界一百六十里,又至黃泥坳綦江縣界一百四十里。縣爲四川入黔首程,地與蜀省綦江、南川二縣犬牙相錯,及郡轄四屬皆接境,控扼要區也。城周三里七分,計六百八十二丈,甃以石,門四,明萬曆年間建。俄因河漲,縮城避水,僅及初築之半,後因舊基增築,乾隆二十九年重修。

魁岩山在城東半里,上有池,山后有天橋,高百餘丈。石女山上有石如女立。明月山在城東九十里,相近有九龍山。牛星山在城南半里,與縣對峙。金馬山在城南一里。鼎山在城南十里,踞群山之巔,四圍削壁,其形似鼎,元置鼎山縣,即以此山爲名。金鵝山在城西一里,山下有井,井中常見雙鵝,羽色如金,故名。玉屏山在城西二里。虎峰山在城北半里,相近又有蒼龍山。鳳鳴山在城北二里。天禄山在城北二里。猫兒山在城北一百三十里。元四川囊加台攻破播州猫兒埡隘,宣慰使楊燕里不花開關納之,當即此。扶歡

山在城北二百里,唐扶歡縣以此名。楚米坡在城東二十里,平播時楚人饋米至此,故名。陳頭箐在城南四十里。夜郎小箐在城北三十里。松坎在城北,有松坎巖,奇峰突出,峭壁無階。《明史·四川土司傳》:"楊應龍反,總督邢玠檄應龍安穩聽勘,應龍縛渠魁待罪松坎,案驗論贖,於松坎設同知治焉。"即其處也。龍罩臺在城西四十里。桐梓原在城北三十五里。夜郎壩在城北七十里,有古夜郎城舊址,明劉綎逾夜郎舊城,是也。三元壩在城北九十里。葫蘆洞在城西五里,深數里,內有三層,奇石肖各形象。明邑令萬建侯額曰:"天外賞",大學士王應熊有"北顧巖"三字,俱鐫洞口。蟠龍洞在城西南六十里,有石如龍,蟠龍水出焉。竹王洞在夜郎里。

　蒙渡河在城北七十里,傳漢唐蒙渡此。源出縣北境山,有兩源,合北流百數十里,曰松坎河,西南有一小溪注之,又北數十里坡頭河入焉,盤繞縣境,入四川南川縣界。又北至三溪口,始通舟楫,徑綦江縣東而北,又西北流至江津縣入大江。《明史·地理志》:"桐梓縣北有僰溪,源出山箐,綦江之上流。"按《方輿紀要》:"綦江即夜郎溪也,自南川縣流入,亦曰南江,至綦江縣,色如蒼帛,因名綦江,亦曰東溪,入江津縣謂之僰溪。"又《明志》:"綦江縣南有綦江,即僰溪之上流。"是黔境尚無僰溪之名,《明史》蓋從其究言之也。《漢書·西南夷傳》:"發巴蜀卒治道,自僰道指牂牁江。"當即此。母渡河在城北一百二十里。坡頭河在城北一百四十里。齋郎河在城西六十里,齋郎者,苗民也,河以名焉。源合龍巖山水,繞縣東楚米坡,徑縣城南流,謂之水坎河。經仁懷縣之二郎里,至二郎灘,與赤水河合,俗呼爲"米糧渡",下流入岷江。官渡河在城外一里,寬丈許,左發源於城東三十里之楚米坡,右發源於距城十五里之黑石溪,近城之楊村溝、陽家河、溱溪、南溪水皆匯焉。又十里爲方家洞。再二里流分爲二,左入葫蘆洞,即俗所謂"消水洞",右爲周家洞,洞口穿山而過,爲大馬孔,總名馬家壩,距城僅十五里,水至此四山圍繞,并無出路,向由二洞瀉水。自乾隆五十三年後,惟葫蘆一洞,尚能消納,其餘方家各洞,先後淤塞,每春夏山水漲發,縣受其患。議者謂自馬江壩過梅子井爲壽國山,山外爲水坎河,馬江壩高水坎河二三十丈,導流較便。計梅子井至水坎河長約二百五六十丈,壽國山腰約長一百四十五丈,自應于壽國山鑿開暗河,以達於水坎河。但葫蘆洞低於馬江壩,若待洞水漫溢,然後歸入暗河,恐平原已成巨浸。而周家洞上通官渡河,下達馬江壩,最爲扼要關鍵,應於周家洞至梅子井地方,先開一明河以導之,水出周家洞,由明河而入暗河,水勢自當順流而疏暢。并於周家洞前後,按其舊迹,挖深五六尺,令無阻礙,則水得歸宿,縣城永無水患。道光十一年,河水泛溢,漂民居,經巡撫嵩溥飭官勘明,奏請動項開鑿,漸次疏通,水行可期順軌矣。清溪在城南二十五里,溪中有井,每日三潮。趙洋水在城西九十里。官堂水在城北十里,爲諸水所經。婁山關在城南二十五里,與遵義縣接界。張九關在城東北二十五里。石壺關在城東北三十里。蒙渡橋在城北九十里,爲黔蜀要道。康熙五十七年,知府趙公榮建,因名趙公普渡橋。

平夷廢縣在城西北。按:此乃晉建興元年置,治平夷,縣與鱉縣、夜郎同屬郡。若蜀漢之平夷郡,係今雲南曲靖府地,不在此也。廢鱉縣在縣北。廢珍州在縣東。夜郎廢縣在縣東。按:秦漢之夜郎,西距邛筰,東接交阯,地凡數千里。唐武德四年,析夷州之寧夷縣置夜郎。八年,析巫州之龍標縣置夜郎。十六年,開山洞置珍州,亦置夜郎。靖道謨《夜郎考》曰:"龍標之夜郎,當在今黎平、鎮遠間;夷州之夜郎當在今石阡、思南間;珍州之夜郎則今遵義之正安州、桐梓縣矣。巫州夷州之夜郎,或廢或更名。珍州之夜郎置最後,而自唐迄宋名未嘗改,於是人只知播州之爲夜郎,亦不復知夜郎之大矣。"漢七王墓在城南五里,相傳即竹王父子之墓。

縣轄五里。曰東芝里、蘆溪里、溱溪里、夜郎里、夔化里。現在成熟田四萬二千二百餘畝,土八萬七千八百餘邱。東芝里之好芝壩,蘆溪里之黑石溪,溱溪里之元田壩,俱有溝堰蓄洩,可稱膏腴;夜郎、夔化二里,土俱瘠確。徵米九百石八斗有奇,除支放兵糧廩餼外,餘米三百余石,變價解繳道庫。徵銀三千六百八兩有奇,除改徵米石及扣存各官春夏二季廉俸銀兩,實解藩庫銀二千五十餘兩。常平實貯穀一萬石有奇。

學校文武額十名,義學一。

民知儲積,米無外耗,足敷民食。場市八,各有定期。樹有桐、杉、梓、漆、青楣等木。育蠶織繭,有雙絲、水絲二種,名曰"桐綢",較遵義、正安稍遜。無銅鉛礦廠。有麻柳灣稅口,由府經管。

苗有仡佬、鴉鵲、紅頭三種,舊有六百六十餘户,近遷興義及安南等處。散住零星,共一百一十七户,均係薙髮。苗民無土司管轄,皆編入保甲,通漢語,風俗亦與漢民類。

設塘汛十六處,城中駐劄桐梓汛千總一員,把總一員,兵丁九十九名。乾隆六十年,移把總一員,兵二十名,駐松坎汛。無驛遞、渡口。南至省,北入川,爲大道。西通仁懷,東抵綏陽縣,爲僻徑。餘與各縣同。

——《黔南識略》卷三十一《桐梓縣》,載《中國西南地理史料叢刊》,第 8 册,64～66 頁

綏陽縣

綏陽縣在府治東一百里,省城東北三百八十里,漢牂牁郡地。隋招慰置綏陽縣,古徼外夷也。唐武德三年,屬義州。貞觀十一年,改屬夷州。宋大觀三年,改置承州,仍治綏陽縣。宣和三年,州廢。以縣屬珍州。明萬曆二十七年,以舊綏陽縣地置今縣,隸四川。國朝改隸貴州,設知縣一、教諭一、訓導一、典史一。

其境東至正安州界八十里,西至遵義縣界四十里,南至遵義縣界三十里,北至桐梓縣界三百里,東南至湄潭縣界四十里,西南至遵義縣界五十里,東北至正安州界一百五十里,西北至桐梓縣界一百五十里。廣六百里,袤二百三十里。水繞提封,山環保障,蜀東門户,黔地咽喉。城周四百七十丈,甃以石,門四,明萬曆二十九年建。

望京山在城東七里,達摩山在城東九里,永山在城東南二里,彭山在城南三里,冠子山在城南十二里。《明史》"李化龍平播,劉綎克後水囤,營於冠子山,會馬孔英、吳廣軍,軍海龍囤下"是也。拱辰山在城南一百五十里,山勢北向,故名。平木山在城西南五里,有宋冉璡故居。扁桶山在城西九里,又西里許有筆架山。金子山在城西十五里,相近有辰山。風坎山在城西六十里,舊有關。明馬孔英征播州,奪桑木關,逐北至風坎關,是也。又有仙人山,上有石坪遺迹。石牛山在城西二十里,橫亙數里,常有積雪不消。朗山在城西二十五里。明馬孔英由朗山進蒙子橋,深箐蓊翳,賊處處設伏,悉剿平之,即此。長幹山在城西六里,一名白玉山,爲縣治來脉。西山在城西北二十四里,與長幹山相連,鳳凰溪源出焉。天臺山在城北二里,上有池,廣可五畝,四時不涸。望靄山在城北十里,有礜霄洞,周約四五里,中有天生石床、盤、盂等物,又名神仙洞。何家山在城北一百五十里,兩峰切雲,昔有何道者棲此。香爐岩在城東十五里。銀子岩在城西十八里,又西二里有璞老岩。

源溪在城北十里。朗水在西,又名螺水,源出朗山。達溪在東南,源出楊柳水,經達摩山西流,與朗水合。繳水在東南,合達溪、朗水,流入烏江。黑澤水,一名清水河,流入繳水。厚水在東南,源出趙家里,經長灘入烏江。渡口水在北,即合口河,下流於烏江。又南有渡,曰落汪渡,右合渡口水。石梁河在北,源出桶關,與渡頭河合。浦浙水在北,一名大灘,源出湄潭山箐中,與渡頭河合。又壤水及黃魚溪皆入合口河。小烏江在東北六十五里,源出椒溪,流經南川入涪江。三朝水在北,水自洞出,每日辰、午、酉,三至不爽。紫蓮池在城東。康熙十一年,荒田數畝,浸而爲池,自生紫蓮,因名。金子壩在城西,有金子池,大可百畝,相接有蕭家溝,上有蕭家洞。明參將周國柱攻金子壩,無一人,疑有伏,焚空寨十九,嚴兵以待,賊果突出,擊破之,是也。都上廢縣在城西南二十五里。義泉廢縣在城西南百里。寧夷廢縣在城東二百里。高富廢縣在城東北百十里。洋川廢縣在城西北百里。雞翁廢縣在城東南。《太平寰宇記》:"江南西道夷州理綏陽縣,鄉四,波利山東,縣北二十里。"安微水一名孤微水,西自綏陽故縣來,東流經縣南八里,又東入都上縣界。涪江水在縣東丨八里,南流注安微水。綏陽故城在今縣西三里,移於今埋,故城存都上縣。涪水,一名洣野水,西北自綏陽縣界流入,經縣西十四里,又折西南流入廢雞翁縣界。義泉縣離支水東北自廢綏陽縣流入,西流經縣理西,又東南流入廢樂安縣界。以上山水,惟涪江水即今烏江之下流,餘皆古今异名,難以互證矣。

九杵關在城東三十里,明馬孔英連破九杵、黑水諸關,苦竹、羊崖、銅鼓諸寨是也。石卯關在城東三十五里。苦竹關在城東九十里,與湄潭縣分界處。板閣關在城南七十里。朗山關在城南二十五里,通郡城、桐梓。桑木關在城東北二十里,通正安州。明馬孔英入真州,用土官爲嚮導,別遣邊兵先扼明月關,連破四寨,次赤崖,抵清水坪封寧關,破賊營十數,逼桑木關。關爲賊要害,山險箐深,憑高拒守,官兵殊死戰,奪其關,即此。龍洞關在城東北一百里。長灘渡在城西,通郡城。渡頭河在城北,有官船濟渡焉。桑木橋在城西,水面橫木,圍四尺五寸,水漂不動,傳有欲伐之者,舉斧,雷電忽作,斧迹尚存。宋合州知州冉璡、合州通判冉璞墓在朗水里。

所屬金、朗、趙、旺四里,共成熟田七萬二千八百一畝有奇,山土一十二萬九十七畝有奇。改徵米一千三百八十六石有奇,徵銀三千三百三十五兩有奇。常平倉實貯穀二萬三千九百四十石有奇,溢額穀三百三十七石有奇。兵糧於改徵米內支給。

場市七。樹惟楓、柏、白楊、青棡、桐、竹之屬。土產藍靛、皮紙、漆、茶、桐油、白蠟、五棓子之屬。無銅鉛礦廠,亦無稅課。

苗惟花苗一種,能織麻布,制木盤,善捕禽獸。婚喪歲時俱以牛犬爲禮,無土司管轄。通屬漢莊二百五十;苗寨十一,計五十二戶。

設一汛,七塘,關有七:東曰龍洞、曰苦竹、曰石卯、曰九杵、曰朗山,南曰板閣,東北曰桑木,均屬扼要之所。城中駐劄遵義協分防把總一員,兵五十鋪名。無驛遞,東西路設有鋪夫遞送公文。長灘及渡頭河設有官渡大道二,一由桑木關抵正安,一由朗山關抵桐梓、遵義。捷徑二,一由鄭場抵湄潭,一由楊桶出綦江、南川。金里之七、八甲近湄潭,趙里之四、五甲近桐梓,去城遼遠,時防匪徒。民多爭控界址及婚姻之事,蓋界從未立石,而合婚俗以插香爲定也。

　　——《黔南識略》卷三十一《綏陽縣》,載《中國西南地理史料叢刊》,第 8 冊,67～69 頁

仁懷縣

仁懷縣在府治西北二百六十里,省城西北六百六十里。漢夜郎郡地。唐貞觀五年,置芙蓉縣,屬邢州,尋以縣屬牢州。十六年,廢牢州改屬夷州。二十年,又改屬播州。初置在芙蓉山下,因以爲名,後移於州東南三里。開元二十六年,以珝川縣省入芙蓉縣。宋大觀三年,置仁懷縣。宣和三年,廢。元播州安撫司地。明萬曆二十九年,置仁懷縣,隸四川遵義府。國朝雍正五年,改隸貴州。九年,移縣治於生界之亭子壩。設知縣一,教諭一,訓導移駐仁懷廳,典史一。

其境東至桐梓縣界四十里,西至四川敘永廳三十里,南至遵義縣界四十里,北至四川合江縣界四百五十里,東南至遵義縣界四十里,西南至大定府黔西州界一百四十里,東北至四川綦江縣界四百二十里,西北至仁懷直隸廳界一百六十里。縣境濱播枕永,襟合帶瀘,爲扼要區。城周二里五分,甃以石,門四。雍正十一年建。

翠巘山在城東十五里,自西南迤而東,橫亘百餘里,爲縣之鎮山。夕陽山在城西里許。端山在城北一里。玉屏山在城北二里。筆架山在城東北十五里。關門囤在城南三十里,崒嵂高聳,平列十七峰。懷陽洞在城南十三里,懸崖當路,如屋下覆,中有鐘乳,結成人物各象,知縣程玉坤泐曰"懷陽洞"。書畫岩在城南五里,峭壁劍立,黑白成章。二

郎壩在二郎里,《明史》"吴廣屯二郎壩"是也。岩鑼口在城南十里,四面巉削,萬仞直立,其下爲澶溪,即鹽井河之上流,爲廳縣赴省必經之路。路寄岩腰,過者危慄,加以溪水迅激,頑石阻流,每春夏盛漲,徒涉者間爲漂去,縣境第一畏途也。三十灣坡在城南四十里,層高重阻,延緣坳折。

赤水河在城西四十五里,自畢節縣流入縣界,經李博里、安羅里至茅台村,始可行船,商旅由此駕舟以通蜀鹽;流入仁懷廳境,至四川合江縣入岷江。《方輿紀要》:"大江在合江縣北,至縣治東有之溪流合焉,因謂之合江。"又有之溪源出仁懷縣境,環繞如之字,即赤水河也。澶溪在城東數十步,溪上石立無岸,出地底,自東注西,與赤水河合。官渡河在桐梓縣境,流經安羅里、二郎里,至二郎灘注赤水河。高洞河自縣治吼灘里,流經赤水里,至官渡塘可行船,有關稅屬經廳管。至溪在城東北,一名魚溪。福泉在城南門外,味特清洌,灌田百畝。魚泉在城南七里,其泉有二,俱在溪邊,春三月間出鯈魚,味甚美,逾期即不復出。濕泉在城西十五里,浴可逾疾。考《明史·地理志》:"仁懷縣東南有芙蓉江,西南有仁水,其下流俱注於烏江。"《方輿紀要》:"仁懷縣、仁水縣西南一里,或曰即之溪上源也,曲折流入瀘州合江縣界,而注於大江。"又"芙蓉水在縣東南三里,東南流合於湘江,亦曰芙蓉江,唐以此名縣。"按:縣於雍正八年移今治,舊城即今之仁懷廳也。縣之南境均與遵義縣錯壤,則仁水即遵義之仁江,《紀要》以之溪當之,非也。今廳境近城之水并不通烏江。云芙蓉江在縣東南三里,亦誤。

芙蓉廢縣在縣南。胡刀廢縣在縣西南。舍月廢縣在縣東南,以境內舍月山爲名。羅爲廢縣在縣西,以縣南羅爲山爲名。

縣轄七里地方,安羅、李博爲上二里,二郎、小溪、吼灘、丁山、赤水爲下五里。上二里與蜀省永寧及大定、黔西連界,下四里與蜀省之叙永、綦江、江津、合江等縣交錯,距城四五百里不等。

田土最高者爲箐地,次則爲半山,下爲花廠。箐地田土氣冷,有大春無小春,宜稻、菽、小穀、稗子、高粱、包穀,而民間尤恃包穀爲日用之需。其稻穀植於當彎處,可斗種而石收,平壩向陽之地,可收二石。久雨則損秧,早則凍,被風傷則無收,故箐地之田價最賤。民近於清明時,先往花廠佃田栽秧,而後移種於箐地。花廠地低近河,居民多種棉花。額徵條糧銀二千一百三十七兩,內改徵米六百二十七石,實應徵銀一千六百五兩有奇,銀米并一五加耗。徵收之法,十户一單頭,每年輪換,督催花户自行完納。縣倉實貯常平等穀九千五百九十三石有奇,改徵米四百一十九石有奇。社穀二十石,即貯縣倉。兵糧於改徵米石內支給。

學額八名,義學三。

分防把總一員,兵一百十四名;濕水汛外委一員,兵十一名。

集場二十一處,各有定期。樹多青棡,李博等里資以養蠶。桐、茶所在皆有。茅台村地濱河,善釀酒,土人名其酒爲"茅台春"。

有仲苗、青白夷、保儸、羅鬼、青仡佬、紅仡佬、紅頭、鴉鵲、馬鑷十種。青夷、白夷、仲家能通漢語,漸染華風,餘苗尚循夷俗。無土司管轄。通屬漢戶十之六七,苗戶十之三四。

通府道路昔由鹽井河橋經生界、關門囤、大毛坡、井壩等塘,至倒流水合路,路迂,故至府二百六十里。今改由岩鑣口經壇廠場、明廣寺、三十彎、大壩、長崗山至倒流水合古路,路捷而大,故今至府一百八十里。又由倒流水至鴨溪口,繞石板場至螺螄堰,爲合府上省大路。通川省大路三:一爲溫水汛通綦江,一爲兩路口通江津,一爲高洞通合江,即今通仁懷廳之大路也。餘與他屬同。

——《黔南識略》卷三十一《仁懷縣》,載《中國西南地理史料叢刊》,第 8 冊,69~71 頁

正安州

正安州在府治東北三百五十里,省城東北五百四十里。漢爲夜郎地。唐貞觀十七年,置播川鎮,後因鎮中有降珍山,乃以鎮爲珍州,取山名郡也。又置夜郎、麗皋、樂源三縣。宋乾德四年,刺史田遷上言:自給賜珍州郡名以來,連罹火災,乞改州名,因改爲高州。尋以嶺南有高州,加西字,領縣四,治夜郎縣,麗皋、榮清、樂源三縣,皆分夜郎之地以置。其後,大觀二年,大駱解上下族帥獻其地,復建爲珍州。咸淳末,以珍州屬播州,領樂源縣,元爲珍州、思寧等處長官司,屬播州安撫司。至正之末,明玉珍改爲真州。明洪武十七年,置真州長官司。萬曆二十九年,改置真安州,領縣二:綏陽、仁懷,屬四川。國朝改爲正安州,改隸貴州。設知州一、學正一、訓導一、吏目一。

其境東至婺川縣界一百八十里,西至桐梓縣界一百里,南至綏陽縣界九十五里,北至四川南川縣界一百一十五里,東南自車盤溝至婺川、龍泉兩縣界一百三十里,西南自鳥後水至桐梓界一百里,東北自巴魚溪至四川涪州界二百四十五里,西北自黃蓮臺至四川彭水界二百九十里。

州介巴黔之間,拱蠻僰之要,西南有事,實當其衝。州治屢經遷徙。萬曆中,平播後,建治於思寧里譎水園,後遷於三江里。[國]朝初,遷於德溪、土坪,皆未建城。乾隆三年,定地古鳳,即今州城也。二十四年,始建城,周二里九分,計五百三十二丈五尺,高一丈八尺,門四。

大武山在州署前,覆鐘山在州署後,俱在城內。又有鳳舉山在學宮後。東松山在城東五里。翠屏山在城東南七里,舊州西南。聚秀山在城南一里。龍門山在城南十里。羅蒙山在城南六十里,唐有羅蒙縣即其地。西松山在舊州西南六十里。虹轉山在舊州西南八十里。羅支山在城西南九十里,明嘉靖中,居人避寇於此。雲頂山在城西南八里。雙鳳山在城西一百七十里。文筆山在城北五里。豹子山在舊州北八里,多霧,產豹。會仙

山在城東北二十里,州治發脉於此。

芙蓉江在舊州南一百里,源出婺川。自烏江分流,東經故思義寨,環流出州東南境,又北入彭水縣界,注於涪陵江。三江在舊州北五十里,一名明溪,源出州西境羊毛坡,東南流虎溪水合焉,下注於芙蓉江。虎溪在舊州西南七十里,源出遵義北委家嶺,徑舊珍州城下流入三江。北溪在舊州北。林溪在城西南五里,又五里有林溪壩。貫珠溪在城西南,源出州西杉木門,流入州境落水孔。思溪在舊州西七十里,源出四川南川縣牛角寨,流人州境,東南流入於三江。卯溪在城北山后。

故州城在城東南七十里潏水園,明萬曆中置,城垣尚存。母斂壩在城東北三江里,傳漢母斂縣舊址也。廢珍州在城西。樂源廢縣在城西。榮懿廢縣在城東南。南山寨在舊州西南七十里,亦謂之石城,明初鄭昌孫屯據處也。又舊州東南九十里,有思義寨,唐初爲思義縣,屬夷州。舊稱珍州五堡:曰麗皋、曰思義,皆因故縣置;曰白岩、曰安定、曰壽山,則擇險置戍處也。萬曆中,官軍征播,皆屯駐於此。

學額文武生各進十四名。建有鳴鳳書院,由義學改設。舊有租穀四十石,爲薪水膏火,不敷由州捐給。

州轄德溪、三江、思寧、小溪四里,田畝肥瘠不一。現在成熟田八萬九千七百六畝有奇,徵米一千七百二十二石六斗有奇,共徵銀二千八百十八兩有奇。雍正間,將地丁銀兩裁去七百兩,改徵米七百七十七石七斗有奇,以備每年支放兵糧廩米,餘米變價解繳。常平倉實貯穀一萬三千九百一十五石有奇,戶口二萬二千零九戶,計一十六萬五千六百八十三名口。前有仡佬、花苗三百餘戶,今俱遷移鄰封州縣,間有零星數名,多依漢民耕作,未編烟戶。

土産山繭紬、家機紬、土花綾、蜜、漆、桐、茶、黃白蠟之屬。向無蠶絲,乾隆十三年,州吏目徐階平自浙携蠶種來,教民伺養。因桑樹較少,先以青檵葉飼之,後亦漸植桑。食青檵者爲山絲,質粗色劣;食桑葉者爲家絲,質精色美,商通各省,販運甚多。

場市四。州無銅鉛礦廠。石板渡二稅,仍由府經管收課。

設五塘五隘。城中駐剳遵義協分防正安汛把總一員,兵九十一名。每塘撥兵二名,每隘撥兵二名,無驛遞。

——《黔南識略》卷三十二《正安州》,載《中國西南地理史料叢刊》,第 8 冊,72~73 頁

仁懷直隸同知

仁懷直隸同知在遵義府西六百三十五里,省城西北九百七十里。明萬曆二十九年,平播設仁懷縣,即今廳城,屬遵義府。國朝雍正八年,移仁懷縣署於生界之亭子壩,而以通判移駐其地,專司糧稅。乾隆三年,以附近廳屬河西、仁懷、土城三里,田土錢糧,撥歸通判管轄。十三年,撥仁懷縣訓導分駐其地。四十一年,題請改爲直隸同知,原設通判照

磨,改爲同知照磨,轄糧道。

其境東至仁懷縣赤水里界一百八十里,東南至叙永廳交界之二郎灘二百七十里,西至叙永廳界一百二十里,西北至合江縣之九支八里,東北至合江縣之鱸魚溪十里。廣三百餘里,袤三百二十里。城周五里三分,甃以石,門四,明萬曆年間建,乾隆二十五年修。

一面倚黔,三面距蜀,劃江而守,最爲扼要。其由四川永寧入畢節以達於省者,爲大路;其由仁懷縣而達於省者,爲小路。跬步皆山,無平田廣野。其路之最險者:由東門四十里有七里坎,高約七八百丈;又有小關子,路絕窄狹;由土城里進溝有凉風丫、青槓坡、木桶岩,俱約有五六百丈;由東皇場至仁懷縣交界有土豪壩,尖山峻嶺,約有八九百丈;又由土城至順江場有仙人坳,絕高,設有塘汛;又由丙灘進溝有穿風坳,極陡峻,行旅爲捷徑,而道路窄小,宵小易藏。其他巉岩峭壁,高出雲表者,小民每於絕壁石隙栽種雜糧,時有跌墜之虞。

至廳屬之大江源通赤水,經茅台村,由仁懷、叙永之二郎灘入廳境,直下三百餘里,繞廳城下之淋淋灘,入合江,灘之有名可指者五十一,若猿灘,若落妹腦灘,若黃泥灘,若葫蘆腦灘,若阿蘭灘,及大別、小別灘,大丙、小丙灘,尤極險涌,大抵岷江水深而勢稍寬。此江流駛而勢較窄,峻峰迫於兩岸,怪石梗於江心,盛漲泛舟,三百里一日可達也。按《圖經》:"赤水河徑脉困塘,北有古蘭河,自西南來注之。"《水道考》:"以'蘭'爲'藺'字之譌,當以古藺州得名。"阿蘭灘即疑此水。又赤水至土城西有水思河自東來,儒溪、泥溪自西來,并注之。又西北有盤橋溪,又束猿猴溪,自西南先後注之。又葫蘆溪與滃溪、南溪二水會金沙溪,自東來注赤水河。諸河皆在此水左右,或古今異名耳。

葫蘆關在城南五十里。中箐關在城西八十里。黃葛橋在城北手爬崖側。永安橋、鎮江橋俱在城內。

地自明初楊鏗內附,改播州宣慰使司,屬四司,統田、張、袁、羅、譚、盧、吳七姓。今廳屬三里,生齒日繁。土城一里與叙永、仁懷縣二處交錯,又爲蜀鹽商船之所屯泊,距城遼遠,川匪潛踪。由廳城逆流而上,非五六日不能至。陸路則逐節奇險,徒步皆艱,防範宜爲周密。餘處則士習詩書,農安耕鑿,生計裕而訟獄稀,視他郡縣爲馴良焉。

學額,乾隆四十一年,始分廳學,取文生四名,武生二名,廩增生各八名。嘉慶十七年,部準取武生四名,與文生均由遵義府仁懷縣二處分撥。舊有義學一。嘉慶七年,改建雙城書院,設租穀。道光八年,以雲頂寺租穀六十石,易價分作士子鄉試路費。又建養正義塾,設租穀四十八石。

田畝,仁懷、河西二里,水田較多,頗稱腴壤。土城一里,地氣瘠薄,宜雜糧。現在成熟田地共二萬三千五百六十五畝,實徵正耗及耗米變價共銀六百五十兩七錢有奇。常平倉實貯穀一萬七千三百九十二石四斗有奇。本城貯義倉穀二百石,土城、璜珉宮、猿猴鎮、石梅寺新建便民社倉,共貯穀四百石。兵糧以改徵米及赴糧道領銀采買米,共五百五十七石四斗有奇支給。豐年產米僅敷民食,歉歲全資商販。市斗準倉斗三斗。

場市十三,在仁懷里者三,在河西里者二,在土城里者八,各有定期。

山中多植藍靛、杉木、楠竹及山茶、木漆之屬,荔枝爲通省所無,系專產。無銅鉛礦廠。稅口四,額徵稅羨銀三千有奇。

苗惟馬鑼一種,性頗淳,隨所佃之土爲居,遷徙無定。無土司管轄。通屬皆漢莊,苗民零星散處,僅七八十戶。

設二汛十三塘。城中駐劄遵義協都司一員,千總一員,額外二員,分防猿猴汛把總一員,仁懷舊縣把總一員,溫水汛外委一員,共兵四百二十二名。

渡口三,曰北渡,曰夾丫口,曰渾溪渡,皆通川水陸孔道。乾隆五十一年以後,增設風溪、石梅渡、截角丫渡、背照渡,俱設有渡船,餘與他郡同。

論曰:仁懷廳境遠懸於巴蜀之間,地狹而險,蜀鹽舟運入廳界,上至於仁懷縣屬之茅台村而止,邪許之聲相接於岸,奸匪最易叢積,同知之設,所以資彈壓,非僅榷稅課已也。

黔中普安等處,向食滇鹽,因價值太昂,恐致累民,經前巡撫慕天顏、王繼文先後疏稱:普安等處遠在萬山之中,民苗野處,日給艱難。以黑井最貴之鹽,行於該處最窮之地,不特民苗告苦,即商竈亦受賠累。故令食川鹽,即交相慶賀,令食滇鹽,即環庭泣訴。并請將滇省無著鹽課,照數豁免。蓋川鹽不拘斤數,零星可買,而滇鹽必須整塊;川鹽價賤,每斤不及三分,而滇鹽價重,溢於四五分以外也。我朝加惠窮黎,無微不周,黔省尤爲優渥,於今民食蜀鹽,有司不必爲之定價,聽從商民隨便貿易,誠垂之萬禩而利賴者也,所全豈淺鮮哉。

——《黔南識略》卷三十二《仁懷直隸同知》,載《中國西南地理史料叢刊》,第 8 冊,73~75 頁

滇黔志略[*]

　　宣宗大中十三年,豐佑死,子世隆立。豐佑在位三十六年,按豐佑遣將軍晟軍鑿橫渠。……十二月,南詔寇陷播州。時節度使杜悰變韋皋制度,侵擾蠻人。會世隆怨朝廷不行册吊,遂絕朝貢,寇播州。

　　——《滇黔志略》卷一《雲南·沿革》,載《復旦大學圖書館藏稀見方志叢刊》,第53册,526~527頁

　　唐設黔中郡采訪使,凡在今貴州境内之思、播、珍、費諸州,皆隸焉。以是稱貴州爲黔中可也。

　　——《滇黔志略》卷十七《貴州·沿革》,載《復旦大學圖書館藏稀見方志叢刊》,第54册,第555頁

　　唐以隋牂牁郡之牂牁縣,置播州,而縣有三夜郎之名。武德四年,析夷州之寧夷縣,置夜郎。貞觀元年,州廢,縣亦廢。八年,析巫州之龍標縣,置夜郎。十六年,開山洞,置珍州,亦置夜郎縣。長安四年,以龍標所析之夜郎,置舞州。天寶元年,更縣名爲峨山。龍標之夜郎,當在今黎平、鎮遠之間;夷州之夜郎,當在今石阡、思南之間;珍州置之夜郎,則今遵義之正安州桐梓縣矣。巫州、夷州之夜郎,或廢或更名;珍州之夜郎,置之最後,而自唐迄宋未嘗改。於是,人止知播州之爲夜郎,而亦不復知夜郎之大矣。

　　——《滇黔志略》卷十七《貴州·沿革》,載《復旦大學圖書館藏稀見方志叢刊》,第54册,第560頁

　　(唐)憲宗元和二年,廢珍州,入溱州。思、夷、費、播、溱、錦、叙、獎八州,皆隸黔中采

---

　　* (清)謝聖綸:《滇黔志略》,載復旦大學圖書館編:《復旦大學圖書館藏稀見方志叢刊》,國家圖書館出版社,2010年。

訪使。古州隸嶺南采訪使。盤、牂則羈縻州也,隸黔州都督府。

聖綸按:懿宗咸通十一年,南詔陷播州。昭宗乾寧三年,黔南觀察使王肇,以其地降於王建。牂柯諸州,不通中國,蠻酋分據其地,自置爲刺史。

——《滇黔志略》卷十七《貴州·沿革》,載《復旦大學圖書館藏稀見方志叢刊》,第54冊,第567頁

(後晉)高祖天福五年,都雲酋長尹懷昌率其昆明十二部,牂柯張萬濬率其夷、播等七州,皆附於馬希範。是年,馬氏遣八姓帥率邕管、柳州兵討兩江溪洞,留軍戍之,遂各分據八番。

——《滇黔志略》卷十七《貴州·沿革》,載《復旦大學圖書館藏稀見方志叢刊》,第54冊,第568頁

(宋)徽宗崇寧四年,於中古州置格州。五年改爲從州。大觀二年,播州楊文貴獻地,置播州樂源郡及遵義軍;大駱解上下族帥獻地,置珍州;夷州酋獻地,置承州,又置溱州。七年,番部田祐恭內附,置思州。

理宗端平三年,以白綿堡爲播州。度宗咸淳末,以珍州屬焉,皆隸四川夔州路。錦、叙諸州,則隸於荊湖北路之安撫使。而唐時之牂、盤諸州,在宋則爲羅甸、于矢、普里諸部,及南詔之東鄙。

——《滇黔志略》卷十七《貴州·沿革》,載《復旦大學圖書館藏稀見方志叢刊》,第54冊,第569頁

(元至元)十四年,思州田景賢、播州楊邦憲來附,俱授安撫司。

二十一年,改烏撒爲軍民宣府司,改思、播二州隸順元路。

——《滇黔志略》卷十七《貴州·沿革》,載《復旦大學圖書館藏稀見方志叢刊》,第54冊,第570頁

(元至元)二十六年,以八番、羅甸隸四川省,尋改隸湖廣省。改金竹寨爲金竹府。改播州爲播南路。二十八年,改八番、羅甸隸四川省,尋復改隸湖廣。立黃平府,改播州安撫司爲宣撫司,直隸四川行省。立蠻葛軍民安撫司,招古州等洞酋長詣闕貢獻。招附光蘭州洞蠻,置定遠府。二十九年正月,以普定路隸雲南省。二月,以思、播等州隸湖廣省,以羅甸隸雲南省。

——《滇黔志略》卷十七《貴州·沿革》,載《復旦大學圖書館藏稀見方志叢刊》,第54冊,第571頁

（明洪武）五年，播州宣慰司楊鏗歸附，仍授宣慰使司。

——《滇黔志略》卷十七《貴州·沿革》，載《復旦大學圖書館藏稀見方志叢刊》，第54册，第572頁

（明萬曆）二十八年滅播，以播地設平越及遵義二府，而以遵義隸四川，改湖廣、平溪、清浪、偏橋、鎮遠四衛隸貴州，而以黎平府隸湖廣。

——《滇黔志略》卷十七《貴州·沿革》，載《復旦大學圖書館藏稀見方志叢刊》，第54册，第574頁

蓮花囤，在平伐司，司有七囤，此爲最大。諸峰聳翠，高矗雲表，清流環繞。以上《通志》。

聖綸按：……遵義之海龍屯，居萬山之巔，四圍陡絶。明時楊應龍據此爲巢。

——《滇黔志略》卷十八《貴州·山》，載《復旦大學圖書館藏稀見方志叢刊》，第55册，14～15頁

（元）李德輝，字仲實，通州潞縣人。至元十七年，西南蠻羅施鬼國復叛，詔雲南、湖廣、四川合兵三萬討之。兵且壓境，德輝以左丞被命至播，乃止三道兵勿進，遣張季思諭鬼國趣降。其長阿察熟德輝名，曰：“是活合川李公邪？其言可信。”即自至播州，泣而告曰：“吾屬百萬人，微公來，死且不降，今所得歸蓋有二矣。”德輝上聞，乃改鬼國爲順元路，以其長爲宣撫使。其後有譖德輝受蠻馬千者，帝曰：“是人朕所素知，雖一羊不妄受，寧有是邪？”不聽。德輝受降，還至黃平，夜星賁如斗，嘆曰：“他日嘗夢主烏江，今播水名烏江，適遇是星賁，吾死徵也。吾嘗羨馬伏波老當益壯，奇曹武惠爲將不殺。今所活者多馬革裹尸，歸何憾？”病七日，卒。贈中書右丞，謚忠宣。

——《滇黔志略》卷二十一《貴州·名宦》，載《復旦大學圖書館藏稀見方志叢刊》，第55册，118～119頁

（元）速哥，蒙古人。世祖至元十九年，亦奚不薛叛，置順元等路軍民宣慰司，以速哥爲宣慰使，經理諸蠻。二十四年，遷河東等路萬户府。播州宣撫賽因不花等赴闕，請留之。降八番、金竹百餘寨，得户三萬四千，以其地爲郡縣，置順元路金竹府以統之。

忙古帶，契舟〈丹〉人。父保童。世祖時賜金符，襲父職爲隨路新軍總管，從行省也。速帶兒征蜀及思、播有功，升萬户。

——《滇黔志略》卷二十一《貴州·名宦》，載《復旦大學圖書館藏稀見方志叢刊》，第55册，120～121頁

李化龍，直隸長垣人，進士。經緯雄才，久歷邊鎮，總督川、湖、貴州，主征播事。其馭將機權，取酋方略，出人意表。雖羽檄交馳，而尺牘文告，皆珠璣錯落。開誠布公，得人死力，賜劍未嘗輕用。賊平，功遷尚書少保，播人祠祀之。

——《滇黔志略》卷二十一《貴州·名宦》，載《復旦大學圖書館藏稀見方志叢刊》，第 55 冊，第 138 頁

郭子章，字相奎，號青螺，泰和人。隆慶辛未進士。萬曆二十七年巡撫貴州，歷十年，習知民隱，凡所設施，永垂利澤。尤善獎拔士類，經其品題，率成名宿，著《黔記》六十卷，經濟卓然。先是，播州酋楊應龍作亂，王師屢征不克，天子拊髀，廷臣交薦子章。匹馬入黔，增兵餉，扼要害，立賞格，士氣百倍。興師纔百餘日，擒應龍誅之。播州平，始經理播州，爲平越等郡縣。未幾，復有皮林之役，功與播等。黔人戴恩，建生祠七所，更有建懷德祠，以子章與諸葛忠武關壯繆鼎足者。三十五年，陳情終養，疏九上始得請，晉兵部尚書。以上《通志》。

聖綸按：青螺先生，學有本原，其撫黔最久，其有功於黔亦最大。黔人祠祀，至比之武侯、關公，則其功德在民，雖沒世不忘，黔撫之賢固應推崇先生。《通志》乃以江東之爲稱首，殊非篤諭。然征播之役，則總督李化龍之功爲多，史氏比之項忠、韓雍。皮林之役，則偏沅巡撫江鐸，命總兵陳璘合討之功爲多。《通志》并歸功於先生，殊爲失實。但學問、經濟如先生，在隆、萬時尤爲魁然特出。南昌阮文忠，亦撫黔中賢撫。《明史》均不爲立傳，何哉？按：給事中王元翰疏劾子章"曲庇安疆臣，專意割地，貽西南大憂。且嘗著婦寺論，言人主當隔絕廷臣，專與宦官宮妾處，乃相安無事，子章罪當斬"云云。余竊謂"《黔記》六十卷，皆明晰事理，洞達治體之言，安得有隔絕廷臣"云云，做此乖謬不經之語。至謂曲庇安酋，堅意割地，蓋失之土司，得之土司。安氏迫取於楊相喪亂之時，并非應龍蕩平之後，割內地以予之也，焉得以是爲先生罪？元翰不察本末，銳意搏擊，史氏稱其毛舉鷹鷙，舉朝咸畏其口。又云："臣僚益相水火，而朋黨之勢成。此明代之所以日不振。"讀史者所由至慨于國是之紛淆也。

王象乾，字霽宇，山東新城人。嘉靖時參議重光孫。隆慶辛未進士。萬曆辛丑，以總督代李化龍經理善後事。繕城郭，立學校，撫流離，置牧守。簡將儲糧，則壞定賦，皆盡心爲之。播餘孽吳洪聚沙溪結連水西爲亂，設計討平之。銅仁苗賊吳老喬、平越賊阿浪等作亂，遮滇黔逆，未半載悉平。進右都御史。父之垣，官戶部左侍郎，卒，連章告歸，瀕行疏水西安氏必叛。天啟中，果有安邦彥、奢崇明之變，後進少師兵部尚書，卒贈太師。

——《滇黔志略》卷二十一《貴州·名宦》，載《復旦大學圖書館藏稀見方志叢刊》，第 55 冊，139～142 頁

柳州、播州，皆非善地，而播州尤非人所居。黔地接壤於柳州，而播之版圖，則半隸於黔。

——《滇黔志略》卷二十一《貴州·學校》，載《復旦大學圖書館藏稀見方志叢刊》，第 55 冊，191～192 頁

冉璡，播州人，官承事郎。

冉璞，播州人，官承務郎，以上係徵辟。

冉從周、李敏子、楊震、白震、楊邦彥、楊邦杰，俱遵義人。猶道明、趙炎卯，俱播州人，以上係進士，未詳科分。

——《滇黔志略》卷二十一《貴州·選舉》，載《復旦大學圖書館藏稀見方志叢刊》，第 55 冊，第 214 頁

王震生，播州人。端平初，元兵入蜀。震生率兵禦谷口，解難安民。事聞，授從義郎、重慶路兵馬鈐轄。

冉璡、冉璞，遵義人。兄弟俱有文才，辟召皆不赴。余玠撫四川，築招賢館禮士，往謁之。玠禮待甚至，久而無言，使人窺之。璡兄弟惟對踞，以堊畫地為山川城池狀。復見玠曰："辱公禮遇，思少裨益。今宜徙合州於釣漁山，得其人守之，賢於十萬師遠矣！"玠以璡為承事郎，權知合州。璞為承務郎，通判州事，徙城事悉以任之。遂築雲居、大獲等十餘城，屯兵聚糧，後果賴之。《宋史》。

——《滇黔志略》卷二十二《貴州·人物》，載《復旦大學圖書館藏稀見方志叢刊》，第 55 冊，第 240 頁

（元）楊道妻陳氏，至元間夫卒，守節。致和元年，楊漢英上其事，詔旌表，封淑德安人。《遵義府志》。

——《滇黔志略》卷二十三《貴州·烈女》，載《復旦大學圖書館藏稀見方志叢刊》，第 55 冊，第 328 頁

張春妻毛氏，石阡府人。萬曆二十六年，播賊殺春，將執毛氏。氏抱夫尸，厲聲罵賊，賊怒，斷其手。及死，面猶向夫。

張一應妻李氏，思南府人。賊兵肆掠，夫婦匿山洞。洞破，一應罵賊，投崖死，李為賊所執，紿以往取金帛，至山險處亦投崖而死。

錢世清妻徐氏，湄潭縣人。世清卒時，徐年二十，依父母守節，為賊所執，脅之乘馬。徐從馬上自投者再，賊怒，斷其喉而去。

徐萬謙妻范氏、徐萬顯妻戴氏、徐鵬妻余氏，俱思州府人。范年二十九，戴年二十七，余年二十二。三氏全居，值銅苗攻城劫去，相挽投河而死。巡按宿應麟旌曰一門三節。以上《通志》。

聖緯按：前明萬曆年間，播酋搆逆，凶苗蜂聚。貴東下游一帶，男女慘遭荼毒。維時能以死完節者，思州復有官經歷盧蕙之妻寧氏、監生楊勝舉之妻姚氏，民人有蔣輝之妻徐

氏、熊觀海之妻范氏、土官周廷珪女周氏,均值逆苗猖獗,義不受辱,挺身迎刃而死。

——《滇黔志略》卷二十三《貴州·烈女》,載《復旦大學圖書館藏稀見方志叢刊》,第 55 册,338~339 頁

楊端,太原人。乾符初,南詔陷播州,端應募復之。諭以威德,縻以恩信,夷人懷服。五代以來,世襲宣撫使。宋開禧中贈太師。《通志》。

聖綸按:南詔陷播,端能克復城池,以恩信懷服諸夷,厥功偉矣!然自唐迄明,承襲垂八百餘年,至應龍搆逆伏誅而其嗣始斬,是楊端固播州土司楊氏之始祖也。似應列於土司,以爲世其土者之楷範。《通志》如楊氏、田氏、宋氏,凡土司後裔賢能者,概列之於名宦,似爲失指。

——《滇黔志略》卷二十八《貴州·土司》,載《復旦大學圖書館藏稀見方志叢刊》,第 55 册,572~573 頁

聖綸按:……後世如播州之楊氏、水西之安氏、貴筑之宋氏,授土襲爵,過從優獎,遂乃富擅數州,驕奢淫佚,僭擬王侯。觀龍氏大姓之貧陋,而前明尾大不掉,迄爲邊患,孰得孰失?足爲撫夷炯鑑也。

……

楊璨,唐贈太師端十代孫。嘉泰初,襲播州安撫使。開禧初,蜀帥吳曦叛,璨輸金錢戰馬以助國用。卒,贈左衛大將軍,忠州防禦使,追封威毅侯。

——《滇黔志略》卷二十八《貴州·土司》,載《復旦大學圖書館藏稀見方志叢刊》,第 55 册,第 578 頁

楊价,璨子。方生時,將校有夢神號蜀將軍者來,价生,貌如之。長以邊功授閤門舍人,卒,贈英烈侯。

楊乂,璨孫。賨祐間授承德郎。修學勤政,崇官播州安撫使,卒,贈光禄大夫樞密使。

——《滇黔志略》卷二十八《貴州·土司》,載《復旦大學圖書館藏稀見方志叢刊》,第 55 册,第 579 頁

世祖至元十四年三月,田、楊二家豕鵝夷民,各遣使納款。

——《滇黔志略》卷二十八《貴州·土司》,載《復旦大學圖書館藏稀見方志叢刊》,第 55 册,第 580 頁

大德元年,播州宣撫司楊漢英,請以己力討平伐等未附蠻,仍命湖廣省答刺罕便宜

收撫。

聖綸按:楊漢英,即宋末楊邦憲之子,价之孫,而璨之曾孫也。端平間,蠻人掠境,邦憲領兵拒之,擒酋長,累贈平章事。漢英生五載而父卒,母田氏携至上京見世祖,遂襲父職,賜名賽因不花。成宗大德五年,宋隆濟及蛇節等叛,詔劉國杰等率兵偕漢英討之。師出播境,賊騎猝至。漢英奮擊先進,大軍繼之,賊奔潰,相繼納款。後賊衆復合,戰於墨特川,又大破之。蛇節乞降,斬之,并擒隆濟。西南夷悉平。武宗至大四年,播南盧崩蠻內侵,詔漢英率兵討之。卒於軍,追贈播國公,謚忠宣。漢英子嘉正,至正初,授播州等處管軍、萬戶侍衛,親軍都指揮使上護軍,討平楊留總之叛,進中書右丞。父子祖孫五代相嬗,亦可謂世濟奇美,克恢先緒者哉!

——《滇黔志略》卷二十八《貴州·土司》,載《復旦大學圖書館藏稀見方志叢刊》,第 55 冊,582~583 頁

(元大德)七年四月,劉國杰師出播州境,大破蛇節於墨特川。

——《滇黔志略》卷二十八《貴州·土司》,載《復旦大學圖書館藏稀見方志叢刊》,第 55 冊,第 584 頁

播州,秦爲夜郎且蘭地。漢屬牂牁。唐貞觀中改播州。乾符初,南詔陷播,太原楊端應募復其城,爲播所懷服,歷五代,子孫世有其地。宋大觀中,楊文貴納土,置遵義軍。元世祖授楊邦憲宣慰司,賜其子漢英名賽因不花,封播國公。明洪武四年平蜀,遣使諭之。五年正月,播州宣慰使楊鏗、同知羅琛等相率來朝,貢方物,納元所授金牌、銀印、銅章。詔敕賜鏗衣幣,仍置播州宣慰使司。七年,中書省奏播州土地既入版圖,當取其貢賦。自洪武四年,始歲納糧二千五百石爲軍儲。帝以其率先來歸,田稅隨所入,不必以額徵之。鏗死,子綱襲。綱死,子輝代。輝老,子愛襲父職。成化二十二年,刑部侍郎何喬新,以愛爲其兄宣撫所訐,奉命往勘。因奏楊氏據播,已五百餘年,蠻民服從久矣!奢僭淫暴之罪,無代無之。歷朝皆寬以文法,治以不治。今友愛兄弟相訐,命臣等勘問,果係情重。當於本州監候,則獄卒皆其部下,難於防守;使移於重慶,則道途遥遠,蠻衆驚疑,恐生他變。宜撫提二人,面對虛實,聽侯上裁,免期監禁爲便,從之。二十三年,喬新奏輝在日溺其庶子友,欲令承襲長官,張淵阿順之,巡撫宋韜謂:"楊氏家法,立嗣以嫡,愛宜立。"輝不得已,以職授愛,又欲割地以授友。謀於淵,因以夭霸干乃本州懷遠故地,爲生苗所據,請兵取之。容山長官韓瑄,以土民安輯日久,不宜征。淵與輝計,執瑄杖殺之。前巡撫張瓚受輝賂,以其地設安寧宣撫司,冒以友任宣撫。輝立券,以所有金玉、服用、莊田,召諸子均分之。輝殁,淵乃與友潛謀刺愛,淵弟深亦與謀。不果,友遂奏愛居處器用僭擬朝廷,又通唐府,密書往來,私習兵法、天文,謀不軌。事皆誣。帝命斬淵、深,以愛信讒薄

兄，友因公擅殺，且謀嫡盜官錢，皆有罪。愛贖復任，友遷保寧羈管，仍敕喬新從宜處治。友既編置保寧，愛益恣，厚歛以賄中貴，徵取友向所居凱離地者獨苛。同知楊才居安寧乘之，朘剝尤甚。諸苗忿怨，凱離民爲友奏復官，弗得。乃潛入保寧以友還，糾衆作亂，攻播州，焚愛居第及公私廨宇略盡。遂殺才，多所殺戮。愛奏於朝，帝乃命鎮巡官調兵征之。會友死，而川兵方調征盜，遂緩師。至是鎮巡官言友搆亂罪大，然其身已死，其子洪尚幼，今洪稍長，能悔過自新，且善撫馭蠻衆，願聽其約束。其前爲友所焚殺者，俱已隨土俗折償，且還所侵奪於官，乞授洪冠帶，名爲冠帶土舍，協同播州經歷司撫輯諸蠻。其家衆置保寧者，仍歸之，隸播州管轄。并諭斌與洪協和，不得再造釁端，報可。愛死，子斌代，斌死，子相代。初楊相之祖父，皆以嫡庶相爭，梯禍數世。至是相復寵庶子煦，嫡子烈母張悍甚，與烈盜兵逐相，相走，客死水西。烈求父尸，宣慰安萬銓，因要挾水烟、添旺故地而後予尸。烈陽許之，及相喪還，烈靳地不予，遂與水西搆難，并殺其長官王黻，時嘉靖之二十三年也。烈既代襲，遂與黻黨李保，治兵相攻垂十年。總督馮岳、總兵石邦憲，討平之。隆慶五年，烈死，子應龍請襲，命姑予職。萬曆元年，給播州新襲宣慰使楊應龍敕書。八年，賜故宣慰楊烈祭葬。十八年，貴州巡撫葉夢熊疏諭應龍凶惡諸事。巡按陳效，歷數應龍二十四大罪。時方防禦松潘，調宣慰土兵協守。四川巡按李化龍疏請暫免勘問，俾應龍戴罪圖功。由是川貴撫按疏辨，在蜀者謂應龍無可堪之罪；在黔者謂蜀有私暱應龍之心。於是給事中張希皋等，以事屬重大，兩省利害，豈漠不相關者，乞從公會勘，無執成心。十九年，貴州夢熊主議，播州所轄五司，改土爲流，悉屬重慶。與化龍意復相左，化龍遂引嫌求斥。蓋應龍本雄猜，阻兵嗜殺，所轄五司七姓，悉叛離，嬖妾田氏，屠妻張氏并及其母。於是妻叔張時照，與所部何恩、宋世丞等，上變告應龍反。夢熊請發兵剿之，而蜀中士大夫率謂蜀三面鄰播，屬裔以什百數，皆其彈壓，且兵驍勇，征調有功，剪除未爲長策，以故蜀撫按并主撫。朝議命勘，應龍願赴蜀不赴黔。二十年，應龍詣重慶對簿繫，論法當斬，請以二萬金贖。御史張鶴鳴方駁問，會倭人入朝鮮，徵天下兵。應龍因奏辨，且願將五千兵征倭自贖，詔釋之。兵已啓行，尋報罷。巡撫王繼光至，嚴提勘結，應龍遂抗不出。張時照等復詣奏闕卜，繼光用兵之議遂決。二十一年，繼光與總兵劉承嗣兵，敗於婁山關。會繼光論罪罷，時四川新撫譚希忠，與貴州鎮撫再議剿。御史薛繼茂主撫，應龍上書自白，遣其黨携金入京行間，執原奏何恩詣綦江縣。二十二年，以兵部侍郎刑玠總督川、貴。二十三年，玠至蜀，察永寧、酉陽，皆應龍姻媾。而黃平、白泥，久爲仇讎，宜剪其枝黨，乃檄應龍謂當待以不死。會水西宣慰安疆臣，請父國亨恤典。兵部尚書石星手札示疆臣趣應龍就吏得賞，疆臣亦奉扎至播招應龍。當是時，七姓惟恐龍出，得除罪，而四方亡命，竄匿其間，又幸應龍反，因以爲利，驛傳文移，輒從中阻。四月，玠檄重慶知府王士琦，請綦江趣應龍安穩聽勘。應龍使弟兆龍至安穩，治郵舍儲糈，叩頭郊迎，致餼牽如禮。言應龍縛渠魁戴罪松坎，所不敢至安穩者，恐墮安穩仇民不測之禍也，幸請至松坎受事。士琦曰：“松坎亦曩奏勘地也。”即單騎往。應龍果面縛道旁，泣請死罪，請治公館，執罪人及罰金獻廷中，得自比安國亨。國亨者，曩亦被訐，懼罪不出界，故應龍引之。士琦爲請於玠，許之。應龍乃縛獻黃元、阿羔、阿苗等十二人按驗，抵應龍斬。以其族得論贖，輸四萬金助采木，仍革職。以子朝棟代受職，次子可棟羈府追贖，黃元等斬重慶市。總督以聞，時倭氣未靖，本兵欲緩應龍事東方。朝廷亦以應龍向有積勞，可其奏，於松坎設同知治焉，而以士琦爲川東兵備副使彈治之。應龍獲寬，益怙終不悛。尋可棟死於重慶，益痛恨，促喪歸不得，復檄完贖，大言曰：“吾子活，銀即至矣。”擁兵驅千餘僧招魂去，分遣土目置關據險。厚撫諸苗，名其健者爲“硬手”。州人稍殷者，没入其資以養苗，苗人遂願爲出死力。遂連年殘餘慶、草塘二司，及江津、南川、合江，襲破偏橋，敗都司楊國柱於飛練屯。至二十八年，總督李化龍、巡撫郭子章，始合八路兵討平之。應龍自焚死。三十一年，播州餘逆吳洪、盧文秀等叛，總兵李應祥等討平之。於是分播地爲二，屬蜀者曰遵義府，屬黔者爲平越府。本朝雍正五年，復以遵義屬黔。

聖綸按：播州自唐入楊氏，二十九世，八百餘年，迄應龍而亡。先世皆恭謹奉法，用能綿子孫而享有爵土。至應龍而雄猜嗜殺，怙終不悛，自取滅亡，固天道也。國朝李先立播州感興詩云：“楊家世業以蒿萊，雌鳳妖驪穩禍胎。躍馬真成蛙坐井，鞭山未信海如杯。從來負固無完局，豈待殘燒辨劫灰。指顧重關天險失，夜郎自大古今哀。”

——《滇黔志略》卷二十八《貴州·土司》，載《復旦大學圖書館藏稀見方志叢刊》，第 55 册，第 597 頁

萬曆十三年，播州宣慰楊應龍，以獻大木，得賜飛魚服加恩，亨亦以大木進，乞還給服色，誥封如播州例。既而木竟不至，乃諉罪於木商。帝怒，命奪所賚，亨乃請補貢以明不欺。帝乃如所請，於是亨子疆臣襲，時萬曆二十六年也。

——《滇黔志略》卷二十八《貴州·土司》，載《復旦大學圖書館藏稀見方志叢刊》，第 55 册，第 610 頁

九股苗……前明播州之亂，爲楊應龍羽翼，雖調兵十數萬，誅滅楊應龍，而九股未剿。

——《滇黔志略》卷二十九《貴州·苗蠻》，載《復旦大學圖書館藏稀見方志叢刊》，第 56 册，31～32 頁

黔中風土志[*]

平越府直隸州

平越府直隸州,在省城東一百九十里,《禹貢》:"荆梁南境。"漢爲牂柯郡地。唐爲牂州地。宋爲羈縻蠻地,後號嶵峨里等寨。元置平越等處長官,隸湖廣行省。明洪武十四年置平越府,禦千户所,十四年改爲平越衛,十七年升爲軍民指揮使司,屬四川布政司。尋屬貴州都司。萬曆二十七年置平越軍民府於衛城,以播州地置益之,屬貴州布政司。

——《黔中風土志》卷七《平越直隸州》,載《中國西南地理史料叢刊》,第 9 册,第 83 頁

十三塘州,屬土□,均係世襲楊義長官司一員。明洪武時,土酋楊氏授長官司,世有其地。

——《黔中風土志》卷七《平越直隸州》,載《中國西南地理史料叢刊》,第 9 册,第 85 頁

湄潭縣

湄潭縣,在城西北五百三十里,州北三百里。漢爲牂柯郡地。唐宋爲播州地。元置容山長官司,隸播州安撫司。明萬曆二十八年,以播州之苦竹壩、三里七牌地爲湄潭縣,屬平越府。

——《黔中風土志》卷七《湄潭縣》,載《中國西南地理史料叢刊》,第 9 册,第 87 頁

甕安縣

甕安縣,在省城東二百九十里,州治北九十里。漢故且蘭縣地。唐宋隸播州。元置草塘、雍水二長官司,屬播州安撫司。萬曆二十九年改縣,屬平越府。

---

　　* (清)佚名:《黔中風土志》,載姚樂野、李勇先、胡建强主編:《中國西南地理史料叢刊》,巴蜀書社,2014 年。

播州楊氏土司文獻集成 卷一

城西三十里地名飛練，《明史·李化龍傳》：“萬曆二十七年，楊應龍敗官軍於飛練堡。”即此地。

——《黔中風土志》卷七《甕安縣》，載《中國西南地理史料叢刊》，第 9 册，第 89 頁

餘慶縣

餘慶縣，在省城東北三百六十里，州東一百四十里。漢爲牂牁郡地。唐爲涪州、多田、扶陽三縣地，初屬思州，後屬費州。五代後廢。元置白泥等處長官司，屬播州安撫司。明洪武十七年置餘慶、白泥二長官司，屬播州宣慰司。萬曆二十九年改置縣，屬平越府。

——《黔中風土志》卷七《餘慶縣》，載《中國西南地理史料叢刊》，第 9 册，第 91 頁

走馬坪，在城東南，《方輿紀要》稱：“嘉靖三十四年，督臣馮岳以播州之三度關、餘慶之走馬坪、石阡之龍泉司爲三省接苗夷之衝，請各立峭壁於其地。”

——《黔中風土志》卷七《餘慶縣》，載《中國西南地理史料叢刊》，第 9 册，第 92 頁

黄平州

黄平州，在省城東南三百一十里，府治西一百二十里。漢故且蘭縣地，宋爲狼洞地，元爲黄平府，屬播州安撫司。明洪武八年改爲黄平安撫司，屬播州宣慰司。十五年改屬資州都司。二十年分置興隆衛，屬貴州都司。萬曆間改安撫司爲黄平州，屬平越府。

——《黔中風土志》卷十五《黄平州》，載《中國西南地理史料叢刊》，第 9 册，第 143 頁

七里谷，在城東五里，俗名七里冲。兩山壁立，中通一路。明時，楊應龍叛，屯兵二十七營於此，以窺黄平，蓋以此爲會垣咽喉也。

——《黔中風土志》卷十五《黄平州》，載《中國西南地理史料叢刊》，第 9 册，第 144 頁

遵義府

遵義府，在省城北二百八十里，《禹貢》：“梁州之城。”戰國時楚莊王使莊蹻將兵，循江上略巴黔，以西即其地也。秦爲夜郎地，漢屬牂牁郡，唐貞觀九年於牂牁北界分置郎州，以夜郎地而名，領恭水、高山、貢山、柯盈、邪施、釋燕六縣。十一年廢。十三年又於其地置播州，以其地有播川爲名，仍置六縣。十四年改恭水爲羅蒙縣，高山爲舍月縣，共山爲湖江縣，柯盈爲帶水縣，邪施爲羅爲縣，釋燕爲胡刀縣。十六年又改羅蒙爲遵義縣。二十年以夷州之芙蓉、瑯川二縣來屬。顯慶五年廢舍月、湖江、羅爲三縣。景龍三年廢莊州都督府，以播州爲都督府。先天二年罷都督，以黔州爲都督府。開元二十六年又廢胡刀、瑯川兩縣。天寶元年，太原楊端應募復其城，歷五代，世有其地。宋大觀五年，南平夷人楊

文貴等獻其地,建爲州,領播川、瑯川、帶水三縣。宣和三年廢爲城,隸南平軍,端平三年,復以白錦堡爲播州,三縣仍廢。嘉熙三年,設播州安撫司,領樂源縣。咸淳末以珍州來屬,隸夔州路。元至元十四年,楊邦憲歸附,置播州軍民安撫司,隸湖廣行省。十五年,以鼎山縣隸播州。二十六年,改播州爲播南路。二十八年,楊賽因不花言:"所授安撫職任,隸順元宣慰司,其所管地於四川行省爲近,乞改爲軍民宣撫司,直隸四川。"因授漢英爲紹慶、珍州、南平等處沿邊宣慰司,行播州軍民宣撫司。於是,播州亦兼宣慰、宣撫之稱。賽英不花,漢英賜名也。明洪武四年歸附,仍置播州宣撫司。六年升爲宣慰使司,領安撫司二:曰草塘,曰黃平。長官司六:曰真州,曰播州,曰餘慶,曰白泥,曰容山,曰重安。萬曆二十七年,宣慰司楊應龍叛,川湖貴州總督討平之。播州自唐入楊氏,傳二十九世,八百餘年,至應龍而亡。二十九年分播州爲二,置遵義、平越二軍民府。平越屬貴州,遵義屬四川。

……

地久爲土酋所據,明竭三省之兵力,然後克之。《明史·李化龍傳》:"化龍總督湖廣川貴軍務兼巡撫四川,討叛臣楊應龍。分八路進兵,川師四路:總兵劉綎由綦江,馬孔英由南川,吳廣由合江入,副將曹希彬由永寧。黔師三路:總兵童元鎮由烏江,參將朱鶴齡、宣慰安疆臣由沙溪,總兵李應龍〈祥〉由興隆。楚師一路分兩翼,總兵陳璘由偏橋。每路兵三萬,官司三之,土司七之。自出師至滅賊凡百有十四日。川路自綦江由桐梓入,以婁山關爲要害;以南川自真州、綏陽入,以桑木關爲要害;由合江、永寧自仁懷入,以二郎壩、桑木埡爲要害。黔路由烏江入,以老君關爲要害;自水西由沙溪入,以落濛關爲要害;由興隆自平越、甕安入,以黃灘關爲要害。楚路由偏橋自餘慶、湄潭入,以三渡關、青蛇囤爲要害。"

——《黔中風土志》卷三十《遵義府》,載《中國西南地理史料叢刊》,第9冊,第256～258頁

遵義縣

遵義縣附郭,漢□縣地,屬牂牁郡。晉建興元年改屬平夷郡,后廢。隋爲牂牁地。唐貞觀元年以牂牁地置恭水縣,屬郎州。十一年,省。十三年,復置爲播州治。十四年,更恭水曰羅蒙。十六年,更羅蒙曰遵義。顯慶五年,廢舍月并入。宋大觀二年,建遵義軍及遵義縣。宣和三年,廢爲遵義寨,屬珍州。開禧三年,升爲軍。嘉定十一年,復爲寨。嘉熙中,復置播州,不領縣,遷置穆家川。元因之,置播州總管府。明洪武九年,置播州長官司於郭內,授土酋王慈,子孫世守。萬曆二十九年改置遵義縣,與府同隸四川。

——《黔中風土志》卷三十《遵義縣》,載《中國西南地理史料叢刊》,第9冊,第260頁

定軍山，在城北四十里。唐咸通中，楊端擊南詔，駐軍於此，因名。

又有岩門山、婁山在城北九十里，俗名大樓山。舊有關，曰嚴門關，又曰婁山關，又曰婁關，爲自川入境第一險要。明播酋楊應龍作亂，兵分八路，以綦江道最要，令綎當之。綎逾夜郎舊城，克賊滴泪三坡、瓦窑坪、石虎諸隘，直抵婁山關。婁山萬峰插天，叢箐中醫經纔數尺。賊設木關十三座，排栅置深坑，百淢其備。綎分奇兵爲左右開道，趨關後，自督天單仰攻，奪其關。婁山北三十里有九盤隘，又有白石口隘，《明史・四川土司傳》："萬曆十九年，張時照上變，告應龍反，巡撫王繼光嚴提勘問，應龍□不出。二十一年，分兵三道進婁山關，屯白石隘，應龍佯約降，統苗兵據關衝擊殺，傷大半即撤兵。二十八年，總兵劉綎破九盤入婁山關。"是也。

青蛇囤，在城東八十里。明陳璘征播之後，璘由偏橋進，營楠木橋，次湄潭。賊悉聚青蛇、長坎、瑪瑙、保子四囤，地皆絶險，而青蛇尤甚。璘先攻三囤，次及青蛇。青蛇四面陡絶，璘圍其三面，購死士從瑪瑙後附葛至山背，舉炮，賊惶駭，諸軍進攻，賊退入囤内，木石交下，將士冒死上，毁大栅二重，前後擊之，賊大敗，即此處也。

海龍囤，在城北四十里，上有飛昇巖，舊爲楊應龍巢穴。《方輿紀要》："楊應龍於囤前築九關，以拒官軍。萬曆二十八年，官軍進海龍囤，囤前陡絶，飛越難至。諸將以勁兵通其間，并力攻囤後，别將徐成奪□鳳凰嘴，賊奔土城，官軍毁城而入，賊進據月城，因縱火焚其土城、月城二樓四面，奮擊，遂克之。"今建有海湖寺。

水烟天旺囤，在城西南。《明史・貴州土司傳》："楊應龍之祖以内難走水西，客死。宣慰安萬銓挾之，索水烟天旺地，聽還遂葬其地，遂爲水西所據。"是也。

——《黔中風土志》卷三十《遵義縣》，載《中國西南地理史料叢刊》，第 9 册，261 ~ 262 頁

沙溪，在城西一百里，源出西南二百里之嚴孔山，流入烏江。《明史・四川土司傳》："洪武十五年城播州沙溪，以官兵一千人、土兵二千人戍之。"即此。

——《黔中風土志》卷三十《遵義縣》，載《中國西南地理史料叢刊》，第 9 册，第 264 頁

宋忠烈公楊燦以十訓刻石示子孫，今有家訓，碑廢。

——《黔中風土志》卷三十《遵義縣》，載《中國西南地理史料叢刊》，第 9 册，第 266 頁

三渡關，在城東一百一十里，有上度、中度、下度三關。《方輿紀要》："萬曆中，貴州帥李應祥討楊應龍，自平越進兵攻四輝、乾溪、旋水、三百落等諸寨，盡克之，長驅直抵疆界河，屯袁家渡，得降賊爲鄉導，潛出小溪，直抵黄灘關，乘勝追至西户、張王壩及三渡關。關係楚兵出入咽喉，應祥悉拔之。由是，湖帥陳璘自湄潭直抵上度關，以扼播州，應龍勢

愈蹙。”即其處也。

老君關,在城南八十里,又有河渡關。明童元鎮督永順、鎮雄、泗城諸土軍,先奪烏江,再奪老君關,再後河渡關。賊以步騎數十,先衝水西軍,陣亂,兵走,爭浮橋,橋斷,殺溺死者數千人。河渡既敗,烏江相去六十里猶未知,賊咸爲水西裝,兵不知疑,賊掩殺三百人,亦襲其裝,直趨烏江,軍信爲水西不設備,遂爲賊所破。

落濛關,在城西三十里。明巡撫郭子章許安疆臣以應龍平後,還播所侵水西烏江地六百里,以酬功。疆臣從沙溪入,率所部奪落濛關,至大水田,焚桃溪莊。即此。

黑水關,在城西九十里路,出瀘州。明馬孔英道南川,奪桑木關,連破九杵、黑水諸關是也。

崖門關,在城北五十里。明吳廣出合江,屯三郎壩,分四哨進攻崖門,連破屯,進營母渚塘,遂薄崖門,徑小止容一人騎,攀崖繞進,追至第四關,賊黨出降。其第一關猶扼不下,廣乘夜急進,奪其關,連戰紅碗、水土崖、分水關,皆捷。遂進營水牛塘,逼海龍囤,急燒第二關,奪三山,與陳璘從囤後登,應龍急,自焚死。蓋扼塞處也。

黃灘渡,在城東八十里。明李應祥征播時由興隆入,會烏江敗,乃取他道渡河。賊所恃止黃灘一關,會賊□石勝俸等率萬餘人降,告曰:“去黃灘三十里有三關,入播門户也。先襲破之,則黃灘難孤守。”應祥然其計,攻關,直抵海龍囤是也。

播州,在城北三十里。白錦堡,昔楊光榮子孫承襲,守此。

養馬城,在城北三十里,唐末楊氏建爲牧馬地。《明史·四川土司傳》:“總兵劉綖師屯白石,應祥率諸苗決死戰。綖親勒馬衝中堅,分兩翼敗之,追奔至養馬城,連破龍爪、海雲堅囤,壓海龍囤。”是也。

——《黔中風土志》卷三十《遵義縣》,載《中國西南地理史料叢刊》,第 9 冊,265~266 頁

桐梓縣

桐梓縣,在府治北一百二十里,省城北四百四十里。漢夜郎縣地,屬牂牁郡。晉仍屬牂牁郡,永嘉五年,寧州刺史王遜分置夜郎郡,治夜郎。隋,并入牂牁縣。唐自貞觀十六年開山洞,置夜郎縣於舊播州城,兼置珍州。天寶元年改爲夜郎郡。乾元元年復爲珍州。元和三年州廢,以夜郎屬珍州,復置珍州。宋乾德四年改曰高州,尋曰西高州,後入於蠻。大觀二年復置夜郎縣,屬溱州。宣和三年廢。元置珍州思寧等處長官司。明洪武六年,以其地析置播州、松坎、桐梓三驛。萬曆二十九年平定播亂,以舊夜郎縣望草地置桐梓縣,取驛爲名,屬四川遵義府。

——《黔中風土志》卷三十一《桐梓縣》,載《中國西南地理史料叢刊》,第 9 冊,第268 頁

猫兒山，在城北一百三十里，元四川囊加台攻破播州猫兒堠隘，宣慰使楊燕里不花開關納之，當即此。

楚米坡，在城東二十里，平播時楚人饋米至此，故名。

松坎，在城北，有松坎巖，奇峰突出，峭壁無階。《明史·四川土司傳》："楊應龍反，總督邢玠檄應龍安穩聽勘，應龍縛渠魁待罪松坎，衆驗論贖於松坎，設同治治焉。"即此處也。

——《黔中風土志》卷三十一《桐梓縣》，載《中國西南地理史料叢刊》，第 9 冊，第 269 頁

綏陽縣

冠子山，在城南十二里，《明史·李化龍平播》"劉綎克後水囤，營於冠子山，會馬孔英、吳廣諸軍海龍囤下"是也。

朗山，在城西二十五里，明孔英由朗山進蒙子橋，深菁翁翳，賊處處設伏，悉剿平之。即此。

……

九杵關，在城東三十里。明馬孔英連破九杵、黑水諸關，苦竹峰崖，銅鼓諸寨是也。

桐梓桑木關，在城東北二十里，通正安州。明馬孔英入真州，用土官爲鄉導，別遣邊兵先扼明月關，連破四寨，次赤水崖，抵清水坪封寧關，破賊營十數，逼桑木關。關爲賊要害，山險菁深，憑高拒守。官將殊死戰，奪其關。即此。

——《黔中風土志》卷三十一《綏陽縣》，載《中國西南地理史料叢刊》，第 9 冊，272～274 頁

仁懷縣

仁懷縣，在府治西北二百六十里，省城西北六百六十里，漢夜郎郡地，唐貞觀五年置芙蓉縣，屬鄂州，尋以縣屬牢州。十六年，廢牢州，改屬夷州。二十年又改屬播州。初置在芙蓉山下，因以爲名，後移於州東南三里。開元二十六年，以瑯川縣省入芙蓉縣。宋大觀三年置仁懷縣。宣和三年廢。元播州安撫司地。明萬曆二十九年置仁懷縣，隸四川遵義府。

——《黔中風土志》卷三十一《仁懷縣》，載《中國西南地理史料叢刊》，第 9 冊，第 275 頁

正安州

正安州，在府治東北三百五十里，省城東北五百四十里，漢屬夜郎地，唐貞觀十七年

置播州鎮,後因州中有降珍山,乃以鎮爲珍州,取山名郡也。又置夜郎、麗皋、樂源三縣。宋乾德四年刺史田遷上言:"自給賜珍州郡名以來,連罹火灾,乞改州名。"因改爲高州。尋以嶺南有高州,加"西"字。領縣四,治夜郎縣。麗皋、榮清、樂源三縣皆分夜郎之地,以置其縣。大觀二年,大駱解上下族帥獻其地,復建爲珍州。咸淳末以珍州屬播州,領樂源縣。元爲珍州、思寧等處長官司,屬播州安撫司。至正末時,明玉珍改爲珍州。明洪武十七年置真州長官司。萬曆二十九年改置真安州,領縣二:綏陽、仁懷,屬四川。

......

又舊州東南五十里有思義寨,唐初爲思義縣,屬夷州。舊稱珍州五堡,曰麗皋,曰思義;皆因故州置;曰白岩,曰安定,曰壽山,則擇險置戍處也。萬曆中,官軍征播皆屯駐於此。

——《黔中風土志》卷三十二《正安州》,載《中國西南地理史料叢刊》,第 9 册,278 ~ 279 頁

仁懷直隸同知

仁懷直隸同知,在遵義府西六百三十五里,省城西北九百其七十里。明萬曆二十九年平播,設仁懷縣,即今廳城,屬遵義府。

......

自明初楊鏗內附,改播州宣慰使司,屬四司,統田、張、袁、羅、盧、譚、吳七姓。

——《黔中風土志》卷三十二《仁懷直隸同知》,載《中國西南地理史料叢刊》,第 9 册,280 ~ 281 頁

黔阡紀要[*]

（萬曆）二十七年皮林蠻叛，播賊寇平越，刺都司等官。復寇東波、烏江及龍泉，參將以下多死之，賜總督李化龍、湖撫支可大誓師討播，楊應龍自縊死，餘黨悉平，以其地設平越、遵義兩府，湄潭、甕安等十餘縣。

——《黔阡紀要》，載《中國西南地理史料叢刊》，第 8 冊，第 163 頁

萬曆二十八年，貴撫郭子章討楊應龍後，巡行石阡，捐資增南、北月城。

——《黔阡紀要》，載《中國西南地理史料叢刊》，第 8 冊，第 166 頁

地區文獻

---

* （清）孟繼塤：《黔阡紀要》，載姚樂野、李勇先、胡建强主編：《中國西南地理史料叢刊》，巴蜀書社，2014 年。

水城廳采訪册[*]

明萬曆間,狼星入東井,占者以爲滅播之象。

——《水城廳采訪册》卷一《天文》,載《中國地方志集成·貴州府縣志輯》,第15册,第225頁

思、播流裔與軍民通婚姻,歲時禮節皆同。男子間貿易,婦人力耕種。田歌互答,哀怨殊可聽。

——《水城廳采訪册》卷四《食貨》,載《中國地方志集成·貴州府縣志輯》,第15册,第293頁

* (清)陳昌言纂修:《水城廳采訪册》,載《中國地方志集成》編委會編:《中國地方志集成·貴州府縣志輯》,巴蜀書社,2006年。

黔南輿地風土叢鈔[*]

　　遵義府,省東北二百五十里。荆、梁二州域。秦巴郡南徼。漢群洞。唐入于蠻,爲郎州、播州。明平海龍屯楊應龍,置今名。

　　遵義縣,附郭,漢鷩縣,隋牂牁縣,唐播州恭水、羅蒙,改今名。界接綏陽、仁懷、開州、桐梓、修文、黔西。

　　——《黔南輿地風土叢鈔》,載《續黔南叢書》(第五輯),下冊,第 735 頁

　　重安司,在黄平東南,明洪武置,萬曆省。又西南爲丹章寨,舊叛苗屯聚處。

　　七里谷,在黄平東,一名七里冲,兩山壁立,中通一徑,明萬曆中楊應龍屯據七里冲,以窺黄平是也。

　　黄灘關,在甕安西,明萬曆中李應祥自平越破四牌、乾溪等寨,直抵黄灘關,即此。乾溪吳地司,元置,在縣東,明初省爲乾溪寨。

　　飛練堡,在甕安東北,有飛練泉。明萬曆中播酋闡飛練攻東坡、爛橋諸寨,楚黔路梗,即此。

　　——《黔南輿地風土叢鈔》,載《續黔南叢書》(第五輯),下冊,第 747 頁

　　油榨關,在鎮遠西。又西二十里爲甕蓬關,在甕蓬洞東。又西廿五里爲爛橋關,在鎮陽江西岸長坡上,萬曆中楊應龍焚東坡爛橋,楚黔路梗,即此。

　　——《黔南輿地風土叢鈔》,載《續黔南叢書》(第五輯),下冊,第 749 頁

　　帶水縣,在遵義西,唐貞觀九年置牁盈縣,十四年改帶水,咸通省。

　　鐔封縣,在遵義東南,漢置,晋省。

　　* (清)王錫祺:《黔南輿地風土叢鈔》,載貴州省文史研究館編:《續黔南叢書》(第五輯),貴州人民出版社,2012 年。

養馬城在遵義北，楊氏據播時築。明萬曆中川師入婁山關，屯白石口，追逐至養馬城，連破龍爪、海雲諸險，即此。婁山關在府北大樓山上。

三峒，在遵義北。南爲三陽峒、簡台峒，北爲楠木峒，極深險。明萬曆中，川師由綦江而進，力破三峒。

湘江，在遵義東，一曰穆家川，《四裔傳》宋遷遵義于穆家川是也。與洪江、仁江爲三江。

三度關，在遵義東，有上度、中度、下度三關。萬曆中自平越進兵，攻克四牌、乾溪、旋水、天畫邦、三百落等寨，直抵疆界河，屯袁家渡，潛出小溪、黃灘關，追逐至西平、張王壩，及三度關，即此。

落濛關，在遵義西。萬曆中水西兵由西路克沙溪、馬站、石壁、花毛田，進奪落濛關，至輯大水田，焚丫溪莊，即此。

海龍關，在遵義北卅里，四面斗絕。明萬曆中，楊應龍于海龍屯前築九關以拒官軍是也。

——《黔南輿地風土叢鈔》，載《續黔南叢書》（第五輯），下冊，第 751 頁

辭老子關，緣江南行，石坎磽仄，路多茅塞，歇個界水，與悍兵混宿，談虎不休，令人戰栗。十三日行路多穀棘，早歇龍坪場，停足一日。十五日歇三度關，乃楊應龍據險處。

——《黔南輿地風土叢鈔》，載《續黔南叢書》（第五輯），下冊，第 820 頁

水西安氏素桀驁，爲滇黔大患，本朝乙巳（康熙四年），命帥率師深人其地討平之，遂置四府，設流官，水西一帶土地，盡入版籍，安氏之桀者皆就殲。邇來苗民漸染華風，亦猶蜀播之楊氏滅而設遵義，今反爲樂土也。

——《黔南輿地風土叢鈔》，載《續黔南叢書》（第五輯），下冊，第 824 頁

苗蠻種類，散處滇黔楚蜀兩粵，三苗山白緇雲，據鬼方，分北而後，西洋番鬼多其人也，俗與苗略同。蠻始五溪，出自盤弧，蔓延于楚粵，稱瑤。當日以有功免其徭，曰莫徭，後訛爲瑤。水西羅施爲象之裔，而苗中蔡宋，中土所遷至夜郎。九隆生于竹木，而務相皋通之屬，能以神異懾服部落，多有可稱。近時楊保則播州之裔。或冑本神明，或事因奇异，禹迹之內乃有此物，未經履者不能知也，況大荒之外哉！

——《黔南輿地風土叢鈔》，載《續黔南叢書》（第五輯），下冊，第 973 頁

楊保，播州之裔，性奸狡，俗同漢人。

——《黔南輿地風土叢鈔》，載《續黔南叢書》（第五輯），下冊，第 977 頁

明時沿邊設二十四營哨，每哨募播凱數十人，播爲遵義諸府土民，凱則大小章人也，耐勞習儉，跣足行巉岩中，往來如飛，稍結恩信，輒出死力相助。故自來邊徼有事，嘗募以爲軍鋒。明嘉靖時，與永、保土兵同調征倭，王江涇之役大著戰功。

仡佬中童子聰秀者，讀書識字，略解文義，書狀能自作，敬官府，無抗吏拒捕之習，國課知早完。所祀神有楊公廟者，在烟竹坪，水旱疾必禱，禦苗亦必虔祀其廟，延土巫打木茭以決吉凶，其畏懼此神，不啻苗中之白帝天王也。

——《黔南輿地風土叢鈔》，載《續黔南叢書》（第五輯），下冊，1019～1020 頁

西南夷改流記（節選）

邵陽　魏源

有觀于西南夷者，曰：曷謂苗？曷謂蠻？曰：無君長，不相統屬之謂苗，各長其部，割據一方之謂蠻。若粵之僮之黎，黔楚之瑶、四川之㮅之生番，雲南之㑩之野人，皆無君長不相統屬，其苗乎？若《漢書》"南夷君長以十數，夜郎最大；其西靡莫之屬以十數，滇最大；自滇以北君長十數，邛都最大"。在宋爲羈縻含州，在元爲宣慰、宣撫、招討、安撫、長官等土司，其受地遠自周漢，近自唐宋，而元明賞功授地之土府、土州縣亦錯出其間。其蠻乎？蠻强則群苗亦供其指嗾，明代播州、藺州、水西、麓川皆量勤大軍數十萬、殫天下力而後鑱平之，故雲貴川廣恒視土司爲治亂。……

初，明洪武中，未下滇先平蜀，招服諸蠻，故烏蒙、烏撒、東川、芒部四軍民府舊屬雲南者，皆改隸四川。然諸土司皆去川遠，去滇黔近，烏蒙、東川近滇，烏撒、鎮雄、播州近黔。嘉靖中雖改芒部爲鎮雄府，旋因隴氏之亂仍革流歸土，雖命東川兼聽雲南節制，仍不屬滇而屬川，惟萬曆中改播州爲遵義、平越二府，分隸黔蜀，其餘各土司皆去成都二千餘里，去滇、黔省會僅數百里，滇黔有可制之勢而無其權，四川有可制之權而無其勢。土蠻不耕作，專劫殺爲生，邊民世受荼毒，疆吏屢請改隸，而樞臣動倭勘報，彌年無成畫。

——《黔南輿地風土叢鈔》，載《續黔南叢書》（第五輯），下冊，第 1051 頁

黔南職方紀略[*]

遵義府

遵義府，本漢鱉縣地，隋爲牂牁郡牂牁縣之北境。唐貞觀九年，於牂牁縣北界置郎州，領恭水、高山、貢山、柯盈、邪施、釋燕六縣。十一年旋廢。十三年，復置，更名播州，播州之名始此。十四年，更恭水曰羅蒙，高山曰舍月，貢山曰湖江，柯盈曰帶水，邪施曰羅爲，釋燕曰胡刀。十六年，更羅蒙曰遵義，遵義之名昉此。又以故牢州之芙蓉、琊川二縣來屬。顯慶五年，省舍月、湖江、羅爲。開元二十六年，省琊川、胡刀入芙蓉。天寶中，改稱播川郡，尋復稱播州。乾符初，播州爲南詔所陷，太原人楊端起兵復其地，遂世爲其州之刺史。後晉時，播州附于楚王馬希範，旋屬蜀孟氏。宋大觀二年，播州夷族楊光榮以其地內屬，詔建播州，領播川、琅川、帶水三縣。蕃帥楊文貴獻地東西百二十里，南北六百十二里，以其地置遵義軍及遵義縣。於是楊氏分爲二，有播州，復有遵義軍矣。宣和三年，廢播州爲城，隸南平軍，并廢播川、琅川、帶水三縣。又廢遵義軍及遵義縣以爲遵義寨，隸珍州。開禧三年，復遵義軍。嘉定十年，仍降遵義軍爲寨。端平三年，復以白綿堡爲播州。嘉熙三年，設播州安撫使。寶祐五年，置鼎山縣。元至元十五年，詔以鼎山仍隸播州。十六年，改鼎山爲播川縣，二十六年，改播州爲播南路。二十八年，改爲播州軍民宣撫司，領黃平府以下三十二長官所。元末爲明氏所有。明太祖洪武五年，歸附，置播州宣慰司，領安撫司二：曰草堂，曰黃平。長官司六：曰播州，曰真州，曰餘慶，曰白泥，曰容山，曰重安。萬曆二十九年，播州平，分其地爲平越、遵義二軍民府，遵義之置府始此。改真州長官司置真安州，改播州長官司置遵義縣，與府同治白田壩，以播州司所屬舊夜郎里置桐梓縣，以真州司所屬地置綏陽縣，以播州司所屬仁懷里爲仁懷縣，皆隸遵義，屬四川，於是遵義軍民府領州一、縣四。康熙二十六年，裁"軍民"字。雍正五年，改隸貴州。貴州

* （清）羅繞典撰，羅丽丽點校：《黔南職方紀略》，載貴州省文史研究館編：《續黔南叢書》（第二輯），貴州人民出版社，2012 年。

諸府皆有親轄地,惟遵義無之,蓋仍四川舊制,此遵義建置之大略也。

府治南距省城二百八十里。遵義附郭東北二百六十里爲正安州,即真安州之所改也。東一百里爲綏陽縣,北一百二十里爲桐梓縣,西北一百六十里爲仁懷縣。其四至:東一百五十里抵丁家壩,交平越州、湄潭縣界。西五百八十里抵老虎岔,交四川叙永廳界。南一百里抵烏江隘,交貴陽府修文縣界,北三百六十五里抵界牌,交四川綦江縣界。四隅:東北五百六十里筍子蓋與四川彭水縣交界,西南一百五十里古樓隘與大定府黔西州交界,西北六百四十里大灣塘與仁懷廳交界,東南一百二十里合口隘與貴陽府開州交界。府境廣七百三十里,袤四百六十五里,東北至西南袤七百一十里,西北至東南袤七百六十里。幅員廣博,前據烏江,後倚赤水,蓋黔省北蔽也。

遵義縣附郭,本唐帶水縣地也。貞觀九年,置柯盈縣。十四年,更名曰帶水。宋宣和三年,與播州同廢。淳熙三年,播州遷治其地。元爲播州軍民都鎮撫司。明洪武五年,改置播州長官司,授土酋主慈世守。萬曆二十九年,改置遵義縣。其四至:東一百一十里抵三度關,交平越州、湄潭縣界。西一百三十里抵青坑塘,交仁懷廳界。南一百里抵烏江隘,交貴陽府修文縣界。北一百里抵婁山關,交桐梓縣界。四隅:東北五十里長灘塘與綏陽縣交界,西南一百五十里古樓塘與大定府黔西州交界,西北一百二十里甕坪塘與仁懷縣交界,東南一百二十里合口隘與貴陽府開州交界。境土廣二百四十里,袤一百九十里。東北至西南斜袤二百里,西北至東南斜袤二百四十里。

分爲四鄉,鄉復分爲數里:曰東隅里,曰通平里,曰樂安里,爲東鄉。曰西隅里,曰天旺里,曰沙溪里,爲西鄉。曰南隅里,曰忠莊里,曰清潭里,曰平水里,爲南鄉。曰北隅里,曰永安里,曰大溪里,爲北鄉。里分十甲,凡一百三十甲。山川險奧,土田廣衍,由湄潭而入,以葛藤爲扼隘;由黔西而入,以古樓爲扼隘。南限烏江達省之要津,北阻婁山通蜀之重阻,蓋裹山表河,四塞之區也。

其地自漢置鱉縣以來,世屬中國。唐末暫失,旋爲楊端所復。宋、元及明,楊氏雖專有其地,然政教不大異於中國,故其地蠻族尚少。自端恢復以來,有令狐、成、趙、猶、婁、梁、韋、謝八族,皆西北舊族也。楊氏之滅,楊氏支屬及八族子孫散滿境內,又有明代軍屯之籍,綜錯其間,然皆漢戶也。苗族惟有紅頭苗、青頭苗、鴉雀苗、革僚四種,咸自鄰封進入,不成聚落。或爲傭田,或墾山土。其有產業者,悉照漢民一例,納秋折糧銀。遵義諸屬大抵皆然,惟苗種各異云。

正安州,本唐珍州也。貞觀十七年,置播川鎮於其地,後因鎮中有降珍山,因改鎮爲珍州,領營德、夜郎、麗皋、樂源四縣。天寶初,改爲夜郎郡,尋復爲珍州。元和二年,廢珍州,以所領縣屬之溱州。宋乾德三年,珍州蠻酋田景遷以其地內附,賜名珍州,仍領四縣。開寶元年,改爲西高州,後漸不賓服,州縣皆廢。大觀二年,涪州夷大駱解上下族,帥駱世華、駱文貴獻西高州之故地,廣四百五十里,袤三百五十里。詔以其地爲珍州,亦曰樂源郡,復立樂源縣爲州治。咸淳末,并珍州及所屬樂源縣于播州。元爲珍州、思寧等處長官所,屬播州宣撫司。至正二十三年,地人于明氏,明氏改爲真州、思寧等處長官司。明洪武五年,歸附。十七年,改爲真州長官司。萬曆二十九年,楊氏滅,改真州長官司置真安州。雍正二年,改爲正安州。此正安州建置之大略也。

其四至:東二百里抵老鷹關,交思南府婺川縣界。西一百里抵蟠龍河,交桐梓縣界。南一百里抵長磧,交綏陽縣界。北一百一十五里抵米糧坳,交四川南川縣界。四隅:東北二百里白村壩,與思南府婺川縣交界。三百里筍子蓋,與四川酉陽州彭水縣交界。西南八十五里草果山,與綏陽縣交界。西北九十里羅巴寨,與桐梓縣交界。二百五十里郭村壩,與四川涪州交界。東南一百四十五里黑溪溝,與石阡、龍泉、湄潭、婺川四處交界。境地廣三百里,袤二百一十五里。東北自婺川界至西南斜袤二百八十五里,自彭水界至西南斜袤三百八十五里。西北自桐梓界至東南斜袤二百三十五里,自涪州界至東南斜袤三百九十五里。

分爲四里:曰思寧,曰德溪,曰三江,曰小溪。思寧、德溪各編十甲,三江、小溪各編九甲,共三十八甲。州介巴黔之間,扼蠻夷之要,西南有事,實當其衝。州治屢經遷徙,萬曆中,初置州時,建治于思寧里之滴水園,後遷于三江里。國初又遷於德溪里之土坪,皆未建城。乾隆三年,乃定遷于古鳳,即今州治也。

四里土田肥瘠不一,民人與遵義略同。苗種舊有革僚、花苗二種,共三百餘户,今多遷徙於鄰封,見惟零星數名,咸依漢户耕作,未編烟户。又有鴉雀苗,間與漢民錯處,亦無多也。

桐梓縣,唐珍州之夜郎縣,溱州之扶歡縣也。貞觀十六年,置扶歡縣。十七年,置夜郎縣。元和二年,二縣皆隸溱州。宋初,二縣仍分隸西高、溱二州,後俱廢。熙寧三年,置扶歡寨,後省。大觀二年,木攀首領趙泰內屬,又建夜郎縣。宣和二年,廢夜郎縣。寶祐六年,又置鼎山縣於今縣南。元世祖至元十五年,以鼎山隸播州。十六年,改爲播川縣,後廢爲夜郎里,屬播州司。明洪武六年,置桐梓驛。萬曆二十九年,平播後,分置桐梓縣,桐梓之置縣始此。

其四至:東五十里抵羅五山,交綏陽縣界;西八十里抵牛渡河,交仁懷縣界;南三十里抵婁山關,交遵義縣界;北二百六十里抵界牌,交四川綦江縣界。四隅:東北四百五十里大凹溝與四川南川縣交界,四百二十里深坑與正安州交界;西南四十五里楠木廠與遵義縣交界;西北一百六十里水潦與仁懷縣交界;東南五十里石炭關與遵義縣交界。境地廣一百三十里,袤二百九十里。東北自南川界至西南斜袤四百九十五里,自正安界至西南斜袤四百六十五里,西北至東南斜袤二百一十里。

分爲五里:曰東芝,曰溱溪,曰蘆溪,曰夜郎,曰婁化。夜郎編十一甲,餘四里均十甲,共五十一甲。縣地爲四川入黔首程,與川省綦江、南川二縣犬牙相錯,郡轄四屬,咸與接壤,控扼之要區也。明季嬰獻賊之亂,民死于兵者半,死于病者半,室存人亡者,數年乃漸復業,遂以遵義尚爲完備之區,差徭倍於他郡。康熙中,居民報墾,避重就輕。於是新墾之土田,咸歸綦江、南川二縣,故二縣地多,華離在桐梓也。東芝之好芝壩,蘆溪之黑石溪,溱溪之元田壩,俱有溝堰蓄泄,土田稱膏腴焉。夜郎、婁化二里土俱瘠埆。

其民人皆漢戶。苗種舊有革僚、鴉鵲、紅頭三種,共六百六十餘戶,近日遷興義、安南諸處略盡,惟散住零星苗戶一百十七戶而已,亦均薙髮編入里甲,無異漢民。

綏陽縣,本唐遵義、芙蓉二縣地。貞觀九年,置恭水縣,爲播州郭下縣。其五年,置芙蓉縣,爲邢州郭下縣,旋廢州改芙蓉縣,隸智州。十一年,智州更名牢州。十六年,廢牢州改芙蓉縣,隸播州,又更恭水曰遵義。宋初,遵義、芙蓉二縣尚隸播州。元豐後,皆廢。大觀二年,置遵義軍及縣,旋廢。元至元二十一年,立遵義總管府,隸順元宣撫司,後省,其地入珍州思寧長官所。明初,地屬真州長官司,平播後,始置綏陽縣。以地近唐時夷州之綏陽,故縣得名,非唐綏陽縣地也。

其四至:東八十里抵萬壽場,交平越、湄潭縣界。西四十里抵四面山,交遵義縣界。南三十里抵鄭家場,交遵義縣界。北三百里抵雷家場,交桐梓縣界。四隅:東北一百五十里九曲水及公館槽皆與正安交界,西南六十里繳水場與遵義縣交界,西北一百五十里羅五山與桐梓縣交界,東南八十里對插凹與遵義、湄潭兩縣交界。境地廣一百二十里,袤三百三十里。東北至西南斜袤二百一十里,西北至東南斜袤二百三十里。分爲四里:曰金竹,曰朗水,曰趙家,曰望草。里編十甲,凡四十甲。縣境四山環繞,爲蜀東之門戶,黔地之咽喉。

居民多屬漢戶,苗類惟花苗、鴉雀、紅頭三種而已。花苗能織麻布,制木盤,善捕禽獸。婚喪歲時,俱以牛犬爲禮。紅頭、鴉雀居處服食與漢人同。通屬漢莊二百五十,苗寨十一。苗戶計五十二,然皆入編戶中,無甚區別。金竹里之七八兩甲近湄潭,趙家里之四五兩甲近桐梓,咸去城遼遠,居民多爭控界址,蓋三縣之間原無界石也。

仁懷縣,宋滋、純二州地也。大觀三年,以瀘夷地建滋州、純州,置承流、仁懷、九支、樂共四縣,仁懷之名昉此。宣和三年,廢滋州爲武都城,以仁懷縣爲堡,并承流縣并入焉;廢純州爲九支城,樂共縣爲樂共城。宋元之際,地入播州,爲仁懷里,屬播州司。明平播,始復置仁懷縣。

其四至:東一百里抵小溪里,交桐梓縣界;西三百二十里抵三合樹、老虎岔二處,交四川叙永廳界;南一百四十里抵李博里,交遵義縣及大定府黔西州界;北三百八十里抵二郎里及赤水里,交仁懷廳界。四隅:東北四百四十里赤水里、丁山里、溫水汎三處皆與四川綦江縣交界,又五百里與四川江津、合江兩縣交界;西南一百三十里黎民隘與大定府黔西州交界;西北三百八十里甕坪塘、大灣塘與仁懷廳交界;東南一百四十里并壩塘與遵義縣交界。境地廣四百二十里,袤五百二十里。東北自綦江界至西南斜袤五百七十里,自江津、合江界至西南六百三十里;西北至東南斜袤五百二十里。幅員極爲廣博。

分爲七里:曰李博,曰安羅,曰二郎,曰小溪,曰吼灘,曰赤水,曰丁山。里編十甲,共七十甲。安羅、李博爲上二里,二郎以下爲下五里。上二里與蜀省之永寧及大定、黔西連界,下五里與蜀省之叙永廳、綦江、江津、合江等縣交錯,距城四五百里不等。

土田最高者爲箐地,次爲半山,下爲花廠。箐地高冷,宜稻、菽、粟、稗、高粱、玉蜀黍,而玉蜀黍尤爲日用之需,土人名曰"包穀"也。其稻植之於山阜彎環處,可斗種而石收,平廠之處,可斗種而二石收。久雨則損秧,早稼則被凍,晚或爲風落,故箐地之田,價極賤。居民率於清明之前,往花廠佃田栽秧,而後移種於箐地。花廠地低近河,居民多種棉花,故名。

居民漢户爲多,苗類有青夷、白夷、仲家、羅羅、羅鬼、青苹僚、紅偉僚、紅頭、鴉雀、馬鐙十種。青夷、白夷、仲家能通漢語,漸染華風,餘尚循夷俗。無土司管轄。通屬漢户什之六七,苗户什之三四,然苗漢無猜,土田皆一律編入里甲云。

——《黔南職方紀略》卷四《遵義府》,載《續黔南叢書》(第二輯),上册,343～351頁

仁懷直隸廳

仁懷直隸廳,宋純、滋、藍三州地也。藍州置自唐元和初,宋因之。元爲永寧路。土俗訛藍爲繭,世遂稱爲繭州。其故墟在今廳城西南二百里唐朝壩。純州,宋大觀二年置,治九支縣。宣和三年,州廢,改縣爲九支城。今廳西北廿里隔河合江縣之九支壩,即宋九支故墟也。滋州亦大觀三年置,領承流、仁懷二縣。宣和三年,廢州爲武都城。今廳治西南一百五十里土城里,一名甕城,即滋州及武都舊墟,蓋武都訛土,滋訛爲甕也。仁懷縣亦大觀三年置,宣和三年,廢爲堡。廳治西南三十里舊仁懷場,今稱復興場,即其地也。宋元之際,地入播州,爲仁懷里,屬播州司。平播後,設仁懷縣于今廳治,管里十。雍正八年,移縣治于李博里之亭子壩,即今仁懷縣也。移通判駐明仁懷縣治,即今廳城也。乾隆三年,以附近之河西、仁懷、土城三里歸通判管轄。四十一年,改爲直隸同知,仁懷直隸廳之設始此。

廳城東南距省城九百七十里。其四至:東一百八十里抵仁懷縣赤水里界,西一百二十里抵四川叙永廳青化里界,南三百六十里抵板橋河,交仁懷縣二郎里界,北渡赤水河即抵四川合江縣富家凹界。四隅:東北十里鱸魚溪與合江縣丁山支交界,西南三百二十里抵黄葛沱交仁懷縣二郎里界,西北二十里完碯與合江縣九支壩交界,東南二百四十里抵圖書壩與仁懷縣吼灘里交界。境地廣三百里,袤三百六十里。東北至西南斜袤三百三十里,西北至東南二百六十里。

廳界赤水河可通舟楫。其水自仁懷縣岔角灘流入,東北行三百八十里至廳治北,又東北行十里至鈴鈴灘,入合江縣界。廳治三面距蜀劃江而守,最爲扼要。

仁懷里編五甲：一甲、二甲、三甲在城東，距城自二里至八十里不等；四甲在城南，距城自一里至三十里不等；五甲在城西，距城自一里至三十五里不等。而舊仁懷屬五甲，管轄河西里四甲，皆在城西，距城自二十里至一百四十里不等。土城里四甲，皆在城南，距城自九十里至三百六十里不等。土城場在二甲，唐朝壩在四甲也。

仁懷河西二里，水田較多，頗稱腴壤。土城地氣瘠薄，人民宜雜糧，漢戶爲多。土城與叙永廳、仁懷縣二處交錯，又爲蜀鹽商船屯泊之所，客戶亦繁。苗惟馬鞰一種，性淳，隨所佃之土爲居，遷徙無常。無土司管轄，通屬皆漢莊，苗民零星散處，僅七八十户而已。

——《黔南職方紀略》卷四《仁懷直隸廳》，載《續黔南叢書》（第二輯），上册，351～352頁

平越直隸州

平越州，唐牂州地。元明之際，統於播州，爲平月長官地。洪武十四年，置平越衛軍民指揮使司，隸四川布政司，尋改隸貴州都司，而平越之名始見。至萬曆二十八年，平播州宣慰司楊應龍，分其地爲二：北屬蜀者爲遵義府，南屬黔者爲平越府。於是就平越衛設軍民府，而以黄平安撫司置黄平州，以草塘、雍水二長官司置甕安縣，以餘慶、白泥二長官司置餘慶縣，以苦竹壩三里七牌置湄潭縣，皆播州宣慰司地。康熙十一年，改平越衛爲縣附郭，徙黄平州治於興隆衛，省衛入州，平越府始裁"軍民"字樣。嘉慶三年，改府爲直隸州，改黄平州隸鎮遠府，裁平越縣并歸州轄。今領縣三：甕安、湄潭、餘慶是也。

其境在省城東一百七十里，東抵鎮遠府之黄平州，西抵貴陽府之開州，南抵都匀府之都匀縣，北抵思南府之婺川縣，東南接都匀府清平縣界，西南接貴陽府貴定縣界，東北接遵義府遵義縣界，西北接貴陽府開州界。清水江限於西，重安江環其南，岩門江貫乎中，境内諸水多匯焉，以達烏江。作省會之藩籬，據楚蜀之要害，四牡皇華取道於是，洵邊方衝劇之地，苗蠻叢聚之區也。

平越直隸州親轄之地，有舊府轄地，有向日平越縣轄之地。平越縣屬地方，由衛改設，原設前、後、左、右、中五所，每所村寨多寡不齊，五所悉係軍田，并無苗產，今雖并入州轄，與州屬之地軍田、苗田判然有別。州屬親轄之地爲洪邊、喬水、石板、樂邦、江邊、江冷、麻哈、三堡、王卡等九牌；又楊義長官司所轄之地爲羅歪、地送、嶰隆、羊場、兔場等五牌；别有高平土千總所轄爲高一、高二、高三、高四四牌；中坪土舍所轄爲中坪牌，共十九牌；又有上格、下格地方。統計爲十九牌，二格，漢多苗少。州屬别有五牌，其名與楊義司所管之五牌相同，而司管之牌，别加一"楊"字。嶰隆則曰楊嶰，地送則曰楊地，羅歪則曰楊羅，羊場則曰楊羊，兔場則曰楊兔。其州屬之解隆五牌及洪邊九牌，皆爲漢寨，惟解隆五牌與司地牙交繡錯耳。

楊義土司，金家良之遠祖，於唐爲金筑安撫司，宋元時授爲金筑府土知府，明洪武間

分其支子爲楊義長官司,累傳至雍正三年,金履殿之子金玉承襲職,部頒印信,迄今不替。所轄之地,與清平縣屬之西北、西南、正西三面諸苗寨繡錯牙交。司之南即楊老驛也。

州屬除楊義、高坪、中坪三司之外,并無苗寨,所住之漢戶半係前明洪武間安插之戶,及至削平播難,苗戶凋零,十存一二。經督撫李、郭諸公重爲釐定,將舊日荒蕪苗產丈量定賦,聽各省客民願占籍者酌價繳官,以充建立城池、衙門、驛傳諸費,二年之外,一律起科。於是客民之開墾官荒又復不少,此又客民住居苗地耕苗產之原也,後來客民蓋寡。

今統計有苗產客民一百七十三戶,無苗產客民八百二十一戶,二共客民九百九十四戶。

餘慶縣,在州之東北四十里,縣境東至石阡,西接甕安,北抵湄潭,其南爲鎮遠府屬之施秉、黃平北鄙。縣屬僅有偅佬一種,戶口無多,不成寨落,依傍漢戶而居,傭佃營生,均無田土。

蓋黔省自貴陽以東直至思州,綿延五百餘里,驛道邐南,都勻、麻哈、清江、台拱悉係生熟苗疆;驛道以北,石阡、龍泉及思南各屬皆爲田、楊二宣慰世守之地。故餘慶一縣,雖設有餘慶土縣丞一員,白泥土主簿一員,皆緣前明平播後改長官司設縣之時,毛、楊兩姓勛裔,未便以無故革除,相沿至今,准其襲職,藉以彈壓土人,并無應管苗戶也。

甕安縣,在府治北六十里。

湄潭縣,又在餘慶、甕安之北,去府治二百二十里。

甕安西抵開州,東抵黃平,北接湄潭,南聯州屬。所轄地方六里,悉係漢民,僅有仡佬,苗人數百戶,散居各寨,爲漢客戶傭工,并無產業。現雖設有草塘、甕水土縣丞兩員,亦不過管束土人而已。湄潭則東至石阡,西至遵義,南毗甕安,其北則直抵龍泉縣界,地居岩門江外,去州治爲最遠。所轄寶善、新化、經正、啟祥四里,均係漢戶,聚族而居,并無苗戶。蓋二縣地居黔楚大道之北,不與有苗州縣相錯也。

——《黔南職方紀略》卷五《平越直隸州》,載《續黔南叢書》(第二輯),上冊,361～363頁

土司上

元代土官有總管、宣撫司、安撫司、長官司、土府、土州、土縣凡七等。其在順元宣慰司者有總管一、安撫使十三、土府六、土州三十七、土縣十二、長官司二百七十二。又有烏撒、烏蒙宣慰及播州沿邊溪洞宣慰,皆在今貴州境。

明代貴州土官有宣慰司三:曰貴州、曰思州、曰思南;安撫司二:曰金筑、曰凱里;長官司七十四:曰程番、曰小程番、曰上馬橋、曰盧番、曰韋番、曰方番、曰洪番、曰臥龍番、曰小龍番、曰大龍番、曰金石番、曰羅番、曰盧山、曰木瓜、曰麻響、曰大華,皆屬定番州;曰水東、曰中曹、曰龍里、曰白納、曰底寨、曰乖西、曰養龍,皆屬貴州宣慰司;曰寧谷、曰西堡,

屬安順府；曰十二營、曰康佐，屬鎮寧州；曰募役、曰頂營，屬永寧州；曰都勻、曰邦水、曰平浪、曰平州，屬都勻府；曰樂平、曰平定，屬麻哈州；曰合江洲、曰豐寧，屬獨山州；曰凱里司、曰楊義，屬平越府；曰潭溪、曰八舟、曰洪舟、曰曹滴洞、曰西山陽洞、曰新化、曰湖耳、曰亮寨、曰歐陽、曰中林、曰赤溪南洞、曰龍里，皆屬黎平府；曰蠻夷、曰沿河祐溪、曰朗溪，皆屬思南府；曰都府、曰都素、曰黃道溪、曰施溪，皆屬思州；曰偏橋、曰臻剖，屬鎮遠府；曰省溪、曰提溪、曰大萬山、曰烏羅、曰平頭著可，皆屬銅仁；曰石阡、曰苗民、曰葛彰葛商，皆屬石阡；曰大平伐，屬龍里衛；曰新添、曰小平伐、曰把平、曰丹平、曰丹行，屬新添衛。四川有播州宣慰、烏撒土府，皆在今貴州。宣慰司有宣慰使一人，從三品；同知一人，正四品；副使一人，從四品；僉事一人，正五品。安撫司有安撫使一人，從五品；同知一人，正六品；副使一人，從六品；僉事一人，正七品；長官司有長官一人，正六品；副長官一人，從七品；又有土同知。土通判、土推官、土州同、土州判、土縣丞、土主簿、土巡檢、土吏目諸官。其後裁思州、思南、播州三宣慰，各土官佐貳多與其長官同治，或以所居之地爲名。明末桂王又分置土官。

……

平伐長官司庭氏，管平伐工固諸寨。其先本姓滕氏，灌縣人。五代末仕蜀孟氏，征南有功，授賓化令，世守其土，號曰滕蕃。因居蠻日久，滕訛爲庭，賓化訛爲平伐。元世祖至元二十九年正月丙午，始從葛蠻安撫使宋子賢之言，招諭平伐。成宗大德元年五月庚寅，平伐酋領內附，乞隸亦奚不薛，從之。六月戊戌，平伐九寨來降，立長官司。十二月，平伐等蠻尚多未附，播州宣撫使楊漢英請以己力討之。己卯，詔湖廣省臣答剌罕從宜收撫。武宗至大三年九月己卯，平伐蠻酋不老丁遣其侄與甥來降，升平伐等處蠻夷軍民安撫司同知陳思誠爲安撫使，佩金虎符。泰定帝泰定二年二月丁亥，平伐苗酋的娘率其戶十萬來降，土官三百六十人皆請朝。湖廣行省汰其衆還部，令的娘等四十六人入覲，從之。順帝至正元年三月，平伐酋長保郎來降，即其地復立安撫使，參用其土酋爲官。三年五月癸卯，給平伐安撫司達魯花赤暗都剌虎符。明太祖洪武十五年，平伐庭保郎內附，以保郎爲長官。保郎傳的貢，的貢傳的那，的那傳玉，玉傳銘，銘傳寶，寶傳廣，廣傳珪，珪傳希印，希印傳繼然，繼然傳拱極，拱極傳萬銓，萬銓傳子位，子位傳世蔭。順治十五年，歸順，仍授長官。世蔭傳旭，旭傳道熠，道熠傳紹統，紹統傳啟元，啟元傳樹政，樹政傳子中琪，嘉慶二十二年，襲。有印，屬貴定縣。

——《黔南職方紀略》卷七《土司上》，載《續黔南叢書》（第二輯），上冊，382～409頁

土司下

高坪土舍李氏，管高坪諸寨。其先有李整者，河南偃師人。明洪武四十三年，播州宣慰司楊氏札授長官。順治時歸附；康熙三十五年，降爲外委土舍。其佃書昇見襲職。屬

平越州。

中坪土舍孫氏，管中坪諸寨。其先有孫福海者，江南上元人。明洪武時宣慰司楊氏札授長官。順治十六年，歸附，降爲外委土舍。福海裔昂見襲職，屬平越州。

……

餘慶土主簿楊氏，不管村寨。其先有楊安寶者，播州宣慰使之支子也。元代以功授白泥副長官。明萬曆二十四年，播州平，改授餘慶土主簿，仍管白泥司事。累傳至璟，順治十五年，歸附。璟傳子嗣溥，嗣溥傳子元勛，元勛累傳至茂先，見襲職。無印，屬餘慶縣。

……

岩門長官何氏，管岩門諸寨。其先有何湝者，四川重慶人。明成化六年，以征苗功，授凱里安撫司左副長官，累傳至仕洪。順治十五年，歸附，改授岩門長官。仕洪傳子瓚遠，瓚遠傳子其仁。雍正十三年四月死難，數傳至成德，見襲職。有印，屬黃平州。

豐寧下長官楊氏，管蠻落諸寨。其先楊萬全之支子也，明代授長官，累傳至威遠，順治十五年，歸附。威遠傳子宏勛，宏勛傳子於彤，於彤傳弟於庭，於庭傳子繼震，繼震數傳至治平，見襲職。無印，屬獨山州。

三棒土舍楊氏，管三棒諸寨。其先楊萬全之支子也，世爲土舍，明末授長官。康熙十九年，復降爲外委土舍，累傳至楊錦爵，見襲職。屬獨山州。

——《黔南職方紀略》卷八《土司下》，載《續黔南叢書》（第二輯），上冊，415～419 頁

黔中苗乘[*]

牂牁張萬濬,天福五年率其夷、播等七州附楚馬希範。

羅施鬼國,世祖至元十七年土寇爲患,思、播道路不通。

播州黎平愛合謝烏窮,泰定三年爲寇。

播州楊應龍,穆宗隆慶二十四年作亂,侵略偏橋,焚掠鎮遠等處,二十八年始平。

——《黔中苗乘》卷十九《累代之叛亂》,載《中國少數民族古籍集成》(漢文版),第90 册,220~221 頁

地區文獻

---

* 董振藻:《黔中苗乘》,載徐丽华主编:《中國少數民族古籍集成》(漢文版),四川民族出版社,2002 年。

地理總志

輿地紀勝[*]

　　播川城。在軍正南三百八十里。故播州也。大觀二年,以播州夷楊光榮納土,置播州三縣,倚郭曰播川。宣和三年,廢播州爲播川城來屬。

　　——《輿地紀勝》卷第一百八十《夔州路·南平軍》,第9册,第5230頁

　　白錦堡。去播川三百里,係納土官楊光榮,子孫承襲守之。

　　——《輿地紀勝》卷第一百八十《夔州路·南平軍》,第9册,5234~5235頁

地理總志

---

　*　(宋)王象之撰,李勇先校點:《輿地紀勝》,四川大學出版社,2005年。

方輿勝覽[*]

白錦堡。去播州三百里。係納土官楊光榮子孫世襲守之。

——《方輿勝覽》卷六十《南平軍》，下冊，第 1063 頁

郡名：樂源、夜郎。風俗：其俗夷、僚。《圖經》：遵義軍，宣和改爲寨，隸樂源縣。其俗以射獵山伐爲業，信巫鬼，重謠祝，好詛盟，外癡內黠，安土重舊。凡交易，刻木爲書契，結繩以爲數。其桀黠能言議屈服種人者，謂之耆老。其昏姻以銅器、氊刀、弩矢爲禮。其燕樂以銅鑼鼓、橫笛、歌舞爲樂。其所居無城池之固，架木爲閣，聯竹爲壁，開窗出箭，以備不虞。出入佩刀弩自衛。至與華人交易，略無侵犯禮義之風。凡賓客聚會，酋長乃以漢服爲貴。其民以耕殖爲業。同上，□□端厖淳固，□□□□□，天資忠順，悉慕華風。

——《方輿勝覽》卷六十一《珍州》，下冊，第 1078 頁

---

[*]（宋）祝穆撰，施和金點校：《方輿勝覽》，中華書局，2003 年。

輿地廣記[*]

同下州,遵義軍。

歷代地理與播州同。

皇朝大觀二年,蕃帥楊文貴獻地,東西二百二十二里,南北六百一十二里,置遵義軍。今縣一。

遵義縣。

漢且蘭縣地,屬牂柯郡。唐正觀元年析牂柯置,屬郎州。十一年州廢,縣亦省。十三年復立播州,亦復置縣。十四年更名羅蒙,十六年更名遵義,後自播川徙州治焉。唐衰,播州爲楊氏兩族所分據,一居播川,一居遵義,以仁江水爲界。其後,居播川者曰光榮,得唐所給州銅牌;居遵義者曰文貴,得州銅印。皇朝大觀二年,兩族各獻其地,皆自以爲播州。議者以光榮爲族長,重違其意,乃以播川立州,遵義立軍焉。

——《輿地廣記》卷三十三《夔州路·同下州·遵義軍》,下册,第 1030 頁

* (宋)歐陽忞撰,李勇先、王小紅校注:《輿地廣記》,四川大學出版社,2003 年。

大元一統志[*]

景定五年,轉楊文中亮大夫、和州防禦使、播州沿邊安撫使。

——《大元一統志》,載《原國立北平圖書館甲庫善本叢書》,第 278 冊,第 1909 頁

寰宇通志[*]

建置沿革

《禹貢》梁州之域,天文參井分野。秦夜郎、且蘭二縣地,郡西南隅地。漢屬牂牁郡。唐貞觀間,分牂牁北界置郎州,領恭水、高山、貢山、柯盈、邪施、釋燕六縣,尋省縣,以其地有播州,改郎州爲播州。景龍初,改爲都督府。天寶中,改播川郡。乾元初,復爲播州。唐末,諸酋各據其地。宋大觀初,置遵義軍,後改爲寨,隸珍州,尋復置播州安撫司。元中統初,改爲播州沿邊安撫司。至元間,升播州宣撫司,又設播州軍民都鎮撫司。國朝洪武四年,改爲播州宣慰司,又升爲播州宣慰使司,領長官司六、安撫二。自宣慰使司至南京六千七百里,至京師九千七百里。東至貴州偏橋衛界四百八十里,西至瀘州合江縣界千五百里,南至貴州養龍坑長官司九十里,北至重慶府綦江縣界三百五十里。

播州長官司。附郭。元爲播州軍民都鎮撫司,隸播州宣撫司。國朝洪武九年改爲長官司。

餘慶長官司。在宣慰使司南一百六十里。元末爲餘慶州,隸播州宣撫司。國朝洪武十七年改爲長官司。

白泥長官司。在宣慰使司東南三百里。元爲白泥長官司,隸播州宣撫司,至正末改爲白泥州。國朝洪武十七年改爲長官司。

容山長官司。在宣慰使司東三百二十里。元爲容山長官司,隸播州宣撫司,國朝因之。

真州長官司。在宣慰使司東北二百里。宋爲綏陽、德陽二縣地,屬珍州。元爲珍州、思寧等處長官司,隸播州宣撫司,至正末改珍州爲真州。國朝洪武十七年改爲真州長官司。

重安長官司。在宣慰使司東南四百里。宋爲黃平府地,元因之。國朝洪武八年,於

* (明)陳循、彭時等纂:《寰宇通志》,載中國國家圖書館編:《原國立北平圖書館甲庫善本叢書》,國家圖書館出版社,2013 年。

此置長官司。

草塘安撫司。在宣慰使司東一百二十里。元爲草塘長官司,隸播州宣撫司。國朝洪武十七年改爲草塘安撫司。

黃平安撫司。在宣慰使司東南三百里。宋爲黃平府,立上下、三曲二長官司,隸叙州。元因之,改隸播州宣撫司。國朝洪武八年,改府爲安撫司,并二長官司入焉。

郡名

播川,唐名。樂源、遵義,宋名。

山川

定軍山,在龍岩山東,宋太師楊端駐軍於此,因名。

——《寰宇通志》卷六十九《播州宣慰使司》,載《原國立北平圖書館甲庫善本叢書》,第 280 册,第 820 頁

形勝

疆土乃黔中故壤,承播、珍夷,皆古牂牁故地。按:俱《圖經》。

公廨

播州宣慰使司。在鳳山西,洪武四年建。

學校

播州宣慰司學。在宣慰使司治北舊鄉學基。洪武三十三年建爲播州長官司學,永樂四年改今學。

——《寰宇通志》卷六十九《播州宣慰使司》,載《原國立北平圖書館甲庫善本叢書》,第 280 册,第 821 頁

祠廟

忠烈廟,在宣慰使司治西,祀宋武翼大夫楊璨。度宗時賜廟額曰忠烈。

忠顯廟。在宣慰使司治西,祀宋武功人夫楊價。度宗時賜廟額曰忠顯。二廟事見名官。

古迹

珍州,在真州長官司西南四十里。唐貞觀十七年,拓闢邊戎,置播川鎮,後因川中有降珍山乃以鎮爲珍州,取山名郡,遺址尚存。

樂源縣在真州長官司西七十里。唐貞觀十六年置,屬溱州。宋末屬播州,遺址尚存。

名宦

楊端,太原人。唐時南詔叛,陷播州,端應募領兵,由瀘入播,諭以威德,縻以恩信,蠻人懷服,遂家於此,子孫世守其地。宋開禧間贈太師。

楊璨,端十三代孫。宋時襲職,授武翼大夫。開禧三年,蜀師吳曦作亂,伏誅,璨輸金錢、戰馬以助國用,邊患遂息。卒,贈左武大夫、左衛大將軍、忠州防禦使,追封威毅侯。

楊價,璨子。未生時,將校有夢神自靖州來,號"蜀威將軍"者。暨價生,貌狀如之。紹定中,以邊功授武功大夫、閣門宣贊舍人。卒,追贈威靈英烈侯。

楊文,價子。仕宋,修學勤治,累官沿邊安撫使。卒,贈光禄大夫、同知樞密院事。

楊邦憲,文子。仕宋,襲父職。咸平間蠻人掠境,領兵拒之,擒其酋長,進武節大夫、播州沿邊安撫使。卒,贈播國公,謚"惠敏"。

——《寰宇通志》卷六十九《播州宣慰使司》,載《原國立北平圖書館甲庫善本叢書》,第 280 册,第 822 頁

大明一統志[*]

播州楊氏土司

文獻集成

卷二

播州宣慰使司。東至貴州偏橋衛界四百八十里,西至瀘州合江縣界一千五十里,南至貴州養龍坑長官司界九十里,北至重慶府綦江縣界三百五十里,自司治至南京六千七百里,至京師九千七百里。

建置沿革

《禹貢》梁州之境,天文井鬼分野。秦爲夜郎、且蘭二縣地。漢屬牂牁郡,晉隋因之。唐貞觀初,分牂牁北界置郎州,領恭水、高山、貢山、柯盈、邪施、釋燕六縣,州及縣尋省,未幾復置,後改郎州爲播州,治遵義縣。天寶中,改播川郡。乾元初,復爲播州。唐末,没於夷。宋置播州及遵義軍。宣和中,廢州爲播川縣,隸南平軍,又改軍爲寨,隸珍州,尋置播州安撫司。元改播州沿邊安撫司。本朝洪武四年,改爲播州宣慰司,又升宣慰使司,領長官司六、安撫二。

播州長官司,附郭。元爲播州軍民都鎮撫司,隸播州宣撫司。本朝洪武九年改爲長官司。

餘慶長官司,在宣慰使司南一百六十里。元末爲餘慶州,隸播州宣撫司。本朝洪武十七年改爲長官司。

白泥長官司,在宣慰使司東南三百里。元爲白泥等處長官司,隸播州宣撫司,至正末改爲白泥州。本朝洪武十七年復爲長官司。

容山長官司,在宣慰使司東三百二十里。元爲容山長官司,隸播州宣撫司,本朝因之。

真州長官司,在宣慰使司東北二百里。宋爲綏陽、德陽二縣地,屬珍州。元爲珍州、思寧等處長官司,隸播州宣撫司,至正末改珍州曰真州。本朝洪武十七年改爲真州長官司。

重安長官司,在宣慰使司東南四百里。宋爲黄平府地,元因之。本朝洪武八年於此置長官司。

草塘安撫司,在宣慰使司東一百二十里。元爲舊州草塘等處長官司,隸播州宣撫司。本朝洪武十七年改爲草塘安撫司。

---

[*] (明)李賢、彭時等纂:《大明一統志》,載李致忠主編:《四部叢刊·四編》,中國書店,2016 年。

黄平安撫司,在宣慰使司東南三百里。宋爲黄平府,立上下、三曲二長官司,隸叙州。元改隸播州宣撫司。本朝洪武八年改府爲安撫司,以二長官司并入焉。

郡名

播川,唐名。樂源、遵義。宋名。

——《大明一統志》卷七十二《播州宣慰使司》,載《四部叢刊四編·史部》,第 85 册,4536～4538 頁

山川

定軍山,在龍岩山東,宋太師楊端駐軍於此,因名。

——《大明一統志》卷七十二《播州宣慰使司》,載《四部叢刊四編·史部》,第 85 册,第 4539 頁

學校

播州宣慰司學,在宣慰司北舊鄉學基。本朝洪武三十三年建爲播州長官司學,永樂四年升宣慰使司學。

——《大明一統志》卷七十二《播州宣慰使司》,載《四部叢刊四編·史部》,第 85 册,第 4542 頁

祠廟

忠烈廟,在宣慰司治西,祀宋武翼大夫楊璨。度宗時賜廟額,曰"忠烈"。

忠顯廟,在宣慰司治西,祀宋武功大夫楊價。度宗時賜廟額,曰"忠顯"。

古迹

廢珍州,在真州長官司西南四十里。唐貞觀中,開山洞置播川鎮,後以鎮爲珍州;長安中改舞州,開元初又改鶴州,後復爲珍州。宋因之。遺址尚存。

……

洋川廢縣,在舊承州西北一百里。唐武德初置,屬蒙州。貞觀中屬播州,後廢。

……

樂源廢縣。在真州長官司西七十里。唐貞觀中置,屬溱州。宋末屬播州,後廢。

白錦堡,去播州三百里。昔楊光榮子孫承襲守此。宋端平中,於此置播州。

名宦

唐

楊端。乾符初,南詔陷播州。端本太原人,應募領兵復播州,能諭以威德,縻以恩信,蠻人懷服。五代以來,子孫世襲其職。宋開禧間贈太師。

——《大明一統志》卷七十二《播州宣慰使司》,載《四部叢刊四編·史部》,第 85 册,4544～4545 頁

地理總志

元

何彥清,播州安撫使,有政績。以安西行省左丞李德輝有德於播,率其民立廟祀之。

人物

宋

楊璨,楊端十三代孫。嘉泰初襲播州安撫使。開禧初,蜀師吳曦作亂,璨輸金錢、戰馬以助國用,邊患遂息。卒,贈左衛大將軍、忠州防禦使,追封威毅侯。

楊价,璨子。未生時,將校有夢神自靖州來,號"蜀威將軍"者。暨价生,貌狀如之。紹定中襲職,以邊功授閤門宣贊舍人。卒,追贈威靈英烈侯。

……

王震孫,播州人。端平初,元兵犯蜀,震孫率眾戍蜀口,解難息民。事聞,授從義郎、重慶路兵馬鈐轄。

楊文,價子。寶祐間授武德郎,修學勤治,累官播州安撫使。卒,贈光禄大夫、同知樞密院事。

……

楊邦憲,文子,襲父職。端平間,蠻人掠境,領兵拒之,擒其酋長,進武節大夫。宋亡,元世祖詔諭之,始內附,授播州沿邊安撫使。卒,贈平章政事,追封播國公,謚"惠敏"。

元

楊漢英,邦憲子。幼孤,其母田氏携至上京見世祖,遂命襲父職。後再入覲,時年十二,世祖嘉其應對明敏,復因宰臣奏安邊事,益嘉之,授宣撫使。大德中,討平宋隆濟、折節之叛,加勛上護軍。後征黃平蠻,卒於軍,贈平章政事、柱國,追封播國公,謚"忠宣"。

楊嘉貞,漢英子。至正初,授播州等處管軍萬户、侍衛親軍都指揮使、上護軍。討平楊留總,進湖廣行中書省左丞。

本朝

楊鑑,嘉貞從子。洪武初,率其屬張坤、趙簡來朝,授宣慰使,賜敕獎諭,俾其永堅臣節。後屢隨大軍討平叛寇,卒,贈懷遠將軍。子昇襲職,莅位勤敏,邊境綏寧。永樂初,請開學校,薦士典,教州民,益崇習詩書禮義。

——《大明一統志》卷七十二《播州宣慰使司》,載《四部叢刊四編·史部》,第 85 册,4546~4548 頁

天下郡國利病書*

遵義道開府夜郎，與總戎同城而居。近以建南有事，大將軍移鎮，以游擊一員代，其他材官將領各有差。歲抽通省民兵五千名，斂其食餉而已。説者謂蕩平既久，當以播供播，勿煩内地爲也。然盈庭不決，則任事之難耳。

——《天下郡國利病書·四川備録下》，載《顧炎武全集》，第15册，2344～2345頁

《播州志》云，唐末，南詔陷播州，太原人楊端應募復之，遂有其地。四傳至楊貽，無子，維時宋益州刺史楊延昭之子充使廣西，與貽通譜，以其子貴遷後之，從狄青南征楊文廣，即延昭之孫也。在播州者，傳至粲而益大，鑑乃其裔云。

——《天下郡國利病書·四川備録下》，載《顧炎武全集》，第15册，第2348頁

《土夷考》云，東至偏橋衛，南至養龍坑，楚黔二省界，西至瀘州合江縣，北至重慶綦江縣，俱川省界，此今之播州也。明興，楊鑑率衆歸附，以其地爲播州宣慰司，授鑑宣慰使，領播州、餘慶、白泥、容山、真州、重安六長官司，草塘、黄平、甕水三安撫司。自鑑至相，十世矣。嘉靖十七年，楊相父子争職，議勘，相不敢入播，客死水西。萬曆元年，楊應龍襲職，即相之子也，世有逆德，應龍淫殺無忌。初，黄平、草塘、白泥、餘慶、重安五司，凡承襲表箋須宣慰司印文乃達，往往索賄無厭，此釁端所由起。又其地有七姓之民，應龍寄以腹心，七姓又藉龍爲奇貨，縻費金錢累巨萬。久之，龍覺其欺，乃稍稍收其權，遂交仇怨，七姓叩閽鳴冤，且反噬龍矣。應龍娶妻張氏，失寵，其族弟瑞龍聘田氏，應龍强委禽焉。萬曆十五年，田氏生子方彌月，與應龍在室共語，族弟繼龍偶入户，遁去，應龍見而立斬之。田氏曰："妾非張，何例視我？"應龍怒曰："我不殺此奴，今效尤耶？"乃立殺張首，并剮張之母等。張闔族奏應龍殺妻并妻母、兄弟等，命下川貴勘處，應龍初亦抗拒不出，已聞議撫，乃俯首出聽勘。勘龍革任，罰贖金四萬，免死。會朝鮮告急，應龍計以征倭贖

* （明）顧炎武撰，黄坤等校點：《天下郡國利病書》，載《顧炎武全集》，上海古籍出版社，2013年。

前愆,朝廷可其奏,遂得解網,然疑畏日甚,進退維谷。二十三年,應龍子以贖金未完,死渝州獄中。應龍親率蠻兵,驅僧千餘至,發喪。二十六年,托獻大木,所過無不殘滅。朝議應龍雖經勘問,皆務姑息,非鎮攝蠻夷之策。於是天子赫然震怒,命將興師,大集三省之兵,猛將謀臣星聚雲合,而又特遣總制侍郎邢玠以臨之貴州,支可大撫湖廣,江鐸撫偏橋,李化龍總督川貴、湖廣之師,會軍重慶府。二十七年正月進兵。六月初六日,破海龍囤。二十一日,俘入重慶,死於途。事平,剖播爲二,四川遵義府屬三縣一州,貴州平越府屬四縣一州,改流設官,詳《平播全書》中。

《土夷考》又云,播州長官司治附郭,長官王姓,其地左抵永安驛,右抵海龍囤,間雜楊氏腹裏。播事訌,長官王積禄甘爲應龍死黨,亦其勢不得不爾。今多屬遵義縣,夷漢民各半。

餘慶長官司在司南百六十里,元至正間,毛臮從宣慰楊加禎征蠻有功,授校尉本部長官,後改爲餘慶州,俾毛氏世爲土知州,本朝仍爲長官司。其地接連播州七牌苗巢,左抵湄潭,右抵雍水,上達烏江,下至岑黃,於播最近。楊氏不靖,毛匪寧宇焉。蕩平後,改餘慶縣,屬貴州平越府。

白泥長官司在司東南三百里。宋景定中,楊萬從征八播蠻有功,授白泥長官。元改爲白泥州。本朝復改長官司。其地上抵草塘,下抵偏橋,鎮遠帶其左,黃平列其右,土田闊饒,士馬強健,實甲諸司,與楊氏不睦,七姓之一也。

容山長官司在司東三百二十里,長官張姓。其地界湖貴間,於八司中獨爲外服,溪山荒曠,土田鹵瘠,中國商販不到。其人以射獵爲生,以劫殺爲業。自嘉靖間,爲臻洞苗所殘破,數十年來,民夷桀驁,土田荒蕪,長官不能治也。舊有湄潭驛,蕩平後,改湄潭縣,屬貴州平越府。

……

重安長官司在司東南四百里,宋元黃平府地。國初頭目張佛保招撫苗蠻有功,授正長官。馮鐸從宣撫楊鑑征麻哈有功,授副長官。多生苗,去播最遠,原屬黃平,故知有黃平,不知有播。《圖經》:其地東至宣化司界,北至楊義司界,各二十里。南至凱里司界十里。西至清平縣界五里。

草塘安撫司在司東二百二十里,介甕水、黃平之間。其地環江,土饒裕,頗有華風。宋咸淳間,有雲貴者商賈入滇,因邊警,投楊宣慰邦憲爲頭目。元世祖時,雲貴孫邦佐有戰功,授都勻軍民府知府,始有草塘地。國初,宋顯威從楊鑑歸附,改授安撫。其地東至黃平司椒溪、暖水界,西至高平、甕水二司界,南至平越衛,北至播州楊梅、浪于界。

黃平安撫司在司東南三百里,舊爲黃平府,實楊鎮子孫世守之。元世祖時,黃平蠻叛,楊宣慰漢英討平,其將羅季明功多,遂以土授羅氏,改隸播州。洪武初,羅鏞從楊鑑歸附,授黃平安撫。其地廣饒險固,有城垣足據,扼雲貴之門户,爲諸司之襟帶,蓋西南一要境。舊設通判一員,總轄諸司。又設千户所駐劄司城,聽通判調用。城中夷漢雜處,昔楊酋不道,首與爲難者也。其地東至湖廣偏橋衛五十里,西至貴州平越衛,南至清平衛,各三十里,北至白泥司界百五十里。蕩平,改黃平州。

甕水安撫司在司東一百二十里,宋紹熙間開設,長官猶姓。景定中進士猶道明,播人,蓋其族也。洪武初,猶恭歸附,授安撫,密邇於播,亦與楊酋交惡。其地東至播四牌界二十里,西至黃灘關十五里,南至水西界二十里,北至麻子水界二十里。蕩平,改甕安縣,屬平越府。

——《天下郡國利病書·四川備録下》,載《顧炎武全集》,第 15 冊,2350～2353 頁

萬曆二十九年,偏沅軍門江鐸乘征播之餘,征剿貴苗皮林等寨,辰郡亦不免騷然煩費。

——《天下郡國利病書·湖廣備録下》,載《顧炎武全集》,第 16 冊,第 2883 頁

(萬曆)二十八年,矣堵十三寨莽亢等復叛,再討平之,順、大始定。命雲南撫鎮協討播酋楊應龍,巡撫陳用賓移鎮曲靖,都督沐叡移鎮霑益。用賓、叡遣參將謝崇爵會廣南知府黃字,督中軍張澍、指揮沐粲等,率兵至烏江,與賊戰,勝之。賊衆數萬陡至,我兵敗奔爭渡,橋折,督陣官何天慶、甘靖、方朝宗、楊玉、王彥偉俱陣亡,全軍象馬盡沒。總督李化龍論崇爵罪,以賜劍斬之。

——《天下郡國利病書·雲南貴州備録》,載《顧炎武全集》,第 17 冊,3499～3500 頁

(萬曆)二十八年征播,徵其(儂應祖)兵二千,授之職。

——《天下郡國利病書·雲南貴州備録》,載《顧炎武全集》,第 17 冊,第 3597 頁

嘉靖七年,兵部尚書伍文定以四川宣慰司嫡子楊友、楊愛互爭地方,歷三十餘年,訟牘未絶,奏將愛見管地方分置凱里安撫司,改屬貴州,從之。

　　勣　聞天下有道,守在四夷,乃若渙其群、斷其臂,而少其力,又取夷之微權也。本衛地方,接連雲南通省,皆在古西南夷地。今中國所以能通雲南,享彼貢賦之利者,以有貴州東西兩路耳。洪武間,以西路烏撒、烏蒙、東川、芒部四軍民府,及東路普安州俱屬雲南,蓋未之深思耳。何也?東路普安州之盤江,西路烏撒府之七星關河,皆入滇門戶,洪流巨浸,誠一夫當關,萬夫莫開之險,萬一雲南有變,據此二險,是無雲南矣。傅穎川有見於此,奏以四府改隸四川。永樂間,又以普安州改隸貴州,是撤雲南之藩籬,啓其門戶,以延中國使節冠蓋矣。此守在四夷之一大端也。原其爲謨,豈直一世二世之計哉!弘治、正德間,四川播州土酋楊友、楊愛兄弟因爭土搆兵,歷三十餘年,奏牘未結。至嘉靖間,兵部尚書伍文定奏將楊愛分管地方凱里等處增置凱里安撫司,改隸貴州,是又渙其群、斷其臂而少其力之意也。此其爲謨,將不在傅穎川伯仲間耶?此尤經略者之所當知也。

——《天下郡國利病書·雲南貴州交阯備録》,載《顧炎武全集》,第 17 冊,第 3742 頁

肇域志*

刑玠。萬曆二十二年,播酉楊應龍叛,玠以兵部左侍郎兼副都御史總督川、貴兵勘剿,尋勘報還。

——《肇域志·貴州》,載《顧炎武全集》,第 11 册,第 4169 頁

播州東通思南,西接瀘,北走綦江,南距貴竹。萬山一水,抱繞縈迴,天生巢穴,七日而達内地。然其地坐貴竹而官繫川中,故楊酉應龍事川中上司則恭,見貴竹則倨。川議賞,貴議剿,非一日矣。及王中丞繼光倉卒舉事,挫辱官兵,於是天討難留,而又加以七姓五司素被傷殘,赴闕請剿。酉畏天兵之至,情願囚首抹腰聽勘處分。蓋彼酉因數死巴獄,而又防七姓之侵陵,故死不敢入重慶,而不憚囚服了事者,其情也,何敢輒萌他變?而此中以曾拒王師,故心疑之而不敢前。余弟圭叔守重慶,覘知顛末,單車入,往諭之,彼遂出松坎來迎。松坎者,此入三日而彼出五日程也。其後,乃於安穩者搭蓋衙門,聽司道贊畫入勘,曠鍰而罷。

——《肇域志·貴州》,載《顧炎武全集》,第 11 册,第 4182 頁

---

* （明）顧炎武撰,譚其驤、王文楚、朱惠榮等點校:《肇域志》,載《顧炎武全集》,上海古籍出版社,2012 年。

省志（一）

貴州

（嘉靖）貴州通志[*]

　　四川播州宣慰司，每年貢賀萬壽聖節騍馬二匹，三年貢朝覲騍馬三十匹。

　　——（嘉靖）《貴州通志》卷三《土貢》，載《中國地方志集成·貴州府縣志輯》，第 1 册，第 277 頁

　　四川播州宣慰司，坐派解納本省豐濟、平越、清平、興隆、黃平等倉，夏、秋糧米共一萬六百石零三斗六升八合四勺三抄五撮。

　　——（嘉靖）《貴州通志》卷四《財賦》，載《中國地方志集成·貴州府縣志輯》，第 1 册，第 277 頁

　　劉國杰，女真人，入中國改劉姓。貌魁雄，善騎射，膽力過人。元貞初爲湖廣行省平章政事。大德五年，羅鬼女子蛇節反，烏撒、烏蒙、東川、芒部諸蠻從之，皆叛，陷貴州。詔國杰將諸夷兵合四川、雲南、思、播兵以討之。賊兵勁利，且多健焉，官軍戰失利。國杰令人持一盾，布釘其上，俟戰合，即弃盾僞遁，賊果逐之，馬奮不能止，遇盾皆倒，國杰鼓之，賊大敗。既而復合衆請戰，國杰不應，數日，度其氣衰，一鼓破走之，追奔數十里。七年春，擒斬蛇節、宋隆濟、阿女等，西南夷悉平復。

　　移剌四奴，蒙古人。至大間爲萬户，湖廣省乖西帶蠻阿馬等入寇，遣移剌四奴及調思、播土兵并力討捕。

　　——（嘉靖）《貴州通志》卷九《名宦》，載《中國地方志集成·貴州府縣志輯》，第 1 册，第 414 頁

---

　　[*] （明）謝東山修，張道纂：（嘉靖）《貴州通志》，載《中國地方志集成》編委會編：《中國地方志集成·貴州府縣志輯》，巴蜀書社，2006 年。

普貴,一名宇歸。五代末爲羅甸國王。宋太祖開寶中,招降西南夷,以詔書諭普貴曰:"予以義正邦華夏,蠻貊罔不率服。惟爾貴州,遠在要服。先王之制,要服者來貢,荒服者來享。不貢,有攻伐之兵,征討之典。予往年爲扶播南楊氏之弱,勞我王師,罪人斯得,想亦聞之。有司因請進兵爾土,懲問不貢。予曰:'遠人不服,則修文德以來之,窮兵黷武,予所不忍。'尋乃班師。近得爾母子狀,如欲向化,乃布兹文告之。爾若挈土來庭,爵土人民,世守如舊。予不食言,故兹制旨,想宜知悉。"普貴遂納土歸順,仍賜土爵,以鎮一方。

越昇,博學能文,尤長于詩。以明經行修舉,授播州宣慰司儒學訓導,卒於官。

——(嘉靖)《貴州通志》卷九《人物》,載《中國地方志集成·貴州府縣志輯》,第1冊,第421頁

(正德)五年庚午,播、凱、黄平、白泥、草塘諸苗賊流劫思、石地方。土官楊載珍、汪譽,土舍安瓊恊謀統集鄉兵,晝夜向敵,斬首甚衆,府治始安。

(嘉靖)九年庚寅,真州盜起。按:真州乃播州地,在婺川、南川之交,州有鄭、駱二土官者,咸以漁獵爲生,刻薄峻屬,民不聊生。土豪范姓者數家,各擁佃民數千户,皆亡命巨盜。適二土官徵求年例物,周天星、王打魚等遂乘時扇動,婺川、南川危甚。巡撫劉士元主議征剿,于是參議姚汝皋、僉事王尚志同領兵都指揮進兵剿之。

——(嘉靖)《貴州通志》卷十《兵變》,載《中國地方志集成·貴州府縣志輯》,第1冊,438～439頁

兩京國子祭酒周洪謨撰《安氏家傳序》

貴州宣慰使司,《禹貢》荆、梁南境,東至龍里,西境烏撒,南連泗城,北抵播州;廣及千里輪半之。其先有慕濟濟者,與普里部仡佬氏爭爲居長,迭有盛衰。其後有曰濟濟火,善撫其衆,時聞諸葛武侯南征通道,積糧以迎武侯。武侯大悦,遂命爲先鋒,贊武侯以平南夷,擒縱孟獲。及歸,克仡佬氏,拓其境土。武侯封爲羅甸國王,自濟火傳至普貴凡五十八代,其先間皆封以王爵。《大明一統志》稱普貴宋開寶間納土歸附,賜土爵,以鎮一方。普貴卒,其後嗣被隣封詿誤,宋帝命將征討,普氏子孫具狀以聞,遂班師不入其境,降敕諭之曰:"予以義正邦華夏,蠻貊罔不率服。惟爾貴州,遠在要服。先王之制:要服者來貢,荒服者來享,不貢,故伐之。予往年爲扶播南楊氏之弱,勞我王師,罪人斯得,想亦聞之。有司因請進兵爾土,懲問不貢。予曰遠人不服,則修文德以來之,窮兵黷武,予所不忍。'尋乃班師。得爾母子狀,知欲嚮化,乃布兹文告之辭。爾若挈土來庭,爵禄土地人民,世守如舊。予不食言,故兹制旨,想宜知悉。"

——(嘉靖)《貴州通志》卷十一《藝文》,載《中國地方志集成·貴州府縣志輯》,第1冊,第473頁

王守仁與安宣慰書

……然如安氏者,環四面而居百數也。今播州有楊愛,愷黎有楊友,酉陽、保靖有彭世麟等諸人。斯言苟聞於朝廷,下片紙於楊愛諸人,使各自爲戰,共分安氏之所有,盖朝令而夕無安氏矣。

——(嘉靖)《貴州通志》卷十一《藝文》,載《中國地方志集成·貴州府縣志輯》,第 1 册,第 476 頁

景川侯曹震開通河道事迹記

洪武二十三年十一月十二日,欽奉皇帝制諭:"景川侯曹震前往四川永寧開通河道,合用軍民,四川都司、布政司,貴州都司即便調撥,大小官軍悉聽節制,如制奉行。欽此!"於洪武二十四年正月初七日到於成都,分遣官屬各任其責。……貴播驛鋪橋道,委播州宣慰使司楊鏪、重慶衛千户鍾洪提調軍民以開之……

——(嘉靖)《貴州通志》卷十二《記類》,載《中國地方志集成·貴州府縣志輯》,第 1 册,第 498 頁

貴州圖經新志[*]

移剌四奴,蒙古人。至大間爲萬户。湖廣省乖西帶蠻阿馬等入寇,遣移剌四奴及調思、播土兵并力討捕。樞密院以移剌四奴備知事勢緩急,地里要害,乞聽其便宜調遣。制曰:"可。"已而寇平,足稱斯舉。

——《貴州圖經新志》卷三《名宦》,載《中國地方志集成·貴州府縣志輯》,第 1 册,第 38 頁

(宋)普貴,一名宇歸。五代末爲羅甸國王。宋太祖開寶中,招降西南夷,以詔書諭普貴曰:"予以義正邦華夏,蠻貊罔不率服。惟爾貴州,遠在要服。先王之制,要服者來貢,荒服者來享。不貢,有攻伐之兵,征討之典。予往年爲扶播南楊氏之弱,勞我王師,罪人斯得,想亦聞之。有司因請進兵爾土,懲問不貢。予曰:'遠人不服,則修文德以來之,窮兵黷武,予所不忍。'尋乃班師。近得爾母子狀,知欲向化,乃布兹文告之。爾若挈土來庭,爵土人民,世守如舊。予不食言,故制兹旨,想宜知悉。"普貴遂納土歸順,仍賜王爵,以鎮一方。

越昇,字朝陽,宣慰司人。博學能文,尤長于詩,仕播州宣慰司儒學訓導,卒于官。

——《貴州圖經新志》卷三《名宦》,載《中國地方志集成·貴州府縣志輯》,第 1 册,41 42 頁

越淳,宣慰司人,正統六年舉人,任四川播州學訓導。

——《貴州圖經新志》卷三《名宦》,載《中國地方志集成·貴州府縣志輯》,第 1 册,第 44 頁

* (明)沈庠修,趙瓚纂:《貴州圖經新志》,載《中國地方志集成》編委會編:《中國地方志集成·貴州府縣志輯》,巴蜀書社,2006 年。

（萬曆）貴州通志[*]

邢玠,益都人。萬曆二十二年,播酋楊應龍亂,玠以兵部左侍郎兼副都御史總督川、貴兵勘剿,尋勘報還。

——（萬曆）《貴州通志》卷二《省會志·秩官》,載《日本藏中國罕見地方志叢刊》,第18冊,第31頁

移剌四奴,蒙古人。至大間爲萬戶,湖廣省乖西帶蠻阿馬等入寇,遣移剌四奴及調思、播土兵并力討捕,樞密院以移剌四奴備知事勢緩急,地里要害,乞聽其便益調遣。制曰:"可。"已而寇平,足稱斯舉。

——（萬曆）《貴州通志》卷四《首屬志·宣慰司·名宦》,載《日本藏中國罕見地方志叢刊》,第18冊,第107頁

（宋）普貴,濟火裔,名宇歸。五代末爲羅甸國王。宋太祖開寶中招降西南夷,以詔書諭普貴曰:"予以義正邦華夏,蠻貊罔不率服,惟爾貴州,遠在要荒。先王之制,要服者來貢,荒服者來享。不貢,有攻伐之兵,征討之典。予往年爲扶播南楊氏之弱,勞我王師,罪人斯得,想亦聞之。有司因請進兵爾土,懲問不貢,予曰:'遠人不服,則修文德以來之,窮兵黷武,予所不忍。'尋乃班師。近得爾父子狀,知欲向化,乃布茲文告之。爾若挈土來庭,爵土人民,世守如舊,予不食言。故茲制旨,想宜知悉。"普貴遂納土歸順,仍賜王爵,以鎮一方。

——（萬曆）《貴州通志》卷四《首屬志·宣慰司·鄉賢》,載《日本藏中國罕見地方志叢刊》,第18冊,第108頁

*（明）王耒賢修,許一德纂:（萬曆）《貴州通志》,載書目文獻出版社編:《日本藏中國罕見地方志叢刊》,書目文獻出版社,1991年。

（明）越昇,博學能文,尤長于詩,以經明行修舉,授播州宣慰司儒學訓導。

——（萬曆）《貴州通志》卷四《首屬志·宣慰司·鄉賢》,載《日本藏中國罕見地方志叢刊》,第 18 冊,第 109 頁

凱里安撫司,治東四十五里。元屬四川播州。本朝洪武間,楊氏兄弟爭殺,至正統間割置,改屬貴州,隸本衛。

——（萬曆）《貴州通志》卷十三《新鎮道屬·清平衛·沿革》,載《日本藏中國罕見地方志叢刊》第 18 冊,第 271 頁

皇明洪武八年,以其地隸四川播州重安長官司。二十二年,潁國公傅友德征南,以地當西南要害,始置興隆衛,隸貴州都指揮使司,領千戶所五。

——（萬曆）《貴州通志》卷十三《新鎮道屬·興隆衛·沿革》,載《日本藏中國罕見地方志叢刊》,第 18 冊,第 283 頁

《禹貢》:"荊州,西南裔。"春秋屬楚,秦屬黔中郡,漢屬武陵郡,唐以其地置播、叙二州,分十洞,隸江陵節度使。後周時,節度使周行逢卒,叙州刺史鍾存志奔武陽土酋楊正岩,據十洞,偽稱徽、誠二州刺史。五代屬楚,置誠州。宋太平興國二年,酋長楊通蘊歸款内附,遣弟通寶來貢,遂以通寶爲誠州刺文。誠州,今黎靖也。

——（萬曆）《貴州通志》卷十五《新鎮道屬·黎平府·沿革》,載《日本藏中國罕見地方志叢刊》,第 18 冊,第 332 頁

九杵關,縣東三十里,爲播要害,新設。

——（萬曆）《貴州通志》卷十六《思仁道屬·思南府·關樑》,載《日本藏中國罕見地方志叢刊》,第 18 冊,第 364 頁

馮裕,嘉靖間任知府,愛民如子,執法不撓。治城被火,民舍荒殘,裕多方招集,窮然成聚。平播、凱之爭,一酋服罪。督芒部之餉,三軍悦心。

——（萬曆）《貴州通志》卷十七《思仁道屬·石阡府·名宦》,載《日本藏中國罕見地方志叢刊》,第 18 冊,第 387 頁

馬氏,龍泉司民馬萬珠女,年十七。播夷李保猖亂,氏被執,賊欲污之,詈言叱賊,賊裂其尸。

——（萬曆）《貴州通志》卷十七《思仁道屬·石阡府·貞節》,載《日本藏中國罕見地方志叢刊》,第 18 冊,第 388 頁

（嘉靖）二十九年，播賊李保等招拽草塘、卭水、重安、都勻、平浪等司黠酋，據湄潭囤叛，屯寨殺掠一空。至二十二年，總兵石邦憲議虔，將湄潭賊衆驅之江外，地方稍寧。

萬曆二十三年，播酋楊應龍矯命，潛令苗寇劫掠龍泉司居民屯種，縱火而去。尋有旨，命總督議撫之。

——（萬曆）《貴州通志》卷十七《思仁道屬·石阡府·紀兵》，載《日本藏中國罕見地方志叢刊》，第 18 冊，第 390 頁

議聯近屬移府治疏　巡撫杜拯、巡按王時舉

布政司會同按、都二司掌印并守巡等道，覆議得貴州一省，壤地褊促，不足以當中土一大郡。向緣歷代分隸各省，至我國朝方創專藩，風氣日開，事體既以大異，顧簡陋相沿，舊制多略。至于永、播、沅、靖各該州、縣、司及平、清、偏、鎮、銅、開等衛，實貴州門庭之境土，乃皆拆爲異屬，以致夷情觀望，民瘼因仍，多爲法治之梗。且省城未設府，一方軍民，疾痛莫親，事勢人情，尤嫌怠玩，所據前議，將川、湖二省所屬永、播、沅、靖各該州、縣、司及平、清、偏、鎮、銅、開六衛改隸貴州，誠於貴州爲永世之利，而于湖、川二省所謂鞭長不及馬腹。……臣等查得沅、靖二州與平溪、清浪、偏橋、鎮遠、銅鼓、五開六衛之去湖廣，西陽、播州、永寧三土司之去四川俱二千餘里，遙屬於二省，而兼制于貴州。

——（萬曆）《貴州通志》卷十九《紀略志上·興利類》，載《日本藏中國罕見地方志叢刊》，第 18 冊，419～420 頁

永寧開河　东景川侯曹震

洪武十三年十一月十三日，欽奉皇帝制諭：景川侯曹震前往四川永寧開通河道，合用軍民，四川都司、布政司，貴州都司即便調撥，大小官軍悉聽節制，如制奉行，欽此。……貴、播驛舖橋道，委播州宣慰司楊鋪、重慶衛千戶鍾洪提調軍民以開之。

——（萬曆）《貴州通志》卷十九《紀略志上·興利類》，載《日本藏中國罕見地方志叢刊》，第 18 冊，第 432 頁

責成川湖協濟疏　巡抚江东之

爲邊糧積逋，軍餉告急，懇乞嚴旨，以專責成，以濟疆圉事，……萬曆二十四年分，叙、瀘等府州糧銀前來，其烏撒、烏蒙、東川、鎮雄、播州所欠俱未完報。……勢已匱乏，復加以征剿播酋及地方添置防伏計之所費，又皆額外之出，則何能使庫藏不竭？

——（萬曆）《貴州通志》卷十九《紀略志上·興利類》，載《日本藏中國罕見地方志叢刊》，第 18 冊，第 439 頁

思石兵巡道題名記　副使張斗

我國家畫天下疆域,列爲十三藩臬,以總理庶政……南倭北虜,逼近輦轂,故視宜重,而黔服一帶,獨非天朝赤子乎?不知被其糜爛,遭其荼毒者,數年來幾千萬命也。假如播酋包藏禍心,勢盖岌岌矣,此何可以內外視也。

——(萬曆)《貴州通志》卷二十一《秋文·記上》,載《日本藏中國罕見地方志叢刊》,第 18 册,第 489 頁

與安宣慰書　王守仁

……使君與宋氏同守土,而使君爲之長,地方變亂。皆守土者之罪,使君能獨委之宋氏乎?夫連地千里,孰與中土之大?郡擁四十八萬,孰與中土之一都司?深坑絕囤,安氏有之,然若安氏者,環四面而居百數也。今播州有楊愛,愷黎有楊友,酉陽保靖有彭世麟等諸人。斯言苟聞於朝廷,下片紙於楊愛諸人,使各自爲戰,共分安氏之所有,盖朝令而夕無安氏矣。深坑絕地,何所用其險?使君可無寒心乎!

——(萬曆)《貴州通志》卷二十三《秋文·書》,載《日本藏中國罕見地方志叢刊》,第 18 册,591～592 頁

貴州名勝志[*]

豐寧長官司,在州南一百二十里。長官楊姓,亦元都雲安撫地,沿革同前。司西南八十里有行郎山,山麓斗絕,山頂平坦,有蠻民二百餘家居之,造梯以登。半崖下流泉涌出,四時不竭。

平越軍民府,領衛二、州一、縣三、安撫司一。漢、唐爲蠻夷所據。宋嘉泰初,土官宋永高克服麥新地內附,號黎峨里等寨。元置平越長官司,隸八番順元宣慰司。洪武十四年,置平越衛,屬四川。萬曆二十八年,播州平,以黄平安撫司改黄平州;草塘、甕水二安撫司,白泥、餘慶、重安、容山四長官司,改餘慶、湄潭、甕安三縣。而建平越軍民府,于衛城以統之,并割清平衛、凱里安撫司、平越衛、楊義長官司,俱屬焉。

黄平州,宋爲黄平府,隸叙州。元隸播州。洪武八年,改府爲安撫司,以地皆夷僚多叛,增置黄平所守禦,隸四川都司。十五年,改隸貴州都司。萬曆二十八年播州平,改爲州,與所同城,屬平越府。州城東有梅子洞,以多產梅樹因名。又五里爲七里谷,俗名七里冲,兩山壁立,中通一路。楊酋叛時,屯兵二十七營於此,以窺黄平,蓋以此谷爲貴竹咽喉也。

餘慶縣,府東百五十里。有餘慶、白泥二長官司,元末俱爲州。洪武十七年,仍改爲長官司,俱屬播州。萬曆二十八年,播平,合二司,改爲縣,屬平越府。白泥江在縣東二里,源出黄平葛浪洞,經縣界流思南河。縣西三十里有小烏江,源出椒溪,經縣南流入涪江。又三十里有大烏江,河源出水西,經縣界流入思南河。

甕安縣,宋有草塘、甕水,爲黄平府地。洪武八年,於重安置長官司,草塘、甕水置二安撫司,俱屬播州。及討平楊應龍,合三司爲甕安縣,屬平越府。

湄潭縣,萬曆二十八年討平楊應龍,因以播州苦竹壩、三里七牌地置湄潭縣,屬平越府。湄潭之水源自播州,流繞縣前,宛曲如眉,故以名潭,而縣名亦以因之。

---

  * (明)曹學佺:《貴州名勝志》,載姚樂野、李勇先、胡建强主編:《中國西南地理史料叢刊》,巴蜀書社,2014 年。

凱里安撫司,元時四川播州有凱里安撫司,其安撫曰楊端。洪武間,端之孫友授宣撫,與弟爭殺。正統間割置,改屬貴州清平衛。萬曆二十八年討平播州,改屬平越府。

——《貴州名勝志》卷三《新鎮道所屬》,載《中國西南地理史料叢刊》,第 7 册,333～336 頁

龍泉縣,在府西一百二十里。隋有義果縣。唐貞觀十一年,改智州爲牢州,徙治於此。元置大保、龍泉長官司。永樂十七年,以安永和爲正長官,傅至安民志。萬曆二十八年,播酋楊應龍突犯龍泉,民志戰死。及播平,改司爲縣,録民志一子世襲土縣丞,其祖職長官與副長官朱承勛俱世襲土主簿。

——《貴州名勝志》卷四《思石道所屬》,載《中國西南地理史料叢刊》,第 7 册,345 頁

（康熙）貴州通志*

　　大中丞衛公撫治黔疆，勵羔羊素絲之節，率蕩平正直之道，治未幾而邇懷遠格，政通人和，公餘搜訪遺乘。或言先明沈、龍二君所撰著久散佚矣。萬曆中，郭青螺先生《黔記》猶有存者。中丞購而讀之，謂其"經濟文章，卓然史策"。即平播餘閑，裒集數十帙，勒成一家之言，當茲文獻無徵而省志不備，是余之責也。

　　——（康熙）《貴州通志》"序"，載《吉林大學圖書館藏稀見方志叢刊》，第20冊，49～50頁

　　（萬曆）二十八年滅播，以播地設平越府，改湖廣平、清、偏、鎮四衛隸貴州，而以黎平府隸湖廣。

　　——（康熙）《貴州通志》卷三《建置》，載《吉林大學圖書館藏稀見方志叢刊》，第20冊，第171頁

平越府

　　萬曆二十九年，播平，就平越衛設平越軍民府，就黃平所設黃平州，以播州草塘、雍水二司地設甕安縣，以播州餘慶、白泥二司地設餘慶，以播州苦竹壩、三里、七牌地設湄潭縣，俱隸府，兼領黃平所楊義長官司。

　　——（康熙）《貴州通志》卷三《建置》，載《吉林大學圖書館藏稀見方志叢刊》，第20冊，189～190頁

　　萬曆二十九年，播平，改龍泉長官司爲龍泉縣，隸府。

　　——（康熙）《貴州通志》卷三《建置》，載《吉林大學圖書館藏稀見方志叢刊》，第20冊，第208頁

---

　　*　（清）衛既齊修，薛載德纂：（康熙）《貴州通志》，載吉林大學圖書館編：《吉林大學圖書館藏稀見方志叢刊》，國家圖書館出版社，2013年。

（唐太宗貞觀）十三年，置播州於朗州。置播州之名始此，仍置六縣。

（中宗）景龍四年，廢莊州都督府，置播州都督。

（玄宗）先天元年，廢播州都督府，復置於黔州。

二十六年，廢胡刀、琊川二縣，并入帶水。帶水廢縣在播州。

天寶元年，改彞州爲義泉郡，播州爲播州郡，思州爲寧彞郡，費州爲涪川郡，溱州爲溱溪郡，珍州爲夜郎郡，改萬安爲常豐縣。

（肅宗）乾元元年，復以黔中郡爲黔州都督府。復義泉、播州、寧彞、涪川、溱溪、夜郎六郡仍爲州。

（懿宗）咸通十一年，南詔陷播州。

——（康熙）《貴州通志》卷五《大事》，載《吉林大學圖書館藏稀見方志叢刊》，第 20 冊，256～259 頁

（宋神宗熙寧六年）五月癸卯朔，播州楊貴遷遣子光震入貢，以光震爲三班奉職。

（元豐）四年，楊光震助官軍破乞弟，殺其黨阿訛。

（哲宗紹聖）四年春三月丁卯，播州楊光榮納土。

（徽宗大觀）三年春二月丙子朔，播州楊文貴納土，置遵義軍。

政和某年，復置思、播、珍、承、溱五州，尋廢。

（宣和）某年，廢播州爲播川縣，隸南平軍，置播州宣撫司。

（理宗）寶慶二年秋七月己酉，思、播守臣田應庚、楊文各遷官一級，以守禦勤勞。

（紹定）三年夏四月丁酉，詔田應己駐思州。築播州關隘防禦。秋七月乙亥，呂文德入播州，詔京湖給銀防禦。

開慶元年秋七月辛亥，知播州楊文、知思州田應庚各遷官一級，以守禦勤勞。

（元世祖）至元十二年冬十二月己亥，四川行樞密眥順請降，詔貸播州安撫楊邦憲、思州安撫田景賢并許世封。從之。

十四年春三月庚戌，曲、楊二家爻鵝葬民各遣使納款。冬十一月甲申，播州安撫使楊邦憲乞降璽書，從之。

十五年冬十二月庚辰，思、播安撫使田景賢、楊邦憲請歸宋舊借鎮遠、黃平二城，仍撤戍卒，不允。田景賢等請降詔，禁戍卒，勿擾思、播民，從之。丙申，以鼎山仍隸播州，從安撫楊邦憲請也。

十六年春正月壬戌，改鼎山縣爲播州縣。

——（康熙）《貴州通志》卷五《大事》，載《吉林大學圖書館藏稀見方志叢刊》，第 20 冊，267～272 頁

（至元）十七年春三月甲辰，思、播侵鎮遠、黃平界，命李德輝等往視之。十二月己卯，羅氏鬼國入寇，阻思、播路，發兵千人與洞蠻開道。

十八年秋閏八月丁巳，命播州每歲親貢方物。

十九年春二月壬子，詔亦奚不薛及播、思、叙三州軍征緬。

二十一年夏閏五月己卯，思、播二州隸順元路宣撫司。

二十三年夏六月辛酉，封楊邦憲妻田氏爲永安郡夫人，領播州安撫司事。

二十六年十一月丁巳，改播州爲播南路。

二十七年春二月戊寅，播州安撫使楊漢英進雨氈千。

二十九年春正月丙辰，楊漢英爲紹慶、珍州、南平等處沿邊宣慰使，管軍萬戶，仍佩虎符。三月戊申，命亦奚不薛與思、播州同隸湖廣省，羅甸還隸雲南。庚戌，駕幸上都，賜速哥幹羅思不、賽因不花蠻彝長金幣及弓矢鞍轡。

三十年夏四月癸亥，括思、播等處亡宋涅手軍。冬十二月乙未，督思、播二州及鎮遠、黃平發宋舊軍從征安南。

大德元年十二月己卯，平伐等蠻未附，播州宣撫使楊漢英請討之。

（武宗）至大三年春正月辛丑，乖西帶蠻阿馬等入寇，遣萬戶移剌四奴及調思、播土兵討之。

皇慶二年春二月丁亥，以乖西府隸播州宣撫司。

（延祐）五年冬十一月己丑，播州南寧長官洛麼叛，思州守臣換住哥招降之。

（英宗至治）三年春二月丙寅，罷播州黃平府長官所，徙其民隸黃平。十二月丁亥，免八番思播差稅一年。

（泰定帝）二年秋七月丙辰，播州蠻黎平愛等入寇湖廣行省，請兵討之，不許。詔播州安撫使楊燕里不花招諭之。冬十月己丑，播州凱黎苗入寇。三年春正月丙午，播州安撫使楊燕里不花招諭黎平愛等來降。六月癸未，播州蠻黎平愛復叛，合謝烏窮爲寇，安撫使楊燕里不花招平愛出降，命湖廣行省討謝烏窮。冬十一月辛酉，播州蠻宋王保來降。

四年秋七月甲辰，播州蠻謝烏窮來貢。

（文宗）天曆二年春正月丁丑，四川囊加台陷播州猫兒隘，安撫使楊燕里不花開關納之。壬午，播州楊燕里不花引四川賊至烏江峰，官軍敗之。二月丙午，囊加台分兵逼襄陽、湖廣行省，調兵鎮播州及歸州。癸丑，諸王月魯帖木兒等至播州招諭，土官楊燕里不花等來降。

——（康熙）《貴州通志》卷五《大事》，載《吉林大學圖書館藏稀見方志叢刊》，第 20 冊，274～293 頁

（明洪武）九年秋八月，播州、思南宣慰使楊鏗、田仁智入朝。

（永樂）七年，播州楊昇請剿尚科等寨，不許。

（萬曆）二十二年，邢玠爲兵部左侍郎兼右副都御史總督川貴，勘剿播賊楊應龍，貸楊應龍。

（萬曆）二十七年春三月癸未，郭子章爲右副都御史，巡撫貴州。江西泰和人。乙未，巡按御史宋興祖至貴州。四川中江人。壬寅，播賊楊應龍寇平越、飛練，殺都司楊國柱等。夏四月，設川湖貴總督。李化龍爲兵部右侍郎兼右僉都御史，總督川、湖、貴，巡撫四川。直隸長垣人。閏四月丙戌，貴州總兵沈尚文免。己丑童元鎮爲貴州總兵官。廣西人。五月戊辰，總督李化龍至四川。己巳，巡撫郭子章至沅州。乙亥，都給事中張輔之等追論播事，詔四川巡撫譚希恩、貴州巡撫江東之俱罷職不敘。秋八月己卯，詔暴播賊楊應龍罪，頒賞格。從兵部請也。辛丑，陳璘爲湖廣總兵官，鎮偏橋。甲辰，設興隆參將。九月壬子，設畢節參將，尋罷。乙丑，賜劍總督李化龍，令便宜從事。冬十月，貸安疆臣，令討播自效。十一月壬戌，播賊寇東坡。庚午，詔逮沈尚文、降童元鎮，充爲事官。以李應祥爲貴州總兵官。應祥，湖廣九溪衛人。十二月壬辰，詔以湖廣漕糧濟川、貴軍興。從科臣李應策請也。

（萬曆）二十八年春正月庚戌，播賊寇龍泉司，守備楊惟中遁，土長官安民志死之。丙寅，詔貴州孤懸，令合各省直助餉。壬申，設偏沅巡撫。癸酉，江鐸爲右僉都御史，駐鎮偏沅。鐸，浙江仁和人。二月癸未，播賊襲河渡，執宣慰宋承恩去。承恩，應龍婿也。丙戌，總督李化龍、貴州巡撫郭子章、湖廣巡撫支可大誓師，合兵討播。三月乙巳，平越兵克四牌。平越兵克高囤。壬子，貴陽兵克河渡關。乙卯，平越兵克青岡囤。戊午，播賊突犯烏江河渡，參將楊顯，守備陳雲龍、阮士奇、白明達，指揮楊續芝等死之。偏橋兵克板角關。己未，水西兵至楊亡水，克大紅、洛蒙水等七關。平越兵渡構皮灘河。丁卯，都給事中李應策追諭播事，詔原任四川巡撫艾穆、貴州巡撫林喬相俱革職。壬申，水西兵與賊戰於大水田，破之。夏四月丙子，偏沅巡撫江鐸至沅州。丁丑，謫刑部主事曹文緯爲布政司照磨。爲主事謝廷讚請立太子也。乙酉，平越兵克黃灘關。丙戌，水西鎮雄兵克桃溪，焚其衙署家廟。辛卯，工部員外郎黃士吉、行人王孟震爲貴州考試官。水西鎮雄兵入播州。五月丁未，逮童元鎮，留御史宋興祖再按貴州。爲播事留。從巡撫郭子章請也。六月丁丑，滅播州，楊應龍自經死，俘其妻子及賊黨。戊戌，總督李化龍以父憂，乞終喪，不許，詔留之。九月辛丑朔，新添丘禾實爲翰林院檢討。貴州翰林自禾實始。庚午，詔偏沅巡撫江鐸墨縗討皮林苗，川、湖、貴、廣西督撫督兵協擊。冬十月戊子，貴州巡按御史宋興祖請停刑，不報。十二月庚辰，督撫李化龍、郭子章、江鐸俘楊朝棟等獻於闕下。丙寅，上御樓受之，群臣稱賀。磔楊朝棟等於西市，釋宋承恩。己巳，詔補故南京工部尚書孫應鰲諡。應鰲，清平人，從撫按郭子章、宋興祖及御史李時華請也。

二十九年春正月壬子，頒平播詔於天下。戊子，設播州總兵官，改李應祥爲四川總兵官,駐播州。川、湖、貴總督右都御史李化龍以憂去。己亥,詔分播地,以播州爲遵義府,隸四川;革五司,以其地爲平越軍民府,隸貴州;設黃平州、湄潭、甕安、餘慶三縣,隸平越府;龍泉縣隸石阡府。加貴州巡撫兼制湖南及川南四土府地方,改鎮遠、偏橋、平溪、清浪四衛隸貴州黎平府;永從縣隸湖廣。加貴陽爲軍民府,設鎮遠府推官。癸卯,王象乾爲兵部右侍郎兼右僉都御史總督川、湖、貴,巡撫四川。象乾,山東新城人。壬寅,貸故總兵官童元鎮謫戍。三十年十二月,播故民吳洪等叛,安疆臣斬之,并俘其黨以獻。

(萬曆)三十二年正月丁丑,禮部請宣平播捷告郊廟。冬十月,叙平播功。總督李化龍爲兵部尚書,加少保,蔭一子錦衣衛指揮使,世襲;巡撫郭子章爲右都御史兼兵部右侍郎,仍巡撫,蔭一子錦衣衛指揮僉事,世襲;贈故監軍按察使楊寅秋太僕寺卿,蔭一子入監;總兵官陳璘爲左都督,蔭一子本衛指揮使,世襲;贈故總兵官李應祥左都督,子世襲本衛正千戶;其餘文武將吏升賚有差。

(萬曆)三十三年冬十二月丙午,叙平播功,以按察使尤錫類爲右布政使,參政洪澄源爲按察使。叙平播功,召陳尚象復爲給事中。尚象,都勻人。

——(康熙)《貴州通志》卷五《大事》,載《吉林大學圖書館藏稀見方志叢刊》,第20冊,299~333頁

興黃參將一員。萬曆二十七年,巡撫郭子章因播亂疏題設,駐興隆衛,專營興隆、清平二衛,黃平州,餘慶縣地方。後裁。

——(康熙)《貴州通志》卷九《兵防》,載《吉林大學圖書館藏稀見方志叢刊》,第20冊,第504頁

總督雲貴軍務都御史一員。明初,值地方有警,特命專征事,定期還朝,不常設。嘉靖間,從御史宿應麟請添設,駐沅州,節制三省,尋省。萬曆二十二年,因播州叛,復設,駐四川。播平,省。

——(康熙)《貴州通志》卷十三《職官》,載《吉林大學圖書館藏稀見方志叢刊》,第21冊,273~274頁

速哥,蒙古人。世祖至元十九年,亦奚不薛叛,置順元等路軍民宣慰司,以速哥爲宣慰使經理諸蠻。二十四年,遷河東等路萬戶府,播州宣撫賽因不花等赴闕請留之,降八番、金竹百餘寨,得戶三萬四千,悉以其地爲郡縣,置順元路金竹府,貴州以統之。

李忽蘭吉,隴西人。至元二十一年,以四川南道宣慰使與參政曲里吉思僉省巴八、左丞汪惟正分兵進,取五溪洞蠻。時,思、播以南蠻獠叛服不常,往往劫掠邊民,詔并討之。一軍出黔中,一軍出思、播,一軍出澧州。忽蘭吉一軍自夔門會合,伐山通道,破其險隘,

敗其前鋒，諸蠻長乃降。

——（康熙）《貴州通志》卷十七《名宦》，載《吉林大學圖書館藏稀見方志叢刊》，第22 冊，第 146 頁

何喬新，字廷秀，廣昌人。進士，歷官刑部侍郎。成化間，播州宣慰楊輝寵庶子友，欲奪嫡子愛，乃立友爲凱里安寧宣撫司，誣愛以交通唐王，朝廷遣官即訊，友賄諸權貴，皆爲游説。新至，盡條上其罪狀，白愛無友謀，而革友宣撫職，播事遂定。

——（康熙）《貴州通志》卷十七《名宦》，載《吉林大學圖書館藏稀見方志叢刊》，第22 冊，第 165 頁

郭子章，字相奎，號青螺，泰和人。隆慶辛未進士，萬曆二十七年巡撫貴州，歷十年，習知民隱，凡所設施，永乘利澤，尤善獎拔士類，經其品題，率成名宿。著《黔記》六十卷，經濟卓然。先是，播州酋楊應龍作亂，王師屢征不克。天子拊髀，廷臣交薦，子章匹馬入黔，增兵餉，扼要害，立賞格，士氣百倍，興師縱百餘日，擒應龍，誅之。播州平，始經理播州，爲平越等郡縣。未幾，復有皮林之役，功與播等。黔人戴恩，建生祠七所，更有建懷德祠，以子章與諸葛武侯、莊繆關公鼎足者。三十五年，陳情終養疏九上，始得請，晉兵部尚書。

楊寅秋，字義叔，泰和人，文貞公玄孫。由進士，歷遷憲使。萬曆中，討播之役，寅秋監黔、蜀軍，與中丞郭子章計，用安氏以剪其羽翼，乃檄安疆臣率所部兵從沙溪入，戰於大水田，敗之。四萬兵始合，破其巢。賊平，論功，寅秋爲最，以勞卒於官。子章爲請恤，立忠勳祠以祀之。

——（康熙）《貴州通志》卷十七《名宦》，載《吉林大學圖書館藏稀見方志叢刊》，第22 冊，第 182 頁

鎮遠府

明

黃如龍，鎮遠縣人。萬曆間，平播、靖黎、九股、匀哈、甕墻諸苗，累功參將。天啟三年冬，從征水西内莊，戰殁。事聞，贈都督僉事，從祀忠烈祠。

——（康熙）《貴州通志》卷二十《勇烈》，載《吉林大學圖書館藏稀見方志叢刊》，第22 冊，第 346 頁

石阡府

安民志，龍泉司長官。龍泉與播鄰，無城。民志與播賊將朱擎善，以好言結之，應龍信之，不入寇。已而，播氛日熾，民志入省請兵五百，捐資築堡墻自衛。應龍惡之，自率賊

播州楊氏土司 文獻集成 卷一

寇龍泉。民志衆寡不敵,死之。播平,改龍泉司爲縣。郭子章請於朝,以民志子世襲土縣丞,以旌其忠,其祖職仍世爲土主簿。

——(康熙)《貴州通志》卷二十《勇烈》,載《吉林大學圖書館藏稀見方志叢刊》,第22冊,第348頁

忠勛祠,在府治東。明萬曆三十年建,祀監軍僉事楊寅秋及討播陣亡諸將士,巡撫郭子章有記。

——(康熙)《貴州通志》卷二十二《流寓》,載《吉林大學圖書館藏稀見方志叢刊》,第22冊,第453頁

平越府

寶相寺,在黃平州城東。唐宋古刹,元至正間重修,明萬曆間毀於播,巡撫郭子章重建。

——(康熙)《貴州通志》卷二十六《寺觀》,載《吉林大學圖書館藏稀見方志叢刊》,第22冊,第467頁

楊保,播州之裔。性奸狡,其婚姻祭葬,悉同漢人。死喪亦有挽思哀悼之禮,龍泉爲多。

——(康熙)《貴州通志》卷三十《蠻僚》,載《吉林大學圖書館藏稀見方志叢刊》,第22冊,第600頁

叙捷疏　明王琼

夭漂、夭壩等處黑苗,雖今招撫,退回巢穴,但性類犬羊,叛服不常,乞勒該部轉行彼處巡撫、巡按督行該道守巡官,嚴督播州宣慰楊斌,責令該管舍目不時撫諭,不許仍前越境侵占,貽患地方。除官軍人等,獲到攻次,該巡按紀功,御史宜照造冊,及將僭王首惡阿傍等會審明白,各另具奏。軍中用過錢糧等項,行布政司造冊徑繳。……再照各官奏稱,"四川管下夭漂、夭壩等處黑苗,雖今招撫,退回巢穴,但性類犬羊,判服不常,乞行四川鎮巡官嚴督播州宣慰楊斌,不時撫諭,不許仍前越境侵犯"一節,合無本部馬上齎文,交與四川鎮巡官,計議作何方略。督委宣慰楊斌管束黑苗,不得侵犯貴州境內,應施行者就便從宜施行,仍星馳回奏定奪。若別有應爲議處事宜,亦須作急陳奏,不許徒爲文具,因循坐視,以後黑苗侵犯貴州,其四川鎮巡官責必難辭。

——(康熙)《貴州通志》卷三十一《藝文》,載《吉林大學圖書館藏稀見方志叢刊》,第23冊,18~20頁

開平越新疆疏　明郭子章

題爲播地蕩平，經制宜定，敬陳善後切要事宜，伏乞聖明采擇，以永奠遐方事：

萬曆三十一年，據貴州布政使司經理分守新鎮道右參政尤錫類會同左布政使趙健、按察司署印副使韓光曙呈稱前事。該臣看得，播未平之先，急在征討。播既平之後，急在經理。征討者，矢在弦上，不可不發。經理者，鹿在圍中，不可不緩。仰誦明旨，一則曰"牽累的都免窮治，流移的招他復業，還與優加賑恤，以安新定地方"。一則曰"招撫流移復業，毋令豪強冒奪"。大哉皇言，明見萬里，恩加八番，所以安集鴻雁於澤，休息鴛鴦於梁者，靡不周且詳矣。臣等奉行綸音，宣導德意，與經理諸臣，上自道府，下至丞尉，亦至於再，至於四矣。顧經理之節目甚瑣甚冗，而其體統在官與民。土官曰"先人歷代遺土"；新官曰"朝廷業已改流"，枘鑿不相入而互相持。舊民曰"此吾世業而偶失之也，何知新民"。新民曰"汝罪人，幸而脫刀者也，何得復戀"。熊虎各相噬而勢相戕。甚至新官與新民依倚，土官與舊民連結，各恃衆怙力，將人人棋峙，以觀成敗，此體統之難正也。築城垣於豺虎之穴，而獷悍不可使。度田土於荊棘之中，而尋丈不可核。建學校以化彝，而口舌紛紜。徵糧馬以給公，而支吾推調。開道路以通商，而戎賊莽伏。物力诎而無以應多役，糧餉殫而無以張兵威。捉襟則肘見，調宮則商亂，甚至謂改土徒勞，不如還蜀，此節目之難理也。臣與督臣、按臣會議，諭諸經理司、道、府官：凡教在初而禮爲始，暫給土官冠帶、劄付，引於繩之內。次定與縣令迎送接見儀節，委以職事，稽其勤惰，毋令逸於繩之外，而官志始定。查舊田有憑者，還舊主；查逆田入官者，給新民。俱不令入價，而責其納租。土著子弟稍通者，令之入學，青其衿，毋左其衽。新民子弟即平通者，止令寄學，不許觀場。二十年後，始令赴試，而民志始定。

體統既正，漸議築城垣。首砌龍泉，次砌甕安，又次砌餘慶、湄潭，又次砌平越、水城、黃平州城、銅仁縣城，又次修銅仁、平越府城，新添、龍里衛城，又次築平越行府、銅仁營堡，而城垣舉矣。即不敢謂金湯足恃，而三板安堵，千里聯絡，實空虛之地，爲扞蔽之資，脫有不虞，民亦可倚而守也。乃漸議度土田，起糧馬。丈出田地一十九萬四千有奇，歲徵銀一萬五千六百有奇，本色米四百有奇。雖比之遵義不及十之一，而在黔中，稍稍成聚。即一郡一州四縣官員之俸薪，道路之夫馬，皂快之工食，踐更之戍餉，僅僅取給焉。又漸議建學校，則改平越衛學爲府學，以黃平州學附於平越府，而土著、新附之子弟，肄業有地，變椎髻爲絃歌，柔麋莫而詩書，或者其藉此乎。又漸議開道路，則團聚哨兵，建立鋪舍，修飾候館，滇楚賓旅，亦稍出途。迴視豺狼當道，荊棘塞路之時，則有間矣。蓋自播平至今已歷四年，各官經理，亦逾一載，城市鮮犬吠之驚，叢祠罷狐鳴之盜，是皆我皇上威遠暢惠廣被，故令夜郎、牂牁驚鳥獲安，平江、湄水窮魚復樂，豈臣等區區智力所能辦哉！第二三營造拮据之臣，其勞亦有不可泯者。謹將各府州縣築完城垣公署，丈完田地糧則，并戶口冊籍上塵御覽。

——(康熙)《貴州通志》卷三十一《藝文》,載《吉林大學圖書館藏稀見方志叢刊》,第 23 冊,27～30 頁

題設府州縣疏略　明郭子章

播州之地,東西相距二千餘里,南北相距二百餘里。雖云慈國,亦係樂土。今議改流,東西可設二府,每府各設二三縣。播境原屬四川,與貴州鄰,二省界限原自分明。至論建置大概,臣意自沙溪以至白泥,當以烏江爲界,設一府於白田壩,而真州、蔓山、松坎等處可爲三縣。黃平在元已爲府矣,當設一府於黃平或平越,而餘慶、白泥二司可爲一縣,甕水、重安二司可爲一縣。此沙溪至白泥一帶建置之大概也。自白泥渡江至婺川縣,以三渡、板角、苦竹三關爲界,其中漢苗田土雜錯,惟湄潭可縣,龍泉可縣。龍泉土官安民志陣亡,其子尚幼,其印已失,土地已爲楊賊踐躪,合無將龍泉改建一縣,增置城郭,而以安民志之子世爲土縣丞,以爲死義者之勸。其祖職長官,世爲土主簿。此則思、石一帶建置之大較也。第播州之名,其來已久。播之爲字,番之有才者也。以故應龍阻兵,崛強獷戾,竭四方之力,僅乃克之。夫南越破而聞喜建,呂嘉得而獲嘉名。龍州平,改爲龍安。九絲彝,更名建武。即播州納土於宋,亦改名遵義。計廟堂當有定謨,而播之名,似當更易。疏上,下部覆請,詔設平越軍民府及黃平州、餘慶、湄潭、甕安、龍泉等五州縣。

——(康熙)《貴州通志》卷三十一《藝文》,載《吉林大學圖書館藏稀見方志叢刊》,第 23 冊,30～31 頁

題增設縣學疏　明李時華

謹題爲三省干戈幸戢,萬年計劃宜周,恭陳一二膚見,以備善後采擇事:

內款開:一曰議增縣學。貴當開荒草創之初,經制未備,省城故無府,而有府自隆慶元年始。附郭故無州縣,而有州縣自近始。規模初定,已儼然省會之具體矣。惟是新貴有縣而無學,尚非全制。今播事蕩平,諸凡創建,煥然一新。獨令首善之地有此缺典,可乎?謂宜增一縣學,官不必添,取諸府司,二學改授一員;廩不必設,取諸府司,二學各撥拾名;廟不必建,府學原與司學共,近方改於城外,則縣學仍府學舊制可也。教官、衙舍俱全,一轉移間而規制自大定矣。此非臣一人之私言也,地方先後撫按諸臣皆有此念,獨以加廩之難,又不欲割府司之所有,以是中閣耳。今播已剿平,何難處此廩餼,應行撫按酌議詳細具奏,伏候睿鑒施行。

——(康熙)《貴州通志》卷三十一《藝文》,載《吉林大學圖書館藏稀見方志叢刊》,第 23 冊,32～33 頁

平播行　蔣杰

蜿妖毀王度,恣凶若乳虎。播人亦何艱,蹂躪遺黎脯。逆旗指綦江,血肉膏草土。氛

禄蝕東隅,千里聞桴鼓。妖凶竟何悛,天王赫斯怒。穆清軫靈略,慷慨奮神武。樹牙選車徒,文武今吉甫。分道引旌麾,連營羅練組。六師矯猶龍,戈矛集如羽。前旌蔽白日,流飆捷飛羽。鼓行破危關,席捲平田澕。狼奔恃險囮,兀若魚游釜。虎臣翕以奮,批吭搗其塢。賊徒倒前戈,狂羯伏鑕斧。頑梗如轉燭,蕩滅同摧腐。獻捷歸朝廷,揚威耀邊圉。天子畫麒麟,功臣錫圭組。從今橫吹聲,增入鐃歌譜。堪嗟螳臂微,安足污强弩。珍重封疆臣,慎勿生跋扈。

——(康熙)《貴州通志》卷三十二《藝文》,載《吉林大學圖書館藏稀見方志叢刊》,第 23 册,101～102 頁

雜詩　江盈科

群峰莽互插天遙,旅魄都從一望銷。蠻語兼傳紅仡佬,土風漸入紫薑苗。耕山到處皆憑火,出户無人不佩刀。一自播兵蹂躪後,幾家茅屋人蕭條。

——(康熙)《貴州通志》卷三十二《藝文》,載《吉林大學圖書館藏稀見方志叢刊》,第 23 册,第 183 頁

黔南雜記　李祺

八番金筑及丹平,夭壖古舟八萬氓。弑殺貪饕時竊發,安容一日可無兵。

——(康熙)《貴州通志》卷三十二《藝文》,載《吉林大學圖書館藏稀見方志叢刊》,第 23 册,第 236 頁

都御史江公東之傳　明鄒元標

播賊仇五司,五司在黔門庭中,日苦殺戮。公以赤手枒腹,鼓舞數千兵士,即不支,乃其心在報國,足録。……總督大師未臨,播兵一指,綦江城破,殺兩名將,伏尸流江津,重慶騷動,黔有之乎? 夫以一彈丸地,無兵無餉,公徒以一腔熱血,誠拮據搶攘中。尉而爲將,市傭爲兵,死鋒鏑者,自父母妻子咸無怨言,非得素拊循士,夐能然乎? 客曰:"然則,中丞一無遺議與?"曰:"有。"曰:"何?"曰:"吾聞自古未有無居中調護而能成功於外者。公自閣部及要人皆與之齟齬,一有磯中,時露白簡,即功,其孰與我? 人而不仁,疾之已甚。以彝治彝,從古已然。安之與播,蟠互糾結,其來已久。即罪當聲討,孰爲後先? 不度力而縻安,驅安而與播合,陰以抗公顏行,播固播也,肘腋之播,不可邇也,是公不濡忍縻彝而過之深也。"公之意曰:"吾以天朝殲此小蠢,如泰山壓卵,然不知泰山高不可邇。"即一播,後來諸君子,所以請兵請餉,左羈右縻數年,艱辛萬狀者,何如? 刓公直兩播,爲之阨哉? 九原而作,公當以予爲知言。雖然,公清風愷澤,遍於黔人。黔人聞公没,至樹棹楔思公。吾友郭中丞相奎繼公後,亦謂公遭時之艱極,身無二慮可念,没世不忘於公,

見之此,豈可知力爲哉。

　　——(康熙)《貴州通志》卷三十三《藝文》,載《吉林大學圖書館藏稀見方志叢刊》,
第 23 册,291～293 頁

（乾隆）貴州通志[*]

（宋）太祖乾德二年，播州田禾一莖兩穗。

（元）順帝至正二十二年，播州田鼠食禾盡，自赴水死。

（明）洪武元年，普定水鬥。十一年，播州蝗。

成化三年，播州大旱。

弘治元年，播州大旱。

（嘉靖）七年，播州大旱。思南、南平倉火，延燒民居。八年，永寧、播州大疫。都勻大水淹城郭。思南枯池出火，十日後經雨乃滅。冬疫。十五年春二月，思南地震。三月天柱火。播州地震有聲。二十六年，播州大旱。

（萬曆）六年，播州大疫。十七年春，播州大疫。

——（乾隆）《貴州通志》卷一《天文志·祥異》，載《中國地方志集成·貴州府縣志輯》，第 4 冊，18～19 頁

遵義府圖説

遵義，昔附川東，距省千餘里，僻在一隅，無關扼塞。今者割入黔疆，而北藩之形勢始壯。其封域南鄰貴陽，東接思南，西連大定，北至重慶之綦江縣。其山自永寧之雪山關蜿蜒而來，過仁懷之關門，轉折盤曲，特起崇巒，則郡城之鎮山碧雲峰也。旋而左者，爲遵邑之海龍囤，居萬山之顛，四面陡絕，昔播賊楊應龍倚爲巢穴。

——（乾隆）《貴州通志》卷二《地理志序·遵義府圖説》，載《中國地方志集成·貴州府縣志輯》，第 4 冊，第 37 頁

（唐）咸通十一年，南詔陷播州。（宋）大觀二年，播州楊文貴獻地，置播州、樂源郡及

---

[*] （清）鄂爾泰等修，靖道謨、杜詮纂：（乾隆）《貴州通志》，載《中國地方志集成》編委會編：《中國地方志集成·貴州府縣志輯》，巴蜀書社，2006 年。

遵義軍。宣和三年，廢承州，改播州爲播川縣，隸南平軍，改遵義軍爲遵義寨，隸珍州。四年，廢思州。紹興元年復置。端平三年，復以白綿堡爲播州。……（元至元）十四年，思州田景賢、播州楊邦憲來附，俱授安撫司。（至元）二十一年，改烏撒爲軍民宣撫司，改思、播二州隸順元路。二十四年，升烏撒宣撫司爲烏撒烏蒙宣慰司。二十六年，……改播州爲播南路。二十八年，……改播州安撫司爲宣撫司，直隸四川行省。……二十九年二月，以思、播等州隸湖廣省，以羅甸隸雲南省。（明洪武）五年，播州宣慰司楊鏗歸附，仍授宣慰使司。……（萬曆）二十八年，滅播，以播地設平越及遵義二府，而以遵義隸四川。

  ——（乾隆）《貴州通志》卷三《地理志·建置·貴州布政使司》，載《中國地方志集成·貴州府縣志輯》，第 4 册，38～40 頁

  唐貞觀元年，以隋牂柯縣置朗州，并析置恭水、高山、貢山、邪施、柯盈、釋燕六縣。十一年，州廢，縣亦廢。十三年，復置州，更名曰播，亦復置縣。改恭水曰羅蒙，高山曰舍月，貢山曰湖江，柯盈曰帶水，邪施曰羅爲，釋燕曰胡刀。……開元二十六年，省胡刀、琊川入芙蓉。胡刀、琊川二廢縣在今鎮遠府施秉縣江外，俗名偏刀、水地。今遵義府所轄州縣多唐時珍州、溱州地，所得播州地，自遵義一縣外，恐多在平越府界內。觀胡刀、琊川二廢縣可見，但苦無載籍可據耳！唐末，没於南詔。太原人楊端以兵復其地，世爲州刺史。宋嘉泰初，土官宋永高克服麥新等寨內附，號黎峨里等寨。大觀二年，置播州、樂源郡。宣和三年，廢。元至元十四年，播州安撫使楊邦憲言：“本族自唐世守此土將五百年，昨奉旨許令仍舊，乞降璽書。”從之，仍授安撫使，領黃平府及白泥等處長官司，隸順元宣慰使。二十八年，改爲軍民宣撫司，直隸四川行省。尋置平月長官司，隸管番民總管。後俱改隸湖廣行省。至正末，改白泥、餘慶二長官司爲州。明洪武五年，播州楊鏗歸附，置播州宣慰司。萬曆二十八年，平播州宣慰司楊應龍，就平越衛設平越軍民府，以黃平安撫司置黃平州，以草塘、雍水二司置甕安縣，以餘慶、白泥二司置餘慶縣，以苦竹壩、三里、七牌置湄潭縣，皆宣慰司地也。又於平伐司置貴定縣，俱隸府。府領州一，縣四，兼領黃平所楊義長官司。

  ——（乾隆）《貴州通志》卷三《地理志·建置·平越府》，載《中國地方志集成·貴州府縣志輯》，第 4 册，45～46 頁

  唐貞觀元年，以牂柯北界地置朗州，并置恭水等六縣。十一年，州廢，縣亦廢。十三年復置州，更名曰播，亦復置縣。……大中十三年，南詔僭號，寇陷播州。咸通元年，安南都護李鄠復取之，尋仍爲所陷。乾符初，太原人楊端應募領兵復之，世爲州刺史。自後王建、孟知祥相繼據其地。……（宋）大觀二年，大駱解上下族帥駱世華、駱文貴獻其地，復置珍州。南平夷人楊文貴□置其地，置播州、樂源郡，領播川、琊川、帶水三縣，又置遵義軍、遵義縣。宣和三年，廢播州爲播川縣，廢琊川、帶水二縣隸南平軍，廢遵義軍爲寨，隸

珍州。又以廢承州之綏陽縣來屬。開禧三年,升遵義寨爲軍。嘉定十一年,復爲寨。端平三年,復以白綿堡爲播州。嘉熙三年,設播州安撫司,領樂源縣。咸淳末,以珍州來屬。元至元十四年,播州安撫使楊邦憲歸附,仍授安撫司。十五年,從邦憲請,以鼎山縣隷播州。十六年,改鼎山爲播川。二十一年,以播州隷順元宣撫司。二十六年,改播州爲播南路。二十八年,播南楊漢英上言,所管地於四川行省爲近,乞改爲軍民宣撫司,直隷四川行省。從之,以漢英爲紹慶、珍州、南平等處沿邊宣慰使,行播州軍民宣撫使、播州等處管軍萬户。凡珍州、思寧等處長官司俱屬焉。後改播州隷湖廣行省。至正末,改珍州曰真州。明洪武五年,播州宣慰楊鏗歸附,仍授宣慰使司。十七年,改真州爲長官司。萬曆二十九年,宣慰司楊應龍叛,討平之,設遵義軍民府及真安、遵義、桐梓、綏陽、仁懷五州縣,隷四川布政司。

——(乾隆)《貴州通志》卷三《地理志·建置·遵义府》,載《中國地方志集成·貴州府縣志輯》,第 4 册,60~61 頁

佯僙,即楊荒,播之遺民也,有楊、龍、張、石、歐等姓,其種最夥,都匀、石阡、施秉、龍泉、黄平、餘慶、黎平及龍里皆有之。

——(乾隆)《貴州通志》卷七《地理志·苗蠻》,載《中國地方志集成·貴州府縣志輯》,第 4 册,第 125 頁

楊保乃播州之裔,多在遵義、龍泉,其婚姻葬祭頗同漢人,亦有挽思哀悼之禮,但性狡而獷,間或緣事官司,差役拘提,輒抗拒不出。

——(乾隆)《貴州通志》卷七《地理志·苗蠻》,載《中國地方志集成·貴州府縣志輯》,第 4 册,第 126 頁

遵義府

廢播州,在府北三百里白綿堡。昔楊光榮子孫承襲守此,宋端平中置州。

舊正安州,在今正安州之東南七十里,地名滴水園。明萬曆間,平楊應龍置,城垣尚存。

養馬城,在遵義縣北三十里。唐末楊氏建爲牧馬地,可容馬數萬匹。

——(乾隆)《貴州通志》卷七《地理志·古迹》,載《中國地方志集成·貴州府縣志輯》,第 4 册,第 131 頁

遵義府

遵義府城,明萬曆二十九年平播後築。西倚崇山,東北臨江,周圍九百五十丈有奇,

高二丈。門四:東曰景福,西曰懷德,南曰通貴,北曰寧永。城樓四。國朝康熙五十八年,知府趙光榮、知州邱紀重修。

正安州城,明萬曆間平播後,卜築於思寧里瀦水園,後爲土寇竊據,遷於三江里。

桐梓縣城,明萬曆間平播後築,周圍三里,厚五尺,後因□□及城署縣事。

——(乾隆)《貴州通志》卷八《營建志序·城池》,載《中國地方志集成·貴州府縣志輯》,第 4 冊,第 138 頁

遵義府署,在府城内。原在宣慰司署遺址,明萬曆間平播後建,後改爲副將署。

桐梓縣署,在縣城内。明萬曆間平播後,知縣何珩建,後圮。

綏陽縣署,在縣城内。明萬曆間平播後設縣,知縣詹淑建。

——(乾隆)《貴州通志》卷八《營建志序·公署》,載《中國地方志集成·貴州府縣志輯》,第 4 冊,第 150 頁

遵義府

茅衚寺,在府城北十五里茅坪,原名仙岩莊。初爲楊應龍妻田惜玉所居,稱曰茅衚。平播後,李氏得之,改建爲寺。

——(乾隆)《貴州通志》卷十《營建志·公署》,載《中國地方志集成·貴州府縣志輯》,第 4 冊,第 173 頁

忠勛祠,在府城東,明萬曆三十年建。祀監軍僉事楊寅秋及討播陣亡諸將士,巡撫郭子章有記。

——(乾隆)《貴州通志》卷十《營建志·壇廟》,載《中國地方志集成·貴州府縣志輯》,第 4 冊,第 161 頁

元以前,貴州田地自來原無丈量頃畝,每歲該納糧差,俱於土官名下總行認納。

明弘治十五年,如洪武年間例,夏稅麥菽二百五十五石四斗五升五合,秋糧米四萬七千四百四十二石二斗五升六合六勺四抄四撮。萬曆六年,貴州除思南、石阡、銅仁、黎平等府,貴州宣慰司,清平、凱里安撫司額無頃畝外,貴陽府平伐長官司,思州、鎮遠、都匀等府,安順、普安等州,龍里、新添、平越三軍民衛,共五千一百六十六頃八十六畝三分零。

——(乾隆)《貴州通志》卷十二《食貨志·田賦》,載《中國地方志集成·貴州府縣志輯》,第 4 冊,第 201 頁

楊寅秋,字義叔,泰和人。宰相士奇元孫,由進士歷遷按察使。萬曆中,討播之役,寅

秋監黔蜀兵,與中丞郭子章計用安氏以剪其羽翼。乃檄安疆臣率所部兵從沙溪入,戰於大水田,敗之,四方兵始合,破其巢。賊平,論功,寅秋爲最,以勞卒於官。子章爲請恤,立忠勛祠以祀之。

——(乾隆)《貴州通志》卷十九《秩官志·名宦總部·楊寅秋》,載《中國地方志集成·貴州府縣志輯》,第4冊,第372頁

詹貞吉,巴縣人。隆慶戊辰進士。萬曆二十年,以右參議分守新鎮道。值播逆楊應龍將叛,人情洶洶。貞吉特携家至平越,以鎮人心,衆方有固志。貞吉居官澹泊簡易,與民休息。是時,初設府,凡經制籌畫,殫厥心力。莅黔十餘年,臨行,宦橐蕭然,惟圖書數篋。

——(乾隆)《貴州通志》卷二十《秩官志·名宦總部·詹貞吉》,載《中國地方志集成·貴州府縣志輯》,第4冊,第373頁

遵義府
唐

楊端,太原人。乾符初,南詔陷播州,端應募復之,諭以威德,縻以恩信,夷人懷服。五代以來,世襲宣撫使。宋開禧中,贈太師。

宋

楊璨,唐贈太師端十三代孫。嘉泰初,襲播州安撫使。開禧初,蜀帥吳曦叛,璨輸金錢、戰馬以助國用。卒,贈左衛大將軍、忠州防禦使,追封威毅侯。

楊价,璨子。方生時,將校有夢神號蜀將軍者來,价生,貌如之。長,以邊功授閣門舍人。卒,贈英烈侯。

楊文,璨孫。寶祐間,授承德郎,修學勤政,累官播州安撫使。卒,贈光禄大夫、樞密使。

楊邦憲,玠子。端平間,蠻人掠境,憲領兵拒之,擒酋長。累贈平章事。

元

楊漢英,邦憲子,字熙載。生五載而父卒,母田氏携至上京見世祖,遂襲父職,賜名賽因不花。成宗大德五年,宋隆濟及蛇節等叛,詔劉國杰等率兵偕漢英討之。師出播境,賊騎猝至,漢英奮擊先進,大軍繼之,賊奔潰,相繼納款。後賊衆復合,戰於墨特川,又大破之。蛇節乞降,斬之,并擒斬隆濟,西南夷悉平。武宗至大四年,播南廬崩蠻內侵,詔漢英率兵討之,卒於軍。追贈播國公,謚忠宣。

楊嘉正,漢英子。至正初,授播州等處管軍萬户、侍衛親軍都指揮使、上護軍。討平陽留總之叛,進中書左丞。

李嗣宗,至元末,播州千户。守禦勇敢,善撫兵,衆人咸德之。

明

楊鏗，嘉正從子。洪武四年納土，以爲宣慰使。後跟隨大軍討平叛寇。卒，贈懷安將軍。子昇，襲職，苤政勤敏，請開學校，民知習詩書，崇禮義，邊境綏寧。

高折枝，固始人，進士。以重慶推官監紀討播，身先行陣，鼓勵士卒。自播發難以迄蕩平，厥功最茂。

何恩，遵義人。祖大本，掛大將軍印奉命征蠻，終於播。襲宣慰司總管。萬曆庚子，恩憤楊應龍肆虐，弃職率七姓舊人宋世臣等赴闕上書，請討應龍。命川黔兩省會勘。黔議剿，川議撫。應龍因以黃白千金行賄至綦江，恩遮獲以充軍餉，督帥李化龍以爲中軍提調。又命其弟愍爲劉綖向導，斬箐直入，師逼海龍關。播平，恩兄弟與有功焉。

郭維屏，雲南人，萬曆中舉人。以從軍平播有功，任正安州牧。時改土設流，一切制度皆其所經始，州人感德畏威，歷久不替。

何珩，湖廣人。萬曆時，平播設縣，以選貢知桐梓縣，築城建治，創立祠廟，招集流亡，民得安業。

——(乾隆)《貴州通志》卷二十《秩官志·名宦分部》，載《中國地方志集成·貴州府縣志輯》，第 4 册，394～395 頁

(宋)元豐四年，有楊光震者，助官軍破乞弟，殺其黨阿訛。大觀二年，木攀首領趙泰、播州夷族楊光榮各以地內屬，詔建溱、播二州。後廢。

——(乾隆)《貴州通志》卷二十一《秩官志·土司》，載《中國地方志集成·貴州府縣志輯》，第 4 册，第 399 頁

(元)世祖至元十四年三月庚戌，田、楊二家冢鵝夷民，各遣使納款。十六年九月戊午，招諭西南諸蠻部族酋長能率所部歸附者，官不失職，民不失業。二十七年二月戊寅，播州安撫楊漢英進雨氈千。

——(乾隆)《貴州通志》卷二十一《秩官志·土司》，載《中國地方志集成·貴州府縣志輯》，第 4 册，第 400 頁

餘慶縣屬

土主簿

元時，楊正寶以功授白泥司副長官。明洪武十二年，准襲前職。萬曆二十四年，平播後，設餘慶縣，白泥司授本縣土主簿，累傳至璟。

——(乾隆)《貴州通志》卷二十一《秩官志·土司》，載《中國地方志集成·貴州府縣志輯》，第 4 册，第 405 頁

水西安氏叛服本末

……(萬曆)十三年,播州宣慰楊應龍以獻大木得賜飛魚服加恩。亨亦以大木進,乞還給服色、誥封如播州例。既而木竟不至,乃諉罪於木商。帝怒,命奪所賚。亨乃請補貢以明不欺,帝乃如所請。於是,亨子疆臣襲,時萬曆二十六年也。播州楊應龍已反,疆臣亦以戕殺安定事,為有司所案。科臣有言,其逆節漸萌者,詔不問,許殺賊圖功。疆臣奏稱播警方殷,臣心未白,帝復優詔報之。巡撫郭子章許疆臣以應龍平後還播所侵水西烏江地六百里以酬功,於是疆臣兵從沙溪入。有蜚語水西佐賊者,總督李化龍檄詰,疆臣遂執賊二十餘人以示不背,率所部奪落蒙關至大水田楚〈焚〉桃溪莊,應龍伏誅。先是應龍祖以內難走水西,客死。宣慰萬銓挾奏索水烟、天旺地,聽還葬其地,遂為水西所據。及播州平,總督分其地為遵義、平越二府,分隸蜀、黔。以渭河中心為界,而命疆臣歸播侵地。代化龍者為王象乾主畫地,而子章以為侵地始於萬銓,而非疆臣,安氏迫取於楊相喪亂之時,非擅取於應龍蕩平之日,且已許其裂土,今反奪其故地,臣無面目以謝疆臣,願乞臣去。象乾疏言:"疆臣征播,殲應龍子惟棟不實,首功可知,至佯敗弃陣,送藥往來,欺君助虐,迹已昭然。令還侵地,不咎既往,已屬國家寬大。若因其挾而予之,彼不為恩,我且示弱。疆臣既無功,不與之地,正所以成撫臣之信。宜留撫罷臣,以為重臣無能與蕞爾苗酋噂沓者之戒。"於是清疆之議累年不決。兵部責令兩地巡按勘報,而南北言官交章詆象乾貪功起釁,科臣吕邦耀復劾子章納賄縱奸。子章求去益力,象乾遂執疆臣所遣入京行賄之人與金以聞於朝。然議者多右疆臣。尚書蕭大亨遂主巡按李時華疏,謂:"征播之役,水西不惟假道,且又助兵,刓失之土司,得之土司。播固輸糧,水亦納賦,不宜以土地之故傷字小之仁,地宜歸疆臣。"於是疆臣增官進秩,其母得賜祭。水西尾大之患亦於是不可制矣。

——(乾隆)《貴州通志》卷二十一《秩官志·土司》,載《中國地方志集成·貴州府縣志輯》,第 4 冊,413~415 頁

播州楊氏本末

播州,秦為夜郎、且蘭地,漢屬牂牁,唐貞觀中,改播州。乾符初,南詔陷播,太原楊端應募復其城,為播所懷服,歷五代,子孫世有其地。

宋大觀中,楊文貴納土,置遵義軍。

元世祖授楊邦憲宣慰司,賜其子漢英名賽因不花,封播國公。

明洪武四年,平蜀,遣使諭之。五年正月,播州宣慰使楊鏗、同知羅琛、總管阿嬰、蠻夷總管鄭瑚等相率來歸,朝貢方物,納元所授金牌、銀印、銅章。詔敕賜鏗衣幣,仍置播州宣慰使司,領安撫司二:曰草塘、曰黃平,長官司六:曰真州、曰播州、曰餘慶、曰白泥、曰容山、曰重安。鏗、琛皆仍舊職,改總管為長官司,以嬰等為長官司長官。七年,中書省奏播

州土地既入版圖，當收其貢賦，自洪武四年始，歲納糧二千五百石爲軍儲。帝以其率先來歸，田稅隨所入，不必以額徵之。九月，鏗來朝。十二月，播州江渡蠻黃安作亂，貴州衛指揮張岱討平之。八年五月，鏗遣其弟錡來朝，賜衣幣，自是每三歲入貢不絕。十四年，命使齎敕符諭鏗：「比聞爾聽浮言，生疑貳，今大軍南征，多用戰騎，宜率兵二萬、馬三千爲先鋒，庶表爾誠。」十五年，城播州沙溪，以官兵一千人、土兵二千人戍之，改播州宣慰司隸貴州。十七年，鏗子震以疾卒於京，命有司歸其柩。二十年十月，徵鏗入朝，貢馬十匹，帝諭以守土保身之道，賜鈔五百錠。二十一年，播州宣慰使司并所屬宣撫司官各遣其子來朝，請入太學，帝爲敕國子監官善訓導之。

永樂四年，免播州荒田租，以張佛保爲重安江長官，以佛保常招輯重安蠻民向化故也。七年，宣慰司楊昇招諭草塘、黃平及重安所轄當科、葛雍等十二寨蠻人來歸。

宣德三年，昇賀萬壽節後期行在，禮部議予半賞，帝以道遠，勿奪其賜。七年，草塘所屬縠撒等四十一寨蠻長官常徒等作亂，聚衆二千餘人將攻牛場、乾溪等堡。事聞，敕總兵陳懷剿之。未幾，懷招之復業。

正統十四年，宣慰使楊綱老疾，以其子輝代。

景泰三年，輝奏湖、廣所轄臻剖、五坌等苗賊，糾合草塘、江渡諸苗黃龍、韋保等殺掠人民，屢撫復叛，乞調剿，以靖民患。帝命總督王來、總兵梁瑤等會同四川巡撫剿之。七年，調輝兵征銅鼓、五開叛苗，賜敕諭頒賞。

成化十年，以播州賊齋果等屢歲爲患，敕責川、貴鎮巡官。時輝將入貢，巡撫以播地連諸蠻，輝等守土，難遠離，帝留輝。十一月，命輝子愛襲父職。舊制：土官襲職，必三司先按實，奏請而後許。正統末，苗蠻聚衆寇邊，輝父綱不任職，特命輝越制就襲。至是，土同知羅宏奏：「輝有疾，乞以愛代。」帝命愛襲職，仍敕愛即率兵從總兵官剿賊。先是，輝奏所屬夭壩干地五十三寨及重安所轄灣溪等寨屢被苗蠻占據，乞令湖、廣會兵征之，命如輝言。部議以愛年幼，請仍起輝暫理軍事；又以輝難獨任，宜敕都御史張瓚親至播州督理，屬輝等振揚威武，以備征調，其機宜悉聽裁處。十二年，瓚督諸軍及輝攻賊，敗灣溪、夭壩干諸苗，凡破山寨十六，斬首四百九十六級，撫男婦九千八百餘口。事下兵部，以苗來撫者多，宜量爲處分。瓚議設安寧宣撫司，并懷遠、宣化二長官司，建靖南、龍場二堡，命輝董其役。輝調軍民五千餘衆，立治所，委所屬黃平土司等分甓城垣，將竣，輝以聞，因謂：「各寨苗蠻，自區畫以來，頗知畏懼，但工竣後，大軍還，難保無虞。播州向設操守土兵一千五百餘人，今撥守懷遠、靖南、夭漂、龍場各二百人，宣化百人，安寧八百人，其家屬宜徙之同居，爲固守計。其功之未畢者，宜命臣子愛董之，而聽臣致仕如故。」詔從之。時灣溪既立安寧宣撫，爛土諸蠻惡其逼，遂引齋果等攻陷夭漂、靖南城堡，圍安寧。愛新襲，力弗能支，求援於川、貴二鎮，於是兵部奏，起輝再統兵剿之，又敕川、貴兵爲助。十五年，貴州巡撫陳儼奏：「苗賊齋果轉橫，乞調川、廣等官軍五萬五千，克期會貴州，聽儼節制。”兵部言：“賊作於四川，而貴州守臣自欲節制諸軍，恐有邀功之人主之。且興師五萬，以半年計，須軍儲十三萬五千石，山路險峻，輸運之夫須二十七萬衆，況天將暑，瘴癘可虞。”帝然其奏。二十二年，刑部侍郎何喬新以愛爲其兄宣撫所訐，奉命往勘，因奏：“楊氏據播已五百餘年，蠻民服從久矣。奢僭淫暴之罪無代無之，歷朝皆寬以文法，治以不治。今友、愛兄弟相訐，命臣等勘問，果係情重，當於本州監候，則獄卒皆其部下，難於防守。使移於重慶，則道途遙遠，蠻衆驚疑，恐生他變。宜撫提二人面對虛實，聽候上裁，免其監禁爲便。”從之。二十三年，喬新奏：“輝在日，溺其庶子友，欲令承襲，長官張淵阿順之。安撫宋韜謂：‘楊氏家法，立嗣以嫡，愛宜立。’輝不得已，以職授愛。又欲割地以授友，謀於淵，因以夭壩干乃本州懷遠故地，爲生苗所據，請兵取之。容山長官韓瑄以土民安輯日久，不宜征。淵與輝計，執瑄杖殺之。前巡撫張瓚受輝賂，以其地設安寧宣撫司，冒以友任宣撫。輝立券，以所有金玉、服用、莊田，召諸子均分之。輝歿，淵乃與友潛謀刺愛，淵弟深亦與謀，不果。友遂奏愛居處器用僭擬朝廷，又通唐府，密書往來，私習兵法天文，謀不軌。事皆誣。”帝命斬淵、深，以愛信讒薄兄，友因公擅殺，且謀嫡，盜官錢，皆有罪。愛贖，復任；友遷保寧羈管，仍敕喬新從宜處治。

弘治元年，增設重安守禦千户所，命播州歲調土兵一千助戍守。七年，以平苗功，愛與有勞，難加秩，賜敕勞之。十四年，調播州兵五千征貴州賊婦米魯等。

正德二年，升播州宣慰使楊斌爲四川按察使，仍理宣慰事。舊制：土官有功，賜衣帶或旌賞部衆，無列衔方面者。斌狡橫，不受兩司節制，諷安撫羅忠等上其平普安等戰功，重賂劉瑾，得之。逾年，巡按余緒奏斌不宜受，詔裁之，仍原職。初，友既編置保寧，愛益恣，厚歛以賄中貴，征取友向所居凱離地者獨苛。同知楊才居安寧，乘之，朘剥尤甚，諸苗忿怨。凱離民爲友奏復官，弗得，乃潛入保寧，以友還，糾衆作亂，攻播州，焚愛居第及公私廨宇略盡，遂殺才，多所殘戮。愛屢奏於朝，帝乃命鎮巡官調兵征之，會友死，而川兵方調征盜，遂緩師。至是，鎮巡官言：“友搆亂罪大，然其身已死，其子洪尚幼。今洪稍長，能悔過自新，且善撫馭，蠻衆願聽其約束。其前爲友所焚殺者俱已隨土俗折償，且還所侵奪於官。乞授洪冠帶，名爲冠帶土舍，協同播州經歷司撫輯諸蠻。其家衆置保寧者，仍歸之。諭斌與洪協和，不得再造釁端。”報可。未幾，播州安撫宋淮奏：“貴州凱口爛土苗，婚於凱離、草塘諸寨，陰相搆結，誘山苗爲亂。乞賜斌敕，令每年巡視邊境，會湖、廣鎮巡官撫處。”部議：“土官向無領敕出巡者，諭斌宜撫綏土衆，輯睦親族，以副朝廷優待之意。”因加授愛爲昭毅將軍，給誥命，賜麒麟衣一襲。時愛之子斌又爲其父請進階及服色，禮科駁之，以服色等威所係，不可假。兵部以愛舊有剿賊功，皆許之。既而，斌復爲其子相請入學，并得賜冠帶。十二年，播州安撫羅忠、宋淮等奏，以宣慰楊斌有父喪，欲援文臣例守制，但邊防爲重，乞仍令掌印理事。初，凱里土舍楊洪與重安土舍馬綸等有怨。洪卒，綸等誘苗蠻攻之，更相仇殺，侵軼貴州境。巡撫鄒文盛言狀，且請移文四川，會官撫處,逾歲不報,文盛乃遣參議蔡潮入播州,督致仕楊斌撫平之。因言："宜復安寧宣撫,俾洪子弟襲之。斌未衰,宜仍起任事,以制諸蠻寨。潮有撫蠻勞,宜量擢。"兵部議："安寧已革,不可復。斌子既代,亦不可起。土官應襲與否,屬四川,非潮所得專。盛所請難行,而功不可誣。"十六年,賜斌蟒衣、玉帶。嘉靖元年,賜播州宣慰司儒學《四書集註》一部,從宣慰相奏也。洪既死,其弟張求襲父職不得。時盜邊,劫白泥司印信,復與相搆兵。守臣乞改凱里屬貴州,以張爲土知州解釋之。兵部議："張習父兄之惡,幸免於辜,而敢肆然執印信以要挾,當命川、貴守臣按其前後爭產、殺人諸罪,置於理。若張悔過輸情,還所獲印,尚可量授一官,聽調殺賊以自效。倘或怙終,必誅,以爲玩法戒。"既,遂許張襲宣撫,而改安寧隸貴州。初,楊相之祖、父皆以嫡庶相爭,梯禍數世。至是,相復寵庶子煦。嫡子烈母張悍甚,與烈盜兵逐相。相走,客死水西。烈求父尸,宣慰安萬銓因要挾水烟、天旺故地而後予尸。烈陽許之,及相喪還,烈靳地不予,遂與水西搆難,并殺其長官王黻,時嘉靖之二十三年也。

烈既代襲,遂與黻黨李保治兵相攻垂十年,總督馮岳、總兵石邦憲討平之。真州苗盧阿項者,亦久稱亂,邦憲以兵七千擊敗之。有言賊求援於播者,邦憲曰："吾方調水西兵,聲楊烈助逆罪,烈暇救人乎?"已,擒阿項父子,斬獲四百餘人。初,嘉靖初議分凱里屬貴州,既又以播地多在貴州境,并改屬思石兵備。及真州盜平,地方安靖,播人以爲非便,川、貴守臣異議不決,命總督會勘。總督奏："仍以播歸隸四川,而貴州思石兵備仍舊兼制播酉、平邑諸土司事。"報可。

隆慶五年,烈死,子應龍請襲,命姑予職。萬曆元年,給新襲宣慰使楊應龍敕書。八年,賜故宣慰楊烈祭葬,從應龍請也。十四年,應龍獻大木七十,材美,賜飛魚服。又復引其祖斌賜蟒例。部議,以斌有軍功,且出特恩,未可爲比。帝命以都指揮使銜授應龍。十八年,貴州巡撫葉夢熊疏論應龍凶惡諸事,巡按陳效歷數應龍二十四大罪。時方防禦松潘,調播州土兵協守。四川巡按李化龍疏請暫免勘問,俾應龍戴罪圖功。由是川、貴撫按疏辨,在蜀者謂應龍無可勘之罪,在黔者謂蜀有私暱應龍之心。於是給事中張希皋等以事屬重大,兩省利害,豈漫不相關者?乞從公會勘,無執成心。十九年,夢熊主議,播州所轄五司改土爲流,悉屬重慶,與化龍意復相左,化龍遂引嫌求斥。

蓋應龍本雄猜,阻兵嗜殺,所轄五司七姓悉叛離。嬖妾田,屠妻張氏并及其母。妻叔張時照與所部何恩、宋世臣等上變,告應龍反,夢熊請發兵剿之。蜀中士大夫悉謂蜀三面鄰播,屬裔以什伯數,皆其彈壓,且兵驍勇,數征調有功,剪除未爲長策,以故蜀撫按并主撫。朝議命勘,應龍願赴蜀,不赴黔。二十年,應龍詣重慶對簿,坐法當斬,請以二萬金贖。御史張鶴鳴方駁問,會倭大入朝鮮,徵天下兵。應龍因奏辨,且願將五千兵征倭自贖。詔釋之。兵已啟行,尋報罷。巡撫王繼光至,嚴提勘結,應龍抗不出。張時照等復詣奏闕下,繼光用兵之議遂決。二十一年,繼光與總兵劉承嗣兵敗於婁山關。會繼光論罷,時四川新撫譚希忠與貴州鎮撫再議剿,御史薛繼茂主撫。應龍上書自白,遣其黨携金入京行間,執原奏何恩詣綦江縣。二十二年,以兵部侍郎邢玠總督貴州。二十三年,玠至蜀,察永寧、酉陽皆應龍姻媾,而黃平、白泥久爲仇讎,宜剪其枝黨,乃檄應龍,謂當待以不死。會水西宣慰安疆臣請父國亨恤典,兵部尚書石星手札示疆臣,趣應龍就吏得貰。疆臣奉札至播,招應龍。時七姓恐應龍出得除罪,而四方亡命竄匿其間,又幸龍反,因以爲利,驛傳文移,輒從中阻。玠檄重慶知府王士琦詣綦江,趣應龍安穩聽勘。應龍使弟兆龍至安穩,治郵舍,儲糗,叩頭郊迎,致餼牽如禮,言:“應龍縛渠魁,待罪松坎。所不敢至安穩者,恐墮安穩仇民不測禍也,幸請至松坎受事。”士琦曰:“松坎亦曩奏勘地。”即單騎往。應龍果面縛道旁,泣請死罪,願執罪人,獻罰金,得自比安國亨。國亨者,曩亦被訐,懼罪不出界,故應龍引之。士琦爲請于玠,許之。應龍乃縛獻黃元等十二人案驗,抵應龍斬;論贖,輸四萬金助采木。仍革職,以子朝棟代,次子可棟羈府追贖。黃元等斬重慶市。總督以聞,時倭氛未靖,本兵部欲緩應龍事東方,朝廷亦以應龍向有積勞,可其奏,於松坎設同知治焉,而以士琦爲川東兵備副使彈治之。

應龍獲寬,益怙終不悛。尋可棟死於重慶,益痛恨。促喪歸,不得。復檄完贖,大言曰:“吾子活,銀即至矣!”擁兵驅千餘僧招魂去。分遣土目,置關據險,厚撫諸苗,名其健者爲“硬手”。州人稍殷厚者,没入其資以養苗,苗人咸願爲出死力,遂連年殘餘慶、草塘二司及江津、南川、合江,襲破偏橋,敗都司楊國柱於飛練囤。至二十八年,總督李化龍、巡撫郭子章始合八路兵討平之。應龍自焚死。事詳《師旅考》。播州自唐入楊氏,傳二十九世,八百餘年,至應龍而亡。三十一年,播州餘逆吳洪、盧文秀等叛,總兵李應祥等討平之。於是分播地爲二,屬蜀者曰遵義府,屬黔者爲平越府。

——(乾隆)《貴州通志》卷二十一《秩官·土司》,載《中國地方志集成·貴州府縣志輯》,第 4 册,415~420 頁

(宋)寶祐四年五月,羅氏鬼國遣報思、播,言元兵屯大理國,取道西南,將大入邊。詔思、播結約、羅鬼爲援。

——(乾隆)《貴州通志》卷二十三《武備志·師旅考》,載《中國地方志集成·貴州府縣志輯》,第 4 册,第 439 頁

(元至元)十七年三月甲辰,思、播州軍侵鎮遠、黃平界,命李德輝往視之。

十九年三月壬子,詔僉亦奚不薛及播、思、叙三州軍征緬國。

二十一年四月壬寅,敕發思、播二家軍從征緬。

三十五年五月,括思、播等處亡宋涅手軍。十二月,遣使督思、播二州及鎮遠、黃平,發宋舊軍八千人從征安南。

大德元年十二月,播州宣撫司楊漢英請以已力討平伐等未附蠻,仍命湖廣省答剌罕便宜收撫。

至大三年正月辛丑,乖西帶蠻阿馬等連結萬人入寇,遣萬戶移剌四奴及調思、播土兵討捕。

延祐五年十月己丑,播州南寧長官洛麼作亂,思州守臣換住哥招諭之,洛麼遣人以方物來覲。

泰定二年七月丙辰,播州蠻黎平愛等集群夷爲寇,湖廣行省請兵討之,不許。詔宣撫使楊燕里不花招諭之。十月癸巳,播州凱黎苗率諸寨苗僚爲寇。丁巳,岑世興結八番蠻班光金等合兵攻石頭等寨,敕調兵禦之。八番宣慰司官失備,坐罪。三年正月丙午,播州宣慰使楊燕里不花招諭蠻酋黎平慶等來降。六月癸未,播州蠻黎平愛復叛,合謝烏窮爲寇,宣慰使楊燕里不花招平愛出降,烏窮不附命,湖廣行省討之。

天歷二年正月丁亥,四川囊加台攻破播州苗兒埡隘,宣慰使楊燕里不花開關納之。壬午,播州楊萬戶引四川賊至烏江岸,官軍敗之。八番元帥脫出亦破烏江北岸賊兵,復奪關口。諸王月魯帖木兒統蒙古、漢人、答剌罕諸軍及民丁五萬五千俱至烏江。二月丙午,囊加台分兵逼襄陽,湖廣行省調兵鎮播州及歸州。癸丑,諸王月魯帖木兒等至播州招諭土官之從囊加台者,楊燕里不花及其弟等皆來降。

——(乾隆)《貴州通志》卷二十三《武備志·師旅考》,載《中國地方志集成·貴州府縣志輯》,第 4 册, 440 ~ 402 頁

(明)永樂七年,播州楊昇請剿尚科等寨,不許。

——(乾隆)《貴州通志》卷二十三《武備志·師旅考》,載《中國地方志集成·貴州府縣志輯》,第 4 册,第 445 頁

(明成化)十五年,陳蒙爛土長官司張鏞陳奏夭壩干賊首齋果侵掠,又請於所侵大陳、大步等寨設一司,隸安寧宣撫,而豐寧長官司楊泰亦奏峰峒陸光翁等聚爛土爲亂。先是,宣慰楊輝平夭壩干後,即灣溪立安寧宣撫司,爛土諸苗惡其逼己,至是果等既攻陷夭漂,遂圍豐寧。時輝已致仕,子愛承襲,力弗支,求援於川、貴二鎮。各奏聞,命仍起輝會兵討之。

——(乾隆)《貴州通志》卷二十三《武備志·師旅考》,載《中國地方志集成·貴州府縣志輯》,第 4 册,第 445 頁

(明萬曆)二十八年六月,總督李化龍率師討播州宣慰司楊應龍,平之。播州自洪武初楊鏗內附,世授宣慰司,地方千里,西北塹山,東南俯江,稱西南奥區。傳至應龍,性猜

狠嗜殺,數從征調,恃功驕蹇,知川兵脆弱,陰有據蜀志,間出瀘州縣。嬖小妻田雌鳳,讒殺妻張氏,屠其家,用誅罰立威。所屬五司七姓不堪其虐,十八年,走貴州告變。巡撫葉夢熊疏請大征,詔不聽。二十年,逮繫重慶獄,應龍詭將征倭兵自效,得脫歸,復逮不出。

二十一年,四川巡撫王繼光請於朝討之。繼光至自重慶,與總兵劉承嗣等分兵三道進婁山關,屯白石口。應龍佯約降,而統苗兵據關衝擊,承嗣軍敗,殺傷大半。會繼光論罷,即撤兵,委弃輜重略盡。黔師會剿,亦無功。

二十三年,邢玠總督貴州,檄重慶知府王士琦諭應龍至松坎聽勘,論斬,得贖,輸四萬金助采木,以次子可棟羈府質追[贖]。未幾,可棟死於重慶,促喪歸不得,復檄完贖。應龍大恨,擁兵驅千餘僧招魂去,分遣土目置關據險,厚撫諸苗,名其健者爲“硬手”,州人稍殷者,没入其資以養苗,苗人遂願爲出死力。二十四年,應龍掠大干諸壩,焚劫草塘、餘慶二司,遍及興隆、都匀各衛,又圍黃平,殺重安江長官,勢大熾。

二十五年,流劫江洋及南川、臨合江,索其仇袁子昇,縋城下磔之。時兵備王士琦調征倭,應龍益統苗兵,大掠貴州洪頭、高坪、新村諸屯,詗原奏仇民宋世臣、羅承恩等携家匿偏橋衛,襲破之,大索城中,戮其父母子女,備極慘毒。

二十七年春,巡撫江東之、部司楊國柱領兵三千剿應龍。龍遣子朝棟、弟兆龍、何良漢等迎敵於飛練堡。我師奪三百落,賊佯敗,誘我師,伏發,國柱及指揮李廷棟等死之。東之罷,以郭子章代,而起李化龍節制川、湖、貴州諸軍事,調東征諸將劉綎、陳璘等南征。六月,應龍乘大師未集,大勒兵犯綦江。時城中新募兵不滿三千,而應龍以兵八萬奄至。參將房嘉龍、游擊張良貴戰死,綦江陷。應龍盡殺城中人,投尸蔽江,江水爲赤。退屯三溪,以綦江之三溪、五渡,南川之東鄉壩,立石爲播界,號“宣慰官庄”,聲言合江、江津皆播故土。初,賊本無意竟反,徒以安忍猖狂,既覆我師飛練,則騎虎勢不得下,於是益結九股生苗及黑脚苗等爲助。十一月,應龍屯兵官壩,聲言窺蜀,已而焚東坡爛橋,楚黔路梗。本年正月,應龍五道并出,破龍泉司,守備楊惟忠擁兵二千,以勢不敵,避去。土官安民志率步卒五百拒守,死之。二月癸未,播賊襲執宣慰宋承恩去。承恩,應龍婿也。時總督李化龍已移駐重慶,徵兵大集,遂以十二月内戌誓帥,分八路,路約三萬人,官兵三之,土司七之。川師四路:總兵劉綎從綦江入,以參將麻鎮等隸,參政張文耀監之;總兵馬孔英從南川入,以參將周國柱、宣撫冉馭龍等隸,僉事徐仲佳監之;總兵吳廣從合江入,以參將徐世威等隸,參議劉一相監之;副將曹希彬受廣節制,從永寧入,以參將吳文杰、永寧女土官奢世續等隸,參議史旌賢監之。黔師分三路:總兵童元鎮統鎮雄土知府隴澄、泗城土知府岑紹勛等由烏江;參將朱鶴齡受元鎮節制,統宣慰安疆臣等由沙溪;總兵李應祥統宣慰彭元瓚等由興隆,參議張存意、按察司楊寅秋監之;湖廣一路由偏橋,分兩翼;總兵陳璘統宣慰彭養正等由白泥,副總兵陳良玭受璘節制;統宣撫覃宜等由龍泉,副使胡桂芳、參議魏養蒙監之。

播州楊氏土司 文獻集成 卷二

巡撫郭子章駐貴陽,湖廣巡撫支可大移沅州,總督李化龍自將中軍策應,諭諸將以抵婁山等關爲期,且曰:"關外,且戰且招降,多不可勝誅也;關內,疾戰勿受降,師不可久老,賊詐不可信也。"綦江道最要,綖當之。應龍熟綖才,頗懼,益兵守要害。十五日,諸將克丁山、銅鼓、崖村,遂直擣楠木、山羊、簡臺三峒。峒絕險,賊將穆照等衆數萬連營,諸將憚之。綖分兵攻其三面,大戰於李漢壩,生擒其寇,餘賊奔入峒,乘勢直擣峒前,焚之。賊多死,盡克三峒,擒穆照及賊寇吳尚華。是日,綖督戰,左持金,右挺劍,大呼曰:"用命者賞,不用命者齒劍。"鬥死者四十人,遂大捷。三月,應龍乃遣子朝棟、惟棟及其黨楊珠統銳卒數萬,由松坎、漁渡、羅古池三道并進。綖伏萬人羅古,待松坎賊,以萬人伏營外,待漁渡賊,而別以一軍策應。賊果至,伏盡起。綖率部下轉戰,斬首數百,追奔五十里。朝棟潰圍走,幾爲我師獲。應龍憚綖威名,意首挫其鋒,屬朝棟悉勁兵,間道相角,曰:"爾破綦江,馳南川,盡焚積聚,餘無能爲也。"及朝棟敗,益膽落,聚守石虎關。綖亦掘塹守。初,綖聞征播命,逗遛,多設難,要朝廷。言官交劾綖,議調南京右府僉書。綖至是聞之,即辭任。李化龍以平播非綖不可,固留之,力薦於朝綖,乃復受事。遂進克石虎關,拔賊滴淚、三坡、瓦窯坪諸隘,直抵婁山關。婁山萬峰插天,叢箐中一徑纔數尺,賊設木關十三座,排柵置深坑,百險俱備。綖分奇兵爲左右路,間道趨關後,而自督大軍仰攻,奪其關,追至永安莊。兩路軍亦會,時三月二十九日也。

綖老將持重,慮賊衝突,聯諸營:一據婁山關爲老營,一據白石口爲腰營,一據永安莊爲前營。都指揮王芬者,勇而寡謀,每戰輒請爲前鋒,連勝,有輕敵心,獨營松門堨之衝,距大營數里。賊方有烏江之勝,謀再奪婁山,適穆照遣人洩芬孤軍狀。

四月朔,賊乃襲殺芬,守備陳天綱、天全招討楊愈亦死,失亡士卒二千人。綖聞,急往救,部將周以德、周敦吉夾攻,賊始大奔,追至養馬城而還。是日,應龍幾被獲,乃不敢窺婁山。綖懲前失,剗近關,堅壁,且請濟師。逾十餘日,克後水囤,營於冠子山。尋會馬孔英,壁海龍囤下。孔英道南川獨險遠,去應龍海龍囤六七百里,未至重慶時,推官高折枝監紀軍事,請獨當一面,乃與參將周國柱先以石柱宣撫馬千乘兵破賊金筑,復督西陽宣撫冉馭龍敗賊於官壩。時賊既破龍泉,方移師攻婺川,聞敗乃遁。及孔英至軍,平茶、邑梅兵亦集,軍容甚壯。先師期一日入真州,用土官鄭葵、路麟爲嚮導,別遣邊兵千扼明月關,諸軍鼓行前進,破四寨,攻赤崖,抵清水坪、封寧關,悉破賊營十數,逼桑木關。關內民降者日千計,折枝結三大寨處之,禁殺掠,降者日衆,賊益孤。關爲賊要害,山險箐深,賊憑高據守。

三月初八日,乃令千乘、馭龍出關左右,國柱擣其中。賊用標搶藥矢銳甚。官軍殊死戰,奪其關,逐北至風坎關,賊復大敗,運破九杵、黑水諸關,苦竹、羊崖、銅鼓諸寨。國柱收金子壩,無一人,疑有伏,焚空寨十九,設兵以待。賊果突出,擊敗之。孔英乃留王之翰兵守白玉臺,衛餉道,平茶、邑梅兵守桑木關,而親提大軍進營金子壩。應龍聞桑木關破,大懼,遣弟世龍及楊珠以銳卒劫之翰營,之翰走,殺餉兵無算。平茶兵來援,賊始退。孔英還擊,世龍復不勝,步卒發火箭,裨將劉勝復奮擊,賊乃奔。官軍進朗山口,由朗山進蒙子橋,深箐蓊翳,賊處處設伏,悉剿平之。應龍遣其黨詐降,謀爲內應,折枝盡斬之,伏以待。賊果夜劫營,伏發,賊驚潰,追奔至高坪。已,奪賊養馬城,直抵海龍第二關下,賊守兵益多。孔英軍已深入,而諸道未有至者。酉陽、延綏兵皆退,賊躡殺官兵六十人。居數日,劉綎兵至,乃合兵,連克龍爪、海雲諸囤,壓海龍囤而壘。初,總督李化龍刻師期,諸將莫利先入。孔英所將邊卒及諸土兵皆獷悍,監紀折枝勇而有謀,故師獨先八道至囤前。吳廣出合江,屯二郎壩,大行招徠,賊驍將郭通緒者迎戰,將士襲走之。陶洪、安村、羅村三寨土官各出降,他部來歸者數萬,廣擇其壯者從軍。通緒扼穿崖囤,廣督土漢軍擊破之。劉綎、馬孔英已入播,廣猶頓二郎,總督李化龍趣之,乃議分四哨進攻崖門,別遣奢世續等督夷兵二千,扼桑木埡諸要害,以防餉道。諸將連破數囤,進營母豬塘。應龍令通緒盡發關外兵拒敵,廣伏炮手五百於磨槍埡外南岡下,而遣裨將趙應科挑戰。埡兩山相夾,中甚隘。通緒橫槊衝應科,科佯北,通緒追出埡,遇伏,急旋馬,中炮墜,方躍上他馬,伏兵攢刺之,殪。餘賊大奔,官軍逐北,賊盡降,遂薄崖門。徑小,止容一騎,賊衆萬餘出關拒戰。曹希彬懸賞千金,士攀崖競進,追至第四關,關上男女盡哭,於是賊黨自殺其魁羅進恩,率萬餘人出降。其第一關猶拒不下,廣乘夜疾進,奪其關,關內民爭獻牛酒。時李應祥、陳璘猶在關外,廣合希彬軍連戰一碗水、土崖、分水關,皆捷,遂進營水牛塘。應龍知廣軍孤深入,謀欲襲之,乃遣人詐降。廣測其詐,堅壁以待。應龍擁衆三萬直衝大營,諸將殊死戰,會他將來援,師乃退,廣遂進壁海龍囤。童元鎮督永順、泗城、鎮雄諸土軍由烏江。初,元鎮先駐銅仁,憚應龍,久不進,屢趣乃行。時劉綎、吳廣諸軍已進,群賊議分兵守,其參謀孫時泰曰:"分兵則力薄,乘官軍未集,先破其弱者,餘自退矣。"應龍善之。聞元鎮將抵烏江,應龍曰:"此易與耳,縱之渡江,密以計取。"監軍楊寅秋言:"烏江去播不遠,宜俟諸道深入,協力齊驅。"元鎮不從。於是,永順兵先奪烏江,賊遣千餘人沿江叫罵以誘之。諸軍既濟,復奪老軍關,前哨參將謝崇爵乘勢督泗城及水西兵,再拔河渡關。

三月望,賊以步騎數千先衝水西軍,軍中驅象出戰,賊多傷。俄駕象者斃,象反走。擲火器者又誤擊己營,陣亂,泗城兵先走,崇爵亦走,爭浮橋,橋斷,殺、溺死者數千人。河渡既敗,烏江軍相去六十里,猶未知。明日,參將楊顯發永順兵三百出哨,道遇賊數萬,咸爲水西裝;永順兵不疑,與盟誓,賊掩殺三百人,亦襲其裝,直趨烏江。烏江軍信爲水西、永順兵,不設備,遂爲賊所破,爭先渡江。賊先斷浮橋,數千人皆溺死,顯及二子與焉。元鎮所部三萬人不存什一,將校止崇爵等三人,江水爲不流。貴陽聞警,居民盡避入城,遠近震動。化龍用上方劍斬崇爵,益徵兵;檄鎮雄土官隴澄邀賊歸路。隴澄者,即安堯臣,水西安疆臣弟也。軍不與元鎮合,獨全,當事頗疑其通賊。寅秋以鎮雄去播止二日,令搗巢立效,澄許之。河渡未敗時,澄已遣步將劉岳、王嘉猷攻拔苦竹關及半壩嶺;既敗,二將移新站。賊伏兵大水田，別以五千人來襲，敗還。嘉猷乃揚聲搗大水田，而潛以一軍拔大夫關，直抵馬坎，斷賊歸路，與疆臣合，賊遂遁。會都指揮徐成將兵至，合岑紹勛兵，再克河渡關。賊將張守欽、袁五受據長箐萬丈林，永順兵擊破之，生擒守欽；攻清潭洞，復擒五受。會朝議責元鎮敗狀，逮下獄，令李應祥并將其軍。應祥由興隆入，受事於二月下旬。副將陳寅等已連克數囤，拒賊四牌高囤下，別遣兵從間道直搗龍水囤。他將蔡兆吉又自乾坪抵箐岡，過四牌。賊首謝朝俸營，其地四面峭壁深箐，賊從高鼓譟，官軍殊死戰，俘朝俸妻子，乘勢抵河畔；會烏江敗書聞，歛兵不進者旬日。應祥已受任，趣諸將急渡，寅等乃收他道渡河，而潛爲浮橋以濟師，諸軍既渡，賊失險，乞降者相繼，應祥悉受之。賊所恃黃灘一關壁立，衆死守。會賊徒石勝俸等率萬餘人降，告曰："去黃灘三十里有三關，入播門戶也，先襲破之，則黃灘孤難守。"應祥然其計，令偕陳寅率精卒四千，夜抵關下。勝俸以數十騎誘開前門，盡殲其戍卒。黃灘賊懼，益增兵固守。寅督諸將渡河攻關前；勝俸由墳林暗渡，襲關後。賊乃大敗，應祥遂直抵海龍囤。陳璘由偏橋進，軍次白泥。應龍子朝棟率賊二萬渡烏江迎戰，璘前禦之，而分兩翼躪其後，賊少挫。追奔至龍溪山，賊合四牌賊共拒璘。四牌在江外，與江內七牌皆五司遺種、九股惡苗，素助賊。璘廣招撫，乃進軍龍溪。諜報有伏，令游擊陳策以火器擊之，賊據險，矢石雨下。璘先登，斬小校，退者以狗。把總吳應龍等陷陣，賊大潰，退拒四牌、保兒囤。璘遣二裨將逼之，中伏。璘募死士從應龍等奮擊，賊復潰，奔據囤巔，夜由後遁，黎明追及於袁家渡，賊復敗，悉渡江遁，四牌之賊遂盡。三月望，諸軍爲浮橋渡江，知賊將張佑、謝朝俸等營七牌野豬山，璘即夜發，抵苦練坪，前鋒與戰，後軍至，夾擊之，賊敗逃深箐，官軍遂入苦菜關。會童元鎮烏江師敗，璘大懼，請退師，李化龍不可。璘乃進營楠木橋，次湄潭。賊悉聚青蛇、長坎、瑪瑙、保子四囤，地皆險絕，而青蛇尤甚。璘議："同日攻則兵力弱，止攻一囤則三囤相助。"乃先攻三囤，次及青蛇。良批師亦來會，令伏囤後，別以一軍守板角關，防賊逸。璘督諸將力攻三日，賊死傷無算，三囤遂下。青蛇四面陡絕，璘圍其三面，購死士從瑪瑙附葛至山背舉炮，賊惶駭。諸軍進攻，焚其茅屋。賊退入囤內，木石交下。將士冒死上，毀大柵二重，前後擊之，賊大敗，七牌之賊亦盡，時四月十三日也。乃分兵六道，攻克大小三渡關，乘勝抵海龍囤。海龍囤者，賊所倚天險，飛鳥騰猿不能逾者。及諸路兵俱集囤下，賊見勢急，父子相抱哭，上囤死守。每路投降文，緩我師。化龍檄："賊詭降，即斬使焚書，無爲所紿虞。"綎與應龍舊，檄無通賊，綎械其人自明。賊詭令婦人於囤上拜表痛哭，云："田氏且降。"詐爲應龍仰藥死報吳廣，廣輕信，按兵不動。已，覘知田氏詐降緩攻，而所云應龍死，乃川兵攻囤，以火炮擊死所謂楊珠也。珠驍勇善戰，既死，賊痛如失左右手。廣覺詐，益列兵協攻，燒二關，奪三山，絕賊樵汲。

五月十八日，始築長圍，化龍令諸將分日迭攻。安疆臣攻囤後，受賊重賄，多與通，且潛以火藥貽賊，故賊不備其後。陳璘知之，與監軍者謀，令疆臣退一舍。璘移其處，置鐵牌百餘,距囤丈許,賊强弩無所施。又爲筑板於栅前,賊每夜出劫,爲釘傷,不敢復出。會化龍聞父喪,詔以墨縗視事。化龍跣而草檄,益治軍。時天苦雨,將士馳淖中苦戰。六月四日,天忽開朗。五日,劉綎身先士卒,進克土、月二城。應龍益迫,夜散數千金募死士拒戰,諸苗皆駭散無應者。起,提刀自巡壘,見四面火光燭天,徬徨長嘆泣,與妻子曰:"吾不能復顧若矣!"六日,陳璘與吳廣當進兵,璘夜四鼓銜枚上,賊鼾睡,斬其守關者,樹白幟,鳴炮,賊大驚潰散。廣兵亦至。應龍倉皇同愛妾二闔室縊,且自焚。廣獲其子朝棟及妾田雌鳳,急覓尸出焰中。廣中火毒,失聲幾絕,頃而蘇。自出師至滅賊,百十有四日。總督李化龍"露布"以聞。七月,詔偏沅巡撫江鐸墨縗討皮林苗,川、湖、貴、廣西督撫督兵恊擊。十二月庚辰,督撫李化龍、郭子章、江鐸俘楊朝棟等獻於闕下。丙寅,上御樓受之,群臣稱賀。命磔楊朝棟等於西市,釋宋承恩。

二十九年正月壬子朔,頒平播詔於天下。甲子,巡撫郭子章如鎮遠,會楚師、粵師恊剿皮林。

——(乾隆)《貴州通志》卷二十三《武備志·師旅考》,載《中國地方志集成·貴州府縣志輯》,第 4 冊,455~461 頁

叙捷疏　鄒文盛

四川管下夭漂、夭壩等處黑苗,雖經招撫,退回巢穴,但性類犬羊,叛服不常,乞敕該部轉行彼處巡撫、巡按督行該道守巡官嚴督播州宣慰楊斌,責令該管舍目不時撫諭,不許仍前越境侵占,貽患地方。

——(乾隆)《貴州通志》卷三十四《藝文志·疏》,載《中國地方志集成·貴州府縣志輯》,第 5 冊,第 65 頁

平播疏　李化龍

楊酋匪茹,與國爲仇,萬姓荼毒,三省震驚,孰不以爲不可以歲月克者。乃自出師以來,甫三月有奇,而元凶授首,黨羽悉擒,千年狼虎盤踞之窟,一旦掃蕩無遺,上足以伸中國之威,下足以洩生靈之憤。其他狡黠土司,獷悍惡苗,無不落魄亡魂。西南半壁天下,可永無虞矣!

皇上德威遠被,指授方略所致,斷非文武將吏,敢貪天功爲己力者。惟是各官兵暴露行間,勞苦萬狀,不可不查叙也。先是,臣奉命入川,賊知罪在不赦,已統兵深入,有擒王剿叛之説,遂破綦江,且逼重慶,地方汹汹,皆謂有長驅之志。於時,目前兵力略無可恃,臣乃以計緩之,一面調兵,一面移文詰責,若未嘗絕之者。賊果信之,即具文求撫,且不西向。臣因得以徵調漢、土諸兵,急爲之備。其時,賊氣甚張,川人畏之如虎。臣發成都兵,甫出門,欲投錦江,不復肯東。及聞綦江守城兵見賊來,競譟而走,多投水者,止餘二將與

其家丁,遂及於難。臣念漢兵心膽已碎,土兵狐兔有情,自非招客兵不可,因請調陝、浙諸省之兵。又念外兵之費甚侈,往來途次,且生擾害,不可過多,乃於每省鎮止調一二千,多者三千,共數省,實僅僅二萬,其餘乃三省及滇粵土兵也。然西南人見外兵來,莫測多少,即爲天下之兵皆至矣!自是漢兵之氣壯,而土兵之心亦折,無不樂爲我用者。

時賊雖知調兵,然以爲虛聲嚇之如往日,非實事也。臣亦止在成都,積糧治器,若無事者,然不復柬,賊亦不疑。北兵俱集,臣移駐重慶,賊始知必剿,頗肆衝突。然我兵漸益,未易得志也。臣又念,兵以一路進,既道狹不能容,一有前却,不可復振,因分爲八路。又念路分而兵少,賊厚其陣以衝之,敗矣。因命每路皆三萬以上,每一路皆可以當其全師。又念關外賊黨多,不可勝誅,會兵部頒賞格至,首重招降,臣亦推廣之"但投戈者,皆赦不誅"。臣又念無賞,士不勇往,會兵部賞格首言"得賊者,即以其家資與之",臣亦推廣之"克關破囤,各懸賞,賞各以千萬計"。既川兵入關,臣又恐其人自爲心,若九節度之師然,因復委按察使張悌入,總監之。殺牲苣盟,務必得賊。臣又恐賊事急詐降,得以遷延,至暑雨漸深,我兵不能久困,令但急攻之,有稱降者,斬使焚書,無爲所紿。時湖廣之兵亦至囤下,臣欲入營親監之。會聞先臣之訃,臣恐營中遂懈惰不可用,因不待成服,跣而草櫬,亦以例應候代,照常督兵。有慢令者,尚方具在,令代中軍余德榮等再往監之。臣又念賊囤後易攻,囤前難攻,時諸將壁囤下者各有分地,因令以勁兵一枝壁其前,其餘并力於後。臣又恐諸軍士爭趨賊財物,或至亂行,至有他虞,移文再四申禁。臣又聞營中流言水西目把,尚不絕賊,恐漏軍情,因移文令其退剳。水西土官懼,勸其兵退而引嫌曰:"吾不欲爲亡播之續也。"

時久雨,軍士日在泥淖中。至六月之初四而天忽晴。初五日,遂破其二城。初六日,遂登其囤,賊以滅亡。總計八路兵,生擒賊首、賊從一千一百二十四名,斬級二萬二千六百八十七顆,俘獲賊屬五千五百三十九名口,招降播民一十二萬六千二百一十一名口,全活被擄男婦一千六十四名口,奪獲馬牛七百六十七匹隻,器械四千四百四十四件。

是役也,自賊破綦江至剿滅,可一年。自進兵至滅賊,百十有四日。當八路對壘時,土、漢兵既參差不齊,諸將領亦彼此觀望。播人劫於賊之積威,人自爲戰,未易即克。我各路又運糧艱難,時有脫巾之呼,臣日夜催督,走使持檄,至數百千。即兩省撫臣,各路鎮道亦靡不忘寢忘食,或至頭鬚爲白。總之,諸文武知廟堂之意,必欲滅賊,故鼓之即應,勞之不怨,誅罰之亦無敢囁嚅者。倘更一月而賊不滅,暑雨久,瘴疫深,我將自潰,無問賊矣。該臣會同巡撫貴州郭子章、巡撫湖廣支可大、巡撫偏沅江鐸議得,國家方制萬里,日所出入之邦,悉爲郡縣,獨西南諸省不廢土司,蓋亦曰因俗而治,與之相安云耳!二百年來,此輩犬羊之性,不堪馴擾,亦時有之。然未有如播酋楊應龍之公然叛逆者,則何也?蓋其地險,其兵强,其才力足以使鬼通神,其聲勢足以呼群嘯黨,加以年來方宇多事,九伐之旌未遑南指。彼遂時時狂逞,亦遂時時得志。井蛙之見,謂縣官真無奈我何。諸群不逞,如楊珠、楊明、何漢良、孫時業輩,睊其雄心,或時有以公孫躍、馬尉佗自王之說進者。賊亦自念騎虎勢不得下,將曰:"等死耳,無且舉大名乎?"於是恣其狂圖,淫怒以逞,而破城殺將,鵲起西南之勢成矣。

夫天下非小弱也,九州四海兵非脆,糧非乏也。向賊逆未著,皇上不忍遽觀之兵,曰:"吾且舞干,吾且解網,姑俟其悔過而與之相安無事。"乃不謂凶人之性不移也。始天怒赫然,斷在必剿。夫斷而敢行,鬼神避之,況此么麼者乎?蓋自進剿之旨下,上方之劍頒,然後海內熊虎之師如雲而集,陳紅之粟蔽江而上,智士陳謀,勇夫效力,火燎毛,山壓卵,賊即欲不灰飛烟滅,亦曷可得已?臣等嘗即諸路之功而評叙之:在四川則楠木、三峒,賊黨以爲三窟,謂天險不可升者也;婁山關,賊前門,我所必由,賊所必爭者也;海龍囤,賊以爲天造地設,人迹所不能到,兵力所不能加者也。三戰而克之,賊力竭矣,不亡何待?夫賊黨自戰其地,猶易與也,惟賊父子親在行間,諸賊人人致死,難與爭鋒。該路到處,與賊父子對壘,最快者,九盤子之戰,賊悉其精銳以付朝棟,令之從綦江進,從南川回,此其目中尚復有官兵乎?劉綎一戰而走之,自是播人爲之破膽。尤快者,諸軍壁海龍囤下,連月不拔。綎至,一日而克其二城,賊遂滅亡。至今群口囂囂然,竟無敢没其先登之烈者。兵法:"無選鋒曰北。"綎於諸路,其選鋒乎!則綦江路之功也。臣嘗言"破賊關外宜招降,謂多不可勝誅也;關內宜疾戰,謂師不可老也"。安村、羅村、陶洪三寨生口以數萬計,勝兵以數千計,令貪功者以大兵初入,必且多殺以報捷。勝之,則傷仁;不勝,則損威矣。而該路坐受其降,兵不血刃。自是一戰而斬郭通緒,再戰而入崖門關,三戰而屢捷於水牛塘。賊計無復之,遂父子相哭而上囤矣。當其入水牛塘時,川兵入關,去囤尚遠;湖貴兵在關外,絶不相聞。吳廣以孤軍去囤數十里而結營,犯兵法之所忌,而卒以得志,自非其令嚴而戰力當不及。此後雖有講降誤事,然有黔而奮,竟以成功。逆賊父子盡獲其首,終不失爲全捷,則永合路之功也。南川路最險最遠,去囤可六七百里,賊以爲官兵必不能從此進。當馬孔英之未至也,高折枝以一書生請自將漢土兵以往,此固已雄偉不常矣!乃師期一月之前,先搗官壩營,以寒賊膽,而撤回龍泉之兵,且以解思、石之危,其事甚奇,其功甚大。比進兵從真州入,真人則簞食靈漿以迎,播人則弃甲曳兵而走,居然有三代之氣象。時諸將欲候各路消息方入關,折枝毅然曰:"若是,則誰爲當先入者?"策馬而前,衆隨其後,竟以三月初八日奪桑木關而據之。臣用是以催各路,尚有四月入者。令諸將皆折枝,諸路皆南川,滅賊當更速。抵關而馬孔英至,則文武相得,如樂之和。自是日日約各路攻圍,有應,有不應,甚或以相誹訾,而折枝不顧也。分攻令下,諸將爭走後門,該路獨壁前門。夫後門,我易攻賊;前門,賊易衝我。亦曰:"誰爲當賊衝者,蓋亦先入關之意乎?"破囤之役,後門以二路更攻,前門以一路搏戰,日夜揮戈,人百其勇,坐使賊自盡,而逆黨無一逸者。總之,倡諸路之先,作三軍之氣,令黔師不得以賊強我弱借口,而竟以奏功。臣於該路文武,蓋心折焉!則南川路之功也。在湖廣,則偏橋一路。江外爲四牌,江內爲七牌,皆五司遺種、九股惡苗,盤據糾結乎其間。四牌不掃,即武騎千群,未易窺一渡也。陳璘獨以一旅之師,先掃四牌,開我進兵之路。用是烏江內賊黨寒心。長坎、瑪瑙、青蛇三囤自昔以爲險絶,官兵所從未易得志者。臣亦慮其難下,令降之。璘以爲除惡務盡,竟以一鼓而升其巔,殺戮數千,臭聞十里。時龍泉哨施南兵亦已先克板角關,至今湄潭、白泥之間,四牌、七牌之苗遂無遺種,非璘之力不及此。該路漢兵少,土兵多,糧運少,遲便成噪呼,璘令嚴而法肅,卒能使之,用命而不爲害。迨至克關逼囤,議設木柵、製鐵牌以防賊逸,其機智有足多者。卒以入虎穴,得虎子,閹人、繡女纍纍在俘,則偏橋路之功也。貴州各路與川、湖不同,其地近,其兵少,其餉乏,其夷性反覆而靡常,其民心搖惑而不定。茲之用兵,又非以一淬厲、一鼓舞之爲競者,烏江失律,已見法矣!然能借是以激厲水西,俾之絶狐兔之情,踐虎狼之窟。母氏囤一戰,大足袪逆酋之魄,而奪之氣。此則失之武人,得之文吏,蓋運籌者之苦心乎!李應祥以孤危之兵,當艱虞之時,能自審於緩急進止之間,以守爲戰,以招撫爲進攻,卒之轉弱爲強,揚旌直指,斬首數百,招降數萬,因破諸囤,斬三渡,抵白田,何其壯也!竟以連合川兵,同心戮力,破重城,俘群醜,振積弱之邦,舒華夏之氣,始如處女,繼如脫兔。茲其審於機而神於用,豈易得哉!則平越、烏江、沙溪諸路之功也。

夫我國家從來用兵,未有大得志於西南夷者。國初,傅友德統二十四將軍,止言防守,未聞戡定;正統間,麓川之役用兵五十萬,轉餉半天下,升叙萬人,三返而罪人竟逸;嘉靖初,思田之役,以剿始,以撫終,至今爲諸夷借口,茲其大致可睹已。諸帥固庸衆人,臣等三五書生耳!其智略、才力不及古人遠甚。乃兵纔逾二十萬,進兵纔逾百日,費纔二百萬,而幸成功,此非臣等之力,皆由我皇上神武獨斷,委任不疑用,使文武同心、將士效死,爰有成績。臣每誦詔旨,即十行之札,萬里之外,往往瞭於指掌,而析於毫毛,輒沾沾自得,以爲賊平矣!已戰勝於堂上矣!夫淮、蔡之平,直須一斷,何況聖朝廟謨洋洋若此哉!

　　——(乾隆)《貴州通志》卷三十四《藝文志·疏》,載《中國地方志集成·貴州府縣志輯》,第 5 冊,68~72 頁

播地善後事宜疏　李化龍

　　查該州,地鄰三省,然楚止偏橋路通一線。蜀與黔蓋無所不接壤。夫蜀無藉於播,黔,瘠壤也,若乘此時而割播地以附黔,則於蜀無損,於黔有裨。且臣等別疏又請以楚之四衛并割附之,從此黔省幅員得與十二省比長絜大,甚爲長便。但盡屬之黔,則地方千里,諸凡締造,勞費尚多,亦黔所不能堪。因議設爲二府,分隸黔、蜀,庶建邦啟土,各自經營,成聚成都,指顧可就。皇上廓清之績,既已盡被於三藩,而駢襁之仁,又復再造於黔土矣。除寬脅從,撤兵馬,招流移,厚賑恤,抑兼并,清橫恣等項,凡明旨所叮嚀而兵部所條議者,俱已陸續舉行。尚有後開款目,謹集衆思,列爲十二事呈覽:

一復郡縣。播州南極牂牁，西連僰道，漢唐改爲郡縣，在川、貴之間，亦一都會也。至唐乾符間，陷於南詔，楊端取而據之。今逆酋既平，相應改土復流，以變夷俗。及照播州白田壩，沃壤數百里，即播州遵義縣故地，當復府治，設縣附焉。桐梓當綦南之衝，走川、貴道也，舊爲夜郎縣故地，當復一縣；望草南接婺、思，北達真、涪，爲綏陽縣故地，當復一縣；仁懷濱播枕永，襟合帶瀘，爲懷陽縣故地，當復一縣；真州即古珍州，川原平衍，商販周遊，應復一州；以上俱係川省統轄。黃平爲川、貴要區，舊設撫苗通判一員，列衛重慶，駐鎮彼中，其與播勢相控馭，并爲重地，應設一府；湄潭、龍泉地里廣邈，各應建設一縣；甕水、重安合設一縣；餘慶、白泥合設一縣；并草堂、容山二司，應割隸各縣；以上地方去黔甚邇，相應改隸貴州統轄。總計增府二、州一、縣八。蓋亂流初殄，地闊人稀，姑建數城以爲繫屬，以後地闢民聚，無妨增設。其二，府治與附郭縣分正、佐首領，各應照例全設外，州縣正、佐首領俱應量減。

一設屯衛。播州地方千里，山川險惡，夷漢雜居，又逼鄰二大土司，時有啟疆之志。必須設官軍，建屯衛，以明居重馭輕之勢。因設一衛於白田壩，與府同城。指揮使一員、同知二員、僉事二員、鎮撫一員、經歷一員、知事一員，所屬前、後、中、左、右五所，每所正千户一員、副千户一員、百户四員，所軍各一千，共五千。衛所官於從征有功者，酌量升授。不足者，於鄰近願入者調取移實之。其邊隅逼鄰土司地方，各設屯田，每軍照祖制二十四畝，再加六畝爲冬衣、布花之費，其三十畝自種自食，不必納糧於官，又復領出，紛紛滋弊。各開屯處，除養屯軍之外，餘田仍照民地起科，上納本，折於各州縣，爲衛官俸廩，及不時軍興之用。每年孟冬、仲冬、孟春、仲春農隙，各屯官時加操練。又以十月、二月望日，齊赴兵備道，大操三日，驗其武藝，較其強弱，而明賞罰焉。老弱者汰之，一屯老弱多者，并革其官軍田，即另募壯丁補伍，庶軍得實用。異時即募兵散盡，此五千軍與主兵三千，自有八千可用之兵矣。

一設兵備。播地三面環夷，干戈甫戢，當此經綸草昧之始，設立有司，可以招撫流亡，或未能長駕遠馭而圖久安。布置將領，可以備禦倉卒，或易於生事徼功而開邊釁。欲以內修戎備，外懾夷心，整肅群僚，畏服衆志。爲地方長久之計，必設分巡兼兵備官一員，於播州白田壩新建府城駐劄，專一整飭新復郡縣并重慶，衛忠、黔二所，永寧、酉陽、石砫、平邑等土司兵務，兼理有司錢糧、獄訟。其重慶府巴縣、綦江、南川、涪州、武隆、彭水切鄰地方，悉聽管轄，以便行事。黃平新設一府四縣，雖割屬貴州，但人心初附，田上界連，與貴州、水西宣慰司并聽兼制。

一設將領。播淪於夷，閱八百餘年，風俗獷悍，法令扞格已久。今地雖蕩平，而逋孽潛藏，漢夷錯雜，招苗樹黨，越界侵田，時所必有。今議播州留兵一萬，黃平留兵三千，粗足防守。然必得一大將鎮之，始可無事。查得先年克平九絲，議留總兵一員鎮守其地。今建武視播稍緩，即一參游足領之。合無將軍門標下添設練兵游擊一員，改駐建武防守。

原設總兵,移鎮播地。應留各兵挑揀家丁三千,買馬三百,内標下標兵、家丁二千七百,馬二百七十,以坐營千把總領之。兵道員下家丁三百,馬三十,以中軍領之。有事,俱聽總兵提調,名爲正兵。此外,兵七千酌量分布於白田壩、真安、桐梓等縣,播川等邑防守,内以一游擊領三千,以二守備各領二千,各用千把總分領之。有事征戰,無事即爲築城鑿池、建郡縣、修郵驛之用,糧銀照依舊例支發。徐侯建置竣工日,除家丁三千,馬三百外,餘軍以次議撤,有願附籍當軍及民當差者,聽千把總俱於附近衛所官内選用。其黄平留兵三千,仍設一參將領之,總聽防播總兵節制。

一丈田糧。環播幅員千里,田地無慮數千萬畝。舊時,額糧止歲以五千八百石輸貴州,蓋蠻方賦稅原輕。至應龍巧立新法名曰"等賓",每田一畝,徵銀數錢。初,猶歛其財以招苗,後并奪其地以養苗,而賦法蕩然盡矣。今既改流,自當責成道府,親率州、縣官定疆界,沿丘履畝,逐一丈量,分爲等則,造册呈報,以定賦法。額糧輕重,蜀無定規。查克平九絲,丈量田地,分別上、中、下三等。每畝上田四升,中田三升,下田二升。播地山水間雜,不止三等,尚有上上、下下者,宜逐項分析。最上者,一畝可當上田幾畝;最下者,幾畝可當下田一畝,則待臨時酌定,難以預計。丈完,總計田地若干、糧若干、徵本色若干、折色若干。俟二年之外起科,除足一年夏、秋二稅,銀力二差,一切雜費外,餘解布政司,充邊餉支用。

一限田制。播土舊民,自逆酋倡亂,大兵征討之餘,僅存十之一二。遺弃田地,多無主人,册籍不存,疆界莫考。復業之民,往往冒認影占,原少報多,原瘠報肥,甚至一人占田一二千畝,尚有异省流徒假播籍而希冒占者。今應將播之舊民號"楊保子"者,查果真的,無論原業肥瘠,俱人給田三十畝,上、中、下攙配均給。若一處皆上田、皆下田者,臨時酌給。大率純下田多不得過一百畝,純上田不得少過二十畝。其原非播民,凡不能爲楊保語者,無問曾否寄住,皆不得妄認。遺下無主民田,另行招人承種、納糧、當差。應龍官庄并楊兆龍、田一鵬、何漢良等諸擒斬過有名頭人庄田,盡數没官,聽三省之民願占籍播州者承糧。其領田之人,查照時值,量行上納,以充目下建立城池、衙門、驛傳諸費。亦定爲限制,平人不得過五十畝,指揮千、百户不得過百畝,俱於丈量時定糧定價,令不得那移。州、縣官收過絶産,價值給付印契,登入循環,聽兵備道稽查,轉報撫按查考。官吏乾没,從重治罪。

一設學校。播故有學。宋元之世,俊茂朋興,如冉從周、猶道明、白鎮之流,俱登進士,蜚聲上國。自逆龍禁錮文字,寇仇儒生,坑儒燔書,禍同秦始。今干戈既戢,文教宜先。白田、黄平舊有學宫,補葺亦易。特當於二府原學各補教授一員、訓導二員。至博士、弟子員,無論附郭、外縣,但入學,使之選者。蜀新四縣隸白田學,黔新四縣隸黄平學。待各縣人文漸盛,物力稍紓,嗣各立學未晚。真安既改爲流,其地方殷富,人物頗華,亦須建一學宫,設一學正,以示維新之化。

一復驛站。播州各驛，自逆酋閉關負固，驛官不敢赴任，過客不敢經行，站户逃徙，館舍丘墟，十數年矣。兹者，地方底定，道路大通，驛站之設，勢不容已。查播州舊轄松坎、桐梓、播州、永安、湘川、烏江、昌田、砂溪、仁水、湄潭、鰲溪、岑黄、白泥一十三驛，俱當川、貴孔道。所有各該驛館，應趁時興工，合用匠役，亦於兵夫內查有慣造者徑撥，不足者，於附近州縣取用。工食、銀米，計算於該邊支剩軍餉內動支。仍責成新設府佐一員，往來稽督，不許虛冒錢糧，曠廢時日。事完册報。又查各驛夫馬支應及官吏俸薪，舊額土司供辦，今既改土設流，似應與腹里驛站一體僉派。但流民授田方始，難便買馬行差，目前一切站銀暫令官爲出辦，俟里甲稍定，即行編派。至夫馬額數，應照衝僻爲準。湘川驛附郭爲四路最衝，應設馬四十匹，夫八十名；松坎、桐梓、播州、永安四驛地衝路險，應各設馬三十匹、夫五十名；烏江、仁水、湄潭、岑黄、鰲溪、白泥各驛俱次衝，應設馬各二十匹，夫各三十名；昌田、沙溪止通水西次僻，應設馬各十匹、夫各二十名。各驛官見在者，行令赴驛任事。驛吏因屬土司，舊未撥發，今應行川貴兩省布政司照缺查撥。

一建城垣。播州一府、一州、四縣，與黄平一府、四縣，并宜改築石城。石少者，以磚代之。其兵備道、總兵府并府、衛、州、縣衙門公署、倉厰、庫獄、城隍廟、演武場，與二府一州儒學、文廟殿廊、齋舍等項，俱當以次修舉。而各官一抵地方，棲身爲急，衙舍之建，尤宜首圖。各府、州、縣正官選委勤敏佐貳，於堪動銀內行支，克期興工，多方稽督。大約城垣以歲辛丑二月內起工，限年終落成，餘各以次修舉。就中員役有怠惰、冒破、工力草率者，俱聽該道參詳挐究。事竣之日，造册報撫按衙門奏繳，庶險要可資，防禦有賴。

一順夷情。播州皆夷也，大兵之後，爲賊用力者，芟夷蘊崇，已無遺種。今見在者，曰各司土官，曰七連奏氏，曰投降夷目，皆宜安插得所，顧就中情事不同，亦宜分別。如八司，曰播州、真州、白泥、餘慶、草塘、黄平、重安、容山，內安撫二，長官六；又一司甕水，原無印信，亦稱長官；又有宣慰司同知羅氏，此皆世有官號，與播并建者。播州長官王積仁以附播被擒獻俘，與楊氏俱滅。真州附播多年，綦江之破，助兵三百，著在耳目；同知羅氏與江外五司具疏改流，挑怨速禍，至有今日之事。海內震動，流血千里，則諸司者，罪之魁也。故說者謂真州宜止其附播之辠，江外諸司宜以起釁絕之。第王道如天，罰宜從輕，賞宜從重。真州當進兵之初，率先歸附，正副長官各以千人從軍；江外諸司各招兵聚義，充黔楚嚮導。合將真州長官即爲該州土同知，副長官即爲土判官；江外諸司安撫與正長官即爲該城土縣丞，副長官即爲土主簿；同知羅氏爲新府土知事。此外尚有投降夷目，原非長官，本無冠帶，但賞格曾坐名開諭，輒爾先事歸誠，亦宜少示眷酬，以明恩信。如上赤水里頭目袁年父遭酷禍，投降最早，宜授以所鎮撫職衘；下赤水里頭目袁鑒，仁懷里頭目王繼先，安、羅二村頭目羅國明、羅國顯、安巒，以上五名，念其返邪歸正，量授冠帶總旗，諸人田產止將本身者照册撥給，應納稅糧，通附州縣官處上納。其餘里人俱令附籍，納糧當差，不許仍以家人爲名，恣行霸占，違者治其前罪。至於七姓奏氏，始助楊氏之惡，繼傾楊氏之族,尤爲禍首。今蒙王仁寬宥外,如仍蹈故習,豪橫害民,該道徑行拿問發落。地方人民指稱前事告害者,亦如之。

一正疆域。播地東北接連三省,縣衛各有疆界,無容溷淆。西南左接水西,右逼永寧,雖犬牙相攪,未能齊一。然畫野分疆,亦自有相沿界址。惟是夷性互爲雄長,強則侵凌,弱則減削,甚至有一地而甲乙互臨,一人而齊楚兼事。如儒溪、沙溪、水烟、天旺,皆播州五十四里之數,見有黃冊可考。緝麻山、李博埡、仁懷、石寶、甕平等處亦皆播州世業,祇緣先年楊氏中衰時,曾爲永寧、水西侵占,後應龍當事,治兵相攻,恢復故業,各邊目又已任其糧馬,兩下支持,此在土司可也。今既改土設流,自宜各復其故。乃水西止求清查,永寧輒行瀆擾,且動以瓜分爲言,罔上行私,垂涎占業,應行該道會同鄰近道分,及早清查一切相鄰地方,原係播者歸播,原係永寧、水西者歸奢、安,刻石立碑,永爲遵守。其鄰邊目把,如不安分義,妄肆爭侵,重行究治,干礙土官一并參處。此疏從《四川志》中采入,敘播中善後事最爲詳悉。但前書十二條,後止列十一條,且文勢尚未收束,疑有脫簡,別無書可查,姑仍之。

——(乾隆)《貴州通志》卷三十四《藝文志·疏》,載《中國地方志集成·貴州府縣志輯》,第 5 册,72~77 頁

開平越新疆疏　郭子章

題爲播地蕩平,經制宜定,敬陳善後切要事宜,伏乞聖明采擇,以永奠遐方事。

萬曆三十一年,據貴州布政使司經理分守新鎮道等呈前事,該臣看得,播未平之先,急在征討;播既平之後,急在經理。征討者,矢在弦上,不可不發。經理者,鹿在圍中,不可不緩。仰誦明旨,一則曰"牽累的都免窮治,流移的招他復業,還與優加賑恤,以安新定地方"。一則曰"招撫流移復業,毋令豪強冒奪"。大哉皇言,明見萬里,恩加八番,所以安集鴻雁於澤,休息鴛鴦於梁者,靡不周且詳矣。臣等奉行綸音,宣導德意,與經理諸臣,上自道府,下至丞尉,亦至於再,至於四矣。顧經理之節目甚瑣甚冗,而其體統在官與民。土官曰"先人歷代遺土";新官曰"朝廷業已改流",枘鑿不相入而互相持。舊民曰:"此吾世業,而偶失之也,何知新民。"新民曰:"汝罪人,幸而脫刃者也,何得復戀。"熊虎各相噬而勢相戕。甚至新官與新民依倚,土官與舊民連結,各恃衆怙力,將人人棋峙,以觀成敗,此體統之難正也。築城垣於豺虎之穴,而獷悍不可使。度田土於荊棘之中,而尋丈不可核。建學校以化夷,而口舌紛紜。徵糧馬以給公,而支吾推諉。開道路以通商,而戎賊莽伏。物力詘,而無以應多役。粮餉殫,而無以張兵威。捉襟則肘見,調宮則商亂。甚至議改土徒勞,不如還舊。此節目之難理也。

臣與督臣、按臣會議,諭諸經理、司、道、府官。凡教在初,而禮爲始,暫給土官冠帶劄付,引於繩之內。次定與縣令迎送接見儀節,委以職事,稽其勤惰,毋令逸於繩之外,而官志始定。查舊田有憑者,還舊主;查逆田入官者,給新民;俱不令入價,而責其納租。土著

子弟稍通者,令之入學,青其衿,毋左其衽;新民子弟即平通者,止令寄學,不許觀場,二十年後始令赴試。而民志始定。體統既正,漸議築城垣。首砌龍泉,次砌甕安,又次砌餘慶、湄潭,又次砌平越、水城、黃平州城、銅仁縣城,又次修銅仁、平越府城,新添、龍里衛城,又次築平越行府、銅仁營堡,而城垣舉矣。即不敢謂金湯足恃,而三板安堵,千里聯絡,實空虛之地,爲扞蔽之資,脫有不虞,民亦可倚而守也。乃漸議度土田,起糧馬,丈出田地一十九萬四千有奇,歲徵銀一萬五千六百有奇,本色米四百有奇。雖比之遵義,不及十之一,而在黔中,稍稍成聚。即一郡一州四縣官員之俸薪,道路之夫馬,皂快之工食,踐更之戍餉,僅僅取給焉。又漸議建學校,則改平越衛學爲府學,以黃平州學附於平越府,而土著、新附之子弟,肄業有地。變椎結爲絃歌,柔靡莫而詩書,或者其籍此乎?又漸議開道路,則團聚哨兵,建立舖户,修飾候館,滇、楚賓旅,亦稍出途。迴視豺狼當道,荆棘塞路之時,則有間矣。

蓋自播平至今,已歷四年,各官經理,亦逾一載。城市鮮大吠之驚,叢祠罷狐鳴之盜,是皆皇上威遠,暢惠廣被,故令夜郎、牂牁驚烏獲安,平江、湄水窮魚復樂,豈臣等區區智力所能辦哉?第二三營造拮據之臣,其勞亦有不可泯者。謹將各府州縣築完城垣公署,丈完田地糧則并户口册籍上塵御覽。

——(乾隆)《貴州通志》卷三十四《藝文志·疏》,載《中國地方志集成·貴州府縣志輯》,第 5 册,77~78 頁

題設府州縣疏略　郭子章

播州之地,東西相距二千餘里,南北相距二百餘里。雖云慼國,亦係樂土。今議改流,東西可設二府,每府各設二三縣。播境原屬四川,與貴州鄰,二省界限原自分明。

至論建置大概,臣意自沙溪以至白泥,當以烏江爲界,設一府於白泥壩,而真州、蔞山、松坎等處可爲三縣。黃平在元已爲府矣,當設一府於黃平或平越。而餘慶、白泥二司,可爲一縣,甕水、重安二司,可爲一縣。此沙溪至白泥一帶建置之大概也。自白泥渡江至婺川縣,以二渡、板角、苦竹三關爲界,其中漢苗田土雜錯,惟湄潭可縣,龍泉可縣。龍泉土官安民志陣亡,其子尚幼,其印已失,土地已爲楊賊踐躪,合無將龍泉改建一縣,增置城郭,而以安民志之子世爲土縣丞,以爲死義者之勸。其祖職長官,世爲土主簿。此則思、石一帶建置之大較也。

第播州之名,其來已久,播之爲字,番之有才者也。以故應龍阻兵,崛強獷戾,竭四方之力,僅乃克之。夫南越破而聞喜建,呂嘉得而獲嘉名。龍州平,改爲龍安。九絲夷,更名建武。即播州納土於宋,亦改名遵義。計廟堂當有定謨,而播之名,似當更易。

——(乾隆)《貴州通志》卷三十四《藝文志·疏》,載《中國地方志集成·貴州府縣志輯》,第 5 册,第 78 頁

李化龍、王三善論　田雯

紀平播之功，曰李化龍；死水西之變，曰王三善。其人同，其事合，其心一，而要之用兵各殊，故成敗亦異也。方化龍之督黔以平播也，與黔、楚撫臣同心并力，一出於剿。既受命，則移鎮於重慶，而黔撫郭子章駐貴陽，楚撫支可大駐沅州，相犄角也。必俟延寧四鎮、河南、山東、天津、滇、浙、粵西征調之兵大集，然後啟行，最慎重也。分兵八路：川師四路，總兵劉綎從綦江入，以參將麻鎮隸，參政張文耀監之；總兵馬孔英從南川入，以參將周國柱、宣撫冉御龍等隸，僉事徐仲佳監之；總兵吳廣從合江入，以游擊徐世威等隸，參議劉一相監之；副將曹希彬受吳廣節制，從永寧入，以參將吳文杰、宣撫奢世續等隸，參議史旌賢監之。而中軍率標下游兵以應之。黔師分三路：總兵童元鎮統土知府瀧澄、知州岑紹勛等由烏江，參將朱鶴齡受元鎮節制，統宣慰安疆臣等由沙溪；總兵李應祥統宣慰彭元瑞等由興隆，參議張存意、按察司楊寅秋監之。湖廣偏橋一路，分兩翼：總兵陳璘統宣慰彭養正等由白泥，副總兵陳良玭受璘節制，統宣撫單宜等由龍泉，副使胡桂芳、參議魏養蒙監之。以偏橋江外爲四牌，江內爲七牌，五司遺種及九股惡苗盤據故也。而紀律嚴、黨與散矣。部署已定，大會文武於重慶，登壇誓師，諸道并進，以抵婁山關爲期，諭之曰：“關外且戰且招，多不勝誅也；關內疾戰勿受降，師不可久，賊詐不可信也。”又以劉綎素有威名，薦綎於朝，委以專制。人或疑其夙與應龍昵，則延入臥內輸心腹，且以危言激之，引其父顯九絲功爲比，致令綎大慟，願誓死報。又以水西爲應龍婚婭也，恐陰佐賊，則走檄以詰之，以故瀧澄戮其修好之使，安疆臣執賊二十餘人，以明不背。志氣既一，非同築舍之謀。駐兵既得其所，治兵又有次第，任用又得其人，先翦其翼，次伐其謀，復伐其交。是以海龍圍合，應龍勢蹙，投降之書立焚，拜表之欺不售，而倉皇自盡，妻子并俘。自出師至滅賊，凡百十有四日，而事平也。若王三善則不然。初則奉命撫黔，聞變募兵，率皆烏合之衆，非久練也。平越一戰而敗，即惝縮而不前，視重圍之困，不啻秦人之於越，必待舊撫李枟大聲疾呼，而後勉強以應，中情怯也。乘西賊之敝，一鼓而潰，遂以賊爲易與，而欲解散赴調之兵，驕必敗也。率師輕進，未幾而還，再抵大方，又欲反響，舉動擾也。雖三路分兵，而卒皆遠調，帥俱不和，主客不敵，形勢弗習也。其所任則怯懦之魯欽、馬炯，所信則詐降之陳其愚，用非人也。懸師虎穴，弭節逾年，中隔渭水之河，聲援已絕，儲糗六廣之岸，轉餉多難，失所據也。督主撫而撫王剿，心膂未齊，前跋胡而後疐尾，進退維谷，事權分也。師老而財匱，事拙而勢屈，況爲陳其愚所賣，烏有不敗者哉？

嗟乎！黔地山川險阻异常，狼子野心，不知漢大，未有提十萬之師而不爲餱糧計，深全軍之入而不爲孤注虞者。《兵法》云：“圮地勿戰，圍地勿攻。”又曰：“兵貴有謀，以多算勝。”自宜先定其規模，非可漫嘗於一擊也。況水西之地，十倍於播，播猶八面圍，而水西止以一面攻。播無遠近之援，水西則有烏藺之助。化龍乃以全力制之，而勿敢輕；三善則以獨力任之，而不爲意，何其謬哉！然而身没戎馬，心同皎日，視死如歸，英烈猶存。王中丞之忠,固史册書之,黔人祀之,歷千百世而不可泯者矣。

——(乾隆)《貴州通志》卷三十七《藝文志·論》,載《中國地方志集成·貴州府縣志輯》,第 5 册,147～149 頁

討播誓師文　李化龍

蓋聞《春秋》之義,人臣無將;漢法所誅,大逆不道。逆賊楊應龍者,本以夷種,世厠漢官,被我冠裳,守彼爵土。輒敢忘天朝豢養之恩,恣鬼國凶殘之性。初但殃及骨肉,繼乃禍遍蒸黎。嬰兒孕婦,既被誅戮。殺將屠城,以爲常事。虐焰燔乎五司七姓,淫毒漸於九溪三巴。天地不容,神人共憤。皇上痛兆人之失所,杜列辟之效尤,遂伐暴以安民,乃興師而問罪。化龍等共以職守,咸在戎行,義當戡亂成平,勢湏分猷共濟。蓋必三省之內,文武將吏,以及四海之中,漢土官兵,堅除凶、雪耻之圖,奮戮力同心之誼。庶幾共獎王室,乃可必得罪人。

兹將鞠義旅以徂征,敢用對明神而作誓。且惟忠可以報主,惟公可以服人;惟至死不貳,可以徇國家之急;惟精白無欺,可以樹掀揭之勛。凡在行間,請事斯語:如其無貳乃心,克勤王事,神亦陰爲庇相,俾享成功。若督撫鎮道及副參游守府縣衛所大小文武等官,有懷奸飾詐,罔上行私,乾沒軍資,枉殘民命。妒人則以功爲罪,逃刑則以罪爲功。或假公事以報私仇,或因小嫌而妨大事。或以是爲非,以非爲是,任一己之見,而失三軍之心;或當進不進,當援不援,偷一時之生,而戕萬民之命。或懷忠不盡,退有後言;或臨事避難,轉生枝節;或賞罰功罪之不明;或南北漢土之异視;或持兩端而窺利;或枉三尺以徇情;或造疑似影響之説以傾人;或挾機械變詐之術以利己。有一於斯,即爲負國。負國之人,其名爲賊,明神殛之,死不旋踵,逮及閫門,永絶其嗣! 夫神聰明正直,不偏而平一者也,有人負國而不知,"聰明"謂何? 有人負國而不誅,"正直"謂何? 有人負國而不知誅之,"不偏與平"之謂何?

夫神護國佑民,以食其報者也。神不明,則士不奮;士不奮,則賊不滅;賊不滅,則民不安;民不安,則凶年殺禮,於神亦有不利焉。敢盡布之明神,惟明神其圖利之!

——(乾隆)《貴州通志》卷四十三《藝文志·文》,載《中國地方志集成·貴州府縣志輯》,第 5 册,267～268 頁

祭張監軍文　李化龍

嗚呼! 鄙諺有之:"人死留名。誠得死所,雖死亦生。"惟公誕河山之粹氣,毓燕趙之精英,負奇每悲歌慷慨,臨事輒憤惋不平。當其守山海,備蘭州,蓋嘗丸泥封關,稱北門之鎖鑰;亦嘗鳴劍抵掌,絶大漠以橫行。既逆酋之發難,遂杖策而西征,扣門數語,肝胆立傾。語時事,撫心動色,恨籲九閽之無路;談叛逆,嚼齦立髪,願捐七尺以相從。遂戎服而

蹈重關之險,乃匹馬而監却月之營。信明天日,威肅雷霆。望之者鶴唳風聲而避,歸之者簞食壺漿以迎。既抵賊壘,獨主齊盟。時投袂而作三軍之氣,時揮戈而蹈九地之攻。義形於色,即衆怒群猜其奚恤;威加於敵,遂灰飛電掃以功成。蓋聞初五之戰,公獨搖旗助喊,與賊相持者終日;初六之入,公則勺水不下,卒至勞形而敝精。蓋功以此立,病以此成者與!

嗟夫!公之死,非一端矣。當機可乘而輒失,盟屢叛而無功。甘養虎而遺患,誰築舍而反耕。縮朒者,爲賊所愚,至不以一矢相加遺;庸懦者,縱恣剽掠,等三尺若一髮之輕。即走卒爲之氣塞,何況受命而監國之兵。又況乎三月之間,山嵐水瘴之與居,困苦飢渴之相仍。公之死,勞耶?憤耶?憂耶?鬱耶?不然,胡爲乎以飄飄凌雲之氣,不數月而失藏山之壑,咽鄰笛之聲。

嗟乎!公則死矣,赤膽忠心之士,竟與山原之道殣同命;世之庸庸碌碌何限,往往飽富貴而享功名。顧廉頗、相如,其人死矣,千載之下,猶有生氣。曹余、李志,奄奄如泉下人,何足爲生。憶當五月望後,義師漸老,余且脂車秣馬,欲馳入柳營,而親取衡命者之首,乃以家訃而不果於行。獨灑泣而草檄,誓一死以激群情。即大衆不無感動,公獨拊膺頓足,矢諸天日,而遂以一日克萬仞之城。然則公之死,半爲國,半爲我也,余亦何心而不掩泣返袂,涕汍瀾而淚縱橫。臨風一奠,茹哀數語,蓋半以紀公殉國之績,而半以洩吾不平之鳴。嗚呼!哀哉!

——(乾隆)《貴州通志》卷四十三《藝文志·文》,載《中國地方志集成·貴州府縣志輯》,第 5 册,268～269 頁

祭房、張二將文　李化龍

嗚呼!二將軍之死也,經歲於今矣。人亦有言"死有重於泰山,有輕於鴻毛",如二將軍之死,輕耶?重耶?夫逆賊應龍,淫怒以逞,荼毒生靈,原野厭人之肉,川谷流人之血,既有年於今矣。人臣無將,將則必誅。封疆之臣,滅此朝食豈俟問哉!乃數年來,未有顯言誅之者,何也?懦者以私,婪者以賄。苟就一時之利,而不顧國家久遠之害。晚近庸臣,大抵然耳。

蓋顯言誅之,自房將軍始。將軍提一旅,捍孤城,豈足以當播州之全師?顧義氣所激,直欲挫逆賊而平吞之。恩重身輕,威尊命賤,所從來矣。迨逆賊卷土而來,相與從事於顏行,將軍不沮不懾,擁孤軍以抗强敵。又得謀勇俱足如張將軍其人者,左右其間。一戰東溪,再戰四埡,奮臂一呼,萬夫辟易,斬將搴旗,潰圍陷陣,何其壯也!終以力盡援絕,鼓衰士散,竟至以身殉城。然其英風義烈,猶足吐懦夫之氣,激壯士之肝,亦已奇矣。

且自二將軍死而後,賊負不可赦之罪,人堅必誅賊之心。九伐方張,四征伊始。此非賊能死二將軍,乃二將軍能滅賊也。假令守綦江者,非有磊磊落落如二將軍,必且與賊

通,必且爲賊諱。養其鱗甲,長其羽翼,突而鵲起,席卷川巴。李特、王建,前事不遠。即不然,殺人者,可以不死;無君者,可以自全。將使人懷問鼎之心,戶比齒馬之迹。僭擬成風,綱常掃地。不及十年,人其戎矣,瓦解陸沉,豈足爲喻。蓋二將軍死,非獨以存蜀,是天下理亂得失之關也。即謂之重於泰山,是耶?非耶?

嗟乎! 人誰無死? 以法死,以賄死,以寒病不汗五日死,以飲酒御婦人死,等死耳。要以生無榮名,死無令聞,縱使百千萬劫,只如未生,甚且遺之臭耳,則其死,輕也。二將軍死既聞,天子嘉其義烈,贈以極品,賞以延世,千秋廟貌,比於睢陽。嗟嗟! 可不謂重耶? 龍既入渝城,誓師剿逆,高二將軍之義,乃爲文以祭之。二將軍有靈,當且率綦城之厲鬼以殺賊,始信二將軍果能滅賊,死乃益重也。

——(乾隆)《貴州通志》卷四十三《藝文志·文》,載《中國地方志集成·貴州府縣志輯》,第 5 册,第 269 頁

播州感興　李先立

楊家世業已蒿萊,雌鳳妖驪穩禍胎。躍馬真成蛙坐井,鞭山未信海如杯。從來負固無完局,豈待殘燒辨劫灰。指顧重關天險失,夜郎自大古今哀。

——(乾隆)《貴州通志》卷四十五《藝文志·詩》,載《中國地方志集成·貴州府縣志輯》,第 5 册,第 326 頁

（乾隆）貴州志稿[＊]

  （萬曆）二十七年，皮林蠻叛，播賊寇平越，殺都司等官，復寇東坡，寇龍泉，寇烏江，參將以下多死之。賜總督李化龍劍，令便宜從事。二十八年，貴撫郭子章及督臣李化龍、湖撫支可大誓師討播。楊應龍自縊，餘黨悉平，以其地設平越、遵義兩府，湄潭、甕安等十縣。遵義府轄遵義、綏陽、正安、仁懷五縣，隸於蜀。平越府轄平越、甕安、湄潭、餘慶、黃平州四州、縣，以龍泉縣、石阡府隸於黔。

  ——（乾隆）《貴州志稿》卷一《黔省開闢考》

省志（一）

 ＊ （清）潘文芮：（乾隆）《貴州志稿》，貴州省圖書館藏紫江存素堂鈔本複製本。

黔書*

（萬曆）二十八年，以播地設平越府。

——《黔書》上卷《創建》，載《中國地方志集成·貴州府縣志輯》，第 3 冊，第 469 頁

萬曆二十八年，改湖廣平溪、清浪、偏橋、鎮遠四衛隸貴州，黎平府隸湖廣。三十一年，復以四衛隸湖廣，黎平仍隸貴州。

論曰："地之分合，因乎時制之便否，酌其宜。犬牙之說，柱蓋未可膠也。黔之幅員亦其褊矣，在昔截楚移播而後成，有如水田之衣，雖則成衣，然捉襟則肘露，而短方至骭也。"

——《黔書》上卷《改隸》，載《中國地方志集成·貴州府縣志輯》，第 3 冊，470～471 頁

紀平播之功曰李化龍，死水西之變曰王三善，其人同，其事合，其心一，而要之用兵各殊，故成敗亦异也。方化龍之督黔以平播也，與黔楚撫臣同心并力，一出於剿。既授命，則移鎮於重慶，而黔撫郭子章駐貴陽，楚撫支可大駐沅州，相犄角也。必俟延寧四鎮、河南、山東、天津、滇、浙、粵西徵調之兵大集，然後啟行，最慎重也。分兵八路，川師四路：總兵劉綎從綦江入，以參將麻鎮隸，參政張文耀監之；總兵馬孔英從南川入，以參將周國柱、宣撫冉御龍等隸，僉事徐仲佳監之；總兵吳廣從合江入，以游擊徐世威等隸，參議劉一相監之；副將曹希彬受吳廣節制，從永寧入，以參將吳文杰、宣撫奢世續等隸，參議史旌賢監之；而中軍率標下游兵策應。黔師分三路：總兵童元鎮統土知府瀧澄、知州岑紹勛等由烏江；參將朱鶴齡受元鎮節制，統宣慰安疆臣等由沙溪；總兵李應祥統宣慰彭元瑞等由興隆，參議張存意、按察司楊寅秋監之。湖廣偏橋一路，分兩翼：總兵陳璘統宣慰彭養正等由白泥；副總兵陳良玭受璘節制，統宣撫單宜等由龍泉，副使胡桂芳、參議魏養蒙監之。

---

* （清）田雯：（康熙）《黔書》，載《中國地方志集成》編委會編：《中國地方志集成·貴州府縣志輯》，巴蜀書社，2006 年。

以偏橋江外爲四牌,江內爲七牌,五司遺種及九股惡苗盤據故也,而紀律嚴黨與散矣。部署已定,大會文武於重慶,登壇誓師,諸道并進,以抵婁山關爲期。諭之曰:"關外且戰且招,多不勝誅也;關內疾戰,勿受降,師不可久,賊詐不可信也。"又以劉綎素有威名,薦綎於朝,委以專制。人或疑其鳳與應龍昵,則延入臥內,輸心腹,且以危言激之,引其父顯九絲功爲比,致令綎大慚,願誓死報。又以水西爲應龍婚姻也,恐陰佐賊,則走檄以詰之,以故瀧澄戮其修好之使,安疆臣執賊二十餘人,以明不背。志氣既一,非同築舍之謀;駐兵既得,治兵又有次第,任用又得其人。先翦其翼,次伐其謀,復伐其交。是以海龍圍合,應龍勢蹙,投降之書立焚,拜表之欺不售,而倉皇自盡,妻子并俘,自出師至滅賊凡百十有四日而事平也。

若王三善則不然,初奉命撫黔,聞變募兵,率皆烏合之衆,非久練也。平越一戰而敗,即惝縮而不前,視重圍之困,不啻秦人之於越,必待舊撫李橒大聲疾呼,而後勉強以應,中情怯也。乘西賊之蔽,一鼓而潰,遂以賊爲易與,而欲解散赴調之兵,驕必敗也。率師輕進,未幾而還,再抵大方,又欲反轡,舉動擾也。雖三路分兵而卒皆遠調,帥俱不檢,主客不敵,形勢弗習也。其所任則惺懦之魯欽、馬炯,所言則詐降之陳其愚,用非人也。懸師虎穴,弭節逾年,中隔渭水之河,聲援已絕;儲糧六廣之岸,轉輓多艱難,失所據也。督主撫而撫主剿,心膂未齊,前跋胡而後疐尾,進退維谷,事權分也。師老而財匱,事拙而勢屈,況爲陳其愚所賣,烏有不敗者哉!嗟乎!黔地山川險阻異常,狼子野心,不知漢大,未有提十萬之師而不爲饒糧計,深全軍之入而不爲孤注虞者,《兵法》云:"圮地勿戰,圍地勿攻。"又曰:"兵貴有謀,以多算勝。"自宜先定其規模,非可漫嘗於一擊也,況水西之地十倍於播,播猶八面圍,而水西止以一面攻播,無遠近之援,水西則有烏藺之助,化龍乃以全力制之而勿敢輕,三善則以獨立任之而不爲意,何其謬哉!然而身沒戎馬,心同皎日,視死如歸,英烈猶存,王中丞之忠,固史冊書之,黔人祀之,歷千百世而不可泯者矣。

丁煒曰:"用兵之道,先定規模而後從事,李、王二公成敗異效,亦定與不定之分而已。故追溯往事以示法戒,將二公先後勝敗情形兩兩比照,政如充國談兵,動中窾會。"

——《黔書》上卷《平乱》,載《中國地方志集成·貴州府縣志輯》,第3冊,486~487頁

夜郎乃播屬桐梓縣,播與貴陽僅隔烏江一綫,而平播之後割其半以隸黔,今之黃平、湄、甕、餘慶是也。

——《黔書》上卷《紫池》,載《中國地方志集成·貴州府縣志輯》,第3冊,第492頁

不設郡縣,置軍衛,不易其俗,土漢相安,便一。……又召將吏議,以爲衆建土司,使其勢少力分,則易制,各欲保土地,傳子孫,則不敢爲逆。乃上奏曰:臣按西南之境,皆荒服也,楊氏反播,奢氏反藺,安氏反水西,而定番以彈丸小州爲長官司者十有七,二三百

年,未聞有反者,非他司好逆而定番忠順也,蓋地大者,跋扈之資,而勢弱者,保世之策也。

——《黔書》下卷《人物名宦》,載《中國地方志集成·貴州府縣志輯》,第 3 冊,第 511 頁

續黔書[*]

遵義幅員遼闊，統轄十三里，每里十六甲。烟火輻輳，地勢險阻，其民桀鶩詭譎，染楊酋之餘習。而里甲多巨猾，值趁虛日，輒關外來暴客，摽掠錢貨以爲常。

——《續黔書》卷一《治盜》，載《中國地方志集成·貴州府縣志輯》，第 3 冊，第 555 頁

附 播州道中謁南將軍廟詩

陰風慘澹歙荒郊，訓狐鵂鶹叫警警。烏鴉亂飛烏臼樹，雲中甲馬翻靈旆。老巫開門款客入，中塑威神絳袍襲。黝面長牙倒豎眉，猙獰怖人鼻欲歙。短碑斜臥霾烟草，苔蘚紛堆待洗掃。獸頭贔屭已殘缺，漫漶似書唐天寶。居民求雨復求晴，高香一注插前楹。神果有靈風雨節，種禾種黍多歡聲。合寨斫牛畬神意，紙錢清洒鵝白翅。硏訇銅鼓震遠村，僰女蠻童走如織。我亦整衿前稽首，敬祝前途無齾砭。仿佛似聞神有言，林林暗護放心走。

——《續黔書》卷二《黑神》，載《中國地方志集成·貴州府縣志輯》，第 3 冊，第 564 頁

（唐）先天元年，廢播州都督府，復置於黔州……元和二年，廢珍州入溱州，思、夷、費、播、溱、錦、叙、奬八州皆隸黔中。

——《續黔書》卷三《黔中》，載《中國地方志集成·貴州府縣志輯》，第 3 冊，第 570 頁

---

* （清）張澍：《續黔書》，載《中國地方志集成》編委會編：《中國地方志集成·貴州府縣志輯》，巴蜀書社，2006 年。

貴州地略*

　　七里谷，在黃平東，一名七里冲。兩山壁立，中通一徑。明萬曆中，楊應龍屯據七里冲，以窺黃平是也。

　　走馬坪寨，在餘慶東南。明嘉靖二十四年，播州之三度關、餘慶之走馬坪、石阡之龍泉司，各立哨堡是也。

　　飛練堡，在甕安東北，有飛練泉。明萬曆中，播酋□飛練，攻東坡、爛橋諸寨，楚黔路梗。即此。

　　播州下五十三州在今黎平、都勻境內。

　　——《貴州地略》，載《中國西南地理史料叢刊》，第 32 册，第 512 頁

　　養馬城，在遵義北，楊氏據播時築。明萬曆中，川師入婁山關，屯白石口，追逐至養馬城，連破龍爪、海雲諸險，即此。

　　三峒，在遵義北，南爲山陽峒、簡臺峒，北爲楠木峒，極深險。明萬曆中，川師由綦江而進，力破三峒。

　　三度關，在遵義東，有上度、中度、下度三關。萬曆中，自平越進兵攻克四牌、乾溪、旋水、天邦、三百落等寨，直抵疆界河，屯袁家渡，潛出小溪黃灘關，追逐至西平張千壩及三度關，即此。

　　落濛關，在遵義西。萬曆中，水西兵由西路克沙溪馬站、石壁花毛田，進奪落濛關，至大水田，焚橋溪莊，即此。

　　海龍囤，在遵義北三十里，四面斗絕。明萬曆中，楊應龍于海龍屯前築九關以拒官軍是也。

　　——《貴州地略》，載《中國西南地理史料叢刊》，第 32 册，第 514 頁

---

　　* （清）馬冠群：《貴州地略》，載姚樂野、李勇先、胡建强主編：《中國西南地理史料叢刊》，巴蜀書社，2006 年。

貴州地理志[*]

黑苗，在八寨、丹江、清江、都江、古州等地。其山居者曰山苗、曰高坡苗，近河者曰洞苗，中有土司者曰熟苗，無管者爲生苗，衣服皆尚黑，故曰黑苗。在古州者，又有爺頭苗、洞崽苗之分，皆黑苗也。大寨爲爺頭，小寨爲洞崽，小寨不得與大寨結婚。九股苗在臺拱、凱里，與黑苗同類。昔諸葛武侯南征，戮之殆盡，僅存九人，遂爲九股，散處蔓延。其風俗與八寨、丹江等苗同，而性尤剽悍。從前能頭頂鐵盔，身披鐵鎧，足纏鐵片，左執木牌，右持標桿，口銜利刃，捷走如飛。大鎗重餘斤，鉛子重八九錢，發至百步之外。又有巨鎗曰牛尾，强弓曰偏架，長六七尺，三人共張矢，無不貫。前明播州宣慰司楊應龍爲亂，恃九股苗爲羽翼，應龍雖誅滅，而九股苗迄未剿服。

——《貴州地理志》卷三《種族》，載《中國地方志集成·貴州府縣志輯》，第 1 册，第 515 頁

佯僙，一曰楊黃，明播州宣慰司楊應龍之遺民也，有楊、龍、張、石、歐等姓。其種最多，都匀、石阡、施秉、龍泉、黃平、餘慶、黎平、龍里皆有之。荊壁不塗，門户不扃，出入以泥封之，其服飾婚喪與漢人同。男子計口而耕，婦人度身而織，暇則挾戈操筍，以漁獵爲事，婚喪以犬相遺，然日漸進於文化矣。

——《貴州地理志》卷三《種族》，載《中國地方志集成·貴州府縣志輯》，第 1 册，第 517 頁

……播州始於唐乾符初，南詔陷播州，太原楊端應募復其城，爲播所懷服。歷五代，子孫世有其地。宋大觀中，楊文貴納土，置遵義軍。元世祖授楊邦憲宣慰司，賜其子漢英名賽因不花，封播國公。明洪武五年，播州宣慰使楊鑑歸附，仍其職。傳至楊應龍，當萬

---

* （清）佚名：《貴州地理志》，載《中國地方志集成》編委會編：《中國地方志集成·貴州府縣志輯》，巴蜀書社，2006 年。

曆十七年,遂舉兵反。總督李化龍合八路之兵入婁山關,遵義府城北一百里,一名太平關,地勢萬峰插天,中通一線,自蜀入黔之隘道,歷九盤嶺始造其巔。討平之。楊氏傳二十九世,八百餘年而亡。以其地爲遵義、平越二府,此播州之始末也。

——《貴州地理志》卷七《水城廳》,載《中國地方志集成·貴州府縣志輯》,第 1 冊,第 535 頁

貴州全省地輿圖說[*]

黃平州,要缺,衝繁難。

沿革

秦屬且蘭地,漢屬牂牁郡,唐屬播州郡,宋爲狼洞地,元置黃平府。明洪武八年,改黃平府爲安撫司,置黃平守禦所。

——《貴州全省地輿圖說》,載《中國西南地理史料叢刊》,第 8 册,第 340 頁

平越直隸州,要缺,衝繁難。

沿革

……萬曆二十八年平播,置平越軍民府於衛城,益以播州地,隸貴州布政司。

按:平播后,以播州舊屬之黃平安撫司置黃平州,草塘、甕水二司置甕安縣,餘慶、白泥二司置餘慶縣,苦竹壩、三里、七牌置湄潭縣,又於平伐司地置貴定縣,皆屬府。又領衛三,曰平越、興隆、新添;所一,曰黃平;司四,曰楊義、新添、丹平、丹行,并播州宣慰司剖授之,高坪、中坪二司四牌地皆屬焉。

——《貴州全省地輿圖說》,載《中國西南地理史料叢刊》,第 8 册,第 442 頁

湄潭縣,要缺,繁疲難。

沿革

漢爲牂牁郡地。唐宋爲播州地。元置容山長官司,隸播州安撫司。明萬曆二十八年,以播州之苦竹壩、三里、七牌地置湄潭縣,屬平越府。

——《貴州全省地輿圖說》,載《中國西南地理史料叢刊》,第 8 册,第 446 頁

---

　　[*] (清)貴州調查局編:《貴州全省地輿圖說》,載姚樂野、李勇先、胡建强主編:《中國西南地理史料叢刊》,巴蜀書社,2014 年。

省志（一）

甕安縣,簡缺,難。

沿革

漢故且蘭地。唐隸播州,宋同。元置草塘、甕水二長官司,屬播州安撫司。明洪武十七年,改爲草塘安撫司,仍領二長官司。萬曆二十八年,平播,二土司先以地歸誠,巡撫郭子章奏請以平越衛右所干平堡建城,設甕安縣,屬平越府,二土司改爲土縣丞,仍以猶姓襲甕水,宋姓襲草塘,歸縣屬分里六,曰附郭、荆竹、牛場、甕水、干溪、草塘。

——《貴州全省地輿圖説》,載《中國西南地理史料叢刊》,第 8 册,第 449 頁

餘慶縣,簡缺。

沿革

漢爲牂柯郡地。唐爲涪川、田多、扶陽三縣地,初屬思州,後屬費州,復廢。元置白泥、餘慶二長官司,屬播州。至正末,改二司爲州。明洪武十七年,改州仍爲司。萬曆二十九年平播州,設餘慶縣,隸平越府,改餘慶司爲土縣丞,白泥司爲土主簿,屬縣。

——《貴州全省地輿圖説》,載《中國西南地理史料叢刊》,第 8 册,第 452 頁

遵義縣,要缺,衝繁難,附郭。

沿革

……明洪武九年,置播州長官司於郭内,授土酋王慈,子孫世守。萬曆二十九年,改置遵義縣,與府同隸四川。

——《貴州全省地輿圖説》,載《中國西南地理史料叢刊》,第 8 册,第 479 頁

桐梓縣,要缺,繁疲難。

沿革

周秦屬夜郎且蘭地。漢鱉縣地,屬牂柯郡。晉建興元年,改屬平夷郡,後廢。隋屬牂柯縣地。唐武德四年,置夜郎縣屬夷州,尋廢。……萬曆二十九年,以播州司所屬夜郎縣地置桐梓、湄潭二縣,桐梓縣屬遵義府,隸四川。

——《貴州全省地輿圖説》,載《中國西南地理史料叢刊》,第 8 册,第 482 頁

綏陽縣,簡缺。

沿革

……宋大觀三年改置承州,宣和三年廢,以綏陽隸珍州,後并珍州,隸播州。元因之。明萬曆二十九年,以真州司所管舊綏陽縣地置綏陽、龍泉二縣,綏陽縣屬遵義府,隸四川。

——《貴州全省地輿圖説》,載《中國西南地理史料叢刊》,第 8 册,第 485 頁

仁懷縣,簡缺,衝。

沿革

……(貞觀)十六年改屬播州……明萬曆二十九年,以播州司所屬仁懷里及別領長官司地置仁懷縣,屬遵義府,隸四川。

——《貴州全省地輿圖說》,載《中國西南地理史料叢刊》,第 8 册,第 491 頁

（民國）貴州通志[*]

　　鼎山。《遵義府志》:"寶祐六年,復以宣和中所廢播州播川縣地爲鼎山縣,隸南平軍。"按:桐梓縣貫《志》:"廢鼎山縣在城南十里,元置,后廢。城門尚存,其石榜鑄'寶祐戊午'四字"。考:寶祐,宋理宗年號,戊午爲寶祐六年,則鼎山是年置也,元置改宋置之誤。此鼎山一縣,向來無得其源者。《元史·世祖紀》:"十五年十二月,從楊邦憲請,以鼎山仍隸播州。"以前并無改名鼎山之文。孫《志》獨云:"世祖十五年春,改爲鼎山縣,冬,從楊邦憲請,以鼎山仍隸播州。"憑空撰出"改爲鼎山"一語,鶻突無端,所改者是何舊縣乎? 今據貫《志》,補此一條,後邦憲之請隸播州因明白矣。

　　——(民國)《貴州通志》之《輿地志四》,載《中國地方志集成·貴州府縣志輯》,第6册,第64頁

　　播州樂源郡,領縣三,羈縻州一、寨一。宋《志》:"播州樂源郡,大觀二年,南平夷人獻其地,建爲州,領播川、琅川、帶水三縣。宣和三年,廢爲城,隸南平軍。端平三年,復以白綿〈錦〉堡爲播州,三縣仍廢。嘉熙三年,復設播州,充安撫使。咸淳末,以珍州來屬,縣一,樂源。"《遵義府志》據《宋史·志》及《諸蠻傳》:"徽宗大觀二年,播州夷族楊光榮以地内屬,詔建播州,領播川、琅川、帶水三縣,隸夔州路。"時播川縣治在白綿〈錦〉堡,附州郭。宣和三年,廢播州爲城,隸南平軍,并廢琅川、帶水三縣。時播州城蓋置在桐梓縣地。六年,以播州城爲播川縣,仍隸南平軍。理宗端平三年,復以白綿〈錦〉堡爲播川縣,仍隸南平軍,惟治所非宣和所嘗之地。嘉熙二年,復設播州充安撫使,即播川縣爲州治。度宗咸淳末,以珍州并所隸樂源、綏陽兩縣來屬播州。自此播州領播川、樂源、綏陽三縣,隸夔州路。遵義寨時在樂源縣中。按:播州唐治遵義縣,在今綏陽縣境;宋治白錦〈錦〉堡,在今遵義縣南四十里懶板凳。

　　——(民國)《貴州通志》之《輿地志四》,載《中國地方志集成·貴州府縣志輯》,第6册,第64頁

　　播川縣,郡治也。按:播川縣,《宋·志》無專載,大觀二年建播州,即領有播川,當與州同置。《遵

　　* 劉顯世、谷正倫修,任可澄、楊思元纂:(民國)《貴州通志》,載《中國地方志集成》編委會編:《中國地方志集成·貴州府縣志輯》,巴蜀書社,2006年。

義府志》稱播川有三，唐貞觀十七年置播川鎮，後以鎮爲珍州，一也；宋大觀元年建播州，所領之播川縣即州治，所謂白綿〈錦〉堡者，二也；宣和六年改廢播州城爲播川縣，即後改爲鼎山縣者，三也。説詳《附録》。

——（民國）《貴州通志》之《輿地志四》，載《中國地方志集成·貴州府縣志輯》，第6冊，第64頁

遵義寨。《宋·志》："大觀二年，播州楊文貴獻其地，建遵義軍及遵義縣。宣和三年，廢軍及縣，以遵義寨爲名，隸珍州。"又"播州樂源縣"下云："有遵義寨，開禧三年升軍，嘉定十一年復爲寨。"《遵義府志》："按《宋朝事實》'遵義軍'下云：'唐貞觀十六年，羅蒙更名遵義，後自播州徙州治。唐衰，播州爲兩族所分據，一居播州，一居遵義，以江水爲界。其後居播州者曰光榮，得唐所給州銅牌；居遵義者曰文貴，得州銅印。大觀二年，兩族各獻地，皆自以爲播州。議者以光榮爲族帥，重遠其意，乃以播州立州，遵義立軍。'"今按《宋史·本紀》及《地理志》言"以文貴納土置遵義軍及縣"，并與《事實》相合，惟《志》於"播州下"言"南平夷人楊文貴獻地，建播州"，與《諸蠻傳》言"光榮內屬建播州者"矛盾，蓋史筆之誤。居播州者自是光榮，文貴焉得獻其地乎？又按《宋·志》"遵義寨"下云"宣和三年，廢州及縣"，"州"乃"軍"字之訛。

——（民國）《貴州通志》之《輿地志四》，載《中國地方志集成·貴州府縣志輯》，第6冊，第65頁

六洞、柔遠等處。《方輿紀要》："在都勻府西南五十里，明黃平州六洞長官司。"《都勻縣志》："即今平舟縣南三十里六洞汛地。"按：播州安撫司所領亦有六洞、柔遠等處，《遵義府志》云"當是一地二屬"。竊謂莫與儔著《定雲府及合江、陳蒙二州治所考》引宋濂《楊氏家傳》稱："大德三年，分定雲以東隸播，西隸新部。"爲此地分隸之證。新部即管番民總管，其實各地本已分割，推此時各地勢力本在土酋，朝廷雖命以隸播之六洞、柔遠改隸新部，而土酋與播關係久深，輒仍受播指揮，遂以一地二屬。元代各安撫司轄地交互錯出，往往如此，不能一一述也。

——（民國）《貴州通志》之《輿地志四》，載《中國地方志集成·貴州府縣志輯》，第6冊，第69頁

平月。《黔記》："平越府，宋嘉定初，土官宋永高克服麥新地內附，號□峨里等寨。元置平月司於此。"《方輿紀要》："播州安撫有平伐、月石等處長官司"。疑即此地。

——（民國）《貴州通志》之《輿地志四》，載《中國地方志集成·貴州府縣志輯》，第6冊，69～70頁

順元等路軍民安撫司，領長官司二十五。《元史·地理志》："順元等路軍民安撫司，至元二十年，四川行省討平九溪十八洞，以其酋長赴闕，定其地之可以設官者與其人可以入官者，大處爲州，小處爲縣，并立總管府，聽順元路宣慰司節制。"又《世祖本紀》："至元

二十一年，改思、播二州隸順元路宣慰司。”《新元史》：“順元等路軍民安撫司，至元二十年討平四川九溪十八洞，大處爲州，小處爲縣，分立總管府，聽順元路宣慰司節制。宣慰司改安撫司，年分闕。二十八年，改隸湖廣行省。”《明一統志》：“貴州本西南夷羅施鬼國地，元於此置八番、順元等處軍民宣慰使司、都元帥府。又宋置大萬、谷樂總管府。元改置順元等路軍民安撫司，屬八番、順元等處軍民宣慰司，初隸四川行省，後改隸湖廣行省。洪武初，改置貴州宣慰使司。”《方輿紀要》：“順元等路安撫司，元初爲羅甸鬼國，尋改羅甸安撫司。至元十六年，改順元軍民安撫司。二十年，於司治北增置亦奚不薛總管府。二十四年，復增置順元路，并貴州於司治內，以統降附者。《元·志》皆不載。”又：“至元二十年，置順元等路軍民安撫司，屬八番、順元等處軍民宣慰司。”

　　——（民國）《貴州通志》之《輿地志四》，載《中國地方志集成·貴州府縣志輯》，第6冊，第70頁

　　葛蠻、雍真等處。《新元史》：“雍真、乖西、葛蠻等處，唐蠻酋楊立信之後。皇慶元年，改乖西等處軍民府隸播州宣慰司。又葛蠻、雍真等處，大德五年葛蠻、雍真長官宋隆濟叛，七年討平之。”按：雍真、乖西、葛蠻等處，在貴陽府東北五十里，見《方輿紀要》：“大德初，改平伐等處兼雍真。”蠻夷長官在新添衛城西南五十里，見《明一統志》。至《貴陽府志》云：“乖西正司在今開州東北四十里，即雍真、乖西蠻等處。副司在開州西三十里，即葛蠻、雍真等處。又開州西北七十里有甕忱，秦即雍真也。貴筑北九十里有葛馬寨，即葛蠻也。乖西軍民府即大乖西，在開州城東一里，三台山苗民開科龍場者也，距府一百二十里。”其說异。舊說微牾而較晰，宜并存俟考。至新添、葛蠻安撫，與此葛蠻之近，《牂牁客談》稱葛蠻即《寰宇記》之葛僚，爲黔府控臨十五蕃種落之一。其說甚似，今考貴州夷族有革老一種，亦作仡佬，豈即葛僚、葛蠻之訛歟？

　　——（民國）《貴州通志》之《輿地志四》，載《中國地方志集成·貴州府縣志輯》，第6冊，第70頁

　　木窩、普冲、普得等處。《大定府志》：“木窩即《元史》大德七年楊賽不花進屯之暮窩。姚州亦奚不薛，暮窩，大方城一也，即今大定城。又今平遠州北少西六十里有暮中洞，亦謂之莫中，即普冲也。普得，又作暮得，亦作莫得，夷書謂即龍場汛。今考果木閣河、打雞閣河會流爲兩岔河，又下爲暮得河，蓋今大定北之義漸里及畢節東治龍場汛，皆古普得地也。”

　　——（民國）《貴州通志》之《輿地志四》，載《中國地方志集成·貴州府縣志輯》，第6冊，第70頁

　　祐溪、沿河。按：播州安撫領有沿河、祐溪等處，與此分置二司者略异。明思南府領有沿河、祐溪長官司。《明統志》云：“在府北二百一十里。”清季仍作沿河司，《方輿紀要》疑沿河即元初所置沿江安撫司，參

見"思州安撫"注。

——(民國)《貴州通志》之《輿地志四》,載《中國地方志集成·貴州府縣志輯》,第6冊,第71頁

播州軍民安撫司,領府州等處長官司三十三:《新元史·播州安撫司》:"宋播州安撫司本隸四川省,至元十六年,改播州爲播南路。二十八年,從播州萬户楊漢英之請,以播州等處管軍萬户楊漢英爲紹慶、珍州、南平等處宣慰使,行播州軍民宣撫使,播州等處管軍萬户。二十九年,改隸湖廣行省,領播州軍民都鎮撫司。"《明一統志·遵義府附郭》:"播州長官司,元爲播州軍民都鎮撫司,隸播州宣撫司。"按:《新元史》雖依舊史立播州安撫之名,而叙注一如《明統志》,稱播州軍民都鎮撫司。豈都鎮撫即爲安撫之别稱歟?又新、舊《元史》并於播州安撫司前有沿邊溪洞宣慰使司,而注互异。舊史云:"至元二十八年,以播州等處管軍萬户楊漢英爲紹慶、珍州、南平等處沿邊宣慰使,行播州軍民宣撫使,播州等處管軍萬户,仍虎符。"新史云:"宋蠻酋田二鳳以功授沿邊溪洞軍民宣慰使,子孫世襲其職,元初改宣慰司。"竊謂《新史》所稱宋授田二鳳沿邊溪洞宣撫必有所本。《方輿紀要》稱:"至元十二年,思州田氏降,置沿江安撫司,隸思州宣撫司。"沿江或即沿邊之訛,其後乃由安撫升宣慰耳。依新史言,世襲職爲田氏子孫,則其治必在思州而非播州。舊史因播州楊氏偶膺沿邊宣慰兼職而系之播州,似誤。兹故不立專名而附著其説於此。至楊氏兼領之沿邊宣尉,冠有"紹慶、珍州、南平等處"字樣,殆猶宋田祐恭本主思州而有鈐轄珍州、南平軍之故事。其是否尚有思州在内,雖屬疑問,然思、播二州爲田、楊二氏世守,不容互侵。元室加置宣慰,總制其間,無論以思領播,或以播領思,要皆一時權宜,虛有其職,於地理建置仍無大關係也。曰黄平府,《新元史》:"至元二十八年置。至治三年,罷播州黄平府長官所,徙其民隸黄平府。"《明統志》:"黄平州,宋爲黄平府,立上、下三曲二長官司。洪武八年,并二司入安撫司。"《清統志》:"黄平舊城,宋爲黄平府地,號狼洞,元因之。明洪武八年,改府爲黄平安撫司,在今黄平州西北四十里。"平溪、上塘、羅駱家等處,上塘,郭子章《黔記》:"黄平州西北七十里有上塘寨。"《黄平州志》:"上塘寨,在舊州城西三十里。"按:黄平上塘寨東十里有平溪街,兩地烟户均盛,當銅仁、石阡經рой 餘慶入省大道,見《禹廬游記》。元上塘司當即治上塘寨。平溪、上塘、羅駱家等處當即治平溪街。《遵義府志》引《明統志》:"兩岔江在黄平安撫司西南十五里,其源一出於上塘。"謂上塘司即其地,自屬甚是。又謂今玉屏縣即明平溪街,似即平溪、上塘、羅駱家等處。蓋不知黄平之上塘左近尚有平溪其地也。水車等處,按:《明史·地理志》:"叙州府興文縣東有水車河,流入清溪,未知是否其地。"石粉、羅家、永安等處,《遵義府志》:"遵義縣北六十里,舊爲永安驛,縣西北三十里又有羅家河,是其地。"六洞、柔遠等處,又領於管番民總管,釋已具前。錫樂平等處,《遵義府志》:"今湄潭縣東四十里有錫洛關,關下有錫洛坪。"白泥等處,《新元史》:"元初,蠻酋楊正寶以功授白泥司副長官。"《明一統志》:"元置白泥等處長官司,隸播州宣撫司。至正末,改爲白泥州,在遵義府東南三百里。"《遵義府志》:"白泥等處即明之白泥長官司,今餘慶縣地。"南平、綦江等處,《明一統志》:"元置南平、綦江等處長官司,在重慶府南二百里古綦市,宋屬南平軍。"《遵義府志》:"即今四川之綦江、南川兩縣。"按:南平、綦江等處,明玉珍改置綦江縣,即今綦江縣治是也。珍州、思寧等處,《明統志》:"宋綏陽、德陽二縣地,屬珍州。元爲珍州、思寧等處長官司,隸播州宣慰司。至正末,改珍州曰真州。本朝洪武十七年,改爲真州長官司,在宣慰使司東北二百里。"《遵義府志》:"今正安州尚有思寧里。"水烟等處,《遵義府志》:"遵義縣西六十里之鴨溪塘西五里有宋氏諸碑,謂即在彼。"溱洞、涪洞等處,《清一統志》:"在施秉縣西北鎮遠廢衛西七十里,

195

明改臻剖六洞橫坡長官司。"《遵義府志》:"桐梓縣郭外有溱溪,有方家洞水暗達涪州,即其地也。"洞天觀等處,待考;葛浪洞等處,《清統志》:"葛浪洞廢司在黃平州西,明初廢,入黃平安撫司。"《遵義府志》:"今黃平州北二十里有葛浪洞,《明統志》所謂白泥江源出葛浪洞者也。"賽霸埡、黎焦溪等處,《遵義府志》:"按《明統志》,小烏江在餘慶司南六十五里,源出椒溪。疑即其地。"按:管番民總管領下有焦溪等處,新添安撫領下有焦篤住等處,應參看。小姑單張、林種密秀,《方輿紀要》:"丹章寨在黃平州廢重安司西南,舊爲叛苗屯聚處。"《遵義府志》:"《明史·都勻土司傳》'萬曆六年,天濠請內附,往問狀而阻於者亞,乃遠從丹彰間道通天濠'。"《通志》載:"都勻縣城西有小孤山。"則地當在都勻。按:新添葛蠻安撫領有密秀、丹張及林種、拱幫、林拱、章秀、拱江等處。單張、丹彰、丹張,聲同而字異耳;林種、林拱亦應同爲一地。今考《都勻縣志》:"縣西八里有班莊,縣東五十里有米秀場。"疑即單張、密秀之故地。又"縣東三十里有長秀保",疑即章秀之訛。至《明統志》稱:"麻哈之樂平長官司,元爲木佬寨,錄者訛爲林猪寨。"《遵義府志》因疑林猪即林種,則誤之遠矣。倒柞等處,《遵義府志》:"遵義縣北二十里有倒坐岩。"烏江等處,《遵義府志》:"遵義縣南百里,明置烏江驛者也。"舊州、草塘等處,按:新添安撫領下有草塘等處。《明一統志》云:"草塘安撫司在播州宣慰司東一百二十里。"《清統志》云:"在甕安縣東一百里。"今考即甕安縣東北三十五里之猴場,晉之牂柯郡治萬壽縣,而隋、唐之牂州治也。恭溪、杳洞,管番民總管領下有恭、焦、溪等處,釋已具前。水囤等處,待考。平伐、月石等處,《遵義府志》:"當在今貴定縣、平越間之間。史於管番民總管下,有平月、新添、葛蠻安撫司,下有平伐等處。"《通志》以平月即平越。今貴定縣尚有大、小平伐司。或當時統轄不常,史未之詳也。橫坡,明有橫坡長官司,洪武二十二年,與臻剖六洞并爲一司,在鎮遠府西。見《明史·地理志》,參見上"溱洞、涪洞等處"。下壩、寨章、平地寨、寨勞、寨勇、寨坦、哆奔、平莫、八司均待考。沿河、祐溪等處,按:思州安撫領下有沿河及祐溪二司,釋已具前。又案:《新元史》有播川縣,注云:"播川附郭,舊名鼎山。至元十五年,以鼎山仍隸播州。十六年,改鼎山爲播川縣。"今考鼎山在桐梓縣南十里,宋置縣,釋已具前。《新元史》稱爲播州附郭縣,誤矣。又《方輿紀要》:"播州安撫領下尚有凱里安撫、餘慶州及容山司,并元置。"今考《元史》不載,《新元史》有容山等處而無注,惟稱唐蠻酋毛巴以功授餘慶州刺史,子孫世有其地。又引《翰墨全書》云:"洪溪、馬峽等處,清江、中平、三都、望浦、仁懷、古磁俱隸播州軍民安撫司。凱里,即今凱里縣丞治所;餘慶州,即今餘慶縣;容山,即今湄潭縣。餘未詳。"

——(民國)《貴州通志》之《輿地志四》,載《中國地方志集成·貴州府縣志輯》,第6冊,72~73頁

草堂等處。<small>播州安撫有舊州、草塘等處,釋已具前。</small>

——(民國)《貴州通志》之《輿地志四》,載《中國地方志集成·貴州府縣志輯》,第6冊,第74頁

萬曆二十九年,<small>按:康熙《通志》作"二十八年"。</small>播州平分其地,置遵義、平越二軍民府,遵義府隸四川。

——(民國)《貴州通志》之《輿地志五》,載《中國地方志集成·貴州府縣志輯》,第6冊,第78頁

平越軍民府,元平月長官司,洪武十四年置平越守禦千户所,十五年閏二月改爲平越衛,十七年二月升軍民指揮使司,領長官司五,屬四川布政司,尋屬貴州都司。萬曆二十九年四月置平越軍民府於衛城,以播州地益之,屬貴州布政。東有黎峨山,又有七盤坡,東南有麻哈江,其上源即黄平州之兩岔江,南有馬場江,又有羊場河,俱東入於麻哈江。南有武勝關,西南有通津關,東南有羊場關,領衛二、州一、縣三、長官司二,西距布政司八十里,《明史·地理志》。東至清平衛平定長官司界七十里,南至新添衛界六十里,西至四川播州草塘安撫司界,北至貴平安撫司界俱一百二十里。自衛治〈至〉南京四千六百七十里,至京師八千百二十里。《明統志》。

——(民國)《貴州通志》之《輿地志五》,載《中國地方志集成·貴州府縣志輯》,第6册,81~82頁

黄平州,本黄平安撫司,洪武七年十一月置,屬播州宣慰司。萬曆二十九年四月改爲州,來屬。東有七里谷,西南有兩岔江,以兩源合流而名,又東有冷水河。西北有黄平守禦千户所,洪武十一年置,十五年正月改爲衛,閏二月仍爲千户所。南距府三十里。《明史·地理志》。《明統志》:"宋爲黄平府,隷叙州。"《乾隆通志》:"洪武八年,於黄平安撫司添設黄平守禦所。萬曆二十九年,平楊應龍,改置黄平州,與所同城而治。"

餘慶,州西,本餘慶長官司。《明統志》:"元爲餘慶州"。洪武十七年置,屬播州宣慰司;萬曆二十九年六月改爲縣,來屬。東有白泥長官司,亦洪武十七年置,屬播州宣慰司。萬曆二十九年四月省入餘慶縣。南有小烏江,下流入於烏江,東南有白泥河,下流合於思南河。又有走馬坪寨,嘉靖三十四年置。《明史·地理志》。《黔記》:"萬曆二十八年平播,以白泥司置餘慶縣。"《清統志》:"白泥廢司,在餘慶縣東北一百四十里。"

甕安,州西北,本甕水安撫司,洪武初置,萬曆二十九年四月改爲縣,來屬。《平越府志》:"甕水本宋黄平府地,紹興中開設甕水。"按:明洪武十七年,猶恭以地歸附,授安撫司。萬曆置縣,後改土縣丞。《清統志》:"草塘廢司,在縣東一百里。"又有重安長官司,永樂四年九月置,俱屬播州宣慰司,萬曆二十九年四月俱省入甕安縣。《明統志》:"重安長官司在興隆衛西三十里,播州宣慰司東南四百里,宋黄平地,洪武八年置司。"《通志》:"萬曆二十七年改重安正副二司俱爲土吏目。"東南有萬丈山,西有烏江,縣境諸山溪之水皆流合焉。又有黄灘關,北有飛練堡,有天邦囤,西有西坪等寨。《明史·地理志》。《名勝志》:"宋有草塘、甕水,爲黄平府地。洪武八年,於重安置長官司,草塘、甕水置二安撫司,俱屬播州。及討平楊應龍,合三司爲甕安縣。"《明統志》:"草塘安撫司在宣慰使司東一百二十里,元爲舊州草塘等處長官司,隷播州宣慰司。"

湄潭,州北,萬曆二十九年四月,以播州湄潭地置。西有容山長官司,洪武中屬播州宣慰司,萬曆二十九年省入湄潭縣。《清統志》。《平越府志》:"容山長官司在播州東三百二十里,元置,明初因之,授土酋張氏世守。嘉靖中爲臻洞所殘,民夷桀驁,長官不能治。萬曆平播,略定其地,設湄潭驛,改置縣,遂廢。"又"臻洞""涪洞"下云有容山司,在施秉縣□西南江外,亦明初置,後廢。

凱里長官司,府東北凱里安撫司,嘉靖八年二月分播州宣慰司地置,屬清平衛。萬曆二十九年來屬,三十五年六月改爲長官司。《明史·地理志》。

——(民國)《貴州通志》之《輿地志五》,載《中國地方志集成·貴州府縣志輯》,第 6 册,第 82 頁

遵義軍民府,元播州宣慰司,屬湖廣行省。洪武五年正月,改屬四川布政司。萬曆二十九年四月,改置遵義軍民府,領州一、縣四。西北距布政司千七百里,《明史·地理志》。東至貴州偏橋衛界四百八十里,南至貴州養龍坑長官司九十里,西至瀘州合江縣九百里,北至重慶府六百九十里,自府治至南京六千七百里,至京師九千七百里。《方輿紀要》。按:《明統志》作"西至瀘州合江縣一千五十里,北至重慶府綦江縣三百五十里,自府治至南京六千七百里",餘同《紀要》。

遵義,倚元播州總管。洪武五年正月,改爲播州長官司。萬曆二十九年四月,改縣,與府同徙治白田壩,在故司城之西。北有龍岩山,其東爲定軍山。又有大樓山,上有太平關,亦曰樓山關。又東有烏江,源自貴州,水西即涪陵江上源,中有九節灘。其南有烏江關,又東南有仁江,東有湘江、洪江,皆合流於烏江。又西南有落閩水,東有樂安水,亦俱流入焉。又東南有河渡關,西南有老君關,又東有三度關,西有落濛關,西北有崖門關、黑水關,北有海龍囤,有白石口隘。《明史》。

——(民國)《貴州通志》之《輿地志五》,載《中國地方志集成·貴州府縣志輯》,第 6 册,第 87 頁

遵義府城。郡治。羅山帶水,險峻天成。舊時設官爲守,便爲城郭。自周、秦、漢、晉,以迄明初,皆一蒼莽也。自明萬曆庚子平楊應龍,辛丑,議郡縣其地例,郡縣皆城,以內地之守守之。爾時民尚未集,士休於野,因以兵代役,給工餼,治郡城。西南繞山嶺,無濠;東北臨湘江,爲池。前後俱高三丈,廣九百五十丈四尺,堞口一千七百八十二。設門四:東曰宣仁,南曰陽明,西曰懷德,北曰望京,各建樓於上。孫《志》。知府孫敏政增更舖三十間,又別開小東門,後閉。自明迄清增築、補葺,皆未竟版築之功。陳《志》。

——(民國)《貴州通志》之《建置志》,載《中國地方志集成·貴州府縣志輯》,第 6 册,第 205 頁

八番順元等處宣慰司都元帥府。元至元二十九年,置八番順元等處宣慰司都元帥府。《元史》。元范匯《八番順元宣慰司題名碑記》:"八番、順元相傳爲夜郎牂牁之表,殆古鬼方之境歟。蠻僚種落雜處,叛服不常,入我國家,軍徇其地,諸部悉歸順。始置宣慰使都元帥府,總戎以鎮之。更貴州爲順元,屯駐城中,領萬戶府一、鎮撫司一、安撫司十、長官司五,而順元、思、播三宣撫地,皆聽撫鎮,其任重矣。

然而土官相襲，或有爭奪，則道路梗塞。外連南詔，嶺徼兩江，溪洞侵削鬥鬨，往往有之。閫政稍弛，即戒不虞。故官於閫府者，號稱才難。至正十年秋，宣慰司都元帥完澤公以省臺宿望，仁勇兼著，蒞政未數月，號令肅然，旌旗改色，於是紀綱立，法度行，百廢興。而大府未有題名，何以昭勸懲？乃命立石，屬余次序而題著之，將鑄刻以俟來者。乃考諸聞見，自開閫以迄於今，邊政之得失，才器之崇卑，則公論自在，將歷指而議之，可不懼哉！"乾隆《志》。

——(民國)《貴州通志》之《建置志》，載《中國地方志集成·貴州府縣志輯》，第6冊，第214頁

遵義府遵義縣

樓山關，在城北百里。萬峰插天，中通一綫。關北即桐梓界，爲入四川、重慶要隘。征播時，蜀將劉綎由此進。《方輿紀要》云："大樓山上有關，曰太平關，亦曰樓山關，亦曰婁關。萬曆中討楊應龍，川將自重慶分道而進，俱刻期抵樓山關。劉綎自綦江進戰九盤，入婁關，關爲賊前門，官軍從間道攀藤魚貫毀柵而入，進屯白石口。賊遣其黨抄後山奪關，四面合圍，綎奮擊破走之。"《遵義府志》。

三渡關，在縣東一百一十里。乾隆《志》。按：《明一統志》作"八十里"。下臨剪刀溪，東即湄潭界，爲自郡往平越、思南、石阡要隘。征播時，楚將陳璘由此進。《方輿紀要》云："府東八十里有上度、中度、下度三關。"《遵義府志》。

黃灘關，在縣東南一百二十里。下臨黃灘江，即湘、洪、樂安、湄潭四水會成之江。爲自郡出袁家渡入餘慶要隘。征播時，貴州將李應祥由此進。《方輿紀要》云："萬曆中，李應祥討楊應龍，自平越進兵，攻四牌、乾溪、旋水、天邦、三百落等寨，盡克之。長驅直抵疆界河，屯袁家渡，得降賊爲嚮導，潛出小溪，直抵黃灘關，乘勝追至西平張王壩及三度關。"《遵義府志》。

老君關，今名石子坳，在縣南八十里。兩崖障日，一縫中通，爲自郡往貴州省治要隘。征播時，貴州將童元鎮由此進。《方輿紀要》云："萬曆中，童元鎮率水西兵自烏江進，攻破老君關。應龍揣其必當深入，令部兵詭服水西衣甲，混入營中，內外合發，官軍大衄。進至烏江，斷浮橋，官軍溺死無算。"關蓋在烏江北。同上。

烏江關，在城西南八十里烏江旁，明洪武間建。乾隆《通志》："在縣南一百里。"懸壁臨水，盤折而上，口開一罅，十里蟻行，爲入省治要隘。《方輿紀要》云："在府西南，又東有河渡關。萬曆中，楊應龍敗官軍於烏江，旋趨河渡，貴州震動。既而黔帥童元鎮復克烏江關，又克河渡關。"《遵義府志》。

崖門關，在縣西北一百里，乾隆《通志》。爲自郡出仁懷往四川永寧要隘。征播時，蜀將吳廣由此進。《方輿紀要》云："萬曆中，川帥討楊應龍，別將吳廣自合江進兵，入崖門關，營水牛塘，進屯江水口是也。"《遵義府志》。

落濛關，今名樂民城，在縣西四十五里。下臨樂閩水，爲縣西路要隘。征播時，水西安疆臣由此進。《方輿紀要》云："安疆臣討楊應龍，由西路沙溪、馬站、石壁、花毛田而進，奪落濛關，至大水田，焚桃莊溪，逼近播州賊窟，賊勢遂窘。"《遵義府志》。

海龍坉。在城之東南。坉居萬山之巔，四面陡絕，昔播賊楊應龍倚爲巢穴。一夫守之，千人坐廢，所

謂天險,殆不過是。《黔南識略》。

——(民國)《貴州通志》之《建置志》,載《中國地方志集成·貴州府縣志輯》,第6冊,271~272頁

石阡府

鄧坎寨,在縣南。明萬曆中,楊應龍攻龍泉,襲官軍於鄧坎,官軍擊走之,破其金竹、青岡嘴、虎跳關等七寨。蓋縣境去播最近也。又南有東山寨。《清一統志》。

——(民國)《貴州通志》之《建置志》,載《中國地方志集成·貴州府縣志輯》,第6冊,第274頁

甕安縣

黃灘關,在縣西十五里。《府志》。明萬曆中,李應祥自平越進攻四牌、乾溪等寨,直抵黃灘關。即此。同上。

——(民國)《貴州通志》之《建置志》,載《中國地方志集成·貴州府縣志輯》,第6冊,第275頁

飛練堡,在縣東廢草塘司北十里,旁有飛練泉。明萬曆中,播酋作亂,攻貴州邊界,圍飛練,又攻東坡、爛橋諸寨,焚之,楚黔路梗,黃平、龍泉所在告急。即此。同上,《清一統志》。

——(民國)《貴州通志》之《建置志》,載《中國地方志集成·貴州府縣志輯》,第6冊,第275頁

婺川縣

九杵關,在縣北三十里,通遵義界。《清統志》:"在城西三十里,爲通播要害處。"乾隆《志》:"在城南七十里,爲通播要道,山徑逼窄,陡絕高峻。前明楊應龍據播,於此征戰。"《訪冊》。

——(民國)《貴州通志》之《建置志》,載《中國地方志集成·貴州府縣志輯》,第6冊,第275頁

萬壽橋,在治東門外。孫《志》名"塌水橋"。《遵郡紀事》云:"平播後,止有石板平橋,名'塌水',後多頹缺。"

巨濟橋,在治東,元大德中建。孫《志》。按:即今城南五里下塌水橋也。平播後,此與萬壽舊橋皆以石平水面,稱上塌水、下塌水。今惟此名不改,無知爲元之巨濟矣。

普濟橋,又名後川橋,在城北三里。《明統志》作"城東",誤。亦名"高橋"。《通志》云"橋在城東五里",別出後川橋,沿陳《志》之誤。橋爲宋楊粲建,元楊漢英重修,明弘治元年里人石永安、楊忠復修。

詳崖刻李敬宏〈弘〉治九年撰記。嘉靖七年水,圮。三十年,任恩等重修。詳崖刻任恩等記。崇禎十四年,鄉人陳啟鳴等復修。以上《遵義府志》。

——(民國)《貴州通志》之《建置志》,載《中國地方志集成·貴州府縣志輯》,第6冊,第286頁

　　平龍橋,在黃平州治東。《清統志》:"在城東十里,俗名十里橋,創自前明,初名永安橋,毀於楊應龍之變。明巡撫郭子章平亂後重建,因命名曰平龍。"《訪冊》。

——(民國)《貴州通志》之《建置志》,載《中國地方志集成·貴州府縣志輯》,第6冊,第297頁

　　《遵義府志》曰:"元至元二十年,增各省宣慰司舖馬,聖旨《二十一年增給各處舖馬劄子》:四川行省所轄思州、播州兩處宣慰司各三道。"《元史·兵志》。按《元史·兵志·站赤》云:"凡站陸則以牛,或以驢,或以車,而水則以舟,其給驛傳璽書謂之舖馬,聖旨遇軍務之急則又金字圓符爲信,銀字者次之。"播州站處馬、牛數未詳。明播州宣慰舊轄烏江、湘川、松坎、播川、仁水、桐梓、土官。永安、昌田、湄潭、沙溪、十驛屬播州長官。鰲溪、岑黃、白泥。三驛屬□□□□。十三驛俱當川貴孔道,自逆酋閉關負固,驛官不敢赴,過客不敢行,站戶逃匿,館舍邱墟。平播後擬照衝僻修復。采《明會典》及李化龍《播地善後疏》。

——(民國)《貴州通志》之《建置志》,載《中國地方志集成·貴州府縣志輯》,第6冊,第303頁

　　牂州,按其地即與播州同。漢武帝時,唐蒙因上書說武帝以奇制越,誠以漢之強、巴蜀之饒爲置吏甚易,上許之。唐武德二疑"三"之誤。年立充州,因是置播、牂等郡焉。按:梁氏《十道志》云,在開元初猶有此郡,後之郡國記錄乃無此州之名。《寰宇記》。

——(民國)《貴州通志》之《前事志五》,載《中國地方志集成·貴州府縣志輯》,第6冊,第401頁

　　是年(貞觀十二年),黔州督思、辰、施、牢、費、夷、巫、應、播、按:播州係貞觀十三年置,此時尚置播州應當追述之誤。充、莊、牂、琰、池、矩十五州。《舊唐·志》。按:康熙《通志·大事記》於是年書有"罷黔州都督府,置莊州都督--條",《貴陽志·大事》同。考《舊唐·地志》,"貞觀十一年黔州督思辰等十五州"下續云其年罷都督府,置莊州都督,景龍四年廢,按:貞觀十一年丁酉至景龍四年庚戌,計七十四年。以播州爲都督,先天二年廢,按:景龍四年庚戌至先天二年癸丑,計四年。復以黔州爲都督。《新唐書·地志》"莊州"下云貞觀十一年置都督府,景龍二年罷。《太平寰宇記》"黔州"下云聖曆元年,按:是年戊戌,在貞觀十一年後六十二年。罷黔州都督府,以莊州爲都督府;景龍四年,按:聖曆元年至此十三年。又罷莊州,以播州爲都督府;先天二

年復以黔州爲都督。諸説至爲紛歧,而廢黔置莊之年,《唐書》與《寰宇記》相差至六十餘年之久。果《唐書》爲無誤,則貞觀十一年以後之事即應不再書黔州都督。然考《史》載,永徽元年李孟嘗之討琰州叛僚,顯慶元年李子和之討平矩州謝無靈,永淳元年謝祐逼零陵王自殺,黔府官坐免官,皆作"黔"不作"莊"。《安順志》引《貴州紀年》云永徽初有黔州都府,有莊州都督府,而莊州爲蠻府都督説無據。今特依《寰宇記》,以罷黔州置莊州都督事移書於聖曆元年。如此則莊州督祇十四年,可免一切抵牾。

（貞觀十二年）邕州,今南寧府,復置郎州,改名播州。《遵志》。於其地置播州及恭水等六縣。《舊唐·志》。《十道志》曰:"播州,播川郡,貞觀九年於此界置郎州,後省,十三年又於其地置。當脱"播州有"三字。播川,因名焉。《太平御覽》。十四年更播州之恭水曰羅蒙,高山曰舍月,貢山曰湖江,柯盈曰帶水,邪施曰羅爲,釋鸞曰湖刀。《新唐·志》《遵志》。

十六年,更羅蒙曰遵義。遵義,貞觀元年置恭水縣屬郎州,十一年省,十三年復置屬播州,十四年改爲羅蒙,十六年改爲遵義,顯慶五年廢舍月并入。《舊唐·志》。

——（民國）《貴州通志》之《前事志五》,載《中國地方志集成·貴州府縣志輯》,第 6 冊,第 404 頁

《十道志》曰:"珍州,夜郎郡古山僚夜郎國之地。貞觀十七年,廓邊夷,置播川鎮,後因川中有降珍山,因以鎮爲珍州,取山名郡也。溱州,溱溪郡古蠻夷之地,貞觀八年開拓南蠻於榮懿縣,立溱州。地多貢象牙,後或爲溱溪郡。"《太平御覽》。按:嘉靖《志》、嘉靖《圖經新志》并云"貞觀十六年開山洞,益拓其地,置思、夷、播、珍等州郡十三,屬黔中道采訪使"。考新、舊《唐·志》、《元和志》:夷州,武德四年置,貞觀元年廢,四年改務州爲思州,復置夷州,十三年置播州,十六年置珍、溱二州。兹以思、夷、播、珍并爲十六年開山洞置,大誤。《遵志》按云:《十道志》載置二州之年不與《唐書》《元和志》相應,俟考。又《通典》載珍州屬縣尚有榮德,不知何時所省。又按《元和志》載,夷、播、珍、溱并江南道、黔中觀察使管廢牢州,省綏養、樂安、宜林,以綏陽、義泉、洋川屬夷州,芙蓉、瑯川隸播州。《新唐·志》。《遵志》按云,《元和志》云十七年牢州廢,以義泉屬夷州,後《唐書》一年。按《舊唐·志》云:芙蓉,貞觀十六年改爲疑"屬"之誤。夷州,二十年改屬播州。又云二十年以夷州之芙蓉、瑯川屬播州,是年牢州廢,後芙蓉、瑯川先改屬夷州,至二十年始改隸播州。康熙《志》因之,錄於"貞觀二十年"。

——（民國）《貴州通志》之《前事志五》,載《中國地方志集成·貴州府縣志輯》,第 6 冊,第 405 頁

（中宗景龍）二年,廢莊州都督府,以播州爲都督府。《元和志》。

按:廢莊置播,《舊唐·志》作"景龍四年",《遵義志》作"景龍元年",《寰宇記》同《舊唐·志》。考:景龍

無四年,依《元和志》。

玄宗先天二年,廢播州都督,復以黔州爲都督府。新、舊《唐·志》《元和志》《寰宇記》。按:康《志·大事》作"元年"。

(玄宗二十六年)省播州之琊川、胡刀入芙蓉。新、舊《唐·志》、《遵志》。

天寶元年,改黔州爲黔中郡,改州爲郡,刺史爲太守。依舊督施、夷、播、思、費、珍、溱、商九州。……改夷州爲義泉郡,播州爲播川郡,思州爲寧夷郡,費州爲涪川郡,溱州爲溱溪郡,珍州爲夜郎郡,錦州爲盧陽郡,巫州爲潭陽郡,業州爲龍溪郡。新、舊《唐·志》、《康志》。

——(民國)《貴州通志》之《前事志五》,載《中國地方志集成·貴州府縣志輯》,第6册,第408頁

(天寶)五載,天寶三年改"年"曰"載"。春正月貶皇甫惟明爲播州新、舊《本紀》作"川"。太守。《輯賢》《遵志》。……按:《遵志》按云"孫《志》云是年改播州縣爲播川郡",《明統志》亦云"天寶中播州改播川郡,乾元初復爲播州"。考:改播川郡在天寶元年(見前)。《通鑑》仍作"播州",小未檢耳。

……李林甫分遣御史,即貶所賜皇甫惟明、韋堅等死。《遵志》。《遵志》按云:按《唐書·本紀》云"五載春,殺播州郡太守皇甫惟明",年月有異。

——(民國)《貴州通志》之《前事志五》,載《中國地方志集成·貴州府縣志輯》,第6册,第409頁

大中十三年,雲南蠻陷播州。《新唐·紀》。

十三年冬十一月,南詔僭號,寇播州。初,韋皋通清溪道,以通群蠻,使入貢。又選群蠻子弟聚之成都,教以書數,以羈縻之。既而軍府厭於廩給,又蠻使入貢,利於賜與,所從傔人浸多。杜悰奏減其數,南詔豐祐怒,入貢不時,頗擾邊境。豐祐死,子酋龍立,朝廷以名近玄宗諱,不行冊禮。酋龍乃自稱皇帝,改國號大禮,遣兵陷播州。《綱目》。

大中時,李琢爲安南都護府,苛墨自私,以斗鹽易一牛,夷人不堪,結南詔,陷安南都護府。然南詔朝貢猶歲至。杜悰自西川入朝,表無多納蠻僬,豐祐怒,即謾言索質子。會宣宗崩,遣使告哀。是時,豐祐亦死。坦綽酋龍立,恚朝廷不弔恤,又詔書乃賜故王以草具,進使者而遣。遂僭稱皇帝,建元建極,自號大禮國,懿宗以其名近元宗嫌諱,絕朝貢。乃陷播州。《新唐·蠻傳》。

舊《紀》、《實録》今年皆無陷播州事,惟新《紀》有之。《實録》:"咸通六年三月,盧播奏云'大中十三年,南蠻陷播州'。"《補國史》曰:"雲南自大中初朝貢使,及西川質子人數漸多,節度使奏釐革減省,有詔許之,録詔報雲南。雲南回牒不遜。"新《南詔傳》曰:"朝貢歲至,從者多,杜悰自西川入朝,表無多納蠻僬。豐祐怒,即謾言索質子。蓋謂蠻

子弟學成都者也。"按:杜悰以咸通二年七月入朝,而豐祐大中十三年已死,則建議減蠻僚者必非悰入朝後事,新傳誤也。《通鑑考異》。

按:《遵義志》原云:"楊升庵《南詔野史》云,大中己卯,南詔豐祐陷播州。咸通庚辰,南詔世隆即酋龍。絕朝貢,寇播州。與史不應,豈別有據歟?"考:己卯即十三年陷播之年,與《通鑑》《唐書》均符,特誤酋龍爲豐祐耳。又《滇繫》:"十三年,豐祐死,酋龍嗣,陷播州。"不誤。

懿宗咸通元年十月,安南都護李鄠克播州。《新唐·紀》。

安南都護李鄠殺蠻酋杜守澄,已而鄠越境收取播州。杜氏宗黨遂誘群蠻,導引南詔乘虛攻交趾,陷之,鄠奔武州。《輯覽》。

按:《通鑑》注云,播州屬黔中道,大中十三年爲雲南所陷,此非安南道屬也。李鄠越境收復,欲以爲功,而不知蠻兵乘虛已陷安南也。

——(民國)《貴州通志》之《前事志五》,載《中國地方志集成·貴州府縣志輯》,第6冊,416~417頁

(唐)僖宗乾符初年,太原楊端應募取播州,克之,授安撫使。《遵義志》引陳《志》。

南詔陷播,李鄠復之,尋仍爲所陷。乾符初,太原人楊端應募,領兵復之,世爲州刺史。《明史》。

端,其先太原人,仕越之會稽,遂爲其郡望族,後寓家京兆。唐末,南詔叛,陷播州,久弗能平。僖宗乾符三年下詔募驍勇士將兵討之,端夢神告曰:"爾亟往,此功名機也。"端與舅謝將軍詣長安,上疏請行,上諭而遣之行。次蜀,蠻諜知之,欲退者半,乃詣瀘州合江,徑入白錦,軍高要山,據險立寨,結土豪婁、蔣、黃三氏爲久駐計。蠻出寇,端出奇兵擊之,大敗,尋納款結盟而退。《遵志》。

《遵志》原按云:楊端復播,唐宋史皆未書,而見元明兩史。端授安撫使及世爲州刺史,未詳所據。考《宋史·諸蠻傳》云:唐季之亂,蠻酋分據其地,自署爲刺史。《明統志》云:播州唐末沒於蠻,疑州刺史者得之。按:原按又云,黃裳《古今紀要》:"僖宗相蕭遘斥播州,道三峽,曰(白)帝呵之"。考《遘傳》云:"遘貶播州司馬,則是時尚有流官也。"考:遘貶播州在懿宗時,後始爲僖宗相,《遵志》偶未檢耳。

——(民國)《貴州通志》之《前事志五》,載《中國地方志集成·貴州府縣志輯》,第6冊,第417頁

播州楊端卒。唐祚移于後梁,端感憤發病,卒,子孫遂家於播。《遵志》。

唐季南詔陷播州,端應募起,復之,遂使領焉,五代以來世守茲土。《元[史]》《明史》略同《宏簡錄》。

案:《正安志》云"是年蜀王建有其地",不知何據不録。

乾化元年,蜀以内樞密使潘炕爲武泰節度使。《通鑑》。

二年正月戊寅,楚王馬殷以昌師益爲叙州刺史。案:《乾隆志·建置》其"總部"云:"開元二十一年,分天下爲十五道,設黔中采訪使治黔州。大曆五年改巫州曰叙州。"註云:"今黎平府分部表列,黎平唐隸黔中采訪使,叙州,潭陽郡,龍標縣、朗溪縣。"《職方典》云:"黎平,唐屬播叙二州,分十洞,隸江陵節度使,宋爲誠州。"《清一統志》亦云唐爲播、叙二州域,宋爲誠州。一曰叙州是黎平古名,在宋猶有异説,而在唐無不以爲隸叙州者,蓋考潭陽郡之叙建自馬希蕚(文録見後),其後改懿、改合、改沅,地皆與黎平近,與致和同,以川南溪郡置叙州者不同。黎平地有潭溪,故有潭溪長官,以潭陽名郡,意亦同五代建置□致唐舊,兹故於畢之屬叙者皆録。

——(民國)《貴州通志》之《前事志五》,載《中國地方志集成·貴州府縣志輯》,第6冊,第419頁

(周世宗顯德)六年,以馬全義領播州刺史。全義,幽州薊人,十餘歲學擊劍,善騎射,歷晉漢,事周世宗,戰高平,征淮南,官至殿前指揮使。恭帝即位,授鐵騎左第二軍都校,領播州刺史。《宋史》。

——(民國)《貴州通志》之《前事志五》,載《中國地方志集成·貴州府縣志輯》,第6冊,第423頁

(宋乾德三年)小火楊、新添二族作亂,播州楊實討平之。

楊端卒,宋贈太師。太師生牧南,既嗣世,痛父業未成,九溪十洞猶未服,日夜憂憤。其子部射逆其志,選練將卒,伐羅閩。原註《方輿紀要》:烏江出水西閩地,知《潛溪》所言"羅閩",《元史》及《類編》"閩"皆指水西也。時閩附南,部射深入,閩匿將士,絶其後,部射力戰死。子三公抱尸不去,閩執以歸。牧南卒,三公幽於閩半載。會阿永蠻酋長黑長與閩有連,語之曰:"殺其父而囚其子,人弗爲也,盍歸諸?"閩不答,黑定"定"上作"長",不知孰誤。怒,夜以一匹馬竊載俱歸,且發兵納三公界上。三公遣衛兵檄召謝巡檢,謝帥夷僚逆之。會濟江,僚忽懷异志,引舟岸北,呼謝曰:"爲我語若主,當免我科賦,否則不以舟濟。"三公怒,瞋目視舟,噓者三,舟奔而前,三公遂涉。僚争持牛醴酒爲謝。三公薅帛系僚頸,吸水噀之,帛成蛇形。僚伏地哀祈,誓輸賦,不敢反。三公復噀之,帛如初。三公生二子:寶、實。寶當立,自以才不逮,讓與實。實字真卿,聞宋太祖受命,即欲遣使入貢。會小火楊及新添族二部作亂,實同謝巡檢討之,夜薄賊營,盡殲其衆,實傷流矢,病創卒。按:"噓舟""噀帛"事似欠雅,則第夷俗所有,又《遵志》已載,故照録。《潛溪集》。

按:播之降附,史無文,兹以文有欲入貢語,故録置"珍州"條,後又太祖賜普貴詔有"往年爲扶播州楊氏之弱,勞我王師,罪人斯得"語,所扶何事,《史》《志》均未載,豈即羅閩或新添事耶? 俟考。

——（民國）《貴州通志》之《前事志六》，載《中國地方志集成·貴州府縣志輯》，第6册，第424頁

石人山，在唐宋矩州之西北三十里，即石人部王子若藏所居也。旋據矩州，梁益、魚脂同呼矩讄爲貴。宋太祖乾德七年，貴州普貴及其子乞内附，太祖予之敕曰："予以義正邦華夏，蠻貊罔不率服，惟爾貴州，遠在要荒。先王之制，要服者來貢，荒服者來享。不貢，有征伐之兵，攻討之典。予往歲爲扶播州楊氏之弱，勞我王師，罪人斯得，想亦聞之有司，因請進兵爾土，懲問不貢。予則曰遠人不服，則修文德以來之，窮兵黷武，予所不忍，尋乃班師。近得爾父子狀，如欲向化，乃布兹文告之，爾若挈土來庭，爵土人民，世守如舊。故兹制旨，想宜知悉。"已而納土，因賜之王爵。開寶八年，羅氏爲宋氏所逐，乃被徙。《貴陽志》。按：詔詞并載《職方典》。

——（民國）《貴州通志》之《前事志六》，載《中國地方志集成·貴州府縣志輯》，第6册，第425頁

（仁宗天聖）七年，梓州轉運使傅求按視播州田。

求，字命之，考城人，進士甲科。吕夷簡入相，擢爲梓州路轉運使。夷僚寇合江，鈐轄會兵掩擊，求馳往，按所以狀，乃縣吏冒取播州田，僚故恐而叛。即黥吏，置嶺南，夷人聞之散去。《宋史》。按：《鑑》，夷簡入相在是年，故録置於此。

——（民國）《貴州通志》之《前事志六》，載《中國地方志集成·貴州府縣志輯》，第6册，第431頁

皇祐元年，播州楊先、楊蟻擁兵相攻。播守楊貴遷助先，蟻亡走閩。未幾，貴遷亦遇刺死。

楊實生昭，字子明，既嗣世，二弟先、蟻各擁强兵。先據白錦東遵義軍，號下州；蟻據白錦南近邑，號楊州。昭不能制。未幾，蟻稱南衙將軍，舉兵攻先，且外結閩兵爲助。謝巡檢子都統，謂昭子貴遷曰："蟻召仇讎，而賊同氣，罪不容於死，盍討之？"遂大發兵，設伏於高遥山，要其歸而擊之。閩大潰，赴水死者數千，蟻亡入閩。貴遷，太原人，與端爲同族，其父充廣，原註《宋史·楊業傳》，"文廣爲廣西鈐轄"，此云"充廣"似誤。宋贈太師、中書令業之孫，莫州刺史、充本州防禦使延朗之子，嘗持節廣西，與昭通譜，昭無子，充廣輒貴遷爲之後，自是守播者皆業之子孫也。原註《楊賽因不花傳》："至昭無子，以族子貴遷嗣續。"《宏簡録》同。貴遷字升叔，慶曆、皇祐間，儂智高亂，貴遷曰："通夜郎，浮牂牁，漢制南粤之奇策也。"即如瀘，次於南川，得暴疾，將還，其季父先使南川巨族趙隆要殺之。官至武功大夫、德州刺史。《遵志》。按："儂智高之亂。"《通鑑》《輯覽》書在"是年九月"，故以是條列此。

——(民國)《貴州通志》之《前事志六》，載《中國地方志集成·貴州府縣志輯》，第6册，第432頁

（熙寧六年）五月癸卯朔，播州楊貴遷遣子光震來貢，以光震爲三班奉職。《史·紀》、康《志》、《遵志》。

——(民國)《貴州通志》之《前事志六》，載《中國地方志集成·貴州府縣志輯》，第6册，第434頁

（元豐）四年，瀘州夷乞弟寇納溪、江安，環慶副總管林廣討之，播州楊光震助官軍破乞弟，殺其黨阿訛，遂以其歸徠地賜羅氏鬼國。

時羅苟夷叛，犯納溪，據《溪洞傳》，在熙寧十年。提刑穆恂言："羅苟起端，不加誅則烏蠻觀望，爲害不細。"乃召韓存寶時爲涇原副總管擊之，存寶召乞弟等，犄角討蕩五十六村、十三囤，蠻乞降，乃詔罷兵。至是，事在元豐元年。乞弟率步騎六千至江安城下，責平羅苟之賞，數日乃引去。知瀘州喬叔遣梓夔都監王宣以兵二千守江安，而以賄招乞弟，與盟於納溪，在元豐三年。蠻以爲畏己，益悖慢。盟五日，遂率衆圍熟夷羅箇牟族，王宣救之，一軍皆没，事遂。張驛召存寶授方略，統三將，兵萬八千，趨東川。存寶怯懦不敢進，乞弟送款紿降，遂休兵於綿、梓、遂、資間。四年，詔以環慶副總管林廣代存寶，按存寶逗撓，誅之。熟夷楊光震殺阿訛，詔林廣與光震同力討賊。乞弟復送款，帝以其反覆無降意，督廣進兵。廣遂敗乞弟於納江，破樂共城，斬首二千級。乞弟遁，廣帥兵深入。自發納江即入叢箐，無日不雨雪，兵夫疾病死亡者不可勝計，往往取僵尸臠割食之，過鴉飛不到山，至歸徠州，竟不得乞弟而還。《紀事本末》《宋史》。

——(民國)《貴州通志》之《前事志六》，載《中國地方志集成·貴州府縣志輯》，第6册，第437頁

播州楊貴遷生三子：光震、光榮、光明。光震，字長卿，瀘南羅乞第叛，瀘遣使乞師，光震督兵行。時閩黨宋大郎與乞弟通，遏其歸道。光震與戰，連七日不決。帳卒王龍間道走播，趣謝都統濟師。謝至武婆山，見二酋縱騎橫槊馳騁，若指揮其衆。謝以勁弩射，其一應弦斃，其一大憤，拔刀衝陣。謝斫傷其首，殺之，即宋兄弟也。二夷懼而退，因不能爲瀘患。光震官至從義郎，都巡檢使。《遵志》。

四年，楊光震助官軍破乞弟，殺其黨阿訛。康《志》。

——(民國)《貴州通志》之《前事志六》，載《中國地方志集成·貴州府縣志輯》，第6册，第438頁

（紹聖三年）三月丁卯，詔瀘南安撫司、南平軍毋擅誘楊光榮獻納播州疆土。《本紀》《通鑑》《遵志》。

——（民國）《貴州通志》之《前事志六》，載《中國地方志集成·貴州府縣志輯》，第6冊，第439頁

（紹聖四年）播州夷楊光榮等內附。《宋·紀》《遵志》。

——（民國）《貴州通志》之《前事志六》，載《中國地方志集成·貴州府縣志輯》，第6冊，第440頁

（大觀元年）許播州歲市馬。

大觀初，詔播州夷巡檢楊光榮，許歲市馬五十匹於南平軍，其給視戎州之數。《兵志》。

——（民國）《貴州通志》之《前事志六》，載《中國地方志集成·貴州府縣志輯》，第6冊，第441頁

（大觀二年）是歲涪夷任應舉、原按：此間當脱“播州”字。楊文貴內附。《遵志》。

按：是條《本紀》作“涪夷任應舉、楊文貴、湖南傜楊再光內附”，《通鑑》作“涪州夷任應舉、湖南傜楊再光內附”，無文貴。

木攀首領趙泰、播州夷楊光榮各以地內屬，詔建溱、播二州。《渝州蠻傳》。

渝州蠻趙泰等內附，以其地爲溱州。《通鑑》。

播州樂源郡，大觀二年南平夷人楊文貴原注按：當作“光榮”。等獻其地建爲州，領播川、琅川、帶水三縣。《地志》《遵志》。

……

渝州蠻楊光震五子：文廣、方真、文錫、文貴、文宣。文廣，字敬德，少孤，仲父光榮潛謀篡立，衆弗與，光榮奔高州，欲籍蠻兵以危宗國。文廣與都將謝石近、謝成忠謀，奉書幣逆光榮以歸，事之如初。光榮復陰酖文廣，文廣詭爲不知，愛敬日篤。黃標益盜發光榮〈震〉墓，文廣捕斬之，事連其弟理郭。理郭奔高州，結蠻，謀作亂，會老應寨僚穆族亦叛。文廣命謝都統討夷原作“彝”之，斬理郭，戮穆僚，釋其黨七人。初，西平傜視諸苗尤桀黠難制，文廣偕成忠夜入其柵，擒獲之，旋數其罪貸焉。當文廣之時，楊氏先世所不能縻結者，至是討叛服懷，無復携貳，封疆闢而户口增矣。年僅三十六而殁，君子惜之。官至武節大夫。子：惟聰、惟吉、惟信。惟聰，字晦之，七歲而孤，育於母舅謝石近家。石近以主少衆貳，因奉光榮攝堡事。光榮立日久，益欲固位。惟聰既長，光榮深忌之。置毒魚中，欲加害。覺之，弗食。光榮復爲送婦高州，紿與俱將殺於中途，謀洩，弗果行。光榮恚，籍播州二縣地千七百里往獻於朝，詔即其地建白錦堡，原按：當云建“播州”。加光榮禮賓使。原注《宋史

·蠻夷傳》：“大觀二年，播州夷族楊光榮以地内屬，詔建播州。”又《地理志》：“大觀二年，播州楊文貴獻其地建遵義軍。”是光榮獻地時，文貴亦獻地。文憲撰傳遺之也。光榮還，惟聰率部佐出迎，光榮豫置毒於茗以俟，隸人誤進，光榮啜之即斃。惟聰始親政。《遵義·土司》。

《遵志》原按：建播州地，楊光榮所獻。《宋朝事實》言之甚詳（原文見後），《與史·渝州蠻傳合志》云：“文貴未審耳。”孫《志》云：“三年，楊文貴納土，以其地置遵義軍於白綿〈錦〉堡，領播川、琅川、帶水三縣。”白綿〈錦〉乃播州地，三縣亦播州所領，非軍地。軍領，《志》誤合之也。《元豐九域志》：“省廢州軍，夔州路播州、播川郡，領遵義、帶水、芙蓉三縣。”其時并珍、溱夷皆未復，特舉唐制爲言耳。《續通鑑綱目》云：“渝州蠻内附，以其地爲溱州。”渝州蓋其總名，木攀乃其析稱。

……

（大觀三年）二月丙子朔，播州楊文貴納土，以其地置遵義軍。《本紀》《通鑑》、康《志》。

遵義軍：大觀二年，播州楊文貴獻其地，建遵義軍及遵義縣。《宋史·志》《遵志》。

遵義軍：大觀二年，蕃帥楊文貴獻地，東西百二十里，南北六百一十二里，以其地置軍。唐貞觀元原注按當作“九”年析牂牁，置遵義原注按：當作“恭水”縣，屬朗原注按：當作“郎”州。十一年，州廢，縣亦省。十三年復立播州，亦復置縣。十四年更名羅蒙，十六年更名遵義。後自播州徙州治。唐衰，播州爲楊氏兩族所分據：一居播州，一居遵義，以江水爲界。其後居播州者曰光榮，得唐所給州銅牌；居遵義者曰文貴，得州銅印。大觀二年，兩族各獻地，皆自以爲播州。議者以光榮爲族帥，重違其意，乃以播州立州，遵義立軍。《遵·土司志》引《宋朝事實》原注按：“光榮獻地置州，文貴獻地置軍。”《宋史》既分書之，而“播州”下又云文貴等獻地建州，偶不審也，當以《宋朝事實》所載爲得。至文貴乃文廣弟，其所獻地必文廣在日所割授者，有之當未久。李氏以爲唐衰，兩族分據其地，亦誤。李氏又稱之蕃帥，或廣卒後曾攝堡事，銅印之得，其以此歟。

《遵志》原按《續通鑑綱目》：“大觀三年春二月，南平夷内附，以其地爲遵義軍及播州。”言州、軍一時置與李攸説合，蓋得之。

按：楊文貴獻地置軍，《宋·地志》及《宋朝事實》均在大觀二年，而《本紀》及《通鑑》書於三年。或二年獻地，三年置軍耳。

……

夏六月辛巳，《遵志》誤爲甲戌。以瀘、夷地爲純、滋二州。《史·紀》。

南廣蠻在叙州慶符縣以西，大觀三年有災害，酋羅永順、楊光榮、李世恭等各以地内屬，詔建滋、純、祥三州，後皆廢。《宋史》《叙州蠻傳》《遵志》。案：《遵志·建置》云：大觀二年，有夷酋羅光榮、李世榮等各以地内屬，詔建滋、純、祥三州，滋、純乃今仁懷縣地，光榮内附間叙，在十四蠻州内，則其所居之播州必倚近仁懷可知。“世恭”別作“世榮”，名异。

……

《遵志》原按：珍、承、溱、播等州，《史》《志》係年不一，今以《紀》爲主。《通鑑輯覽》云：大觀元年十二月，涪州夷内附，以其地爲珍、承州，知涪州龐恭孫誘之也。既而恭孫奏渝州南平夷内附,置溱、播州及遵義軍。尋又奏瀘州夷納土,置純、滋州。每開一城,恭孫輒得褒遷。恭孫在西南二十年,所得州縣多張名簿,實瘠鹵不毛地,繕治轉餉爲蜀人病。未幾,皆廢。珍州,唐置,後没於蠻,宋復建,地在今遵義府桐梓縣。承州,宋置,今遵義府綏陽縣是。遵義軍,今爲府,屬貴州。滋州,宣和中廢爲武都城,在今遵義府仁懷縣。純州,在今瀘州。案:《輯覽》原文:"純州,宣和中廢爲九支城,在今瀘州。"《遵志·年紀》此文引之,而《建置》復云:"純、滋乃今仁懷縣地。"説互歧,蓋偶未審。

——(民國)《貴州通志》之《前事志六》,載《中國地方志集成·貴州府縣志輯》,第6冊,442~443頁

(政和)三年夏四月庚寅,以復溱、播等州,降德音於梓夔路。《本紀》《遵志》。

五月壬寅,以築溱、播,進執政官一等。《本紀》《通志》《遵志》。

——(民國)《貴州通志》之《前事志六》,載《中國地方志集成·貴州府縣志輯》,第6冊,第444頁

宣和三年,廢承州,改播州爲播川縣,隸南平軍;改遵義軍爲遵義寨,隸珍州。
案:此爲總部文,其分部云:宣和三年廢播州爲播川縣,廢琅川、帶水二縣,隸南平軍;遵義軍爲寨,隸珍州。又以廢承州之綏陽來屬,不言溱、滋。乾《志·建置》。

宣和二年,廢溱州及縣,以溱溪寨爲名,隸南平軍。三年,播州廢爲城,隸南平軍;廢遵義縣,以遵義寨爲名,隸珍州,縣二:樂源、綏陽。《正安志》《遵志》《平越志》。

《遵志》原按:孫《志》云:"宣和六年,廢播州爲縣,隸南平軍。"《桐梓志》亦云:"六年,廢播州爲播川縣,隸南平軍。"蓋本《明統志》,而《統志》但云"宣和中",不云"六年"。又《宋·志》於"夔州路"下書北宋所領州、軍有珍、南平,無承、播、遵義,乃指省廢後爲説。

……

(紹興二年)設甕水寨,隸黃平府,以土酋猶氏世守。

宋紹興中,開設甕水寨,爲黃平府地,土酋猶氏世守。《紀要》《遵志·土司》《甕安志》。

黃平州,宋爲黃平府地,號狼洞。《職方典》。

黃平守禦千户,唐屬播州樂源郡,宋爲黃平府,領上下三曲二長官司,隸叙州。嘉靖《志》。

《甕安志》原按云:甕水司,《宋史》不載。《紀要》稱土酋猶氏之先早已據有此地,其與楊端偕來,更無疑議。其爲黃平府地者,是時黃平設府,隸上、下三曲二長官司,隸於叙州。甕水或與播阻,隔烏江,撥屬黃平,并將黃平撥屬叙州,以就形便。據元世祖至元十五年楊邦憲請歸宋舊借鎮遠、黃平二城,瞭如指掌矣。

——(民國)《貴州通志》之《前事志六》,載《中國地方志集成·貴州府縣志輯》,第6冊,第446頁

(淳熙三年)遷播川縣於穆家川。《遵志》注:即今地。

播州楊軫,字德興,美髯長身,狀貌瓌偉,剛果勇決,人服其能。嘗病舊堡隘陋,樂堡北穆家川山水之佳,徙治之,原按:即今府治白錦堡。《通志》云"在府北三百里",蓋承《輿地紀勝》之誤云云。是爲湘江。軫初無嗣,鞠軾子粲爲後。晚生二〈三〉子:焆、㕷、鼎。以粲賢,遂不易初議。尤愛軾,尋授軾堡政,獨築室萬泉以終。軫畜一虎,馴服,左右常駕以出游。人異之。官至秉義郎。《遵·土官》。

——(民國)《貴州通志》之《前事志六》,載《中國地方志集成·貴州府縣志輯》,第6冊,第449頁

開禧二年,四川宣撫副使吳曦叛。播州土官楊璨貢金錢戰馬助軍。

璨,端十三代孫,嘉泰初襲播州宣撫使。開禧初,蜀帥吳曦叛。按:曦叛,降金,《本紀》書在元年六月。璨輸金錢戰馬以助國用,邊患遂息。明、清《一統志》。

粲,原註:《貴州通志》《明統志》并作"璨"。《元史》作"粲"。小字伯粲,幼授《大學》,即掩卷嘆曰:"此非一部行程歷乎?必涉歷之至,乃可爾。"長好鼓琴、投壺。粲母弟輝,有寵于父,幾奪其位。粲亦欲以位讓之,因猶泳言,得不廢。開禧二年,蜀帥吳曦叛,粲帥師赴援。會曦誅,不果,貢戰馬三百,黃金鉅萬。且請因曦誅,《通鑑》:"開禧三年二月,楊巨源、安丙誅曦。"大舉北伐,以雪先恥。上優詔答焉。《遵志》。

三年冬十月乙卯,復珍州遵義軍。《史·紀》《通鑑》《遵志》。

《遵志》原案:《宋·志》"播州"註云:"中有遵義寨,開禧三年升軍。"

……

(嘉定二年)九月庚戌,遵義寨《遵志》原註:當作"軍"。夷楊煥來獻馬。《史·紀》。

初,先據下州,世治兵相攻,凡七傳至煥,軾之幕官猶泳從容白曰:"骨肉相殘,夷狄之俗也,上、下楊其初由一人而分,干戈日夜相尋,孰若講信修睦,復兄弟之親乎?"軾欣然曰:"吾有志久矣,子爲我往說之。"泳至下州,煥頓首受命,遂盟而還。軾留意藝文,蜀士來依者愈衆,結廬割田,使安食之。由是蠻荒子弟多讀書,土俗爲之大變。《遵志》。

……

十一年,復遵義軍爲寨。《宋史·志》《遵志》。

《遵志》原按:孫《志》"理宗端平二年,廢遵義軍爲播川寨,隸珍州",當即嘉定十一年事。按:今本《正安志》所書,仍從孫《志》。

十二年,播州楊粲輸馬於蜀。

十二年,粲復輸馬三百於蜀帥。考《史》,時四川宣撫使爲安丙。蜀帥以聞,上益嘉之。南平夷穆永忠盜據公家田,粲曰:"穆不道,犯王略,吾爲藩臣,可緩其死耶?"帥衆討平之,斬永忠,歸其田南平。閩酋偉桂自立,粲聲罪致討,敗其衆於滇池,斬首數千級,闢

地七百里,獲牛羊鎧仗各千計。下州楊煥違盟,抄掠界上,粲遣兵誅之,歸還所掠地於珍州,下楊平,邊患遂息。粲性孝友,安儉素,治政寬簡,民便之。復大修先廟,建學養士。作家訓十條,曰:"盡臣節,隆孝道,守箕裘,保畺〈疆〉土,從儉約,辨賢佞,務平恕,公好惡,去奢華,謹刑罪。"論者多之。楊氏居播十三,傳至粲,始大。《遵志》。

......

(紹定)六年,唐朝壩、古磁、仁懷諸夷寇邊,總制袁世明討平之。

播州唐朝壩、古磁、仁懷諸夷出没爲邊患,總制袁世明方視兵江淮,魏了翁薦於朝,令領兵入蜀。正月師至,五月奏凱,留世明鎮其地。《遵志》。

按:《遵志·土司》書此事,不載年月。《通鑑》書魏了翁以寶章閣待制於五年八月知瀘州,則或即其知瀘州後事,故置此。

端平二年十二月,蒙古兵圍川青野原。播州楊价請自效,許之。年月據《通鑑》補。

楊粲三子:价、佐、佑。价字善父,英偉沉毅,自少不群。父歿,以郡政界其子文,原註:《元史》云"价生文"。專志養母。端平中,北兵犯蜀,圍青野原。价曰:"此主憂臣辱時也,其可後乎?"乃移檄蜀閫,請自效。制置使趙彥訥以聞,詔許之。馳馬渡劍,帥家世自贍之兵五千,戍蜀口。圍解,价功居多,詔授雄威軍都統制。未幾,復白錦堡爲播州,文領郡,价統兵如故。蜀警又急,詔价以雄威軍戍夔峽。价分署所部屯渝瀘間,遣奇兵擊東,遂以捷多,遷武功大夫,閤門宣贊舍人。《遵義志》。

端平初,元兵至蜀,播州王震孫率衆拒谷口,《遵志》作"蜀口"。以功授重慶路兵馬鈐轄。《清統志》。按:"鈐轄",《遵志》作"提轄"。

按:《遵志·土官·播州王氏傳録》《貴州通志》及《明統志》與上録文同,又録王夢麟《譜序》云"同太原嫡系入播者有一祖,震孫總重慶路兵馬提轄,與价犄角,保障川東,當即播州王氏祖"云云。據此是蜀口之役,震孫實與价同事,用彙録之。

三年復以白錦堡爲播州,三縣仍廢。《遵志》。

嘉熙二年,遵義始有進士。

先是,設科取士,未及播,楊价請於朝,歲貢士三人。冉從周始中周坦榜進士。《遵志》。

案:《遵志·土官》謂甕水猶道明已於熙寧五年中進士乙科矣。此云始有,殆專指遵義言。又《宋史·本紀》有"嘉熙元年四月丙午,夔路鈐轄知恩州田興隆與元兵戰於潼川"一事。考《宋·地志》,夔路所轄州有思,無恩,"恩"疑"思"之誤。

三年復設播州充安撫使。《宋·志》。

元兵犯珍州。

嘉熙間,元兵犯珍州,鄭昌孫率民兵禦之,事聞,授本州總制。《清統志》《遵志》。

案:《通鑑》書元兵攻夔於元年十月,復夔於三年十二月。珍隸夔,疑爲二三年事,且在設播州安撫前,故置此。

三年,復設播州,充安撫使。《宋·志》。

是年,置播州沿邊安撫司,屬夔路,隸四川制置司。《遵志》。

按:《正安志》有嘉熙年間仍置樂源縣一事。《宋·地志》及《遵志》不載,俟考。

四年,元兵入蜀,京西湖北制置副使孟珙使楊鼎、張謙曉諭思、黔熟蠻。

三年,元兵大舉臨江,珙策必道施黔以透湘湖。元兵入蜀,施、夔震動。四年,珙遣楊鼎、張謙往辰、沅、靖三州,同守倅曉諭熟蠻,講求思、播、施、黔支徑,以圖來上。《遵志》。

……

(淳祐)四年,詔以播州人冉璡知合州,璡弟璞通判州事。《遵志》。

先是蜀地殘破,兩川民不聊生,監司戎將各專號令,蜀益壞。及余玠至川,大更弊政,遴選守宰,築招賢館於府之左,供張一如帥所居,下令曰:"集衆思,廣忠益,諸葛孔明所以用蜀也。士欲有以謀告我者,近則徑詣公府,遠則自言於所在州縣,以禮遣之,高爵重賞,朝廷不吝豪杰之士,趣期立事,今其時矣。"士之至者,玠不厭禮接,咸得其歡心。言有可用,隨才而任;不可用,亦厚遣謝之。播州冉璡及弟璞有文武才,隱居蠻中。前後閫帥辟召,皆不至。聞玠賢,兄弟相率詣謁,玠賓禮之,館穀加厚。居數月,無所言,乃更闢別館以處之。按:此節,《宏簡録》作:"冉氏兄弟璡、弟璞,自言有文武才,隱居蠻中。前後辟召,皆不應。及是,聞玠賢,相謂曰:'是可語者。'詣府上謁。玠素聞其名,引入,分庭抗禮,賓館之奉,安之若素有。居數月,無所言,玠爲設宴,酒酣,坐客紛然競言所長。璡兄弟飲食而已,玠以微言挑之,卒默然。玠曰:'是觀我所以待之何如耳。'明日闢別館以處之。"又録玠爲設宴以下。《宋史·玠傳》作:"玠將謝道之,乃爲設宴,玠親主之。酒酣,坐客方紛紛然競言所長,璡兄弟飲食而已。"餘同。且日使人窺其所爲,兄弟終日不言,惟對坐,以堊畫地爲山川城郭之狀,起則漫去。如是者又旬日,請見,屏人曰:"此下《宏簡録》及《玠傳》有'某兄弟辱明公禮遇,思有以稱禆益,非敢衆人同也'數語。爲今日西蜀之計,其在徙合州城乎?"玠不覺躍起曰:"此玠志也,但未得其所耳。"曰:"蜀口形勝之地,莫若釣魚山,請徙諸。此若任得其人,積粟以守之,賢於十萬師遠矣。"玠大喜,遂不謀於衆,請不次官之。詔以璡爲承事郎,權發遣合州,璞爲承務郎,權通判州事。徙城事,一以任之。命下,一府皆誼然,以爲不可。玠怒曰:"城成,則蜀賴以安;不成,玠獨坐之,諸君無與也。"卒築青居、大獲、釣魚、雲頂、天生凡十餘城,皆因山爲壘,棋布星分,爲諸郡治所。又移金戎於大獲,以護蜀口;移沔州於青居;興州兵駐合州舊城,移守釣魚,共備內水;移利州兵於雲頂,以備外水。於是如臂使指,聯絡屯兵聚糧,爲必守計,民始有安土之心。《宏簡録》《宋史》。

按:此事《通鑑》書在淳祐三年十二月。

(淳祐四年)夏五月丁巳,以守禦功,詔轉播州楊价右武大夫。

丁巳,武功大夫、雄威軍都統制楊价,世守南邊,連年調戍播州,捍禦勤瘁,詔价轉右武大夫、文州刺史。《史·紀》。

嘉熙初,彭大雅鎮渝,檄价赴援,价督萬兵征。江南通蜀,聲勢壯,兵不敢犯。孟珙宣撫荊襄,余玠制置西蜀,皆倚价爲重,上屢下詔褒美之。价指天誓曰:"所不盡忠節以報上者,有如皦日。"一日,大飯群僧,趺坐,誦佛書數語而終。《遵志》。

播州始建孔子廟。《遵志》。

安撫使楊文留心文治,建孔子廟,以勵國民。民從其化。《潛溪集》。

《遵志》原案:建廟據《普濟橋碑》及《潛溪集》無年月,而《潛溪集》言楊价卒嘉熙中,故係於此云。按:《潛溪集》蓋以爲嘉熙中价卒,而文爲之,茲據上條《史·紀》,則是時价尚轉官而未死,《潛溪集》誤錄建廟事於此,亦取其近似云爾。

八年,播州楊文發兵從西帥俞興西征,尋會兵渝上。

紹定中,北兵始入劍。文日閱士卒爲備,蜀中避地者多歸之。嘉熙中,北兵窺江,彭大雅復來徵師。文原作"价",註當作"文",從之。命裨將趙暹帥萬兵赴戰石洞峽,擊破之,以功轉武德郎、閤門祗侯,原註:《明統志》云"文寶祐間授武德郎",誤,當以此云"嘉熙"爲是。《通志》云"授承德郎",誤之誤也。父价卒,詔起文視事,進武功大夫、閤門宣贊舍人。文移書余玠曰:"比年北師如蹈無人之境者,由不能禦敵門户故也。曷移鎮利朗間,經理三關,爲久駐謀,此上計也。今縱未能大舉,擇諸路要險,建城壕,以爲根柢,此中計也。下則保江自守,縱敵去來耳。況西番部落已爲部所誘,勢必撓雪外以圖雲南,由雲南以并吞蠻部,矙邕廣,窺沅靖,則後門幹腹深可憂也。"玠偉其計,竟徇中計。據此,則此書當移在"城釣魚山"事前。淳祐八年,俞興西征,發兵五千人與俱,大戰者三,皆捷,遷左衛大將軍。余玠北伐漢中,文命將趙寅會兵渝上,三次戰,又捷。《遵志》。

案:俞興西征事,史見《玠傳》,於"徙合州"下,稱玠"屬嘉定,俞興屯田于成都,蜀以富實"云云,下續書:"十年冬,玠率諸將巡邊,直搗興元,大元兵與大戰。十二年,又大戰於嘉定。"然則《遵志·土官》此文所稱玠伐漢中當即《傳》"十年搗興元"事,《傳》"戰嘉定"即《遵志》下條事。

十二年,四川制置大使余玠與元兵戰嘉定,播州楊文使總管田萬帥師援之。

十二年,北兵圍潥嘉,文使總管田萬率兵五千間道赴之,夜濟嘉江,屯萬山、必勝二堡。萬以勁弩射之,敵不能支,遂却。加文右武大夫。《遵志》。

……

(寶祐)二年,詔思、播兩州連年捍禦,其守臣田應庚、楊文各官一轉。按:"寶祐",康熙《志》作"寶慶",誤。《通鑑》《遵志》。

時舍人牟子才言:"全蜀盛時官軍七八萬人,通忠義爲十四萬,今官軍不過五萬而已,宜招新軍三萬,并撫慰田、楊二家,使歲以兵來助。如此則蜀猶可保,否則不出三年蜀必亡矣。"《宋史》。

按:子才此文,《通鑑》不載,然其《本傳》叙在"恥與蕭泰來爲伍事"後。考《通鑑》,

子才論奏泰來在寶祐元年八月，與《史·紀》所書田楊事適近，疑《本紀》之詔源於子才此言，故彙錄之。

……

四年五月甲辰，羅氏鬼國遣報思、播，言元兵屯大理國，取道西南，將大入寇邊。詔以銀萬兩，使思、播約結羅鬼爲援。《宋史》。

五月，帝諭輔臣曰："秋防不遠，宜事事爲之備。"董槐曰："羅鬼國報思、播，謂北兵留大理，招養蠻人爲嚮導，此甚可憂。"帝曰："彼不能支，駸駸及我矣。"乙巳，董槐言："瀘、淑之上，鹽井設險以待敵兵，此事不可吝費。"程元鳳曰："宜令播州以兵助羅鬼，制司以兵助播州。"詔以銀萬使思、播約結羅鬼爲援。《通鑑》。

僕夜卒，《羅鬼主錄》見前。額則襲。額則卒，隴杓襲。隴杓卒，主載襲。主載卒，額歸襲。額歸卒，普色襲。額歸、普色蓋當宋之末造，其時復侵有貴州，乃分其地爲水東、水西二部，鬼主仍居水西，號"羅氏鬼國"。理宗寶祐四年，羅氏鬼國遣使報思、播，言元兵屯大理，取道西南，將大入寇。詔賜銀萬兩，使思、播結羅鬼爲援。羅氏鬼國始見於正史。《大定志》。

案：得蓋子自號"羅氏鬼主"已見熙寧七年《宋史·溪洞傳》文，《大定志》本條前已備引之，此云始見正史，誤。又康熙《志》書作"紹定二年"，大誤，從正史。又按《遵志》原按·《續宏簡錄·大理傳》云："先是，蒙古兵出靈關，羅鬼國即遣使報思、播，言蒙古有事大理，實欲取道西南，大入中國，當預爲之備。思播守者聞諸朝，宋廷臣皆言蒙古土生長朔方，恃馬騎爲用，隆冬草枯，盛夏宔出，便當反〈返〉北。若逾番詔，必須多歷時月。滇、黔之間，岡嶺欹折，策馬奔馳，料不得逞。縱使安據南詔，方行東向，須得交廣以攻吳、楚，是謂仰攻，地利不便。爲此慮者，非迂則誣。及大理已入蒙古，假道幹腹，遂其始謀，乃出烏蒙，趨瀘江，過馬湖，通道嘉定、重慶，直抵合州，濟蜀江，然後順流東下。一軍歷邕桂至潭州，一軍由廣南至衡州。太弟忽必烈自北發師，由汝南入大勝關，渡江圍鄂州。與羅鬼先見之言符合，而宋室遂不可支，馴至滅亡，方下詔責已，勉諸道進兵，亦何益哉。"

北兵由烏蒙渡馬湖入宣化，四川宣撫使李曾伯來播徵師，楊文遣弟大聲行，大小九戰，轉文右武大夫。《遵志》。

秋七月戊申，帝問輔臣曰："吳淵乞萬兵以備瀘、淑、思、播，何以應之？"程元鳳曰："欲令淵且選兵至夔門，瀘、淑有急，則援瀘、淑；思、播有急，則援思、播。東可以捍興、洋，南可以庇歸、峽，却從沿江調兵五千，以補京湖之數。"八月己酉，帝諭輔臣曰："近有言羅鬼不足恃者。"程元鳳等曰："置呂文德於沅、靖，置向士璧於歸、峽，城築之費，甲兵之需，無不應之，正所以爲此備也。又聞黃平可通播州，已令荊閫嚴作防捍。"《通鑑》。

按：《遵志·土司》此文原作"寶祐三年"，據《鑑》則"四年"事也，改從《鑑》。

……

（寶祐五年）閏四月，思州田應庚乞屯瀘、溆以援思、播。《宏簡錄》。

播州邊境告警。九月甲戌，帝曰："播州乞兵，想事勢頗急，當令夾擊。"程元鳳曰："已令朱禩孫襲其後，呂文德遏其前，即聖訓所謂夾擊也。"時朝廷徒託空言，幸蒙古兵未入境耳。《通鑑》。

十一月乙亥，詔京湖帥臣，黃平、清浪、平溪分置屯戍。《史·紀》。

十一月癸酉，帝謂輔臣曰："將帥提兵征伐，須直入播境，追襲進剿，仍撫循諸蠻，不可縱軍士騷擾，以失其心。"甲戌，又曰："上流之報稍寬，正是自治之歲月也。"乙亥，帝曰："昨付出《黃平圖》，其間險要處皆當置屯。"程元鳳言："黃平、清浪、瀦溪三處，當審度緩急，分置大小屯。"《通鑑》。

——（民國）《貴州通志》之《前事志六》，載《中國地方志集成·貴州府縣志輯》，第6冊，450～453頁

（寶祐）六年春正月甲戌，詔相度黃平、思、播險隘。

甲戌，宋詔樞密院編修官呂逢年詣蜀閫，趣辦關隘柵糧餉，相度黃平、思、播諸處險要緩急事宜，具工役以聞。《通鑑》，遵義、平越、甕安《志》同。

元將紐璘《舊史》作"耨埒"犯思、播二州，獲其將一人。《遵志》。

是年，指七年，上文係征交趾事。憲宗大舉伐宋。八年，侵宋播州，士卒遇炎瘴多病，兀良合台《舊史》作"烏闌哈達"。還軍趨長沙。新《合台傳》。烏蘭哈達即兀良合台。征交趾還。戊午，即憲宗八年，引兵入宋境，其地炎瘴，軍士皆病，遇敵少卻，亡軍士四人。阿珠即阿准還戰，擒其卒十二人。其援復至，阿珠以三千騎，阿穆爾圖繼以五千騎擊走之。時烏蘭哈達病，將旋師，憲宗遣使諭旨，約明年會軍長沙。舊《哈達傳》。紐璘即耨埒。既下成都，進軍至涪，駐軍橋南北以禦宋援兵，聞大軍多瘴癘，遣人進牛犬豕各萬頭。明年七年之明年春，朝行在還討思、播，獲其將一人。新《紐璘傳》。

《遵志》原按云："據《元史·本傳》云'戊午之明年春'云云，敘在中統前。考中統前己未當理宗開慶元年。"《遵志》書此在開慶元年之末。案：此事據《耨埒》本傳，洵如《遵志》所言第。《新史·紐璘傳》則云"七年之明年"，又《新史·兀良合台傳》顯書"八年"，舊《烏蘭哈達傳》亦作"戊午"，故特移書於此。惟兀良合台、烏蘭哈達本一人，而二史文相異至鉅，未知《哈達傳》之所謂"侵入宋境"，是否即《合台傳》之"侵宋播州"也。

夏四月甲申，《黔史》作"丁酉"，誤。宋詔田應已特差思州駐劄，御前忠勝軍副都統往播州，共築關隘備禦。《通鑑》《通志》《平越志》。

《遵志》原按云："舊孫《志》作'六年夏，詔廑庚以思明都統往播州築關隘，防禦邊圉'，與史不合。"

秋七月乙亥，呂文德入播州，詔荊湖給銀萬兩。《遵志》《平越志》。

……

（開慶元年）秋七月，思、播土官楊文、田應庚各進一秩。

秋七月辛亥，以知播州楊文、知思州田應庚守禦勤勞，詔各官一轉。《史·紀》《通鑑》。

寶祐六年，拜播州楊文親衛大夫，以解漁城圍，破烏江寇，功加忠州團練使。《遵志》。

案：解圍破寇，當即《紀》《鑑》所書蒙古攻合州，因疫，自烏江還事。加團練，即轉官。微《璘傳》，幾不知是役元兵之曾及思播也。又按：此下舊《史·本紀》有“世祖中統四年（開慶四年）八月辛亥置元帥府於大理，命錫勒希（原作‘昔撒昔’）總制大理、鬼國兩路”一條，此“鬼國”待考。蓋羅氏鬼國降附事，尚在後也。《元史》之專書“鬼國”者，其可疑凡數事，説見後。

……

（景定）五年，以播州楊文爲播州沿邊安撫使。景定間，劉雄飛、夏貴守蜀，復江安州，餉禮義山，戰懸壺平，而播兵爲多。進文中亮大夫、和州防禦使、播州沿邊安撫使，爵播川伯，食邑七百户，詔雄威軍加“御前”二字以寵异之，歲賜鹽帛給邊用，著爲令。《遵志》。

咸淳末以珍州屬播州，縣一：樂源。《遵志》録《宋史·志》。

《遵志》原案：《宋·志》“夔州路”下書“南渡後所領州軍有播無珍，有南平無遵義”，蓋據省廢，後爲説。

帝㬎德祐元年春正月，加知播州楊邦憲、知思州出景賢并團練使，尋加觀察使，趣兵入衛。《黔史》。

瀛國公德祐元年四月癸亥，加知思州田景賢、知播州楊邦憲并復州團練使，趣兵入衛。九月辛未，加田景賢福州觀察使，楊邦憲利州觀察使。《遵志》。

元宣武將軍宋國寶攻宋鎮遠。

時指十二年宋諸郡邑多堅守不下，國寶傳檄招諭，逾月悉平，惟辰、沅、鎮遠未下。宋將李信、李發結武岡洞蠻分據扼塞，國寶擊敗之，其衆退保飛山之新城。思、播蠻來援，國寶復與戰，破之，擒張星、沈舉等三百餘人。進攻新城，獲信、發等，獻俘金陵行省，奏功，賜金虎符。二史《國寶本傳》《通鑑》同。

德祐元年，元至元十一年，元世祖遣海崖取江陵。田氏降，置鎮遠沿邊溪洞招討使司。原註：鎮遠名始此。至元二十年，改爲軍民總管府，以田氏爲總管，治鎮遠中河山。原注：思州分治始此。嘉靖《志》。按：築黃平，賜名鎮遠州，在寶祐六年十一月，已見前。

……

秋七月，張起岩復靖州。

高達以江陵降，荊湖北路相繼皆下，張起岩提兵保飛山。七月壬午，路鈐劉用調兵入靖州，知州康玉劫之，通判張起岩入，殺玉，復靖州。八月壬寅，加起岩大府寺丞、知靖州。

劉用以下立功人各轉官有差。九月庚寅,免靖州今年田租。《宋·紀》。

......

按:《通鑑》、二史《希憲傳》并云:"八月,元廉希憲既安輯荊南之民,嘆曰'教不可緩也',遂大興學校,選教官,置經籍,仍親詣講舍以屬諸生。由是,思播田楊二氏及西南溪洞皆越境請降。元主聞之曰:'先朝非用兵不能得地,今希憲能令數千百里外越境納土,其治化可見也。'"云云。據《史·紀》,是年十二月方有請降詔招諭思播事,又新《紀》書田楊降事在十四年三月,此時安有越境請降事,是當有誤,或十二年當爲十三年,附辨於此。

冬十二月己亥,元僉書四川行樞密院事咎順請降詔招諭思播。

咎順言:"紹慶府、施州、南平及諸蠻呂告、馬蒙、阿永等有向化之心,又播州安撫楊邦憲,思州安撫田景賢未知順逆,乞降詔使之自新,并許世紹封爵。"從之。舊《紀》、《遵志》。

按:上條與此牴牾殊甚,上言越境納土,此云未知順逆,殆請降在荊南,四川未及知,故二文互異如此。

......

愛魯昔里鈐子,初,世祖征雲南,假道吐蕃,嫌其回曲。至元十三年,思播二州平,改道從蜀入,命愛魯開兩道,陸出烏蒙,水由馬湖江。烏蒙合都掌、圈豕、鵝夷諸種拒命,累戰,始服。自是水陸驛傳皆達叙州,又開兩江道達於邕州,平溪洞蠻僚五十餘州。新《本傳》。

十四年,思、播既降,改由蜀入云南。命公開二途,陸由烏蠻,水由馬湖。烏蠻合都掌、圈豕、鵝夷諸種拒而不受,累戰,始服。自時水陸郵傳皆達叙州。《牧庵集·李公神道碑》。

——(民國)《貴州通志》之《前事志六》,載《中國地方志集成·貴州府縣志輯》,第6冊,454~456頁

世祖至元十四年春三月庚戌,播州蠻酋楊邦憲、思州蠻酋田景賢皆降。《新史·紀》。

......

三月庚戌,東、西川行樞密院事咎順言:"比遣同知隆州事趙孟晞賚詔,招諭南平軍都掌蠻、羅計蠻及鳳凰、中壩、羅韋、高崖等寨皆降。田、楊二家,豕鵝夷民,亦各遣使納款。"

......

十四年春,宋人大去其國。思州長田景賢、播州長楊邦憲相繼送款,俱授安撫司,置鎮遠沿邊溪洞招討使。《職官志》:招討司秩正五品,達魯花赤一員、招討使一員、經歷一名,凡十二府,沿邊溪洞其一。

......

景炎二年春,元兵入重慶府,播、思等州皆降於元。《遵志》《平越志》。

按:思、播入元在至元十四年,嘉靖《圖經》、嘉靖《志》并誤爲十二年。《遵志》沿誤,亦繫於至元十二年前,兹據《史·紀》改。

冬十月,播州安撫使楊邦憲言:"本旅〈族〉自唐至宋,世守此土,將五百年。昨奉詔旨,許令仍舊,乞降璽書。"從之。《通鑑》、二《紀》同。《平越志》此下有"仍授安撫使,領黃平府及白崖等處長官司,隸順元宣慰使"數語。考史,"順元"是時尚未降附,又播州所領亦不止此,録有《通考》文見後。

文生一子邦憲,字仲武,倜儻有大節,好書史,善騎射。始冠,授成忠郎,雄威軍副都統,通管州事。二年,閩大舉入寇,破立邊諸戍,邦憲出師拒之,閩敗却,尋潛渡烏江,步騎猝至,民大駭。邦憲部署諸將,令曰:"必翦此寇而後朝食。"蠻聞,急引退,甫涉江,邦憲追擊,大敗閩衆,於中流斬首千級,擒其酋羅汝楫歸,進武節大夫。原註:《明統志》云憲襲父職,端平間蠻人掠境,領兵拒之,禽其酋長,進武節大夫。《貴州通志》同。案:據上各條,端平中,楊价方自領,以文領郡,何遽以邦憲通管州事?又據上"价卒於咸淳元年"語,管州或玠〈价〉卒後事,端平爲咸淳之誤。沿邊安撫使。閩又悉兵寇下邑,邦憲復敗之,獲酋長阿鮓,歷數其罪狀而釋之,閩自是不復出。至元十二年,宋亡,元世祖遣使詔邦憲內附,邦憲捧詔三日哭,表以播州、珍州、南平軍三州之地降。《遵志》。

......

(至元)十五年春正月,安西王相、李德輝悉平思播,未附山栅。

十五年,德輝再圍重慶,逾月拔之,邵慶、南平、夔施、思播諸山壁水栅皆下。二史《德輝傳》。

知合州王立既降,即平重慶事。呂域開倉賑民,禁戢摽掠,而叙瀘、重慶、思播等郡聞之,相繼送款,巴黔民感域,與德輝并祠祀之。二史《域本傳》。

......

播州張華叛,沅州安撫司同知郭昂討平之。

播州張華聚衆容山,昂討斬之,山傜、本僙、土僚諸洞盡降。《舊史·昂傳》。

案:此事《年紀》及《通鑑》《遵義》《平越》等志均不載,《本傳》在十二年後、十六年前,或當在此時。

......

十二月庚辰,思、播請撤戍卒,不允。

十二月庚辰,思州安撫使田景賢、播州安撫使楊邦憲請歸宋舊借鎮遠、黃平二城,仍撤戍卒,不允。景賢請降詔禁戍卒,毋擾思、播之民。《舊史·紀》《遵志》,平越甕安《志》。播下邑黃平,壤近於荊地。荊之戍卒欲奪而南,邦憲發其奸,請復歸黃平。《遵志·土司》。

丙申,從播州安撫楊邦憲請,以鼎山仍隸播州。《舊史·紀》《地志》《遵志》。

十六年春正月,改播州鼎山縣爲播川縣。《舊史·紀》《地志》《遵志》。

按《世祖紀》:"至元十五年,從播州安撫楊邦憲請,以鼎山仍隸播州。十六年改播州鼎山縣爲播川縣,二十六年改播州爲播南路。"此皆當見於《志》而《志》失之。《元史考異》。

(至元十六年)二月甲辰,命田、楊二家子充質子入侍。《遵志》。

二月甲辰,命嘉定以西及新附州郡及田、楊二家諸貴官子,俱充質子入侍。《舊史·紀》。

三月,原文爲"十六年",兹據《通鑑》録。諸夷降附,置八番、羅甸等處軍民宣慰使及都元帥府於貴州。《圖書集成》、嘉靖《圖經》、嘉靖《志》。

——(民國)《貴州通志》之《前事志七》,載《中國地方志集成·貴州府縣志輯》,第6册,457~458頁

(至元十六年)夏六月丁丑,詔諭四川行中書省四道宣慰司撫治播川、婺川西南諸蠻夷,官吏軍民各從其俗,無失常樂。舊《紀》、《遵志》。

——(民國)《貴州通志》之《前事志七》,載《中國地方志集成·貴州府縣志輯》,第6册,第459頁

(至元)十七年春三月甲辰,思播軍侵鎮遠、黄平,李德輝往視之。舊《紀》《黔史》《遵志》。

……

十七年,置行中書省,以德輝爲安西行省左丞。是年,西南夷羅施鬼國既降,復叛。詔雲南、湖廣、四川合兵三萬人討之,兵且壓境,德輝適被命在播,乃遣安珪止三道兵勿進,復遣張孝思諭鬼國趣降,其酋阿察熟德輝名,曰:"是活合州李公耶? 其言明信,可恃。"即身至播州,泣且告曰:"吾屬百萬人,微公來,死且不降,今得所歸,蔑有二矣。"德輝以其言上聞,乃改鬼國爲順元路,以其酋爲宣撫使。其後有以受鬼國馬譖德輝者,上曰:"是人雖一羊不妄受,寧有是耶?"十月,德輝卒。卒之夕,有星如斗,賈於館垣外,德輝嘆曰:"吾死徵也。"及卒,蠻夷爲位哭之,哀如私親,播州人《舊史》作"興元、播州安撫使何彦清率其民"立廟祀之。二史《德輝傳》。

十七年,詔德輝與南省參政程某即其地,聽思、播、湖南所訟鎮遠王疑"黄"字之誤。平田。播州爭黄平、鎮遠,録見上。會西南夷羅氏鬼國叛,別詔雲南、四川合兵三萬人討之,前茅及境矣,德輝曰:"蠻夷無親,爲俗貪吝,殆由邊將撫之失策,積怨以叛。好事之臣,請加兵誅。旁諸小夷洶懼,相繼煽叛者必衆,恐非直三萬人能歲月平也。吾賴天子仁聖,馳一介之使招之,可坐俟其來,豈必煩兵?"不及以聞,遣安珪止三道兵,張孝思諭鬼國降。阿

濟,疑"察"字之誤。熟公名,問曰:"是活合州李公耶? 其言明信,可恃。"即日受命,身至播州降,語且泣曰:"吾屬百萬人,非公惠活,寧鬥死不降。"事畢驛〈以〉聞,改鬼國爲順元路,以其弟阿哩爲宣撫使。其年王相府罷。十一月二十一日,始至黄平。是夜也,星如斗,貫館垣外,嘆曰:"他日嘗夢主烏江,今播水適名烏江,與是星皆吾死徵也。夫吾嘗誦馬伏波老當益壯之言,而奇曹武惠爲將不殺,得今活羅鬼,馬革裹尸歸,何憾。"二十七日卒。蠻夷望輶車爲位祭且哭者百千人。塗所經,男女空家,咨嗟聚觀。上聞而悼之,贈光禄大夫、中書右丞,謚忠宣。明年,僉播州安撫使何彦清抗章請即州治之東爲廟,制曰可。薨年六十二。《姚牧庵集·李忠宣行狀》。

世祖時,梁天翔瑛子。建言:"思播八番蠻獠怙險爲盜竊,宜遷其右部,郡縣之,使之懾懾。"後設宣撫使鎮其地,由天翔請也。《天翔》本傳。

案:考《史·百官志》,宣撫司(秩正三品)達魯花赤一員(正三品)、宣撫使一員(正五品)、同知二員(正五品)、副使二員(正五品)、僉事一員(從五品)、計議一員(正七品),經歷、知事、提控、案牘、架閣各一員,凡六府,曰順元等處,曰播州,曰思州。至元十八年,改思州宣撫司爲宣慰司。

——(民國)《貴州通志》之《前事志七》,載《中國地方志集成·貴州府縣志輯》,第6册,第460頁

(至元十七年)十二月己卯,羅氏鬼國土寇爲患,思播道路不通,發兵千人,與洞蠻開道。戊子,以征也可不薛軍千五百復還塔海,戍八番、羅甸。舊《紀》、舊《志》、《遵志》。

……

(至元十八年)秋閏八月丁巳,命播州每歲親貢方物,改思州宣撫司爲宣慰使,兼管内安撫使。舊《紀》、新《紀》。

按:據《遵志·播州傳》,邦彥是年亦升宣慰使。

十九年春二月壬子,命亦奚不薛及播、思、叙三州軍征緬國,亦奚不薛酋阿峻疑"里"字之誤不從命。新《紀》。

——(民國)《貴州通志》之《前事志七》,載《中國地方志集成·貴州府縣志輯》,第6册,第461頁

(至元)二十一年春三月辛亥,敕思播管軍民官自今勿遷。舊《紀》、《遵志》。

夏四月戊申,敕發田、楊二州蠻軍舊《紀》作"田、楊二家軍二千"。從征緬。二史《紀》。

四月,元征緬,忽都鐵木兒《通鑑》作"呼圖特穆爾"。之師爲緬人衝潰,敕發思播田、楊二家軍助之。《紀事本末》。

至元二十年,大軍再伐緬,克之。先是帝聽納速剌丁言,發四川軍萬人,命藥剌海領

之,既僉思、播、叙三州軍及亦奚不薛兵征緬,不果行。至是,詔宗相吾答爾、右丞太僕、參政也罕的斤將兵征之。新《緬甸傳》。按:《本傳》無二十一年事。

給各處驛馬劄子,順元路宣慰司三道,思州、播州兩宣慰司各三道。《食貨志》。

閏五月乙卯,以思、播二州隸順元路宣撫司。舊《紀》、《遵志》、《貴陽志》。

是年,省思州宣慰司,以思、播二州隸順元路宣慰司,後復置。新《地志》。

……

(至元二十三年六月)辛酉,封楊邦憲妻田氏爲永安郡夫人,領播州安撫司事。遵義、平越《志》。

二十四年,播州宣撫楊賽因不花赴闕,請留順元宣慰速哥。《遵志》。

二十四年,速哥遷河東、陝西等路達魯花赤,播州宣撫使楊賽音不花《舊史》作"布哈"等赴闕,請留之。《元史·速哥傳》。

楊賽因不花,初名漢英。賽因不花,賜名也。邦憲子,生五歲而父卒。二十二年,母田氏携至上京見世祖於大安殿。帝呼至御榻前,熟視其眸子,撫其頂者久之,乃諭宰臣曰:"楊氏母子孤寡,萬里來廷,朕甚憫之。"遂命襲父職,錫金虎符,因賜名賽因不花。及陛辭,詔中書錫宴,錫金幣綵繒,賚其從者有差。二十五年,再入覲,時年十二,帝見其應對明敏,稱善者三。復因宰臣奏安邊事,帝益嘉之。是年,改安撫司爲宣撫司,授宣撫使,尋升侍衛親軍都指揮使。舊《漢英傳》。

漢英五歲而孤,二十二年,從其母田氏入朝,世祖摩其頂,諭執政曰:"是兒真國器,宜以父爵授之。"賜名賽因不花,賜金虎符,拜龍虎衛上將軍,紹慶、珍州、南平等處沿邊宣慰使,播州安撫使,賜金繒、弓矢、鞍勒,封母田氏爲貞順夫人。二十四年,漢英族衆構亂,殺貞順夫人。漢英衰絰入奏,詔捕賊,縛至成都,斬之。新《漢英傳》《遵志》。

……

(至元二十六年)冬十一月丙辰,改播州爲播南路。舊《紀》《遵志》《平越志》。

《遵志》原按:舊孫《志》書"改播南於二十四年",誤。

二十七年春二月戊寅,播州安撫使楊漢英進雨甋千。舊《紀》舊《志》。

二十七年,詔郡縣上計,漢英即括戶口、租税籍以進,世祖大悦,加管軍萬戶。新《漢英傳》、《遵志》。

——(民國)《貴州通志》之《前事志七》,載《中國地方志集成·貴州府縣志輯》,第6册,464～465頁

(至元二十八年)夏六月辛巳,洞蠻鎮遠立黃平府。舊《紀》。

黃平守禦千戶所,宋爲黃平府,隸叙州,元改隸播州宣慰司。嘉靖《志》。

……

播州楊氏土司文獻集成 卷一

（至元二十八年）是年，改播州安撫爲宣撫司，直隸四川行省。尋置平月長官司，隸管番民總管府，後改隸湖廣行省。《平越志》。

二十八年，漢英入朝，奏罷順元宣慰司，升播州安撫爲宣撫司，授漢英軍民宣撫使。原註《元史》本傳："（二十七年後）漢因復因宰臣上安邊事，上益嘉之。是年，改安撫司爲宣撫司，授宣撫使。"按：《家傳》載改宣撫在二十八年，《元史》承二十五年，稱"是年"，未知孰是。史所謂"安邊事"，亦未知所指。會羅甸宣慰使斡羅思誘播下邑黃平諸寨酋，詐爲新闢境土以獻。漢英奏復之。斡羅思恚不勝，誣言舊有雄威、忠勝二軍，思、播匿弗奏，請籍征交州。漢英抗言納土時已隸別籍矣。御史臺審核上之，詔寢其事，俄拜漢英侍衛親軍都指揮使。《遵志》。

附《續通考》案語：播州軍民安撫司。仍宋舊，至元末改"安"爲"宣"，即宣慰之兼官也，已見前條。播州安撫所領曰黃平府，曰平溪，曰上塘、羅駱家，曰水車，曰石粉、羅家、永安，曰六洞、柔遠，曰錫樂平，曰白泥，曰南平、綦江，曰珍州、思寧，宋珍州樂源、綏陽縣地。曰水烟，曰秦洞，《史》注："溱洞，涪洞"。曰洞天觀，曰葛浪《新史》作"娘"洞，曰賽《史》作"寨"壩堨、黎焦溪，曰倒榨，曰烏江、舊州、草塘，曰水囤，曰平伐、月石，曰沿河、祐溪，以上《史》皆以"等處"繫銜。曰小姑、單張，曰恭溪杏，《史》作"杳"。曰下壩、曰賽《史》作"寨"章，曰橫坡，曰平地寨，曰寨勞，曰寨勇，曰上塘，曰寨坦，曰哆奔，曰平莫，曰鍾林、密秀。説見"思州"。

……

（二十九年春正月）丙辰，播州洞蠻因籍户懷疑竄匿，降詔招集之。以行播州軍民安撫使楊漢英爲紹慶、珍州、南平等處沿邊宣慰使，行播州軍民宣撫使、播州等處管軍萬户，仍佩虎符。舊《紀》、《遵志》。

至元二十八年，播州楊賽音布哈言洞民近因籍户懷疑竄匿，乞降詔招集。又言向所授安撫職任，隸順元宣慰司地，其所轄地於四川行省爲近，乞改爲軍民宣撫司，直隸四川行省。從之。以播州等處管軍萬户楊漢英爲紹慶、珍州、南平等處沿邊宣慰使，行播州軍民宣撫使、播州等處管軍萬户，仍佩虎符。漢英即賽音布哈也。仍頒所降詔旨，詔曰："爰自前宋歸附五十餘年，閲實户數，乃有司當知之事，諸郡皆然，非獨爾播。自今以往，咸奠厥居。流移失所者，招諭復業，有司常加存恤，毋致煩擾，重困吾民。"《地志》。

附《續通考》案語：播州溪洞軍民宣慰司。臣等謹案《元・志》"二十八年，播州楊漢音即賽因不花言洞民近因籍户竄匿，乞降詔招集"。考《宋・志》，大觀三年，南平夷人楊文貴等獻其地建播州，後廢，屬南平軍；嘉禧三年，復置，設安撫使。是楊氏之歸附不止五十餘年，《元・志》特據嘉禧以後言之耳，而《宋》"播州條"下略不及諸溪洞名，宋蓋不設長官，故《史》無從稽考，抑其時酋長雖來而未服者尚衆歟。

——（民國）《貴州通志》之《前事志七》，載《中國地方志集成・貴州府縣志輯》，第6册，466～467頁

省志（一）

（至元二十九年）三月己酉，罷八番、羅甸宣慰司，改順元等處宣慰司爲八番順元等處宣慰司兼都元帥府。新《紀》。

二十九年，又以羅甸宣慰司隸雲南。十八年，以八番、羅甸隸四川，其年析八番隸湖廣，錄見上。是年合八番羅甸二宣慰司、都元帥府爲一，改八番、順元等處宣慰司都元帥府。《地志》。

己酉，中書省臣言亦奚不薛及八番、羅甸既各設宣慰，又復立都元帥，地甚狹而官多，宜合二司帥府爲一。詔從之，且命亦奚不薛與思播同隸湖廣省，羅甸還隸雲南，以八番羅甸宣慰使、烏魯斯等并爲八番順元等處宣慰使都元帥，佩虎符。舊《紀》《大定西傳》。

二十九年，中書省言地狹官冗，請合宣慰司都元帥府爲一，從之。遂置八番、順元等處軍民宣慰司都元帥府，領萬戶府一、鎮撫司一、安撫司一、散府二、長官司五、順元思播宣撫司三。嘉靖《志》、嘉靖《圖經》。

按：《貴陽志》：“己酉并順元、亦奚不薛、八番羅甸三宣慰司爲一。”又《安順志·斡羅思傳》：“羅思謂宜合八番羅甸、順元爲一，而罷亦奚不薛并都元帥府，使兼之，詔從之。於是斡羅思改爲八番順元等處宣慰使都元帥府，佩三珠虎符。”二書説皆武斷。《史》云合二宣慰，彼云三宣慰，已不合；又亦奚不薛，《史》云與思播同隸湖廣，則是未嘗罷，亦未嘗合也。

……

庚戌，車駕幸上都，賜蠻酋賽因布哈等五十六人綾絹及鞍轡弓矢。舊《紀》。

……

思州安撫司，原轄藥敦、洞上、黎平、永從、潭溪、八舟、洪州、曹滴、古州、新化湖、耳亮寨、歐陽十二長官司。至元十八年，改安撫司爲宣慰司，兼管内安撫使。二十一年，省宣慰司，以思播二州隸順元路宣慰司，後復置。二十九年，改思州安撫司爲宣撫司。其後改安撫司，年分闕。《地志》。

——（民國）《貴州通志》之《前事志七》，載《中國地方志集成·貴州府縣志輯》，第 6 册，第 468 頁

（至元三十年夏五月）癸亥，括思播等處亡宋涅手軍。舊《紀》《黔史》。

五月命思播等處拘刷亡宋避役手號軍人，以增鎮守。乾《志》。

……

冬十二月乙未，遣使督思、播二州及鎮遠、黄平發宋舊軍八千人從征安南。舊《紀》、舊《志》、《遵志》。

《遵志》原按：歐陽元《許熙載神道碑》云“在衡，安仁盜袁舜一怨苦播州餉，負險挺亂。既誅，朝廷宥其餘黨甚衆”云云。以本碑考之，“熙載年將授室，欲就學東南，因爲當

道知,辟德慶路提控案牘。由是以本職歷永、衡兩路"。是熙載提控衡路必在三十年後,熙載以中統二年生,至元末三十三四歲則苦餉,當即發宋舊軍征安南事也。

——(民國)《貴州通志》之《前事志七》,載《中國地方志集成·貴州府縣志輯》,第6冊,第469頁

(大德元年)十二月壬寅,朝洞蠻內附,立長官司二,命楊漢英領之。_{舊《紀》、《遵志》。}

閏十一月己卯,命湖廣省收撫平伐等蠻。_{《貴陽志》。}

己卯,播州宣撫使楊漢英請討平伐叛蠻,命湖廣行省平章政事哈喇哈孫_{《舊史》作"達爾罕",一作"荅刺罕"。}從宜收撫。_{新《紀》。}

己卯,平伐等蠻未附,播州宣撫使楊漢英請以己力討之。命湖廣省達爾罕從官收撫。_{舊《紀》《遵志》。}

《遵志》原案:舊孫《志》"大德元年,詔播州安撫楊漢英討黃平等蠻",黃平當是"平伐"之誤,非兩事也。《貴州通志·土司門》又書漢英討平伐未附蠻,在元貞二年十一月,亦誤。又按平伐等蠻元年已降,蓋降而復叛也。

......

二年四月,八番、桑柘蠻叛。

四月,八番、桑柘蠻王二萬、馬蟲等殺巡檢_{三上作二萬}。尋出降,馬蟲聚七千餘人陷平包,圍重奧寨,又與叛苗、仡佬、必際等結連甕槐、了江等處苗人作亂。三年,命湖廣平章劉國杰討之。_{新《八番傳》。}

......

三年,播州宣撫使楊漢英奏改南詔驛道。

成宗即位,漢英入朝者三。大德三年,詔漢英世守其土。漢英奏改南詔驛道,分定雲以東地隸播,西隸新部,減郡縣冗員,去屯丁糧三之一,民大便之。_{《新史》《遵志》《本傳》。}

四年正月,桑柘蠻降。

四年,部蠻桑柘叛,湖廣行省議用兵,漢英言賊勢盛,宜招諭之,不聽。兵出無功,卒從漢英議,始相繼出降。_{新《漢英傳》。}

按:據《八番傳》,桑柘蠻叛在二年,蓋至此始降,此以叛與降同屬四年,未晰。四年正月,猫桑柘遣所部文何持竹契、長刀及方物來降,播州宣慰司楊漢英以爲蠻苟逃擒戮,亦須招撫。既而黃平府亦上言,桑柘附近之重奧必際、都陣必際、仡佬必梅等二十二寨刻契來降。七月桑柘蠻及思官_{疑州之誤}賊梅金匣、播州賊楊金萬、必梅寨主娘報等三百餘寨皆降。_{新《八番傳》。}

——(民國)《貴州通志》之《前事志七》,載《中國地方志集成·貴州府縣志輯》,第6冊,470~471頁

225

（大德五年）十一月，遣劉國杰率師討宋隆濟及蛇節。時劉深兵敗，帝始悔不用哈喇哈孫及董士選之言。_{當丞相謂勒哲及劉深勸征八百媳婦時，士選亦言：「不宜輕信一人之言而置百萬生靈於死地。」帝變色曰：「事已成。」麾之出。}乃遣劉國杰及楊賽因不花等率四川、云南、湖南兵分道進討諸蠻，別敕梁王提兵應之，軍中機務一聽劉國杰處分。《紀事本末》。

十一月，詔：「宋隆濟妄説驚擾事端，糾合蛇節及羅鬼酋長阿合女仇，相扇作亂，特遣湖廣行省平章政事劉二拔都、指揮使也先忽都魯率兵，及思、播宣慰賽音不花等土兵與四川、云南省分道并進，別敕梁王率兵進討。悔罪來歸者復其官爵，能殺賊酋或擒獻者賞，執迷不悛者殺無赦。一切事宜，并從劉二拔都等區處。」初，官軍調人夫、馬匹，亦奚不薛之子觩日，人馬不辦，官鎖其項。觩日耻忿，與隆濟議，合阿八、阿納、許波泥帖等反。烏撒總管那由言：「爾兵若破貴州，鴨池之事容易，我將圖之。」遣其族阿雄、阿行、頭佐助兵。至是，賊益滋蔓。行省令土官普利買馬助軍。普利稱軍馬價不用貼，非金不可，觀望不肯進。是月，土官烏犀叛，行省討之，敗走禄豐寨，劫梁王位下財貼。《隆濟傳》。

丁未，遣湖南行省平章劉國杰及指揮也先忽都將兵萬人，四川省臣八剌及阿塔赤將兵五千人，偕思州田氏、播州楊賽因不花會云南兵討宋隆濟、奢節。《大定志》。

按：「湖南行省」應作「湖廣行省」。

——（民國）《貴州通志》之《前事志七》，載《中國地方志集成·貴州府縣志輯》，第6冊，第472頁

宋隆濟、蛇節等拒命作亂，於是烏撒土官宣慰使普剌、總管那由，與東川芒部俱叛，其接羅羅斯及武定、威楚、曲靖、仁德、普安、臨安、廣西諸蠻，皆以朝廷遠征，供輸煩勞爲辭，反形已具。（大德）五年二月五日，梁王出駐陸梁州，烏撒蠻阿都普信及烏蒙蠻桂阿察多等殺太后及梁王位下人畜。烏撒宣慰使僧家奴逃入中慶，東川土官阿葵烏撒_{此下疑有闕文}逃之陸梁州，依梁王。四月，那由普利逼烏撒、烏蒙，宣慰使兼管軍萬戶阿都台弃城走。時陝西調軍二千人，會合收捕，三百人守播州小溪，以遏烏撒蠻充斥之路。雲南省調軍二十人屯陸梁州，五百人駐西曲靖州，二千人護中慶，也速觩兒與雲南兵共進，悉次第討平之。新《烏撒傳》。

——（民國）《貴州通志》之《前事志七》，載《中國地方志集成·貴州府縣志輯》，第6冊，第473頁

（大德五年）十一月甲午，劉國杰裨將宋光、楊漢英等連敗賊，蛇節遁。新《紀》。

十一月甲午，劉國杰裨將宋光率兵大敗蛇節，賜衣二襲，仍授以金符。舊《紀》。

六年秋九月，連與賊戰，敗之。進壁蹉泥，賊騎卒至，漢英先登陷陣，大軍乘之，賊遂潰，斬獲不可勝計，遂降阿且，拔笮籠，望風送款者相繼。新《漢英傳》。

初,國杰師出播境,與賊遇戰失利,乃令軍士人持一盾而釘其上,俟陣合即弃盾佯走,賊果逐之焉,遇釘皆仆。國杰鼓譟趨之,賊大敗。既而餘寇復合要戰,國杰不應,數日命楊賽因不花分兵先進,大軍繼之,賊兵潰,乘勝逐北千里,殺獲無算。《紀事本末》、《通鑑》、二史《國杰傳》。

六年二月,與四川宣慰使汪惟勤會于播州,遣使招諭,不應,俄以兵十萬奄至。公率諸將分道急擊之,所向輒克,長驅入賊境。有旨:以時暑方熾,糧運未集,姑息兵以俟再舉,公還,駐兵思、播二州。冬十月,以蒙古、漢軍三萬,思、播土軍一萬,分道并進,賊兵驍銳,官軍稍不利。公命軍士各執木盾加釘其上,待陣既合,弃之而偽遁,賊馬疾馳,勢不能中止,遇釘皆蹶,縱兵乘之,賊眾大潰,蛇節遁去。公明于斥堠,軍行,遇林木蒙密,必連發三矢,伏兵以公知其黠詐,皆莫敢動,前後四十餘戰,群蠻氣沮,乃多出降。《黃學士文集·劉公神道碑》。

惟勤、國杰三月至打鼓寨南木瓜壩,遇賊阿氈,敗之。九月,劉平章使土官俠者潛刺殺阿泡,蛇節駐兵折刺危木,以待官軍。十月,蛇節敗遁去,陝西兵敗芒部叛蠻鬼旺、納濟等,與云南、湖廣軍合,過泊飛關追蛇節。《隆濟傳》。

九月,師出播境,國杰裨將宋光與賊戰,大破之,師遂進。連與賊遇,皆破。進駐蹉泥,賊騎猝至,賽因不花奮擊先進,大軍繼之,賊遂潰。先是,賊兵勁利且多健馬,官軍戰失利。國杰令人持一盾,布釘其上,俟陣合即弃之而偽遁。賊果逐之,馬奮不能止,遇盾皆倒。國杰鼓之,賊大敗,既而復合。眾請戰,國杰不應。數日,度其氣衰,一鼓破走之,乘勝逐北,殺獲不可勝計,轉追數十里,遂降阿苴,下笮籠,望塵送款者相繼。《大定志·水西傳》。

按:新、舊《史·紀》皆載"十一月甲午,國杰裨將宋光大敗蛇節",而《隆濟傳》《國杰碑》皆記蛇節敗遁在十月,新《漢英傳》亦記賊潰降在九月敗賊進壁蹉泥之後。二史《國杰傳》《通鑑》《紀事本末》多稱楊漢英功。此外各書亦無載宋光戰事者,似宋光之戰當在九月前,《史·紀》稱十一月,或其賜衣受符之月,《大定志》敘光破賊在九月,遂進蹉泥,漢英復敗賊,賊大敗走。雖以意貫串,要爲得之,至《通鑑》書蛇節之敗於五年十一月,宋光受賞於六年十一月,與《本紀》不合,殆以國杰六年戰功連系於其受命進討之日歟。

……

(大德七年)七年正月,大軍屯暮窩,賊眾復合,漢英又敗賊於墨特川,蛇節懼,乞降,斬之。新、舊《漢音〈英〉傳》。

……

按:乾隆《志》"七年四月,劉國杰師出播州境,大敗蛇節於墨特川。庚辰,蛇節降,令海剌孫以兵五千守之,餘眾悉遣還,撥四川磽門軍一千人鎮羅羅斯。其土軍修治道路者,悉令放還。丁亥,誅蛇節"云云。墨特之捷在正月,蛇節之降在四月,舊《紀》及各傳文紀

227

載甚明。乾《志》乃牽連録之，又於他傳割"師出播州"語，"遣還"下割去"各戍"二字，是并史文原意亦失，不録。又"蛇節誅，隆濟遁"，《神道碑》連書"禽隆濟於二月"亦未核。

——（民國）《貴州通志》之《前事志七》，載《中國地方志集成·貴州府縣志輯》，第6册，474～475頁

（大德七年十二月）丁未，以轉運勞免思、播二州糧稅一年。新《紀》《遵志》。

……

丁未，以轉輸勞免思、播二州及辰沅等路稅糧一年。舊《紀》、新《食貨志》。

——（民國）《貴州通志》之《前事志七》，載《中國地方志集成·貴州府縣志輯》，第6册，第476頁

（武宗至大）三年正月辛丑，乖西帶蠻阿馬等入寇，遣萬户移剌四奴舊作"伊喇薩納"調思、播土兵討之。《圖書集成》。

辛丑，樞密臣言："湖廣乖西帶蠻阿馬等萬人入寇，已遣萬户伊喇薩納調軍千人及調思、播土兵討捕。臣等議，事勢緩急，地理要害，薩納備知，乞聽其便宜調用。"制可。舊《紀》、乾《志》、《遵志》。

移剌四奴，契丹人，武宗至大初爲順元萬户。三年，乖西帶蠻阿馬反，連結萬人寇邊。正月辛丑，遣四奴領軍千人，調思、播土兵并力捕討。《大定志》《本傳》。

——（民國）《貴州通志》之《前事志七》，載《中國地方志集成·貴州府縣志輯》，第6册，第477頁

仁宗皇慶二年二月丁亥，以乖西府隸播州宣撫司。舊《紀》《遵志》《貴陽志》。

……

四年，黄平賊南蠻盧犫叛，新部、黎魯亦嘯劫聚亂，詔楊漢英宣撫之，二賊降，置戍而還。《潛溪集》《遵志》。

延祐四年，黄平蠻盧犫及新部、黎魯等相繼叛，詔漢英撫定之，置戍而還。五年盧崩蠻內侵，漢英與思州宣慰使田茂忠討之，以疾卒於軍，子嘉貞嗣。新《漢英傳》。

《遵志》"盧犫"事註云："《元史》本傳云：至大四年，加勛上護軍，詔許世襲。播南盧崩蠻內侵，詔賽因不花暨思州宣慰使田茂忠帥兵討之，以疾卒於軍，年四十。"案：漢英卒年四十，以世祖至元二十五年年十二計之，當在仁宗延祐五年，則盧犫事即當在延祐時，《家傳》爲得，惟失書卒年耳。史以爲至大四年，誤，當在五年。而《家傳》云四年，疑史所載再入覲年十二爲年十三之誤。《續宏簡》本傳又云："八年，播南盧奔蠻內侵，詔率兵討之，以疾卒於軍。"此八年承大德殊爲失考，惟卒軍同《元史》，與《家傳》"降戍而還"异，

未知孰是。

……

（皇慶五年）冬十月己丑,播州南寧蠻酋洛麼叛,思州守臣換住哥舊作“和濟啓爾”招諭之。洛麼來獻方物。二《史紀》、康《志》、《大定志》。

先是播州南寧長官洛麼作亂,忠州守臣招諭之。冬十一月己丑,洛麼遣人以方物入貢。《通鑑》。

——（民國）《貴州通志》之《前事志七》,載《中國地方志集成·貴州府縣志輯》,第6册,第478頁

（皇慶七年）十二月丁未,播州蛋蠻的羊龍舊作“籠”等來降。二史《紀》、《通鑑》、康《志》、《遵志》。

《遵志》原按:蛋蠻降事,舊孫《志》書在五年,誤。《通志》與史同。

……

（英宗至治元年十二月）播州宣撫使楊嘉貞入朝。

嘉貞至治二年來,英宗賜名延禮不花,_{《遵志》云“也里”“燕里”“燕禮”“延里”皆一人。}繫官資德大夫、湖廣行省右丞、沿邊宣慰宣撫使。《遵志》。

……

（三年）二月己巳,罷播州黃平府長官所一,徙其民隸黃平。《地志》《遵志》《平越志》。

……

十二月丁亥,免八番、思、播差發一年。

丁亥,下詔改元,以明年爲泰定元年,免八番、思、播、兩廣洞寨差稅一年,賑恤云南、廣海、八番等處戍軍。節《即位詔》。

……

（泰定二年）秋七月,播州凱黎苗叛。新《紀》。

秋七月丙辰,播州蠻酋黎平愛等集群夷爲寇,湖廣行省請兵討之,不許。詔播州宣撫使楊伊勒_{《通鑑》作“額勒布薩爾”,《遵志》作“也里不花”云,即嘉貞。}布哈招諭之。舊《紀》、康《志》。

《遵志》原案:舊孫《志》“泰定帝元年,播黎平愛等同凱里苗夷爲寇,詔宣撫楊燕里不花招撫之”,即上二事,而年與史異也。

……

三年春正月丙午,播州蠻酋黎平愛等來降。新《紀》。

丙午,播州宣慰使楊伊埒布哈招諭蠻酋黎平愛_{《遵志》註云原作“慶”,《通志》亦然,今據前後文改。}等來降。舊《紀》《遵志》。

……

229

六月癸酉,播州蠻酋黎平愛復叛。舊《紀》。

六月癸酉,播州蠻黎平愛復叛,合謝烏窮為寇。宣慰使楊燕里不花招平愛出降,烏窮不附,命湖廣行省討之。《通鑑》、康《志》、《遵志》。

……

十一月辛酉,播州蠻宋王保來降。二《史·紀》、《黔志》。

……

(泰定四年)七月甲辰,播州蠻謝烏窮來獻方物。二《史·紀》、《遵志》。

九月甲寅,播州蠻宋王保來獻方物。二《史·紀》、《遵志》。

……

文宗天曆二年二月癸丑,諸王月魯帖木兒舊作"伊嚕特穆爾"至播州招諭楊延里不花等,皆降。新《紀》。

天曆二年正月丁丑,囊嘉特攻破播州猫兒垭隘,宣慰使楊雅爾布哈開關納之。壬午,播州楊萬户引四川賊兵至烏江峰,官軍擊敗之。八番元帥圖楚克《舊史》作"托爾托",《本傳》作"脱出"。破烏江北岸,賊兵復奪關口。諸王伊嚕特穆爾統軍五萬五千至烏江與會。二月丙午,囊嘉特分兵逼襄陽,湖廣行省調兵鎮播州及歸州。癸丑,伊嚕特穆爾至播州招諭土官之從囊嘉特者,楊延里布哈及其弟等皆來降。節《通鑑》。囊加台,泰定初,以四川行省平章政事奉命征八番參卜郎,有功。天順改元,不受大都朝命,自稱鎮西王,燒絶棧道,遣兵南攻播州猫兒垭,宣慰使楊燕里不花開關納之,導四川兵進至烏江峰。川兵在烏江北岸者,為八番元帥脱出所敗。朝命陝西、湖廣兩行省督兵分討之。已而楊燕里不花歸命,湖廣參政字囉奉詔至四川,曲赦囊加台等罪,囊加台聽命,蜀地悉平。節新《史·傳》。

——(民國)《貴州通志》之《前事志七》,載《中國地方志集成·貴州府縣志輯》,第6册,479~480頁

(洪武四年)夏六月,夏明昇降獲養龍坑良馬,賜名飛越峰。康《志》。

案:《遵義志》於"洪武元年詔播州楊鏗為傅友德先鋒"事後(録見前按)繼以此條,案稱"考《明史》亦載'敕鏗率兵二萬從大軍南征為先鋒在十四年',或即一事,而史年為確"云云。查論播史,在是年,則"詔鏗事"《遵志》説是也。惟本條文云"從征偽夏"適與《史》"是年征明昇"事合。征滇、征夏事本各殊,又州名真、播不同,疑另一事。《遵志》乃因"元年詔鏗"條之誤并及於此,似未合兹,故仍存之,而用與康熙《志·文彙》列。

"遣使招諭播州。洪武四年平蜀,遣使諭之。"《明史》。

按:考史,洪武二年冬,明平章、楊璟遺明昇書(是書,《紀事本末》《明通鑑》書在"十月",《通鑑》《明紀》書在"十一月")稱"足下疆場,南不過播州,北不過興元"云云,是播州當時屬昇。又據本條,則諭播在平昇後也。

……

五年正月,置貴、播二宣慰使,以其地屬四川行省。貴州宣慰領長官司七:水東、中曹、龍里、白納、底寨、乖西、養龍坑。播州宣慰領安撫司二:草塘、黃平,長官司六:播州、餘慶、白泥、容山、真州、重安。《明志》。

五年,播州宣慰使楊鏗、同知羅琛、順元宣慰使靄翠、同知宋蒙古歹來歸,皆予以原官世襲,以其地屬四川。靄翠後爲安氏,蒙古歹尋賜名"欽"。《明紀》。

五年,播州宣慰使楊鏗、同知羅琛、總管何嬰、蠻夷總管鄭瑚等相率來歸,貢方物,納元所授金牌、銅章。詔賜鏗衣幣,仍置播州宣慰使司,鏗、琛皆仍舊職。《明史稿》此下有"改總管爲長官司"句,以嬰等爲長官。《明史稿》作"以嬰等爲長官司長官"。《續通考》。

嘉貞卒,子資德大夫、播州軍民宣撫宣慰、都指揮使忠彥嗣。忠彥卒,子資德大夫、紹慶南平等處沿邊宣慰使、播州軍民安撫使、侍衛親軍都指揮使元鼎嗣。元鼎卒,無子,由是田氏以如祖〈祖〉季子嘉議大夫、湖廣行省參知政事、播州沿邊溪洞招討使城之子鏗嗣。洪武四年,明太祖平蜀,遣使諭之。五年播州宣慰使楊鏗、同知羅琛、總管何嬰、蠻夷總管鄭瑚等相率來歸,貢方物,納元所授金牌、銀印、銅章。詔賜鏗衣幣,仍置播州宣慰使司,鏗、琛皆仍舊職,領安撫司二:曰草塘、曰黃平,長官司六:曰真州、曰播州、曰餘慶、曰白泥、曰容山、曰重安,以嬰等爲長官。《遵志》。

五年,播州宣慰使楊鏗來朝,始置宣慰司,令仍舊職。《遵志》引《蠻司合志》。

……

按:貴、播土司明初所授官,《明史》《明紀》皆爲"宣慰"。《明紀》曰:"播州宣慰、順元宣慰來,賜子以原官。"《明史》於"播州"曰:"播州宣慰楊鏗等相率來歸,鏗琛皆仍舊職。於安宋白曰宣慰司,靄翠其裔也,令領原職。"均只載"宣慰",不言"宣撫",無由宣撫升宣慰說,而各《地志》之說皆如是。如乾隆《圖志》曰:"貴州,洪武四年置貴州宣撫司,六年升爲宣慰司;播州,洪武四年歸附,仍置播州宣撫司,六年升爲宣慰司。"乾隆《志·建設總部》:"六年,升貴州宣撫爲宣慰司。"《黔西志·建置》:"四年罷爲宣撫使,六年升宣慰使。"皆作"宣撫"。考元官制,宣慰位宣撫上,貴州有八番、順元宣慰使,順元路安撫司。播州有紹慶、真州、南平等處沿邊宣慰使,播州軍民安撫司,四者領土各異。《明史》書靄翠、楊鏗歸附前之官皆曰"宣慰",《續通考》引王圻《續考》"播州軍民宣慰司"條云"遂以漢英爲紹慶、真州、南平等處宣慰使,行播州軍民宣撫使,播州軍民安撫司",條注云"至正末,改安爲宣,即宣慰之兼官"云云。《新元史》略同。然曰兼官,曰行其事,則職舉其重,故當仍以"宣慰"爲稱,況其說亦只言播而不及貴州。夫曰:"宣慰某某歸附,則其先在元之爲宣慰。"可見,曰予以原官則洪武所封之,復爲宣慰,亦可知史貴精核,"寧、云、此"等處亦有所略漏也,各《地志》乃說歧如此,不知何據。至《黔詩紀略·宋昂傳》稱"宋蒙古歹,在元以平寇功爲八番、順元等處沿邊宣慰使。羅氏靄翠亦襲順元等處軍民宣撫使、八番沿邊宣慰使,洪武初相率內附,欽授懷遠將軍、貴州宣撫使,同知,靄翠襲貴州宣撫使,五年升宣撫爲宣慰,靄翠、欽亦升宣慰使宣慰同知"云云,説尤歧異,兹固不敢貿從,而以推論附議其説於此。

改元播州總管爲播州長官司。《明志》、乾隆《圖志》。

按:此即《明史稿》以"嬰等爲長官司長官"等事,因關建置,改置於此。

——(民國)《貴州通志》之《前事志八》,載《中國地方志集成·貴州府縣志輯》,第6冊,486~488頁

置播州諸驛。《遵義志》。

洪武六年,析桐梓地置播州、松坎、桐梓三驛。乾《志》。

……

六年,置小程番、盧番、洪番、小龍番、盧山等五長官司,屬貴州衛。《府·武備略》。於思州地置都坪峨异長官司。《明·志》。

按:康熙《志·大事》、乾隆《志·建置》是年有"升貴州宣撫司爲宣慰司"一條,説見前。《遵義志》引孫、陳《志》是年有"升播州宣慰司爲宣慰使"一條,案云"《明史》《明史稿》於鏗等歸附,即書仍置宣慰使,不言升者,略之也,當以二《志》爲詳,二《志》據《明統志》"云云。考《明統志》"元播州沿邊安撫司,洪武四年改播州宣慰使司",無升宣慰司爲宣慰使説,不知《遵志》何本。乾隆《圖志》、乾隆《志》、《貴陽志》於"六年升之宣慰"皆云即"四年置之宣撫"。《方輿紀要》"元播州宣撫司,洪武四年歸附",亦曰"播州宣撫司六年升宣慰使"。是當云"升播州宣撫司爲宣慰使司",不得云"升宣慰司爲宣慰使司也"。《續通考》及《新元史》謂宣撫即宣慰之兼官,《史》于鏗來歸已稱宣慰,故云升宣撫爲宣慰,云予以原官,似异,實同。《元史·百官志》"宣慰使司""宣慰使"三員。《明史·職官志》"宣慰司宣慰使"一人,蓋司者官署之稱,使者任官之人,此常語也。升宣慰司爲宣慰使,不辭,鏗等始已稱宣慰,是仍非升,即《明史》《明史稿》書偶從略要不得謂二志非誤也。

中書省奏定播州賦額,不許。七年,中書省奏播州土地既入版圖,當收其貢賦,自洪武四年始。歲納糧二千五百石爲軍儲。帝以其率先來歸,田賦隨所入,不必以額。《明史》《遵義志》。按:本年爲洪武七年,《遵義志》載中書此奏乃有"自洪武四年起令民納糧"語,《明史》無之。説不知何據。

十一月,復置播州黃平安原文作"宣",疑誤。撫司。《明史》。十一月,置黃平安撫司,屬播州宣慰司。《明·志》、乾隆《圖志》。按:此條《明史·播州傳》作"宣撫",《地理志》作"安撫"。《遵義志·大事紀》從《播州傳》,然其書於"六年播州升宣慰司"條已列黃平爲所領安撫矣。"宣"殆"安"之誤,嘉靖、康、乾諸《志》作"八年",《明史》《遵義志》作"七年",從《明史》。又《遵義志》書在"九月",《明史·地理志》在"十一月"。

(八年六月)播州宣慰楊鏗遣其弟錡入貢。《明史》。八年楊鏗遣其弟錡來貢,賜衣

幣,自是每年一入貢。《遵義志》。

——（民國）《貴州通志》之《前事志八》,載《中國地方志集成·貴州府縣志輯》,第6冊,489～490頁

（洪武九年）秋八月,播州、思南宣慰使楊鏗、田仁智入朝。康《志》。

……

（洪武九年秋八月）改播州軍民都鎮撫司爲播州長官司。《遵義志》、乾隆《圖志》在五年。

——（民國）《貴州通志》之《前事志八》,載《中國地方志集成·貴州府縣志輯》,第6冊,第491頁

（洪武十四年十一月）詔播州宣慰楊鏗率步騎兵爲傳友德先鋒。《明史》。十四年,遣使齎諭楊鏗曰:“比聞爾聽浮言,生疑貳。今大軍南征,多用戰騎,宜率兵二萬、馬三千爲先鋒,庶表爾誠。”《遵義志》。

——（民國）《貴州通志》之《前事志八》,載《中國地方志集成·貴州府縣志輯》,第6冊,第492頁

（洪武十五年）二月,改播州宣慰司隸貴州都司,《明史》《明·志》。城播州沙溪,以官兵一千人、土兵二千人《續通考》作三千人。戍之。《明史》《續通考》。

——（民國）《貴州通志》之《前事志八》,載《中國地方志集成·貴州府縣志輯》,第6冊,第494頁

（洪武）十七年播州宣慰楊鏗子震卒於京,命有司歸其喪。《明史》《遵義志》。

——（民國）《貴州通志》之《前事志八》,載《中國地方志集成·貴州府縣志輯》,第6冊,第496頁

（洪武）二十年,徵播州宣慰楊鏗入朝。鏗入朝貢馬十匹,帝諭以守土保身之道,賜鈔五百錠。《明史》。

二十一年,播州宣慰并所屬宣撫司官各遣其子弟入朝,請入國學,帝敕國子監官等善訓導之。《明史》。

——（民國）《貴州通志》之《前事志八》,載《中國地方志集成·貴州府縣志輯》,第6冊,499～500頁

二十四年,景川侯曹震、播州宣慰使楊鏗除治貴、播驛路。《貴陽志》。

先是永寧宣慰司言所轄地有百九十灘，其八十餘灘道梗不利，詔震疏治之。震至瀘州按視，有支河通永寧，乃鑿石削壁令深廣以通漕運，又闢陸路作驛舍、郵亭，駕橋立棧，自茂州一道至松番，一道至貴州以達保寧。《震》本傳、《明紀》同。

洪武二十三年十一月十三日，皇帝制諭景川侯曹震前往四川開通永寧河道，二十四年正月七日至成都，分遣官屬，自永寧至曲靖驛橋道路，委貴州都司同知馬燁提調永寧、赤水、畢節、烏撒等衛軍夫修理。貴、播驛鋪橋道，委播州宣慰使司楊鏗、重慶衛千户鍾洪提調修理。其間水之險惡者莫甚於永寧，其灘一百九十五，至□有名者八十有二，石大者鑿之，水陡者平之，使舟楫得以通焉。節《曹震開通河道事迹記》。

——（民國）《貴州通志》之《前事志八》，載《中國地方志集成·貴州府縣志輯》，第6冊，第502頁

（永樂四年四月）免播州荒田租。《明史》《遵義志》。

……

九月，升播州長官司學爲宣慰司學。《遵義志》《平越志》。

……

（六年三月）播州宣慰使楊昇招諭草塘、黃平及重安所轄當科、葛雍等寨《平越志》及《遵義志·土官》并作“十二寨”。蠻人來歸。《明史》《遵義志》《平越志》。永樂初，楊昇奏所轄當科、葛雍等十一寨蠻人梗化，上命昇討之。《蠻司合志》。是年楊昇請剿尚科諸寨，不許。康《志》。

——（民國）《貴州通志》之《前事志八》，載《中國地方志集成·貴州府縣志輯》，第6冊，第507頁

（永樂九年春正月）播州宣慰楊昇入朝賀萬壽，貢馬。《遵志》。

……

十年，播州宣慰楊昇遣兄亮貢馬，俱賞賫之。《遵志》。

——（民國）《貴州通志》之《前事志八》，載《中國地方志集成·貴州府縣志輯》，第6冊，第508頁

（英宗正統十四年）播州宣慰使楊綱老疾，以其子輝代。《平越志》。

——（民國）《貴州通志》之《前事志九》，載《中國地方志集成·貴州府縣志輯》，第6冊，第523頁

（景泰三年十二月）播州宣慰楊輝請討臻、剖、五岔及草塘、江渡諸苗。

播州楊氏土司
文獻集成
卷
二

三年，輝奏："湖、貴所轄臻、剖、五岔等苗賊，糾合草塘、江渡諸苗黃龍、韋保等殺掠人民，屢撫屢叛，乞調兵征剿，以靖民患。"帝命總督王來、總兵梁瑤等會同四川巡撫剿之。《土司傳》《遵志》《平越志》。

——(民國)《貴州通志》之《前事志九》，載《中國地方志集成·貴州府縣志輯》，第6冊，第537頁

(景泰七年)調播州宣慰楊輝兵征銅鼓、五開叛蠻，賜敕頒賞。《遵義志》《平越志》。景泰七年，征銅鼓等處苗蠻。兵部尚書石璞總督軍務，工部尚書王永壽提督軍務，侍郎一人，太監六人，郎中二人。總兵方瑛以京軍千餘自南京發，將調各處軍八萬征進，中軍都指揮董梁以五哨從公入進。其苗民所居凡十四寨，每寨二三千人，大率柔脆之兵。遠勞天兵，所費過多，非所宜也。《病逸漫記》。

——(民國)《貴州通志》之《前事志九》，載《中國地方志集成·貴州府縣志輯》，第6冊，第539頁

(成化十年)敕都御史張瓚諭播州賊齊果還宣慰楊輝侵地。

播州賊齊果屢薦為患，敕責川、貴鎮巡官將入貢，巡按以播地連諸蠻，輝專守土，難遠離。帝命留輝。十一月，命輝子愛襲父職。舊制，土官襲職，必三司先按實，奏請而後許。正統末，苗蠻聚眾寇邊，輝父綱不任職，特命輝越制就襲。至是，土官同知羅宏奏輝有疾，乞以愛代。帝命愛襲職，仍敕愛即率兵官剿賊。先是夭壩干地五十三寨及重安所轄灣溪等寨屢被苗蠻占據，乞令湖、貴會兵征之，命如輝言。部議以愛年幼，仍請起輝暫理軍事，又以輝難獨任，宜敕都御史張瓚親至播州督理，勵輝等振揚威武，以備征調，其機宜悉聽瓚裁處。《遵志》引《史稿》。

成化十年冬，張瓚以右副都御史巡撫四川。播州致仕宣慰楊輝言，所屬夭壩干、灣溪諸寨及重安長官司為生苗竊據，請王師討。詔瓚諭還侵地，不服則征之。《明史》。

——(民國)《貴州通志》之《前事志十》，載《中國地方志集成·貴州府縣志輯》，第6冊，第546頁

(成化十二年)冬十一月，四川巡撫張瓚原註:字宗器，孝感人。討灣溪蠻，破之，原註:灣溪蠻，寨名，在今平越府黃平州重安廢司地。設安寧宣撫司，懷遠、宣化二長官司，靖南、龍場二堡，撥兵戍守。《遵義志》。

十二年，瓚督諸軍及輝攻敗灣溪、夭壩干夭壩干寨名，地在今遵義府播州廢司境。地諸苗，凡破山寨十六，斬首四百餘級，撫男婦九千餘口。事下兵部，以苗就撫者多，宜量為處分。瓚設安寧宣撫司，兼懷遠、宣化二長官司，建靖南、龍場二堡，命輝董其役。輝調兵民五千

餘，立治所，委所屬黃平諸長官分劈城垣。將竣，輝因奏："各寨苗蠻，近頗知懼，但大軍還後，難保無虞。播州向設土兵一千五百人，今撥守懷遠、靖南、夭漂、龍場各二百人，宣化百人，安寧六百人，其家屬宜徙之同居，爲固守計。其工之未畢者，宜命臣子愛董之，而聽臣致仕如故。"詔從之。《遵志》引《史稿》，《平越志》略同。

瓚既率兵討定灣溪諸苗，請設安寧宣撫司，即授輝子友以鎮之。詔可，賜敕獎勞。瓚功名著西蜀，其後撫蜀者如謝士元輩，雖有名，不及瓚。惟夭壩干之役，或言楊輝溺愛長庶子友，欲官之，詐言生苗爲亂，瓚信而興師，其功不無矯飾云。《明史》。

以宣慰楊輝奏夭壩此處疑脱"干"字。苗叛，敕都御史張瓚討之，駐軍黃平。初，輝欲奪嫡子愛爵與庶子友，計無所出，因思爲友樹功，遂誣奏苗叛，得旨征之，復誣奏友功，得授安撫使，因種播凱之隙。《遵志》引孫《志》。

播州宣慰使楊輝，始祖元時爲安撫使，洪武納款爲宣撫使，三傳而輝襲之，怙富負險，代恣豪舉。輝二子，長友、次愛。友庶而長，輝特嬖之，屢欲奪嫡。而安撫宋韜、長官毛釗等不從，曰："楊氏家法，立嗣以嫡不以長，公奈何紊之，以起亂階？"輝不得已乃嗣愛，而嬖友不解。此上《蠻司合志》作："宣德中楊欽，正統中楊炯、楊綱皆世修職守，獨綱子輝杰黠多豪舉。天順初，私閣上民黃保等爲火者。嘗嬖妾田氏，以其所生子美，居長，屢欲奪嫡。安撫宋韜、長官毛釗執不可，曰：'楊氏家法，立嗣以嫡不以長，獨奈何紊之？'輝不得已，乃立嫡，因名庶曰友，名嫡曰愛，言相友愛也。然而嬖庶之心終不忘。"倖客張淵日慫慂之，因說輝曰："公欲貴孟主，而戚戚與仲主爲仇，即使奪彼以與此，不過轉移故物耳！且貽口實於後人，公何不別爲孟主地，使雙貴而朋立？是使孟主創而仲主傳也。"《合志》作淵說輝曰："主官欲貴孟主，而唧唧與仲主爲仇，毋論世有所未便，即便，奪仲以與孟，不過剗吾左以益吾右耳！且重貽口實，以滋後議，何不別爲孟主地，雙貴而朋立，是使孟創業而仲傳世也。"案：此下又大致略同。輝曰："爲之奈何？"淵曰："夭壩諸苗，公部境也。山箐險遠，憨而易陵，誣之曰賊，而請兵討之，歸功孟主，因請立官分治，"立官"，《合志》作"立安撫"。則事爲有名矣。"輝大喜，乃召容山長官韓宣、《合志》作"瑄"。重安長官張通計之，將以疏請。宣曰："夭壩諸苗，力耕服役，皆順民也。奈何以賊誣之？"輝大怒，立杖宣，通惶恐股栗，叩頭曰："諸苗誠賊也。"乃從輝署名，疏言苗亂，請討之。部議報可，乃命都御史張瓚討之，《合志》作"上命都御史張瓚偕輝進剿"。諸苗被戮者千餘人。輝通賂於瓚，瓚乃盛陳友功，且曰："友謀勇寇諸軍，手刃七馘，請設安撫《遵志》注云當作'宣撫'。司於安寧，以友爲安撫使，則諸苗不復反矣。"時友年纔十三，部議信之，乃立司授官，一如所請。《合志》作"乃請設安撫司於安寧，以友爲安撫使，而以張淵爲長官，然友實未嘗之官也"。既而爛土諸苗齎《合志》作"賫"。果等忿夭壩以無辜受戮，時時攻安寧。瓚又疏請築城衛之，費數十萬。《合志》作"瓚又疏請於凱里寨築城衛之，費總數十萬"。《續通考》《蠻司合志》。

《遵志》原按云：《明史》言"友授宣撫"，而孫《志》言"安撫"與《蠻司合志》之"設安撫于安寧，授友安撫使"合。而《合志》本條又註云："安撫，《紀錄彙編》作'宣撫'。"今兩存之。

——（民國）《貴州通志》之《前事志十》，載《中國地方志集成·貴州府縣志輯》，第6冊，547～548頁

（成化）二十三年，刑部侍郎何喬新勘結播州獄。二十二年，詔刑部侍郎何喬新、錦衣指揮劉綱會四川撫按勘播凱訐奏事。新等勘得，友初欲奪愛官，因而誣罔，具以聞。慮其仇殺，遷友他郡。二十三年原註元〈原〉作"三十二"，今正。秋。巡撫劉璋奉旨革罷楊友宣撫，移之保寧。初，璋計以安寧道路險遠，城堡堅固，友之親黨么仲等家俱驍勇，乃秘詔不發。先使友所親信詣安寧撫慰友家黨與，因遣能幹土官，領兵防其出入，又榜示以散其黨與，購其主謀，部分既定，并改其家屬發遣之。《遵義志》引孫《志》。

先是，二十二年，刑部侍郎何喬新以愛爲其兄宣撫楊友所訐，奉命往勘，因奏："楊氏據播已五百年，蠻民服從久矣，奢僭淫暴之罪無代無之，歷代皆寬以文法，蓋治以不治。今友、愛兄弟相訐，命臣等勘問。果係情重，常於本州監候，則獄卒皆其部下，難於防守；使移於重慶，則道路遼遠，蠻衆驚疑，恐生他變。宜撫提二人面對虛實，聽候上裁，免其監禁爲便。"上從之。二十三年，喬新奏："輝在日，溺其庶子友，欲令承襲，長官張淵阿順之。安撫宋韜謂楊氏家法，立嗣以嫡，愛宜立。輝不得已以職授愛，又欲割地以授友，謀於淵，因以乇壩干乃本州懷遠祥牁故地，爲生苗所據，請兵取之。容山長官韓瑄以土民安輯日久，不宜征。淵與輝計執瑄，殺之。前巡撫張瓚受輝賂，以其地設安寧宣撫司，以友任宣撫。輝立券，以所有金玉、服用、莊田召諸子均分之。輝没，淵乃與友潛謀刺愛，淵弟深亦與謀，不果。友遂奏愛居處器用僭擬朝廷，又通唐府，密書往來，"唐府"，查《明史》"太祖諸子有唐定王，經成化時王孫芝址嗣，其弟芝蕩與焦妃弟璟誣王訾繼母。按驗不實，得芝蕩謾母訾兄狀，革爵，久之始復"一事，未知是否即此。又"芝蕩"事亦通在成化二十一年前。私習兵法、天文，謀不軌，事皆誣。"帝命斬淵、深。以愛信讒薄兄，友因公擅殺，且謀嫡，盜官錢，皆有罪。愛贖復任，友遷保寧羈管，此處《遵志》重見"保寧"字，查《明史》無審文氣，似誤不錄。仍敕喬新從宜處治。《遵志》引《史稿》。

二十三年，喬新奏云："語同《史稿》《遵志》原註。輝殁，淵與友同謀愛，友遂奏愛結苗夷反叛，造火器、旗纛、金瓜鉞斧、調總旗等，號'親軍'。閹割土民，立金龍門於宅前；而開尚、甕等鐵冶，令偽閹官煉熟鐵爲軍刀；置織造院，收民人趙其一百餘户充織匠，造龍鳳蟒袍；立商稅局於白田壩；起調軍兵三千餘衆，假水西送喪，演習武藝；設教坊司，以偽閹官掌其事，虜良家龐兆期女勝真、福真等一百餘名充女樂，教習雜劇；每遇節，愛衣龍衣，自稱國王天主，而稱其妻地主；且置後宮，奪趙高僧幼女玉真爲宮妃；用師巫魘魅庶母貫氏；禁父妾馬真、蔣真等宮中，奸使有身；嘗强淫宮婢宋真，不從，凌辱狼籍而後殺之；科派各里人民，分上、中、下三户，得金銀若干萬兩，養老莊田子粒若干萬石，珊瑚樹若干株，珍珠簾若干絠，玉圭若干笏，馬若干匹，牛若干頭；嘗夢騎龍登天門，上帝謂之曰'此南方帝子

也’；又通唐府，密書往來，私習兵法、天文謀不軌。事皆誣。”云云。《遵志》引《紀事本末》。

十九年，輝死，愛修怨於淵，淵屢謀殺愛不克。二十一年，丹章諸苗寇安寧。淵自知不容於愛，乃唆友誣愛通苗，越境爲亂，報貴州守臣，而致書舉人路義，令通賂上下。安撫宋韜獲之以報愛，愛乃易書於義，僞以人往，義信之，詣貴州守臣陳愛反狀，守臣不聽曰：“播州非我轄也。”義復書於友，非奏聞不可，愛得書以報四川守臣。友、淵大懼，乃誣疏愛嘗言夢騎龍登天，又嘗立嵩呼門、金水橋以擬宮禁。廷議大駭，乃命刑部侍郎何喬新、錦衣指揮劉綱會四川都御史、御史等官鞫之。淵以妖言坐死，削籍；友、愛皆論死，愛贖免之，友削官竄保寧。無何，友黨篡友以歸，與愛仇殺不已，友子張、愛孫相尤酷毒。《圖書集成》《續通考》。

十九年，輝死，愛修怨於淵，淵屢謀殺愛不克。二十二年，丹章諸苗寇安寧，四川參政謝士元、副使翟廷蕙、都指揮楊綱以兵往過播州，詣愛家，置酒高會。翼日視學，適州民賽社，士元等坐學宮臨觀，愛復攜酒至。訓導楊禮艴然曰：“視學而觀社，提兵而樂酒，略等威而款下屬，竊爲明公恥之。”士元等大撕而起。時淵伺愛隙，謂愛實通苗，越境爲亂，故款官軍逗遛，修私怨。爲文報貴州守臣，而致書舉人路義，令通賂上下。安撫宋韜獲之以報愛，愛乃易書於義，僞以人往，義信之，詣貴州守臣陳愛反狀，守臣不聽曰：“播州非我轄也。”義爲書復友，而愛執之，愛遂據義書報川撫，將聲罪發難。友大懼，淵駭，友上變言愛結苗夷反叛，嘗夢騎龍登天門上，帝謂之曰“此南方帝子也”，既醒，龍成五色，因作詩有“霹靂一聲震天下，南方須起赤鱗龍”之句。廷議大駭，立命刑部侍郎何喬新、錦衣衛指揮劉綱會川撫及巡按鞫之，俱不實。淵坐妖言律，路義削籍；友論死，贖免，發保寧城中羈管。《遵義志》《蠻司合志》。

《遵志》原案：遵義縣東鄉新舟場側之官城，楊友所築城之址，相傳友與愛爭地於此，交戰死者萬餘。今耕者往往於沙中得箭鏃，又綏陽縣朗山關大營堡，傳亦楊愛弟兄爭地駐營所。

——（民國）《貴州通志》之《前事志十》，載《中國地方志集成·貴州府縣志輯》，第6冊，551～552頁

孝宗弘治元年，增設重安守禦千户所，命播州歲調土兵一千助戍守。《明史》《遵義志》《平越志》。

——（民國）《貴州通志》之《前事志十》，載《中國地方志集成·貴州府縣志輯》，第6冊，第554頁

（弘治七年）以平苗功敕勞播州宣慰使楊愛，進西陽宣撫冉舜臣爲明威將軍，永順宣慰彭世騏爲昭勇將軍。七年，敕勞播州宣慰使楊愛以平苗功，愛與有勞難加，敕賜勞之。

《遵續志》《平越志》。

——(民國)《貴州通志》之《前事志十》,載《中國地方志集成·貴州府縣志輯》,第6册,第556頁

(成化)十四年,調播州兵五千征賊婦米魯等。

——(民國)《貴州通志》之《前事志十》,載《中國地方志集成·貴州府縣志輯》,第6册,第560頁

附《王守仁與安宣慰書》

……今播州有楊愛,愷黎有楊友,酉陽、保靖有彭世麟等諸人。斯言苟聞於朝廷,下片紙於楊愛諸人,使各自爲戰,共分安氏之所有,蓋朝令而夕無安氏矣。

——(民國)《貴州通志》之《前事志十》,載《中國地方志集成·貴州府縣志輯》,第6册,第566頁

(正德六年夏六月)重慶人曹弼亡命播州,糾衆寇川南,瀘州賊曹甫亦攻重慶。巡撫四川都御史林俊發酉陽、播州土兵助剿。已,曹甫黨万四亡命思南,轉陷江津、綦江,敗,奔婺川,與曹甫相攻,尋敗死,事在七年。節《明紀》。

——(民國)《貴州通志》之《前事志十》,載《中國地方志集成·貴州府縣志輯》,第6册,第567頁

(嘉靖二十三年)播州宣慰楊烈與水西搆難,殺其長官王黻。《遵志》。先是,楊斌子相襲播宣慰職,以祖父嫡、庶仇殺沿禍數世,至今不已。相不之鑒,仍寵庶子照〈煦〉,欲奪嫡烈,而其妻張氏甚悍,與子烈盜兵逐相。相走水西,死,烈乃乞水西還父尸。播故有水烟、天旺地與水西近,水西宣慰安萬銓屢挾奏不得,至是要之,必歸地而後予烈尸,烈陽許之,及得尸,悔約仇殺,相攻剽《土司傳》作"黻黨李保治兵相攻"。垂十年。《蠻司合志》《明史》。按:《土司傳》文録見後三十三年。

——(民國)《貴州通志》之《前事志十》,載《中國地方志集成·貴州府縣志輯》,第6册,第574頁

(嘉靖三十四年)總督馮岳調總兵官石邦憲討平王黻黨李保,遂擒真州亂苗盧阿項。播州宣慰楊烈悔約,不予水西水烟、天旺地,遂與水西搆難,又殺其長官王黻,時嘉靖二十三年也。烈既代襲,遂與黻黨李保治兵相攻垂十年。總督馮岳調總兵石邦憲討平之,真州苗盧阿項者亦久稱亂,邦憲以兵七千擊敗之。有言賊求援於播者,邦憲曰:"吾方調水

西兵,聲楊烈助逆罪,烈奚暇救人乎?"已,擒阿項父子,斬獲四百餘人。《明史》《明史稿》。

播州宣慰楊烈殺長官王黻,黻黨李保治兵相攻且十年,總督馮岳與邦憲討平之。播州苗盧阿項爲亂,邦憲以兵七千編筏渡江,直抵磨子崖。策賊必夜襲,先設備。賊至,擊敗之。賊求援於播州吳鯤,諸將懼,邦憲曰:"水西宣慰安萬銓,播州所畏也。吾調水西兵攻烏江,聲楊烈縱鯤助逆罪,烈奚暇救人乎?"已,水西兵至,邦憲進逼其巢,乘風縱火,斬關而登,賊大奔潰,禽賊首父子,斬獲四百七十餘人,邦憲進署都督同知。《貴陽志》。

楊烈既得父尸,悔約,與水西仇殺相攻剽者垂十年。總督侍郎馮岳討平之。岳乃奏:"三省接壤民苗之衝,若四川餘慶之走馬坪、播州之三度關、貴州石阡之龍泉司各立哨堡,於重慶偏橋等衛委指揮三人,督兵防守。仍移銅仁參將於石阡,移思、石守備於龍泉控扼播州,令犬牙相制,而後設重慶府通判一人,使之駐龍泉以收糧稅,則控馭較便也。"上然其言。《遵志》《蠻司合志》《方輿紀要》略同。

——(民國)《貴州通志》之《前事志十一》,載《中國地方志集成·貴州府縣志輯》,第 6 冊,第 584 頁

(隆慶五年)播州宣慰使楊烈死,子應龍請襲,命姑予職。《遵志》《平越志》。

——(民國)《貴州通志》之《前事志十一》,載《中國地方志集成·貴州府縣志輯》,第 6 冊,第 592 頁

(明神宗萬曆元年)給播州新襲宣慰使楊應龍敕書。《遵義志》《明史》。

……

進參將郭成爲都督同知,充總兵官,鎮守銅仁。《貴陽志》。成,四川叙南衛人,由世職累官貴州總兵官,守銅仁,後以事戍雲南,復以功擢參將,討楊應龍無功,尋卒官。《志》。

——(民國)《貴州通志》之《前事志十一》,載《中國地方志集成·貴州府縣志輯》,第 6 冊,第 593 頁

(萬曆八年)賜播州宣慰楊烈祭葬,《明史》。從楊應龍請也。《遵志》。

——(民國)《貴州通志》之《前事志十一》,載《中國地方志集成·貴州府縣志輯》,第 6 冊,第 597 頁

(萬曆)十四年,播州宣慰楊應龍獻木,得賜飛魚服,授指揮使銜。《遵義志》。應龍獻大木七十,材美,賜飛魚服,又復引其祖斌賜蟒例。部議以斌有軍功,且出特恩,未可爲比。帝命以都指揮使銜授應龍。《明史稿》。

《遵志》原按:孫《志》載"應龍獻大木,賜大紅飛魚服"係十三年。按《遵志》引《明史

稿》，此事在十四年，然以“國亨”事考之，“國亨慕應龍而請獻”，《明史》且係之十三年，則應龍事似應在十三年，孫《志》或當有據。

——(民國)《貴州通志》之《前事志十一》，載《中國地方志集成·貴州府縣志輯》，第6册，第600頁

(萬曆十四年)五月，調播州兵征松番。

是年正月，松番諸番作亂，四川巡撫徐元泰命游擊周于德將播州兵爲前鋒，六月班師。十五年七月，李應祥平越雋諸衛，師旋。徐元泰益徵播州、酉陽諸土兵合五萬人，令應祥督邊之垣、朱文達及周于德三道入，討邛部屬夷，以其地置屏山縣。《遵義志》。

《遵志》原按：郭子章《西南三征記》云“乙酉夏，楊柳番嘯聚諸番。聞於朝，則以兵屬今都督李將軍應祥，十月徐公至屬。十一月，擁衆突犯，公上疏得請益徵播州、酉陽、平茶諸土兵。丙戌正月，諸路兵驛至，乃檄游擊周于德將播州兵七千營鑼鍋嶺，參將朱文達將平茶兵四千五百有奇營茨溝，而一統于李將軍”云云，“五月克牛尾。牛尾樹栅自雄，將軍分兵三路，宣慰楊應龍以所部精兵從中擊之”云云，“乃疏功于朝，又疏建越倒懸急矣，請拯之，制可。徵諸路兵益之。丁亥四月，方欲下令解甲，復手疏請討邛部夷，仍徵土、漢兵四萬有奇，以冬十月出師。十二月癸酉，白筶天星囤，賊萬餘圍四山，分支接戰，我兵冒險攻之，播州兵先登，各路兵齊擊，賊大敗，遁。明年正月乙丑，賊糾衆由大南門、大木瓜兩路突襲馬營，播州帥楊應龍率衆大呼衝之，賊退”云云，“五月班師”。考：乙酉，萬曆十三年，史係十四年者，以后至日爲言也。

——(民國)《貴州通志》之《前事志十二》，載《中國地方志集成·貴州府縣志輯》，第6册，第601頁

(萬曆)十九年，播州宣慰楊應龍淫暴，張時照、何恩、宋世臣等告變，朝議命勘處。神宗萬曆十七年，播州宣慰司使楊應龍反。播州，夜郎且蘭地，漢屬牂牁郡。唐貞觀初，分牂牁北界，置郎州，領六縣，已，改播州。乾符三年，南詔寇陷，太原楊端應募，決馳白錦，出奇兵定之，授武略將軍。值唐亂，留據長子孫，歷宋，附屬稱臣。大觀中，楊文貴納土，置遵義軍。元世祖授楊邦憲宣慰使，賜子漢英名“賽因不花”，封播國公。國初，楊鑑內附，改播州宣慰使司，隸四川。其域廣袤千里，介川、湖、貴竹間，西北塹山爲關，東西附江爲池，蒙茸鐫削，居然奧區。領黃平、草塘二安撫，真、播、白泥、餘慶、重安、容山六長官司，統田、張、袁、盧、譚、羅、吳七姓，世爲目把。嘉靖初，楊相寵庶子烇，欲奪嫡。嫡妻張氏與子烈逐相，走水西，客死。水西宣慰安萬銓挾奏，索水烟、天旺地聽還葬。烈即應龍父也，自烈仇殺長官，相攻剽垂十年，總督侍郎馮岳討平之。應龍生而雄猜，尤阻兵嗜殺。隆慶六年襲職，以從征喇麻諸番九絲、膩乃、楊柳溝等，多却敵先登，斬獲無算，先後賜金

幣。萬曆十三年，進大木六十本助工，上特給大紅飛魚服，加職級。應龍窺蜀兵弱，每征討，止調土司，而蜀將或從借給，漸驕蹇，輕縱法。所居漸飾龍鳳，擅用閹寺。嬖小妻田雌鳳，疑嫡妻張奸淫，出之。已，飲田氏兄所，乘醉封刃，取張并其母首，屠其家。應龍在州，專酷殺樹威，益結關外生苗爲翼，肆行劫掠。于是妻叔張時照與所部何恩、宋世臣等上飛文，告龍反。巡撫貴州葉夢熊疏請發兵剿之，而蜀中士大夫率謂蜀三面臨播，屬裔以十百數，皆其彈壓，且兵驍勇，數赴征調有功，剪除未爲長策。以故蜀撫按并主撫。朝議行兩省會剿，應龍願赴蜀不赴黔。《紀事本末》。

東至偏橋衛，南至養龍坑，黔、楚二省界；西至瀘州合江縣，北至重慶綦江縣，俱川省界，此今之播州也。明興，楊鑑率衆歸附，以其地爲播州宣慰司，授鑑宣慰使，領播州、餘慶、白泥、容山、真州、重安六長官司，草堂、黃平、瓮水三安撫司。自鑑至相，十世矣。嘉靖十七年，楊相父子爭職。逐相，不敢入播，客死水西。萬曆元年，楊應龍襲職，即相之子也，應爲"相之孫"之誤。世有逆德，應龍淫殺無忌。初，黃平、草塘、白泥、餘慶、重安五司，凡承襲表箋須宣尉司印文乃達，往往索賄無厭，此釁端所由起。又其地有七姓之民，應龍寄以腹心，七姓又藉龍爲奇貨，糜費金錢累巨萬。久之，龍覺可欺，乃稍稍收其權，按：此數語當有誤字。遂交仇然〈怨〉，七姓叩閽，且反噬應龍。初，應龍娶妻張氏，失寵，其族弟端〈瑞〉龍聘田氏，應龍强委禽焉。萬曆十五年，與應龍在室共語，族弟繼龍偶入戶，遁去，應龍見而詰之。田氏曰："妾非張，何例視我？"應龍怒曰："我不殺此奴，今效尤耶？"乃立殺張首，并剮張之母等。張閤族奏應龍殺妻并妻母、兄弟等，命下川貴勘處，應龍抗拒不出。《利病書》。應龍之先曰楊鑑，明初內附，授宣慰使。應龍性猜狠嗜殺，數從徵調，恃功驕蹇。知川兵脆弱，陰有據蜀志，間出勦州縣。嬖小妻田雌鳳，讒殺妻張氏，屠其室。用誅罰立威，所屬五司七姓不堪其虐，走貴州告變。巡撫葉夢熊疏請大征，詔不聽。《明史》。

十八年，貴州巡撫葉夢熊論應龍凶惡諸事，巡按陳效歷數應龍二十四大罪。時方防禦松潘，調播州土兵協守，四川巡按李化龍按：《明史·李督傳》不言"督曾按蜀"。《平播全書》載其"請設中軍疏"有云"五月十八日，入境交代受事。六月十日至省城，延見吏民。臣幾內人也，去蜀遠在四五千里，不知蜀事。入其地，乃知蜀蓋偷安弛備之國"云云。似李督實未疏先按蜀，此"化龍"或另一人，抑字有誤。請暫免勘問，俾應龍戴罪圖功。《遵志》原注：孫《志》云"十八年，應龍毀坐鎮官令旗，復調應龍領兵征疊茂"。由是，川、貴撫按疏辨，在蜀者謂應龍無可勘之罪，在黔者謂蜀有私暱應龍之心。於是給事中張希皋等以事屬重大，兩省利害，豈漠不相關者，乞從公會勘，無執成心。十九年，夢熊主議播州所轄五司改土爲流，悉屬重慶，與化龍意復相左。化龍遂以嫌求斥。蓋應龍本雄猜，阻兵嗜殺，所轄五司七姓悉叛離。嬖妾田，屠妻張氏，并及其母。妻叔張時照與所部何恩、宋世臣等上變，告應龍反。夢熊請發兵剿之，蜀中士大夫悉謂蜀三面鄰播，屬裔以十百數，皆其彈壓，且兵驍勇，數征調有功，剪除未爲長策。以故蜀撫按并主撫。朝議命勘，應龍願赴蜀不赴黔。《明史》《明紀》《明通鑑》《遵義志》。

楊應龍始祖楊端，在唐平南詔，授武略將軍，世據播地。元時爲安撫使。洪武初，高祖楊鑑歸降，授播州宣慰，三傳至楊輝。輝二子：友、愛。嘉靖七年，立安撫司於凱里，以友子張爲使，屬貴州；以愛孫相爲宣慰，屬四川。宣慰統草塘、餘慶、黃平、白泥、重安五司七大姓，頭目如漢法里甲，領生熟苗二十餘萬。隆慶六年，應龍襲職，其他多江賈人，因妻張真人族張世爵妹，而世爵又其妹夫也。應龍倚險恃富，窮奢極欲，又娶田一鵬田氏爲二室，生子七，女三。田素妒張，遂與應龍謀殺之，驕橫日甚，肆行屠戮，蠻夷怨者合張氏張時照揭奏行勘。萬曆二十年，巡撫李尚智、巡按李化龍行提擬斬，罰銀二萬兩贖罪，收繫重慶獄。《續通考》。

萬曆庚子，播州宣慰司總管何恩恩，遵義人，祖父本掛大將軍印，奉命征蠻，終於播，世襲宣慰司總管。憤楊應龍肆虐，弃職，率七姓舊人宋世臣等赴闕上書，請討應龍。命川、黔兩省會勘，黔議剿，川議撫。應龍因以黃白千金行賄，至綦江，恩遮獲以充軍餉。督帥李化龍以爲中軍提調，又命其弟愙爲劉鋌向導，斬箐直入，師逼海龍囤，播平，恩兄弟與有功焉。乾《志》。

艾穆巡撫四川，有告播州宣慰楊應龍叛者，貴州巡撫葉夢熊請征之。蜀人多言應龍強，未易輕舉，穆亦不欲加兵，與夢熊異。朝命兩撫臣會勘，應龍不願赴貴州，乃逮至重慶對簿。《明史·艾穆傳》。

附《明通鑑考异》：據《明史·土司傳》，請勘在"是年"，告變在"明年"。按：叛應龍之土司各書皆云"五司"，《紀事本末》作"六司"。考《通鑑輯覽》注："五司，即黃平、草塘二安撫，白泥、餘慶、重安三長官司。七姓，即田、張、袁、盧、譚、羅、吳。"《紀事本末》"長官司"中多一"播州"。此事"請勘告變"據《土司傳》，本十八、十九兩年事，《明鑑考异》已備言之。《明紀》書"請勘於十八年十二月"，"告變於十九年二月"，蓋別有所考。

——(民國)《貴州通志》之《前事志十二》，載《中國地方志集成·貴州府縣志輯》，第6冊，602~603頁

(萬曆二十年)檄楊應龍至重慶府聽勘，拘留之。俄而兵部復趣應龍選兵征倭，道《志》引孫《志》。十一月，《明鑑》作"十二月"。應龍詣重慶對簿，坐法當斬，請以二萬金贖，御史張鶴鳴方駁問。會倭大入朝鮮，徵天下兵，應龍因奏辨，且願將五千兵征倭自贖，詔釋之。兵已啓行，尋報罷。《明鑑》作"封貢議行，遂報罷"。巡撫王繼光至，嚴提勘結，應龍抗不出。時張時照等復詣奏闕下，繼光用兵之議遂決。《遵志·土司傳》《輯覽》《明鑑》《紀事本末》均同。二十年，逮繫重慶獄，應龍詭將兵征倭，自效得脫，復逮不出。《明史》、乾《志》。時倭寇朝鮮，應龍詭言願東征贖罪，當事者信而出之，回至松坎，殺害押回官軍，遁還巢穴。《續通考》。應龍妻族張氏之告應龍殺妻并妻母、兄弟也，應龍初亦抗拒不出，已聞議撫，乃俯首出聽勘。勘龍革任，罰贖金四萬免死。會朝鮮告急，應龍計以征倭贖前愆，朝廷可其奏，

遂得解網,然自是疑畏日甚,進退維谷。《利病書》。

按:乾隆《志》及《安順志》以"安順州升軍民府"作此年事,《明史》作"三十年"。舊《省志》以"安民志死難",《銅仁志》以"皮林蠻、播賊寇平越、東坡、龍泉、烏江等處"均書於"是年"。查史皆二十七、八兩年事,從正史。

二十一年,四川巡撫王繼光遣總兵劉承嗣、參將郭成征楊應龍於白石口,不利。乾《志》。二十一年,繼光至重慶,與總兵劉承嗣等分兵三道進婁山關,屯白石口。應龍佯約降,而統苗兵據關衝擊。承嗣兵敗,殺傷大半。會繼光論罷,即撤兵,委弃輜重略盡。黔師協剿亦無功。時四川新撫譚希忠與貴州鎮撫再議剿,御史薛繼茂主撫。應龍上書自白,遣其黨携金入京行間,執原奏何恩詣綦江縣。《明史》《遵義志》。二十一年春正月,撫臣王繼光馳至重慶,與總兵劉承嗣、參將郭成等議分三軍,各道并進。時軍至婁山等關,屯白石口。應龍佯令其黨穆炤等約降,因統苗兵據關衝殺。都司王之翰軍覆,殺傷大半。會繼光論罷,即撤兵,委弃輜重略盡。黔師協剿亦無功。以譚希思各書多作"思",《明史》作"忠"。爲四川巡撫,與總兵劉承嗣會同鎮撫相機征剿。時王繼光既罷,御史薛繼茂乃旋主撫,應龍亦上書自白。御史吳禮嘉劾郭成等失律,令戴罪立功。尋劉承嗣以疾乞骸骨,兩省議久不決。應龍遣其黨携金入京行間,執原奏何恩詣綦江縣。《紀事本末》《明鑑》同。

二十二年春,四川參將郭成、總兵劉承嗣統兵征楊應龍,敗績於白石口,全軍俱覆,成僅以身免。《綦江志》。

《遵志》原按:繼光征應龍事,《史稿》云"二十一年",孫《志》與《綦江志》并云"二十二年",兩存以俟考。又《綦志》書"參將郭成、總兵劉承嗣敗白石口","兵防""祥異"皆然,而其"宦績"乃單云總兵郭成,亦如孫《志》即小註綱下之文,當亦有脱文也。按:此在"二十一年",《明史》《史稿輯覽》《明紀》《紀事本末》《續通考》皆同,足徵此説無誤。惟《明通鑑》以"命刑玠爲總督"連叙於"二十二年",非謂此事之亦在二十二年也。

二十二年,以兵部侍郎邢玠益都人總督川、貴,勘剿播賊楊應龍。康《志》。二十二年三月,以兵部侍郎刑玠總督貴州軍務,郎中張國璽、主事劉 相贊畫軍前。《紀事本末》。二十三年,以播事起命刑玠總督川、貴,駐四川。《貴陽志》。二十三年,敕總督侍郎刑玠勘播事。《遵義志》。

按:邢玠,康、乾、貴三《志·職官》均列入總督,《明史》仍不與。

——(民國)《貴州通志》之《前事志十二》,載《中國地方志集成·貴州府縣志輯》,第6冊,第604頁

(萬曆二十三年)趙志皋、張位受楊應龍賄,給事中楊恂疏論之,謫恂陝西按察司經歷。恂論志皋并及位,略曰:"今之議執政者,僉曰擬旨失當也,貪鄙無爲也。是固可憂,而所憂有大於是者。楊應龍負固不服,執政貪其重餌,與之交。如近日綦江捕獲奸人,得

所投本兵及提督巡捕私書共四緘,及黃金五百、白金千、虎豹皮數十,不言所投。臣細詢播人,始囁嚅言曰'求票擬耳'。夫票擬,輔臣事也,而使小醜得以利動哉?"疏入,忤旨,命鐫一級,出之外。志皋、位疏辨,且乞宥恤,于陛、一貫亦論救。乃以原品調陝西按察司經歷,引疾歸。《明史》《明紀》引列"是年冬"。

二十三年,總督邢玠使重慶知府王士琦勘楊應龍獄於松坎,尋於松坎設撫夷同知,以士琦為川東兵備副使彈治之。

二十三年,玠至蜀,察永寧、酉陽皆應龍姻媾,而黃平、白泥久為仇讎,宜剪其枝黨。乃檄應龍,謂當待以不死。會水西宣慰安疆臣請父安國亨恤典,兵都尚書石星手札示疆臣,趣應龍就吏得貰,疆臣奉札至播招應龍。時七姓恐應龍出,得除罪,而四方亡命竄匿其間,又幸應龍反,因以為利,驛傳文移,輒從中阻。玠檄重慶知府王士琦詣綦江,趣應龍就安穩聽勘。應龍使弟兆龍至安穩,治郵舍儲糈,叩頭郊迎,致餼牽如禮,言:"應龍縛渠魁,待罪松坎。所不敢至安穩者,恐墮安穩仇民不測禍也,幸請至松坎受事。"士琦曰:"松坎亦曩奏勘地。"即單騎往。應龍面縛道旁,泣請死罪,願執罪人,獻罰金,得自比安國亨。國亨者,曩亦被訐,懼罪不出界,故應龍引之。士琦為請于玠,許之,乃縛獻黃元等十二人,案驗抵應龍斬,論贖,輸四萬金助采木,仍革職,以子朝棟代,次子可棟羈府追贖,黃元等斬重慶市,督總〈總督〉以聞。時倭氛未靖,兵部欲緩應龍,事東方,朝廷亦以應龍向有積勞,可其奏,於松坎設同知治焉,以士琦為川東兵備副使彈治之。應龍獲寬,益怙終不悛。尋可棟死於重慶,益痛恨。促喪歸不得,復檄完贖,乃大言曰:"吾子活,銀即至矣。"擁兵千餘招魂去。分遣土目,置關據險;厚撫諸苗,名其健者為"硬手";州人稍殷厚者,没入其資以養苗,苗人咸願為出死力。《明史》《明紀》《利病書》《乾志》。

二十三年春正月,總督邢玠乘傳至蜀,察永寧、酉陽暨馬斗斛,皆應龍姻媾,而黃平、白泥諸司久為仇讎,計先剪其枝黨。以檄曉諭應龍,大略稱引脖拜事,"脖拜"原作"脖劉",考《史》無此名,疑誤。謂:"應龍來,當待以不死;不者,國家懸萬金購而頭。若早為計,吾不爾欺也。"會水西宣慰安疆臣請父國亨恤典,兵部尚書石星手札示疆臣,趨應龍就吏得貰罪,疆臣亦奉札至播招應龍。當是時,七姓惟恐應龍出,得除罪,而四方亡命竄其間,院道文移,輒從中阻。四月,重慶太守王士琦奉總督邢玠檄,詣綦江縣,趨應龍安穩聽勘。士琦屬綦江縣前往宣諭,應龍使弟兆龍至安穩,治郵傳儲糧,郊迎叩頭,致脯資餼牽如禮,曰:"應龍久縛渠魁,待罪松坎。所不敢至安穩者,以安穩多奏民伏兵伺殺,往有明鑑,誠恐中計,故不敢出。使君幸枉車騎臨眖松坎,敢敬布腹心。"綦江令具言太守,太守曰:"松坎亦曩奏勘地也。"即以五月八日,單騎往松坎。應龍面縛道旁,泣請死罪,膝行前席,叩頭流血。請治公館,執罪人及罰金獻廷中,得自比安國亨。國亨者,曩亦被訐,懼罪不出界,故應龍引之。太守為請,總督乃遣贊畫張國璽、劉一相及道府詣安穩。應龍囚服,蒲伏郊迎,縛獻黃元、阿羔、阿苗等十二人,案驗,抵應龍斬,以其族得論贖,輸四萬金助采木,仍革職,子朝棟以土舍受事,可棟羈府追贖,黄元等論斬重慶市。總督以聞。是時,倭氛未靖,大司馬欲緩應龍,專事東方,天子亦以應龍向有積勞,可其奏。總督議設撫彝同知,治松坎,從之。論功加邢玠右都御史,還朝,以重慶太守王士琦爲川東兵備使彈治之。應龍再及寬政,益怙終不悛,而次子可棟尋死重慶,則心益痛。促死尸棺,以勘報未完,不肯發,趣其完贖。大言曰:"吾子活,銀即至矣。"擁兵驅千餘僧招魂而去。分遣土目置關據險,僭立巡警,搜戮軍民,劫掠屯堡,殆無厭日;厚撫諸苗,用以催鋒,名"硬手";州人稍殷厚者,没其家以養苗,由是諸苗人願爲之出死力矣。《紀事本末》《明通鑑》《輯覽》均略同。

……

按:康熙《志·大事紀》書"二十二年,邢玠還京",是玠二十二年來,旋去。據此則玠二十三年始至蜀,康《志》誤。《貴陽志·遵義》以"命玠并書於是年"(見上二十二年"總督"條)亦混。又此事據上録三書合證之,兵備使者王士琦、同知蒲林皆奉敕諭應龍者,而勘應龍者《明史》作"士琦",《本末》作"張國璽、劉一相"。"同知"《本末》作"撫彝",《墓志》曰"安邊",皆相異之大者。

……

二十四年,應龍殘餘慶,掠大阡、都壩,焚劫草塘、餘慶二司,偏及興隆、都勻各衛。又遣兆龍圍黃平,戮重安長官家,勢復大熾。《明史》《明紀》《黔志》《史稿》《遵義志》。

二十四年七月,楊應龍肆逆,劈餘慶土吏毛承云棺,磔其尸。此事《明鑑》未采。已,又掠大阡、都壩,焚餘慶、草堂二司,遍及興隆、偏鎮各衛。遣弟兆龍引兵圍黃平,戮重安司長官張熹家,勢復大熾。《紀事本末》《明通鑑》略同。

按:《史》,應龍攻掠、殺戮黃平、重安以上,此年事也,洪頭、高坪、新村二十六年事也。《黔史》《銅仁志》等概連叙於"二十年",非是。

——(民國)《貴州通志》之《前事志十二》,載《中國地方志集成·貴州府縣志輯》,第 6 册,605~606 頁

(萬曆二十五年)秋七月,播州宣慰使楊應龍叛。《通鑑》。應龍怙終不悛,思洩前忿,聽部下黃七、孫時泰及田氏子朝棟、可棟等言,增修各囤險隘,又於海龍囤築堅城以爲巢穴,遂拜黃七、孫時泰爲軍師,何漢良、李旭、戴貴、張玉、彭道、張漢清、何廷瑞、陳大等爲謀士,楊兆麟、郭通緒、楊珠、楊明爲督軍總管,何邦寧、田一鵬、田良玉爲内司總管,尚守忠、謝朝奉、張漢武、羅綱、朱敬、袁守剛、陳大恩、石勝俸爲提調巡警,吳金錢、吳金富、石朝貴、曹萬、曹嚴爲苗頭總管,婁國、張讓、穆炤、袁年、袁鑒、王繼先爲各里頭目,總率部下苗兵,於二十四年將五司七姓屠戮殆盡,川貴撫按各奏聞於朝。《續通考》。

二十五年,應龍流劫江津及南川。臨合江,索其仇袁子升,縋城下磔之。時兵備王士

琦調征倭,應龍益統苗兵大掠貴州洪頭、高坪、新村諸屯。已,又侵湖廣四十八屯,阻塞驛站。詗原奏仇民宋世臣、羅承恩等,挈家匿偏橋衛,襲破之。大索城中,戮其父母,淫其妻女,備極慘酷。《明史》《明鑑》《明紀》。

二十五年三月,楊應龍流劫江津縣及南川。十二月,臨合江,索其仇袁子升,縋城下臠割之。石柱宣撫司馬千駟入播。先是,千駟母覃與應龍私,覃寵千駟,謀奪長子千乘爵,於是聘應龍次女爲聲援。二十六年十一月,兵備副使王士琦調兵征倭,楊應龍益統苗兵大掠貴州洪頭、高坪、新村諸屯。已,又侵湖廣四十八屯,阻塞驛站。詗原奏仇民宋世臣、父鑾及羅承恩等挈家匿偏橋衛,襲執指揮陳天寵等,大索城中,得鑾、承恩子女,慘戮以徇。令諸苗對父奸女,面夫淫妻,或裸體坐木叢射笑樂,或燒蛇從陰入腹,人蛇俱斃。又掘墳墓焚尸,灰飛蔽天。巡撫四川都御史譚希忠請於合江、綦江各置游擊一員,合江募兵千二百人,扼岡門;綦江募兵二千人,扼安穩。《紀事本末》。

石柱土吏馬邦聘與其黨馬斗斛之謀奪土官覃氏印也,覃氏請與邦聘同就吏。二十三年,命四川撫按讞其獄,事未決。會楊應龍叛反,覃與應龍爲姻,而斗斛亦結應龍,兩家觀望,獄遂解。覃氏有智計,性淫,故與應龍通。長子千乘失愛,暱次子千駟,謂應龍可恃,因聘其女爲千駟妻。千駟入播,同應龍反。千乘襲馬氏爵,應調,與西陽冉御龍同征應龍。應龍敗。千駟伏誅,而千乘爲宣撫如故。《明史》。

按:《平播全書·獻俘疏》云:"元惡逆賊楊應龍,山西太原人。先世有名端者,唐乾符中南詔反,端糾兵破走之,遂據播地,歷宋至元世有其土。至我朝洪武初納土歸降,仍給之,授宣慰使,屬安撫司二、長官司六。其地東西南北可千里,西北塹山爲關,東南俯江爲池,林木蔚薈,田疇豐美,蓋奧區也。應龍生而雄猜陰狠,嗜殺無忌。初娶於張,龍虎山張天師之族女也,無寵,別居之。姜田氏最幸,田氏讒張氏,誣以奸,應龍怒命人殺之,并及其母弟,臧獲之在播者無遺類。自是益復以殺立威,州小人有睚眦,輒誅滅之,所殺傷無數,州人不堪其苦。所屬五司與七姓之民及張氏家奏訴之,并告之貴州撫按,以聞。四川撫按問,逮至,繫之重慶獄,將坐以大辟。會有倭警,徵兵援朝鮮。應龍詭言欲起兵以征倭自贖,許之,得脫歸,歸而有詔,止其兵。應龍益無忌,復逮問之不復來,益爲嫚語。蜀撫臣發兵挾之,應龍不與戰,誘之深入至白石口,縱兵盡殺之。事聞,遣總督經略,至則應龍謬爲不知者,委其事於諸苗。時東西方用兵,勢難窮治,因就撫之。應龍益橫,所居飾以龍鳳,僭擬至尊,令州人稱己爲千歲,子朝棟爲後主。益選州人子女爲繡女閹人,民間有女十三歲以上皆獻之,謂之呈身,須不用乃嫁之,不呈身而嫁者,罪至死。嘗一日而閹割三十二人,其凶殘不道類如此。有袁子升者,其頭目也,畏其禍,避之合江,應龍遂領兵掠合江逼其城,城上人縋而與之,執以去,至則縛之,先割其肉,炙令自食,然後磔之,以其肉食諸苗。初,白石口之事,五司七姓皆助兵焉。至是修前郄,盡逐殺其人,有逃避不獲者,窮追之。逼偏橋,得羅承恩,磔之如袁子昇;有全家獲之者,取其妻女,對其父與夫

247

令諸苗淫之，或裸而坐之木上，叢射之以爲笑樂，或燒蛇令從陰入其腹，人蛇俱斃。盡掘其墳墓，燒尸而揚其灰。益廣招諸苗爲羽翼，五司七姓之地并其妻子盡以與而不足，侵湖、貴四十八屯益之。州人有稍殷厚者，因事誅之，没其家以養苗。自是一州皆苗，精悍摧鋒者無慮數萬。其苗皆食梁肉，乘肥馬，僕從自隨，人人以爲親己，願爲之死無恨，以故用兵，所向克捷。"又《方輿紀要·沙溪囤》註云"應龍反時，增修各囤險隘，府西北有水烟、天旺諸屯，接貴界者又有洪頭、高坪、新村諸屯；府北則有松坎、大阡、都壩諸囤，皆爲拒守處"云云。按：此即《紀事本末》各文所本也，第各文皆另涉他事，而此則獨詳應龍之惡耳，特附之以備參考。

播賊楊應龍燒圍興隆、黃平、重安等處，巡撫江東之奏請選兵防禦。

江東之奏上《防禦事宜疏》曰：

題爲"播苗肆行劫擄，阻塞驛路，懇祈聖明，亟調川屬憲臣破陋局以弭亂階，并陳切要防禦事宜事"。

臣竊見楊應龍自聽撫之後，頓忘皇上不殺之恩，益肆陰謀之慘，不遵善後之議，大張怙終之惡。雖經四川按臣屢言之，土司環視，以爲莫如之何也。是以湖廣有彭元錦，貴州有安疆臣，事事以楊應龍爲法。臣之職當先行於專制而後及於兼制，請以禮法約束安疆臣，人便以爲不可，不得不避喜事之嫌；況今待罪乞休之日，臣何敢言。近日驛遞阻塞，公文不能達，僞官招苗，禁諭不能施。雖有守備楊惟中、指揮李廷棟奉臣檄竭力防禦，兵食俱寡，不能爲無米之炊。臣在位一日，豈忍一日坐視，敢會同巡按貴州監察御史應朝卿據實爲皇上陳之。

蓋播州雖屬川東，其抵重慶尚有十日之程，而與貴州石阡、思南二府及興隆、清平等衛則地相比鄰，其相隔僅一二日程耳。草塘、餘慶、黃平、白泥、重安五司與思、石、興隆等處地方，軍民犬牙相錯。且黃平司與貴州黃平所同城，重安司在興隆以東，草塘司在興隆以西，乃云、貴往來孔道。故未有播害及五司，而黔之軍民不概受其荼毒者也。臣自二十四年閏八月入境以後，輒聞楊應龍於諸臣勘處之議不一遵行，且宣言朝廷威力亦止如此。是以愈加狂肆，各路設險自固，僞立統制。巡行江內七牌，則趙士燈、朱敬、羅焞、袁守剛、毛迪、杜勝祖、張漢武、梁柱，坐寨則楊太、楊奇、謝朝俸、彭守隆、楊明、宋東、羅金朝等；江外四牌，則杜廷珍、余寬、朱仲清、張云敖等。動輒用金鼓旗號，大發火牌，靡所不爲。招集生苗數千，囤住思、石、偏、鎮地方，挾取逃户，任意劫殺。自去冬以來，先後據思石道副使張斗呈報：趙仕燈、梁柱等統兵將餘慶土官毛守爵故父毛乘云掘棺劈尸；又於石阡、大都壩等處燒劫花街子晏經歷家，各分臟物不計其數；隨將餘慶、草堂二司燒毀劫殺一空，遍及興隆、偏鎮、都勻各衛屯寨，殺死軍人劉沐、劉廷楠等無數；又界連石阡府，殺死生員趙時顯、商人張春等并伊妻毛氏，劈尸見心；又殺死木夫王金廣等九命，搶去官銀五十兩；又將孕婦安氏剖腹於雷洞，慘不忍言；又將生員朱承化等劫擄占據，難以盡述。

夏秋以來，復大猖獗。九月初五日，據黃平所申爲急救圍城事：八月二十八日被播兵萬餘前來將本所城池劄營圍掩，阻絕出入，各處軍民驚惶逃竄等情。又於十一月十一日，據興隆衛呈爲緊急地方事：被楊酋差夷目統苗二千餘人將重安司正長官張熹司治圍掩，抄殺家口居民。因本官先聞風逃往都勻地方去訖。今各苗見嘯住彼處，將本衛重安站堡軍舍客民一概殘害逃竄，砍碎重安江官渡，阻梗官道。乞差官解散，急救地方等因。臣聞之，不勝駭愕。

蓋楊應龍目中無王法久矣。自邢玠一行之後，四事盡爲虛議，殺人亦無虛日。兵備副使某以撫功受賞之人，爲縱賊自全之計，臣以公文百責之而百不應，褒如充耳。人言川東有某，楊酋有外護，所宜亟爲更調者也。顧今東事未結，臣不敢言征剿，亦不敢視其破壞決裂以至不可收拾。爲今之計，選兵備爲要務。在四川宜遣一將，或都司、或守備，領兵六百名，駐劄五司之要害，以爲思、石之藩蔽。在貴州龍泉司，見有守備楊惟中，忠勇可用。司道有惡其擒播賊者，臣每諭以大義，何得與楊應龍同仇。但兵力寡弱，勢甚孤懸，則議增兵三百名，以壯扼吭之軍威，爲川將之犄角。且黔餉甚乏，臣查思南府可加徵銀六百兩，石阡府可加徵銀三百兩，臣衙門贖鍰增額三百兩，按臣衙門贖鍰增額三百兩，餘更隨時爲之酌處，移緩就急，極簡易無甚難行者。但川之遣官增兵，似宜行該省查議，然官可以更番而遣，無待專設。黔甚瘠薄，既可勉強增兵三百名，川之土地、錢糧不啻十倍之而不足辦此，非理也。伏乞敕下兵部覆議。如臣言可采，徑請上裁，行川、貴遵照，免行再議，徒滋築室之談，無救目前之急。仍請敕下吏部，急選風力執法之臣來代某，懇賜嚴旨，申飭兵備等官，緝拿劫賊朱敬等正法。楊應龍敢仍前廣招生苗以逞逆圖，自積糧草，面負公賦，容撫按官從重參處，庶彼有所畏而不爲，我有備而無患矣。若以么麼一州之地抗拒王師，既經勘撫，待以不死，而猶敢違勘約，貽害兩省，罪在不赦，則在廟議當有俟時而動者，非臣所敢知也。

按：《紀要》稱"應龍叛，屯兵二十七營於七里谷以窺黃平"，殆即此。

——(民國)《貴州通志》之《前事志十二》，載《中國地方志集成·貴州府縣志輯》，第6冊，第610頁

疏曰：疏名《塞邪徑》。

題爲"上酋用賄殺人，污及朝士，懇乞聖明亟賜嚴旨，以救生靈，以塞邪徑事"。

……自後每有安疆臣、楊應龍夷吏到京，勒限發歸，不許潛住城外。……《瑞陽阿集》。

按：……東之之去，實以劾疆臣、語連石星等而被排擊也，又《乞賜生還疏》中有云"兼之楊應龍僞立八統制，殺人如麻，臣備東失西"云云，與《防禦事宜疏》同爲討播伏線，平播者李，發播惡者公，而公卒以楊國柱等浪戰，黜冤哉！疆臣、應龍凶殘頑橫略等，而安復強於楊。《平播全書》載："李公語，嘗有播州兵不能當水西語。然則當日者黔非公，疆

臣且首肆應龍之毒矣。"

——(民國)《貴州通志》之《前事志十三》,載《中國地方志集成·貴州府縣志輯》,第 7 冊,第 6 頁

川湖協濟銀錢多欠,巡撫江東之疏請以爲烏蒙、烏撒、東川、鎮雄四府專責川南道,播州專責川東道,貴省并得比照兼督湖北道事例,參治司道之不力者。

疏曰:疏名《軍餉告急乞專責成以濟疆圉》。

題爲"邊糧積逋,軍餉告急,懇乞嚴旨,以專責成,以固邊圉事"。

竊惟國之大事在戎,軍之司命在食,腹裏之軍尚不可失其額支之期,況貴州遠在荒徼,諸軍以身當苗,胡可使之一日不再食也。

臣奉命於兹,節據貴州布政使司并督糧道呈稱、軍餉缺乏,庫藏難支。該臣批行,立法督追本省及咨湖、川二省撫臣嚴追積逋,以濟時艱。去後又經不次行催,續據四川部解萬曆二十四年分叙、瀘等府州糧錢前來,其烏撒、烏蒙、東川、鎮雄、播州所欠俱未完報。又據湖廣回稱,庫貯無銀,難以遵旨那解,而抱欠糧銀勢難卒追,據分受湖北道督解正徵,僅完十之五六。除行該司將解到銀兩接濟支放外,查得貴州通省府衛州縣司所站堡營文武官把軍兵,每年供億該糧二十二萬五千九百三十八石零,銀八萬八千四十兩零,此分毫不可缺少者也。今以本省有司軍衛歲入屯科秋糧等項,總計止有本色糧一十三萬四千八百石零,折色銀三千三百九十兩零。此外不足之數,每年額於湖廣、長衡、郴三府州協濟三萬七百二十兩零,先屬湖貴糧儲道,今改屬湖北道督追;四川、重慶、叙州、瀘州等三府州協濟三萬七千四百七十四兩零,屬之下川南道督催;烏撒、烏蒙、東川、鎮雄四土府額濟本色一萬二千三百二十四石,折色銀錢三千七百兩,亦屬之川南道督催;播州協濟銀三千一百六十四兩七錢零,屬之川東道督催;以上皆制額之供,以備歲出之請。其不足之數,則又於撫按衙門贓罰扣充軍餉及宛農事事例銀內兼添發給。即使三省通完,尚慮撦拽,而況拖欠一至於此耶? 今查,自萬曆十四年起至二十四年,止湖廣拖欠銀七萬一千一百五十七兩四錢七分七釐零,四川播州拖欠銀二萬一千二百二十七兩九錢,烏撒府拖欠糧六萬七千二百七十九石六斗,銀三百七十六兩七錢,烏蒙府拖欠銀一萬五千五十四兩四錢,東川府拖欠銀一萬五千六百三十兩,鎮雄府拖欠糧三萬六千一十七石,以上二省共拖欠糧一十萬三千二百九十六石六斗,銀一十二萬三千四百四十六兩四錢七分七釐,勢已匱乏,復加以征剿播酋及地方添置防伏計之所費又皆額外之出,則何能使庫藏不竭? 故先撫臣葉夢熊、彭富屢催不完,特疏題請,兩奉明旨,令湖廣布政司將庫銀借解濟用,候追各府州縣補還,詎意該司託言灾傷,毫無起解。二十三年九月內,又該撫臣林喬相題參,至十七年止,欠銀二萬一千四十七兩零,該戶部覆開,先據湖廣撫院咨稱除陸續解過外,止欠四千七十七兩零,於二十三年三月內,差官邱舜卿等解赴辰州府交收轉解訖。今稱

前數未完,或由該府轉解稽運,合行湖廣撫臣核實奏報等,因覆奉欽依備咨在卷。今臣揭卷行查,而該省布政司回稱,前銀係完十九年以後之數,緣各屬難從,撫院改充考成,十七年以前之銀在彼既不借解,又不嚴追,仍復以虛數遷延,不幾於回廢明旨哉!及查湖北道自專責以來,近日完解正徵頗多,蓋由兼督之法稍可行也。至若四川四土府屬川南道,該道與貴州原無統轄,是以視土司之拖欠慢不經心,縱有告急之文,玩如秦越,貴寧道亦難以兼制之令行之矣。若播州屬之上川東道,臣奉敕督理,屢行催納,半年得一回文,但依楊酋巧文虛塞,尤稱道路不通,臣移文四川撫按切責,楊酋始認二十四年、五年之額,臣喜其來而誠信之,將促其解而漸諭之也。

照得貴州漢少夷多,不得不鎮以兵威之重;田少山多,不得不望於鄰省之濟。先因二省解運不前,爲之那借,以待其追補,今則追補不足,年復一年,積虛已極。其在布政司庫者,除采木銀兩外,僅有五千餘兩,各有支使款項,十三省之司餉未有如貴州之詘者。貴州素稱瘠薄之省,未有若此時之甚者。計算軍餉將缺一年之額,搜括庫藏,再無那借之金,不但變生肘腋,不能趨飢夫以臨戎,即使軍狃承平,亦難枵腹以度歲,此臣之所以苦心焦思而不得不預爲之憂者也。

伏乞皇上軫念邊陲重地,垂憐邊軍無食可虞,亟敕該部再加查議,上請將前項拖欠銀糧行令川、湖二省於庫貯銀內借解接濟,候各追徵補還,或將以後年日俱聽二省徵貯司庫,照濟邊事例依時解發。及將川南、川東比照湖北道專督事例,責成催完,楊酋錢糧不納,專責之川東道,不得聽其飾逆之辭;四土府錢糧拖欠,專責之川南道,不得坐視鄰封之急。蓋楊酋之額納未解而逋負甚多,是以諸土府降罰所不及,而觀望效尤者名順而實逆。各土府同知、通判等官,夷方所不赴而職司督糧者,各有而實無,且專制於二千里之外,受害則在貴域之中。乞天語叮嚀,嚴令二省撫按一體催督司道等官,仍前推委不聽約束,容臣據實參治,庶官守知警,無掣肘之累,兵食有資,不至脫巾之變矣。《瑞陽阿集》。

——(民國)《貴州通志》之《前事志十三》,載《中國地方志集成·貴州府縣志輯》,第7册,6~7頁

(萬曆)二十七年,以御史宋興祖巡按貴州。三月乙未,巡按御史宋興祖至貴州。康《志》。

興祖,中江人,以進士授官。萬曆二十七年爲巡按貴州御史,楊應龍之亂,佐巡撫郭子章請兵增餉,守貴征播,大著勞績。《貴陽志》。

三月癸未,命副都御史郭子章巡撫貴州。己亥,起前兵部侍郎李化龍總督川、湖、貴三省軍務。"己亥"二字依《明鑑》編加。

貴州巡撫江東之令都司楊國柱帥部卒三千剿楊應龍,奪三百落,賊佯北以誘官軍,至飛練堡殲焉,國柱及指揮李廷棟等皆死焉。事聞,罷東之,以郭子章代之。三月己亥,起

前兵部侍郎李化龍總督川、湖、貴州軍務,調東征諸將劉綎、吳廣、陳璘等《土司傳》作"劉綎"
"麻貴""陳璘""董一元"。南討應龍。《明紀》《明史》。

二十七年二月,貴州巡撫江東之令都司楊國柱、指揮李廷棟部兵三千剿楊應龍。龍
遣子朝棟、弟兆龍、何漢良等漢良,《遵志》作"良漢",注云:"《通志》多良漢一人。"迎敵於飛練堡,
我師奪三百落,賊佯走天邦囤,誘我師殲之。楊國柱罵不屈,與經歷潘汝資等俱死,於是
江東之坐浪戰罷,以郭子章代之。起前都御史李化龍兼兵部侍郎,節制川、湖、貴三省兵
事,決意進剿。調東征諸將南征,劉綎督川兵先發,麻貴、陳璘、董一元相繼回兵。《紀事本
末》《明鑑》。

——(民國)《貴州通志》之《前事志十三》,載《中國地方志集成‧貴州府縣志輯》,
第 7 冊,第 9 頁

子章,字相奎,泰和人,隆慶五年進士。萬曆二十七年,以右副都御史巡撫貴州,宣慰
楊應龍反,巡撫江東之以劾罷。帝難其人,廷臣交薦子章,帝用焉。子章三月癸未受命,
五月己巳至沅州,六月至貴陽。巡按御史宋興祖於三月己未至貴陽。子章初至,核所部
兵不滿五千,帑藏亦虛,乃與興祖連疏請,情詞懇切,當事爲之感動,如所請。再請,又益
之。前後界漕銀四百萬兩,漕糧三十萬石。子章乃精簡文武僚吏,以重兵守貴陽,別募兵
守偏橋等十二處,以兵八萬屬總兵官李應祥,令都指揮王納、張秉忠守貴陽;副總兵陳寅、
陳良玭,參將朱鶴齡,都揮使徐成,皆令出征,聽調總督;調遣右參議加按察使楊寅秋,參
議張存意有才智,熟於戎行,皆令監軍;其餘如布政使應存卓,參政郭廷良、王邦俊,參議
梅國樓、張文奇,按察使易登瀛,副使尤錫類、洪澄源、路雲龍、陳與相、袁應文,僉事加參
議梁銓,貴陽知府劉冠南,同知徐廷綬,通判夏爔,皆分任使,事事有備。故事,貴州雖行
省,而仰給於川、湖,以湖廣地遼闊,而四川爲沃壤也。播事起,朝議三省合征,貴故弱於
二省,與播尤密邇,新有飛練堡之敗,人心未振,東之又曾以事劾安疆臣,安氏與楊氏爲婚
姻,相唇齒,故有內顧之憂,事獨難於二省,子章與興祖綢繆備至,又用寅秋計,內撫安氏,
密解其罪,而後播州失羽翼。明年,始與總督李化龍、湖廣巡撫支可大誓師進兵,既而貴
州兵有烏江之敗,貴陽戒嚴,寅秋卒率安氏兵深入,播州以平。《貴陽志》。

按:《貴志‧總部》錄此文,殆本之江盈科《平播銘》及鄒德溥《郭青螺祠碑記》。江
公之罷,據《明史》本傳,謂以京察被劾免官,復以遣指揮楊國柱討楊應龍敗績事,黜爲
民,與此小異。然《明紀》等文或但撮其略耳,蓋據《瑞陽阿集》所載,劉伋等留公各文,則
公之去實以疆臣事也。《傳》文爲實。

——(民國)《貴州通志》之《前事志十三》,載《中國地方志集成‧貴州府縣志輯》,
第 7 冊,9 ~ 10 頁

楊應龍陷綦江,參將房嘉寵、游擊張良賢死之。

五月,應龍乘大兵未集,勒兵犯綦江。己亥,奄至城下,時賊兵八萬,而城中新募兵不滿三千,參將房嘉寵、游擊張良賢戰死,城遂陷。賊盡殺城中人,投尸蔽江,水爲之赤。時僞軍師孫時泰請直搗成都,劫蜀王爲質。應龍遷延,聲言爭地界,冀曲赦如曩時。李化龍以徵兵未至,亦謬爲好語縻之。冬十月,帝聞綦江破,大怒,追褫前四川、貴州譚希忠、江東之職,而賜李化龍劍,便宜討賊。《明紀》《明史》。

五月,總督馳至蜀,即請設標兵,益調募浙、閩、滇、粵將士,檄總兵萬鏊自松潘移重慶,并調集鎮雄各漢土兵設防。六月,楊應龍乘我師未集,大勒兵犯綦江,分屯趄水、猫兒岡;婁國等以偏師一犯南川,一犯江津;其子朝棟守沙溪緝麻山,防永寧宣撫與貴州。十七日,游擊張良賢遇賊舊東溪,頗有斬獲。二十一日,應龍督苗兵圍綦江城數匝,參將原文作"游擊",依他書改。房嘉寵誤爇火磚,反傷城上兵,賊乘勢登城。嘉寵帥師巷戰,蜀兵爭謀走水上,嘉寵乃殺其妻,與良賢赴敵死。應龍因劫縣令,縱囚焚掠,出綦江庫犒師,依倉就食,盡取資財、子女去,老弱殺之,投尸蔽江,而下水爲赤。退屯三溪,以綦江之三溪、無度,《輯覽》及《明鑑》作"母度",舊《省志》作"五度"。南川之東鄉壩,立石爲播界,號"宣慰官莊",聲言江津、合江皆播故土。總督郭子章按:《覽》及《明鑑》均只作"子章",無"總督"字,此殆謂總督及子章也。日夜徵調漢土各兵守渝城,分成南川、合江、瀘州,軍聲漸振,賊遷延不進。初,賊本無意,竟反,徒以安忍猖狂,既覆我師飛練,則騎虎勢不終下,益結九股生苗及紅、黑脚等苗,負隅弄兵。然猶冀我如往事曲有,未敢鼓行深入,止言爭界營葬,并索奸民。而總督因我援師未集,蜀人畏賊如虎,時時移文詰責,示無遽絶意,計以緩賊。賊果具文求撫,不復西向。總督亦謬爲好語縻之,止駐會城調度,示無張皇。已,上聞綦江破,追褫兩省撫臣譚希忠、江東之各爲民,緹騎逮兵備使王貽德,賜劍懸賞,嚴旨進剿,總督益調各路兵,專俟大舉。《紀事本末》。

五月,貴州巡撫郭子章馳至蜀,請設中軍標兵,益調浙、閩、滇、粵將士。先檄總兵萬鏊自松潘移重慶,并調集鎮雄、永寧各漢土兵分守南川、合江等處。六月己亥,楊應龍陷綦江。時應龍乘大兵未集,亟攻城,城中新募兵不滿三千,賊兵八萬奄至,圍綦江城數匝。參將房嘉寵誤爇火磚,反傷城上兵,賊乘勢登城。嘉寵帥師巷戰,蜀兵爭謀水上,嘉寵乃殺其妻,與游擊張良賢俱死之。應龍因劫縣令,縱囚焚掠,因出綦江庫犒師,依倉就食,盡取資財、子女去,老弱者殺之,投其尸蔽江,而下水爲之赤。尋屯三溪,以綦江之三溪、毋度,南川之東鄉壩,立石爲播界,號"宣慰官莊",聲言江津、合江皆播故土,益結九股生苗及紅、黑脚等苗,負險弄兵爲助。時郭子章調土漢兵漸集,軍聲漸振,賊未敢鼓行深入,但以爭界給葬爲詞,仍具文求撫。會總督李化龍至,以援師未集,蜀人畏賊如虎,亦欲以計緩之,時時移文詰責,示無遽絶意。而應龍僞軍師孫時泰說應龍"直搗成都,劫蜀王爲質",然應龍尚冀曲宥,遷延不進。化龍至成都,亦謬爲好語縻之。已而上聞綦江破,追褫兩省巡撫譚希忠、江東之各爲民，賜化龍劍，便宜討賊，調各路兵至，以圖大舉。《明通鑑》《遵義志》《輯覽》。

按：《紀事本末》始云"五月總督馳至蜀，請設中軍標兵，益調漢土兵，軍聲漸振"，後又云"總督郭子章日夜徵調漢土各軍"。《明通鑑》亦云"貴州巡撫郭子章馳至蜀，請設中軍標兵"，下又云"子章調漢土兵漸集，軍聲漸振，化龍乃至"。考《平播全書》，"請設中軍及徵調漢土兵"皆李督所爲。請設中軍及徵調漢土兵皆有疏。《青螺集》則無其事，郭公二十七年所上疏文雖遺，然目俱載《年譜錄》，見後。且子章黔撫，欲徵調請設，何事至蜀也？《本末》所云之總督子章，總督下殆遺化龍名，抑或言總督及子章，《明鑑》說則不知何據。又《鄒元標江公傳》云："最苦心者，播賊仇五司，五司在黔，門庭中日苦殺戮，公以赤手枵腹，鼓舞數千兵士，即不克，乃其心在報國，足錄，而諸臣未履疆場，乘公致仕以文墨繩公，後得削籍報，公遂飲恨死，嗟哉！其爲公痛者，深矣！"

又按：房、張之死，李督有《請褒蔭將官疏》，有《飭建二將祠宇札》，有《祭二將文》，均載《平播全書》。祭文有云："逆賊淫惡，以逞荼毒生靈，原野厭人之肉，川谷流人之血，數年來未有顯言誅之者，何也？儒者以私，婪者以賄，苟就一時之利，而不顧國家久遠之害，顯言誅之，自房將軍始。"又云"張將軍一戰東溪，再戰四埡，奮臂一呼，萬夫辟易，斬將搴旗，潰圍陷陣，何其壯也！終以力盡援絕，鼓衰士散，竟至以身殉城，然其英風義烈，猶足吐懦夫之氣，激壯士之肝"云云。《請褒蔭疏》有云："嘉寵，酋以賄來則却之，以使來則斬之，懸賞招降，張榜征討，其視應龍居然褌中之蝨，豈其不知彼己而甘與爲敵，忠激於心，義形於色，直欲摔逆賊而平吞之。"又云："張良賢以松邊名將，馘虜有功，詿誤謫戍，協守至纔數日，與房掎角，轉戰於三十里之外，殺入重圍，出而復入者三次，勢不相當，始議城守，終以孤城無援，奸細乘之，遂城與身盡。"又云"初聞賊欲破城，有爲嘉寵計者，欲移家他方，身自爲守，嘉寵毅然曰：'我爲主帥，一移家，人心遂搖，城誰與守，死則闔門死耳。'比城破，乃自殺其妻，而後以身殉。張良賢見城不守，欲刃其妻，其妻曰：'爾自戰，吾亦鬥賊而死。'遂持刃向賊，衆爲披靡。既就執，賊衆義而釋之，嘉寵之子亦無恙，忠臣義士皆鬼神，陰爲相護其家"云云。至"二人忠堪貫日，氣可成虹，提一旅以捍危城，率孤軍而當大敵，斬將搴旗，一代之英風不泯，成仁取義，千古之俠骨猶香"數語，則《請蔭疏》及《建祠札》同，同用之，皆盛稱二人之忠義。"若胡汝寧則謂其計無復之，投水而死，等死耳，胡不以一矢相加遺，尚獲戰死之名，奈何其不善處死"，乃《綦江志》載二將死事。《記》乃醜抵房而盛稱胡，豈房本粗庸，李督特故旌之，以獎誘後起耶？抑俗腐罔知，至計戎馬倥傯，事無萬全，持論但當原心，彼乃不察其大，而專毛舉人之細也，兹特并附其祀，以備此役異說之參考。

附《綦江縣志·張房二將死事記》

游擊房嘉寵守綦，爲萬曆己亥歲。所部騷擾，市民側目，近縣竹木估伐一空。二月，間聞逆黨張讓、婁國來侵綦界,率兵追至華墩,賊已遁去,房乃於楊崗溪斬獲十二顆,中有誤殺者。四月中,播人周撫六來綦販鹽,被仇家捏報駝載硝磺,房即追拿,梟首於市,聞者冤之。六月九日,商人水三領播民十二前來投順,房以爲細作,亦斬於市。楊應龍緣此藉口,大發苗兵,聲言報仇,出巢犯順。邊報日急,房重禁市民搬移,違者縱兵搶奪,仍令城外人盡移城內,謂賊莫敢襲城也。二十日,賊抵至登壩,張游擊挺身前門,約房爲援,房佯應之,乃於雞公嘴下揚兵作威,助聲勢。張被苗兵圍繞數重,振臂一呼,苗皆辟易,衝出重圍,欲再前鬥,顧無援兵,居殿而退,即語房曰:“今日之策,空城爲上,毋重以綦民罷鋒鏑也。”房不然其計。明日,賊縱兵圍城,二將率兵至望城坡,憑城約戰,房放火箭,藥發自焚,賊乘勢殺入,城遂陷,男女被死萬計,被擄千餘。僞目把總何漢良坐踞縣堂,劫略庫藏,焚毀倉儲。應龍雖還,尚留三寨蟠踞,遠近劫掠。

此二十四年舊《志》原文,蓋當時李悟菴所眼見而手書者。是生邊釁者房,誤綦民者亦房,喪師辱國,罪無可辭,而當事者稱其死難,列名在張將軍上,乃其時尤有冤抑之守備胡汝寧、百戶蔣懋賞。胡汝寧,漢中人,以守備升湖廣都司,道經渝州,謁知府張與行。張曰:“現綦江有兵警,足下何不替朝廷出力,而他往耶?”汝寧激於義,遂輕騎來綦,將與房、張協守。主生員張鉾家。到之日,賊已壓境,謁房,出語張生曰:“主帥自用,計畫不行,苗兵眾且悍,不以計迎戰而欲延敵入境,以孤城抗之,必無幸矣。”及臨戰,手殺數十人,援兵不至,死亂軍中,無有上其事者,名遂湮沒。百戶蔣懋賞練兵守城,與賊大戰,自望城坡轉戰至後街,又至北門,力盡而死,無人收骨,終泯泯無聞。

——(民國)《貴州通志》之《前事志十三》,載《中國地方志集成·貴州府縣志輯》,第 7 册,10~11 頁

播賊楊應龍遣目把擾掠黃平、平越邊境,并使奸細窺覘各地情形,總督李化龍奏請獎勵把截破獲有功員役,報可。

化龍疏略曰:

題爲“將官陸續擒獲奸細,斬獲助播小苗,類叙奏報,以消奸黨事”。_{核叙令實節,附後各犯名下。}

照先該臣訪得,播賊因見川省設兵有備,無能竊發,乃以目把奸徒裝扮漢人,出入黃平、偏橋一帶,或招苗劫掠爲害,或打探遠近情形,亦有內地軍民利酋金帛所引,或潛踪影迹與人走透消息,甚至以違禁硝、磺、鹽、布等件携入爲奸者。牌行貴州按察司并守巡兵備等道及轉行將領等官,各將鄰播一帶要隘地方,嚴加把截,盤詰奸細,如遇播苗出沒,并力擒斬,有功員役先行犒賞,事完優叙,設或怠玩,從重究處,各等因節次。申飭去後,今據前因,_{指各地申報破獲事。}該臣謹會同巡撫貴州兼督理湖北、川東等處地方軍務、都察院右副都御史郭子章議照,賊自綦江之役,不敢復入四川,獨以貴州兵力單弱,故奸細往往

出没其間,乃貴州拿獲奸細共七起,多在黃平、平越之間,是賊所垂涎者,意可知已。而郭天俸兄弟,據上類叙,郭係浙江衢州府龍游縣人,十月十九日,由白泥進播,過濫橋,被李朝陽兵盤獲所帶兵書,有《天文地理圖》二張,《通天竅》《火器攻城書》《虎鈐摘要天機統會集》《觀象玩占書》《紫薇垣經》各一本,外《古風》《五經標題》各一本,《大明歷統紀要叙》二本,羅鏡、軒轅小鏡各一偶,天□外一名天禄。以異省亡命,不遠數千里來助叛黨,所携諸書盡皆兵家詭秘之册,則奸細之魁者,幸而見獲,奸謀稍阻,今已審明,相應與馬良貴、據類叙,據十月十七日石阡府經歷陳廷範申,係本府冰口渡住民,彭希順所獲、王表、類叙,據黃平參將劉效節呈表,係黃平叛民,應龍居之養鷹局,爲播細作,曾同黃平叛民吳志體等在四牌借苗兵三百,燒劫狼洞、平溪等屯寨。四月四日把總李朝陽于陳旺家禽獲。杜老冬、類叙,老冬,四川人,投播,住大竹圍,謝朝俸使來黃平作細作,七月二十一日爲四牌被虜逃回兵楊再東所獲。李貴、類叙,貴播州琵琶坪住人,本年同李信并苗頭石勝體、石富父子,逆黨宋東等,劫虜石阡葛彰司三渡、落田等屯。九月二十八日,爲被害民楊再體等識獲。阿利、類叙,新鎮道參議梁銓呈,九月三日,苗阿利等劫殺清平,重安江把總楊國宏擒阿利。阿實、阿桑、老二、類叙,三苗,楊七管下黎山新寨人,四牌夏金虎差苗一百送老苗一千回九股,行至打靷沖,官兵沖截,三人爲梭洞哨把總王嘉賓、東坡哨把總蔣奇功所獲。按:此外,據類叙,尚有九月二十一日,九股苗入播,路經梭洞,與王嘉賓把截官兵對敵一事。又有九月二十二日,白泥司土惡楊七攻圍偏橋衛楓香、小水等屯,殺死軍人李珠等,及擄鄺廷臣等家,爲侯家屯侯世元所截殺一事。又十月六日,有楊三、楊七統賊燒虜白株等寨,爲黃平安撫土同知楊位、目把劉桂、把總薛瑞等分兵所截殺一事。張五十、吳三兒類叙,五十,貴州前衛舍餘引貴州省城居住。舍餘,吳應舉子。吳二弟、吳三兒入播塑像,七月二十三日,貴三司以通播擒治。等分別情罪,或斬或戍,以消奸黨者也。斬獲小苗,功雖不多,然自飛練喪敗之後,我軍氣不揚而賊氣日驕,九股、黃岑、寨膽、四牌、七牌諸苗助播爲虐,往來充斥於偏橋、黃平之區,如入無人之境,莫敢誰何。自阿亮射中盧阿反,類叙:亮,平越衛水洞夷頭,阿反係飛練殺官反頭,本年五月,與大架寨相殺,故爲亮所射。按:此下并叙有七月十九日,白泥司土舍楊通定、楊七等統領黃岑等寨攻圍偏橋衛屯所,鄉導屯老劉念探敢將由梭洞過河,報請防守偏橋原任清鎮守備今聽勘史良將截殺一事。雖未即死而魄已奪,此後,梭洞斬獲二起,即王嘉賓及史良將截殺事。黃平、即李朝陽禽王表事。侯家屯、即侯世元事。重安江、即楊國宏擒阿利事。草塘類叙,播叛苗謝朝俸殺虜平越松坪堡,爲黃平所單塘把路夷頭阿保所截殺。斬獲四起,兵氣稍振。故阿亮、阿保與史良將、李朝陽、王嘉賓等相應加賞,以作士氣者也。夫細作甚微,苗功甚小,臣等非不知瑣瑣者不足以瀆天聽,而必爲之叙報者,功無微而不錄,則人知建功者必不遺而益勸於巨,賊無細而不誅,則人知助惡者必不赦而漸散其黨,未必非鼓舞人心之一助也。伏乞皇上敕下兵部覆議,行臣等將郭天禄、杜老冬等明正典型,張五十、吳二弟等遠戍遐方,將阿亮、阿保、史良將、李朝陽、王嘉賓等分別獎賞,庶刑賞既明,士卒益奮矣。奉聖旨:"是。"《平播全書》。

貴竹阽危,直隸監察御史貴州蕭重望疏陳計安桑梓四策,飭下督撫諸臣議覆,總督李化龍奏請酌議施行,報可。

　　疏曰:疏名《條議貴州移帥增府佐募苗兵疏》。

題爲"貴竹阽危,敬陳安邊四策,以佐綏急事"。

萬曆二十七年六月内准兵部咨,該巡按直隸監察御史蕭重望題前事,内開:一清尺籍,一議督鎮,一拓疆圉,一督積逋。本部覆議:……四川土司,在烏撒、烏蒙、東川等府共欠二萬四千六百餘兩,在播酋楊應龍共欠二萬三千五百餘兩。今應龍已無望矣,其餘拖欠地,除臣等另文行催外,即使如數解足,僅可補支官軍與舊募兵之糧餉。《平播全書》。

——(民國)《貴州通志》之《前事志十三》,載《中國地方志集成·貴州府縣志輯》,第7冊,11~12頁

應天府尹范倉奏請遵祖制差官至貴州徵解稅課及土産、名馬,總督李化龍奏罷之。

疏曰:疏名《請罷開礦》。

題爲"直陳地方艱危之狀,以希特恩,以消隱禍事"。

臣受命總督三省,防剿播酋,祇畏簡書,冒死入蜀。甫至,則報酋已親統大兵,侵犯蜀境,臣方調兵遣將,宵晝弗寧。無何,又報酋已攻下綦江,漸逼重慶。臣且十道徵兵,寢食爲廢。目今兵漸集,勢漸漲。酋亦且劄兵境上,莫測向往。而我兵微將寡,烏合之衆,僅足自守,無能撲滅,此積衰之勢非一朝,臣不敢不勉竭庸駑,力圖底定。乃臣有所大憂者,不在兵糧,不在叛逆,而在内地之人心如此,厝火積薪,而寢處其上,不能一夕安者也。以下請罷開蜀礦,節去。

臣近日又按邸報,幸見應天衛百戶范倉一本爲恪遵祖制等事。……乃今自播酋造逆,一破偏橋,枯骨遍野,再戰飛練,流血成淵。至今驛路阻絶,人烟稀少。逆酋且猖猖思逞,急於燒眉。臣與撫臣郭子章每算及該省兵糧,計無所之,移書歎惋。今且驅遺民守危地,小民如坐漏舟,已有違心。驟聞此舉,將謂稅無所出,必括於民,轉相驚恐,勢必逃散。遐方孤城,誰爲填實?他日必有士卒不戰,城門不守之勢,而一方之勢去矣。陛下天縱聰明,必不忍以一方輿圖易數千稅課,或亦未知地方情事,謾然應之云耳。臣以爲貴州稅使宜急罷勿遣便。臣爲三方總督,湖廣亦係臣屬,亦有防播之事。然其地去播稍遠,中禍未深,臣不敢多爲不必然之說,以聳動陛下。惟是四川、貴州去播甚邇,受禍最慘,民心最危,時勢最急。臣若隱默不言,恐禍機竊發,不可收拾,當是時而言之則晚。臣謹會同巡按四川監察御史趙標、貴州撫臣郭子章、按臣宋興祖直陳艱危情狀,乞恩陛下,伏望將貴州中使暫免遣行。四川中使或令姑儘見收稅銀,少辦方物,暫取回京,待播事寧靜之日另議。四川中使即指開礦事。庶兩省士民雖在湯火,尚免糜沸。臣得以大義勉之,令爲國家效死禦寇,或底定有期,太平可望矣。臣無任激切仰望之至。緣直陳地方艱危之狀,以希特恩,以消隱禍事理,未敢擅便,爲此具本,專差承差陳承化齎捧,謹題請旨。《平播全書》。

按:文云"見范倉一本"云云,是與下郭青螺所疏諫當另爲一事。

——(民國)《貴州通志》之《前事志十三》,載《中國地方志集成·貴州府縣志輯》,第7冊,12~14頁

秋八月己卯，詔暴賊楊應龍罪，頒賞格。康《志》。

按：《平播全書》所載，李督奏上懸賞規則凡十一條：

一，不論大小文武漢土官兵軍民人等，但有能擒斬楊應龍正身者，除照兵部原擬及今增定賞格升賞外，仍加賞銀一萬兩。功級驗明，當即給與。

一，各土司如水西安疆臣、永寧奢世續、酉陽冉御龍、石砫馬千乘以至天全、平茶、邑梅等大小衙門，有能督率部兵擒斬楊應龍者，除照兵部原格升賞及瓜分土地外，其本官係宣慰者，加副總兵銜，給蟒衣玉帶，宣撫加參將，長官及知府、知州加游擊將軍，仍各給飛魚服色。的親子弟准遞加官職，領兵頭目准授長官或指揮千百戶等官，世襲。

一，不論漢土官兵軍民人等，有能奮勇先登，入婁山關、崖門關、大灘關、苦竹關、板角關、三渡關、黃灘關、烏江關者，升三級，賞銀一千兩。有能奮勇先登，打破播州城者，升五級，賞銀三千兩。有能奮勇先登，打破海龍囤，雖本身不能擒斬應龍，而大眾驗係真正當先者，升七級，賞銀五千兩。

一，應龍手下軍師黃七、孫時泰等，謀士何漢良、李旭、戴貴、張玉、彭道、張漢清、河廷瑞、陳太等，督軍總管楊兆麟、郭通緒、楊珠、楊明等，內司總管何邦寧、田一鵬、田良玉等，提調巡警尚守忠、趙仕登、謝朝俸、張漢武、羅剛、朱敬、袁守剛、陳大恩、石勝俸等，苗頭總管吳金錢、吳金富、石朝貴、曹萬、曹嚴等，各里頭目婁國、張讓、穆炤、袁年、袁鎣、王繼先等，及其餘但係領兵議事之人，若有能率眾來歸或攜家歸附者，以前罪惡盡除不問，原有官者仍以原職守土，原無官者授以指揮、千百戶職銜，令立功自效。若能擒斬應龍者，除照兵部原格升賞外，仍加賞銀一萬兩。願為土官者，聽分其地世守。內有楊氏親枝，除擒斬照格升賞外，投降者仍量授土職，承其宗祀。

一，應龍妻田氏、子朝棟等，能將應龍縛獻，或致死獻出其屍，准免本身死罪，使得承奉其祖宗香火，仍照部格量與優恤。

一，管囤偽內官葉喜受、閻懷石等及一切守囤之人與質當頭目妻子，能率眾拒囤，以待官兵，不容應龍走入者，偽官照先登囤例給賞，餘人照例升賞。若能擒斬應龍者，除升賞外，仍加賞銀一萬兩。

一，應龍桃溪莊丁，五十四里、八十八局人戶，及節年招九股惡苗及紅腳黑腳等苗，有能自己束身投出者，并不殺害。係播民者，仍管原業。係苗民者，量其遠近，給以路費及照身批文，發回原籍。有能率眾舉義，擒斬應龍來獻者，與官一體升賞。

一，五司七姓之人，有能擒斬應龍者，有官者照土官，無官者照土兵，各破格升賞，仍賞銀一萬兩，不拘原題三級之例。

一，原格斬獲撥置同謀、親信用事、緊關從賊者，將領遞升二級，官丁准照虜功頭目升賞。查例斬獲虜功頭目者，應升三級，賞銀一百五十兩。擒斬脅從者，准照苗功計數倍賞。查例苗級一顆賞銀五兩，今加倍賞銀十兩。

一,應龍頭目人等,各係本省及外省人氏,各有籍貫,俱已查明。若賞格懸示兩月之後,既不能擒斬,又不肯投降,直至拒敵交兵,爲賊盡力,其家即係謀反之家,賊平之後,即移文原籍,將父兄子侄人等盡以謀反家屬捕誅。

一,各土司有陽順陰逆,逗遛觀望,不肯盡力,即係附反之人。賊平之日,移師伐之。

一,各將領如定有信地,不行赴守,定有師期,不行赴敵,及一切逗遛觀望,畏縮退怯等情,查照所犯輕重,應收監者收監,應斬首者斬首。若軍士有犯,徑行斬首。

又其下冊牌票內所載李督宣諭之人,計八項:一,應龍本身;一,田氏、楊朝棟母子;一,楊瑞龍、楊兆龍、楊祥龍等楊氏一族之人;一,田一鵬、田良玉、田種玉、應龍至親;一,何漢良、李旭、張玉、楊兆麟、楊明、楊珠、孫時泰、黃明敬、何廷玉、馬忠、傅一元、袁子童、陳太、何世才等;一,十三姓,苗、夷、仲家苗、黑苗、伉兊苗、木老子或作紫。姜苗、花苗、菜家苗、九股苗等;一,五十四里、八十八局、八路、十二莊、十三親管、五司七姓、內司外司、頭目、提調、坐寨人婁國、張讓、鹿罕、羅剛、穆焐、母柱、王繼先、袁年、鄭葵、駱朝賓、趙仕登、朱敬、張漢清等;一,四方流寓。八者,其詞明白剴切,語語動人。茲以文多不備載。

——(民國)《貴州通志》之《前事志十三》,載《中國地方志集成·貴州府縣志輯》,第7冊,第14頁

辛丑,陳璘爲湖廣總兵,官鎮偏橋。康《志》。

總督疏曰:疏名《請內帑增將兵疏》。

題爲"夷氛甚惡,天討宜彰,懇乞急發餉銀,以佐軍興,并議增調將兵,以圖底定事"。

本年八月十二日,據兵巡上川東道副使莫睿報稱:"據南川縣申:本月二十六日,偵探應捕李一登、向啓、快手汪加忠回報,據東鄉村逃回民胡禮稱說,楊應龍差婁國、聶把總、張提調三人,原領各名下苗兵各三百名,假稱清理播界,一面偵探內地動靜,一面劫擄人財。今縣屬地方,如東鄉、綠水、鄧坎、長壩、明坬五村,俱交連播界,烟斷火絶,萬種生靈,逃竄已盡,難以復業。其目把於本縣地名平潭河鑿一'播'字,殺一人一豬祭碑。又於本縣地名河坎石龍上鑿'播州界'三字,又殺一人一豬一羊祭碑。祭畢,鳴鑼大叫各村俱要投播,方許安插居住。不然,定將房屋燒毀,人民盡殺不留。有本縣地名溪園漕居民,保甲牌內人戶聶華、陳啓宗、戴良資等三十餘家,畏勢難敵,遂自投順,團寨劄營,其立意真僞,皆不可知。至於東鄉一帶地方,熟穀俱被掠收。於地名官壩竪立倉囤,共一十七眼,有家小苗數百看守等因。"本月十三日,又據該道報稱:"八月初九日,據高推官呈解奸細李朝諒,係通播重犯李朝選親弟,在楊酋頭目何廷瑞名下。何廷瑞令朝諒前來偵探內地情形,因被拿獲。本犯稱楊應龍自破綦江之後,即劄營婁山關外,今又移營松坎,何廷瑞劄於苗兒岡。又有小河臺住民柏益、柏化、鍾萬變、黎文才、張懷、楊萬便等俱投酋,分投入內地打探消息。又有三溪住民李思顯造大船一隻,在三溪河。綦江投酋各民,將

民房樓板拆去,修造小船百十隻,在河兩岸,見今陸續修造未已。李思顯已於八月初一日搭船出探事情,未知今在何處等因。"同日,又據貴州布政司帶管分守思仁道左布政使應存卓呈:"據石阡府申報,七月初八日,據龍泉坪長官司報稱:本月初二、三、四日,連據各哨把總報稱,播酋破劫石藩門,又於馬頭山點兵數日,但言伺候楊應龍令箭至日,每兵草鞋一雙,飯米三升,不知何幹等因。看得石阡孤城,切近播境,萬一逆酋衝突,無將無兵,何以防禦?合行飛報。"同日,又據塘報,千、百户胡維城、岳鳳鳴各報稱"本月初九日,有房游擊舍人緝獲細作李朝諒,口稱楊應龍欲回囤,因妻田氏出來,不知爲何事就住下,今見在松坎地方,離綦江三日路,兵約有三萬。楊應龍有叔稱楊相公,領兵在苗兒岡沿途地方修倉,囤積糧儲。楊應龍在三溪口造船二百艘。又稱在扶歡壩新修一囤,造倉積糧。又據操兵王加重稱,楊兵在官壩打土廠,逐日尋糧上倉"等情。八月十五日,又據塘報,千户胡維城報稱"有綦江被虜兵王雲,原係松潘舊兵,從苗兒岡逃出,説楊應龍欲回囤,其妻田氏、子朝棟并子婦等俱出來,住在關上,劄兵三十九營,約有十萬之數。將虜去軍兵使教土兵放銃、製火藥,倘教不會,將我兵就殺。又説要修一條小路進南川。又修一條小路從黃荊界石場進界石,離重慶止四十里。若至界石,則重慶、南川、涪州、李渡、木洞等處路路可通。又稱播州關外掘溝設塹。又稱三溪口已造船三十餘隻,又在取板,還要造大"等情。同日,又據參將王夢吉、游擊楊敏政各報稱"八月初一、二日,節據指揮王繼祖報稱:哨探軍兵何洒小、任二、韓通等探得,各酋仍在龍門里、大魚灣二處。初三日,又據本官揭報:據軍兵張七、雷友探得路上人言,楊應龍差夷目二人,來上下赤水攢營。又袁年將驢子二匹,獵犬二隻,弩二張,差人送往播州,不知何幹,未知真實。初四、五、六、七日,節據本官揭報:據軍兵李孝得、許大、全五等探得,各酋仍在上赤水、大魚灣二處"等情。本月十六日,又據兵巡上川東道呈爲狡酋應叛、連兵猖疆等事"據石柱宣撫司申稱,本月初三日,據家丁劉時仲報稱:播酋楊應龍知旗令到司取兵,於七月初九日遣細作冉廷德於忠酆伯鯨等家,密會叛長馬邦宸等,令彼召兵,乘虛攻劫本司。馬蓋等遂召亡叛百餘人,窩聚於酆都杜良臣等家,於十一日抄劫官莊,冉廷漢將家財牲畜罄殺"等因。又據叙馬瀘道呈"准建武游擊楊敏政手本,據守永鎮堡百户張承宗呈報:七月二十六日,據安溪保地方楊宥龍口稱,二十五日,有王繼先差夷目張月伸、王枝用、陳八兒、王友貴、馬舟容等帶兵百餘,至地名土洞、河東一帶,割夷田穀。口説要來虜人,況係播夷,未知意欲如何"等情。本日,又據塘報余世英稟稱:"有安溪壩羅志渡民劉海懷等二十名在於河東耕種夷田割穀,被王繼先、夷人張月伸等綁虜去訖。"本月二十三日,又據叙馬瀘兵備道報稱:"八月十八日,據永寧衛差去查探旗軍方朝遐報:七月十六日,楊酋擁兵一次劄至赤水五敏田滔壩,揚言欲借路,要往仙鵝洞祭祖。劄兵數日,仍聚賊巢。各軍無分星夜,周流本屯地界哨探。止聞播兵蜂攘,未知情形如何。"本日又據永寧宣撫司報稱"查得播兵自六月內入犯綦江之後,出沒莫測。本撫自合江縣起至河東赤水、吼灘、土崖、茶壩、穆艾壩、安羅二村、白牙囤、乾竹臺、孔找崖、箐口、沙溪、停子頭、緝麻、李愽等處,抵水西止,地方邊境,與播州相連。見今酉兵已過烏江,近貴州二日路是的。已,該女土官奢世續行令各邊長官頭目,照界嚴加防禦,合行申報"等因。本月二十五日,又據貴州按察司帶管思石兵巡道按察使易登瀛呈"據石阡府於七月二十六日有龍泉司申稱:訪得播酋在於地名馬頭山、偏刀水、都上壩等處劄營,不知動靜。又將先年李保、阿項造叛地名黃沙坎要路挖爲溝濠"等因。本日又據石阡司巡捕吏目林中試呈"據葛彰司管下地名唐頭沖住人阿膳報稱:七月二十三日辰時,被播目楊七、趙士登等統兵七百有餘,在鎮夷關外地名濫泥山燒劫,殺死張廷華父子并鄉民七命,合寨牛馬財物盡行劫虜,綁去男女四十餘人。當稱地主馮碧、陳永朝、陳廷玉、王應龍等,統衆鄉兵千餘趕退,口稱不日打關破府。及查此關近地名乾溪三里,離府止三十里"等因。本日又據石阡司管下迎仙里上洞巡捕目把彭大學呈報"四牌謝朝俸、石辰三於本月二十三日統兵千餘劄營崖門,揚言集兵過江,下掃水口、崖底、本莊、樂橋、軍門屯寨,上劫思石府、偏鎮等處,各情到司。就經遺牌責令各該屯目把集兵防禦外,合行呈報"等因。各具報到臣。

　　該臣謹會同巡撫湖廣贊理軍務都察院右僉都御史支可大、巡撫貴州兼湖北川東提督軍務都察院右副僉都御史郭子章、巡按四川監察御史趙標、巡按湖廣監察御史曹楷、巡按貴州監察御史宋興祖議,照逆賊楊應龍恃其富強,甘心反逆,戮將破城,了無忌憚。近且占據內地,修倉貯穀,因糧於我。又復立石鐫碑,殺人以祭。蓋已無人心無天道矣!昔宋襄用鄫子於社,子魚曰:"六畜不相爲用,而況於人乎,得死爲幸。"其後一年而執,又一年而死。蓋自古殺人祭神未有不死者,此亦逆賊天亡之時也。乃賊復猖然狂逞,出沒於川貴之間,如鬼如風。益復造船數多,將圖水陸并出。流毒三省,遠近爲之震動。人臣無將,將則必誅,是尚可少假時日乎!臣等僉議,會須滅此朝食,乃無後患。顧節訪賊之情形,實亦非可易與者。

　　賊初用兵時,不過二三萬,且皆五司七姓五十四里之人。自連年許撫,撫剿無常,賊遂內自驚疑,多方設備。招集九股惡苗,給以殺戮五司之土地,賞以搶掠各省之婦女。又擅立三十六統制、三十六巡警、十三親管,各有頭目,各有兵衆,每一人名下多者二三千,少者一二千,總之不下十四五萬。羽翼已成,居然勍敵矣。我所以待之,豈宜淺鮮?談者謂宜集兵二十萬,夫二十萬兵豈易集,餉豈易供!然非十四五萬,亦未易相當也。昔成化時,尚書程信剿都蠻,用兵十八萬,四年而無成功。萬曆初年,撫臣曾省吾平九絲,用兵十四萬,一年而無成功。今播州之衆,幾倍都蠻,海龍之險,不下九絲,應龍凶狡知兵,又非以前烏合之寇可比。是可草草舉事乎?

　　近該臣化龍議調陝浙兵與募川兵共二萬四千,臣子章議招三萬,蓋勢窮事急,糧餉不充,且爲目前防守之計,冀就中取事耳。今盜賊滋蔓,久更難圖,必須大集兵糧,急圖撲滅。臣等熟計四川宜用兵六七萬,湖、貴二省各宜用兵四五萬,總之十五六萬,方保全勝。

近奉明旨,雲南、廣西、福建、陝西、浙江等處兵各得調用,即十五六萬之數,自可取足,無容更瀆。

顧調兵非難,處餉爲難。兵至十五六萬,即人日給三分,一年須百五十萬,三省者非能辦此也。貴州原無毫釐之積,臣近查其布政司庫銀,稱可動支者僅僅七千,令人心悸。四川近〈先〉年頗有積蓄,自連年采木事起,搜括一空。今祇有當年額糧,各有正項,止可暫假,難以久假。湖廣一省尚未查到,然大約在川之下、貴之上。三省物力不過如此,將何以支數萬人之食乎!近見太倉空乏,計臣無措,臣等不敢徑請。臣化龍止求留餉秦之需,還借滇之數,僅三十萬耳。據前留陝銀取雲南銀充餉疏,謂四川每年協濟陝西四鎮銀一十萬四百三十五兩二錢,雲南原借四川未還銀二十萬兩。陝銀俟事結日,遞年照舊解陝,滇銀乞敕雲南立限解川接濟。然秦中之餉,今年者已解。滇中之銀,恐未能即還。臣子章止求於各省借給,總之亦捕風捉影,未可保其必得也。近見邸報,該兵部覆,奉聖旨:“兵餉著該戶部悉心議處與他,勿待來請,不許支吾了事。欽此!”仰見聖心垂念遠徼,賊不足平矣!第恐戶部計無所出,止令各省括搜,萬一各省復乏,求之不應,往返請乞,便歷時月,脫有庚癸之呼,其可令賊聞且見乎!臣等以爲今日之事,在四川宜先發五十萬,仍留陝西餉銀及催滇中還銀,以爲接濟。在湖廣宜先發三十萬,仍俟臣可大查本省各項錢糧有應留用、借用者,徑自題請。在貴州原無積蓄,亦無可留借者,姑先發三十萬。以上應發錢糧,半取之太僕寺,半取之河南、淮安、南京、福建、兩廣等處,以爲半年之餉,刻期解到,庶克有濟。至於各處調到軍民月糧,仍在原籍支給。川、湖、貴三處,每日止照近日援遼事例給與行糧,蓋即每兵日給三分,而前項解發之數,僅支多半年盡矣。至於以後,如事不即結,或再行請乞,或量行徵派,統候部議遵行。此三省糧餉之大略也。

而將與兵亦有所當覆議者。夫今鄰播總兵,四川有劉綎,據本書《添設神將疏》劉綎由松潘移重慶。貴州有童元鎮,元鎮由廣西總兵調貴州。各制一方,無容更議矣。惟是湖廣清、平、偏、鎮四衛,俱邊播境,湄潭一路,更當逆賊狂鋒之衝。連年逆賊招誘生苗,多從偏橋往來,恣行搶掠,莫可誰何。近該臣等議將貴州總兵移駐偏橋,顧偏橋去賊巢近,然去貴州省城遠矣。貴州去賊巢不及三百里,一渡烏江,窮日可至。與偏橋相望四五百里,中隔平越、興隆,皆通賊之路。今春飛練之役,實自平越。賊若分犯各路,直逼省城,此非一總兵之力所能禦也。且貴州總兵之於偏橋,蓋兼制之地也。湖廣兵餉,宜得湖廣總兵會同湖廣巡撫調發,方得精神相貫,應付如期。乃貴州撫鎮,俱以兼制之銜用之,此在平居猶可,寇在門庭,動大兵,發大餉,欲求臂指如意,桴鼓相隨,不亦難乎!先年湖廣原有總兵,且以侯伯爲之。後以承平日久,暫議裁革。今非無事時矣,原無者亦應議增,況原有者自應議復。臣等以爲武昌去南界遠在二三千里,即聲聞亦難相通,何況調度!臣可大宜駐沅州。該省仍設一總兵,無事駐扎沅州,有事宜駐偏橋。其貴州總兵,無事駐扎省城,有事移駐平越。統待事寧另議。庶幾兩地密於張羅,而逆酋已坐井中,此萬全之算也。其湖廣原無兵馬，今欲創設四五萬，召募既難如期，土兵亦難全恃。臣等查得近年備倭，沿江一帶皆設南兵，如揚州二千、鎮江二千、新生洲二千、淮安三千、江北廟灣二千，南京新設六營，亦可揀選三千，此皆見有糧餉，無煩召募者。今海氛久息，備而不用，宜行文各處撫臣，量給行糧遣發，即以原將統領，赴偏橋一帶，聽總兵分布防守。不足者方調湖省各土司及武岡、麻陽等處民兵、殺手，務足三萬以上之數。其外處調到兵，月糧仍於原籍支給。湖廣亦照前例，只給行糧，事寧仍各歸原地防守。蓋將止復其原有，兵半取之素練，甚便計也。臣等又查得貴州所屬石阡、思南二府，婺川一縣，去貴省遠可千里，而各府縣隣播巢各一二日程耳。各府縣從來無一兵一將，止有龍泉一守備領兵千餘，控制其衝，而兵微將寡，又無城可守，賊每欲聚而焚之，無龍泉則思、石、婺川隨其後矣。臣等以爲宜於石阡設一參將，婺川設一游擊，各領兵三千，一以爲本城之防守，一以爲龍泉之聲援。其兵將不必另設，即以新設湖廣總兵調來之兵將移駐。此皆貴州地也，然在偏橋之西，去湖廣總兵近，而去貴州總兵遠，防守之事，宜全聽湖廣總兵提調，貴州總兵亦得遙制，庶體統事勢兩得相安。至於偏橋四衛，向雖屬貴州總兵兼制，今既有湖廣總兵，自有專屬，不必更屬貴州總兵矣。抑臣等猶有說焉。近見邸報，兵部覆本內稱："廣西總兵陳璘，馬上催促由湖廣取道直取粵西聽援，不許繞路粵東，有誤纓冠之義。"計陳璘當不月至湖廣矣。璘素有威名，近征倭更著戰功。粵西無事，將非所急。臣等以爲宜即改爲湖廣總兵，即令於湖廣候旨到任管事。其廣西總兵另行推補。將見逆賊聞之，以爲將軍從天而下也，其有不褫魄而奪之氣乎！至於雲南總兵，應移駐霑益州，廣西總兵應移泗城州，庶乎聲聞相及，援搗爲便。

以上事體，統應題請。伏乞敕下戶、兵二部酌議覆請，將前項糧餉急行解發，將領急行增設，兵馬應調者行各該地方撫臣調發，總鎮應移者行各處總兵蚤行移駐，新設將領應給敕印等項查例議給，應得廩費等項，臣等徑自議處。庶乎糧足兵精，敵愾之勇自倍，掎前角後，螻蟻之命難逃，逆賊不足平，大寧可計日矣。

奉聖旨："戶、兵二部知道。"兵部覆，奉聖旨："依擬行。內協助餉銀，戶、兵二部屢次互相執奏，關係軍需，恐致妨誤不小，著都察院會同二部虛心定議來說。欽此！"戶部覆，奉聖旨："是。兵興餉急，這四川、湖廣地畝加派，准機宜行，著總督於三省通融支用，仍禁有司豪右巧避貪漁等弊，毋致累苦窮民。兵罷之日，即行具奏減免。"《平播全書》。

——(民國)《貴州通志》之《前事志十三》，載《中國地方志集成·貴州府縣志輯》，第 7 冊，14～17 頁

甲辰，設興隆參將一人。

按：考《青螺遺書·郭公年譜》，載有萬曆二十七年《請增設黃平婺參將疏》，惜文佚。然《黔草》載有《題裁興黃參將疏》測知(此疏年譜無目)此蓋因討播增設，旋以播平裁撤

也。文首云"播地久平",後又云"三十二年十月陳寅調任後十月,地方寧謐"云云,足徵爲播故,文載見後。又《年譜》謂是年公有《請增兵益餉疏》《催方面官員到任疏》《銓部更調有司疏》《考核給由縣官疏》《報綦江城陷疏》《考核給由州官疏》《請別處兵餉疏》《議處驛遞疏》《類報擒獲奸細疏》(殆與李督奏報擒殺奸細同一事)《報賊囤海龍請增兵疏》《請貸安疆臣、陳恩疏》《再請兵餉疏》《請假川湖兩省庫金疏》《參總兵到任違限疏》(殆與李督參童元鎮爲一事)《報賊襲土官疏》(殆宋承恩事)《參五開參將失事疏》(殆即李督參楚省剿苗失宜官員事)《增設庫吏疏》《報賊破龍泉土司疏》《請安插夷婦疏》《捐俸助大工疏》計二十疏,皆"未報捷前事"云云。又《譜》云,詞俱載《黔草》,然皆有目無文,存之於以見公當日焦勞播事之一節。

——(民國)《貴州通志》之《前事志十三》,載《中國地方志集成·貴州府縣志輯》,第 7 冊,第 17 頁

九月壬子,設畢節參將,尋罷。康《志》。

按:《貴陽志·職官》云"是年旋罷,設守備"云云。原文云:"畢節參將一人,九月壬子設,旋罷,設守備。"即在二十七年。

巡撫郭子章請罷稅監,許之。

萬曆間,稅使四出,范倉欲榷稅金三萬五千兩,馬四十匹,每年遣瑺搜括於黔,以裨國用。後原茂復以礦稅之説進,黔民汹汹,憂播復憂税。公與諸大臣合詞以諍,上乃下詔停寢,罷税監。子章著有《止榷記》,以頌聖德。《青螺年譜》云:"記凡三卷"。

按:上録李督疏及此均請罷税監事,并同在二十七年,然李疏云爲范倉發,此云爲原茂,彼云"榷地方税課土産名馬",此云"榷礦税",似各爲一事,不知何以同在一時,得毋李疏先發,原茂繼請,而公所諫者此耶?故特另條書之。

——(民國)《貴州通志》之《前事志十三》,載《中國地方志集成·貴州府縣志輯》,第 7 冊,17～18 頁

十月丙戌,以播州用兵,加四川、湖廣田賦。《明鑑》《輯覽》《遵義志》。

貸宣慰使安疆臣,令討播自效。康《志》。

戊子,貴州宣慰使安疆臣有罪,請討播自效。疆臣,故宣慰安國亨子也。國亨以有罪革任,潛至京師納賄,爲起復地。尋請貢大木,不至。去年,國亨死,子疆臣襲職。會應龍反,疆臣亦以戕殺安定事爲有司所按。科臣有言其逆節漸萌者,上不問,許殺賊自贖。至是疆臣奏稱,播警方殷,臣心未白。上復優詔報之。巡撫郭子章許疆臣以應龍平後,還播州所侵烏江地六百里以酬功。疆臣遂率兵從沙溪入,聽調遣。《明鑑》《明紀》《明史》。

——(民國)《貴州通志》之《前事志十三》,載《中國地方志集成·貴州府縣志輯》,第 7 冊,第 18 頁

二十七年,播州宣慰楊應龍反。疆臣適以殺所部安定事爲巡撫江東之所劾,科臣言疆臣逆節漸萌,請重治之。東之罷,郭子章繼之,以播事方急,用監軍楊寅秋言,密陳於上,請貸疆臣,以斷播援。上是其言,不允科臣之請,令疆臣殺賊圖功自贖。疆臣乃自奏:"播警方殷,臣心未白,諸臣督責,進退皆罪,恐難立功。"帝復優詔答之,仍用子章計也。《大定志》。

右僉都御史總督川湖貴州軍務李化龍調貴州宣慰使安疆臣兵三萬守貴陽。《貴陽志》《大定志》。

是月,即十月。李化龍移駐重慶,調度川、貴、湖廣兵,總兵官劉綎兵亦至。會四川總兵萬鰲罷,以綎代之。綎素有威名,其家丁良馬皆可決勝,然夙與應龍昵,人皆疑之。于是化龍延綎入臥內,輸心腹,且以危言激之,引其父顯九絲功爲比。原註:事見萬曆元年。綎大慚,願誓死報效。化龍乃騰書于朝,遂委綎專制,軍事益有次第矣。應龍聞之懼,廣結生苗,大治隘塞,屯兵官壩,聲言窺蜀。化龍乃檄前駐水西兵三萬守黔省,斷苗道,復分兵萬餘據守黔、楚要害。《明通鑑》。

十一月壬戌,播賊寇東坡。庚午,詔逮沈尚文,降童元鎮充爲事官,以李應祥爲貴州總兵官。康《志》。

十一月,楊應龍屯官壩,聲窺巴蜀,遂焚東坡、爛橋,楚黔路梗,黃平、龍泉所在告急。賊復據偏橋,出掠興隆鎮。總督議置勁兵萬餘據要害,通黔楚道。黔帥童元鎮擁兵銅仁不前,革職立功,以李應祥代。《紀事本末》。

——(民國)《貴州通志》之《前事志十三》,載《中國地方志集成·貴州府縣志輯》,第7冊,第18頁

題爲"播賊狂逞未已,貴竹物力難支,伏乞聖主處懦將、給餉金,并議責成分任,以振軍威,以圖全勝事"。

萬曆二十七年十一月十一日,據原任鎮守四川總兵官劉綎呈:"據領兵防守南川原任游擊王之翰報,據把總劉添忠等探得,楊應龍現在點兵,三日令各帶米三升,火把三束,欲出犯境。至初五日夜一更時分,酋果發兵二萬,剳在地名官壩,與南川、綦江相連,盡將連界人民房屋燒毀。其東鄉兩山人户見勢重大,夤夜般逃一空。又有逃出播民游七來與東鄉邊勇范玉正報説,楊酋自領萬兵,欲出婺川、真州。如婺、真有兵,是必來攻南川。"十五日,又據江津縣申:"據棋盤、三教等堡黨正詹袁塘報稱,探得楊應龍令目把何禎等領兵萬餘,於地名丁山壩剳守,離棋盤等堡四十餘里,不知出何地方。"又據哨探王時益報稱:"酋令提調何廷順領兵一萬,剳守扶歡寨。"又據塘報官朱自強稱:"據播州逃難人王時探得,楊酋發牌一張,內稱:爲出巡事,往因仇奴誣害,捏聳妄奏,至設防守,豈肯甘心。本司的於本月十九日,點選十三種苗兵百萬,出外清理疆土,各立界限牌,仰丁山、小

溪等里提調坐寨,周承榮等即將各里頭目苗兵操練,聽候調用。儻有阻撓,尋一對頭牌,至松坎驛繳抄報前來。"二十三日,又據塘報官岳鳳鳴報稱:"楊應龍差心腹頭目傳諭各邊夷目,叫他各人面降心違,待大兵擁於深巢,督起部兵,近貴者即劫貴州,近湖者即劫湖廣,近川者即劫四川各所運之糧。仍令四面群起,攻打州縣。本身自敵劉總兵,弟、男分據貴、湖、永寧要路。"又稱:"近日南川酋劄之兵,俱是木人空營,夜間令人放火,白日無兵。"二十四日,又據本官報稱:"探得永寧宣撫司長官王堯、王甫松等領兵防守本撫連界播地三鍋莊、柏楊坪。本月初三日,播目楊丑兒領兵臺船十五隻前來,偷路攻打鄰衛屯堡,王堯等率兵截路,斬獲首級六顆,箭傷漂流河水死者不計其數。四路追趕,已入播界。"二十八日,又據監軍道并總兵劉綎,副總兵曹希彬塘報:"探得播賊分付目把不要離心,待夷兵養就銳氣,一同衝出,徑到重慶。"又稱:"賊見南川有官兵,要暗發兵三四萬到彼。又連日發有綿絮、槍弩等件,送在營中。及分付官壩頭目暗地探聽南川官兵劄有幾營,且不要與鬥,待看如何,略將些兵哄他起禍,然後纔動手。叫新官出真州,千歲出官壩,齊攻南川,方往別處。"同日,又據總兵官劉綎呈:"據防禦合江副總兵曹希彬揭:據塘報劉慶報稱,前去播屬龍門里長官袁年處探得,袁年差人赴楊應龍處所聞說,應龍分付各領兵頭目說:'你等不可離間心腸。前日毀了綦江,此是你等之意,若朝廷征我,我就為首,你等為從,又豈饒過你們!不要亂聽外司愚惑,可將部下夷兵養就,殺些官兵,使各路把守漢土官兵俱各退散。等朝廷再起人馬復來征我,又有四五年,那時別尋道路。'"十二月初六日,又據貴州布政司呈:"據防禦黃平指揮徐登階稟稱:十一月十九日未時,探兵李孝報稱,播兵數萬由白泥出大小章劄營。至申時,又據夷頭阿保等報,播兵五萬由構皮灘過渡,出苦菜坪到白泥劄下。又據天邦兵等報,播苗在附近興隆臺坡劄三大營八小營。申時,又發探馬五隻來黃平大路長冲哨探,有大翁鋪軍民驚慌般移等語。查得各起稟報兵情,乃黃平四面隘路探報,人役俱在,本日本時,如出一口。且黃平在播苗夷巢之中,防兵不過五千,據報苗兵甚多,恐衆寡不及,事勢燃眉。伏乞速令安疆臣由沙溪入播襲後,庶興隆、黃平之急少緩。"同日又據按察司呈:"據興隆衛東坡堡軍人李萬等飛報,播兵數萬徑出俊洞,圍殺白田、乾溪、水口、黃眼等屯,燒虜人戶等屋。即今糾合容山、九股等處叛苗,攻打興、偏、黃平。"本月初七日,又據該衛報:"播賊統兵攻東坡、爛橋,欲攻衛站,隨執木刻,上寫:'播州把總諭興隆通衛官民:吾今督兵數萬,追尋叛逆,行至東坡,被流徒集兵千餘截殺,勢不得已,定決雌雄。近查奸徒馮權、張熹、何以爵潛入興隆,爾等早要發出,以免刀兵,如執迷不發,親統大兵臨衛,玉石不分'等語。今播賊屯兵離城五里,日集添兵,上阻重安,下折偏橋、黃平,中攻興隆,徑通九股,以為大逆,請將發兵救援。"初八日,又據上巡東道并總兵官各呈:"據防守南川游擊王之翰報:據塘報宋友向等報稱,播州夷人猶朝與夷頭喻應龍有隙,朝遂糾合綦民趙黨等百十餘人偷打應龍分寨,激動官壩何提調,遂統馬軍五十二匹,苗約二千前來,燒劫綦江民羅啓初、南川東鄉邊民方華山等數十餘家，爲應龍復仇。當得原差在彼塘報官兵，聚集邊勇，追趕放炮，各苗退散。"及查播惡猶朝與喻應龍有隙，致動酉兵，殃及綦南居民。且幸職發有塘報官兵數十往東鄉哨探，得以聲援，致酉兵驚退。即欲提兵前去，第恐張皇，不免挑釁。且苗兵懼怕，已經走回官壩去訖。除整兵以備不虞外，本月初九日，又准貴州撫臣郭子章咨："據興隆衛申報，播兵攻圍東坡，聲言攻打興隆、黃平衛所。又據都清兵巡道并黃平所申呈，俱同。又據分守新鎮道呈，稱播賊將東坡等處攻殺，各兵劄營於十萬橋，阻塞偏、鎮，音信不通。乞發官兵應援等因。除調各衛所官兵及安疆臣玀兵前去救援去後，該本院看得貴州見在之兵，已有二萬九千零，近調雲南兵七千、廣西兵一萬、湖廣永保兵一萬，分駐各衛，爲游兵，而尚未至。至今東坡之賊不退，則楚、黔之路不達。京餉六萬，尚阻於辰、沅。廣西、福建二十萬之餉即至亦不能入。本院意欲於川中借十萬，即以福建十萬金解補；滇中借銀十萬，即以廣西十萬金解補。已經具題外，合行移咨檄行四川布政司將庫助餉銀借九十萬兩，差官解赴貴州濟用，候咨福建軍門轉行福建布政司，將應解貴州餉銀十萬兩徑解四川布政司。"同日，又據貴州按察司監軍按察使楊寅秋呈："據新添衛呈稱：本月二十七日亥時，蒙防禦平越蔡參將差兵魏萬一齎執飛票稱，播兵數萬攻陷王巂，聲言往新添，攻打屯寨等因，行衛加謹防範，間，隨據本衛那押夷民報稱：播兵數萬已將王巂燒劫盡空，且王巂由小路逼近新添二十餘里，乞發玀兵數千把截馬鬃嶺要路，并賞千名防禦卑衛等情。又據官兵稟稱，賊之先發，以疲我奔命，犯龍泉，殘東坡，睥睨興隆城池。總之，欲糾挾九股生苗歸巢爲援耳。近聞大營已撤，止留小營十數，每營約七八千名，懼我兵之躡其後也。梁參議同徐同知於本月二十四日已脫興隆，出偏橋，彼中雖未有的報，而都清書吏與梁少參同時出城來省者，得其言則的。若新添之報，或是近苗剽劫，假播聲勢，第有警何敢不報。"又據鎮守貴州總兵官童元鎮稟稱："職服役代後，適值平頭報苗賊出劫，遂就近入銅仁暫爲調度，圖趨省會撫按司道商榷機宜。"各等因到臣。該臣已將永寧獲功長官王堯等量加犒賞。及屢經申飭川、湖、貴州三省監軍、守、巡、兵備等道，各路領兵將領等官，并永寧土官奢世續、水西宣慰安疆臣一體遵照，嚴加隄備，多方偵探。賊如入犯，則相機截殺；設若不動，則歛兵固守，稍俟湖廣兩省兵糧畢集進剿。

去後。該臣看得：賊自六月間殘破綦江以來，興兵造逆，已半年於今矣。皇上赫然震怒，大發海內之兵，責臣以征討之事。臣感激恩遇，勉竭庸駑，日夜淬厲，東向而圖之。以土兵難以全恃也，故請大發邊腹之兵；以三省難以自給也，故請多頒內外之餉；以招苗之路宜絕也，故請置偏橋之帥；以黔省之力不足也，故請責全楚之供。蓋帝王之道，出於萬全，必俟物力齊，兵將集，萬全無害，然後一舉而撲滅之。計少假時月，賊當無能自脫者。賊見此舉動，亦知事在不疑，顧困獸思鬥，尚冀一逞。乃四川兵力已足自固，故賊一犯永寧而卒以北，再窺南川而竟不進，遂轉而之貴州矣。貴州爲招苗之路，賊所必由。總兵舊者已去，新者未來，兵力稍單，衝突爲易。故猖然狂逞，一以招苗爲羽翼，一以示武於遠遢,遂致道路不通,士民震恐。先據貴州司道連報,賊勢披猖,臣計遠水近火,不能相及,今發川兵往援已遲,何況外省。因一面行二省鎮道嚴行備禦,一面行安疆臣、奢世續發兵直搗其巢,而貴州撫臣亦發安氏省城防守之兵萬餘,令王嘉猷將之往援。播州非水西之敵,計當歛退。近據監軍楊寅秋所報,賊勢似已少歛,道路似已漸通。除再嚴督二省鎮道督兵夾剿,嚴查各處焚掠,另行奏報。其外省兵惟河南二千已到,陝西各邊六千已先後入境。尚有浙江、雲南、廣西兵業已數次行催,該省撫臣劉元霖、陳用賓、楊芬各報已經督發,計當不日可至。顧臣力之所能爲,止此矣。乃尚有所當請者三:則黔帥之當處也;黔餉之當議也;楚省當事諸臣宜戮力同心以襄大業,而不當以緩急分爾我也。

夫沈尚文、童元鎮皆黔中大帥也。貴州總兵,先年苗事急,則當駐銅仁,近年播事急,則當駐偏橋,臣等已於七月間已題貴州總兵移駐偏橋矣。沈尚文雖經革任,尚候代八月有餘,曾一步至偏橋乎?乃童元鎮尤可异矣!臣等續議湖廣總兵駐偏橋,貴州總兵駐興隆、平越。今賊犯興隆矣,童元鎮已到,猶駐銅仁,託之乎有苗警,即有苗警,豈復有大於興隆者而可弃之不顧乎!即如今四川總兵,不於重慶,而尚之松潘,託之虜警,可乎?不可乎?當群苗充斥之時,居然避信地而他之,不知元鎮誠何心也!臣以爲二將之罪惟均,而元鎮以新總兵踵舊總兵避事之套,尤足駭异。似宜將尚文重處,元鎮方在事,若再革之,無論目下無人可代,彼與沈尚文先後釋重負而樂晝游,無异登仙,他人必有垂涎效尤者。宜姑如臣原參,革其職,充爲事官,令竭力討賊。若敢以被參爲詞,稱疾杜門,或巽懦不任,即容臣徑自提問,擇一裨將代之。此不但爲元鎮一人,亦以警後此而效尤者。所謂懦帥宜處者,此也。

年來用兵,西事至費銀二三百萬,東事至費銀五六百萬。今播事不下於東西二賊也,臣僅以百萬請,而戶部難之。川貴止各發寺銀數萬,尚未到,湖未有給焉。貴州所發外省銀四十萬,在滇楚者二十萬,已成烏有,閩廣有無亦未可知。貴州守臣計無所出,乃請於川中借十萬,又指閩中之十萬爲償。臣明知川中非可借人之時,顧已至此,剜肉補瘡,何所復吝。已行布政司措處,陸續發解。然計此而後兩省均其敝矣。川中即可派徵,黔中何以措處?即部文曰三省通融,然蜀之派僅十二萬,楚之派僅二十餘萬,此亦何堪通融乎!黔中止以無餉,故未敢多募兵。今雲南、廣西之兵且至,數千里遠征土兵,豈能枵腹而應敵乎!不獨外患,且有內憂,萬一脫巾而呼,慮不在賊矣。事固有以小吝而成大費者,臣竊懼之。宜令戶部亟行議處,必須閩廣二十萬俱爲實數外,更益以別省現銀一二十萬,庶可支持目前。所謂黔餉當處者,此也。

偏橋,楚地也。其軍食糧於楚,其官支俸以楚,貴州但遥制之耳。故偏橋之備,宜全屬楚。夫楚止備偏橋,則於其地置萬人不已足乎?顧偏橋走全楚之道也,偏橋不守,則禍中於全楚矣。故宜以全楚之力夾剿,而後楚可長無後患。臣所計該省集兵三四萬行剿,乃代楚人自爲計,非令代二省舉事也。第見楚中各道,若舍己而耘人者,臣行備三萬人多半年之食,而止備米三萬,則三月猶未足而尚未運至也。臣行募調兵三四萬,而尚不及其半,且守偏橋者,尚不及五千。臣不得已調永順兵一萬,保靖兵五千,令招募鎮、溪、辰、沅并調十三哨烏羅及五司仇兵,共湊三萬以上,亦不知能如額否? 即兵至,亦不知食可常給否? 今川兵將足,貴兵亦漸有次第,獨楚中之兵外調者,既經科議以爲不宜,本省者又未能保其果否足數。不日二省兵齊,待之則日費不資,舉事則一隅有缺,常爲全師之累矣。且陳璘不日當至,令之何以措手? 夫兵尚可以催督而來,可以鼓舞而用,惟本折糧餉,非可以空言虛辭借者。今内而該部稱乏,外而該省稱苦,已無望其助黔,其何計以張楚? 臣初以皇上既假臣以便宜,即宜徑自多方催調,何敢更有塵瀆? 乃數月以來,外省兵且漸至,惟楚中紙敝墨渝,輪蹄交錯,竟茫然無一實效。臣爲之食不甘味,寢不安席,日夜憂之,計無所出,不得不於共事者有厚望耳。除臣一面嚴行催調,及行撫臣多方措處,必令無誤師期。更乞天語叮嚀該省大小文武官員,俾知三省一體之義,功罪惟均,一切兵糧,日夜催攢,務及師期,無自取累,庶可以制賊而無爲賊所制,則所謂戮力同心以襄大業者也。

臣每念楊應龍以么麽小醜,何足以辱斧鑕,何足以當天討! 惟是處置失宜,遂流禍到今,大抵不重發而喪功,即輕爲而致敗。故今日舉事,必期一舉蕩平之爲快。又念重發者尚可徐補,輕爲者急難復振,故欲以萬全制之。乃圖之半年,而事尚有不能如意者,恐久之而老師費財,卒有意外之虞,則後之視今,猶今視昔,即死何足塞責。故敢據實極言之,以希聖主裁斷。伏乞敕下户、兵二部亟行議覆,行臣等遵奉施行。庶計出萬全,役不再舉,則臣幸甚,地方幸甚。謹題請旨。

奉聖旨:"户、兵二部作速看了來説。欽此!"

又該户部覆,奉聖旨:"這兵餉急用,俱依擬行各省撫按司道上緊催解。以後不敷,著總督遵照前旨,於本省鄰省便宜處置。各官務要同心共濟,依期滅賊。如有抗違支吾的,准你指名參來,重治不饒。欽此!"

又該兵部覆,奉聖旨:"川貴督撫鎮道俱已近播彈壓,惟湖兵將不齊,餉又未備,儻致失期,巡撫豈辭其責! 但偏橋既設總兵,大師聚集,楚地遼遠,陵寢所在,尚恐巡撫一人顧管難周,欲差一官前去督理監視,事寧與總兵一并裁革。你該部還會同吏部、都察院議處來看。童元鎮逗遛太久,著戴罪管事,能上緊殺賊,即與題覆。若再推諉怯懦,不必待他失事,總督便遵照沈尚文例,一面扭解送京,一面另委賢將暫署請旨。其副將以下不用命的,即以賜劍立斬徇衆,毋令參差不整。總督遵旨行,毋得疑畏,視爲虛文,致誤事機,罪有攸歸。"《平播全書》。

按:《平播全書》所載此疏前,更有《糾劾逗遛官將疏》,逮沈尚文,童元鎮革職充爲事官,貴州總兵以李應祥代,俱見彼疏諭旨。文云:兵部奉聖旨"童元鎮改貴州總兵,原旨着便馳赴管事,不必候代,如何至今未到? 君命嚴重,軍機緊急,恣意逗遛,本當拿問,姑念用兵之際,革去總兵職銜,充爲事官管總兵事,立功贖罪。沈尚文握兵未代,責任在身,如何託病閉門,提兵三千,只發百人赴急,好生藐視憲法,全無忠義之心,著錦衣衛便差的當校,星夜扭解來京究問。李應祥准以原官起貴州總兵聽用"。然後疏之劾元鎮者曰:"童元鎮自閏四月即以爲貴州總兵官,令不必候代,至於今已半年矣。廣西、貴州壤地相接,何事羈留於今不至。臣自六月內即移文貴州,催之上任,臣又以專檄督之,至今竟無一字相聞。"云云。劾沈尚文者云:"尚文原以貴州總兵革任候代。夫所謂候代者,欲其照常行事,防守地方,令地方不苦於無官,乃有賴也。而尚文自罷任之後,一事不理。逆賊流劫,處處告急。撫臣江東之使之,以病辭;郭子章使之,以病辭;臣移文使之,既不動身,亦不回文。最後,貴州危急之甚,撫臣行令,急備偏橋,擁兵三千,止撥一百人往。彼身在銅仁,是賊所不到之地也,三千軍安所用之!非其投占無人,則其惶懼自衛。將領若此,留之候代何爲也哉!尚不如逐之早去,以一裨將待事,尚得其三千人之用也。蓋彼以爲業已罷任,罪無復加,故偃蹇無狀一至於此。"云云。據此,是上彼疏時,元鎮尚在廣,此則在銅仁。而仍請重處尚文革元鎮爲事官者,殆前疏既發,後疏繼上,上時,彼疏之諭旨未奉也。《明史·化龍傳》及《明紀》乃以逮尚文等事繫二十八年失龍泉後,誤。

——(民國)《貴州通志》之《前事志十三》,載《中國地方志集成·貴州府縣志輯》,第 7 冊,18~21 頁

附李督再奏《報播酋犯貴屯堡并催兵餉疏》

題爲"播賊分道突犯,全黔勢甚阽危,懇乞聖主嚴催兵餉,以救燃眉事"。

本年十二月十八日,准貴州撫臣郭子章會稿:十一月二十九日,據新添衛報稱,本月二十八日亥時,蒙防守平越原任參將今充爲事官蔡兆吉稟稱,播兵數萬,攻陷王嶺囤劄兵,聲言往新添攻打囤寨。該衛官兵晝夜謹守城池。隨據本衛所管喇啞夷民報稱,播兵萬餘已將王嶺燒劫盡空。且王嶺逼近本衛,乞賜發兵應援等因。同日又據帶管新鎮按察司驛傳道副使尤錫類報稱,防守平越爲事官蔡兆吉、駐鎮知州李珏稟稱,平越衛劉家堡民鄒應龍報稱,覘賊楊總管、董提調、郭提調管領賊兵過雍水河,稱要打我江山。地方又發掃帚一把,火燒木刻一個,去播州趕兵掃土快來等因。同日又據監軍右參議張存意報稱,據平越衛呈報,本月二十七日午時,據管理王嶺把總安榮報稱,突被播賊數萬四路攻打本嶺,榮統苗向敵,賊勢重大難敵,被賊攻破頭寨,殺死寨苗男婦不計其數,放火大燒倉房,眾苗擁榮奮死奪回。屢據偵探人役報稱,播苗數萬過河屯劄各處,聲息攻城,乞賜添兵策應等因。本月三十日,據清平縣知縣劉啓周稟,據凱里楊燧報稱,野洞七寨苗俱要反出,由狗窩攻打清平城等情。又據趙崇報稱,七洞等苗已攻打佯僙,欲與七寨由草塘司入楊老,攻打平越、清平,俱有定約。伏乞憫念孤城,添兵防禦等因。十二月初二日,據防守黃平參將劉效節及通判王三策、指揮徐登階報:據防守得勝關百戶薛應時稟稱,十一月二十

五日,被播賊楊七楊總管統兵前來翁崖、高漆劄營,聲言:"我今日來報信,我主楊太爺已經令各處搭完浮橋,大兵的於二十七八准來攻你平溪、浪洞、黃平與東坡、黃蓮、柳塘等處。我兵在此劄營,只等大兵四路齊到夾攻。"卑職分兵四路哨探,播兵日夜經過不絕,播酋詭計甚多。請乞加兵各處隘口把截,事在燃眉等因。本月初四日,又據清鎮守備王之棟并偏橋衛指揮許繼祖揭報:播賊於十一月二十二日,猖狂擁眾劄營於偏橋城南官道水井坡,離城五里,大勢圍城。我兵固守城外,劄營對壘一日,我兵傷賊馬兵,奪獲棉被二床,各賊方退臺蠟原營去訖。查得內有陣亡漢兵湯法等七名,土兵高元等七名,虜去漢兵一名羅仲,重傷兵母成宗等三名。其節次申報事,俱經繳回。又差兵由小路遞送,被其截路。草塘、黃母、徐姚、爛橋一帶等哨堡軍兵四散,人烟盡絕。本衛漢土官兵三千有零,謹守城池,賊勢重大,不敢輕出等因。本月初六日,又據湖廣辰沅兵備副使王應霖報同前因。同日又據鎮遠衛揭:十一月十八日,准本衛巡捕指揮何天寵關稱:本衛軍餘郭正朝走報,本日天明時分,被播夷約有五六千餘,將本衛許花屯、中屯、周旗屯、窩底屯一帶地方盡劫一空,虜去男婦李賢、火孫等數十等情,各稟報等因。本月初九日,又據布政司帶管分守思仁道左參政郭廷良呈:十一月三十日,據管思石守備事都司楊惟中報,據坐鎮指揮胡效忠報稱,播四十八屯軍餘黎廷恩等連夜前來報稱,播賊何漢良住劄馬渡,起七頭苗兵點齊,於二十八日劄營三跳,威逼恩等講取思石、婺川、龍泉地方。今已知朝廷旨意,先是進剿,今又是剿了來。說到此田地,左右是死,不壞也是壞了。四川水西、藺州、白泥、黃平已分兵殺敵,你龍泉、思石、婺川若不先下手剿蕩,將來大兵容易入境,此番定然是實等情到職。及查見今偏橋、興隆被賊劄營,接取九股生苗裏應外合等因。同日又據監軍參議張存意呈報:本月初六日,據興隆衛呈據鄉導陳八報:據臺蠟寨苗老九傳出播州把事木刻,說是本衛詐哄連和,"我大兵已齊,不日攻圍偏橋、黃平,你興隆既要免禍,可備銀二千兩退兵,待我打了偏橋、黃平。"各兵見於梭洞立營,劄兵數萬,勢要攻圍城池。禍在燃眉,萬分緊急。除調官兵分布救援,其殺傷官兵及失事員役查核另題外等因。移會到臣。

該臣會同巡撫貴州兼督理湖北川東等處地方提督軍務都察院右副都御史郭子章、巡按貴州監察御史宋興祖,看得播酋楊應龍逆節滔天,自分罪在不宥。又計黔中衛所郡縣數千里而遙,所在單弱,漢土官兵分布城守,不足抗禦。乃糾挑生苗分道突犯,先梗塞餉道,次逼攻城池,為先發制人之計。初據偏橋、興隆二衛報稱,攻破東坡、爛橋等處,殺虜軍民慘毒異常;今則鎮遠衛告殺虜許花屯矣,平越、新添告王嵒囤被據矣,黃平告楊七統兵翁崖矣,龍泉告何漢良劄兵三跳矣。在在皆賊,處處告急。楚兵三萬,滇粵永保之兵三萬,聲息至今杳然。辰沅道兵備副使王應霖尚在沅州,總兵童元鎮交代一月,仍駐銅仁,俱未投足到偏橋。興隆參將陳寅,婺川參將王鳴鶴,俱泄泄未知進止。貴之阽危,甚於累卵。其尤急者,偏橋、興隆之間,東坡、爛橋、重安三處,實為黔、楚之交會,滇、貴之咽喉。此地一為賊據,則楚不得入黔,滇不得出楚,匪獨無黔,且并無滇。此必爭必守之地,非大集勁兵，勢必不守。臣等會議得東坡、爛橋、重安三處，每處當設重兵一萬，共三萬，庶幾道路可通，咽喉不塞，而後可以議及大舉。先是臣化龍慮及黔省兵少力單，已調廣兵一萬，滇兵八千，協同戰守。滇兵已報入境，廣兵尚未即至。今據前因，又已一面令行多方招募防守，顧此三萬之兵，又在原議兵數之外。先所議餉纔三十萬，而借之各省，若有若無。據臣子章所報，實到黔中者，尚不及數萬，此亦何怪其兵力之單弱也。先是臣子章借銀咨到，臣化龍當日行四川布政司即以十萬解發，復行湖廣以十萬解發，以濟目前。蓋二省該部議徵派通融支用者，故臣亦通融處之。然二省之協助，力止此矣。若閩、廣之銀不繼，异日主客兵集，費且不資，將何計爲之通融乎！據撫臣所議，乞敕下兵部，急催楚兵三萬，以救偏橋一帶。催滇、粵、永保兵三萬，以救興、黃、貴陽一帶。容臣等再募兵三萬，分屯東坡、爛橋、重安三處，以固要害而通喉舌。

顧臣以爲募兵則撫臣之力所可爲也，調兵催兵則臣化龍之力所可爲也。臣已四出遣使，十道徵兵，計當目下可至。顧臣不慮無兵，慮無餉耳。不慮目前之餉，慮兵集之後，事不結，餉不繼，患且不可爲耳。至於三省將領，除總兵尚先後可到，其偏裨如陳寅、王鳴鶴、藍方威、金秉鉞諸人略無影響，臣亦無處查催，何以應急，何以濟事！統應具題。伏乞皇上敕下戶部，嚴催各省餉銀，并乞敕下兵部，嚴催各處兵將，俱令及時速至。但得目下兵將齊，糧餉足，臣獎帥三軍，躬行掃蕩，彈丸小寇，必不令久逭天誅。不然，彼方東衝西突，我且掣衿露肘，守且不固，戰於何有，且不知事之所終矣。臣等無任激切待命之至。以下非要，節去。

奉聖旨："該部知道。"《平播全書》。

——(民國)《貴州通志》之《前事志十三》，載《中國地方志集成·貴州府縣志輯》，第 7 册,21～22 頁

(十二月)壬辰，詔以湖廣漕糧濟川、貴軍興。《青螺全書》。

從科臣李應策請也。康《志》。

以征播故，暫設巡撫偏沅地方贊理軍務一員。尋罷。《明史》《遵志》《苗防備覽》。

——(民國)《貴州通志》之《前事志十三》，載《中國地方志集成·貴州府縣志輯》，第 7 册,第 23 頁

命偏沅巡撫江鐸字士振,浙江仁和人。監總兵陳璘師。《紀事本未》。

按：此事康《志》書在"龍泉失守"下，文云："二十八年正月壬申，設偏沅巡撫。癸酉，江鐸爲右僉都御史駐鎮偏沅。"下又云"夏四月，江鐸至沅州"云云。考《明史·李化龍傳》，鐸事連叙在二十七年分師八道文中，《明史·職官志》且明書作"二十七年"，是康《志》誤。或鐸至在二十八年，未可知耳，然亦不應遲至四月。此從《明史》下照録，存疑。

——(民國)《貴州通志》之《前事志十三》，載《中國地方志集成·貴州府縣志輯》，第 7 册,第 23 頁

（明）神宗萬曆二十八年春正月庚戌，播賊寇龍泉司，守備楊惟中他書又作"忠"遁，土民安民志、吏目劉玉鑾死之。康《志》。

二十八年春正月，楊應龍勒兵數萬，五道并出，攻龍泉司。守備楊惟忠擁兵二千，以勢不敵，先期託臺謁，走思南鸚鵡溪。土兵安民志率步卒五百拒守，死之。吏目劉玉鑾偕妻子并死於戰。副總兵陳良玭託守偏橋，不之援。石砫宣撫司馬千乘軍鄧坎，賊乘夜掩襲，我軍堅壁。詰旦，奮擊，連破金筑、青岡嘴、虎跳關等七寨。酉陽宣撫司冉御龍進攻官壩，斬關直上，復擒斬三百有奇。初，賊既下龍泉，方移攻婺川，聞敗，撤兵還。《紀事本末》。

按：龍泉失守事，據《平播全書·查參失守龍泉司官疏》載，帶管思仁道布政司左參政郭廷良等據安民志節報稱"二十七年十二月十八日，播目何漢良、朱敬等統領賊兵數萬，一由錫落關將把總喻時興、哨官刁榮賢、楊廷貴與馬頭山把總李惺三俱各殺死，虜去喻時興兵一百五十名，當斫死五十名，餘一百名，用木靴穿繫。一路由龍洞哨，一路由穿磽哨，一路由三跳哨，綁去把總蕭才一、郭明選，并兵一百二十名。一由綏陽哨，綁去把總冉文燦，將永靖營、大毛坪等哨房盡行燒毀，官兵殺傷大半。及要攻龍泉、思婺"等語。又此報前，載有貴州右監軍道布政司右參議兼按察司僉事張存意一呈稱，二十八年（原承上作本年）正月十六日，據思南府申：本月初六日，據防守本府煎茶溪關（此即惟中初四日所至之地）把總黃明儒報稱：播酋楊應龍統率步兵六萬，馬兵三萬，於初五日殺破龍泉司。本司駐鎮守備楊惟中帶兵，先於十二月內將家眷送往本府附近鸚鵡溪避住。該司止有土官安民志兵五百名在司，今被殺虜。會移石阡，請發大兵，庶得堵禦等因，呈報到府。初七日，據偵兵回稱"龍泉司初五日寅時，播苗數萬擁至龍泉，就將本司并鳳凰山營俱圍劄數層，一涌進入，已將土官安民志、吏目劉玉鑾綁虜去訖，遺失本司印信。楊守備於初四日徑至鸚鵡溪嶺底河下潛住。本備今又帶兵，復見住鸚鵡溪未回。播兵尚劄龍泉附近地名魚跳，不知何爲"等語。又楊惟中移思南府文稱"本年正月初四日，本備出諭分守道（即參政郭廷良）而議地方事宜（以下飾詞及繁複語節去），行至地名煎茶溪，於初五日辰時據報，逆酋楊應龍出犯龍泉，本職星馳回至沙灘，分兵殿後，被賊在陳縛去土官安民志、吏目劉玉鑾"等語。此後化龍自述文稱"查賊以初五日破龍泉，初六日撤兵回，則所云蜀兵報警，即南川正月初一日金竹寨之捷，有以牽之也。不數日而再有官壩、大營之捷，賊遂至今不敢南向。而施州之兵且及黔境。向使惟中但守三日，即龍泉至今與思、婺并存，亦不可知"云云。據此，是時陳璘尚未至偏橋，所調兵亦未到，故副總兵陳良玭不救龍泉，以保守偏橋爲解，乃《明紀》書此於八路會兵後，非是。又逮沈尚文等事，據《平播全書》亦在前（見上），《紀》乃連叙於此條後，亦未核。茲事以《紀事本末》所書爲得實，然此時官軍之捷，據《平播全書·初報捷音疏》，貴州亦恢復興隆、東坡一帶，其文并未叙及，茲特節附《捷音疏》文於後。

附節李化龍《初報捷音疏》

題爲"防兵鸚剿，屢挫賊鋒，恭報捷音，以慰聖懷事"。

萬曆二十八年正月十八日，據川東監軍道張棟、原任四川總兵官劉綎、防守南川分守松潘副總兵周國柱、原任游擊王之翰呈，據酉陽宣撫冉御龍申，奉臣憲牌。臣憲牌三字似重出節據塘報，差人探得，播賊於十一月初五日發兵二萬，劄在地名官壩，與南川、綦江相連，將連界人民房屋燒毀。其東鄉兩山人戶，見勢重大，黃夜般逃一空。又稱，播賊自統萬兵，欲出婺川、真州，必來攻南川等情。看得逆賊親統大兵，爲謀甚狡。牌仰冉御龍督率部下目把土兵人等,於南川郭外登高拒險,枕戈以待。如遇賊來,相機撲滅,前後夾攻,固不可容賊衝入,亦不宜爲賊深誘。奉此。隨該冉御龍一面分布土兵把守隘路外,又於正月十三日,蒙總督院部監軍道并南川路監紀官高推官明文:照得播酋逆天,大兵進剿,師期在邇。乃酋黨郭俊、何廷順等,愍不畏死,糾聚苗衆,尚據寨子山等處,肆行劫掠,法應相機剿除,以開平定之勛,實惟今日,時不可失。牌仰該司,即照牌內事理施行。蒙此。該卑職親統部下苗蠻夷兵,并把總冉大周等,於本日申時直至地名乾壩、乾溪口偵探情形,撞遇苗賊三百餘人前來哨路,我兵截殺一陣,賊遂奔敗,乘勢追趕,賊據官壩險囤。時已十四日辰時,賊知我兵逼近,堅壘拒敵,梭杆壘石如雨,勢難仰戰。遂將兵分十股,四面夾攻,又用奇兵一枝,自後衝殺,各賊首尾不顧,我兵前後奮勇,斬關直上,賊衆潰散,跌崖死者無算。<small>以下類叙功級語節去。</small>合行呈報等因,具報到臣。批行監軍道會同兵巡上川東道驗明,照格行賞外,案照先於正月初四日,據參政張棟報,准總兵劉綎報,據副總兵周國柱,游擊王之翰,據石砫宣撫司宣撫馬千乘申稱,先奉臣憲牌:"照得播賊猖亂,警報不常,本部院隄備之約,申飭之令,已不啻再三再四矣。今歲杪在邇,元旦屆臨,誠恐將士燕樂酣飲,賊反伺隙入寇,昏夜之間,人不及甲,馬不及鞍,安能與之相角?其不取敗者幾希!牌仰道鎮,轉行到職,務要比常加嚴隄備。賊如不動,則歛兵固守。設若入犯,則并力合攻。候本部院約期大舉。"奉此,遵依。即差總管秦邦屏、馬廷培、馬邦田、譚朝國等統領土兵一千五百名,前去分任信地鄧坎劄營,以防入犯間,忽於正月初二日夜三更時分,播賊發兵不知其數,前來衝劫。比因昏夜,遵守號令不敢出門,挨至天明,酋兵益肆狂逞,逼近挑戰。我兵只得奮勇一擊,衝殺上寨,攻破金竹、伏土、葛泥、青岡觜、榜山、跳虎關等處。<small>以下叙功級語節去。</small>等因,具報到臣。批行監軍道會同兵巡上川東道驗明,照格行賞外。又於正月初六日,據貴州布政司并監軍道參議張存意、駐鎮黃平通判黃三策各呈奉臣憲牌:"照得播賊糾合九股生苗,攻破東坡、爛橋、王巖,殺虜屯軍,結聚不散。似此情形,勢必狂逞。仰道會同總兵童元鎮,或設法解散,或用計鶻剿,務要驅逐歸巢,驛路通達。"

又奉貴州撫院紙牌:"照得逆苗雖暫退,而東坡兩山阻塞,官道上下不通,此必山中尚有屯聚者,豈容坐視?合行搜山擒剿。"

行道備行參將劉效節,添調黃平,安順州把總張鶴翀,鎮溪所土官指揮向世爵,千百戶吳國輔、孫之襲等帶,領漢土官兵,會期約於初十日,齊至興隆、東坡一帶官道,將兩山屯劄苗賊夾攻,擒剿賊級一十八顆,生擒惡苗九名,俘獲男婦三十七名口,鞭馬二副,鐵甲一籠并器仗。各賊奔進大江等處,當差鄉導都保前去翁谷、羅由、成溪三寨,傳宣殺伐。彼各寨苗頭金虎、召倉、傳亂等前來歸順,喻令守東坡一帶道路,姑饒不殺。各苗承認擔保,將牛一十二隻以求退兵。各職不敢深求,收兵回衛。各等因,轉報到臣。除將有功員役,應賞者分別獎賞,應叙者聽候并叙,被傷軍兵量行優恤外,該臣看得賊自破綦江以來,彼方志得意滿,肆張虛聲以侗喝外方。而我亦轉餉集兵,不動聲色,以專候大舉,蓋兩相持而莫爲先發者。久之,乃至冬月行盡,賊見臣移鎮入渝,自知罪在不赦,剿在必行,狡焉有鴟張豕突之態,以川中有備,未敢長驅,乃貴池尚虛,輒恣猖逞。東坡、爛橋已罷狂鋒,龍、婺、思、石日傳警報。臣乃一面移文貴省撫鎮,剿苗以清興、黃之道,集兵以厚龍、婺之防;一面催調施州衛、平茶司各土兵及建越兵,共萬有三千,自川入貴,助爲防守;一面行沿邊防守土、漢官兵相機鶂剿,以牽賊之勢,而釋貴之圍,乃無何而報捷者紛紜至矣!貴州之斬獲雖不甚多,然自是而生苗不復入播,官道得以無阻,我得專意行剿,非小補也。而川中南川之役,初而斬級者三十,破其金竹等七寨;繼而斬獲者三百,遂破其官壩大營。雖兵力未齊,未敢深入,以成破竹之勢,乃積弱之後,初有此捷,人始知賊無足畏,各有戰心。賊亦知外兵漸強,或可戢其猖狂之勢矣。是役也,撫鎮司道籌畫多方,漢、土官兵感激用命。至南川二捷,皆推官高折枝監督鼓舞所由致,然其功均有不可泯者。但今方傳檄三方,會期夾剿,大事未就,曷敢先叙微功?直以逆賊半歲以來,如火燃水決,居然有燎原滔天之勢,一旦駢首就戮,如彼其多,亦足以少寬皇上西顧之憂,而暫快海內念亂之志,故不敢不以上聞。伏乞敕下兵部,俟事完之日,統行議覆施行。《平播全書》。

丙寅,詔貴州孤懸,令各直省助餉。康《志》、《貴陽志》。

貴州巡按宋興祖請停采木,專力討播。《紀事本末》。

二月戊寅,五靖參黃冲霄督兵剿皮林苗,我師敗績,苗殺守備陳世忠等。康《志》。

按:此事當爲播平後郭青螺剿皮林張本。《平播全書·查參楚省剿苗失律官員疏》,原次在《三報捷音疏》後,然疏文謂臣以二月三日進兵,楚以二月四日剿苗,則是剿苗與進兵亦同時事也。茲以康熙《志》書此在三省會師前,故特照錄。

——(民國)《貴州通志》之《前事志十四》,載《中國地方志集成·貴州府縣志輯》,第7冊,23~25頁

節附李化龍《查參楚省剿苗失律官員疏》（後半）

臣看得上皮林之事,在諸苗誠無所逃罪。顧迹其始事,止於截路殺死二人,此盜之白晝搶奪者耳。後以兵挾勘,而敵殺八九人,此盜之拒捕殺人者耳。誠以盜治之,懸購其首惡,離散其黨與,一獄吏數游徼之力足矣。即欲問罪伸威,一勞永逸,亦須播事既定,鼓其餘勇,亦自游刃有餘,何必嘔嘔滅此朝食爲也?詳其始末,禍蓋獨起於該府推官邱獻可之易言兵,而參將黃冲霄之輕舉妄動,幸功而貽禍也。夫苗以萬數,不爲不多,三千兵豈易敵之?而率爾深入,一何急也!邇來衛所兵疲敝脆弱,各省皆然。今所恃者,乃該衛款兵千五百,與其餘之零星烏合者,且撤征播之兵三百,并止偏橋上班之兵以益之,一何易也!陷入伏中,略無知覺,一何愚也!二十世官,三千甲士,駢首就戮,又何懦也!主將奔回,城門晝閉,綿花千斤,銀七十兩,盟之城下而與之。若非衣巾土生之緩頰,幾有牽羊繫頸

275

之事，又何其備極醜態！……當該參倉皇苗警之秋，正該道拮据播事之日，所宜量行罰治，以戒失職。仍候播事通論，以責後效者也。

顧臣尤有説焉。臣之得督三省也以征播，則一播之外，餘宜無問矣。顧征播豈易言哉？士馬不精強，則不能征；錢糧不饒裕，則不能征；人心不齊一，地方非寧帖，則不能征。此宜舉三省之遠近上下，一意從事，而後可襄厥功者也。乃臣以二月初三日誓師，十二日進兵，而該省以初四日剿苗矣，又分兵矣。按：據上《類叙》文"湖撫支可大及王應麟，均有飭籌錢糧及發兵"語，故此疏及之。又無何而告敗矣。此其於征播得無相妨否？夫臣所督者，三省軍務也。漢、土官兵，例得管轄，大小軍機，例得與聞，敕諭昭然，節經申飭，奈之何各院道俱有詳而獨無一字詳臣也？既不詳，則宜盡不詳矣，又何失事之後，而始倉皇詳臣也？蓋此事上下相視，以苗爲易與，謂一舉滅之，當以功報，而不意其決裂至此，始不得不以相聞，然晚矣。臣請著爲令，自今以後，二省兵事，除尋常強竊盜賊不必瑣瑣相聞外，但凡土司郡縣衛所漢夷一切有關兵馬錢糧重大事情，應驗者驗，即事在當機，難以遠講者，亦一面舉事，一面報聞，庶臣得以參酌贊成，或未必毫無裨補。臣生平職掌之外，不好多事，惟是有感於皮林寨之事，如黃冲霄之不任專征，與衛所軍之不堪剿苗，知之頗真。當征播之時，不宜別有舉措，以亂大謀。籌之頗預，使其有一字之聞，未必無一言之助。幸而事止於此，若更大，則此省之進兵有阻，當是時而後重加參處，已無及矣。伏乞敕下兵部通行議覆，行臣等遵奉施行。《平播全書》。

癸未，播賊襲河渡，執宣慰宋承恩去。康《志》。

按：承恩之擄，據《二報捷音疏》云，劄佐指揮夏應龍報，據乖西長官司申稱："本月初七日，雞鳴時分，被播賊由河渡越江至馬場，將宣慰宋承恩并親枝各舍包擄去訖，殺傷守把土兵，賊勢凶勇難敵。"又奸細梁守富供稱"應龍説宋宣慰不與同心，令楊朝棟、楊三、田二領兵一萬前來新土，將宋宣慰擄去，同生同死。已先於各莊取男女陪嫁。"等語。下應龍看語云"宋承恩原係逆賊應龍之婿，有謂賊擄去成婚者，有謂承恩通同伴敗投入者。"云云。《獻俘疏》云："宋承恩，酋長女婿，年二十二歲，係洪邊宣慰應襲。往酋戕官軍白石口時，貴州撫按即行承恩絕婚楊氏，勿涉其餘波。承恩陽諾陰違，竟不之絕。二十五年，安疆臣爭新貴縣，實承恩從中鼓煽，冀合安、楊之交，其謀狡矣。剿事起，承恩爲酋詗事貴州，十日一報，行路知之，畏其勾賊，無敢言者。既師期近，乃被擄上囤，得無以乎？彼以附賊爲得繫援也，昏童無知，自取敗亡，宜矣！賊女楊貞惠，酋長女，年一十九歲，許配洪邊宣慰宋承恩，逾時未婚。承恩之堅於從逆，不顧其祖宗千餘年宗祀，則貞惠之以。若貞惠者，是又洪邊之禍水也。"云云。是水東宋氏之傳，當自是絕，而承恩卒獲釋，亦幸甚矣。

——（民國）《貴州通志》之《前事志十四》，載《中國地方志集成·貴州府縣志輯》，第 7 冊，第 26 頁

丙戌，總督李化龍、貴州巡撫郭子章、湖廣巡撫支可大合兵討播。康《志》。

總督李化龍《奏報進兵事宜疏》曰：

題爲"播賊造逆，奉天征討，恭報師期，以張聖威，以一衆志事"。

臣惟播賊楊應龍逆天造反，殺將屠城，皇上赫然震怒，興師問罪。不以臣爲不肖，舉兵柄而授之，又頒上方之劍而賜之，委任甚專，責成甚重，亦既數月於今矣。當臣之初受命也，計惟除君之惡，義不返顧，滅此朝食，豈俟問哉！顧賊勢甚張，我力甚微，較量彼己，未宜輕舉；乃不動聲色，以緩其勢，急集兵糧，以厚其防。既而兵糧稍集，可以守矣，未可以戰也。乃復按兵不動，以示之不測；益廣調發，以圖爲必勝。蓋自秋徂冬，川省之兵力始充，器械始備，糧運始齊。湖、貴二省極力催攢，亦漸有端緒，亦漸有至者。臣計此時，不但自顧，可以圖賊矣。乃遂移駐重慶，就近調度，而是時各省兵亦先後至。參將周國柱以固原陝西兵，游擊余世威、羅星，都司哈光顯以甘肅兵，游擊任承爵以河南兵，俱十一月至。參將李經以延綏兵十二月至。都司封建以浙江兵，守備趙賢輔以山東兵，坐營王芬以天津兵，管守備事指揮沐粲以雲南兵，守備白明遠、土知州岑紹勛以廣西兵，俱今年正月至。總兵馬孔英以寧夏兵二月至。其三省所調土司兵，酉陽、石砫、永寧、天全、鎮雄、平茶、邑梅、水西久在防守。烏蒙、施州、散毛、容美、永順、保靖、烏羅、獨山等各報已啓行，計二月初俱可至。而先是臣行本省司道及二省撫鎮司道，所議分路分兵，分定文武諸臣，漢土官兵亦以正月初，先後報至。大約分爲八路。

在四川爲四路：

一路綦江，以原任總兵劉綎爲主將，而以參將麻鎮，游擊楊敏政，都司程試、周敦吉，守備趙賢輔、周以德，坐營王芬等隸之。參政張文燿督兵糧兼紀功，而以同知史朝貞等佐之。

一路南川，以總兵馬孔英爲主將，而以參將周國柱、李經，游擊任承爵、王之翰，守備萬民英，都司葉當春，坐營孔繼祖，土官宣撫冉御龍、馬千乘，長官楊光祖、楊光斗等隸之。僉事徐仲佳督兵糧兼紀功，而以推官高折枝等佐之。

一路合江，以總兵吳廣爲主將，而以游擊余世威、羅星、哈光顯、封建、趙應科、吳從周、劉承職等隸之。參議兼僉事劉一相督兵糧兼紀功，而以馬湖府知府蔡宗憲等佐之。

一路永寧，以原任副將曹希彬爲主將，仍聽吳廣節制，而以參將吳文杰、王夢吉，守備江萬化、周大謨，土官宣撫奢世續等隸之。參議史旌賢督兵糧兼紀功，而以州同趙世德等佐之。

外有臣標下中軍副總兵楊登山及參將余德榮、游擊江萬仞等領用標下兵爲游兵，往來策應。史旌賢先總管水運，今水運將完，而本官已題升敘瀘副使候命，故以之管本道兵糧。曹希彬先以到遲被參，奉旨提問，而本官先爲永寧參將，甚得該司官兵之心。今所調該司兵獨多，須以希彬監押之乃可用，故暫釋而用之，俟事完另議。其川東兵監以參政張棟，川南兵監以參政謝詔，此川省之大較也。

在湖、貴爲四路：

一路烏江，總兵童元鎮爲主將，而以參將謝崇爵，守備陳雲龍、沐粲、白明遠，中軍張

樹、劉岳,土官知府隴澄,知州岑紹勛等隸之。参議梅國樓督兵兼紀功,而以推官張應選
等佐之。

一路沙溪,参將朱鶴齡爲主將,仍聽童元鎮節制,而以土官宣慰安疆臣等隸之。副使
洪澄源督兵糧兼紀功,而知州王應昌等佐之。

以上二路監以按察使楊寅秋。

一路興隆,總兵李應祥爲主將,而以副將陳寅,参將楊顯、劉效節,守備汪如淵,土官
宣慰彭元錦等隸之。副使尤錫類督兵糧兼紀功,而以知州陳聖佐等佐之。此路兵監以参
議張存意。

一路偏橋,分爲兩翼。一由白泥總兵陳璘爲主將,而以游擊江騰龍,都司于繼勛、吳
時喬,守備王之棟、朱桂芳,邊上將,土官宣慰彭養正等隸之。参議詹啓東督兵糧,副使王
應霖司紀功,而以同知張羽鴻等佐之。一由龍泉,副總兵陳良玭爲主將,仍聽陳璘節制,
而以参將王一桂,都司錢中選,守備徐允爵,土官宣撫覃宜、覃玉鑑,安撫田大豐等隸之。
副使陳與相督兵糧,副使路雲龍司紀功,而以推官吳天祐、知縣鄧宏烈等佐之。此路兵監
以按察使胡桂,参議魏養蒙。其二省撫臣副都御史郭子章仍在貴陽,僉都御史支可大移
住沅州各調度,此湖、貴二省之大較也。

臣又惟三省道里延長,官僚衆多,即在事文武諸臣,臣且不知其面,安知其心,一有懷
私敗群者于其間,誤事不細,是必盟之於天,以一其志。乃於正月十五日,臣先率川省總
兵司道及大小文武官兵,於重慶之演武場,設天地日月、風雲雷雨、山川社稷、先聖先賢之
神位而告神,爲盟詞曰:"蓋聞《春秋》之義,人臣無將,漢法所誅。大逆不道,逆賊楊應龍
者,本以夷種,世厠漢官,被我冠裳,守彼爵土。輒敢忘天朝豢養之恩,恣鬼國凶殘之性,
初但殃及骨肉,繼乃禍遍蒸黎;嬰兒孕婦,概被誅夷;殺將屠城,以爲常事。虐焰燔乎五司
七姓,淫毒漸於九溪二巴。天地不容,神人共憤。皇上痛兆人之失所,杜列辟之效尤,遂
伐暴以安民,乃興師而問罪。化龍等共以職守,咸在戎行,義當戡亂成平,勢須分猷共濟。
蓋必三省之中文武將吏,以及四海之内漢、土官兵,堅除凶雪耻之圖,奮戮力同心之誼,庶
幾共獎王室,乃可必得罪人。兹將鞠義旅以徂征,敢對明神而作誓。且夫惟忠可以報主,
惟公可以服人,惟致死不貳可以徇國家之急,惟精白無欺可以樹揭掀之勛。凡在行間,請
事斯語。如其無貳乃心,克勤王事,神亦陰爲庇相,俾享成功。若督撫鎮道及副参游守、
府縣衛所大小文武等官,有懷奸飾詐,罔上行私,乾没軍資,枉殘民命,妒人則以功爲罪,
逃刑則以罪爲功。或假公事以報私仇,或介小嫌而妨大事,或以是爲非,以非爲是,任一
己之見,而失三軍之心。或當進不進,當援不援,偷一時之生,而戕萬民之命。或懷忠不
盡,退有後言。或臨事避難,轉生枝節。或賞罰功罪之不明,或南北漢土之异視。或持兩
端而規利,或罔三尺以徇情。或造疑似影響之説以傾人,或挾機械變詐之術以利己。有
一於斯,即爲負國。負國之人,其名爲賊,明神殛之,死不旋踵,逮其闔門,永絶其嗣。夫

神,聰明正直而一者也。有人負國而不知,聰明謂何?有人負國而不誅,正直謂何?有人負國而不知之,誅之,有不偏有不平,一之謂何?夫神,護國佑民以食其報者也。神不明則士不奮,士不奮則賊不滅,賊不滅則民不安,民不安則凶年殺禮,於神亦有不利焉,敢盡布之明神,惟明神其圖利之!"臣又惟軍中之事,三令五申,宜有告誡,乃爲軍誓:"照得我國朝方制萬里,四海一家,率土之濱,悉爲郡縣。其在西南一帶,特從往制,仍設土司。原欲因俗爲治,令之保境安民,下延宗枝,上作藩衛。隆恩大德,山高海深,二百年來,相承無替。乃有逆賊楊應龍者,梟獍爲心,蛇蝎成性。藐國法如兒戲,刈民命若草菅。以疑似殺妻而并害其家,以殘暴殃民而盡絶其世。同知原係寅僚,斬殺裨無遺種;五司原同手足,剿絶盡作荒邱。初但肆惡於一州,繼乃流毒於三省。白石口民兵三千,積骸遍野;飛練堡官軍二萬,流血成淵。遂爾比戈稱干,因之陷城殺將。綦江一破,百里無烟;東坡再焚,三春如赭。最可恨者,對夫以淫其妻,對父而奸其女;尤可駭者,吮乳斷嬰兒之首,驅蛇入孕婦之陰。迹其數載,殺人已盈十萬;擬以五刑,議辟統備三千。大逆不道,天地不容;賊子亂臣,神人共憤。本部院欽承聖命,特任專征。地連三省,幅幀萬里而遥;劍賜尚方,宣暢一人之令。糾燕、秦、趙、魏之士,提滇、廣、吳、越之豪。艫舳連雲,粟堪填海;戈矛蔽日,甲可成山。殺亂與玉壘争雄,軍聲并岷江等壯。以此制敵,何敵不克;以此圖功,何功不成。兹當百道并進之時,宜有三令重申之命。凡我將吏共聽誓詞:

一,昔人有言,主憂臣辱,主辱臣死。逆賊破城殺將,荼毒生靈,辱朝廷、羞當世甚矣。凡爲臣子,義當不與共戴天。三省文武,各藩兵將,誰非臣子?誰無忠義?既已受任討賊,豈可更有他念?乃或持貳心,懷觀望,計利害,憚勤勞。心有所見而不言,機有可乘而自失。忌人之功而造謗,掠人之美以歸已。事前不慎,事後則委罪於人。爲國甚疏,爲身則無所不至。凡此不忠不義,犬豕不食其餘,神明殛之,永絶其嗣。本部院以此自警,願與同事者共之。

一,本部院謬司三省戎務,在蜀者不敢不勉,在湖、貴道阻且修,雖鞭之長,不及馬腹,其勢然也。左提右携,以綏靖西南一方,實惟兩省撫院是賴。諸所應行,敬受成事,借以圖功,借以免罪。不然者,不同功而同罪矣。

一,三省總兵係一方三軍司命,一切進取攻守,本部院但約束期會,指授機宜,臨陣出奇,并不中制。主客土漢官兵,盡聽節制,但有抗犯,悉按軍法。若主將驕蹇剛愎,逗遛縮朒,爲賊所侮,僨事殃民,則有上方之劍在。

一,監軍道奉有專敕,責成甚重,内贊本部,外督各營,軍中大小事體,無所不得問。若其任情專己,强人以難,玩愒摸棱,失事之會,是謂自溺其職,本部院何敢私焉。

一,督餉道職專糧運,十餘萬人,張口待哺,須常有一二月之儲,乃得宿飽。不然臨渴掘井,何有及焉。乃若收放不時,糠粃不堪,斛斗不符,軍得虚名,民受實害。此當與無粟同,則非所望於該道者。

一，守巡道防守地方，稽核兵馬，催攢器具，百務所叢，當宵晝圖之，猶恐日不暇給。至於進攻之後，紀驗功次，督發糧運，尤須事事親理，無但託之委官，倘有疏漏，所關非細，悔何及已。

一，大小將領，專爲討賊而設，賊不平，何面目見人，何顔色回鄉里？若平時不束軍士，致劫掠爲害，加等罪之。若臨陣，分有信地，定有師期，當進不進，當攻不攻；甚至臨陣而退，畏難而逃；或迂路以避賊鋒，或亂行而納敵侮。諸凡此類，無論大小，俱以賜劍從事。

一，主客官兵，養之千日，用之一時。必須奮勇克敵，爲國分憂，方稱男子。若器械不修，行陣不明，但圖冒餉，不圖立功，甚或無事劫掠以充囊，臨陣畏縮而先退。但犯重情，各將領俱得斬之以徇。

一，一切小委文武官員，食祿盡職，自是本等。況事後優敍，尤宜勉圖。若因循玩愒，畏縮退避，致誤公事，或不潔不公，致招物議者，事發審實，輕則捆打，重則以賜劍從事。

一，各省土司官，豢養二百年來，朝廷之恩，天萬地厚。今逆賊得罪朝廷，正爾等竭忠報效之時。尚有無知苗僚，唱爲兔死狐悲之說，不知狐兔同類之物也。今應龍爲反賊，爾等爲忠臣，已非同類，何得相比？若平時不能束兵，致搶掠爲害；臨陣不能鼓勇，或懦怯不前。又或以一二陣塞責，不待賊平驅兵而去。如此之類，皆謂之不忠，皆播之緒也。賜劍具在，斷不敢私。"

臣又惟軍中之事，明罰敕法，乃可用衆，乃爲軍令："照得將將者，必賞罰明信，而後可以服英雄豪杰之心；將兵者，必紀律森嚴，而後可以獲戰勝攻取之效。本部院欽承上命，討逆遐方，自非三令五申，以齊烏合之情，何能億萬同心，以奮應揚之氣。所有條誡，特用申明，法在必行，將無迴令，各宜蚤計，庶免後艱。"臣於是誓告發令訖，即行湖貴二省撫鎮，期以二月之初三日，亦如臣誓告。

又惟兵將漸齊，人心已一，可以約期行事矣。乃密行本省鎮道及二省撫鎮司道，約期行令，各照分定信地，獎率文武將吏，漢土官兵，的於二月十二日，一齊并進，開刀剿殺。除再屢行申飭并去後，該臣看得逆賊楊應龍逆天造反，罪在不赦，人人知之。顧游談之士，所稱決勝之策，往往不一，蓋有難易遲速兩端。以爲易者，謂應龍小豎子耳，播州一隅之地，在內如黑子著面，且其衆叛親離，人無固志，大軍一舉，至則靡耳，剿之宜速，而不知困獸猶鬥，賊固知兵，又以威劫其下，用命者多蜂蠆有毒，談何容易，白石、飛練已事昭然。以爲難者，則以其據險負固，一夫當關，萬夫莫開，至擬之南倭北虜爲甚，謂不宜與爭鋒，止多集兵而四守之，可坐困也。顧困須多兵，多兵須多餉，令東西南北漢土之兵各數十萬，而事久不決，老師費財，何以善後？夫兵猶火也，不戢自焚，意外之虞，且不在播。夫兵睹拙速，未聞巧之遲也。蓋臣每顧念於難易遲速巧拙之間，神馳心碎，腸一日而九迴。自受事以來，日分而食，夜分而寢，督兵餉，治器械，輪蹄四馳，星霜候易，數月於玆，始有次第。又念三月以後，草青瘴發，雨多河漲，便難舉事，須至秋冬，後來事勢都不可知。瞻前慮後，師期當以二月定。又先經兵部與臣題過賞格，及臣所爲《諭苗雜言》，分行各監軍道多方開示招諭，而各監軍亦殫心畢志，四路招降。節據開報川貴二省，所收投降者，不下數千。而賊之心腹李旭以間死，趙仕登以計斬，其外司長官鄭葵、駱麟、王繼先、袁年陸續出降，送妻子爲質，以表忠順。賊恐人心遂離，努力破龍泉以張威，而不虞金竹、官壩之捷，又有以褫群苗之魄而奪之氣。亂而取之，實惟此時。謀之二省撫臣及三省道將，咸以爲可。故臣遵奉屢旨，成師以出，以皇上神武威靈，計賊當不日授首。臣愚不肖，無能爲役。惟是主憂臣辱，主辱臣死，竊以自盟。賊亡則朝天有期，賊在則歸闕無日。竊願效於昔人徇國之義，他何敢知焉。臣謹具疏，先以師期上聞，無任悚息瞻望之至。奉聖旨："知道了。兵部知道。"《平播全書》。

——(民國)《貴州通志》之《前事志十四》，載《中國地方志集成·貴州府縣志輯》，第 7 冊，26～27 頁

三月丁卯，都給事中李應策追論播事，詔原任四川巡撫艾穆、貴州巡撫林喬相俱革職。康《志》。

五月丁未，逮童元鎮，留御史宋興祖再按貴州。康《志》。

爲播事留，從巡撫郭子章請也。

六月丁丑，李化龍帥師平播州。《輯覽》《遵志》。

先是，二月丙戌，總督李化龍、貴州巡撫郭子章、湖廣巡撫支可大誓師討播。三月己巳，平越兵克四牌，克高囤。壬子，貴陽兵克烏江關，甲寅，克河渡關。乙卯，平越兵克青岡囤。戊午，播賊突犯烏江、河渡。參將楊顯，守備陳雲龍、阮士奇、白明逵，指揮楊續芝等死之。同日，偏橋兵克板角關。己未，水西兵至楊亡水，克大紅、落蒙水等七關。平越兵渡構皮灘河。壬申，水西兵與賊戰於大水田，破之。夏四乙酉，平越兵克黃灘關。丙戌，水西、鎮雄兵克桃溪，焚其衙署家廟。辛卯，水西、鎮雄兵入播州。是月原文爲六月。丁丑，滅播州。楊應龍自經，俘其妻子及賊黨。按："楊亡水"《青螺集》只作"楊水"，"落蒙水"作"潒水"，餘全同，惟不書日。康《志》。

二月，貴州宣慰使安疆臣率兵從童元鎮、朱鶴齡征播州。丙戌，自貴陽進兵，三月壬子，童元鎮兵克烏江關。甲寅，克河渡關。戊午，敗績於烏江，參將楊顯，守備陳雲龍、阮士奇、白明逵，指揮楊續芝等皆死。童元鎮別部兵破播州賊於新站田。壬申，賊遁還，復克河渡關。四月丙戌，童元鎮別部兵克桃溪，焚楊氏家廟，遂入播州。五月丁未，逮童元鎮，令李應祥并將其軍，遂會四川、湖廣兵圍海龍坁。六月丁丑，貴州兵及四川、湖廣兵滅播州，楊應龍自經死，俘其妻子及其黨。按：自貴陽進兵句，《大定志》作自沙溪進，餘略同二《志》。《貴陽志》。

——(民國)《貴州通志》之《前事志十四》,載《中國地方志集成·貴州府縣志輯》,第 7 冊,第 29 頁

二十七年十二月,諸軍征播者大集。李化龍移駐重慶,檄水西兵三萬守貴州,斷招苗路。據《化龍傳》,檄水西兵在移駐重慶前。又二十七年十二月諸軍大集語,亦出《化龍傳》,然或第言其略耳。觀上錄《奏報進兵日期疏》可見。乃分兵爲八路,川師四路:總兵官劉綎由綦江,總兵官馬孔英由南川,總兵官吳廣由合江,副將曹希彬受廣節制,由永寧。黔師三路:總兵官童元鎮由烏江,參將朱鶴齡受廣節制,統宣慰使安疆臣由沙溪,總兵官李應祥由興隆。楚師一路分兩翼:總兵官陳璘由偏橋,副總兵陳良玭受璘節制由龍泉。每路兵三萬,官兵三之,土司七之。貴州巡撫郭子章駐貴陽,湖廣巡撫支可大駐沅州。帝以湖廣地遼闊,擢山西按察使江鐸僉都御史,巡撫偏沅。湖廣設偏沅巡撫自鐸始。化龍以綦江爲最要,故令綎當之。而孔英道南川獨險遠,去賊巢海龍坰六七百里,監紀推官高折枝勇而有謀,請獨當一面,乃與參將周國柱,以石砫宣撫馬千乘兵三千人先進。千乘妻秦良玉別統精卒五百,裹糧自隨,拒賊鄧坎。二十八年春正月,賊乘官軍夜宴襲營,千乘、良玉敗之,追入賊境,連破金筑等七寨。《心齋隨筆》謂:"七寨即金筑寨、青州菁寨、虎跳關寨、明月關寨、赤岩關寨、清水坪、封寧關等,皆在桑木、婁山諸關外,爲生苗所據者,于一夜中盡取之。"又云:"征播之役,馬、秦夫婦功極多。如萬曆二十八年正月初二日,賊乘官軍飲宴夜襲,良玉因所佩寶劍屢鳴,速報信于大營,千乘自宴次速歸,夫婦領兵邀截鄧坎,擒吳尚華,乘勝盡破九股生苗,奪金筑七寨,逼桑木關,取之。應數戰功第一。當時若無良玉,則官軍被襲,不知作何究竟。乃李于田《平播疏》中毫不叙及二人之功,謂之何哉。"又云"千乘先曾殺偽軍師孫時泰,良玉禽田駟(即馬千駟,據《心齋》說,爲時泰誤射死)之妻楊二公主,在賊破綦江之後,正月初二夜,千乘又擒吳尚華,其勸應龍因宴劫營,皆出尚華之計,幸良玉驚覺,未中其計耳"云云。所言七寨名,與下本文所叙多同。殆誤。據《初報捷疏》則云:"破金竹、伏土、葛泥、青岡菁、榜山、虎跳關等處(錄見上),數雖非七,亦不言七寨,然相差只一地。明山等關,另見《二報捷音疏》。"

綎亦督諸將,克丁山、銅鼓、嚴村,賊遣子惟棟及其黨楊珠五道并出,焚龍泉,走都指揮楊惟忠。李化龍劾諸大帥不用命者,沈尚文逮治,元鎮、綎皆革職充爲事官。按:以上各事,多分見上,兹以欲存其原文,特照錄之,又逮尚文等語,出《化龍傳》。說見上。二月丙戌,李化龍大誓文武,趣諸道進師。高折枝督西陽宣撫冉御龍敗賊於官壩,與馬孔英先師期一日入真州,用土官鄭葵、路麟爲鄉導,別遣兵千扼明月關,諸軍鼓行前,連破四寨,次赤崖,抵青水坪、封寧關,破賊營十數,逼桑木關,關內民降者日千計,折枝結三大營處之,禁殺掠,降者日衆。按:據李公《二報捷音疏》釋,副總兵周國柱,參將李經統兵經過明月山,有劉九寨、陳九寨、中山寨各苗拒險不服,勒兵打破。石砫宣撫馬千乘前往神衛壩劄營,遣千總黃延培哨路,至赤崖,將近土坪,遇賊劄墩雄,拒險發礌弩傷兵,於是官兵直衝破壘。又酉陽宣撫冉御龍前進清溪劄營,過河至礦子山,殺敵伏路兵多名云。《三捷疏》云"三月一日,國柱與經,守備萬民英行至紅花灘,殺苗頭汪列等多級,經兵隨劄桑坡。國柱兵田芧坡口,劄牛渡。萬民英與石、酉二司乃盡劄桑木關下。初五日,建越提調劉勝攻打瀼水、羊崖等菁,復斬賊多級,馬千乘二月二十四日行至青溪哨,進破賊何金友等於羅桿寨,更追至土坪、石板溪,皆破之。

千乘報真州、清溪一帶撫勦已定，速宜進師。但此去長磧、望草、風坎、封寧、大灘等隘，俱係勁敵，必先破諸賊，然後可合兵取桑木關云云，“三月一日，千乘劄營土坪，初三日破賊長磧，乘勝入龍鳳關，又破賊望草，生擒冠帶塞巴習文等。望草捷，酉關外遂無立足。初七日，乃與酉陽、邑梅、河南、毛兵破賊，又與酉陽別部并力衝峰，復占封寧關，逼近桑木關住劄。冉御龍耻石硅獲功，於初四日攻祛風坎關，亦劄桑木關下。初六日，把總馬大周與賊交鋒。初七日大周又分兵抄出黑面崖，攻破大灘關，又逼九杵關住劄”云云。

劉綎進搗楠木、山羊、簡臺三峒。峒絕險，賊衆數萬，連營固守，綎分兵攻其三面，大戰於李漢壩。綎左持金，右挺劍，大呼曰：“用命者賞，不用命者齒劍。”士鬥死者四十人，餘益奮，賊大敗，奔入峒。乘勢焚之，盡克三峒，生擒賊魁吳尚華、穆照。賊以兵二萬屬其子朝棟曰：“爾破綦江馳南川，盡焚積聚，彼無能爲也。”朝棟由松坎、魚渡《綎傳》多“羅古池”一名。分道出。綎伏萬人羅古，待松坎賊，以萬人伏營外，待魚渡，而別以一軍策應。賊果至，伏盡起，綎帥部下轉戰，斬首數百，追奔五十里，賊聚守石虎關，綎亦掘塹守。《二捷疏》云：“自東溪入播，地方如楠木、山羊、簡臺等洞，皆天造地設險囤。二月十二日，綎率兵前進，酋命各洞惡目楊兆麟、張漢清、郭通緒、母柱、穆炤、周體祖等六提調，統兵八九千，先來東溪一帶劄營。又於松坎修截二路，探聽大兵出日，應罷親統苗兵四萬前來迎敵。綎令坐營都司周敦吉等領兵由土壙等壩攻山羊峒之右，以旗鼓官陳策等接應，把總趙奇等領兵由南河口等壩攻楠木洞之左，以守陳大綱等接應，令守備周以德等由土臺等處攻二洞之中，綎親統守備徐珊等接應。又行都司王芬等領兵由丁山里、楊木田、點脚壩攻簡臺洞，以絕楠木洞之援，十四日到李漢壩，十五日與賊戰，連勝數陣，進克二關，賊死拒洞門。綎親詣洞前，申嚴號令，懸賞三百兩，督令劉可眘等部下衝鋒軍士，一面於洞前找厢對敵，一面於洞上伐木運草，堆積洞下，舉火然燒。又吊索找櫃，從上放下，內安鳥銃手，攻打洞門，連三晝夜，三洞先後破。二十九日，逆酋遣子朝棟統苗數萬，分三路大出，一由落爐壩埋伏，一由羅天漢衝我羅古池營壘，一由松坎前來迎敵。應龍觀統諸巢之賊劄於頂山關內各處，令朝棟分兵一枝，由兆陽水小路出點脚壩，先劫都司王芬營，復攻綎營。綎先慮王芬孤懸，令來合營。連夜傳令徐珊等八員於羅古池并松坎一帶設伏，以周以德等九員接應。令王芬於營外鴛鴦埋伏，以周敦吉等六員接應。三月一日，朝棟果先犯綎營，綎令家丁并日本降夷達子與戰，賊大敗。朝棟幾被捉，哭泣而去。”又《四捷疏》云：“滴淚、三坡、瓦窰坪、石虎關一帶，賊皆壘石劄隘以重兵防守。二十五日，綎自夜郎舊城分兵五路并進，速奪滴淚、三坡、瓦窰坪、石火爐各險，進克石虎關，追至炒米坡。先是坡前有悶頭大菁，賊用木石壘斷，仍於兩林埋伏弓弩，官兵至以銃炮勝之，打過大菁，克炒米坡，直抵頂山、三壩等寨。數寨爲總理舍人楊兆麟，頭目張漢清、郭俊、聶璽、何廷順等所守。官兵攻之，銃弩齊發，烟焰蔽空，聲震數十里外。賊乃鼠竄入婁山關。”桑木關爲賊要害，山險菁深，賊憑高拒守。折枝令馬千乘與御龍出關左右，國柱搗其中。賊用標銃藥矢，銳甚。官軍殊死戰，奪其關，逐北至風坎關，賊復大敗，連破九杵、黑水諸寨，苦竹、羊崖、銅鼓諸寨。國柱攻金子壩，無一人，疑有伏，焚空寨十九，嚴兵以待，賊果突出，擊敗之。孔英乃留王之翰兵守白玉臺衛餉道，平茶、邑梅兵守桑木關，而親提大軍營金子壩。《三捷疏》云：“酉陽把總冉大周逼劄九杵關後，大周書木牌，限三月八日破關。至日，關破。十日，名色把總熊總，時固原延綏千總李進，把總王問臣、白時化、李廷柏、邱汝孝又合兵攻破苦竹關。”又《四捷疏》云：“馬孔英等三月八日既克桑木關後，十二日，分撥提調駱有餘，把總褚真兒、漆太然、劉添忠領兵進關，命真州長官駱麟、鄭葵，舍人鄭紹仁，平茶長官楊光祖，千總楊光宗等攻克銅鼓、二羊、草果、五龍、鬼崖、風竹、羊崖、早木、濃水等囤寨。十七日，領兵參將周國柱、李經，守備萬民英，又與酉陽、石砫、邑梅、真州各軍及延綏千總李進，國原中軍李桂芳，毛兵把總余武，募兵把總漆太然，劉勝、李舉、高尚江等進攻金子壩。至時，惟餘空寨十九并楊懸龍衙門一所。國柱等慮有伏，焚衙門，嚴兵安營，賊數千果由溝篝出，擊敗之。賊退入金子等囤。"至《五捷疏》始云："三月二十九日，兵道經白土、金子、九杵、麻壩、偏崖、清水、梅子等處。"

陳璘軍次白泥，賊衆迎戰，璘分兩翼躪其後，賊少挫，追奔至龍溪山，賊合四牌賊共拒。四牌在江外，與江內七牌皆五司遺種、九股惡苗，素助賊者也。璘廣招撫，乃進軍龍溪。偵知賊有伏，令陳策用火器擊之。賊據險，矢石雨下。璘先登，斬小校退者以徇。把總吳應龍等陷陣，賊大潰，退拒四牌賊保兒囤，璘遣二裨將逼之，中伏。乃募死士從應龍等奮擊。賊潰，由後山遁，追敗之袁家渡。四牌之賊遂盡。《三捷疏》云："二月十五日，璘至白泥，分兵三枝，行未十里，右哨遇黃溪寨苗，陳棟等敗之。左、中二哨，申時至白泥，各賊棄巢遁。陳策等追躡，俘斬數十。二十七日，進次龍溪，其地林箐茂密，去四牌不遠，前哨遇伏，璘督游擊陳策，都司吳時喬，守備白元潔、王之棟、陳九經，保靖應襲土舍彭尚象等，用火器夾擊，賊登高拒險，矢石如雨，把總胡世華部下隊長謝漢月臨陣先退，璘斬之，諸軍奮進，賊乃披靡。"又《四捷疏》云"璘自龍溪山破賊後，次日進，敗之袁家渡。三月一日，賊回劏龍溪老營，璘又敗之乾溪坪。十九日，率衆渡江，獲賊稱應龍先發銀來，犒人二兩，督令張佑、何漢良、謝朝倅、石勝倅等率老虎軍萬餘劏七牌野猪山，伺官軍渡江，出奇邀擊"等語。璘於是親督官兵銜枚直趨之。

李應祥未受事，副將陳寅連克數屯，拒賊四牌高囤下，別遣兵從間道直搗龍水囤。他將蔡兆吉自乾坪抵箐岡，敗賊首謝朝倅。《明史·應祥傳》作："兆吉自乾坪抵箐岡，過四牌，賊首謝朝倅營其地，四面峭壁深箐，前二關，賊從高鼓譟，官軍殊死戰，俘朝棟妻子。乘勢抵河畔，會烏江敗書聞，欲兵不進者旬日。"據《三捷疏》云："三月二日，副總兵陳寅，統領土官蒙詔、土舍莫勞、領兵把總安世珍等直抵播地旋水。四牌賊布虎兵、藥弩堵截，官兵用火器克之。原任參將蔡兆吉統領土舍楊治隆、土官張元虎、領兵把總猶鶴等往天都囤，亦克之。原任守備伍萬鍾奉令攻劏三百落囤，山箐峻險，滾石梭杆雨發，不能遽上。原任守備柳國柱別以一枝兵從後路上，賊遂潰。先，逆差張文相起集四牌三囤賊衆拒敵，及欲襲糧，至是俱破。"又《五捷疏》云"陳寅、蔡兆吉進攻高囤、龍水囤，賊下囤突戰，官軍前後夾攻，敗之。屯劏疆界河內四牌賊首謝朝倅等巢穴及盤據有名險囤俱破。三月九日，兆吉自乾坪營由毛坪、白龍，十二日抵青岡囤，囤四面石壁箐林，僅峻路一條，賊設險關二，衝鋒把總猶鶴突破之。三月二十一日，陳寅率土舍楊治隆，中軍孫仲謨，領南丹、平州土兵夜半由構皮灘渡河，伏於山後，於是把總陳定等領獨山州兵於袁家渡，李應祥督高民瞻等於水旋渡，保靖宣慰彭養正，凱里土官楊燨，守備伍萬鍾、汪如淵於疆界河，蔡兆吉、猶鶴等於孫家渡，一面殺敵，一面搭橋"云云。

吳廣屯二郎壩，大行招徠，郭通緒迎擊，襲走之。陶洪、安村、羅村三寨并降，他部來歸者數萬。廣擇其壯者從軍。通緒扼穿崖囤，廣督土漢兵擊破之。按《三捷疏》云："三月一日，廣令副總兵曹希彬，參將吳文杰，都司趙應科、吳從周等攻穿崖囤。黎明至，千總曾大等分兵四面攻打，中軍千總鄧子龍等十員領兵一枝，土司把總劉國用等統兵一枝抵囤仰攻，自早至午，賊郭通緒及把事苟會遂敗遁。"賊聞桑木關破，大懼。遣弟世龍及楊珠以銳卒劫之翰營，之翰走，殺餉卒無算。平茶兵來援，賊始退。孔英還擊，世龍復却，裨將劉勝奮擊，賊乃奔。官軍進朗山口，由朗口進蒙子橋，深箐翳薈，賊處處設伏，悉剿平之。賊遣其黨詐降，謀爲內應，折枝盡斬之。珠果夜劫營，伏發，賊驚潰，追奔至高坪。按：据《四捷疏》："楊珠劫之翰營，爲三月二十六日事，文與此略同。惟未言留之翰衛餉，且多高折枝因此慮糧運隔關難至，乃退守桑木關一事。"又《五捷疏》云："三月二十九日，李經、孔繼祖等經過白土、金子、九杵、麻壩、清水、偏崖、梅子等處，遇賊敗之。四月七日，營朗山搜殺賊伏。初八日，宣撫馬千乘、冉御龍，長官鄭葵、楊通榮、楊光祖，千户羅人杰，提調劉勝，把總冉大周等至長灘、飛木、羅水、滴水、葫蘆、高坪等處。賊伏路截糧，敗之。十一日，兵劄木水，賊使詐瑶、趙天澤詐降，高折枝審其僞，斬之。料賊夜必劫營，令冉御龍伏路待。三更賊來，伏出，趕趨高坪。天明，毛兵接應，徑到海龍壩。馬孔英更率周國柱、金汝卿、馬騰霄及馬千乘等直追至海龍囤養馬城，隨於衝路處所劄營，按兵以待。"

廣分兵四哨，進攻崖門。《明史·廣傳》上有"劉綎、馬孔英已入關，廣猶屯二郎壩，總督李化龍趣之"數語。别遣永寧女土官奢世續督夷兵二千，扼桑木埡諸要害防餉道。諸將連破數囤，進營母猪塘，賊令通緒盡發關外兵拒敵，廣伏炮手五百於磨槍埡外，而遣裨將趙應祥挑戰，埡兩山夾，中甚隘，通緒横槊衝應科，應科陽北，通緒追出埡，遇伏，急旋，馬中炮墜，方躍上他馬，伏兵攢刺之，殪。餘賊大奔，官軍逐北，盡降之。遂薄崖門。《四捷疏》云："廣駿〈破〉穿崖囤後，督陣官徐登遇賊樓底袁家洞，登督長官袁初等固守黑峒，袁鼎同頭目袁國佐、抹賽、龔珠等攻陳家峒，禽寨主王好國，委護糧餉。儒溪長官袁起龍、袁見龍所親管龔珠亦破賊于麻子壩、黑峒口，招降吼灘夷目趙宗端等。都司吴從周奉令往馬鞍山劄營，遇伏，敗之。獲賊何應兒稱，郭通緒拘夷民妻子于小水田晏山囤，看勝負情形，然後入關。二十九日，廣令游擊司懋官，都司封建、趙應科、吴從周，千總鄭子龍、曾太、張子明等征剿眼山囤，兵到磨槍埡，通緒、李衆拒敵，前左二營兵陣斬緒，先廣於三月二十七日，發兵攻崖門，前路有囤名閔山，係賊當何漾據守，漾素桀驁，副將曹希彬，參將吴文杰、守備江萬化、周大謨等至囤，招諭不降，破之。二十九日移營母猪塘，三十日，直至幹壩，進逼崖門關。"或言水西佐賊。安疆臣斬賊使，二氏交遂絶。賊聞諸路兵益進，頓足曰："不用孫時泰計，死矣。"議分兵守，時泰曰："兵分則力薄。乘官軍未集，先破其弱者，餘可退也。"賊善之，聞童元鎮發烏江，喜曰："此易與耳。"謀縱之渡江，密以計取。監軍按察使楊寅秋言："烏江去播不遠，宜俟諸將深入，與俱進。"元鎮不從。永順兵先奪烏江，賊遣千餘人沿江叫駡以誘之。諸軍既濟，復奪老君關。參將謝崇爵督泗城及水西兵進，拔河渡關。三月望，賊以步騎千衝水西軍，軍中驅象出戰，賊多傷。俄駕象者斃，象反走，擲火器者又誤擊己營，陣亂。泗城兵先走，崇爵亦走，争浮橋，橋斷，殺、溺死者數千人。《三捷疏》云："三月三日，泗城州知州岑紹勛，督兵指揮李懋棟率兵前往蝦子渡，用火箭焚射隔岸賊房。初四日，紹勛子岑雲漢又往河渡焚射，夜伏關浮渡，殺賊巡邏十餘名。又十一日，守備陳雲龍、白明逵、阮仕奇等奉令往烏江分布哨渡，整備船隻。賊千餘，四山伏草出没，沿江發矢叫駡。于是雲龍督率壩陽兵，明逵、仕奇督率永順兵争先搶渡，賊衆乘高崖坎拒敵，弩石俱發，官兵用竹牌蔽船，岸上以鳥銃對打，壩陽、永順兵遂登，直衝烏江關，焚燒關及關附近賊寨。元鎮進營關山頂，督兵搭架浮橋，以通老營，催永順續到兵，盡發策應，一面飛催隴澄。把事王嘉猷兵馳赴雞家寨，出刀靶水，安疆臣兵赴昌田驛、落關水，催羅寵等集鄉導偵探績麻水，把截鬼囤路溝，并催河渡各哨乘勢渡河，攻打河渡關，先取尚稽場，以分賊勢，掎角剿殺。十二日，雲南參將謝崇爵，中軍張澍、督陣贊畫黄冀督象渡關燒蕩各寨。"又查《參黔路得關復失將官疏》云："楊寅秋揭稱，烏江河渡，雖共一路。賊巢鬼屯，長箐隔斷六十餘里，兩關峻嶺峭壁，距河險惡。三月十一日，攻克烏江關，十二日克河渡。寅秋等以爲鬼國既掃，方擬合攻長菁，以聯兵勢。殊十五日，泗城土官岑紹勛擒斬楊逆塘報六名，搜出說帖，知賊將率大衆來突陣。把總葉明遠聞風先逃。本日午時，賊果擁步騎數萬，先衝雲南子營，沅江、寧州、羅平軍驅象迎戰，連勝，俄斃象奴，又矢中象鼻，象反衝（按：上又一報作"象淹斃"），丟火磚者亦不如法，營中火起。陣遂亂。泗城自保，不赴援。賊登高勢便，謝崇爵兵先走，泗兵不支，各奔回對岸老營，兵多，浮橋斷，淹死兵千餘，陣亡督陣官何天慶，泗城頭目黃勇等。"按："上報聞泗城兵初尚劄住以俟交鋒，後慮糧餉在老寨，收兵向守"云云。

是日，璘亦渡江，聞賊將謝朝俸、張佑、石勝俸營七牌野猪山，遂夜發抵苦練坪，分軍夾擊，賊敗走之，遂入苦菜關。據《四捷疏》云："三月十九日，璘率衆渡江，探知楊逆先發銀來犒卒，人二兩，并督張佑、何漢良、謝朝俸、石勝俸等率老虎軍萬餘，劄七牌野猪山。二十日，璘銜枚趲進，至苦菜坪，遇賊，敗之。永順宣慰彭元錦由岩門渡江，探知苦菜關屯賊三千餘，乞發兵助剿。二十二日，與游擊江勝龍、陳策，都司吳時喬，守備陳九經合擊，敗之。并發兵攻打會家洞，俘獲多名。"河渡既敗，烏江相去六十里，猶未知。明日，參將楊顯以永順兵三百出哨，道遇賊數萬，咸爲水西裝。永順兵不之疑，賊掩殺三百人，亦襲其裝，直趨烏江。烏江軍亦不之疑，遂爲賊所破，爭先渡江。賊先斷浮橋，士卒多溺死。顯及二子與焉。三萬人十不存一，將校止崇爵一人。江水爲不流。貴陽聞警，居民盡避入城。遠近震動。諸軍聞烏江敗，歛兵不進者旬日。陳璘請退師，李化龍不可，用尚方劍斬謝崇爵。益徵兵，檄鎮雄土官隴澄邀賊歸路。《明史·童元鎮傳》有"隴澄者，即安堯臣，水西安疆臣弟也。軍不與元鎮合，獨全。當事頗疑其通賊。寅秋以鎮雄去播止二日，令搗巢立效，澄許之"一節。據《查勘黔路得關復失將官疏》云："三月十七日，賊乘勢衝突烏江，先日，永順兵哨至通木山，遇賊數萬，稱水西隴澄兵前來會哨，歃血盟誓，各換旗識、號頭，留頭目質當。十七日，又差細作持令箭，稱水西王把事差來陳守備營中會哨，陳覺其奸，縛之，而賊已近營。永順兵雖號萬，原無定數，又半先日出哨未回。賊別一枝從刀靶水包出，所執旗號即前日所換旗識，永兵慌退。陳守備壩陽兵相繼奔投過河。陣亡原任參將楊顯，壩陽守備陳雲龍，廣西守備白明達，原任守備阮仕奇，湖廣領兵指揮楊應芝，化總張一仕、賈文忠、張翔，淹斃兵十七百餘名。"

劉綎先被調南京右府僉書，欲謝事，化龍固留之，力薦於朝，綎乃復受事。逾夜郎舊城，攻克賊滴淚、三坡、瓦窰坪、石虎諸隘，直抵婁山關。關爲賊前門，萬峰插天，叢菁中一徑纔數尺，賊設木關十三座，排柵，置深坑，百險俱備。綎分奇兵爲左右路，間道攀藤趨關，而自督大軍仰攻，奪其關。迫至永安莊，兩路軍亦會。綎慮賊衝突，一據婁山關爲老營，一據白石口爲腰營，一據永安莊爲前營。都指揮王芬者，勇而寡謀，每戰輒請爲前鋒，連勝，有輕敵心，獨營於松門埡之衝，距大營數里。《明史·綎傳》有"賊方有烏江之勝，謀奪婁山，適"十三字。穆焰遣使洩其狀。《綎傳》作"洩芬孤軍狀"。四月朔，賊襲殺芬。守備陳大綱、天全招討楊愈亦死，亡士卒二千人。綎聞，帥騎卒往救。賊帥諸苗決死戰，綎親勒騎衝其中堅，部將周以德、周敦吉分兩翼夾攻，賊始大奔，楊應龍幾被獲，追奔至養馬城而還。綎乃移營近關，堅壁，請濟師。按：留綎剿播，《平播全書》載有專疏。又據《四捷疏》云："楊北麟自敗竄入婁山後，綎進營南溪口、鬼崖一帶。偃旗息鼓，分兵三路，左路自播州經九壩、石炭關、龍堂寺抄出板橋、白石口，以絕應龍應援，并會右路以攻婁山。右路自官渡河，城頭菁抄出白石口以攻婁山之後。綎率中路官兵,渡河南溪口以攻婁山之前,并發中、左路官兵自赤土鋪,由小婁山抄出白石口,設伏應援。二十九日進攻(中叙婁山形勢,語與本文同),游擊都司余世威、王芬、哈光顯、羅星,都指揮杜熊兆分投策應,陣銃楊兆麟眉喉,射死提調聶爾,餘賊投菁死者無數。三十日,綖進,敗賊永安莊。左路周以德,右路周敦吉直抵永安。於是官兵一據婁山爲老營,一據白石口爲腰營,一據永安莊爲前營,去播州白田壩海龍囤僅五六十里」又《請贈錄戰將王芬等疏》亦云「王芬獨營松門埡之衝,楊應龍及二子各率兵三萬,又令楊珠等抄後山占奪婁山關隘,芬等與敵,乘勝追至青龍關,爲流矢所斃,周敦吉、周以德及綖來援,三路夾攻,直追養馬城而還」云云。

馬孔英已奪賊養馬城,抵海龍第二關下,賊守兵益多。孔英兵已深入,而諸道兵未有至者,酉陽、延綏兵皆退,賊躪殺官兵六十人。按《五捷疏》云:「孔英追賊至養馬城後,十七日,約永、綦、南川兵同日攻囤。令周國柱發酉陽、平茶、延綏兵從土地埡竞攻養馬城,寧夏、石砫、固原、劉勝、毛兵、邑梅等兵從喇叭水超水西營前攻海雲囤。至午,酉陽、延綏兵殺入養馬城第四層關外,賊大潰,酉陽兵先退,延綏兵亦退。賊殺延綏兵六十餘人。固原、寧夏、石砫等兵劄喇叭水不動。十八日,石砫、劉勝、平茶、邑梅、毛兵從喇叭水由林菁轉上土地埡,攻海崖關,破險關四,殺至海龍囤,徑上養馬城、養雞城,賊始大奔。監軍張棟進營清溪一帶,招降桶壩、南坪、黎村、大灘、芙蓉、長礄等處男婦千餘人。」居數日,綖進,克後水營,囤於冠子山,乃合兵。連克海崖、海門諸關,進逼海龍囤。賊上囤死守。據《五捷疏》云:「綖自三月二十九日克婁山以來,復取石子、香爐等囤,暫劄白石口、永安莊。四月三日,賊父子率諸苗衝突官軍,擊敗之,進劄四渡水。賊見南川兵營高坪,永寧營水牛塘,綖營關子山,聲勢震天,燈火相照,連偏投三文請命,圖緩師。綖令周敦吉、周以德、徐珊等於初十日,由驟子崖直抵海龍囤,賊撤抵不及,大敗。十八日,進克龍爪囤、望軍囤、海雲囤,至水關攻養馬城,賊來戰,又敗。復克龍鳳關、海門關、鐵柱關、養鷄城,賊乃上囤。」

廣攻崖門,徑小,止容一騎,賊衆萬餘,出關拒戰。曹希彬懸賞千金,士攀崖競進,追至第四關上,男婦盡哭。賊黨自殺其魁羅進恩,帥萬餘人出降。其第一關猶拒不下,廣乘夜疾進,奪其關,關內民爭獻牛酒。廣聞綖、孔英已入關,遂合希彬軍連戰紅碗水、乾隆《志》作「一碗水」。土崖、分水關,進營水牛塘。賊知廣孤軍,謀欲襲之,遣人詐降。廣測知其詐,堅壁以待。賊衆三萬,直衝大營,諸將殊死戰。三日,他將來援,賊乃退。廣進逼海龍囤,賊令婦人乞降,哭囤上。又報應龍仰藥死,廣信之,已,知其詐,急燒第二關,奪三山,絕賊樵汲路。按《四捷疏》云:「廣自三月二十一日,自二郎壩發兵三路,盡埽關外村囤。約以三十日諸哨俱抵崖門。四月一日,各師齊至關下,斬入第四關。頭目趙圭遂斬提調羅世恩首級,率男、婦萬餘降。」又《五捷疏》云:「初三日,兵至水牛塘、五臺山及養馬城,與龍爪、海龍二屯對劄,按:下報云'克入龍爪囤右,劄營水牛塘'。初四日,永寧兵攻打李伯牙大囤,斬逆賊楊六。五、六等日,賊三路出戰,各約二萬人,敗之。初七日,苗詐降,廣測知其詐。初八日,賊子朝棟果以三萬衆來,殊死戰。曹希彬等仍四面奮擊,敗之。吳與劉綖謀,苗多詐,欲攻海龍,須俟各路兵齊,但養馬城爲囤藩籬,菁深,埋伏必衆,應先剿滅,以便合攻。遂於十七夜,密令中軍官鄭子龍傳諭坐營都司趙應科及副將曹希彬、吳文杰、封建、司懋官、吳從周、江萬化、周大謨等,于十八日直搗養馬城。是日,攻破龍爪囤、養馬城。鄧起龍復領兵攻左路,南川攻右路,劉綖攻中路,抵鐵柱關,入之。」

璘進營楠木橋,次湄潭。賊悉聚青蛇、長坎、瑪瑙、保子四囤,地皆絕險,而青蛇尤甚。璘議同日攻,則兵力弱。止攻一囤,則三囤必相助。乃先攻長坎等三囤。陳良玭師亦來會，令伏囤後，別以一軍守板角關，防賊逸。璘督諸將力攻三日，并克之。青蛇四面陡絕，璘圍其三面，購死士從瑪瑙後附葛至山後舉炮，賊惶駭。諸軍進攻，焚其茅屋。賊退入囤內，木石交下，將士冒死上，毀大柵二重，前後擊之，賊大敗，斬首一千九百有奇，七牌之賊亦盡。乃分兵六道，攻克大、小三渡關，乘勝抵海龍囤下。按，《四捷疏》云："三月十三、四等日，陳良玭督率施南、散毛、忠峒、忠建、高羅、大旺、臘壁、盤順、東流、喇惹等寨，宣撫、安撫等官覃宜等土兵五千，攻板角關，十五日破之。十八日，楊逆統馬步四萬來圍，參將王一桂、指揮唐一騏等復敗之，即發督兵指揮劉之屏、劉自西及爲事官楊惟中等，攻打黃沙、盤腳、葛漏等囤并協攻板角等處。"《五捷疏》云："三月三十日，璘部守備白元潔前去湄潭哨敵，青蛇、瑪瑙、長坎各囤苗賊渡河來戰，敗之。四月八日，兵至湄潭，七牌賊徒盤據青蛇、瑪瑙、長坎、保子四囤，各囤峭壁插天，巢壘棋布。璘念諸囤左通三渡，右連板角，并攻則兵力弱，專攻一囤，他囤必救，遂行副總兵陳良玭，督發指揮把總劉之屏、梁廷祿渡荊流條河，取道至後囤，又行參將王一桂謹守板角關，以防賊逸。十日，遣楊惟中、白元潔、陳九經各選膽勇官兵，伏囤腳左右，十一日璘親率兵進攻，不克。夜仍令陳九經等出伏，別發兵一枝，堵截青蛇，以防夜戰。十二日，璘進攻，於是陳良玭所發指揮徐時達、劉之屏，把總周廷祿、梁廷祿、李廷機，土官田應瑚等自山後四路攀援上，斬關入囤，三囤既破。十三日，璘復分兵四路，密令守備陳九經、白元潔、廣營把總吳應龍、朱萬乾、李元敬等，披荊翦茨，附葛攀崖，竊至青蛇囤後，游擊陳策、守備楊惟中、把總葉占春等領兵攻囤前，江騰龍督把總周思瑾等率永順目兵攻囤左，都司吳時喬、把總向日葵等率保靖目把攻囤右，約奇兵舉炮，然後夾擊。十四日，後路兵到，銃聲發，前三路齊進，直逼囤腳，斬賊木柵二層。十五日，血戰，自辰至午，陳九經、白元潔等挺身先入，囤遂破。當璘攻諸囤時，參將王一桂、指揮唐一騏亦於四月九日遇賊田良玉領兵於川崖迎敵，敗之，進，克敵青山囤，又指揮蔣從賢同千把總唐顯威、李估薛等亦破賊於黃沙崗。是役也，共招降四牌、七牌、小水、浪乾、長坎、平壩、水尾、火燒等處苗夷千餘名。"《六捷疏》云："四月十一日，原留劄九杵之守備徐允爵奉令進攻白田壩，遇伏，敗之。十三日，指揮胡效忠進攻罹安水，至新上、藍坪，破首般運家財之賊，搜獲玉璽及敕命一通。十七日，陳良玭、劉自西等又陣殺有名首惡朱敬于青山囤菁。二十三、二十四兩日，進攻大、小三渡兩關，兩關相離不遠，俱結石爲欄，架木爲樓，樓下一門，僅容旌馬，兩山峭壁，險阻難前。游擊陳策覓小徑，攀藤左上，都司吳時喬，守備楊惟中懸崖右進，守備白元潔、陳九經居中斬排棚，直進第三第四關，賊大敗。游擊江騰龍奉令打小三渡關，亦令守備李大諫由山左，王之棟由山右，各取小路以進，破之。三渡關乃楚師進播門戶。破三渡，而李應祥亦連克黃灘關及望鄉囤矣。"

隴澄先遣部將劉岳、王嘉猷攻拔苦竹關及半壩嶺。烏江敗，二將移新站。賊伏兵大水田，別以五千人來襲，敗還。嘉猷乃揚聲搗大水田，而潛以一軍拔大夫關，直抵馬坎，斷賊歸路，與安疆臣合。會都指揮徐成將兵至，合泗城土官岑紹勛兵，再克河渡關。賊將張守欽、袁五受據長箐萬丈林，永順兵擊破之，生禽守欽，攻清潭洞，復擒五受。會朝議責元鎮敗狀，逮下獄，論死。命李應祥并將其軍。陳寅取他道渡河，潛爲浮橋以濟師，賊失險，乞降者相繼，應祥悉受之。賊死守黃灘關。俄石勝俸等帥萬餘人降，告曰："去黃灘三十里，有三關，入播門戶也。先襲破之，則黃灘孤，難守。"應祥然其計，令寅帥精卒四千，夜抵關下，勝俸以數十騎誘開門，殲其戍，黃灘賊懼，寅督諸將渡河，攻關前，勝俸由墳林暗渡，襲關後，賊遂大敗。疆臣亦率所部，奪落濛，至大水田，焚桃溪莊。按，《四捷疏》云："三月十三日，疆臣率兵阿秋、阿二得等攻破新關，取間道破傳頭、石壁一帶關隘，頭目阿五等打破大紅關及兩路口一帶坑塹，柯阿箇克胡石口名四及黑水關，齊到水坎、五里臺山口屯劄。十五日，目把陳恩等攻破板山囤。十八日，河渡、烏江官兵既敗，監軍楊寅秋令撥以白牒，得蘇魏、良海等督兵一枝，往青塘水等路堵截，適遇賊回，截殺敗退。十九夜，賊來劫營，又敗之。又十六日，桐阿箇、阿五、陳恩等分三□進兵楊亡水，賊提調楊延章、劉惠兩路來襲，水西頭目阿戶、以箇，武定頭目李保等復多所斬獲。中時，兵抵浪頭壩，離落濛、水火關三里劄營。落濛，播之雄鎮，深溝險塹，三層鹿角排柵，重牆環布。疆臣與衆議，以兵一枝，暗由上落濛抄出樵村，一枝由下流蓋山抄出金鼓塘埋伏，大兵由正路，約炮鳴夾攻，夜令柯阿箇領兵由上落濛出張村、沙岡，頭目那拱領兵出蓋山地平壩偷渡關後。三路兵至，炮發，賊弃關走，遂破關門。搭浮橋，渡樵村，合哨進至八里水，營大水田。續發兵一枝，燒桃溪衙後山母氏囤，一枝出毛蓋山、大夫壩與鎮雄兵合，在桃溪獲賊僭越雕飾龍鳳等物，黃色牙床三十張。當疆臣十三日攻新關時，隴澄亦督把事王嘉猷等敗賊李稍塘。十四日，破苦竹關，追賊平頂關。十六日，自刀靶水移營至雷打坡，賊迎截，敗之。進壁新站，賊復來衝營，又敗之。獲賊卒阿易，知應龍開鎮雄兵至新站，去州不遠，伏兵三萬在大水田接路，先令此軍來衝營。於是隴澄陽言至大水田搗巢，暗督兵由野里坎、陳世田小路，破大夫關，直抵馬坎，截其後路，與疆臣合。二十一日，李應祥檄副總兵陳寅，土舍楊治隆，中軍孫仲謨領南丹、平州土兵，夜半由構皮灘渡河，伏于山後，把總陳定等領獨山州兵於袁家渡，應祥督商民瞻於水旋渡，保靖宣慰彭養正，凱里土官楊燧，守備伍萬鍾、汪如淵於疊界河，參將蔡兆吉，把總猶鶴於孫家渡，一面殺敵，一面搭橋，夜就於賊岸劄營，一齊衝殺，賊敗走。"又《五捷疏》云："三月二十六日，應龍妻田氏差人以贏子二匹、金盞銀臺二副、彩段二端饋隴澄，澄斬使，將禮物呈報，以明心迹。三月二十九日，楊逆見鎮雄斬其來使，首其饋儀，遂盡起該司苗兵七萬，父子親領，由高埡囤前來拒敵。水西、鎮雄合勢來戰，大破之。疆臣知賊有督管板山、落潮、馬站一帶苗兵心腹頭目尚義、黃繼枝二人，前飛練、綦江、東坡、龍泉之禍，皆其媒孽。烏江、河渡等處，皆其衝鋒。此次高埡、母氏囤之戰亦在衝鋒列，詐許二人來營，與議退兵計，賊果令二人及坐寨頭目夏文茂，從黨張元等二十四人，齎降文及金銀盞、鞍馬等禮物來，疆臣預伏兵於河口，擒解報道。又白泥土官楊正邊與男楊通漢，前糾同楊七、楊珠投附叛惡，攻圍偏橋，殺虜東坡、紫金關、打厥等寨，翁犨等屯。通漢年貿雖幼，馬上便捷如飛，偏橋、興隆人號白鷳子。素凌虐偏橋、毛坪屯軍，其弟正愛屢諫不聽。至是與屯軍唐榮智謀降附。四月二十四日，使榮智入官軍約爲內應。二十七夜，縛正邊及妻宋氏。通漢被擒，猶曰：'可惜，我在地下被拿。'又李應祥攻黃灘關、疆界河邊播州老應囤，囤首石勝體、王志虎、王志龍等率萬餘人降。責令生擒守關頭目，立功贖罪。十二日，官兵張奇勝、李師沅，土官楊燧等領兵渡黃灘河攻關前，新降播目石勝體、王志龍、志虎、王賓、王倫等由墳林暗渡襲關後，賊大敗。追踪至張王壩，透出關二十里，陣擒有名首惡王大安等。"又《六捷疏》云："四月十二日，李應祥攻黃灘關，探得距關三十里三渡關，一名渡上關，乃楚師入播門戶，楊逆令坐寨陳胡保、張貴鑾等拒守。十三夜，應祥令官兵占住後路，使石勝體等詣前門詐稱被官兵追來投奔，比開門，擒貴鑾等，賊見官兵克渡上關，添兵守望鄉囤。十八、十九日，應祥復令石勝體等合官兵前後夾攻，破之。又安疆臣、隴澄既劄大水田，探得金刀坑囤在落濛水之右，守賊每出没截糧。四月十一日，發兵破之。十三日，隴澄督兵親搗播州，焚應龍衙宇及親屬閬州宅院，一面會同安疆臣於十五日直出烏江老軍關，經過新站、刀靶水等處，遇賊截伏，多所斬獲。同日，頭目阿卜、者遮勒進克海雲囤。又差目把魏良海、胡文魁、阿戌等攻克泥壩、苦竹、養雞等囤。五月二日，賊袁守剛、董三伏長箐萬丈林拒敵，都司徐成督兵破之，擒西平大苗頭黎民倫等。自此，安疆臣、隴澄司府之兵，伐箐尋路，梯山攀崖，方得劄賊囤後山頂。營前一土山，與曹希彬營前一土山係賊樵汲之路，賊屯勁兵據守。初九日，右監軍與畢節道各懸賞三百，水西兵分五路乘霧抄賊營後大戰，賊敗退，占奪二山，與曹希彬兵同占在土山劄守。十日，攻賊外牆，且抵月牆後路，是日，劉珽兵亦焚燒鐵柱關，永寧兵來合哨。安兵方會食，賊復來衝，永寧兵及安兵均有損傷。"按：此節事，各説多歧，如《明紀》謂："烏江敗，二將夥新站。"據《疏》文，則移新站在烏江敗前。又《明紀》謂："克長箐萬丈林在破黄灘關前。"據《疏》文，則攻長箐在五月抵海龍囤後，即李公與人書所謂"安氏剪棘夷道，坎伐四十里，抵囤後"者也。説互歧。又是役，據下李公看語謂"應龍偶誤殺隴澄搜山頭目陳起禮，《叙功疏》作'啓禮'，而黄繼枝、尚義係沙溪頭目，賊所恃以通安氏者，烏江之敗，化龍移檄責疆臣，疆臣誘殺二人，故二氏交遞絶"云云。

　　八路師大集海龍囤，遂築長圍，更番迭攻。會化龍聞父喪，詔以墨縗視師。化龍念賊前囤遠，不能越，令孔英帥勁兵，力攻其後。水西兵受賊重賄，多與通，且潛以火藥遺賊。璘知之，與監軍者謀，令疆臣退一舍，璘移其處，置鐵牌百餘，距囤丈許，賊強弩無所施。又爲筱板於柵前，賊每夜出劫，爲釘傷，不敢復出。諸軍相持四十餘日，天苦雨，將士馳泥淖中苦戰。六月乙亥，天始霽，綖進攻土、月二城，部卒襲萬禄先登，克之。賊益迫，散黄金，募死士拒戰，無應者。丁丑，璘以夜四鼓，從圍後銜枚上，賊鼾睡，斬其守關者，樹白幟，鳴炮，賊大驚潰。廣軍亦登，應龍起，見四面皆火，倉皇謂妻子曰："各自爲計，不能復顧若矣。"與二愛妾闔室自縊，因令人焚其室。獲其子朝棟。《化龍傳》作"七子皆被執"。急覓應龍尸，出之烈焰中。廣中毒失聲，絶而復蘇。播州平。《六捷疏》云："四月十六、十七、十八等日，曹希彬督兵攻大洪關、大山箐，會合綦江兵，攻養馬城，追至海龍囤下。二十日，長官劉國用攻囤，探知逆令鹿罕領苗在囤後洗衣塘、大山箐把截。二十一日，國用攻箐，破之，斬鹿罕父子及提調郭天佐等。二十二三等日，追賊永靖間。二十四五日，賊詐遣叔楊永用來營，言酋妻田氏二十九日出降，綖、廣斬之。賊擁衆出戰，土官文安民、悦天恩等遂破鐵柱、朝天二關。五月二日，劉國用、張嵩又敗賊銅鑼關。十日永台漢、土兵及水西兵攻奪朝鳳險山，追逐賊門南川路。四月十三日，酋差弟楊順龍詐降，馬孔英、高折枝斬之。十五至十八等日，播目田良玉、逆賊妻兄田一鵬等，約内應，殺楊珠、楊明等來降，計洩不果。十七、十九至二十四日，劃海龍囤養雞城，與賊燈火相照。二十五日進攻鐵柱、飛龍二關。五月十日，會劉綖、吳廣、曹希彬等攻囤，馬兵攻關前，劉兵攻前左，吳兵在原占左山，發兵攻關左城外山坡，曹兵及水西兵攻囤後，奪取圓囤賊營三座。鐵柱關則馬兵先登正樓之側，左水關樓則劉兵先登。劉自四月十七、十八等日率兵攻打海龍囤，與賊大戰數十，破欄十數層，奪獲龍爪、養馬、木杉、望軍、海雲、龍門等城及關囤。又在鐵柱關炮死賊驍將楊珠。一面分兵攻打飛虎、飛龍等關。彼日，後山三路官兵與陳璘及貴州夷、漢合攻奪三山，破土墻二層。"《六捷疏》云："二十八日，沙溪路水西、鎮雄兵自關撤兵避嫌，起營去訖。三省五總兵，各路副參游守遵李督方略，自五月十九以後，各抽精兵輪日前後攻打。總兵李應祥爲一日，吳廣、陳璘爲一日，各攻打囤門，馬孔英督各路兵攻打前門。六月五日辰時，劉綖攻破頭道土城，巳時，攻破二道石城。六日，陳璘率衆攻入第三城。應龍縊死，當俘獲其弟世龍，子朝棟，以棟及其父子妻田氏，婿宋承恩、馬千駒，軍師孫時泰，賊黨何漢良、田一鵬、楊明、葉喜受等。"計出師百有十四日，斬獲二萬餘，生擒自朝棟以下百餘人。化龍露布以聞，乃乞終制去。播州自唐乾符中入楊氏，二十九世八百餘年，至是始絶。《明紀》。按：《七奏捷疏》詳全軍前後攻戰情形，與此文合。《叙功疏》詳一人戰事，次序與下舊《志》文合，故特分節作註。

　　總督李化龍已移重慶，徵兵大集，遂以二十七年十二月丙戌誓師。分八路，路約三萬人，官兵三之，土司七之。川兵四路：總兵劉綖從綦江入，以參將麻鎮等隸，參政張文耀監之；總兵馬孔英從南川入，以參將周國柱，宣撫冉馭《平播書》作"御"。龍等隸，僉事徐仲佳監之;總兵吳廣從合江入,以參將徐世威等隸,參議劉一相監之;副將曹希彬受廣節制,從永寧入,以參將吳文杰,永寧女土官奢世續等隸,參議史旌賢監之。黔師分三路:總兵童元鎮統鎮雄土知府隴澄、泗城土知府岑紹勛等由烏江;參將朱元鶴受元鎮節制,統宣慰安疆臣等由沙溪;總兵李應祥統宣慰彭元瑞等由興隆,參議張存意,按察使楊寅秋監之。湖廣一路,由偏橋,分兩翼:總兵陳璘統宣慰彭養正等由白泥;副總兵陳良玭受璘節制,宣慰覃宜等由龍泉,副使胡桂芳、參議魏養蒙監之。巡撫郭子章駐貴陽,湖廣巡撫支可大移沅州,總督李化龍自將中軍策應。諭諸將以抵婁山等關爲期,且曰:"關外且戰且招降,多不可勝誅也。關內疾戰,勿受降,師不可久,老賊詐不可信也。"綦江道最要,綖當之。應龍熟綖才,益兵守要害。二十八年二月十五日,諸將克丁山、銅鼓、崖村,遂直搗楠木、山羊、臺簡三峒。峒絕險,賊將穆照等衆數萬連營,諸將憚之。綖分兵攻其三面,大戰於李漢壩,生擒其魁,餘賊奔入洞。乘勢直搗洞前,焚之,賊多死,盡克三峒,擒賊魁穆照、吳尚華。是日,綖督戰,左持金,右挺劍,大呼曰:"用命者賞,不用命者齒劍。"鬥死者四十人,遂大捷。三月,應龍乃遣子朝棟、惟棟及其黨楊珠統銳卒數萬,由松坎、漁渡、羅古池三道并進。綖伏萬人羅古待松坎賊,以萬人伏營外待漁渡賊,而別以一軍策應,賊果至,伏盡起,綖率部下轉戰,斬首數百,追奔五十里,朝棟潰圍走,幾爲我師獲。應龍憚綖威名,意首挫其鋒,屬朝棟悉勁兵,間道相角,曰:"爾破綦江,馳南川,盡焚積聚,餘無能爲也。"及朝棟敗,益膽落,聚守石虎關,綖亦掘塹守。初,綖聞征播命,逗遛,多設難要朝廷。言官交劾綖,議調南京右府僉書。綖至是聞之,即辭任。李化龍以平播非綖不可,固留之,力薦於朝。乃復受事,遂克石虎關,拔賊滴泪、三坡、瓦窑坪諸隘,直抵婁山關。婁山萬峰插天,叢箐中一徑纔數尺,賊設木關十三座,排柵,置深坑,百險俱備。綖分奇兵爲左右路,間道趨關後,而自督大軍仰攻,奪其關,追至永安莊,兩路軍亦會,時三月二十九日也。綖老將持重,慮賊衝突,聯諸營,一據婁山關爲老營,一據白石口爲腰營,一據永安莊爲前營。指揮王芬者,勇而寡謀,每戰輒請爲前鋒,連勝,有輕敵心,獨營於松門垭之衝,距大營數里。賊方有烏江之勝,謀再奪婁山,適穆照遣人洩芬孤軍狀,四月朔,賊乃襲殺芬,守備陳大網、天全招討楊愈亦死,失亡士卒二千人。綖聞,親率騎卒往救,部將周以德、周敦吉夾攻,賊始大奔,追至養馬城而還。是日,應龍幾被獲,乃不敢復窺婁山。綖懲前失,剗近關,堅壁,且請濟師。逾十餘日,克後水囤,營於冠子山。尋會馬孔英,壁海龍囤下。文出《明史·劉綖傳》。據《平播全書·叙功疏》云:"先是,劉綖奉到李督所發賞格、諭言、免死照票等件,持赴播地曉諭。隨由綦江、東溪發哨探得點腳壩、松坎、爬頭箐、夜郎舊城一帶,皆崇山峻嶺,深箐懸崖,正在伏賊。而銅鼓臺、嚴村囤皆賊巢,乃於正月二十一日,命周敦吉、王芬、周以德攻丁山、銅鼓臺,擒賊首母興等。二十七日,克嚴村囤,又於新村斬級六顆。二月,奉到大劋師期,議攻楠木、山羊、簡臺三峒,聞賊且於丁山里、秦家灣、桐梓園、李漢壩、猫兒岡一帶聯絡劄營。於是,綖密令周敦吉由黎陽壩(《二捷疏》作'土塵'等壩)攻山羊、枏木峒右,趙奇由嵩溪澗(《二捷疏》作'兩河口'等壩)攻枏木洞左,周以德由李漢壩(《二捷疏》作'土臺'等壩)攻枏木洞中路,別命王芬攻點腳壩、簡臺洞以絕枏木之援,事詳見《二捷疏》。三峒既克,二月二十九日敗楊朝棟、楊珠由松坎、魚渡、羅古池三路劫營之賊兵。三月十八日至九盤子發兵,二十四日抵夜郎舊城,二十五日分兵五路,二十六日連奪滴淚、三坡,并克瓦窯坪、石火爐二寨。二十七日攻克悶頭菁、炒米坡、頂山、三壩、鬼崖一帶險寨。二十八日抵婁山關。二十九日分兵三路,周敦吉、周以德、陳天綱等由山左,李玉、吳英、李大榮等由山右,綎自率陳策、劉光漢、劉可春、楊太等攻婁口,連破關門一十三座,進焚石笋囤,直至永安莊,營白石口。四月一日,楊酋父子及楊珠數道來突,謀奪關,復敗之。追賊青龍坎(《四捷疏》作'關')至養馬城而還。以上事均詳見《四捷疏》。初十、十二等日,自四渡水進搗海龍囤。十五、十六等日,攻克後水等囤,營關(一作'冠')子山,獲賊黎甫明,知海龍囤周圍有龍爪、望軍、海雲等囤,養馬、養雞等城,皆海龍羽翼。十七日分兵前、後、中三路奪龍爪。十八日,徐珊等攻破望軍、海雲等囤,至養馬城,乘勝追進海門、龍鳳、水關等關,奪獲海門關牌鑰,又破養雞城。是時,川兵四路俱至。"

孔英道南川,獨險遠,去應龍海龍囤六七百里。未至重慶時,推官高折枝監紀軍事,請獨當一面,乃與參將周國柱先以石柱宣撫馬千乘兵破賊金筑,復督酉陽宣撫冉馭龍敗賊於官壩。時賊既破龍泉,方移師攻婺川,聞敗乃遁。及孔英至軍,平茶、邑梅軍亦集,軍容甚壯。先師期一日入真州,用土官鄭葵、駱麟為鄉導,別遣邊兵千,扼明月關。諸軍鼓行前進,破四寨,攻赤崖,抵清水坪、封寧關,悉破賊營十數,逼桑木關。關內民降者日千計。折枝結大寨處之,禁殺掠,降者日衆,賊益孤。關為賊要害,山險菁深,賊憑高據守。三月初八日,乃令千乘、馭龍出關左右,國柱搗其中,賊用標槍藥矢,銳甚。官軍殊死戰,奪其關,逐北至風坎關,賊復大敗。連破九杵、黑水諸關,苦竹、羊崖、銅鼓諸寨。國柱攻金子壩,無一人,疑有伏,焚空寨十九,嚴兵以待,賊果突出,擊敗之。孔英乃留王之翰兵守白玉臺,衛餉道。平茶、邑梅兵守桑木關,而親提大軍進營金子壩。應龍聞桑木關破,大懼,遣世龍及楊珠以銳卒劫之翰營,之翰走,殺餉兵無算。平茶兵來援,賊始退。孔英還擊世龍,復不勝。步卒發火箭,裨將劉勝復奮擊,賊乃奔。官軍進朗山口,由朗山進發蒙子橋。深菁翳薈,賊處處設伏,悉剿平之。應龍遣其黨詐降,謀為內應,折枝盡斬之,伏以待。賊果夜劫營,伏發,賊驚潰,追奔至高坪。已,奪賊養馬城,直抵海龍第二關下,賊守兵益多,孔英軍亦深入,而諸道未有至者。酉陽、延綏兵皆退,賊躪殺官兵六十人。居數日,劉綎兵至,乃合兵連克龍爪、海雲諸囤,壓海龍囤而壘。初總督李化龍刻師期,諸將莫利先入。孔英所將邊卒及諸土兵皆獷悍,監紀折枝勇而有謀,故師獨先八道至囤前。出《馬孔英傳》。按《叙功疏》云:"南川兵自劉箐坎,進克金竹土('土',《二捷疏》作'寨')、青岡嘴、虎跳關七寨後,時賊黨郭俊、何廷順等扼拒於綦南中路,地名官壩。正月十五、十六日,高折枝密令馬御龍分發冉大周、彭象乾率兵攻官壩前,御龍自率楊正生、冉繼嵩、冉必和截官壩後,周國柱、王之翰、馬千乘搗官壩中,大破之,連破厥崖囤。先是,酋勢猖獗,各兵趑趄,自官壩捷,於是各兵人人踴躍,始不難酋矣。二月十四日,兵入真州,真州正、副長官鄭葵、駱麟投見,用為鄉道。別遣陝兵千清道明月山,探知劉九、陳瓦('瓦',前《疏》作'九')、中山、婁家里四寨,當先剿除。周國柱、李經等十六日破之。十七日,兵至赤崖,查知風坎、官崖等囤接速礦子山、羅草臺、清溪、十二坡,以至紅花灘、土坪、長礦、清水坪、封寧關、望草一帶,狡酋均布列有伏,於是搜山而前。是日,馬千乘敗賊赤崖囤。二十六、七、八、九等日,冉御龍、馬千乘敗賊羅坎關、官崖囤、礦子山、羅草臺、清溪、十二茅坡。三月初一、初三、四、五、六等日,酉石、平茶、毛兵敗賊紅花灘、長礦、望草、

播州楊氏土司
文獻集成
卷一

清水坪、封寧關、鬼崖、瀼水、羊崖等處，擒苗頭蔡明、巴習文，黨惡容山副長官韓應時。初七日，兵至黑面崖，桑木關在望。哨報桑木關山險菁深，翳日薄雲，而前後大灘、風坎、九忤、黑水等關，苗皆憑險據守。我兵自下而上，仰攻爲難。折枝令馬千乘、王之翰、秦邦屏出關左，冉御龍、冉大周、冉世爵等出關右，周國柱、李經、萬民英等取大灘關直搗桑木關之中。初八日克之，乘勝進戰桑木壩，追至風坎關。初九日，連破九忤、黑水等關。初十、十一日，攻克苦竹關、羊崖、羊桶、銅鼓等寨。三月二十日，會哨白田壩，直搗海龍囤。十二、十四、十七八等日，敗賊分水寨、白土岡、桑木壩、黃魚江、金子、沙刀二囤。十九、二十一、二十四等日，入賊重地朗山口、白田壩，又敗賊長灘河、苗子、三壩、偏崖等處。二十六日，進劄金子壩，留王之翰守白土臺以衛糧道（以下"賊劫之翰營"事與本文同）。四月四日，復營金子壩，進劄朗山口，敗賊梅子溪。七日，哨報朗山左菁有後水囤，酋大足莊也。本日，周國柱、李經拔之。又哨得朗山口前，有飛木水、長灘河、七靈寨、滴水崖、竹流水、葫蘆囤，至酋近地長灘、清溪、蒙子橋直抵高坪，皆深菁蓊翳，處處設伏，於是列兵三翼搜菁而前。初八、九日，進兵飛木水，陳九思、任承爵、馬千乘、冉御龍等敗賊長灘、七靈、滴水崖、竹流水等處。初十、十一日，漆太然、冉御龍、駱麟、楊光祖等又敗賊葫蘆囤、長灘、清溪、蒙子橋等處。是日，酋遣許瑤、趙天澤詐降，至夜劫營，敗之，追至海龍壩。十二日，追至養馬城。十三日，敗賊溪源。十六日，酉陽、延綏兵從土地埡徑攻養馬城，石砫、寧夏、固原、邑梅、劉勝及毛兵從喇叭水超水西營前攻海雲囤。十七日，酉陽、延綏兵直殺入養馬城，追至海龍囤第二關，勢孤復退。十八日，合綦江兵攻進海崖關，連克海道、海門關，賊上囤。"

吳廣出合江屯二郎壩，大行招徠。賊驍將郭通緒迎戰，將士襲走之。陶洪、安村、羅村三寨土官各出降，他將來歸者數萬。廣擇其壯者從軍。通緒扼穿崖囤，廣督漢、土軍擊破之。劉綎、馬孔英已入播，吳廣猶頓二郎，總督李化龍趣之。乃議分四哨，進攻崖門，別遣奢世續等督夷兵二千，扼桑木埡諸要害，以防餉道。諸將連破數囤，進營母豬塘。應龍令通緒盡發關外兵拒敵，廣伏炮手五百於磨槍埡外南岡下，而遣裨將趙應科挑戰，埡兩山相夾，中甚隘，通緒橫槊衝應科，科佯北，通緒追出埡，遇伏，急旋，馬中炮墮，方躍上他馬，伏兵攢刺之，殪，餘賊大奔，官軍逐北，賊盡降。遂薄崖門，徑小，只容一騎，賊衆萬餘出關拒戰。曹希彬懸賞千金，士攀崖競進，追至第四關，關上男女盡哭，於是賊黨自殺，其魁羅進恩率萬餘人出降。其第一關猶拒不下，廣乘夜疾進，奪其關，關內民爭獻牛酒。時李應祥、陳璘猶在關外，廣合希彬連戰一碗水、土崖、分水關，皆捷，遂進營水牛塘。應龍知廣軍孤深入，謀欲襲之，乃遣人詐降，廣測其詐，堅壁以待。應龍擁衆三萬，直衝大營，諸將殊死戰，會他將來援，師乃退。廣遂進壁海龍囤。出《吳廣傳》。《叙功疏》："二月十二日，廣營二郎壩，密議陶洪、安、羅三寨，鼎足而居，可以力拒二郎壩之前，遮擊澗壩之後，其五岔、閔山、眼山、木艾等囤，又皆糧運經由之路，宜先剪除。乃發賞格，諭言招撫。十五日，聞賊郭通緒將起大溪、小溪等處惡苗，屯劄盤龍水地方，迎擊敗之。二十五日，陶洪灘長官羅國明、安村長官安鑾帥萬餘口降。三月一日，曹希彬、吳文杰等破通緒把事苟會於穿崖囤。十六日，徐登、袁鼎等破賊陳家峒。袁起龍敗賊麻子壩黑峒山。時化龍催廣攻崖門關，於是廣議令曹希彬、吳文杰由青菜溝進，封建、吳從周、趙應科由官木關進，司懋官領永寧、馬湖兵由油灌壩、白鹿岡進，建武提調張曉、普市百戶周應魁由緝麻山進，俱於二十一日自二郎壩齊發，別命王夢吉守老營，奢世續把截桑木埡、山丹窩、刀字菁、蛇皮菁等處，防賊出沒截糧。二十四日，吳從周敗賊伏於馬鞍山，周愛田籤箕嵌直衝木艾壩賊營。文安民敗賊於絲栗關，曹希彬等至岔山招降大小峒、千邱田峒、黃羊峒、河村峒等地男、婦。二十七日，官兵五路敗賊何漾，奪閔山囤。二十九日，與郭通緒大戰磨槍埡（事詳正文),通緒授首。崖門無統,諸將夜襲,苗皆熟睡,遂破之。直至養馬城前,時綦南二路兵雖已入關,尚未及到,貴州偏橋兵猶在關外。四月三日,與賊戰於紅碗水。四日,戰於土崖。五日,戰於分水關。六日,戰於水牛塘,永寧兵亦於四日攻破李卜埡(《四捷疏》作"李伯牙")大囤。六日,攻破緝麻山、長岡囤。八日,首騎海青四明玉頂大馬,提偃月刀,張黃蓋,親督楊朝棟、楊明等來衝營,大敗。賊父子遂抱頭大哭上囤。十六日,攻大洪關,次日攻板山囤。十八日,與綦南兵合,攻養馬城,綦江攻中,南川取右,永合攻左,拔其城,直破水關,逼賊囤,與各路畫地分營環攻。而囤前重關疊嶂,仰攻爲難,探知後路差平,惟老箐廖霄。有三圓山囤,高數十仞,賊列棚據守,乃留封建等攻前,令曹希彬向後伐林,從泥淖中徑步開路,潛入四十里。二十一日,至洗衣塘,斬鹿罕父子。二十二日,至白沙水,敗賊,追至永靖關。二十五日,本路留攻前門,兵與綦南合攻鐵柱關。"

童元鎮督永順、泗城、鎮雄諸土軍由烏江進。初,元鎮先駐銅仁,憚應龍,久不進,屢趣乃行。時劉綎、吳廣諸軍已進。群賊議分兵守,其參謀孫時泰曰:"兵分則力薄。乘官軍未集,先破其弱者,餘自退矣。"應龍善之。聞元鎮將抵烏江,應龍曰:"此易與耳。縱之渡江,密以計取。"監軍楊寅秋言烏江去播不遠,宜俟諸道深入,協力齊驅,元鎮不從。於是永順兵先奪烏江。賊遣千餘人沿江叫罵以誘之。諸軍既濟,復奪老軍關。前哨參將謝崇爵乘勢督泗城及水西兵再拔河渡關。三月望,賊以步騎數千先衝水西軍,軍中驅象出戰,賊多傷。俄,駕象者斃,象反走,擲火器者又誤擊己營,陣亂。泗城兵先走,崇爵亦走,爭浮橋,橋斷,殺、溺死者數千人。河渡既敗,烏江軍相去六十里,猶未知。明日,參將楊顯發永順兵三百出哨,道遇賊數萬,咸爲水西裝,永順兵不疑,與盟誓,賊掩殺三百人,亦襲其裝,直趨烏江。烏江軍信爲水西、永順兵,不設備,遂爲賊所破,爭先渡江,賊先斷浮橋,數千人皆溺死,顯及二子與焉。元鎮所部三萬人不存什一,將校止崇爵等三人。烏江水爲不流。貴陽聞警,居民盡避入城,遠近震動。化龍用上方劍斬崇爵。益徵兵,檄鎮雄土官隴澄邀賊歸路。隴澄者,即安堯臣,水西安疆臣弟也,軍不與元鎮合,獨全。當事疑其通賊,寅秋以鎮雄去播止二日,令搗巢立效,澄許之。河渡未敗時,澄已遣步將劉岳、王嘉猷攻拔苦竹關及半壩嶺。既敗,二將移新站。賊伏兵大水田,別以五千人來襲,敗還。嘉猷乃揚聲搗大水田,而潛以一軍拔大夫關,直抵馬坎,斷賊歸路,與疆臣合,賊遂遁。會都指揮徐成將兵至,合岑紹勛兵,再克河渡關。賊將張守欽、袁五受據長箐、萬丈林,永順兵擊破之,生擒守欽。攻清潭洞,復擒五受。會朝議責元鎮敗狀,令李應祥并將其軍出《元鎮傳》。由興隆入,受事於二月下旬。副將陳寅等已連克數囤,拒賊四牌高囤下,別遣兵從間道直搗龍水囤。他將蔡兆吉又自乾坪抵箐岡,過四牌。賊首謝朝俸營其地,四面峭壁深箐,賊從高鼓譟,官軍殊死戰,俘朝俸妻子,乘勢抵河畔。會烏江敗書聞,歙兵不進者旬日。應祥已受任,趣諸將急渡。寅等乃取他道渡河,而潛爲浮橋以濟師。諸軍既渡,賊失險,乞降者相繼,應祥悉受之。賊所恃黃灘,一關壁立,衆死守。會賊徒石勝俸等率萬餘人降,告曰:"去黃灘三十里有三關,入播門戶也。先襲破之,則黃灘孤,難守。"應祥然其計,令偕陳寅率精卒四千,夜抵關下。勝俸以數十騎誘開前門,盡殲其戍卒。黃灘賊懼，益增兵固守。寅督諸將渡河，攻關前，勝俸由墳林暗渡，襲關後，賊乃大敗，應祥遂直抵海龍囤。出《應祥傳》。按：《叙功疏》云："烏江路：先是，監軍楊寅秋二十七年十一月受事，時議以爲烏江河渡逼播治七八十里而近。必水西哨抵落濛水，平越哨渡疆界河，川中入婁山關，方可會哨齊驅。若獨以一哨當敵，賊必并力一向。殊二月誓師後，水西防守烏江目把王嘉猷，自願於三月初三、初六等日攻奪烏江關，尋以水漲愆期，而三月十一日，永順兵不依主將令，徑奪烏江關，更敗賊鬼囤。寅秋於是飛催隴澄、王嘉猷兵，赴難家寨出刀靶水，安疆臣赴昌田驛，出落濛水，犄角策應。十二日，謝崇爵督岑紹勛兵，乘勢渡江，克河渡。十五、十七等日，賊并力來突，兩關不守。寅秋檄隴澄，躡蹤邀賊河渡歸路。澄報救河渡必三日，抵播境祇二日，與其攻外而遠，不若攻內而近。賊見隴澄深入，當日奔回。先是，澄於十三四等日，已攻破苦竹關、平頂關，十六日，自刀靶水移營新站，奉寅秋檄，遂進次大水田，發兵打長箐，而水西兵亦於十三日克新關，從間道破傳頭一帶關隘，又破大紅關、胡水口、黑水關。十五日，破板山囤。十八日，奉寅檄，撥以白、魏良海等截應龍歸路。十九日，賊夜劫營，敗之。本日，破落濛關，會剿大水田。焚賊桃溪連禁衙宇。二十六日，隴澄斬賊使。二十九日，賊以兵七萬來戰，敗退。疆臣又旋斬賊尚義、黃繼枝，事詳前《五捷疏》。四月十一日，破賊金刀坑囤。十三日，直抵播州治桃溪口、獅子橋，焚賊衙宇、家廟、新川、後川等衙及閩州房宅。十五日，發兵直出，復奪烏江老軍關。十五日，頭目者阿卜者、遮勒進克海雲囤，目把魏良海、胡文魁、阿戎等進克泥壩、苦竹、養雞等囤，而官兵總兵童元鎮、都司徐成等，亦於四月二十一日，整搠廣西、雲南新、舊漢土軍，齊剿河渡。寅秋馳詣烏江哨，出刀靶水、狼飛渡，抵播州海龍壩。二十六日，至河渡西岸連敗賊，賊張守欽、袁五受哨據長箐、萬丈林。五月十日，泗城岑紹勛擒守欽。十一日，其子岑雲漢攻清潭洞，擒五受。楊寅秋時亦至石子埡，至牽狗洞，營於長溪。五月九日，水西、鎮雄兵奪海龍囤後二山。二十四日，奪應祥接管印務。都司徐成與水西、鎮雄兵合攻後囤。會營中流言，水西通賊，寅秋諭水西、鎮雄將所刊通奪占右槽、山坎一帶營盤，盡讓官兵。於是二司自願於二十八日遠嫌，移出海龍壩口。六月四日，應祥乃與各路分定信地，攻打土城。"

陳璘由偏橋進，軍次白泥。應龍子朝棟率賊二萬，渡烏江迎戰。璘前禦之，而分兩翼躡其後，賊少挫，追奔至龍溪山，賊合四牌賊共拒璘。四牌在江外，與江內七牌皆五司遺種、九股惡苗，素助賊。璘廣招撫，乃進軍龍溪。諜報有伏，令游擊陳策以火器擊之，賊據險，矢石雨下，璘先登，斬小校退者以徇。把總吳應龍等陷陣，賊大潰，退拒四牌保兒囤。璘遣二裨將逼之，中伏。璘募死士從應龍等奮擊，賊復潰，奔據囤巔，夜由後遁。黎明，追及於袁家渡，賊復敗。四牌之賊遂盡。三月望，諸軍爲浮橋渡江，知賊將張佑、謝朝俸等營七牌野猪山。璘即夜發，抵苦練坪，前鋒與戰，後軍至，夾擊之，賊敗逃深箐，官軍遂入苦菜關。會童元鎮烏江師敗，璘大懼，請退師，李化龍不可。璘乃進營楠木橋，次湄潭。賊悉聚青蛇、長坎、瑪瑙、保子四囤，地皆絕險，而青蛇尤甚。璘議同日攻，則兵力弱，止攻一囤，則三囤相助。乃先攻三囤，次及青蛇。良㽲師亦來會，令伏囤後，別以一軍守板角關，防賊逸。璘督諸將力攻三日，賊死傷無算，三囤遂下。青蛇四面陡絕，璘圍其三面，募死士從瑪瑙附葛至山背舉炮，賊惶駭。諸軍進攻，焚其茅屋，賊退入囤內，木石交下，將士冒死上，毀大棚二重，前後擊之，賊大敗，七牌之賊亦盡，時四月十三日也。乃分兵六道，攻克大、小三渡關，乘勝抵海龍囤。出《陳璘傳》。《叙功疏》云："平越一路，未奉師期之先，適遭東坡劫殺之慘。興隆、偏橋、平清之間，官道不通者三月，監軍張存意密令集兵大剿黃飄、臺蠟、平崖等寨，火其居，掘其穴，軍民稍得樂業。及奉師期，遂分兵，一由興隆、黃平，直掃白泥、草塘等處；一由平越、牛場、乾溪、乾坪直掃四牌等處。二月十二日，發軔開鋒。三月二日，陳寅等克漩水囤，蔡兆吉等克天邦囤，伍萬鍾等克三百落，而都清守備汪如淵劄兵清池，直抵四牌、草塘、松坪。七日，陳寅等拒賊於四牌高囤下，坐營守備柳國柱偷攻於四牌高囤上，爲事官蔡兆吉直掃龍水囤穴。復於十二日，敗賊菁岡囤，至是抵河。深潭斗岸，備船篝渡。於是陳寅先令中軍孫仲謀引南丹兵，黑夜偷渡構皮灘，潛伏山後，自率把總、家丁由袁家渡，伍萬鍾、汪如淵由疆界河，蔡兆吉、猶鶴由吳歪、孫家二渡，各搭浮橋渡河。自是而長江不守，江外之收拾略定。此三月二十一日前事。由此更進逼黃灘關，關層崖壁立，李應祥檄陳寅多方招誘，寅計擒楊正邊、楊通漢父子。遂分兵二道，令周宗堯等攻關前，新降石勝體等由墳林暗渡襲關後。迫至張王壩，盡掃關左右羽翼，招降老鷹囤賊萬餘名。江內之收拾又定。此四月十二日前事。五月五日，遂協三省七路之師搗巢。此外，零尾之績，則三月十五日，指揮胡效忠等敗賊革羅水、青龍、黃沙囤，十六日，指揮蔣崇費等敗賊餘溪莊。十八日，把總李冠等敗賊盤腳囤。十九日，千把周世祿等敗賊保子囤。四月十日，守備徐允爵敗賊真武囤、羅家坪。自是黔楚兵合爲一哨。四月十一、十二、十三等日，楚將徐時達、黔將蔣崇賢破趙生、長坎等囤。同日，指揮胡效忠敗賊羅安水。十八至二十二等日，攻打青山囤、五鳳莊、小三渡關、欄牛坎、野苗囤并青山囤後等巢七起。二十四日，徐允爵克懸崖等處。二十六日，葉定遠等攻牛坎、鴿子岔。二十七日，徐允爵攻五鳳、羅安水等巢。五月一日，劉自西攻青水賊巢，自是抵白田壩與七路兵合。"

海龍囤者，賊所倚天險，飛鳥騰猿不能逾者。及諸路兵俱集囤下，賊見勢急，父子相抱哭，上囤死守，每路投降文緩我師。化龍檄："賊詭降，即斬使焚書，毋爲所紿。"虞綎與應龍舊，檄無通賊，綎械其人自明。賊詭令婦人於囤上拜表痛哭云："田氏且降。"詐爲應龍仰藥死，報吳廣。廣輕信，按兵不動。已，覘知田氏詐降，而所云應龍死，乃川兵攻囤，以火炮擊死所謂楊珠也。珠驍勇善戰，既死，賊痛如失左右手。廣覺詐，益列兵協攻，燒二關，奪三山，絕賊樵汲。五月十八日，始築長圍，化龍令諸將分日迭攻。安疆臣攻囤後，受賊重賄，多與通，且潛以火藥貽賊，故賊不備其後。陳璘知之，與監軍者謀，令疆臣退一舍，璘移其處，置鐵柵百餘，距囤丈許，賊強弩無所施。又爲筊板於柵前，賊每夜出劫，爲釘傷，不敢復出。會化龍聞父喪，詔以墨縗視事。化龍跣而草檄，益治軍。時天苦雨，將士馳泥淖中苦戰。六月四日，天忽開朗。五日，劉綎身先士卒，進克土、月二城。應龍益迫，夜散數千金，募死士拒戰，諸苗皆駭散，無應者。起提刀自巡壘，見四面火光燭天，徬徨長嘆，泣語妻子曰："吾不能復顧若矣。"六日，陳璘與吳廣當進兵。璘夜四鼓，銜枚上，賊鼾睡，斬其守關者，樹白幟，鳴炮。賊大驚，潰散。廣兵亦至，應龍倉皇同愛妾二閨室縊，且自焚。廣獲其子朝棟及妾田雌鳳，急覓尸，出焰中。廣中火毒，失聲幾絕，頃而蘇。

《叙功疏》云："綦江路，五月三日，綎與各路盟於養馬城，約同心戮力。六月十日，攻毀鐵柱關。六月五日，奉令與李應祥移攻囤後，隨留周敦吉等劄囤前、囤左，以防苗逸。發趙賢輔劄海龍壩，以截苗黨，而令徐珊攻囤後右路，周以德攻囤後左路，綎自攻中路。質明進攻，連奪土、石二城。次早，各路官兵攻入三城，苗即縊死。南川路，五月初二、初四等日，與綦江路合攻鐵柱關。十日，用火箭、火磚燒毀關樓，登城奮擊，破之。隨分兵一萬繞囤後，留兵二萬攻囤前。十五日，連奪賊二山。五月二十二、三、五、六等日，六月初一、二、三、四日,連攻飛虎關。五日後,兵克賊土、石二城。六日,孔英令酉兵從右,石兵從左,陝兵、毛兵、平茶兵從中。大聲轟雷齊攻,賊縋。永合路,五月二日永寧長官張拱極敗賊銅鼓嶺。吳、曹二將由水牛塘攻開後路營樂窰。初四日,拔石關山,山與三圓山相連,沿途石磴水竇,行者沒膝,中間密箐陰崖,不見天日。十日與水西兵奪三圓山。十四、五、六、七、八等日,連與賊戰。十九日,賊來衝營,曹希彬中流矢,傷左手。六月五日,攻破土、月二城。是夜,吳廣將本路兵密劖城下,令曹希彬、吳文杰、趙應科、吳從周等從水道上城,約舉炮爲號,封建、梁齊賢等佯攻中門,鄧起龍等爲左翼,郭天俸等爲右翼,五更集兵,黎明兵由水道登,陳璘繼進,首縋。烏江河渡路,初與各路議,與劉綎攻。第五日,吳廣、陳璘攻。第六日,隨與劉分定信地。劉攻土城門以左,李攻土城門以右,遂與左監軍楊寅秋、右監軍張存意分兵三路,以徐成等兵奪鳳凰嘴,由右嶺進,張秉忠等兵由左嶺進,領泗城兵於囤右崖壁截殺。戴守禮領河渡哨把總牙廷相、平越哨把總張奇盛等,由中嶺進,別命安疆臣、隴澄分兵於海龍壩、泥囤等處截賊。於是,徐成遂於五日攻鳳嘴山,奪鳳凰嘴,連破土城、月城。次日入囤,賊縋。平越白泥路,既與各路分定師期,於六日攻囤。至日,令陳良玭等攻左,王鳴鶴等攻右,江騰龍攻中。銜枚前進,蟻附上山。進城舉炮三聲,各賊驚潰,首縋。平越龍泉路,先是,是路於二月十六日劄營受水。十四日發施南等九司六寨攻破關崖囤。十五日,攻破板角關。十六日,探得把守苦竹關之賊俱赴板角應援,遂乘隙攻入。是日,苗兵萬餘至板角包圍,擊敗之。十九日,攻寶子囤。二十日,攻葛漏冲。二十九日,伏兵黃沙囤并板角關口野兒磽。四月九日,攻剿川崖、青山二囤。十一日,攻趙生坎,隨分兵前後兩路,進至保子囤。十二日,長驅攻長坎險囤。十四日,攻劉木窖、騾子坎。十五日,敗賊魚溪,賊朱敬統賊數千,來劄青山囤。十八日,破囤,擒斬之。二十一日,攻剿欄牛坎、鴿子岔。二十二日,敗賊長坎、青蛇後路。五月一日,各兵進關,敗賊伏於青水橋,又敗之難婆囤。六月六日,遂隨璘攻海龍。"自出師至滅賊,百十有四日。總督李化龍露布以聞。乾《志》、《遵義志》。

——(民國)《貴州通志》之《前事志十四》,載《中國地方志集成·貴州府縣志輯》,第7冊,29~37頁

二十八年春正月,楊應龍勒兵數萬,五道并出,攻龍泉司。守備楊惟忠擁兵二千,以勢不敵,先期託臺謁,走思南鸚鵡溪。土官安民志率步卒五百拒守,死之。吏目劉玉鑾偕妻子并死於賊。副總兵陳良玭託守偏橋,不之援,石柱宣撫司馬千乘軍鄧坎,賊乘夜掩襲,我軍堅壁。詰旦,奮擊,連破金筑、青岡嘴、虎跳關等七寨。酉陽宣撫司冉御龍進攻官壩,斬關直上,復擒斬三百有奇。初,賊既下龍泉,方移兵攻婺川,聞敗,撤兵遁。會徵兵大集,延寧四鎮、河南、山東、天津、滇、浙、粵西兵至者踵背相屬,各土司亦用命。總督李化龍分兵八路,川師分四路:總兵劉綎從綦江入,以參將麻鎮等隸,參政張文耀監之;總兵馬孔英從南川入,以參將周國柱、宣撫冉御龍等隸,僉事徐仲佳監之;總兵吳廣從合江入,以游擊徐世威等隸,參議劉一相監之;副將曹希彬受吳廣節制,從永寧入,以參將吳文杰、宣撫奢世續等隸,參議史旌賢_{史旌賢,原文作"使旌貴",茲據舊《省志》改。}監之。而中軍率標下游兵策應。黔師分三路:總兵童_{原文作"董",誤,據《明史》改。}元鎮,統知府隴澄、知州_{舊《省志》作"泗城土知府"。}岑紹勛由烏江;參將朱鶴齡受元鎮節制,統宣慰安疆臣等,由沙溪;總兵李應祥統宣慰彭元瑞_{舊《省志》作"璠"。}等由興隆,參議張存意、按察司楊寅秋監之。湖

省志(一)

297

廣偏沅一路,分兩翼:總兵陳璘統宣慰彭養正等由白泥;副總兵陳良玭受璘節制,宣慰覃_{原文作"單",依舊《省志》改。}宜等由龍泉,副使胡桂芳、參議魏養蒙監之。以偏橋江外爲四牌,江内爲七牌,五司遺種及九原文作"七",依《明史》改。股惡苗盤踞故也。其黔撫郭子章駐貴陽,楚撫支可大駐沅州。部署既定,大會文武於重慶,登壇誓師。二月十二日,《明鑑》作"二月丙戌"。分道并發,每路兵約三萬人,官兵三之,土司七之。苗見驚曰:"今番真天兵,與昔不同。"總督諭諸將,以抵婁山等關爲期,移鎮重慶節制。且曰:"關外且戰且招降,賊多不可勝誅也。關内疾戰,勿受降,師不可久老,賊詐不可信也。"先是,蜀玉壘山忽裂,僉謂昔年平九絲,地數動,殆播平前兆云。十五日,劉綎進兵綦江,連戰,破三峒。綦江自東溪入播,并峻林茂箐,楠木、山羊、簡臺三峒素號奇險,賊首穆炤等盤踞,綎力戰克之。三月,楊朝棟統苗兵數萬迎敵,鋒甚銳。我師夾擊,綎身自陷陣,苗大驚曰:"劉大刀至矣。"棟潰圍走,幾爲我獲。初,綦江諸苗,自謂屠城慘戮,罪不赦。又應龍憚綎威名,冀首挫其鋒,屬朝棟悉勁兵,間道相角,曰:"爾破綦江,馳南川,盡焚積聚,餘無能爲也。"及朝棟僅以身免,賊膽落,益爲守禦計。諸軍分道并捷。南川則西陽、石柱二司先登,初八日,遂克桑木關。烏江則壩陽、永順兵先登,十一日,遂克烏江關。翌日,克河渡關。陳璘及副將陳寅擊四牌,賊各披靡,遂奪天都、三百落諸囤。賊連敗,乃乘隙出奇兵,突犯烏江,詐稱水西隴澄會哨,誘永順兵,斷橋淹死我師無算。參將楊顯,守備陳雲龍、阮士奇、白明逵,指揮楊續芝等死之。《明通鑑》此處作"并顯之二子皆死之"。事聞,逮總兵童元鎮下於理。時有蜚語水西佐賊者,化龍檄詰之,水西不自安。會賊殺其頭目澄大眼,二十六日,賊託田氏修好,賄隴澄,《明通鑑》"殺澄大眼下,只復修好賄隴澄"數字。澄戮其使,擊斬偏將楊惟棟等。安疆臣亦執賊二十餘人,以示不背。《明通鑑考異》自楊朝棟迎敵以下,皆三月事,《大事紀》書於三月之朔,若烏江之敗,《明史·童元鎮傳》在三月之望,《史稿》系之戊午者,是也。惟戊午在三月,而《史稿》誤入二月月分,蓋"戊午"上脱去"三月"二字耳。今據諸書改正。二十九日,劉綎戰九盤,入婁山關,關爲賊前門,萬峰插天,中通一線,我師從間道攀藤魚貫,毀栅入。四月朔,《明通鑑》作"是月"二字。屯白石。應龍身率各苗決死戰,陰令楊珠等抄後山奪關,四面合圍。都司王芬中流矢死。《明通鑑》此處有"守備陳大綱,天全招討楊愈亦死"一句,蓋據《明史》加也。劉綎親勒騎衝堅,以游擊周敦吉、守備周以德分兩翼夾攻,擊敗,追奔至養馬城。《明鑑》節去此句。與南川、永寧路合,連破龍爪、海雲險囤,壓海龍囤而壘,賊所依爲天險,飛鳥騰猿不能逾者。時偏沅巡撫都御史江鐸已抵任視師。陳將軍璘帥師急攻,以十三日破青蛇囤,安疆臣亦以十六日奪落濛關,至大水田,焚桃溪莊。賊見勢急,父子相抱哭,上囤死守。每路投降文緩我師。總督檄:"賊詭降,即斬使焚書,毋爲所紿。"虞綎與應龍舊,檄無通賊,綎械其人自明。而吳廣以朔三日,入崖門關,營水牛塘,與賊力戰三日,却之。賊詭令婦人於囤上拜表,痛哭云:"田氏且降。"《明鑑》註:田氏即七姓之一,播州所謂五司七姓。見前。復詐爲應龍仰藥死報,廣輕信,按兵不動。已,覘知田氏詐降緩攻,而所云應龍死,乃川兵攻囤,以火炮擊死所謂驍將楊珠也。珠驍勇善戰,既死,賊痛如失左右手。廣覺詐,益屬兵協攻,燒二關,奪三山,絕賊樵汲。八路兵大集海龍囤下,五月十八日,始築長圍,更番迭攻。自是賊坐困窮崖,知兵在頸矣。會總督李化龍聞父喪,詔以墨縗視師,化龍跣而草樕,益治軍。念賊前囤陡絕,令馬孔英率勁兵壁其間,餘并力攻後。《明鑑》作"令孔英勒兵攻其後,殆遺壁其間,餘并力"數字。蓋孔英壁於前。《明史》與《本末》說均同也。時天苦雨,將士馳泥淖中苦戰。《明鑑》此下有"相持由"四十餘日數字,蓋亦據《明史》加也。又《明鑑考异》云:"自屯白石以下,皆四月事。"據《大事紀》:"是月十二日破青蛇囤,十六日奪落濛關。十八日,合圍。"今撢三編,參《明史·綎傳》"補出陣亡之陳大綱、楊愈二人"云云。六月四日,《明鑑》作"六月壬申朔,越三日",他書同。天忽開朗。五日,劉綎身先士卒,進克土城。應龍益迫,夜散數千金,募死士拒戰,諸軍皆駭散,無應者。《明鑑》此下加"其夜四更,總兵陳璘、吳廣帥兵銜枚上,斬其守關者"數語。起自提刀巡壘,見四面火光燭天,徬徨長嘆,泣語妻子曰:"吾不能復顧若矣。"詰朝,我師遂登囤,破大城入,應龍倉皇同愛妾閣室縊,且自焚。吳廣獲其子朝棟及妾田雌鳳,急覓尸出焰中,廣中毒,失聲幾絕,頃而蘇。計出師至滅賊,百十有四日,八路兵斬級二萬餘,生獲朝棟、兆龍等百餘人。播州平。《明鑑》此下有"己亥"二字。總督露布以聞。《明鑑考异》,克海龍囤,據《明史·本紀》在是月,證之劉綎、陳璘《傳》,"即六月六日也,今分書之"云云。按所謂分書,未詳。劉將軍綎,爲軍功冠。《紀事本末》《明通鑑》。

河渡未敗時,隴澄已別遣將攻拔苦竹關及半壩嶺。上文爲"烏江之敗,當事疑澄通賊"一節與史同。及其敗也,岳嘉猷移軍新站。是月己未,疆臣收集散亡,益兵進至楊亡水,克大紅及落閩水等七關。賊伏兵於大水田,別以五千人襲新站,敗還。嘉猷揚聲搗大水田,而潛軍搗大夫關,直抵馬坎,斷賊歸路,與疆臣合。壬申,賊遁還。都指揮徐成兵亦至,遂合泗城土官岑紹勛兵進,再克河渡關。四月丙戌,水西、鎮雄兵克桃溪,焚楊氏廨舍及其家廟,遂入播州。五月丁未,朝廷以烏江之敗,逮元鎮,令總兵李應祥并將其軍,遂合水西、鎮雄諸部,直抵海龍囤,與諸道兵會,遂圍之。或言水西兵佐賊,化龍詰之,疆臣斬執賊使二十餘人,於是楊、安二氏交遂絕。諸軍既合圍,咸以囤後易攻,爭走其後,總兵馬孔英獨壁囤前,已而皆前。疆臣獨攻其後,相持十餘日,疆臣所部,受賊重賄,多與通,且潛遺火藥於賊,故賊不備其後。總兵陳璘知之,與監軍謀,令疆臣退一舍,璘移其處攻之。化龍又令孔英助璘攻囤。六月六日克之。應龍死,播州平。《大定志》"諸將爭走囤後"二語,出《馬孔英傳》,各通史皆未采。

——(民國)《貴州通志》之《前事志十四》,載《中國地方志集成·貴州府縣志輯》,第7冊,37~39頁

明年二月,原文上叙"二十七年郭子章來黔,請兵益餉,設守各事",故明年爲二十八年。公誓師。公亦指子章。四月進,首挫賊鋒。宣慰安疆臣斬關先登,弟堯臣佐之。大水田一戰,獨冠七路。興師至壁海龍囤纔百餘日。六月,應龍伏誅,剖尸傳首,妻孥田氏、朝棟等檻俘關下。

是役也，貴州斬獲首級四千八百六十，生禽首從百五十八，俘獲賊屬男女一千一百一十，招降播民二萬九千八百五十，奪獲賊仗不可勝紀。天子資軍興百有四萬，公僅用其半，漕糧三十萬鍾，用十之一，餘悉還帑藏，恬然奉身而退。溫旨款留，以定播地。節錄《青螺祠碑記》。

——（民國）《貴州通志》之《前事志十四》，載《中國地方志集成·貴州府縣志輯》，第 7 冊，第 39 頁

總督李化龍奏上《露布疏》曰：

奏爲露布事。萬曆二十八年六月初六日，恭遇平播事竣，臣謹稽首頓首，上言露布者。

伏以辰象麗天，七緯判井參之紀；方輿略地，八紘嚴夷夏之防。故陰慘陽舒，天綷所以陶庶彙；而文經武緯，喆后所以殿萬邦。道如此乎相成，世賴兹而常治。垂衣而理，爰開弧矢之威；舞干以來，不廢徂征之舉。黃公元女，策贊玉門；赤烟素靈，符昭金匱。泊乎皇風既降，猶然遠略時聞。漢鹹呂嘉，聲教訖於嶺表；唐俘蒙儉，威棱憺乎天南。是雖晚近世之作爲，孰非大聖人之家法？匪云得已，允有成功。恭惟皇帝陛下，道契書繩，祥摛載玉。憲紫微而立極，雪踐四神；登翠嫣以握圖，星飛五老。昇平三紀，雲火静其橫氛；受祚九宗，風雨漂其瀣澤。委任心膂，妙選爪牙，兵以不殺爲威，德用無爲而治。朔方叛黨，嬰城旋就誅夷；海外渠魁，越國甘從縋束。宸居端拱，天步泰寧，日浴月窟之鄉，莫不奉琛而納款；紫舌黃支之侶，咸皆解辮而稱臣。昆明通太液之波，大宛貢天閑之駟。春秋之義，無外詩書，所稱何加。

惟此播州，介於川貴。貞元以往，猶遷客之是居，會昌而還，爲楊端之竊據。本以招討，擅此方州。跨重岡復嶺以爲疏疆，介絕澗茂箐以設險。丹崖紫潤，常截地而瀠洄；翠壁蒼巒，每橫天而巀嶪。羊腸鳥道，一夫可以當關；虎嘯猿啼，萬騎總爲却步。加以腥烟幂覆，毒霧縱橫。上漏下蒸，坐見飛鳶之墜；前溪後窖，常多有蜮之灾。別是封疆，自爲聲教，冠紳承襲，已歷四朝；子侄蒙安，洊及千載。强弱之形互見，離合之勢靡常。饑則依人，飽則颺去，終非馴擾之儔；失則其鹿，德則其人，薄示羈縻之術。然猶奉琛奉幣，職歲之貢獻無虛；不叛不侵，非時之征調惟謹。

至逆賊應龍者，夷運將終，淫凶遂熾。天奪其鑒，既安忍而無親；鬼瞰其家，輒恣行而播虐。殺人如不舉，害衆若弗勝。徇孽妾之言，妻甘屠膾；翦同官之黨，人盡誅夷。敵怨五司，魚肉不留乎遺桅；快心七姓，烹醢冤徹於三泉。懸砫碓湯鑊之刑，置火床鐵刷之獄，是尚恣睢乎部曲，已而輘轢乎縣官。數肆嫚書，屢馳密諜。謂九重爲遠，聲不憚于吠堯；以千里自封，財無難於使鬼。重慶城計脱犴狉，已逭靈誅；白石口謀動干戈，寧辭越志。從此恣其玩弄，因而極彼譸張。宰割一方，睥睨諸省。收藏亡命逋逃，遍四海之奸；糾結

生苗聲勢,致兩川之震。盛氣豈忘躍馬,雄心不憚稱狐。犯乃無將,志不在小。皇上俯憐愚謬,屢沛鴻慈,征誅尚緩於後夫,撫戢屢申乎邊吏。網開三面,聿宏卵育之恩;禽縱九頭,倍肆鴟張之志。虔劉飛練,鬼哭千家;糜爛綦江,尸橫百里。捐嬰兒以填岩谷,刳孕婦以決雄雌。萬靈號地稱冤,四境籲天丐命。樵蘇何計,閭閻動鼙鼓之哀;羽檄交馳,城郭盛妖氛之氣。一時惡少,儘欲效尤;幾種夷酋,半懷觀望。業已驛騷乎西南半壁之天下,行且震驚乎東北一帶之人心。亂形已成,逆圖漸逞,全蜀星河搖曳,重瞳宵旰焦勞。佇望廓清,宜資卓犖。而臣以章縫末品,僕遬短材,偶詔起於田間,遂謬膺乎軍事。控四蜀而兼總湖貴,柄在專征;奉三錫而濫秉鉞旄,義當滅賊。臣感茲恩遇,願效驅馳。憤同泣劍,甘裹革以從戎;心切枕戈,計除凶而報國。但期平定,敢愛髮膚,顧民力凋瘵而未蘇,又武備廢弛而不振。賊強臣弱,難希擒縱之風;一日數驚,易斷平安之火。於是殫攄朽鈍,獎率權奇,謹會同巡撫貴州兼督理湖北川東等處地方軍務都察院右副都御史臣子章,巡撫湖廣等處地方兼提督軍務都察院右僉都御史臣可大,巡撫偏沅等處地方提督軍務兼督理糧餉都察院右僉都御史臣鐸,共懷許國之心,咸篤勤王之誼。謂夫事關三省,必須動協萬全,以固圉安人心,以死綏作士氣。內葺理而外持鎮靜,計頗效於謝安;陰不足而陽示有餘,竈頻增於虞詡。徵兵之使四出,環秦庭而乞賦無衣;寄閫之禮三推,憶鉅鹿而重犨拊髀。柄分黃鉞,下天上之將軍;案有丹書,合地中之義旅。命五丁於蜀郡,召三戶於楚人。集滇廣樓船下瀨之豪,連韓魏奮擊蒼頭之眾。秦稱孔武,羅孟賁、夏育之朋;浙號多才,搜霸越平吳之士。鷹揚侈譚於齊客,喜建功勛;駿聲偏重於燕臺,爲憐慷慨。有嚴有翼,共武服而旟旐央央;如漢如江,啓戎行而威靈濯濯。咸來奏技,莫不從軍。又以古制,師行糧從,兵貴馬騰士飽。爰開庾廩,共極舟車。籌策遍於彙囊,轉輸酌乎鍾釜,艫舳銜尾,粟盡海陵之倉;組練生光,山積漁陽之甲。兵同時雨,眾悅蒼雷。臣乃於十月十五日,攝衣登壇,歃血矢誓。宣忠義以作士氣,思齒劍者投袂并興;懸賞罰以一人心,懷淬刃者超距競起。眾憤噓而梁益之天成霧,軍聲動而岷峨之水飛波。克日長驅,嚴兵待發。臣又於二月十二日,五申戒眾,八路徂征。在四川以綦江、南川、合江、永寧爲四路,總兵官吳廣、劉綎、馬孔英將之,而監軍以參政張棟、謝詔,督餉紀功以參政張文耀、副使史旌賢、參議劉一相、僉事徐仲佳。在貴州以烏江、沙溪、平越爲三路,總兵官李應祥將之,而監軍以按察使楊寅秋、參議張存意,督餉紀功以參政郭廷良,副使洪澄源、尤錫類,參議梅國樓。在湖廣以偏橋爲一路,總兵官陳璘將之,而監軍以按察使胡柱芳、參議魏養蒙,督餉紀功以參政詹啓東,副使王應霖、路雲龍、陳與相。集君策于一時,宣天威於九伐。娖隊飭元戎之令,以律而夷;練士雜夷、漢之師,在和而克。風鶴咸知助順,草木都化爲兵。賊勢已危,狂氛未戢。力伸螳臂,尚三覆而設奇;若燎鴻毛,輒一鼓而制勝。諸路并斬關而入,一時多解甲而降。婁山、岩門,萬夫不守,湄潭、河渡,一葦可航。兵遂環于白田,眾已焚其赤社。曲房別館,一炬堪憐。班馬鋒車,闔門咸竄。于是巢穴漸定,羽翼半摧。獸既窮而搏人,鹿方急而走險。賊乃重招逆黨,共保岩隈。百仞臨高,築距烟而不及;一偏延敵,攀蘿葛而難躋。自謂天險可乘,兼有積儲足恃,猥云得計,祇自速亡。爰命六師,圍之三匝,蝥弧屢奮于列校,鼍鼓加募乎千金。攻極力殫,莫禦疾雷之勢,計窮詐得,頻貽小月之書。臣乃訶其深謀,特申儆備。復令按察使張悌入營督戰,重戒總兵吳廣毋與賊通。衆志彌堅,賊困猶鬥。連旬積雨,共洗蠻蜓之妖;叠雉霆雲,實壯王師之氣。勢將剪滅,事已垂成,而臣適遭閔凶,遥傳音耗。寸心途炭,乍懷進退之虞;簡命養留,更切始終之慮。望雲渺渺,向日炎炎,事難適夫兩全,身惟拚乎一死。勉修軍令,益整兵威。旬月迭攻,晝宵不息。小岩結聚,知蠻滅以非遥。異鳥翔翔,信賊平其有兆。卒徒競奮,雉堞平頹。彼力盡于枝梧,此骨騰而距躍。楚歌四起,雖不逝以驚心;越甲重來,犬長號而入夢。徒揮金而名死士,竟掩袂而別妖妻。縱飛走以無門,悲蟻虱之相吊。天亡已定,失劍烏江;人力難施,投繯荒谷。快大兵之畢集,遂舉族以就擒。剖腹不減然臍,臡首同看繫頸。鮹人彩女,解玉佩而成俘;劍客謀臣,抱兵符而就縶。電擊星馳,三十萬巢穴倏爾成空;拉朽摧枯,指揮間根株蕭然盡拔。定軍之山頓赭,牂牁之水已丹。飛虎、飛龍堅城如埽,養鷄、養馬故壘空留。止餘草木之腥,無復萌芽之肆。訊執已城聚落,首功不啻邱陵。築京觀可示來兹,勒銅標謾誇已事。紅旗十里,依依六月班師;翠幰千重,蕩蕩三方底定。前歌後舞,鐃吹半雜于巴渝;繡帽錦衣,勝氣全高乎玉壘。戎翟因而奪氣,流汗走僵;將軍從此開顔,告成飲至。櫜弓卧鼓,息壯士之呻吟;解劍賣刀,恣農夫之耕耨。百蠻稽顙,萬姓謳吟。重念開創之難,更竭圖維之力。因地形以爲疆理,招土著而慰岷黎。削減叢祠,另營茅社,爰分土宇,指西母而開圖;載布冠裳,順東風而受吏。易瘴鄉爲樂國,矜人起鴻雁之歌;黜夷法於漢官,拭目快威儀之睹。化瑟張而勿擾,熙熙乎坐赤子於春臺;太牢享而有餘,栩栩然圉夷人於蝶夢。本因亂而制治,實用夏以變夷。何敢言勞,期不辱命。此蓋神武有赫,厚德用威。遠克鬼方,奉役不淹于三載;同符帝德,成功僅逾於七旬。民未大勞,師無再役。還千秋之疆土,重勒鼎銘;戢四海之窺覦,坐銷金甲。獻俘清廟,更承元緒之心;上壽明堂,旅受綠圖之福。臣無任瞻天仰聖,望闕稱慶之至。爲此具本,謹具露布以聞。

奉聖旨:"覽奏露布,朕心喜悅,知道了。該部知道。"

按:據《獻俘疏》稱,"是役計禽獲楊氏一門妻子、弟兄、侄孫、姊妹:楊朝棟、楊以棟、楊惟棟、楊良棟、楊勝棟、楊堪棟、楊奇棟、楊真惠、楊嵩壽、楊兆龍、楊從龍、楊世龍、楊國棟、楊成棟、楊聰棟,女口田氏五人,楊氏二人,共二十三名。外此,楊七首大總管楊明子,明與楊珠助成逆惡,官兵圍屯,珠死,賴明父子防守、楊淳善使長鎗,慣馬戰,每戰必衝鋒。則酋之近族領兵爲逆者。宋承恩、馬千駟、張世爵、田一鵬、田飛鵬則酋之至親,相助爲逆者。何漢良、赤水人,酋外司大總管,總管諸苗。破飛練,執楊都司,嗔其不跪而殺之。何廷玉、播人,酋衙門大總管,主管八司五十里糧差。馬忠、播人,酋辦事總管,掌衙内一應文書。孫時泰、浙江餘姚人,冒籍入順天武清縣學,武清不容鄉試,客游京師,鬱鬱思亂。酋破綦,知罪在不赦,思求知兵之士爲謀主。時已斬黃七在播素善時泰,因薦泰。酋當遣心腹文章從京師聘泰,充僞軍師。穆炤、播人,小溪里頭目,先二十三年議征播,炤與族兄偉同內附。已,撫而不剿,遂殺偉以解於酋。及劉綖破其巢穴,不得已投見。復暗與賊通,陷王都司軍於百石。戴貴、播人,酋親兵總管。董籠、播人,四牌提調,江外五司皆其荼毒,飛練之劫,籠爲罪魁。陳大才、播人,沙溪提調。袁籠、赤水人,與赤水里頭人袁子昇同族,世仇。二十三年征播,子昇投順。已,撫而不剿,籠遂攜子昇於酋,子昇奔瀘州,鼇頂充頭人,以兵逼合江,挾子昇去,支解之。楊真、播人,丁山里頭目。羅江元、播人,酋坐寨,管婁山外三元壩苗千餘。周五巴、播人,仁懷里提調,又充穆炤坐寨。何茂春、播人,小溪里頭目。吳阿仲、吳阿舟,則酋之爪牙,資其爲逆者。許廷忠、播人,酋辦事把總,主聚歛財貨。何玘、播人,酋辦事總管,主清理田土。張玉、播人,楊朝棟管事總管。王積仁、播人,附郭長官積祿弟,先積祿見酋有逆謀,懼及禍,奏願改土爲流。酋惡之,積仁思奪兄爵,交構之,積祿建不獲良死。吳進逵,歙縣人,寓京師,放子母,播人居停其家,岱通錢神於四方、楊華原籍南京工部營繕所人,久寓北京,爲賊耳目。酋之信任。葉進喜、掌海龍囤,更收支錢糧,最幸用事。王守爵、掌通州詞訟。祿壽、掌酋親兵。高忠元、主四方打點。慶元,湄潭坐寨。酋之親近,則相與暴虐一境,打點四方,以濟其逆者共三十三名"云云,"阿萬、楊正邊、楊通漢曾先鋒於飛練,袁五受、張守欽曾首難於烏江。馬騰漢之殺將綦南,聶璽、彭永壽之拒敵窮囿,文章之主謀,探聽於都會,皆凶逆貫盈,罪惡滔天"云云,"外情較輕者,八十餘人"。故《史》云:"生獲百餘。"蓋布圍既不俾有微隙,則逆類自無獲漏刃矣。又《心齋隨筆》謂"李督叙功,於馬千乘獨不及",茲觀各疏皆不然。節錄見註,不知渠何以爲是譜。

——(民國)《貴州通志》之《前事志十四》,載《中國地方志集成·貴州府縣志輯》,第 7 冊,39～41 頁

附李化龍《平播疏》此疏叙張悌、余德榮監師事,非正史所有。

楊酋匪茹,與國爲仇,萬姓荼毒,三省震驚,孰不以爲不可以歲月克者。乃自出師以來,甫三月有奇,而元凶授首,羽黨悉擒。千年虎狼盤踞之窟,一朝掃蕩無遺。上足以伸中國之威,下足以洩生靈之憤。其他狡黠土司,獷悍惡苗,無不落魄亡魂,西南半壁天下可永無虞矣。皇上德威遠被,指授方略所致,斷非文武將吏敢貪天功爲己力者。惟是官兵暴露行間,勞苦萬狀,不可不查叙也。

先是,臣奉命入川,賊知罪在不赦,已統兵深入,有擒王剿叛之説,此説《史》無。遂破綦江,且逼重慶,地方洶洶,皆謂有長驅之志。於時目前兵力,略無可恃。臣乃以計緩之,一面調兵,一面移文詰責,若未嘗絕之者。賊果具文求撫,且不西向。臣因得以徵調漢、土諸兵,急爲之備。其時賊氣甚張,川人畏之如虎。臣發成都兵,甫出門,欲投錦江,不復肯東。及聞綦江城守兵見賊來,競躁而走,多投水者,止餘二將與其家丁,遂及於難。此説《史》無。臣念漢兵心膽已碎,土兵狐兔有情,自非招客兵不可,因請調陝、浙諸省之兵。

又念外兵之費甚侈，往來途次且生擾害，不可過多，乃於每省只調二千，多者三千，共數省，實僅僅三萬，其餘乃三省及滇、粵土兵也。然西南人見外兵來，莫測多少，以爲天下之兵皆至矣。自是漢兵之氣壯，而土兵之心亦折，無不樂爲我用者。時賊雖知調兵，然以爲虛聲嚇之如往日，非實事也。臣亦止在成都積粮治器，若無事者，然不復柬，賊亦不疑北兵俱集。臣移駐重慶，賊始知必剿，頗肆衝突，然我兵漸益，未易得志也。臣又念兵以一路進，既道狹不能容，一有前却，不可復振，因分爲八路。又念路分而兵少，賊厚其陣以衝之，敗矣，因令每路皆三萬以上，每一路皆可以當其全師。又念關外賊黨多不可勝誅，會兵部頒賞格至，首重招降，臣益推廣之，但投戈者皆赦不誅。臣又念無賞，士不勇往，會兵部賞格首言得賊者即以其家資與之，臣亦推廣之，克關破屯各懸賞，賞各以千萬計。既川兵入關，臣又恐其人自爲心，若九節度之師然，因復委按察司張悌爲總監之。川師有總監，亦正史所無。殺牲苴盟，務必得賊。臣又恐賊事急詐降，得之遷延，至暑雨漸深，我兵不能久困，令但急攻之，有稱降者，斬使焚書，無爲所紿。會湖、貴之兵亦至囤下，臣欲入營親監之，會聞先臣之訃，臣恐營中遂懈惰不可用，因不待成服，跣而草檄，亦以例應候代，照常督兵，有慢令者，尚方具在，令代中軍余德榮等再往監之。此二次之監，亦正史所無。臣又念賊囤後易攻，囤前難攻，時諸將壁囤下者，各有分地，因令以勁兵一枝，壁其前，其餘并力於後。臣又念諸軍士爭趨賊財物，或至亂行，至有他虞，因移文再四申警。臣又聞營中流言，水西目把尚不絕賊，恐漏軍情，因移文令其退剳。水西土官懼，撤其兵退而引嫌曰："吾不欲爲亡播之續也。"時久雨，兵士日在泥淖中，至六月之初四，而天忽晴。初五日，遂破其二城。初六日，遂登其囤，賊已滅亡。總計八路兵，生擒賊首、賊從一千一百二十四名，斬級二萬二千六百八十七顆，俘獲賊屬五千五百三十九名口，招降播民一十二萬六千二百一十一名口，全活被虜男、婦一千六十四名口，奪獲牛馬七百六十七匹隻，器械四千四百四十四件。是役也，自賊破綦江至剿滅，可一年，自進兵至滅賊，百十有四日。

當八路對壘時，土、漢兵既參差不齊，諸將領亦彼此觀望，播人劫於賊之積威，人自爲戰，未易即克，我各路又運糧艱難，時有脫巾之呼。臣日夜催督，走使持檄至數百千，即兩省撫臣，各路鎮道，亦靡不忘寢忘食，頭鬚爲白。總之，諸文武知廟堂之意，必欲滅賊，故鼓之，即應勞之不怨，誅罰之亦無敢囁嚅者。倘更一月而賊不滅，暑雨久，瘴疫深，無問賊矣。該臣會同巡撫貴州郭子章、巡撫湖廣支可大、巡撫偏沅江鐸，議得國家方制萬里，日所出入之邦，悉爲郡縣，獨西南諸省不廢土司，蓋亦曰因俗而治，與之相安云耳。二百年來，此輩犬羊之性，不堪馴擾，亦時有之，然未有若播酋楊應龍之公然叛逆者，則何也？蓋其地險，其兵强，其財力足以使鬼通神，其聲勢足以呼群嘯黨；加以年來方宇多事，九伐之旌，未遑南指，彼遂時時狂逞，亦遂時時得志，井蛙之見，謂縣官真無奈我何。諸群不逞如楊珠、楊明、何漢良、孫時泰輩，瞷其雄心，或時有以公孫躍馬、尉佗自王之説進者。賊亦自念騎虎勢不得下，將曰："等死耳，無且舉大名乎！"於是乎恣其狂圖，淫怒以逞，而破城殺將,鵲起西南之勢成矣。夫天下非小弱也,九州四海,兵非脆,糧非乏也。向賊逆形未著,皇上不忍遽觀之兵,曰:"吾且舞干,吾且解網,姑俟其悔過而與之相安於無事。"乃不謂凶人之性不移也,始天怒赫然,斷在必剿。夫斷而敢行,鬼神避之,況此么麼者乎!蓋自進剿之命下,尚方之劍頒,然後海內熊虎之師如雲而集,陳紅之粟蔽江而上,智士陳謀,勇夫效力,火燎髮,山壓卵,賊即欲不飛灰烟滅,亦何可得已!

臣等嘗即諸路之功而評叙之。在四川則楠木、三硐,賊黨以爲三窟,謂天險不可升者也,婁山關,賊前門,我所必由,賊所必爭者也。海龍囤,賊以爲天造地設,人迹所不能到,兵力所不能加者也。三戰而三克之,賊力竭矣,不亡何待。夫賊黨自戰,其地猶易與也。惟賊父子親在行間,諸賊人人致死,是誠難與爭鋒。最快者九盤子之戰,賊悉其精銳以付朝棟,令之從綦江進,從南川回,此其目中尚復有官兵乎?劉綖一戰而走之,自是播人爲之破膽。尤快者,諸軍壁海龍囤下,連月不拔,綖至,一日而克其二城,賊遂滅亡。至今群口囂囂,然竟無敢没其先登之烈者。兵法無選鋒曰北,綖於諸路,其選鋒乎!則綦江路之功也。

臣嘗言:"破賊,關外宜招降,謂多不可勝誅也;關內宜疾戰,謂師不可老也。"安村、羅村、陶洪三寨,生口以數萬計,勝兵以數千計,令貪功者,以大兵初入必且多殺以報捷,勝之則傷仁,不勝則損威矣。而該路坐受其降,兵不血刃,自是一戰而斬郭通緒,再戰而入崖門關,三戰而屢捷於木牛塘。賊計無復之,遂父子相哭而上囤矣。當其入木牛塘時,川兵入關,去囤尚遠,湖、貴兵在關外,絶不相聞,吳廣以孤軍去囤數十而結營,犯兵家之所忌,而卒以得志,自非其令嚴而戰力當不及此。後有講降誤事,然有激而奮,竟以成功。逆賊父子盡獲其首,終不失爲全捷,則永合路之功也。

南川路最險最遠,去囤可六七百里,賊以爲官軍必不能從此進。當馬孔英之未至也,高折枝以一書生請自將土、漢兵以往,此固已雄偉不常矣。乃師期一月之前,先搗官壩營以寒賊膽,而撤回龍泉之兵,且以解思、石之危,其事甚奇,其功甚大。比進兵從真州入,真人則簞食壺漿以迎,播人則弃甲曳兵而走,居然有三代之氣象。時諸將欲候各路消息方入關,折枝毅然曰:"若是,則誰爲當先入者?"策馬而前,衆隨其後,竟以三月初八日奪桑木關而據之。臣用是以催各路,尚有以四月入者,令諸將皆折枝,諸路皆南川,賊滅當更速。抵關而馬孔英至,則文武相得,如樂之和。自是日日約諸路攻圍,有應,有不應,甚或以相誹訾,而折枝不顧也。分攻令下,諸將爭走後門,該路獨壁前門。夫後門我易攻賊,前門賊易攻我,彼亦曰:"誰爲宜當賊衝者,蓋亦先入關之意乎?"破囤之役,後門以二路更攻,前門以一路搏戰,日夜揮戈,人百其勇,坐使賊自盡,而逆黨無一逸者。總之,倡諸路之先,作三軍之氣,令黔師不得以賊强我弱借口,而竟以奏功,臣於該路文武蓋心折焉,則南川路之功也。

在湖廣,則偏橋一路,江外爲四牌,江內爲七牌,皆五司遺種、九種惡苗盤據糾結乎其間,四牌不掃,即武騎千群,未易窺三渡也。陳璘獨以一旅之師,先掃四牌,開我進兵之路,用是烏江內賊黨寒心。長坎、瑪瑙、青蛇三囤,自昔以爲險絕,官兵所從未易得志者,臣亦慮其難,下令降之。璘以爲除惡務盡,竟一鼓而升其巔,殺戮數千,臭聞十里。時龍泉哨施南兵,亦已先克板角關,至今湄潭、白泥之間,四牌、七牌之苗遂無遺種,非璘之力不及此。該路漢兵少,土兵多,糧運稍遲便成噪呼,璘令嚴而法肅,卒能使之用命而不爲害。迨至克關逼囤,議設木柵、製鐵牌,以防賊逸,其機智有足多者。卒以入虎穴得虎子,閽人、繡女纍纍在俘,則偏橋路之功也。

貴州各路與川湖不同,其地近,其兵少,其餉乏,其夷情反覆而靡常,其民心搖惑而不定。兹之用兵,又非以一淬厲、一鼓舞之爲競者。烏江失律已見法矣,然能借是以激厲水西,俾之絕狐兔之情,踐虎狼之窟。母氏屯一戰,大足裭逆酋之魄而奪之氣,此則失之武人,得之文吏,蓋運籌者之苦心乎!李應祥以孤危之兵,當艱危之時,能自審於緩急進止之間,以守爲戰,以招撫爲進攻,卒之轉弱爲強,揚旌直指,斬首數百,招降數萬,因破諸囤,斬三關,抵白田,何其壯也!竟以連合川兵,回心戮力,破重城,俘群醜,振積弱之邦,舒華夏之氣。始如處女,繼如脫兔,兹其審於機而神於用,豈易得哉!則平越、烏江、沙溪諸路之功也。

夫我國家,從來用兵,未有大得志於西南夷者也。國初傅友德統二十四將軍,止言防守,未聞戡定。正統間,麓川之役用兵五十萬,轉餉半天下,升叙萬人,三返而罪人竟逸。嘉靖初,思田之役,以剿始,以撫終,至今爲諸夷借口。兹其大致可睹已。諸帥固庸衆人,臣等三五書生耳,其智略才力不及古人遠甚,乃兵纔逾二十萬,進兵纔逾百日,費纔二百萬,此非臣等之力,皆由我皇上神武獨斷,委任不疑,用使文武同心,將士效死,爰有成績。臣每誦詔旨,即十行之札,萬里之外往往瞭於指掌,而析於毫毛,輒沾沾自得,以爲賊平矣,已戰勝於堂上矣。夫淮蔡之平,直須一斷,何況聖朝廟謨,洋洋若此哉!

——(民國)《貴州通志》之《前事志十四》,載《中國地方志集成·貴州府縣志輯》,第7冊,41~42頁

附楊寅秋又《上內閣沈蛟門書》

黔省會逼近酋穴,僅隔一江,所恃無恐,則水西安宣慰之力,唇齒狐兔之疑,人猶不能釋然於安。近據其出楊酋責望於彼私書,及其先後探報,楊酋現修板山囤,專爲防安,而以萬七千同心上刻之兵,專備安氏,則酋之疑安可知,安之區區亦可概見。秋作使之不遺餘力,細察其意,亦欲圖美名,規厚利,業已蒙被不測,恩宥廟堂,且隻目而望之。渠所主持在陳恩、王嘉猷,某時呼之造膝,兩漢把唯唯,不以閒謀,則以力戰,始終不敢退托。人言彼欲收漁利,由某管窺,誠得彼收漁利乎?斯誠西南禱祀以求者也。又有言陸廣之事,楊酋曾爲安氏出力者,有言今日及楊,明當及安者。臘月間,某極力作使陳恩回水西,置

酒高會,云不爾者,大則移師,禍及我家,小則革去冠帶,戴罪殺賊,各夷目始帖然。今正月間,且具疏以請,而其母鳳氏親書,諸夷目無敢不震懾。近復激於宋承恩之襲,其氣益勃勃矣。又先是,兩關挫衄,人言洶洶。於安氏,即如人言,飲恨宜無,若某獨計西南半壁所繫,彼方擁衆屯播境,不爲我用,必爲賊用,激之勢必合爲一幅。一酋猶難,況其兩乎?無奈降心設誠,即衆口攻之愈急,某作使之愈明,示以洞然不疑。未幾,有克七關之報,有斬使首馘之報,有母氏坉之捷,有搗播焚州治之捷,韓魏之深交始絕。至我兵雲屯,賊窮奔囤,安氏自謂賊酋已在握中,一旦以遠嫌故,力求移師,不難以死力刊通之路,占奪之山,盡讓官兵屯劄,卒之殲厥渠魁,不在夷而在中國。黔積弱在諸路後,乃初五日先登,則黔與川東一路,分攻齊驅。次日,三省不戰,共收漁利,庶幾稍雪崝耻萬一乎?又賊憑恃險囤,堅壁死守,勿論囤前陡絕,即囤後蜀、楚吳、陳二總兵,環攻半月不下。初五日,黔兵合川東兵一鼓克之。次早,賊不戰自潰。其殲賊雖在初六日黎明三省之共舉,而摧賊鋒、破賊膽、散賊黨,則在初五日蜀黔二路之獨功。水西功在唾手,誰肯以避讒故,讓功於官兵?就中制其命,折其心,某之焦腸嘔心,難言之矣。按:征播之役,安氏之向背,關繫至鉅,寅秋功至不可沒。故特節錄二書以資參證。

——(民國)《貴州通志》之《前事志十四》,載《中國地方志集成·貴州府縣志輯》,第 7 冊,42~43 頁

附申時行《雜記》按:楊氏之役,史皆謂咎由自取,此獨言釁肇官吏,特并附之,以存异說。

川貴土司,首安氏,次楊氏,皆以兵力盛強,蓄積富厚相雄長,諸土司皆憚之。安氏在嘉、隆間,小有反側,朝廷下詔切責,第令服罪削職,取羈縻而已。惟楊氏世稱恭順,而應龍桀黠,自其祖父時,頗招納內地游俠及犯罪逋竄者爲之羽翼腹心,凡七家,皆有室盧田產,長子孫,成大姓,應龍心惡之。既襲職,皆擯不用,更虐使,或加誅戮。七姓咸怨,率逃入五司。五司故隸播州,而諸長官怨應龍特甚。七姓者,特從中慫恿,乃數奏應龍罪惡,部覆行兩臺會勘。兩臺所委府佐及兩司首領,皆以土司爲奇貨,多所需索,數以計困之。嘗期以某日入境候勘,應龍如期至,委官故遷延不行,度應龍且去,則猝至,以跋扈不服罪之,必得重賄乃已。故應龍赴勘,若就刑戮。然兩省有徵調,朝奉檄而夕發兵,毋敢後時,未有不臣之迹也。時貴州撫臣喜事者入五司膚愬,欲用兵,偕按臣以疏請。余力止之,謂應龍雖殘虐,但行於所部,未有逆節於朝廷,祖宗朝從來羈縻,不以漢法治也,部中遂寢其奏。久之,蜀撫以他事檄召應龍,下之獄,吏卒備加窘辱,取索不訾,應龍大恚恨。會東征事起,石司馬請釋應龍,令帥所部兵立功自贖,既而罷之。撫臣復召應龍就獄,辭不至,乃遣兵深入逮捕,應龍據險拒敵,殺傷官兵甚衆,尋攻破綦江,勢甚猖獗。詔發三省兵及調旁近土司討之,復添設撫臣,開府辰、沅,加蜀撫總督軍務。逾年,遂平播州,設遵義府。然三省財力耗費以巨億計,楚、蜀之間,繹騷甚矣。向使委官不索賄,應龍不繫獄,調必

赴，召必來，何至稱兵叛逆乎？挑釁起禍，必有任其責者。故好事喜功，窮兵殫財，非國家之利已，事可永鑒也。

——（民國）《貴州通志》之《前事志十四》，載《中國地方志集成·貴州府縣志輯》，第 7 冊，第 44 頁

冬，十月，貴州皮林苗叛。《明通鑑》。

二十八年二月戊寅，五靖參將黃冲霄剿皮林苗，敗績。苗殺守備陳世忠等。康《志》。

皮林苗在湖、貴交，與九股苗接。有吳國佐者，洪州司特洞寨苗也，桀黠無賴。《土司傳》云：“國佐頗知書，嘗入學爲永從生員。”其從父大業以叛誅，國佐收其妾，黎平持之急，遂反。自稱“天皇上將”，《土司傳》以下有“陽聽撫而陰與播賊通”一句。其黨石簒太亦自稱“太保”，合攻上黃堡，誘敗參將黃冲霄，追至永從縣，殺守備張世忠，炙而啖之。掠坉堡七十餘，焚五開南城，陷永從，圍中潮所。時方以征播未暇討，至是播平，偏沅巡撫江鐸請命總兵陳璘移師討之。《明通鑑·陳璘傳》同。按：受命討賊者，據《璘傳》及《土司傳》尚有陳良玭，《明鑑》《明紀》殆以其偏裨，削去之。又死難守備此文及《職方典》均作“張世忠”，康熙、乾隆二《志》乃作“陳世忠”，不知孰誤。

七月，詔偏沅巡撫江鐸墨縗討皮林苗，川、湖、貴、廣西督兵助剿。……有石簒太者，亦自稱“太保”。始播發難時，皮林嘗助逆。至是播滅，乃結連他寨，搆營陣，攻破永從縣，毀城郭廬舍，殺守備陳世忠等，劫獄因而去。乾《志》。

江鐸擢撫偏沅，夾攻楊應龍有功，與郭子章皆蔭一子，世錦衣指揮，丁母艱去。奪情，命討皮林諸洞蠻，平之。節錄《江鐸傳》。

參將鄧子龍平播還，復有皮林之役，時值中、左所告急，子龍乃以偏師分三道迅發，一日遂破草坪、黃菖蒲上下洪州諸寨。事平，相傳有神助，子龍作記述之。《黎平傳》。按：子龍牛武橋，豐城人。

十二月乙未，上御午門，受播州俘。磔楊應龍尸，戮朝棟、兆龍於市。《明通鑑》《明紀》。

十二月庚辰，督撫李化龍、郭子章、江鐸俘楊應龍等獻於闕下。丙寅，上御樓受之，群臣稱賀。命磔楊朝棟等於西市，釋宋承恩。康《志》、乾《志》、《遵義志》。

——（民國）《貴州通志》之《前事志十四》，載《中國地方志集成·貴州府縣志輯》，第 7 冊，第 45 頁

播地平，總督李化龍奏上《播州善後事宜十二事》，尋又上《黔省善後事宜八事》。

《疏》略曰：查該州地鄰三省，然楚止偏橋路通一線，蜀與黔蓋無所不接壤。夫蜀無籍於播，黔瘠壤也，若乘此時而割播地以附黔，則於蜀無損，於黔有裨。且臣等別疏又請以楚之四衛并割附之。從此黔省幅員得與十二省比長絜大，甚爲長便。但盡屬之黔，則

地方千里,諸凡締造,勞費尚多,亦黔所不能堪。因議設爲二府,分隸黔、蜀,庶建邦啓土,各自經營,成聚成都,指顧可就。皇上廓清之績,既已盡被於三藩,而峀嵝之仁,又復再造於黔土矣!除寬脅從、撤兵馬、招流移、厚賑恤、抑兼并、清橫恣等項,凡明旨所叮嚀,而兵部所條議者,俱已陸續舉行,尚有後開款目,謹集衆思,列爲十一事呈覽。

一復郡縣。播州南極牂牁,西連僰道,漢唐改爲郡縣,在川、貴之間,亦一都會也。至唐乾符間,陷於南詔,楊端取而據之。今逆酋既平,相應改土歸流,以變夷俗。及照播州白田壩,沃壤數百里,即播州遵義縣故地,當復府治,設縣附焉。桐梓當綦南之衝,走川、貴道也,舊爲夜郎縣故地,當復一縣。望草南接婺、思,北達真、涪,爲綏陽縣故地,當復一縣。仁懷濱播枕永,襟合帶瀘,爲懷陽縣故地,當復一縣。真州即古珍州,川原平衍,商販周游,應復一州。以上俱隸川省統轄。黃平爲川、貴要區,舊設撫苗通判一員,列銜重慶,駐鎮彼中,其與播勢相控馭,應設一府。湄潭、龍泉,地理廣邈,各應建設一縣。甕水、重安,合設一縣。餘慶、白泥,合設一縣,并草塘、容山二司,應割隸各縣。以上地方,去黔甚邇,相應改隸貴州統轄。總計增府二,州一,縣八。蓋亂流初珍,地闊人稀,姑建數城,以爲繫屬。以後地闊民聚,無妨增設。其二府治與附郭縣,分正佐首領,各應照例全設,外州縣正佐首領,俱應量減。

一設屯衛。播州地方千里,山川險惡,夷、漢雜居,又逼鄰二大土司,時有啓疆之志。必須設官軍,建屯衛,以明居重馭輕之勢。因設一衛於白田壩,與府同城。指揮使一員,同知二員,僉事二員,鎮撫一員,經歷一員,知事一員。所屬前、後、中、左、右五所,每所正千户一員,副千户一員,百户四員,所軍各一千,共五千。衛所官於從征有功者,酌量升授;不足者,於鄰近願人者調取移實之。其邊隅逼鄰土司,地方各設屯田,每軍照祖制二十四畝,再加六畝爲冬衣布花之費,共三十畝,自種自食,不必納粮於官,又復領出,紛紛滋弊。各開屯處,除養屯兵之外,餘田仍照民地起科上納于各州縣,爲衛官俸廩及不時軍興之用。每年孟冬、仲冬、孟春、仲春農隙,各屯官時加操練。又以十月、二月望日,齊赴兵備道大操三日,驗其武藝,較其強弱,而明賞罰焉,老弱者汰之,一屯老弱多者,并革其官軍田,即另募壯丁補伍,庶軍得實用。异時即募兵散盡,此五千軍與主兵三千,自有八千可用之兵矣。

一設兵備。播地三面環夷,干戈甫戢,當此經綸草昧之始,設立有司,可以招撫流亡,或未能長駕遠馭而圖久安。布置將領,可以備禦倉卒,或易于生事徼功而開邊釁。欲以內修戎備,外攝夷心,整肅群僚,畏服衆志,爲地方長久之計,必設分巡兼兵備官一員,於播州白田壩新建府城駐劄,專一整飭新復郡縣,并重慶衛,忠、黔二所,永寧、酉陽、石砫、平邑等土司兵務,兼理有司錢糧獄訟。其重慶府、巴縣、綦江、南川、涪州、武隆、彭水切鄰地方,悉聽管轄,以便行事。黃平新設一府四縣,雖割屬貴州,但人心初附,田地界連,與貴州水西宣慰司并聽兼制。

一設將領。播淪於夷，閱八百餘年，風俗獷狉，法令捍格已久。今地雖蕩平，而逋孽潛藏，漢、夷錯雜，招苗樹黨，越界侵田，時所必有。今議播州留兵一萬，黃平留兵三千，粗足防守，然必得一大將領之，始可無事。查得先年克平九絲，議留總兵一員，鎮守其地。今建武視播稍緩，即一參游足領之。合無將軍門標下，添設練兵游擊一員，改駐建武防守。原設總兵，移鎮播地。應留各兵，挑揀家丁三千，買馬三百，内標下標兵、家丁二千七百，馬二百七十，以坐營千把總領之。兵道員下家丁三百，馬三十，以中軍領之，有事俱聽總兵提調，名爲正兵。此外，兵七千酌量分布於白田壩、真安、桐梓等縣，播、川等邑防守。内以一游擊領三千，以二守備各領二千，各用千把總分領之，有事征戰，無事即爲築城鑿池、建郡縣、修郵驛之用。糧銀照依舊例支發，徐俟建置竣工日，除家丁三千、馬三百外，餘軍以次議撤。有願附籍當軍及民當差者，聽千把總俱於附近衛所官内選用。其黃平留兵三千，仍設一參將領之，總聽防播總兵節制。原文下條爲"急調選"。

一丈田糧。環播幅員千里，田地無慮數千萬畞，舊時額糧，止歲以五千八百石輸貴州。蓋蠻方賦稅原輕，至應龍巧立新法，名曰"等賓"，每田一畞，徵銀數錢。初猶斂其才以招苗，後并奪其地以養苗，而賦法蕩然盡矣。今既改流，自當責成道府，親率州縣官定疆界，沿丘履畞，逐一丈量，分爲等則，造册呈報，以定賦法。額糧輕重，蜀無定規。查克平九絲，丈量田地，分別上、中、下三等，科畞上田四升，中田三升，下田二升。播地山水間雜，不止三等，尚有上上、下下者，宜逐項分析。最上者，一畞可當上田幾畞，最下者，幾畞可當下田一畞，則待臨時酌定，難以預計。丈完總計田地若干，糧若干，徵本色若干，折色若干，俟二年之外起科。除足一年夏秋二稅、銀力二差、一切雜費外，餘解布政司充邊餉支用。

一限田制。播土舊民自逆酋倡亂，大兵征討之餘，僅存十之一二。遺業田地，多無主人，册籍不存，疆界莫考。復業之民，往往冒認隱占，原少報多，原瘠報肥，甚至一人占田一二千畞，尚有异省流徒，假播籍而希冒占者。今應將播之舊民號"楊保子"者，查果真的，無論原業肥瘠，俱人給田三十畞，上、中、下攙配均給。若一處皆上田、皆下田者，臨時酌紿，大卛純下田不得多過一百畞，純上田不得少過二十畞。其原非播民，不能爲楊保語者，無問曾否寄住，皆不得妄認。遺下無主民田，另行招人承種，納糧當差。應龍官莊并楊兆龍、田一鵬、何漢良等諸擒斬過有名頭人庄田，盡數没官，聽三省之民願占籍播州者承糧。其領田之人，查照時值，量行上納，以充目下建立城池、衙門、驛傳諸費。亦定爲限制，平人不得過五十畞，指揮千百户不得過百畞，俱於丈量時定糧定價，令不得挪移。州縣官收過絶產價值，給付印契，登入循環，聽兵備道稽查，轉報撫按查考。官吏乾没，從重治罪。

一設學校。播故有學，宋、元之世，俊茂朋興，如冉從周、猶道明、白鎮之流，俱登進士，蜚聲上國。自逆龍禁錮文字，寇仇儒生，坑儒燔書，禍同秦始。今干戈既戢，文教宜先,白田、黄平,舊有學宫,補葺亦易,應當於二府原學各補教授一員,訓導二員。至博士弟子員,無論附郭外縣,但入學使之選者,蜀新四縣隸白田學,黔新四縣隸黄平學。迨各縣人文漸盛,物力稍紓,嗣各立學未晚。真安既改[土]爲流,其地方殷富,人物頗華,亦須建一學宫,設一學正,以示維新之化。

一復驛站。播州各驛,自逆酋閉關負固,驛官不敢赴任,驛客不敢經行,站户逃徙,館舍丘墟,十數年矣。兹者地方底定,道路大通,驛站之設,勢不容已。查播州舊轄松坎、桐梓、播州、永安、湘川、烏江、昌田、沙溪、仁水、湄潭、鰲溪、岑黄、白泥一十三驛,俱當川貴孔道。所有各該驛館應趁時興工,合用匠役,亦於兵夫内查有慣造者徑撥,不足者於附近州縣取用,工食銀米計算于該邊支剩軍餉内動支。仍責成新設府佐一員,往來稽督,不許虚冒銀糧,曠廢時日,事完册報。又查各驛夫馬支應及官吏俸薪,舊額土司供辦,今既改土設流,似應與腹裹驛站一體僉派。但流民授田方始,難便買馬行差,目前一切站銀,暫令官爲出辦,俟里甲稍定,即行編派。至夫馬額數,應照衝僻爲準。湘、川驛附郭爲四路,最衝,應設馬四十匹,夫八十名。松坎、桐梓、播州、永安四驛,地衝路險,應各設馬三十匹,夫五十名。烏江、仁水、湄潭、岑黄、鰲溪、白泥各驛,俱次衝,應設馬各二十匹,夫各三十名。昌田、沙溪止通水西,次僻,應設馬各十四匹,夫各二十名。各驛官見在者,行令赴驛任事,驛吏因屬土司,舊未撥發,今應行川、貴布政司,照缺查撥。

一建城垣。播州,一府、·州、四縣;黄平,一府、四縣,俱宜改築石城。石少者,以磚代之。其兵備道、總兵府,并府、衛、州、縣衙門公署,倉廠庫獄,城隍廟,演武場,與二府一州儒學文廟,殿廡齋舍等項,俱當以次修舉。而各官一抵地方,棲身爲急,衙舍之建,尤宜首圖。各府、州、縣正官,選委勤明佐貳,於堪動銀内行支,克期興工,多方稽督。大約城垣以歲辛丑二月内起工,限年終落成。餘各以次修舉。就中員役,有怠惰冒破、工力草率者,俱聽該道詳參拿究。事竣之日,造册報撫按衙門奏繳。庶險要可資,防禦有賴。

一順夷情。播州皆夷也。大兵之後,爲賊用力者,芟夷藴崇,已無遺種。今現在者,曰各土司官,曰七姓奏氏,曰投降夷目,皆宜安插得所。顧就中情事不同,亦宜分别,如八司:曰播州、真州、白泥、餘慶、草堂、黄平、重安、容山。内安撫二,長官司六,又一司甕水,原無印信,亦稱長官。又有宣慰司同知羅氏,此皆世有官號,與播并建者。播州長官王積仁,以附播被擒獻俘,與楊氏俱滅。真州附播多年,綦江之破,助兵三百,著在耳目。同知羅氏與江外五司,具疏改流,挑怨速禍,至有今日之事,海内震動,流血千里,則諸司者,罪之魁也。故説者謂真州宜正其附播之罪,江外諸司宜以起釁絶之。第王道如天,罰宜從輕,賞宜從重。真州當進兵之初,率先歸附,正副長官各以千人從軍,江外諸司,各招兵聚義,充黔、楚鄉導。合將真州長官,即爲該州土同知,副長官即爲土判官;江外諸司安撫與正長官即爲該縣土縣丞,副長官即爲土主簿;同知羅氏爲新府土知事。此外,尚有投降夷目,原非長官,本無冠帶,但賞格曾坐名開諭,輒爾先事歸誠,亦宜少示眷醻,以明恩信。

如上赤水里頭目袁年,父遭酷禍,投降最早,宜授以所鎮撫職銜。下赤水里頭目袁鑒,仁懷里頭目王繼先,安、羅二村頭目羅國名、羅國顯、安鑾,以上五名,念其返邪歸正,量授冠帶。總旗諸人田產,止將本身者造冊撥給,應納稅糧,通附州縣官處上納。"附"疑"赴"之誤。其餘里人,俱令附籍納糧當差,不許仍以家人爲名,恣行强占,違者治其前罪。至於七姓奏氏,始助楊氏之惡,繼傾楊氏之族,尤爲禍首,今蒙王仁寬宥外,如仍蹈故習,豪横害民,該道徑行拿問發落。地方人民指稱前事告害者,亦如之。

一正疆域。播地東北接連三省,縣衛各有疆界,無容溷淆。西南左逼水西,右接永寧,雖犬牙相攪,未能齊一,然畫野分疆,亦自有相沿界址。惟是夷性互爲雄長,强則侵奪,弱則減削,甚至有一地而甲乙互臨,一人而齊楚兼事。如儒溪、沙溪、烟水、天旺,皆播州五十四里之數,見有黃冊可考。緝麻山、李博埡、仁懷、石寶、甕平等處,亦皆播州世業。祇緣先年楊氏中衰時,曾被永寧、水西侵占。後應龍當事,治兵相攻,恢復故業,各邊目又已任其糧馬,兩下支持。此在土司可也,今既改土設流,自當各復其故。乃水西止求清查,永寧輒行潰擾,且動以瓜分爲言,罔上行私,垂涎占業。應行該道,會同鄰近道分,及早清查。一切相鄰地方,原係播者歸播,原係永寧、水西者歸奢、安,刻石立碑,永爲遵守。其鄰邊目把,如不安分義,妄肆争侵,重行究治。干礙土官一并參處。

尋又上《黔省善後事宜》。

《疏》略曰:播州平定,改土設流,業奉明旨,無容別議。惟是稽之舊制,原隸四川,但貴州在十三省之中,最爲狹隘瘠薄,今乘此平播之後,而割地以益之。又以楚地之最遠而近於黔者改隸之,則幅員漸擴,居然西南一大都會矣。至於裁減、協濟、賑恤、增築諸事,皆固圉寧民,還定安集之上務,所宜急爲舉行者,臣參詳再四,所見相同。除改設郡縣、遴選將吏、五司改流、清查黃冊四款,俱關係播州,臣已於《平播疏》中,參以蜀事,另行會題外,其更易轄屬等八款,俱係黔事,該臣會同巡撫貴州兼督理湖北川東等處地方軍務右副都御史郭子章議照前事,俱在可行。相應題請,伏乞敕下該部,查議題覆施行。按:此《疏》據上敘述係李瑩奏上《播州善後事宜》後,兵部釐爲十款,析言黔事。山西道監察御史李時華亦列爲十款。郭青螺增爲十二條,曾檄到公,公乃改爲八款上奏。故《疏》中臣參詳再四,所見相同,以上謂此也。

一議更易轄屬。楚、黔接壤,撫屬錯綜,如黎平府永從縣,近楚之沅州,去黔千五百里而遙,反屬於黔;平、清、偏、鎮四衛,近黔之鎮遠,去楚二千餘里而遙,反屬於楚。即云犬牙相制,翻成彼此推諉。頃者,酉犯偏橋而楚不能救;比者,苗犯黎平而黔不能救。即黔有播患,而黎平、永從無一夫一粒之助,非不欲救助也,鞭之長不及馬腹勢也。合無以黎平一府,永從一縣改隸湖廣,鎮遠、偏橋、平溪、清浪四衛改隸貴州。文武官軍俸糧,歲費公用,悉仍其舊。則軍民合爲一家,上下不相秦越。即有寇警,誰能諉之?

一議裁將留兵。頃者,播患方殷,黔之將不得不增;今日逆寇蕩平,黔之將不容不減。清浪參將原屬於楚,非黔專官,無容議矣。黔中下六衛無一重將,何以彈壓?則興隆參將似不當裁,都清守備,當仍其舊。龍泉既有守備,則婺川參將,石阡都司應裁。壩陽、普安、迤西三處,既有守備,則畢節參將應裁。省城既有游擊,則守城守備當裁。播賊雖平,苗寇未翦,總兵標下,留兵一千三百爲二營。興隆參將部下,留兵一千二百,內分一半爲一營,守興隆,隸參將部下;分其半爲一營,守平越,隸都清守備部下,以爲下衛之保障。壩陽兵三百,分其半移隸安莊。貴陽留兵一千,分爲二營,以爲省會之爪牙。第養兵三千五百餘名,每年約費三萬五千餘金,貴州無從出辦,相應於剩餉暫支。俟二三年後,地方大寧,徐徐議撤。婺川參將王鳴鶴、陳良批俱將楚兵,聽楚中去留。畢節參將朱鶴齡,都司錢中選,守備杜鶴鳴,合無免其赴部,另補別缺。至於總兵駐劄,昔在銅仁,以故沈尚文之杜門,童元鎮之脫身,視爲兔窟,眇若越人。節經兵部題准,駐劄貴陽。夫非於銅仁疏而貴陽親也,貴陽近播,而銅仁去播遠也。總兵官似當仍駐貴陽,待年餘大定之後,以春夏駐貴陽,秋冬駐銅仁,永爲定例,無許偏安一隅。

一議四川協濟。黔省土瘠民貧,不及中州一大縣,其歲供之費,往往取給於楚蜀之協濟。查四川烏撒、鎮雄、東川、烏蒙等四府,每年協濟貴州本色糧一萬四千三百二十四石,拆色糧銀三千一百兩。查每年解納,不及十分之三。播州協濟糧銀,每年三千一百六十四兩七錢,楊酋拒命,逋負不納。自萬曆十八年至二十七年,未完銀約二萬九千八百三十餘兩。酉陽每年協濟銀七百兩,自萬曆十九年起至二十七年,共欠三千九百六十餘兩。徒負協濟之名,無益軍興之實,此在無事日猶不可,況今逆酋甫定,地方多難之時乎?祇緣四府,酉陽襲職,不由貴州,渙然不相統轄,即錢糧逋負,既無可罰之俸,又無可降之官。至於屢催屢負,末可如何。以臣等之愚,四府、酉陽即不能割隸貴州,至其襲職,起送四川撫按會同貴州撫按批允而後襲,則彼猶有所畏憚,此一策也。不然,請乞嚴旨,責成四川布政司,立法嚴催,催完總解,載入職掌,無得秦越相視,又一策也。不然,請責烏撒同知,東川、烏蒙通判,駐鎮本府,督催四府協濟;請責重慶府管糧府佐,督催酉陽協濟,其給由升遷,四川撫按會同貴州撫按考核,視協濟之完欠爲殿最,必完及數批允,乃許離任,又一策也。舍此三策,而欲藉悠悠難必之協濟,以充嗷嗷待哺之正供,欲保貧軍之不轉爲溝中瘠也,必無幸矣。

一議楚省協濟。黔中軍餉,仰給楚中湖南一道,所轄長、衡、郴府州縣,每年協濟貴州糧銀三萬七百二十兩零,遞年遞負,不以時納。自萬曆十四年起,至二十七年止,共拖欠銀五萬三千六百五十兩零,而長沙府屬逋欠尤甚。良由貴州撫臣兼制止及湖北,不及湖南,印糧官吏,自以非屬,怠玩成風,雖考成每年查參,不過徒飾虛文。即完欠之數,催促逾年而文始至,極重者,止於罰俸而止。彼何所憚,而汲汲完异屬之餉耶?今楊酋甫定,黔餉一空,合無將湖南一道屬,亦隸貴州撫臣節制,其印糧官給由升遷,照依湖北例,具文於貴州撫臣考核,錢糧有無完欠,方許給由離任。夫常德去長沙咫尺耳,常德可屬,又何惜一長沙,若長沙不屬貴州節制,則拖欠之餉,終無完日,貴州之軍,終無飽時。其爲關係，良非淺細。

一議驛傳協濟。貴州四面皆夷，中路一線，實滇南出入門户也。黔之設，專爲滇設，無黔則無滇矣。國家輿地，以雲貴爲極邊。舊制，倉驛小吏，俱給符驗，蓋憫其險遠耳。以故流官中，無論方面，即倉驛之升轉，皆馳驛也。土司中，無論進表，即貢馬之差遣，皆馳驛也。鄉官中，無論方面部臣，即教官、舉貢會試入京，皆馳驛也。蓋以極貧極乏之區，當極苦極煩之差，撫臣日夕挂號，堆案盈几，欲裁之則驛路嗟怨，欲給之則夫馬逃亡，欲處置之則帑藏空乏。官貧而不能賠，急之則閉户；驛官卑而不能支，急之則逸去，惟有仰屋浩嘆而已。查得貴州之驛，非若中原之地，徵民間之錢糧，買馬走遞也。又非若他省之馬户，有姓名可拘束也。舊例，俱輪土司徵馬。至於下衛，則播州五司居其半。自播州弄兵，五司出亡，平越、興隆、黄平之馬，一匹不到。今播雖已滅，五司猶未返舊疆，驛馬之困，猶然如故。撫臣不得已，疏請於上，借滇、楚稍閑驛分各馬十五匹，分發平、興共濟時艱，至今俱未解到。黔中以貧故，累及二省甚多，此亦必不可得之數也。查得黔中道路，黔之往來居十之四，滇之往來居十之五，楚蜀之往來居十之一。每年雲南止協濟一千五百兩，遇入覲年，加一千兩，似覺太少。合無每年加增一千五百兩，入覲年再增一千兩，如數依期解黔，分給各驛。俟五司改流之日，錢糧上納不乏，仍將滇銀照依原額。臣等又查得黔中，原無水路，至於鎮遠，始有小江可通輕船，徑至辰、沅、常德。《會典》載，鎮遠、清浪俱名水馬驛，良有深意。合無鎮遠、清浪多造小船，一切過往，如御扛齎奏及部院方面，仍從陸外，自有司以下，至於二省會試舉人，即有真正勘合牌票，亦給船隻，則平、清、晃州諸驛又得少蘇。

一議增設駐鎮。看得黔地多陋習，而無善俗，則以上下諸衛未設流官，以武弁馭悍卒，很者如虎馭羊，弱者如貓伺鼠，如之何其不多盜也。往年，曾設都勻府推官，駐鎮新添矣，貴陽府通判駐鎮畢節矣。邇年，增設貴陽府同知，駐鎮興隆矣。儻再增設鎮遠府推官一員，駐鎮偏橋，都勻府同知一員，駐鎮平越，一歲之屯糧歲用，責之收支；一方之詞訟刑獄，責之問訊；一驛之馬匹館銀，責之料理；文武官評，責之填報；土習民風，責之表率；夷行苗俗，責之化誨。衙署不必建置，取之本衛之公館；俸薪不必編派，取之各屬之缺官；僕從不必雇募，取之衛所之戍卒。無更弦易轍之煩，而有用夏變夷之實，黔之黎庶，尚亦有利哉。

一議賑恤殘民。楊酋煽亂，流毒三省，黔屬咫尺，尤切剥膚。兩年之間，一犯偏橋，再犯黄平，三犯飛練，四犯東坡而下六衛殘，五犯龍泉而思、石毁，六犯河渡而貴陽震。其未犯地方，大兵經過，荊棘叢生。轉輸糧餉，則有運夫之苦。防守城池，則有保兵之役。男停其耜，女空其柚，驛遞蕭條，道路邱墟，小寇竊發，餓莩盈野，陰雨連月，禾稼不登，元元嗷嗷，莫必其命。邇者，大兵甫定，瘡痍未起，若不重加周恤，則死者之冤氣彌天，生者之號泣塞路。恐播之餘黨，一呼而號召之，在在皆賊也。爲今日計，止有議蠲、議賑二事。

然貴州錢糧菫菫亡幾何。

一議鑣,則衛所官軍勢必枵腹待哺。惟有賑恤一款,似當急議,而倉庫已竭,無從發棠。合無於剩餉內存留若干,行守巡各道,責成賢有司查核罹害之輕重、流離之多寡,定爲賑濟之差等,庶恩周蔀屋,民不流離。

一議增築外城。貴州在昔爲荒服,至元始立爲順元路,初屬四川,改屬湖廣,又改屬雲南。原非重鎮,即設城郭,不名金湯。本朝始立爲貴州布政司,屹然與楚、屬、滇雁行矣。第地方既褊,人民未輯。國初建城,率因元舊,而城址狹隘,牆垣卑薄,因陋就簡,攀援可登。二百餘年以來,比關疑"北關"之誤。生齒,既繁且稠,與城中埒。頃者,楊酋聲言渡江,直走貴陽,關外居民,奔沓入城,填滿城闉,寄住街市,無屋可貯,無址可屋,翹翹而危,嘵嘵而懼。當時士民即有增築外城之呈,顧時倥偬,不暇議工,又乏金錢,誰與爲資?及今賊既滅矣,燕雀處堂,亦呴呴然樂矣。臣聞"存者非存,在於慮亡。樂者非樂,在於慮殃"。貴州本苗夷四戰之地,非百年無事之國,稽之史冊,聞之父老,未有五十年不用兵者。今播州即平,皮林未剿,東坡雖通,九股尚存,儻復有楊酋者出而後爲之所,則晚矣。在昔淮安、揚州、廣州、餘姚俱因倭亂之後,增築外城,倭無所掠,遂不敢近。若貴陽得援此例,築一外城,內固舊堞,外增新壘,即有烽燧,民不遷徙,此尤地方之利也。黔中西達滇雲,下制辰沅,上下二千餘里,衛所諸城,極卑極薄,不足以當富室之一牆。今既不能一一增高,而省會又無嚴城,脫有緩急,直破竹解籜耳。念及於此,則國家藩屏之長利也。查得外城,估計約三萬金,儘於剩餉內動支,一歲可完,一勞永逸,一費永安,惟此時爲然乎?夫徹桑未雨,畜艾未病,及雨且病,則無及矣。伏乞聖裁。萬曆二十八年十二月十六日。

按:《播事善後疏》原疏共十二條。內設將領後,丈田糧前一條爲急選調。《川志》傳載節去。茲以其非要,仍照節之。其《疏》內所請選調人才,則亦止以龍安府同知劉安仁任播州新府、劍州知州陳應楨調知真州、宜賓縣縣丞升仁懷縣三者,餘皆佐貳。據康、乾二《志·名宦》所載,則時以廬陵劉冠南知平越、江津曹進可知黃平、江油袁尚紀知餘慶、雲南郭維屏知正安、湖廣何珩宰桐梓、麻城詹淑宰綏陽,皆有建城、撫字、編里甲、定賦役之功。

附郭子章《題設府州縣疏略》

播州之地,東西相距二千餘里,南北相距二百餘里。雖云蕞國,亦係樂土。今議改流,東西可設二府,每府各設二三縣。播境原屬四川,與貴州鄰,二省界限原自分明。至論建置大概,臣意自沙溪以至白泥,當以烏江爲界,設一府於白泥壩,而真州、蔓山、松坎等處可爲三縣。黃平在元已爲府矣,當設一府于黃平或平越。而餘慶、白泥二司,可爲一縣,甕水、重安二司,可爲一縣。此沙溪至白泥一帶建置之大概也。自白泥渡江至婺川縣,以三渡、板角、苦竹三關爲界,其中漢、苗田土,雜錯其間,惟湄潭可縣,龍泉可縣。龍泉土官安民志陣亡,其子尚幼,其印已失,土地已爲楊賊蹂躪,合無將龍泉改建一縣,增置城郭,而以安民志之子世爲土縣丞,以爲死義者之勸。其祖職長官,世爲土主簿。此則思、石一帶建置之大較也。第播州之名,其來已久。"播"之爲字,番之有才者也。以故應龍阻兵,崛强獷戾,竭四方之力,僅乃克之。夫南越破而聞喜建,呂嘉得而獲嘉名,龍州既平,改爲龍安,九絲已夷,更名建武。即播州納土於宋,亦宜改名遵義。計廟堂當有定謨,而播之名,似宜更易。《遵義志》。

案:據公《青螺遺書》所載,此疏亦上於二十八年十二月,則與李督後《疏》爲同時事。其《疏》《年譜》存目,而《黔草》無文。今所見,只《遵志》轉載。此數行首尾皆有節刪,無從考補。然要爲業允割地益黔後事,故是文只專言平越一府建置耳。

——(民國)《貴州通志》之《前事志十四》,載《中國地方志集成·貴州府縣志輯》,第 7 册,45~50 頁

二十九年春,正月壬子,以播州平,詔天下,蠲四川、貴州、湖廣、雲南加派田租逋賦,官民誑誤罪。《明紀》《明通鑑》。

沅撫江鐸廉知李楷智勇,請授楷征剿事,會楷滅播還,自謂當便道掃除,不煩專兵。乾《志》《黎平志》。

三月己亥,詔分播地,以播州爲遵義府,隸四川。革五司,以其地爲平越軍民府,隸貴州。設黃平州湄潭縣、甕安、餘慶三縣,隸平越府。龍泉縣隸石阡府。康《志》。

升貴陽府爲軍民府,石阡府之龍泉坪爲縣,分播州地,改宣慰司爲遵義軍民府,長官司爲遵義縣,與府同徙治白田壩。以舊夜郎旺草地置桐梓縣,改真州長官司爲真安州,復舊綏陽縣地爲綏陽縣。以舊懷陽縣地方置仁懷縣,并屬遵義府,隸四川布政司。改平越衛爲平越軍民府,黃平安撫司爲州,餘慶長官司爲縣,甕水安撫司爲甕安縣。以湄潭地置湄潭縣,與清平、興隆二衛,凱里安撫司楊義長官司并屬平越府,隸貴州布政。《明紀》《明史》、乾《志》。

四月,詔郡縣播地,建城署,設官立學,則壤田賦,置衛所,定屯田,設兵備,專將領,《遵志》引孫《志》。以播地分設遵義、平越二府,析置二州,八縣:遵義、桐梓、綏陽、仁懷四縣,真安一州,屬遵義府,隸四川;餘慶、甕安、湄潭三縣,黃平一州,屬平越府,龍泉一縣屬石阡府,隸貴州府。州、府、縣應有官皆增之如制。因白田、黃平舊學宮立二府學,增立真安一州學。城池、公署以次修舉。置威遠衛及官屬,限其屯田。置分巡兼兵備一員,總兵官一員,駐遵義府。《遵志》。

加貴陽爲軍民府,設鎮遠府推官。康《志》。

加貴州巡撫兼制湖南及川南四土府地方,改鎮遠、偏橋、平溪、清浪四衛,隸貴州。黎平府永從縣隸湖廣。康《志》。

五月,詔貴州巡撫兼制湖南及川南四土司地方,改鎮遠、偏橋、平溪、清浪四衛,隸貴州。貴州之兼制湖南、川南,自公始。《青螺年譜》。

按:乾隆《志》、乾隆《圖志》作"二十八年",殆據上錄李督《疏》奏時日。康《志》繫之"二十九年三月",

播州楊氏土司 文獻集成 卷二

《明史·地志》《明鑑》作“十一月”，《年譜》作“五月”，未知誰是。又省舊《志》及《職方典》載有“郭子章建思州府一議，無年月可入，然議中謂平溪屬楚，思州屬黔，今則一家”云云，是當屬是時後事，特附於此以備考。

——(民國)《貴州通志》之《前事志十四》，載《中國地方志集成·貴州府縣志輯》，第7冊,50～51頁

三十年春二月,城餘慶、湄潭、甕安、龍泉四縣。修平越府、黃平州城,增石阡府月城,修思南、銅仁二府,龍里、新添、興隆、威清四衛城。《青螺年譜》。

附郭子章《奏開平越新疆疏》

題爲“播地蕩平,經制宜定,敬陳善後切要事宜,伏乞聖明采擇,以永奠遐方事”。

萬曆三十一年,據貴州布政司經理分守新鎮道等呈前事。該臣看得,播未平之先,急在征討;播既平之後,急在經理。征討者,矢在弦上,不可不發;經理者,鹿在圍中,不可不緩。仰誦明旨,一則曰:“牽累的都免窮治,流移的招他復業,還以優加賑恤,以安新定地方。”一則曰:“招撫流移復業,毋令豪强冒奪。”大哉皇言,明見萬里,恩加八番,所以安集鴻雁于澤,休息鴛鴦於梁者,靡不周且詳矣。臣等奉行綸音,宣導德意,與經理諸臣,上至道府,下至丞尉,亦至于再、至于四矣。顧經理之節目甚瑣甚冗,而其體統在官與民。土官曰:“歷代先人遺土。”新官曰:“朝廷業已改流。”枘鑿不相入而互相持。舊民曰:“此吾舊業,而偶失之也,何知新民。”新民曰:“汝罪人,幸而脫刃者也,何得復戀。”熊虎各相噬而相戕。甚至新官與新民依倚,土官與舊民連結,各恃衆怙力,將人人棋峙,以觀成敗,此體統之難正也。築城垣于豺虎之穴,而獷悍不可使;度田土于荊棘之中,而尋丈不可核。建學校以化夷,而口舌紛紜;徵糧馬以給公,而支吾推諉;開道路以通商,而戎賊莽伏。物力絀而無以應多役,糧餉殫而無以張兵威。捉襟則肘見,調宮則商亂,甚至謂改土徒勞,不如還舊,此節目之難也。臣與督臣、按臣會議,諭諸經理司道府官:凡教在初,而禮爲始,暫給土官冠帶、劄付,引于繩之內;次定與縣令迎送接見儀節,委以職事,稽其勤惰,毋令逸于繩之外,而官志始定。查舊田有憑者,還舊主,逆田入官者,給新民,俱不令入價而責其納租。土著子弟稍通者,令之入學,青其衿,毋左其衽。新民子弟即平通者,止令寄學,不許觀場,二十年後,始令赴試,而民志始定。

體統既正,漸議築城垣。首砌龍泉,次砌甕安;又次砌餘慶、湄潭;又次砌平越、水城、黃平州城,銅仁縣城;又次築平越行府、銅仁營堡,而城垣舉矣。即不敢謂金湯足恃,而三板安堵,千里聯絡,實空虛之地,爲扞蔽之資,脫有不虞,民亦可倚而守也。乃漸議度土田,起糧馬。丈出田地一十九萬四千有奇,歲徵銀一萬五千六百有奇,本色米四百有奇。雖比之遵義,不及十之一,而在黔中,稍稍成聚。即一郡一州四縣官員之俸薪,道路之夫馬,皁快之工食,踐更之戍餉,僅僅取給焉。又漸議建學校,則改平越衛學爲府學,以黃平

州學附於平越府，而土著新附之子弟，肄業有地。變椎結爲絃歌，柔靡莫而詩書，或者其藉此乎？又漸議開道路，則團聚哨兵，建立舖户，修飾候館，滇、楚賓旅，亦稍出途。迴視豺狼當道，荊棘塞路之時，則有間矣。蓋自播平至今，已歷四年，各官經理，亦逾一載，城市鮮犬吠之驚，叢祠罷狐鳴之盜，是皆皇上威遠，暢惠廣被，故令夜郎、牂牁驚鳥獲安，平江、湄水窮魚復樂，豈臣等區區智力所能辦！第二三營造拮据之臣，其勞亦有不可泯者。謹將各府、州、縣築完城垣公署，丈完田地糧則并户口册籍，上塵〈呈〉御覽。《職方典》。

案：《青螺年譜》謂“是年六月望日，公上《經理黔地疏》。又是冬，疆里新設府、縣土田户口税糧。三十一年題《經理叙功疏》”云云。是殆即《叙功疏》也。第改安順、平越二府學，及設黃平、新貴各學，《年譜》已作二十九年事矣。而三十一年，復有八月改普定、平越二衛學，爲安順、平越二府，設黃平州、新貴縣二學一事，此條康《志》同，分錄見上下。前後重出，未知孰誤？兹以此文述平越、黃平學語考之，平越或當以二十九年爲是。第安順不可知耳。又《年譜》“疊〈疆〉里新設土田户税”句下註云“《貢賦志》萬曆二十八年平播善後具題，設平越一府，黃平一州，甕安、湄潭、餘慶三縣，丈出田地一十九萬四千有奇；歲徵銀一萬五千六百有奇，本色米四千有奇。本年大造黃册，四州縣并九股降苗，新、舊通共五萬一千二百一十三户，三十四萬四千一百八十丁口，四州、縣派徵秋糧米共四千九百四十六石二升三合”云云。文較詳。《黔史》書建各城於三十二年，又於建城後，始書創設二府。舛謬。

冬十一月，播州餘逆吳洪、盧文秀等叛，總兵李應祥討平之。《明鑑》《史稿》。

三月，播州遺賊惡有司法嚴，而遵義知縣蕭鳴世失衆心，洪等遂稱楊應龍有子，聚衆爲亂。四川總兵李應祥、副使傅光宅捕之，盡獲。《明吳》《明史》。

洪，播州逆酋楊應龍用事長官，見應龍勢敗，遂避貴州。平定後復業，與其黨盧文政、劉堯等見改土設流，法度嚴密，不得自逞。借新民占産，糾合沙溪苗夷，議立楊三老爲宣慰，遍書僞檄，諭夷漢頭目，將以十一月初九舉事。兵備副使傅光宅、知府蔡鳳梧會總兵李應祥先期擒斬之。《四川志》。

吳洪，播州人。逆酋楊應龍用事長官。洪見勢敗，遂避貴州，平定後復業，與其黨盧文政、劉堯等見改土設流，法度嚴密，不得自逞，遂起异心。借新民占産爲名，糾合沙溪苗彝，議將應龍之弟從龍之子楊三老立爲宣慰，遍書僞檄，諭彝漢頭目人等，各將舊管兵土器械整點齊備，准于沙溪舉事。又刻信票，上爲“宣慰司驃騎將軍楊，署司總理吳、盧”，分發各處招兵。洪與文政僞稱總統，譚里保僞稱中軍，盧里受、楊邦俊、劉堯、羅志、張漢臣、王金義等僞稱千總，將以十一月初九日作變。會遵義生員彭廷詔，舊民彭廷受等先期出首，兵備副使傅光宅，知府蔡鳳梧會同總兵李應祥督官兵次第擒斬之。《遵義志》。

十二月，播故民吳洪等叛，安疆臣斬之，并俘其黨以獻。康《志》。

《遵志》原按：劉綎揭子云：“職東西征時，曾帶回兵馬一萬一千有奇。復以征播班師被論回衛，即留遵義、仁懷、赤水、叙南、建武、馬湖等處，善後耕種防守。如遵義，兩值吳洪、楊和尚之變，俱賴若輩保禦無恐。”據此則吳洪後尚有楊和尚之役，諸《志》皆失載。

按：是役，《明紀》《遵義志》皆作“三十一年”。考《青螺年譜》云：“三十年十二月，播故民吳洪等叛，子章檄水西擊斬之。”《大定志》作：“三十年十一月，傅光宅檄水西宣慰安疆臣討之。疆臣擒賊洪文秀，俘其黨以獻。"康《志》亦云"疆臣斬文秀,在三十年十一月",似較得實。

三十二年,春正月丁丑,禮部請頒平播捷,告郊廟。康《志》。

冬十月,甲寅,始敘平播州功。《明紀》

敘平播功,總督李化龍爲兵部尚書,加少保,蔭一子錦衣衛指揮使,世襲。巡撫郭子章爲右都御史兼兵部右侍郎,仍巡撫,蔭一子錦衣衛指揮僉事,世襲。贈故監軍按察使楊寅秋太僕寺卿,蔭一子入監。總兵官陳璘爲左都督,蔭一子本衛指揮使,世襲。贈故總兵官李應祥左都督,子世襲本衛正千户。其餘文武將吏,升賚有差。康《志》。

冬十月甲寅,始敘平播州功。自李化龍以下,升賞有差。是役也,劉綎功爲最,陳璘次之,而綎感化龍知遇,遣使齎玉帶、黃金百、白金千,投化龍家,爲化龍父所叱。巡按御史崔景榮家亦如之。于是化龍及景榮并奏其事,詔革綎任。璘亦爲給事中洪瞻祖所劾,上以其功多,勿問。至是,皆進左都督。《明鑑》《明史》

按:敘功事《明史·景榮傳》謂弗及景榮。《傳》云"景榮監劉綎、吳廣軍,綎馳金帛至景榮家爲其父壽,景榮疏劾之。播州平,或請以播北畀安氏,景榮不可。(中略)化龍叙監軍功,弗及景榮"云云。然如海龍囤後路,化龍與人書,謂開自安氏,子章《題堯臣襲職疏》亦言之,文云"堯臣先年繼贄鎮雄,蒙調取征播,大水田大捷,又聞海龍囤後路,以致應龍滅亡"云云。而《叙功疏》中,乃獨叙吳廣、曹希彬功,節錄見前,則知當日容亦不無侵没矣。又據《明史》綎等《列傳》,綎及應祥、陳璘故皆進都督,而吳廣及孔英則只都督同知。世蔭,劉綎、陳璘皆指揮使,應祥、孔英、吳廣皆千户。《明鑑》云:"皆進左都督者,殆專指璘、綎言也。"童元鎮其《本傳》稱:"賊兵初興,元鎮坐逗遛,誚爲事官。及是,逮至京,下吏,罪當死。法司援前岑溪功,誚戍烟瘴。遇赦,廣西巡撫戴燿爲請,部議不許,竟卒于戍所。"而《明鑑》所云瞻祖劾陳璘事,考《璘傳》云:"征播時,璘投賄李化龍家,會劉綎使爲化龍父所麾,璘使走,化龍疏於朝,綎獲罪,璘獨免。後兵部尚書田樂推璘鎮貴州,給事中洪瞻祖遂劾璘營求。帝以璘東西積戰功,卒如樂議云。"

(三十三年)二月己巳,頒駐鎮新添、清平、永寧、赤水、畢委、烏撒、龍里各關防。康《志》。

秋九月癸丑,罷興隆參將,移清鎮守備於偏橋,都清守備於楊老。康《志》、《貴陽志》。

附巡撫郭子章《題裁興黃參將疏》

題爲"播地蕩平有年,新增糧餉無措,懇乞聖明俯裁冗員,移駐守備,以蘇窮邊,以安地方事"。

據貴州布政司呈奉臣并巡按貴州監察金御史會牌,照得興、黃地方,舊無參將,近因討播始爲題設。播平之後,即當議裁。彼因經理方殷,地方未定,故爲暫留。今照經理久竣,地方頗安,參將誠爲冗員。且本官廩糧與新兵月餉,俱於新餉支給,今餉銀已盡,黔貧無可繼支,相應裁革,以省浮費。又查鎮遠、清浪二衛,僅九十里。清浪既有參將駐劄彈壓,清鎮守備又駐鎮遠,不無偏重,似應移駐偏橋,兼管興隆,與都清守備兩相聯絡。仰司移會按、都二司,新鎮、都清守巡二道會議,興隆新設參將應否裁革,如果當裁,新升未任參將蕭孟京,似當咨部別用;清鎮守備應否移駐偏橋兼管興隆,參將部下新兵應否汰撤,逐一會議妥確,具由通詳,以憑會題施行。奉此。又據經歷司呈抄,蒙巡按金御史憲牌,爲出巡事,據都勻府推官羅德星議詳:"移都清守備移駐楊老,既可以控制麻哈,又得以應援清平,扼吭拊臂,似爲得策。"前准撫院會稿,議撤興、黃新設參將,改清鎮守備於偏橋,二者關係地方,應行并議。仰司抄牌呈堂,移會按都二司及新鎮、都清二道僉謀集議。改都清守備於楊老,事體果否妥便,有無孤懸?務須兩地不致偏廢,緩急便於往來。其官軍公署營房,作何建立?應用經費、錢糧作何設處?一并議確通詳。等因,抄呈到司。蒙此,該本司左布政使趙健,會同按察司按察使尤錫類、都司都指揮僉事陳所學及新鎮、都清守巡二道,會議得:"貴州興、黃舊無參將。近於萬曆二十八年,播酋倡亂,興、黃正當賊衝,故請添設參將,練兵彈壓,以副總兵陳寅領其事。幸賴天成震疊,播寇蕩平,於時即欲議撤。又因皮林有剿苗之役,暫留督戰。近來地方安輯,副總兵陳寅已調任雲南,新升參將蕭孟京又未到任。看得興、黃參將原係一時添設之官,貴州軍餉又當甚匱之際,即今銅仁總鎮兵糧,尚有二年未支。貴州二十衛所軍糧,尚有三年未支。安得餘糧以養新設兵將!況自興隆而下,有清浪參將以彈壓清鎮等衛,又有清鎮守備可移偏橋衛兼制興隆,相距不過六十里,都勻府又有都清守備,地方偏僻,可移駐平越府楊老站地方,兼制清平,相距亦不過三十里,麻哈州相去亦三十里,上下四衛,聯絡統馭,軍民均有所恃,苗、夷亦有所畏。興、黃參將似可裁革。既不妨於地方之控馭,亦可蘇貴州之貧困,此實黔中長久之計。新添未到參將蕭孟京,乞咨兵部,另改地方。至於參將部下新兵,除陸續汰除及副總兵陳寅帶往雲南共一百八十名外,今止存一百三十五員名。合無量留彈壓夷民,請將清鎮守備移駐偏橋衛,都清守備移駐楊老站。其二守備各公署營房建置,并應用經費錢糧,亦不甚多,俟設法區處,另詳。"等因,會詳到臣。

該臣會同巡按貴州監察御史金忠士議,時亂則地方之捍禦宜周,故將領不得不備;事平則庫藏之空虛宜慮,故冗官不得不裁。貴州興、黃地方原無參將,當播逆猖獗之時,興師征剿,需將爲急,乃題設參將以捍賊衝,而以副總兵陳寅領其事。有將則有兵,有兵則有餉,無非爲征播設也,蕩平之後,即應議撤。第皮林之役未了,則折衝攸賴;經理之役方興,則携貳可虞,致留本官進討皮林,彈壓黃平。及三十二年十月,陳寅調任雲南,彼時又當議裁,第恐本官離任之後,地方奸宄叵測,徐觀變態,以議進止。今陳寅離任十月,新補參將蕭孟京即未到任,地方亦頗寧矣,則參將果屬冗濫可裁也。且黔中庫藏如洗,軍兵枵腹荷戈,應支俸糧仰給川、湖二省,多逋無從措給,若留此冗官,餉益匱乏,則廩餉果難區處,應裁也。至於該參將部下防禦新兵,除已撤一百八十名外,其餘一時難以盡撤,容臣等次第酌量汰革。

又查得興隆至偏橋六十里,偏橋至鎮遠五十里,鎮遠至清浪九十里,清浪既有一參將,清鎮守備又駐鎮遠,不無偏重。應將清鎮守備移駐偏橋,兼管興隆地方,此清鎮守備之應移於偏橋也。偏橋,黔楚之交也。都清守備向駐平越衛,今查平越衛雖係要衝,但離都勻麻哈衛、州頗遠,相應移駐楊老站。楊老距平越三十里,麻哈三十里,清平三十里。衛、府、州地方,誠爲適中,仍令該守備不時往來巡邏道途。此都清守備之應移於楊老也。楊老,平都之中也。若二備建置公署房舍等項,爲費無多,容臣等酌量措處,相應具題,伏乞敕下兵部,再加查議,將興、黃參將裁革,新升未任參將蕭孟京另推別用。行令清鎮、都清二備官,遵照分定地界,管轄防守,庶官無冗員,糧免煩費,其裨益地方非淺鮮矣。爲此會本,謹題請旨。《青螺遺書》。

——民國《貴州通志》之《前事志十四》,載《中國地方志集成·貴州府縣志輯》,第7册,52～54頁

節附郭子章《題水德司改流疏》後半

據思南府申:據水德司里老謝周等條陳,竊緣永樂年間革去宣慰田宗鼎,開設府治。……貴筑改而新貴治,銅仁改而銅仁治,龍泉改而龍泉治,播州改而遵義治,五司改而平越治。改流之利,明白較著,又不特婺川、印江二縣之例可循也。

——(民國)《貴州通志》之《前事志十四》,載《中國地方志集成·貴州府縣志輯》,第7册,第56頁

十二月丙午,叙平播功,以按察使尤錫類爲右布政,參政洪澄源爲按察使,召都勻陳尚象復爲給事中。康《志》。

是歲,以平楊應龍功,賜貴州宣慰使安疆臣增官進秩。《明通鑑》。

疆臣之請討播也,巡撫郭子章許還播所侵水西地。初應龍之祖《明紀》作"應龍祖楊相"。以内難走水西,客死。宣慰使銓考《史》,即安萬銓。挾之,索水烟、天旺地,聽還葬,其地遂爲水西所據。及播州平,分其地爲遵義、平越二府,分隷蜀、黔,以渭河中心爲界。總督王象乾代李化龍,命疆臣歸所侵播州地。子章奏言:"侵地始於萬銓,而非疆臣。安氏迫取於楊相喪亂之時,非擅取於應龍蕩平之日。且臣曾許其裂土,今反奪其故地,臣無面目以謝疆臣。"象乾《疏》:"疆臣征播,殲應龍子惟棟,不實。《土司傳》此下有"首功可知"一句。至佯敗弃陣,送藥往來,欺君助逆,迹已昭然,今還侵地,不咎已往,已屬國家寬大。若因其挾而予之,彼不爲恩,我且示弱。疆臣既無功,不與之地,正所以全撫臣之信。宜留撫臣罷臣,以爲重臣無能與蕞爾苗酋沓者之戒。"於是清疆之議,累年不決。兵部責令兩省巡按御史勘報,而南北言官交章詆象乾貪功起釁。科臣吕邦耀復劾子章納賄縱奸,子章求去益力。象乾執疆臣所遣入京行賄之人與金,以聞於朝,然議者多右疆臣。巡按《明紀》作"四川巡按"。李時華言:"征播之役,水西不惟假道,且又助兵。剚失之土司,得之土司。播固輸糧,水亦納賦,不宜以土地之故,傷字小之仁,地宜歸疆臣。"於是,蕭大亨主之,遂有是命,并賜祭疆臣母。水西尾大之患,於是不可制矣。《明通鑑》《明史》《明紀》《職方典》。

安氏、楊氏屢世婚媾。嘉靖時,播州宣慰使楊相欲立其寵子,爲播人所逐,走依安氏,後以病死。播人迎喪,不予,責供億銀,要地以贖,播人難之。或爲之謀曰,以鹽水浸紙,曬乾爲度,三年必碎爛,後與爭地,彼無憑,必且還我。如其言,喪歸後數年,與爭地,契已無存。安氏計窮,然終不肯歸地於播。後告督撫勘明,亦終不予。楊氏自以兵取之,不克。益搆隙,相仇殺久之,朝廷決計討楊應龍。黔撫郭子章念事急安、楊必合,合則不可破,勢必以先離安氏爲上策。疆臣弟堯臣出繼鎮雄,爲其土官。子章移蜀檄堯臣、疆臣合兵同進,召至貴陽與盟,厚待之。疆臣詭言,楊氏侵安氏地六十里,子章亦許歸之,安氏始盡力。應龍遣使厚饋堯臣,堯臣立斬使者,以饋儀歸於官。子章獎賞之甚厚,總督李化龍亦大紅緞旗書"忠清"二字褒之,始有大水田、桃溪之捷。二十九年,加貴州宣慰使安疆臣左參政,階懷遠將軍,封定遠侯。《大定志》引《史概》。參舊《省志》。

疆臣之從征也,詭言於子章云,往日播州侵水西烏江地六百里,事平後,請以還之。子章許焉。及事平,朝議不許。總督王象乾又索水滅烟、天旺於疆臣。初,應龍之祖以內難走水西,客死。安萬銓因挾之索地,播州以二地予之,萬銓乃歸其喪。於是二地遂屬水西。至是象乾主清疆之議,子章弗悅,因互奏爭奏爭事同《明鑑》。節去。然議者多右子章,尚書蕭大亨遂主巡按李時華議,謂:"征播之役,水西不惟假道,且又助兵。剗失之土司,得之土司。播固輸糧,水亦納賦。不宜以土地之故,傷字小之仁,地宜歸疆臣。"於是疆臣增秩,加布政司左參議,授懷遠將軍階,封定遠侯,賜飛魚服。其母卒,得賜祭。而水西尾大之患,亦自此起矣。同上。

按:《明史·余士衡傳》云:"先是楊應龍伏誅,貴州宣慰使安疆臣邀據故所侵地,總督王象乾不許,士衡遂劾象乾起釁。"又《王元翰傳》稱"萬曆末,翰兩疏劾貴州巡撫郭子章,言子章曲庇疆臣,堅意割地,貽西南大憂。且嘗著《婦寺論》,言人主當隔絕廷臣,與宦官宮妾處,乃相安無患。子章罪當斬,不納"云云。以《土司傳》證之,士衡殆即南北言官之一,元翰則呂邦燿外又一攻子章者。又《明通鑑考異》云"《通紀》系疆臣增秩於是年,證之《明史·土司傳》同。蓋疆臣死在三十六也"云云。是事,考《青螺遺書》載,有三十三年《會勘播界疏》稱蜀、黔疆土,原有一定界限,沙溪巡檢司渭河驛載在《大明會典》,并屬貴州。川、貴以烏江爲界,載《大明一統志》,"原無渭河爲界之文。而播人漫執唐宋鐵牌之説,似執古以御今。自遵義府城于貴州省城,頃者兵戈相接,近日輿馬相通,不過二百里。而播人猥云,夷人侵占六百里,亦指遠以爲近"云云。又云"畢節道洪參政踏勘圖,責令安疆臣將水烟、天旺、桃溪、南京壩二十餘處退還遵義。其上庄、東隆,係沙溪河以西地,原非播土,若張伯澤係安疆臣大方,切近後徑,目把人等墳墓既多,居住日久,合無免其遷徙,令輸糧自效"云云。是侵地六百里語,殆播人言耳。水烟、天旺地,後仍歸遵義,史未詳叙。然如《土司傳》所云,子章奏言侵地,始於萬銓,而非疆臣,安氏迫取於楊相喪亂之時,非擅取於應龍蕩平之日各語。查公集、公乞休各疏,均不見,《年譜》亦不著奏爭題目。《年譜》只載三十年秋七月,公彌蜀爭一事,註云:水西沙溪初與播接壤,原載《黔志》,蜀欲拓其封疆,章奏盈廷旁午,議論洶洶。公曰"尺地,王之尺地,一民,王之一民,歸黔可,歸蜀亦可。乃下檄責安酋認糧以抵蜀餉,爭遂息"云云。説亦與《會勘疏》異。蓋《勘疏》即主蜀不責地,黔不責糧。謂"原播協濟貴州糧五千八百五十石,今責令安氏認納一千二百石。湄潭認糧四百三十二石,共認納折色銀一千六百八十二兩四錢,更由工部事例銀動支三百一十七兩五錢,合二千數作貴州軍餉,餘仍由遵義協解"云云。《疏》上在三十三年,且謂爭疆之議,前後四年,是息爭不在三十年也。所勘地自渭河關至烏鴉尾,共百三十三處。是地當不止沙溪也。凡此,皆互异之顯者。是公《集》亦有遺誤。

又案:乾隆《志·建置·分部》以置貴定縣係於是年,《明史·地志》作"三十六年",從《明史》。

——(民國)《貴州通志》之《前事志十四》,載《中國地方志集成·貴州府縣志輯》,第7冊,第58頁

(明神宗萬曆三十四年)夏四月,巡撫郭子章討平貴州苗,斬獲西路苗頭阿倫、阿萬、阿絨等,東路苗頭阿皆、阿浪等,水硍山苗頭吳老喬、侯興等,招降男婦甚眾。《明史》。

先是東西二路苗名曰仲家者,盤踞貴、龍、平、新之間,爲諸苗渠帥。其在水硍山介於銅仁、思石者,曰山苗,紅苗之羽翼也。窺黔自平播後,財力殫竭,有輕漢心,經年剽掠無虛日。子章奏討之,命相機進兵。《鑑明》、乾《志》。

貴州東西二路苗曰仲家,盤踞貴、龍、平、新間,爲諸苗渠魁,在水硍山介銅仁、思石者曰山苗,紅苗之羽翼也。自平播後,貴州物力大屈,苗益生心,剽掠無虛日。三十三年冬,巡撫郭子章請於朝。明年四月令陳璘率軍萬人攻水硍,游擊劉岳督宣慰安疆臣兵萬人攻西路,并克之。乃令璘移新添,獨攻東路,復克之。生獲酋十二人,斬首三千餘級,招降者萬三千餘人,部內遂靖。《明紀》《大定志》。

——(民國)《貴州通志》之《前事志十五》,載《中國地方志集成·貴州府縣志輯》,第7冊,第60頁

(神宗萬曆三十五年)九月,巡撫郭子章題安堯臣從役歸黔。《青螺年譜》。

……隴澄者,水西安堯臣也。隴氏絕垂,堯臣入贅,遂冒隴姓,稱隴澄。叙平播州、叙州功,澄與焉,中朝不知其爲堯臣也。堯臣外怙播功,內仗水西,有據鎮雄制永寧心。蜀撫按以堯臣非隴氏種,無授鎮雄意。堯臣以是懷兩端,陰助世續,意世續得授阿利,則己據鎮雄益堅。又朝廷厭兵,宗傳、阿利等方驛騷,已可臥取隴也。《明史》。

奢崇周之死也,效忠弟子崇明當立,世統送之永寧,世續遺以氈馬,許出印給之。事已定,而部目閻宗傳等自以昔從世續逐世統,殺沙卜,懼崇明立,復前恨,欲立安疆臣弟阿利。鎮雄隴澄與平播州,恃功有據鎮雄制永寧心,陰助世續。崇明襲幾一載,世續竟匿印不與。巡撫遣都司僉書張神武執世續索印,神武與永寧參將周敦吉盡掠其積聚子女。宗傳乃以求主母爲名,大掠永寧、赤水、普市、摩尼,數百里成邱墟。以上原書係在三十四年十二月。

三十五年八月,四川巡撫喬璧星銳欲討隴澄,與貴州守臣持議不決,李廷機力主撤兵,乃論周敦吉、張神武死,釋奢世續,赦閻宗傳等罪,訪求隴氏子孫爲鎮雄後,并令安疆臣約束澄歸本宗,復名堯臣,聽遥授職衘,不許冒襲隴職。堯臣遂請避去,宗傳亦降。堯臣後襲水西宣慰使。《明紀》。

——(民國)《貴州通志》之《前事志十五》,載《中國地方志集成·貴州府縣志輯》,第 7 冊,第 63 頁

節附郭撫《題安堯臣從役歸黔乞欽定隴氏疏》後半

臣看得土知府安堯臣於臣未莅蜀之先,該四川撫按司道准令入繼鎮雄,且十年矣。及永寧二奢構爭之時,追印不獲,蜀中責令堯臣追取。人言夷人視印如拱璧,遠寄深藏,未必可得也。臣檄諭堯臣即竭力追獻。比印獻矣,蜀中又謂首惡閣宗傳等未降,復責備堯臣購擒。人言夷人畏死避罪,未易降也。又經臣諭堯臣化誘閣宗傳等出降。藺事方結局矣,蜀中又謂堯臣篡據鎮雄,冒襲隴職,動兵八萬逐之,令回。又責備黔中將堯臣取回。人言堯臣入鎮雄十年,根深蒂固,未必遽歸也。臣遵奉明旨,百計化誨,堯臣始翻然回歸,住居會城。堯臣歸矣,蜀中又謂堯臣隨去從役千房未歸,復責備黔中,令堯臣取回。人言千房夷羅安土重遷,未必盡歸也。……皇上念其平播之功,予以土知府之銜,天地之恩也。……《青螺全書》。

節附王元翰《陋惡撫臣生事誤國疏》

土舍安堯臣越據鎮雄,致蜀撫兵逼,奉旨歸黔,此固知有天威也。前征播微功,以知府官之,待之可謂不薄。在子章正宜曉之以天恩,鬯之以國法,割斷了局,乃徒陰陽其間。二月間,臣見其報堯臣歸黔請恩授職疏,尾累千百言,不爲安隴注家譜,則爲土婦慮岑寂,至以千餘夷民重遷爲詞。且曰目下保無他虞,日後不能無慮,是明爲堯臣樹幟得隴。竊歎曰:"子章意指若此,堯臣豈肯休乎?乃鎮雄不久報警矣。"五月二十四日,果見蜀撫喬璧星揭爲違旨聚叛殺命事,内言安堯臣使喳多等抄殺鎮雄夷民,逐隴正名不得承立等因。夫二月至五月,目下乎?非目上乎?抗旨弄兵,有虞乎?無虞乎?伏機于前,而發難于後,且揚揚幸其言之中也。

三十六年,水西宣慰安疆臣死,弟堯臣襲。《明史》。

附《題夷情疏》

……夫安疆臣、安堯臣兄弟,不過黔中一屬夷耳。在蜀中始以索地之役,繼以藺亂之故,不以爲亂臣,則以爲賊子,用兵芟夷,惟恐一日或緩。自黔視之,則大不然。

播州反,令疆臣出兵攻播則攻播;吳洪復反,令疆臣斬吳洪則斬吳洪;勘地界,令疆臣認糧一千二百石則認糧;路苗亂,令疆臣征苗則征苗。十年以來,兵部苦於蜀議,無尺寸之叙,國家亦無分毫之賞,而疆臣終不敢以爲言。播州反,令堯臣攻播則大捷;藺州亂,令堯臣追印則印出。既謂堯臣不當在鎮雄,令之歸則歸,令其千房隨從歸則歸。主上授以土知府之銜,而堯臣日在臣轅門聽事。如蜀人言,二安反久矣。而遠之不至如楊應龍,近之不至如鳳騰霄。臣謂犬羊不至啑觸,亦云順矣。而蜀不謂然。臣故曰夷情順逆,兩省意見不同者此也。

蜀人既不謂順,勢必至於用兵。用兵非一省事,勢必與黔協剿。蜀人剿逆,黔人剿順,其名號既已不正。蜀中甚富,黔中甚貧,其物力又甚不均。臣曾備員蜀中,盤蜀司庫,是時貯金百餘萬。用兵以來,或漸消耗。而去年治兵,即遵義一府報臣用過五萬七千餘金,則他郡可知。蜀中士大夫公議,又謂一縣運米,用過數千餘金。蜀之富可知已。黔中司庫不滿萬金,雖有二十州縣,十户九夷,將誰運米?黔之貧可知已。知己知彼,臣自度甚審。無餉無財,臣用兵何藉?而蜀謂臣不同心,非心不同,力不從心也。此是已瑕,本不當露,廟堂未必盡知,臺諫未必盡知,天下未必盡知,謂臣不與蜀同心同力耳。故帑藏盈乏,兩省物力不均者此也。

……

變夷構亂,從古而然。楊應龍之能亂播州,閭宗傳之能亂藺州,鳳騰霄之能亂武定,犬羊之性,類皆然也。臣即至愚,豈暗於此!政謂其能亂,而止於未亂,禁於未發,調停處置,勿令砰破。臣實已亂,非養亂也,若以已亂者爲養亂,彼激亂者非生亂乎?孔子曰:"人而不仁,疾之已甚,亂也。"此其責必有所歸矣。至於受賄之説,特蜀人爲是曖昧之謗,使臣無所辯。獨計天日在上,鬼神在旁,冥冥之中,洞若觀火。但使臣身受污辱之名,而黔人蒙生全之福,臣亦甘之。伏願陛下顯斥回籍聽勘,速點代臣與黔交代,以謝蜀中之憤,且以畢臣歸養之私。臣自去年七月蒙皇上俞臣終養,比今又將一年,父年望九,臣年亦望七,令臣父子蚤得相見一日,臣瞑亦甘。惟皇上之垂憐焉。

又《奏辯蜀中書册疏》

……播平之後,黔中苦被蜀凌,土司目爲异省,秦越相視,分毫不納,以至欠銀共六萬餘兩,欠米至二十萬七千餘石。

——(民國)《貴州通志》之《前事志十五》,載《中國地方志集成·貴州府縣志輯》,第 7 册,63~66 頁

(三十七年)巡撫貴州都御史郭子章請終養,許之。康《志》。

附子章《臨代條陳地方要務疏》

題爲歸養得代,敬陳地方要務,懇乞聖明俯賜采酌以安邊地事。

臣惟黔在西南,極邊極貧,視他省迥异,一切臣細事務,厝手稱難,舉足皆礙。臣撫黔以來,於茲十載,地方利患所當興除,凡力可徑行者,弗避勞怨,矢竭心力,次第舉行,不敢塵瀆天聽。

……節據司道會議,苗之出没不時,虜人妻女,燒我屋寨,豈敢謂無。然未至據城以叛,如寧夏劉東暘也。未至破綦江城,犯飛練堡,殺參將,戮都司,如播州之楊應龍也。……苗罪誠重,第比之寧夏、播州、皮林尚爲有間。即有出没,重則雕剿,輕則追捕,嚴爲防禦,不致蔓延。法如是而止,而必欲動大兵,如征播、征皮林,臣未見其可也。……夫國

325

雖大,好戰必危。黔小國也,今年征播,明年征皮林,又明年征路苗,又明年征定番苗,不可謂不好戰矣。瘡痍未起,流離未歸,帑藏空虛,朝不保夕。以朝不保夕之國,而欲鋤唐虞以來未殲之寇,人皆言臣不智。佳兵者不祥之器,不得已而用之。朝廷西征、東征、征播、征皮林,皆萬不得已,計費金錢,何止千萬。而復欲以施之銅苗,即一年可了,亦費四百萬金。損有限之財,興得已之役,人皆言臣不忠。播州殺生命不下三萬,皮林不下萬餘,近日水苗路苗斬獲四千。據士民疏,苗賊十萬,少殺之,當如皮林、水苗路苗,多殺之,當如播州。大兵之後,必有凶年。傷天地之和氣,以釀凶年,人皆言臣不仁。止銅仁人謂臣不武耳。夫權禍莫若輕,權福莫若重。臣以一身蒙不武之名,而猶得免不智不忠不仁之議,職亦甘之矣。……如或狼心不悛,犀質如故,時出竊掠,總鎮合調前項萬兵,摘惡而雕剿之。儻異日者果有稱王僭號,阻兵犯順,如寧夏,如播,如皮林,萬不獲已,請於天子合三省之力而誅之,未爲晚也。

……羅學茂不亡入遵義,不誘魁痴入播,則地界之議,何至紛紜四年不決。

……新兵之設,始於平播。設平越兵,以防播孽,繼剿路苗。設新龍兵以防山苗,兼剿水苗。設崖桑、鐵山二營及統兵帶來家丁,以防銅苗。皆一兵不可缺者,大約歲用餉銀一萬七千餘兩。

……臣查得播平之後,五司中有重安司者,距清平十里,距黃平六十里。

——(民國)《貴州通志》之《前事志十五》,載《中國地方志集成·貴州府縣志輯》,第 7 冊,69~71 頁

桐梓縣,明平播次年,知縣王桂于縣治左建先師廟,配從主列如制。孫《志》。

綏陽縣,明平播後五年,知縣詹淑始議擇縣之中街右地置學,立先師廟。詹淑《創建文廟碑記》:"播故有學,遭酋逆而廢。聖天子不忍播胥淪溺然,遣六師平之。……"馮士奇《重修碑記》:"我太祖迅掃元凶,肇造寰宇,偃武之初,首崇文教,薄海內外,靡不建學宮、任師儒。播雖西鄙,未嘗無學,故時著科目。及逆酋柄事,歲尚屠戮,詩書禮樂之教斯滅殆盡,而學始廢。迨天厭酋虐,殲全播而平,郡邑綏始復有學焉。"

仁懷縣,明平播設縣,知縣陳王道於分司前創先師殿及欞星門,餘未備。孫《志》。

——(民國)《貴州通志》之《秩祀志一》,載《中國地方志集成·貴州府縣志輯》,第 8 冊,249~250 頁

忠勛公祠,在府城東。萬曆三十年建,祀楊寅秋,而以討播陣亡將士附焉。郭子章有記。

郭公祠,在府城內大興寺。祀郭相奎子章。以上《貴陽志》。

四先生祠,在府城內東嶽寺旁,萬曆中建。《貴陽志》。祀新建伯王守仁,巡撫郭子章、

江東之,巡按應朝卿。後毀,即其地建忠烈祠,今并於東嶽廟。_{乾隆《志》。}

——(民國)《貴州通志》之《秩祀志三》,載《中國地方志集成·貴州府縣志輯》,第 8 册,第 298 頁

郭公祠在府城內,祀明巡撫郭子章。_{乾隆《志》。}

懷德祠在府城內,鄒德溥有記。

鄒德溥《懷德祠記》:貴筑介在要服,古夜郎羅施之地。後漢武侯擒孟獲,濟濟火從之,以從征功表王。羅甸則今安氏遠祖也,安氏立武侯廟於大方,前爲關侯廟,巍然兩峙,水西隔烏江便是播州。播酋楊應龍鴞獍負險,逆顏行,王師屢征不克。聖天子赫然震怒,捫髀思安攘臣,廷推泰和郭公才猷將略,足膺重閫。萬曆二十七年春三月,奉敕開府貴州,兼督理湖川軍務。夏四月,匹馬入黔。黔中物力單弱,一切兵食仰籍楚蜀協濟。綦江一陷,全貴阽危。公請增兵益餉以充兵實,計募兵守偏橋等十二處要害以遏寇衝,調補文武將吏參劾規避以嚴紀律,身先臨賊以倡勇敢。總督長垣李公移駐重慶,請上方劍,與公協心朋力而軍政蕭然矣。明年二月,公誓師。四月,進兵,首摧賊鋒。宣慰安疆臣斬關先登,弟堯臣佐之,大水田一戰,獨冠七路。自興師至壁海龍坉纔百餘日。六月,應龍伏誅,剉尸傳首,妻孥田氏朝棟等七十二名檻俘闕下。是役也,貴州斬獲首級四千八百六十,生擒首從一百五十八,俘獲賊屬男女一千一百一十,招降播民二萬九千八百五十,奪獲賊仗不可勝紀。天子賚軍興百四萬金,公僅用其半,漕粮三十萬鍾,用十之一,餘悉還帑藏。恬然奉身而退,温旨款留以定播地,經理郡縣,新設遵義、平越二府,正安、黃平二州,遵義、桐梓、綏陽、仁懷、湄潭、龍泉、甕安、餘慶八縣,改置安化、貴定二縣,播地方平。

——(民國)《貴州通志》之《秩祀志三》,載《中國地方志集成·貴州府縣志輯》,第 8 册,第 301 頁

遵義府

二公祠在府城東三里許桃源洞口,舊名三公祠,祀明平播總督李化龍、王象乾,按察使崔應麒,久廢。國朝康熙五十五年,通判胡期恒重建,更今名,祀總督李化龍、總兵劉綖。_{乾隆《志》。}乾隆四十四年,知府張景宗增祀崔應麒、王象乾、郭子章,而移綖原像於旁楹,是爲五公祠。

張景宗《復建桃源祠記》:播川者,乾符時爲南詔所陷,楊端應募復之,遂世有其地。傳至有明,楊應龍以叛誅,方建郡邑。其時長垣李公化龍總制川、湖、貴州,督八路總兵,百有十四日而應龍滅。首功則推都督劉公綖,而善後其事者,在蜀則都督王公象乾,在黔則巡撫郭公子章,其詳載之史策。景宗於乾隆戊戌秋,以平越守移署遵義,均播境也。案牘餘閑,時懷往事。見郡東郭間山半,石壁劃通,劈開勝致,山影如屏,波光似鏡。憑軒遠

眺,頗豁心目,未知所昉,而亦托名於武陵之仙源。洞中祠宇三楹,僅有一像巍然獨在,則所謂劉將軍者也,余甚詫焉。平播之役,師武臣力,省吾洵爲露布冠,而李于田經緯雄才,機權獨出,將得其[用],士盡其能。郭相奎單騎入黔,克期奏凱,十年留鎮,善後攸宜。王露宇繕城郭,立學校,簡任賢俊,撫綏流離,均未可泯也。因閱《省志》,則桃源洞舊有銅標平播功。洞口有三公祠,祀平播總督李公化龍、王公象乾、按察崔公應麒,前明所建,久之并廢。洞前原有五公祠,祀李化龍、劉綎、崔應麒、王象乾、郭子章。後移綎像置五木位前,易其門額曰"劉將軍祠"。

宦懋庸《桃源山劉大將軍祠碑記》:我國家崇德報功,苟有勞於茲土,雖异代勛伐,罔弗廟食,昭烈懋賞,紀在典章,崇厚教忠,於是乎在遵義於唐爲播州,楊氏平蠻,遂以世及。十數傳暨於朱明,逆系應龍,恃險阻固,虐用民力,蠱害川南,以媱嬖寵。朝命委疆,寄於李公化龍,八路誓師,川、黔交奮,而劉大將軍以家世武勇,授鉞專征,獨當勁鋒。三戰而下海龍之囷。逆藩自毀,遂設流官,避地千里,以通黔蜀,出民水火,登之衽席,載績旆裳。……《遵義府志》。

——(民國)《貴州通志》之《秩祀志三》,載《中國地方志集成·貴州府縣志輯》,第8冊,第302頁

按:《府志》又載有:白石口五公祠,在城北八十里大樓山白石口,今移入附近之黑神廟。又劉將軍祠有二,其一東門樓劉將軍祠,乾隆二年,知府蘇霖泓奉祀劉綎像於城東門樓上。十一年,知府朱東啓撥廢寺田產歸僧焚獻,後廢。據張景宗《五公祠記》言,劉少保原像爲前守于方柱他祠移祀。以方柱任守時推之,可知此祠廢後,其像皆移之二公祠。事在乾隆四十年前後也。

蘇霖泓《祠記》:明都督劉將軍者,豫章人也。由南昌衛指揮以戰功晉秩總戎。萬曆初,播酋楊應龍叛,稱兵向蜀,所至摧殘,因集三省之師環攻并舉。於時,少司馬長垣李公總督軍務,黔則泰和郭青螺先生撫其軍。劉公授節振旅,由偏橋進取。賊悉力守險以拒,公奮勇先登,所向披靡,連破數十寨,直渡烏江。賊窘,退據海龍屯,負隅死守。復以奇破其巢穴,俘賊首獻。事平,晉階左都督,自設官、分職、建學,明紳以崇祀名宦,春秋配饗,報有功也。考播州自楚莊蹻略地,溯江而上至牂牁,達夜郎,皆已內附。歷漢、唐、宋,俱通聲教,徵辟名賢,載諸史乘。及楊氏納土,因世其官,遂同羈縻。播人之不睹天日,蓋數百年。雖巨酋不道,自覆其宗。然非雄武如公,謀勇兼備,戰勝攻取,一旦削平禍亂,烏能復版圖而敷王化,俾士習民恬,致有今日之盛者,是公之大有造於播也。夫伏波之柱,尚足壓苗;岷山之碑,猶至墜淚。公生平功烈,於開播爲最偉,其精神氣魄磅礴於鳳嶺、虎溪間,尸而祝之,固其所也。予乃因士民之意,并江右客衆所請,奉公像於東城之上。襟帶江河,永鎮疆域,俾農工商賈,奠厥室家,寧爾幹止,以生以養,優游而享太平之福。詎悲保世滋大,無疆惟休者歟! 乾隆二年丁巳。

其二劉將軍祠,乾隆中,東門樓祠廢,綎像移祀桃源洞中,張景宗記所謂"洞中屋宇

三楹,一像巍然"者也。至囗十囗年,於洞上十步許創祠,移像祀之。道光二十年,知縣楊書魁復建祠今所,移祀祠右,距洞口十步許。

——(民國)《貴州通志》之《秩祀志三》,載《中國地方志集成·貴州府縣志輯》,第8册,第303頁

遵義縣

李忠宣廟,祀元安西行省左丞、贈尚書右丞、謚"忠宣"李德輝。《元史·傳》云:"至元十七年,德輝被命在播。卒,蠻夷訃哭之,哀如私親,位而祭者動輒千百人。播州安撫使僉事何彥清率其民立廟祀之。"今無存。《遵義府志》。

仁懷縣

忠勇祠,在城北三百里竹瓦寨。威遠衛指揮僉事袁鏊陣亡於此,因建祠祀之。

——(民國)《貴州通志》之《秩祀志三》,載《中國地方志集成·貴州府縣志輯》,第8册,第304頁

龍泉縣

郭公祠,祀明巡撫郭子章。乾隆《志》。萬曆二十八年,巡行至石阡,捐資增修南北二門、月城并敵樓,補文昌閣,開學前路,修理至路瀨一帶烟燉橋梁,添哨兵一百名,免逋欠糧一千四百兩。《石阡志》。

——(民國)《貴州通志》之《秩祀志三》,載《中國地方志集成·貴州府縣志輯》,第8册,第306頁

黄平州

義烈祠,在東坡元真觀下,前明巡撫郭公子章建,祀前明千百户之死事者。《黄平州志》。

余懋學《東坡義烈祠碑記》:播之役,賴主上廟算,御史大夫、司馬郭公握籌,八道陳兵,六月奏凱。捷聞,廷臣合辭頌公神武,黔縉紳衿弁之士,下及田夫、野老、黄童、紅女,拜司馬公祫席賜,亦合辭頌公神武。公曰:"不佞之節鉞從事於茲,殪鯨鯢,築京觀,以保此黔,諸將所戮力也,何敢居?"露布草疏,臚列諸將士斬賊捐殉狀,議爵樹功者,祠死義者。於是,東坡路諸戰亡兵,得次第舉祠祀。先是,播不道,逆我顏行,糾黔東九股苗爲翼。東坡以一如綫路,扼其衝,既募兵戍守,苗日往來不得恣,大恚憤,因舉兵來寇,勢甚猖獗。衛城老稚,旦夕惴恐,無不相持泣下,自必分墮虎口。會少參梁公銓駐城中,馳請幕府指。自集衛三老,策曰:"城,心腹也;東坡,肘腋也。肘腋誠急,當援。然勢且及城,萬一援兵出,賊乘襲城,謂心腹何?"遂一意嚴城備。士大夫弟子員而下,與諸軍荷兜鍪、

持矛盾,雜睨睥間,自甲夜達署,無敢交目寢者。東坡兵殊死戰,以衆寡不敵,竭力死戰。賊屯三晝夜,時時奔突,已兵至城下,偵知備嚴,乃引去。《禮》"以死勤事者祀",吊祭不至,精魂何依? 吾師青螺先生録諸兵忠勛,昭示方來,存慰忠魂,庇之安宇,俾無號呼於日寒草短月苦霜白間,仁也。祠而蒸嘗俎豆之,且與簪笏之榮,同施不朽,兹吾師意哉。噫!己亥冬,滇值順寧之變,予實身在軍,時聞播賊寇東坡,内顧不念,不任怦怦憂,久之,聞賊幸無恙,則又不勝欣欣喜,非倖也。

——(民國)《貴州通志》之《秩祀志三》,載《中國地方志集成·貴州府縣志輯》,第 8册,318~319 頁

(元)賽因不花,河東等路萬户府。《元史》。

馬麟,至元三十年金竹府知府。按《元史·速哥傳》:"至元十九年,亦奚不薛叛,置順元等路軍民宣慰司,以速哥爲宣慰使經理諸蠻。二十四年,遷河東路萬户府,播州宣慰楊賽因不花等赴闕請留之。降八番金竹百餘寨,得户三萬四千,以其地爲郡,置順元路金竹府,從之。"

楊邦憲,至元十八年宣慰使。《楊氏家譜》。見宣慰使。《遵義府志》云:按《元史·李德輝傳》:"至元十七年,羅施鬼國既降復叛,德輝招降之,卒於黄平,播州安撫使何彦清率民立祠。"時楊邦憲已以安撫内附,仍授原職,不應播州有兩安撫使,文似有矛盾。考《楊氏家傳》,邦憲以至元十八年升宣慰使,十九年閩叛,詔發諸道兵進討,師道播而入。所謂發兵討閩即德輝傳詔雲南、湖廣、四川三道共討羅鬼事,然則《史》十七年乃十九年之誤,彦清之安撫或因朝廷升邦憲爲宣慰,遂以此職授之歟。

楊漢英,邦憲子,播州宣撫司兼播州萬户,賜號"賽因不花"。《遵義府志》云:"楊氏自漢英乞歸四川,以漢英爲紹慶、珍州、南平等處沿邊宣慰使,行播州軍民宣撫使、播州等處管軍萬户,以後宣慰司遂成本衙,至明不易。"

楊萬户。《元史·明宗紀》:"天曆二年正月壬午,播州楊萬户引四川賊兵至烏江峰。"《遵義府志》云:"其名雖不詳要,其爲楊漢英後有功所升,無疑。"

——(民國)《貴州通志》之《職官表一》,載《中國地方志集成·貴州府縣志輯》,第 8册,358~359 頁

嘉靖四十二年,裁革總督,令巡撫兼理湖北、川東等處提督軍務,巡撫偏沅地方贊理軍務一員。萬曆二十七年,以征播暫設,尋罷。……萬曆二十二年,以播事起,命邢玠總督川貴,駐四川。

——(民國)《貴州通志》之《職官表二》,載《中國地方志集成·貴州府縣志輯》,第 8册,第 360 頁

播州宣慰使司學,明洪武十三年,因舊鄉學基建播州長官司學,在宣慰司北。永樂四年,升宣慰使司學,《明一統志》。尋廢,改建爲梓潼觀。《遵義府志》。

遵義府學，在府城東門外鳳凰嶺，舊爲播州長官司學。永樂四年，改宣慰使司學。萬曆二十八年，平播設府，改建城內。

桐梓縣學，在爽壋，舊附府學。萬曆二十九年，平播後，知縣王桂建於縣署左，久圮。

——(民國)《貴州通志》之《學校志一》，載《中國地方志集成·貴州府縣志輯》，第8册，第505頁

宣慰司舊學，《明統志》：在宣慰司北，舊鄉學基。洪武三十三年建，爲播州長官司學。永樂四年，升宣慰使司學。《遵義府志》。

——(民國)《貴州通志》之《學校志一》，載《中國地方志集成·貴州府縣志輯》，第8册，第513頁

播州宣撫司兼播州等處管軍萬户府，至元二十八年改置，原爲安撫司。隸四川行省。

——(民國)《貴州通志》之《武備志·兵志一》，載《中國地方志集成·貴州府縣志輯》，第9册，第85頁

至元二十年，僉亦奚不薛軍。十九年詔僉亦奚不薛及播、思、叙三州軍征緬。亦奚不薛叛，討之，賊窮困，率所部五萬餘户降，至是復僉。二十一年，敕發田、楊二家軍二千從征緬。按：田氏世據珍州，後改高州。故史以田、楊并稱，楊即播州楊氏。《新史》作"田、楊二州蠻軍"語涉兩可，不從。三十年，括思、播等處亡宋湟手軍，并遣使督思、播二州及鎮遠、黃平發宋舊軍八千人從征安南。按："湟手軍"亦稱"手號軍""手記軍"。二十年，治宋手號軍八萬三千六百人，立牌甲，設萬户、千户統之。宋之兵制：手記軍死，以兄弟若子承代。二十一年，詔依漢軍例籍之，毋湟手。

至元二十一年，給四川行省所轄順元路宣慰舖馬、劄子三道，思州、播州兩處宣慰司各三道。

——(民國)《貴州通志》之《武備志·兵志一》，載《中國地方志集成·貴州府縣志輯》，第9册，第86頁

分巡遵義等處兵備道，萬曆二十八年，平播改流置，駐遵義，專一整飭新復郡縣，并重慶衛忠、黔二所。酉陽、永寧、石砫、平邑等土司兵務，其切鄰地方悉聽管轄兼制。興黃參將道下旗牌、官舍家兵二百七十員名。節《遵義志》。

防播總兵，萬曆二十八年移置。初爲建武鎮，駐遵義，專管白田壩、真安、桐梓等縣、播川等邑防守及建郡縣、修郵驛事務。原設兵七千員名，戰馬三百匹，除陸續奉文裁汰外，實在三千七百一十一員名。

播州宣慰司驛十，曰烏江驛、湘川驛、松坎驛、播川驛、仁水驛、桐梓驛土官、永安驛、

昌田驛、湄潭驛、沙溪驛。

——（民國）《貴州通志》之《武備志·兵志二》，載《中國地方志集成·貴州府縣志輯》，第 9 册，第 89 頁

廉希憲，字善甫，輝和爾人。父博羅哈雅，原作"布魯海牙"。初拜廉使命，希憲適生，後遂以廉爲氏。年十九入侍世祖，恩禮殊絶。至元十二年，右丞阿爾阿難下江陵，圖地形上於朝，請命重臣開大府鎮之，帝召希憲還朝，使行省荆南。大興學，選教官，置經籍，且日親詣講舍以屬諸生。西南溪峒及思、播田楊二氏俱越境請降。事聞，帝曰："先朝非用兵不可得地，今希憲能令數千百里外越境納土，其治化可見也。"十五年召還。《元史》本傳。

孟古岱，原作"忙古帶"。契丹人，從行省伊蘇岱爾征蜀及思、播，建都諸蠻夷，有功，升萬户。成宗即位，授烏蒙等處宣慰使兼管軍萬户。六年，烏撒羅羅斯叛，雲南行省命帥師討平之。事聞，賜鈔三千貫、銀五十兩、金鞍轡及弓矢，以旌其功。九年，討普安羅雄州叛賊阿填，擒殺之，進驃騎上將軍，卒。《元史》本傳。

——（民國）《貴州通志》之《宦迹志二》，載《中國地方志集成·貴州府縣志輯》，第 9 册，206～207 頁

郭子章，字相奎，泰和人。隆慶五年進士。萬曆二十七年，以右副都御史巡撫貴州。播州宣慰楊應龍反，巡撫江東之以劾罷。帝難其人，廷臣交薦子章，帝由是用焉。子章於三月癸未受命，五月己巳至沅州，六月始至貴陽。巡按御史亦新用宋興祖，興祖於三月乙未已至貴州。子章初至，核所部兵不滿五千，帑藏亦虛，謂："無米求炊，巧婦不能，奈何?"興祖曰："非請兵餉不可。"乃連疏以請，情詞懇切，當事爲之感動，如所請。再請，又益之。前後界餉銀百四萬，漕糧三十萬石。

子章乃請簡文武僚吏，以重兵守貴陽，別募兵守偏橋等十二處。以兵八萬屬總兵官李應祥，令都指揮王納、張秉忠守貴陽，副總兵陳寅、陳良玭，參將朱鶴齡，都指揮徐成，皆令出征，聽總督調遣；右參議加按察使楊寅秋、參議張存意有才智，熟於戎行，皆令監軍。其餘如布政使應存卓，參政郭廷良、王邦俊，參議梅國樓、張文奇，按察使易登瀛，副使尤錫類、洪澄源、路雲龍、陳與相、袁應文，僉事加參議梁銓，貴陽知府劉冠南，同知徐廷綬，通判夏燃，皆分任，使事事有備。故事，貴州雖行省，而仰給於川、湖，以湖、廣地遼闊，而四川爲沃壤也。

播事起，朝議三省合征，貴故弱於二省，與播尤密，邇新有飛練堡之敗，人心未振，東之又曾以事劾安疆臣。安氏與楊氏爲婚姻，相脣齒，且有内顧之憂，故貴事獨難於二省。子章與興祖二人綢繆備至，又用寅秋計，内撫安氏，密解其罪，而後播州失羽翼，貴陽得以無恐。明年，始得與李化龍、湖廣巡撫支可大誓師進兵，既而貴州兵有烏江之敗，貴陽戒

嚴。寅秋卒率安民兵深入，播州以平。

貴、龍、平、新之間，有東西二路苗民曰仲家，最桀黠，爲諸小部苗之渠長。又有水銀山者，介於銅仁、思、石，亦有仲家苗，名曰“山苗”，爲紅苗之羽翼。自平播以後，貴州物力大屈，諸仲生心，剽掠無虛日，子章奏討之。帝命相機進兵，子章乃令陳璘、劉岳等剿平之。三十七年，子章請終養，許之。茌貴州幾十年，所設施動中民隱，尤喜獎拔士類，經其品題者，卒爲佳士。屢更用兵，調度悉合機宜。及陳情疏凡九上，始得請。既去，貴州人爲薦生祠七所。水西安氏建懷德祠，祀諸葛武侯、關壯繆，而子章與焉。終子章之世，水西不敢動，蓋畏之也。著《黔記》六十卷，貴州掌故賴之以存，祀貴州名宦祠。《貴陽府志》。

李化龍，字于田，長垣人。萬曆二年進士。二十七年，總督湖、廣、川、貴軍務，兼巡撫四川，討播州叛臣楊應龍。應龍之先曰楊鏗，明初內附，授宣慰使。應龍性猜狠嗜殺，數從征調，恃功驕蹇，知川兵脆弱，陰有據蜀志，間出剽州縣。嬖小妻田雌鳳，讒殺妻張氏，屠其家。用誅罰立威，所屬五司七姓不堪其害，走貴州告變。巡撫葉夢熊疏請大征。詔不聽，逮繫重慶獄。應龍詭將兵征倭自效，得脫歸。復逮，不出。四川巡撫王繼光發兵討，覆於白石。應龍委罪諸苗。朝廷命邢玠總督，值東西用兵，勢未能窮治，因招撫之。應龍益結生苗，奪五司七姓地，并湖、貴四十八屯以畀之，歲出侵掠。是年二月，敗官軍於飛練堡，都司楊國柱、指揮李廷棟等皆死。已，復破綦江，殺參將房嘉寵、游擊張良賢，投尸蔽江下。僞軍師孫時泰請直取重慶，搗成都，劫蜀王爲質，而應龍遷延，聲言爭地界，冀曲赦如曩時。化龍至成都，徵兵未至，亦謬爲好語縻之。

帝聞綦江破，大怒，追遞前四川巡撫譚希思、江東之職，而賜化龍劍，假便宜討賊。賊焚東坡、爛橋、梗湖、貴路，又焚龍泉，走都司楊惟忠。化龍劾諸大帥不用命，沈尚文逮治，童元鎮、劉綎皆革職充爲事官。諸軍大集，化龍先檄水西兵三萬守貴州，斷招苗路，乃移重慶，大誓文武。明年二月，分八道進兵。川師四路：總兵官劉綎由綦江；總兵官馬孔英由南川；總兵官吳廣由合江；副將曹希彬受廣節制，由永寧。黔師三路：總兵官童元鎮由烏江；參將朱鶴齡受元鎮節制，統宣慰使安疆臣，由沙溪；總兵官李應祥由興隆。楚師一路分兩翼：總兵官陳璘由偏橋；副總兵陳良批受璘節制，由龍泉。每路兵三萬，官兵三之，土司七之。貴州巡撫郭子章駐貴，湖廣巡撫支可大移沅州，化龍自將策應。帝以楚地遼闊，又擢江鐸爲僉都御史，巡撫偏、沅。湖廣設偏沅巡撫，自鐸始也。推官高折枝先以南川兵進，據桑木鎮，綎復自綦江入。應龍以勁兵二萬屬其子朝棟，曰：“爾破綦江，馳南川，盡焚積聚，彼無能爲也。”比抗諸路兵，皆大敗。應龍頓足歎曰：“吾不用時泰計，今死矣！”或言水西佐賊，化龍詰之，疆臣斬賊使，二氏交遂絕。

烏江兵敗績，逮下元鎮于理，諸將益奮。綎先入婁山關，直抵海龍囤。璘、疆臣兵亦至，賊勢急，上囤死守，遣使詐降。化龍檄諸將斬使、焚書。以綎與應龍有舊，諭無通賊，綎械其人以自明。八路兵皆會囤下，築長圍困之，更番迭攻。六月，綎破土、月二城，應龍與二妾俱縊。明晨,官軍入城,七子皆被執。詔磔應龍尸并子朝棟于市。自出師至滅賊,凡百有十四日。播自唐乾符中入楊氏,二十九世八百餘年,至應龍而絕。以其地置遵義、平越二府,分屬川、貴。

化龍初聞父喪,以金革起復,至是乞歸終制,起工部右侍郎,總理河道,再以憂去,未代。叙前平播功,晉兵部尚書,加少保,蔭一子世錦衣指揮使。三十五年,起戎政尚書,一品秩滿,加柱國、少傅,兼太子太保。卒官,年七十,謚"襄毅",贈少師,加贈太師。化龍具文武才,播州之役,以劉綎驕蹇,先摧挫之而薦其才,故綎爲盡力。《遵義府志》。

劉綎,字省吾,都督顯子。勇敢有父風,用蔭爲指揮使。萬曆初,從顯討九絲蠻,以功遷雲南迤西守備。十年冬,緬甸犯永昌、騰越。明年,擢綎游擊將軍。綎生擒其魁,雲南平,進副總兵。兵還,甲而讒,詔革綎任,以游擊候調。尋用爲廣西參將,移四川。二十年,召授五軍三營參將。會朝鮮用師,綎請率川兵五千赴援,詔以副總兵從征。還,屬播酋楊應龍作亂,擢綎四川總兵官。尋以應龍輸款,而青海寇擾,特設臨洮總兵官,移綎任之。二十四年,火落赤等掠番窺內地,告捷,綎等進秩,予蔭有差。

明年,朝鮮再用師,破之。進綎都督同知,世蔭千户,遂移征楊應龍。會四川總兵官萬鏊罷,即以綎代之。時分兵八道,川居其四。川東又分爲二,以綦道最要,令綎當之。應龍熟綎才,頗懼,益兵守要害。二十八年正月,諸將克丁山、銅鼓、岩村,遂直搗楠木、山羊、簡臺三峒,峒絕險。賊將穆照等率眾數萬連營,諸將憚之。綎分攻其三面,大戰于李漢壩,生擒其魁,餘賊奔入峒,乘勢克三關,直搗峒前,焚之,賊多死,盡克三峒,擒穆照及賊魁吳尚華。是日,綎督戰,左持金,右持劍,大呼曰:"用命者賞,不用命者齒劍!"鬥死者四十人,遂大捷。應龍乃遣子朝棟、維棟及其黨楊珠統銳卒數萬,由松坎、魚渡、羅古池三道并進。綎伏萬人羅古,待松坎賊;以萬人伏營外,待魚渡賊;而別以一軍策應。賊果至,伏盡起。綎率部下斬首數百,追奔五十里。賊聚首石虎關,綎亦掘塹守。

初,綎聞征播命,逗留,多設難以要朝廷。言官交劾,議調南京右府僉書。綎至是聞之,即辭任。總督李化龍以平播非綎不可,固留之,力薦於朝,乃復受事,逾夜郎舊城,攻克賊丁滴淲、二坡、瓦窑坪、石虎諸隘,直抵婁山關。婁山萬峰插天,叢箐中一徑纔數尺。賊設木關十三座,排柵置深坑,百險俱備。綎分奇兵爲左右路,間道趨關後,而自督大軍仰攻,奪其關,追至永安莊,兩路軍亦會。綎老將持重,慮賊衝突,聯諸營:一據婁山關爲老營,一據白石口爲腰營,一據永安莊爲前營。都指揮王芬者,勇而寡謀,每戰輒請爲前鋒,屢勝,有輕敵心,獨營松門坅之衝,距大營數里。賊方有烏江之勝,謀再奪婁山。適穆照遣使洩芬孤軍狀,賊乃襲殺芬,守備陳大剛、天全招討楊愈亦死,失亡士卒二千人。綎聞,親率騎往救。部將周以德、周敦吉分兩翼夾攻,賊始大奔,追至養馬城而還。是日,應龍幾被獲,乃不敢窺婁山。綎懲前失,劖進關堅壁,且請濟師。逾十日,克後水囤,營于冠子山。尋會馬孔英、吳廣諸軍,逼海龍囤下,與諸將共平賊,綎功爲多。

初，李化龍薦綎，言官謂綎嘗納應龍賄，使使齎玉帶一、黃金百、白金千投化龍家，爲化龍父所叱；投巡按御史崔景榮家，亦如之。化龍、景榮并奏其事。詔革綎任，永不收錄，没其物于官。已，錄平播功，進左都督，世襲指揮使。綎於諸將中最驍勇，所用冰〈鑌〉鐵刀百二十斤，馬上輪轉如飛，天下稱"劉大刀"。天啓初，贈少保，世蔭指揮僉事，立祠曰"表忠"。

《殉節諸臣録》：左軍都督府，左軍都督僉書府事、總兵官劉綎，南昌人。於諸將中最驍勇，歷平九絲蠻、緬甸羅雄、朝鮮倭、播州、建昌諸寇，大小數百戰，成名甚著。萬曆四十六年四路出師，由寬佃道進，與大兵戰於阿布達哩岡，兵潰，戰死。綎上《揭子》云"征播州、夜郎等咽喉地共五十四里，除八省兵馬及陳璘、吳廣等五大將，止得一十六里，職獨得三十八里。攻克四囤、三關，後攻鐵柱關并三十六步，其滚杆、礌石如雨，兵一攛及，即成齏粉。三十餘日不克，不得已，職挺身出班，與諸道計議，歃血同盟，將陳、吳、李三總兵後路，借讓一路地方與職進攻。大兵原帶三萬，職止帶五千，不二日間，即破險囤，三將下現有兵十餘萬。所以能克者，有當年章疏塘報及《征播全書》可考。凡此征討，已經撫、按具題，經今三年，未蒙核紀。夫此舉若以謂功也，自宜頒賞以示勸；若謂功不足錄，亦當明示，以免官兵雲霓之望。乃所謂掃除者凶憝，所開拓者土地，而不以爲功，後將何以使人用命乎？故今日非職自侈其功，而必云爾者，蓋因向年東征"云云。而征播軍門懸四十萬之賞，而職同官兵所領止得六萬。破酋海龍老囤之後，而其賞銀，竟化爲烏有矣。

《劉氏武功世録》：綎本宋侍御史龔杞後，父顯，贅於劉，從其姓。後請復姓，神宗不許，謂："復姓則掩乃父功。"欽賜姓劉。卒年六十七。其平播時，賜功賞銀四千二百兩，止給二千兩，其餘二千二百兩以遵義、仁懷田土酬折作賞。後次子佐官貴州都司，崇禎中，歸居綎功田之在合江者。《遵義府志》。

——（民國）《貴州通志》之《宦迹志三》，載《中國地方志集成·貴州府縣志輯》，第9冊，212~213頁

邢玠，字搢伯，山東益都人。隆慶辛未進士，知密雲，擢御史，歷巡撫，晉南兵部侍郎。勘土司楊應龍役，獻作惡首從七十餘人，設兵丁松坎、湄潭、龍泉扼其項背，擒治之。晉兵部尚書，卒。舊《山東志》。

——（民國）《貴州通志》之《宦迹志三》，載《中國地方志集成·貴州府縣志輯》，第9冊，第253頁

王象乾，字霽宇，山東新城人。文武家傳，最嫻方略，以總督撫蜀，善後播事。凡播中分設郡縣，更置牧守，則壞田賦一切，選賢任能，使之辦理，駐節渝中以監臨之。至於殫心以期復播故疆，不啻任若家事，尋以外艱去，播人祠祀之。陳《志》：……萬曆間，播人吳洪假楊

應龍後,聚衆沙溪,連結水西爲叛。時象乾爲四川巡撫,設方略討平之。《四川通志》。

江鐸,字士振,仁和人。萬曆進士,歷升山西按察使。播楊應龍反,擢都御史巡撫偏沅。時總督李化龍分八道進兵,川師四路,黔師三路,鐸統楚師次黄沙囤一路,分兩翼由龍泉、由白泥夾攻板角關,破之。再進破瑪瑙坎、長、保子等囤,奪梧木關,進屯青蛇囤,遂入三渡關,乘勝直抵海龍囤。海龍於諸險中爲最,賊負隅,時暑雨甚,叢菁中多重嵐毒霧,師深入而餉不繼。鐸改長運爲接運,每三十里設營,置運卒數千,前運未行,後運已束載而待,士乃宿飽。破土、月二城,應龍自縊。論功,蔭一子錦衣指揮。

洞蠻皮林在湖、貴交,與九股苗相接,有吳國佐者,洪州司特洞寨苗也。桀黠無賴,通漢語,略知文義,往來諸苗洞,習其酋,酋咸推服之,遂反,合其黨石纂太攻上黄堡,敗參將黄冲霄,縱掠屯堡七十餘。時方征播,未暇討,既平,鐸移駐靖州,命總兵陳璘率副將李遇文等七道以進,擒苗酋銀貢等,攻破特洞,焚之,國佐逃天浦,追獲之;石纂太逃廣西上岩山,指揮徐時達誘縛之。賊黨楊永禄率衆萬餘屯白冲,游擊沈宏猷等夾攻,生擒永禄,諸苗悉平。初,鐸語諸將曰:"皮林外有衢,内有險,諸苗營窟甚固,非先以文告解散凶黨,則渠魁未可旦夕平也。"下令禁妄殺,開招撫,明賞格,戒騷擾,建進攻,又嚴禁各軍之殺奪,以是諸苗歸順,易以成功。旋以勞疾歸,卒,贈兵部侍郎。《浙江志》。

——(民國)《貴州通志》之《宦迹志三》,載《中國地方志集成·貴州府縣志輯》,第 9 册,第 255 頁

應存卓,字立甫,仙居人。以進士起家授官,萬曆十二年,累遷貴州左參議,分守思仁道,就遷按察,進左布政使。播州之亂,助郭子章守城措餉,有勞績,子章甚倚之。《貴陽志》。

趙健,字子順,涇縣人。以進士累官貴州左布政使,佐郭子章施惠政,嘗爲監軍討平水西路苗。官終通政使。附祀郭子章祠,鄒德浦爲之記。《貴陽志》。

易登瀛,蕭寧人。以進士累官至貴州按察使,佐郭子章守貴陽,平播州,著有勞績。舊《延志》。

楊寅秋,字義叔,泰和人。大學士士奇元孫也,以進士起家授官。萬曆中,累遷貴州右參議,就遷副使,平荅干苗,進參政,頃之,加按察使。先是,宣慰安疆臣爲江東之所劾,頗懷疑懼。寅秋見播事方急,恐貴、播合,則貴陽愈危,言於巡撫郭子章密聞於朝廷,得劾,章令之殺賊圖功自贖。寅秋又與陳璘計,令疆臣退舍,而璘移其處以攻之,播賊卒平。寅秋旋即真以勞卒於官。叙平播功,贈太僕寺卿,蔭一子入監,子章又爲立忠勳祠於貴州以祀之。《貴陽志》。

尤錫類,字思孝,長洲人。以進士起家,萬曆中官貴州副使,以佐郭子章全貴州勞進右參政,又進按察使。討西路苗,紀功軍中,加右布政使。《貴陽志》。

洪澄源,字子鏡,晉江人。萬曆中貴州副使,佐郭子章平貴州,進參政,討水銀苗,澄

源監軍,旋加按察使,仍管思仁道,繼尤錫類爲按察使。《貴陽志》。四川參政富之孫,萬曆丙戌進士,歷仕至貴州按察副使,兵備畢節,爲宣慰安疆臣所轄,部強羈縻之。澄源外制以法,内推心置之,疆臣以是畏伏。播酋楊應龍爲變,朝廷出師征之,命疆臣出兵助戰。巡撫郭子章屬澄源監疆臣軍,疆臣與應龍實脣齒交,内懷觀望,數張皇。撼澄源不動,疆臣知不可恐喝,遂進兵,大勝播兵於大水田,斬首萬餘級,復燒之於桃溪衛,應龍敗,亡入海龍囤。於是疆臣獻計,請鑿開後路以進。濘泥險阻,逾月至其處,應龍授首。先是,征應龍時,懸賞格,許平賊即以其地償安氏,既賊平,地未及償,而安氏有叛目輸安氏情於總督,謂其侵播沙溪、渭河之地。總督責安氏,議正疆界。安氏謂沙溪、渭河本水西故地,且謂許地未償,并削故部以益播,憤不受命。監司絡繹臨安氏境,總督乃檄澄源,單騎往諭,令其地屬黔者歸安,屬播者歸蜀,其屬播而爲安近地要害者,輸納糧賦,安氏遂府首服。夷酋奢世續、世統爭襲構兵,疆臣陰助世續,總督復令澄源馳諭安氏無助,亂兵立解。遷廣西參議,擢貴州按察使,以勞卒。當遷官時,疆臣饋二千金爲贐,不受贅還。過貴州,數百人爭舁之。後兵部尚書李化龍叙川、貴功,贈秩京卿。《福建志》。

楊佩訓,字惟式,福建晉江人。隆慶辛未進士,授户部主事,歷任廣西按察副使,調四川備兵駐節馬湖,故牂牁地也,漢夷雜處,飭將吏無生事,戒土酋無侵掠,按行屬郡,偵其貪廉勤惰以聞,人咸畏之。播州酋楊應龍始叛,有議主撫者,佩訓爭之曰:"爲虺弗摧,爲蛇奈何?"急上三策請剿之。當事屬以西路監軍,會北路兵失利,佩訓令堅壁,獨與參將曹希彬殿後,全師以還。久之,遷貴州參政。《福建志》。

——(民國)《貴州通志》之《宦迹志七》,載《中國地方志集成·貴州府縣志輯》,第9册,第267頁

宋興祖,中江人,以進士授官。萬曆二十七年爲巡按貴州御史,楊應龍之亂,佐巡撫郭子章請兵增餉,守貴征播,大著勞績。二十八年,按畢當還,子章以播州未平,貴州事方殷,非興祖弗勝,奏留之。播賊甫平,興祖即佐子章修鐘鼓樓,爲孫應鼇請諡建祠,設印江縣學。三十年,興祖已還朝,又進改安順州爲軍民府。三十一年,同子章請改普定、平越二衛學,爲安順、平越二府學,又設黃平州、新貴縣二學。《貴陽志》。

——(民國)《貴州通志》之《宦迹志七》,載《中國地方志集成·貴州府縣志輯》,第9册,第267頁

沈瑞臨,字夢錫。萬曆丁丑進士,升四川按察司僉事,兵備川東。時楊應龍煽動,瑞臨練兵訓武,以計拊循之,終瑞臨任,應龍不敢叛。未幾,以母老終養,杜門斂迹,精研濂、洛之書,以承絶學,學者稱約菴先生。《遵義志》。

崔景榮,字自强,長垣人。萬曆十一年進士,巡按甘肅、湖廣、河南,最後按四川,積臺資。十八年,播州亂,監大帥劉綎、吳廣輩軍。綎馳金帛至景榮家爲其父壽,景榮上疏劾之。播州平,或請以播北界安氏,景榮持不可。會總督李化龍憂去,景榮爲請蠲蜀一歲租,恤上東五路,罷礦使。化龍叙監軍功,不及景榮,已,晉太僕少卿。《遵義志》。

——（民國）《貴州通志》之《宦迹志七》，載《中國地方志集成·貴州府縣志輯》，第9冊，第269頁

詹貞吉，巴縣人，隆慶戊辰進士。萬曆二十年，以右參議分守新鎮道。值播亂，楊應龍將叛，人情洶洶，貞吉特携家至平越以鎮人心，衆方有固志。吉居官澹泊簡易，與民休息。是時，初設府，凡經制籌畫，殫厥心力。莅黔十餘年，臨行宦橐蕭然，惟圖書數篋。^{乾《志》。}

——（民國）《貴州通志》之《宦迹志七》，載《中國地方志集成·貴州府縣志輯》，第9冊，第270頁

陳策，字純伯，廣東東莞人。萬曆十四年中武會試，升參將，從陳璘督湖廣兵征播，敗賊於白泥，追奔至龍溪山。偵知賊目有伏，策用火器擊之，大潰。楊應龍已授首，遂移剿皮林苗，斬獲甚衆，恢復永從。天啓中戰死遼東。《廣東新志》。

馬孔英，宣府塞外降丁也，積戰功爲寧夏參將。萬曆二十四年，擢都督僉事。會大征播州楊應龍，詔發陝西四鎮兵，令孔英將以往。兵分八道，孔英道南川，獨險遠，去應龍海龍囤六七百里。未至，重慶推官高折枝監紀軍事，請獨當一面，乃與參將周國柱先以石砫宣撫馬千乘兵破賊金筑，復督西陽宣撫冉御龍敗賊於官壩。孔英至軍，平茶、邑梅兵亦集，軍容甚壯，先師期一日入真州。用土官鄭葵、路麟爲鄉導，別遣邊兵千阨明月關，諸軍鼓行前，連破四寨。次赤崖，抵清水坪、封寧關，破賊營十數，逼桑木關。關內民降者日千計，折枝結三大寨處之，禁殺掠，降者日衆，賊益孤。關爲賊要害，山險箐深，賊憑高拒，乃令千乘、御龍出關左右，國柱搗其中。賊用標槍藥矢銳甚，官軍殊死戰，奪其關，逐北至風坎關，賊復大敗，連破九杵、黑水諸關，苦竹、羊岩、銅鼓諸寨。

國柱攻金子壩，無一人，疑有伏，焚空寨十九，嚴兵以待，賊果突出，擊敗之。孔英乃留王之翰兵守白玉臺，衛餉道，平茶、邑梅兵守桑木關，而親率大軍進營金子壩。應龍聞桑木關破，人懼，遣弟世龍及楊珠以銳卒劫之翰營。之翰走，殺餉卒無算，平茶兵來援，賊始退。孔英還擊世龍，復却，裨將劉勝奮擊，賊乃奔。官軍進朗山，進蒙子橋，深箐翁翳，賊處處設伏，悉剿平之。應龍益懼，遣其黨詐降，謀爲內應。折枝盡斬之，伏以待。珠果夜劫營，伏發，賊驚潰，追奔至高坪，已，奪賊養馬城，直抵海龍第二門下。賊守兵益多，孔英軍已深入，而諸道未有至者，西陽、延綏兵皆退，賊躪殺官軍六十人。居數日，劉綎兵至，乃合兵連克海崖、海門諸關。賊走保囤上，竟覆滅。初，總督李化龍克師期，諸將莫利先入，孔英所將邊卒及諸土兵皆獷悍，監紀折枝勇而有謀，故師獨先八道圍海龍。諸將以囤後易攻，爭走其後，孔英獨壁關前。錄功進都督同知，世蔭千户。久之，以總兵鎮貴州，平金筑、定番叛苗，生擒首惡阿包、阿牙等。已而欲襲黃柏山苗，苗知之先發，敗官兵，匪

不報。又，誘執苗酋石阿四，稱陣禽冒功，爲巡撫胡桂芳所劾，罷歸，卒。《遵義志》。

高折枝，固始人。以重慶府推官監紀入播，身先行陣，策勵士馬。自播發難，以迄蕩平，終始不渝，叙功第一。詳《馬孔英傳》中。《遵義志》。

吳廣，廣東人。以武生從軍，累著戰功。萬曆二十五年，以副總兵從劉綎禦倭朝鮮，領水軍與陳璘相犄角，俘斬甚衆。甫班師，大征播州，擢廣總兵官，以一軍出合江，副將曹希彬以一軍出永寧，受廣節制。廣屯二郎壩，大行招徠，賊驍將郭通緒迎戰，將士襲走之。陶洪、安村、羅村三寨土官各出降，他部來歸數萬，廣擇其壯者從軍。通緒扼穿崖囤，廣督土、漢軍擊破之。

劉綎、馬孔英已入播，廣猶頓二郎，總督李化龍趣之，乃議分四哨進攻崖門，別遣永寧女土官奢世續等督夷兵二千扼桑木埡諸要害，以防餉道。諸將連破數囤，進營母猪塘。楊應龍懼，令通緒盡發關外兵拒敵，廣伏炮手五百於磨槍埡外南岡下，而遣裨將趙應科挑戰。埡夾兩山中，甚隘，通緒橫槊衝應科，應科佯北，通緒追出埡，遇伏，急旋馬，中炮墜，方躍上他馬，伏兵攢刺之，殪。餘賊大奔，官軍逐北，賊盡降，遂薄岩門。徑小止容一騎，賊衆萬餘出關拒戰，希彬懸賞千金，士攀岩競進。追至第四關，關上男婦盡哭，賊黨自殺，其魁羅進恩率萬餘人出降。其第一關猶拒不下，廣乘夜疾進，奪其關，關內民獻牛酒。

劉綎、馬孔英已入關，李應祥、陳璘猶在關外，廣合希彬軍連戰紅碗、水土崖、分水關，皆捷，遂進營水牛塘。應龍大懼，知廣軍孤深入，謀欲襲之。乃遣人詐降，廣測其詐，堅壁以待。應龍擁衆三萬，直衝大營，諸將殊死戰，他將來援，賊乃退。廣遂與諸道軍逼海龍囤。賊詐令婦人乞降，哭囤上；又詐報應龍仰藥死，廣信之。已，知其詐，急燒第二關，奪三山，絕賊樵汲，賊益窘。旋與陳璘從囤後登，應龍急，自焚死，獲其子朝棟，出應龍尸烈焰中。廣中毒矢，失聲，絕而復蘇，遂以本官鎮四川，逾年卒。初，廣之頓二郎也，有言其受賄養寇者，詔謫充爲事官。後論功贈都督同知，世蔭千户。《遵義志》。

陳璘，字朝爵，廣東翁源人。萬曆初，累進署都督指揮僉事。二十年，朝鮮用兵，擢充副總兵官，改協守漳、潮，坐賄石星，罷歸。二十五年起故官，援朝鮮。明年，擢禦倭總兵官，尋令提督水軍，論功爲首，進都督同知，世蔭指揮僉事。會有征播役，命璘爲湖廣總兵官，由偏橋進；副將陳良玭由龍泉，受璘節制。

二十八年二月，軍次白泥，楊應龍子朝棟率衆二萬渡江迎戰。璘前禦之，而分兩翼躡其後，賊少挫，追奔至龍溪山，賊合四牌賊共拒。四牌在江外，與江內七牌皆五司遺種、九股惡苗，素助賊。璘廣招撫，乃進軍龍溪。偵知賊有伏，令游擊陳策用火器擊之。賊據險，矢石雨下，璘先登，斬小校退者以徇。把總吳應龍等陷陣，賊大潰，退四牌，保兒囤。璘二裨將逼之，中伏，璘募死士從應龍等，奮擊，賊復潰，奔據囤巔，夜由山後遁。黎明追及於袁家渡，復敗之，四牌之賊遂盡。

三月望，諸軍爲浮橋渡江，知賊將張佑、謝朝俸、石勝俸等營七牌野猪山，璘即夜發，抵苦練坪，前鋒與戰，後軍至，夾擊之，賊敗逃深箐。官軍隨入苦菜關，會童元鎮烏江師敗，璘懼，請退師，總督李化龍不可。璘乃進營楠木橋，次湄潭。賊悉聚青蛇、長坎、瑪瑙、保子四囤，地皆絕險，而青蛇尤甚。璘議："同日攻則兵力弱，止攻一囤則三囤必相助，乃先攻三囤，次及青蛇。"良批師亦來會，令伏囤後，別以一軍守板角關，防賊逸。璘督諸將力攻三日，賊死傷無算，三囤遂下。青蛇四面陡絕，璘圍其三面，購死士從瑪瑙後附葛至山背，舉炮，賊惶駭，諸軍進攻，焚其茅屋。賊退入囤內，木石交下，將士冒死上，毀大寨二重，前後擊之，賊大敗，斬首一千九百有奇，七牌之賊亦盡。乃分兵六道，攻克大小三渡關，乘勝抵海龍囤下，諸將俱攻囤前，獨水西安疆臣攻其後，相持四十餘日，其下受賊重賄，多與通，且潛以火藥遺賊，故賊不備其後。璘知之，與監軍者謀，令疆臣退一舍，璘移其處，置鐵牌百餘，距囤丈許，賊強弩無所施。又為箃板於柵前，賊每夜出劫，為釘傷，不敢復出。應龍勢窮，相聚哭。

化龍初有令，諸將分日攻，六月六日，璘與吳廣當進兵。璘夜四更銜枚上，賊方鼾睡，斬其守關者，樹白幟，鳴炮，賊大驚潰散，應龍自焚。廣軍亦至，賊盡平，遂移師討皮林。

皮林在湖、貴交，與九股苗相接。有吳國佐者，洪州司特峒寨苗也，桀黠無賴，其從父大榮以叛誅，國佐收其妾。黎平府持之急，遂反，自稱天皇上將，其黨石纂太稱太保，合攻上黃堡，誘敗參將黃冲霄，追至永從縣，殺守備張世忠，炙而噉之，掠屯堡七十餘，焚五開南城，陷永從，圍中潮所。時方征播州，未暇討。既平播，偏沅巡撫江鐸命璘與良批合兵討之，良批失利。明年，鐸移駐靖州，命璘率副將李遇文等七道進，璘禽苗酋銀貢等，游擊宋大斌攻破特峒，焚之。國佐逃天浦四十八寨，復入古州毛洞，追獲之。石纂太逃廣西上崖山，指揮徐時達誘縛之。賊黨楊永禄率眾萬餘屯白冲，游擊沈宏猷等夾攻，生擒永禄，諸苗悉平。

征播時，璘投賄李化龍家，會劉綖使為化龍父所麾，璘使走，化龍疏於朝，綖獲罪，璘獨免。後兵部尚書田樂推璘鎮貴州，給事中洪瞻祖遂劾璘營求，帝以璘東西積戰功，卒如樂議。貴東、西二路苗曰仲家苗，盤據貴、龍、平、新間，為諸苗巨魁；在水銀山介銅仁、思、石者曰山苗，紅苗之羽翼也。自平播後，貴州物力大屈，苗益生心，剽掠無虛日。三十三年冬，巡撫郭子章請於朝。明年四月，令璘軍萬人攻水硍，游擊劉岳督宣慰安疆臣兵萬人攻西路，并克之。乃令璘移新添，獨攻東路，復克之，生獲酋十二人，斬首三千餘級，招降者萬三千餘人，部內遂靖。改鎮廣西，卒官。先叙平播功，加左都督，世蔭指揮使。既卒，以平苗功贈太子太保，再蔭百户。《遵義志》。

李應祥，湖廣九溪衛人。以武生從軍積功，萬曆十三年為四川總兵官，屢加都督同知。二十八年，大征播州，貴州總兵官童元鎮逗遛，總督李化龍劾之，薦應祥代。時分兵八道，貴州分烏江、興隆二道，詔元鎮充為事官，由烏江入，應祥由興隆入，諸道克二月望進兵。應祥未受事，副將陳寅等已連克數囤，拒賊四牌高囤下，別遣兵從間道直搗龍水囤。他將蔡兆吉又自乾坪抵箐岡,過四牌。賊首謝朝俸營其地,四面峭壁深箐,前二關賊從高鼓譟,官軍殊死戰,俘朝俸妻子,乘勢抵河畔,會烏江敗書聞,歛兵不進者旬日。及應祥受任,益趣諸將急渡,寅等乃取他道渡河,而潛爲浮橋以濟師。諸軍渡,賊失險,乞降者相繼,應祥悉受之。賊所恃止黃灘一關,壁立,衆死守。會賊徒石勝俸等率衆萬餘人降,告曰:"去黃灘三十里有三關,入播門戶也,先襲破之,則黃灘孤,難守。"應祥然其計,令偕陳寅率精兵四千夜抵關下,勝俸以數十騎誘開門,殲其戍卒。黃灘賊懼,寅督諸將渡河攻關前,勝俸由墳林暗渡襲關後,賊乃大敗。應祥直抵海龍囤,合諸道兵共滅楊應龍。播既平,還鎮銅仁。明年改鎮四川。播遺賊吳洪、盧文秀等惡有司法嚴,而遵義知縣蕭鳴世失衆心,洪等遂稱應龍有子,聚衆爲亂。應祥偕副使傅光宅捕之,盡獲。應祥尋卒於官,以平播功贈左都督,世蔭千戶。應祥爲將,謀勇兼資,所至奏績,平蜀三大寇,功最多。《遵義志》。

童元鎮,桂林右衛人。萬曆中爲指揮,屢遷游擊將軍,歷永寧、潯梧參將,進副總兵,擢署都督僉事,爲廣西總兵官,移鎮貴州。二十八年,李化龍大征楊應龍,令元鎮督永順、鎮雄、泗城諸土軍由烏江進。元鎮憚應龍,久駐銅仁不進,屢趣乃行。時劉綎、吳廣諸軍已進,群賊議分兵守,其黨孫時泰曰:"兵分則力薄,乘官軍未集,先破其弱者,餘自退矣。"應龍善之。聞元鎮發烏江,應龍喜曰:"此易與耳,縱之渡江,密以計取。"監軍按察使楊寅秋言:"烏江去播不遠,宜俟諸道深入與俱進。"元鎮不從。於是,永順兵先奪烏江,賊遣千餘人沿江叫罵以誘之。諸軍既濟,復奪老君關,前哨參將謝從爵乘勢督泗城及水西兵再拔河渡關。

三月望,賊以步騎數千先衝水西軍,軍中驅象出戰,賊多傷。俄,駕象者斃,象反走,擲火器者又誤擊己營,陣亂。泗城兵先走,崇爵亦走,爭浮橋,橋斷,溺死者數千人。河渡既敗,烏江相去六十里,猶未知。明日,參將楊顯發永順兵三百出哨,道遇賊數萬,咸爲水西裝,永順兵不之疑,賊掩殺三百人,亦襲其裝,直趨烏江,烏江軍信爲永順軍,不設備,遂爲賊所破,爭先渡江。賊先斷浮橋,士卒多溺死,顯及二子與焉。元鎮所部三萬人不存什一,將校止崇爵等三人,江水爲不流。貴陽聞警,居民盡避入城,遠近震動。化龍用上方劍斬崇爵,益徵兵,檄鎮雄土官隴澄邀賊歸路。隴澄者,即安堯臣,水西安疆臣弟也。軍不與元鎮合,獨全,當事頗疑其通賊。寅秋以鎮雄去播止二日,令搗巢立效,澄許之。河渡未敗時,澄已遣部將劉岳、王嘉猷攻拔苦竹關及半壩嶺;暨敗,二將移新站,賊伏兵大水田,別以五千人來襲,敗還。嘉猷乃揚聲搗大水田,而潛以一軍拔大夫關,直抵馬坎,斷賊歸路,與疆臣合,賊遂遁。會都指揮徐成將兵至,合泗城土官岑紹勛兵,再克河渡關。賊將張守欽、袁五受據長箐萬丈林,永順兵擊破之,生禽守欽,攻清潭洞,復擒五受。會朝議責元鎮敗狀,令李應祥并將其軍,遂合水西、鎮雄諸部,直抵海龍囤,竟滅賊。兵初興,元鎮坐逗遛,謫爲事官,及是逮至京下吏,罪當死,法司援前岑溪功,謫戍烟瘴,遇赦。廣西巡撫戴燿爲請,部議不許,竟卒於戍所。《遵義志》。

彭元錦,字衷白,永順土官。萬曆十五年,播州叛,奉檄征剿乾溪等關,進攻海龍屯,斬馘甚衆,加飛魚服,授湖廣都指揮使。《湖南志》。

楊顯,湖南沅州衛人,爲本衛指揮。萬曆二十八年,調征播州楊應龍,進破老君關,力戰,死之。事聞,贈都督僉事。《湖南志》。

張澍,字雨亭,湖南澧州人,襲守禦千户。少習韜略,舉武鄉試。萬曆中,楊應龍叛,澍督師進剿,斬馘千餘,監紀上其功,擢都指揮使。《湖南志》。

陳乙,湖南安福所人。以九溪衛指揮授灄陽守備。萬曆中從軍征楊應龍,戰死。《湖南志》。

黃文焕,字象斗,湖南湘鄉人。萬曆間武舉,從將軍劉綎征播,陣殁,敕旌其門。《湖南志》。

徐大鵬,字翔雲,龍游縣人。少負膂力,麻貴劉綎將兵征倭,荷戟從之。渡海累戰,悉捷。播酋楊應龍反,綎往討之,以大鵬爲前驅,直入婁山,平其地。後討鄭芝龍,授總兵。崇禎己巳,上書云:"兵部尚書張鳳翼誤國,首輔温體仁黨護之罪。"遣戍榆林。赦歸,年九十四。《浙江志》。

李楷,指揮使。始播發難時,皮林苗嘗助逆,結連他寨講營陣,攻破永從縣,毀城郭廬舍,殺官吏,劫獄囚去。萬曆二十八年,沅撫江鐸廉楷智勇,請授楷剿事。會楷征播還,自謂當便道掃除,不煩專兵。其明年破之,諸洞悉平。《黎平訪册》。

——(民國)《貴州通志》之《宦迹志八》,載《中國地方志集成·貴州府縣志輯》,第9册,281~283頁

劉冠南,字文光,廬陵人,以舉人釋褐。萬曆二十八年,累官貴陽知府。時播州叛亂,貴陽戒嚴,前知府張文奇新升左參議,與冠南及貴陽同知徐庭綬共佐巡撫郭子章籌兵措餉,著有勞績。及播州平,又偕庭綬重修鐘鼓樓。貴州養濟院舊在行都察院之東,雜處於縉紳宅舍之間,而牧馬院在都司傍,居貴陽府後,樵牧束芻弗便,馬日瘠,而丐日爲士大夫僕隸所驅憎,子章及巡按宋興祖檄冠南、庭綬遷之。冠南、庭綬乃市隙地於北門外演武場西,合爲大院,半居丐者半爲廐,總名之曰養牧所,而立一堂以爲有司臨蒞之處曰胞與堂。院成,牧者、丐者俱便,馬日益蕃息肥盛。二十九年,擢貴州副使,管平越府事。《貴陽志》。

按:黃平、甕安兩《志》皆載冠南知平越府時修黃平、湄潭、餘慶、甕安四縣城,相度詳明,在官政刑寬簡,興學育材,撫字民生,爲開創初良守。

——(民國)《貴州通志》之《宦迹志九》,載《中國地方志集成·貴州府縣志輯》,第9册,第288頁

傳光宅,山東聊城人,進士。萬曆中,以御史左遷,歷工部郎,知重慶府。時播賊猖

獗,總制李化龍駐渝城,宅督理戎馬、軍糧有方略,平播之功,贊化爲多。後遵義府缺,當事者趣入視事,安輯夏彝,招撫流移,吊忠義,瘞遺骨,周貧困,恤瘝瘵,振學禮神,視礼重慶尤加虔愍。尋授遵義道,復改督學,爲忌者所中,歸卒。《遵義府志》。

孫敏政,湖廣興國人,舉人。萬曆中,以重慶府同知承檄入播,凡善後事多藉理焉。監督丈量,身親阡陌,經理賦役,悉心計畫,務求妥便,不苟且塞責,尤爲百世利賴。尋升遵義知府,絶苞苴,禁饋獻,嚴搆訟,鋤豪猾,振疾苦,恤灾祲。《遵義府志》。

郭維屏,雲南昆明人。萬曆乙酉舉人,以從軍平播功授播州知州。時方改土設流,一切制度悉維屏經始,後晉知府,州人懷德畏威,久而弗替。《雲南志》。

周作樂,昆明人。萬曆壬午舉人,二十七年,播賊躪綦江,攝縣事,畫平酉諸策,當事稱善。旋即開拓新疆,添設郡縣,百務蝟集,凡諸善後事宜,罔不貼妥。天子下璽書加勞,賜黃金、彩幣以酬勛伐。三十四年,升遵義府,所至以誠感人,遵人化之。母老,乞歸,遂不仕。《遵義府志》。

——(民國)《貴州通志》之《宦迹志九》,載《中國地方志集成·貴州府縣志輯》,第9冊,290~291頁

詹淑,字士善,麻城人,萬曆間舉人。平播後知綏陽縣,建城設學,撫字招徠,編里甲,定賦役,葺衙署,成志藥,大綱畢舉,邑人建祠祀之。

況上進《創建綏陽縣記》按:播州,禹貢梁州之境,天文井鬼分野,東西廣一千二百二十里,南北袤一千八十里。秦爲夜郎,唐貞觀初爲播州,隸黔中。宋大中,楊文貴以其地內附,建遵義軍,東北五百里爲綏陽縣正安州。太祖高皇帝迅掃寰區,改爲播州宣慰司,領長官司六,安撫司二。萬曆戊午,酋應龍作梗,天厭酋惡,天子詔中外六軍討而蕩平焉。割播地分黔、蜀,設府、路、州、縣如幅員,而蜀分綏陽,治沿前地各周廣一百五十里,距今所建遵義軍民府九十里,距成都府二千一百二十里。……《遵義府志》。

——(民國)《貴州通志》之《宦迹志九》,載《中國地方志集成·貴州府縣志輯》,第9冊,第292頁

楊漢英,楊賽英不花,初名漢英,字熙載,賽英不花賜名也。其先太原人。唐季,南詔陷播州,有楊端者,應募起,竟復播州,遂使領之。五代以來世襲其職。五傳至昭,無子,以族子貴遷嗣;又八傳至粲,粲生價,價生文,文生邦憲,皆仕宋,爲播州安撫使。至元十三年,宋亡,世祖詔諭之,邦憲奉版籍內附,授龍虎衛上將軍,紹慶、珍州、南平等處沿邊宣慰使、播州安撫使,卒,年四十三,贈推忠效順功臣、平章政事,追封播國公,謚"惠敏"。

漢英,邦憲子也,生五歲而父卒。二十二年,母田氏携至上京,見世祖於大安殿,帝呼至御榻前,熟視其眸子,撫其頂者久之,乃諭宰臣曰:"楊氏母子孤寡,萬里來庭,朕甚憫之。"遂命襲父職,錫金虎符,因賜名賽因不花。及陛辭,詔中書錫宴,賜金幣綵繒,賚其從者有差。二十五年,再入覲,時年十二,帝見其應對明敏,稱善者三。復因宰臣奏安邊

事,帝益嘉之。是年改安撫司爲宣撫司,授宣撫使,尋升侍衛親軍都指揮使。

成宗即位,賽因不花兩入見,贈謐二代。大德五年,宋隆濟及折〈蛇〉節等叛,詔湖廣行省平章劉二拔、都指揮使也先忽都魯率兵偕賽因不花討之。六年秋九月,師出播境,連與賊遇,破之。前駐蹉泥,賊騎猝至,賽因不花奮擊先進,大軍繼之,賊遂潰,乘勝逐北,殺獲不可勝計,遂降阿苴,下筆隴,望塵送款者相繼。七年正月,進屯暮窩,賊衆復合,又與戰於墨特川,大破之,折節懼,乞降,斬之。又擒斬陸濟等,西南夷悉平。八年,賽因不花復入見,進資德大夫。至大四年,加勛上護軍,詔許世襲。播南盧崩蠻內侵,詔賽因不花暨思州宣慰使田茂忠率兵討之,以疾卒於軍,年四十,贈推誠秉義功臣、銀青榮禄大夫、平章政事、柱國,追封播國公,謐"忠宣",子嘉貞嗣。《元史》本傳。

楊漢英,字熙載,其先太原人。唐季,南詔陷播州,有楊端者,以應募起,竟復播州,遂使領之。五傳至昭,無子,族子貴遷嗣。又十一傳至邦憲,世襲播州安撫使。宋授邦憲左金吾衛上將軍、安遠軍承宣使、牙牌節度使。宋亡,世祖遣使諭邦憲內附,邦憲捧詔三日哭,以播州、珍州、南平軍之地降。十五年入朝,拜龍虎衛上將軍,侍衛親軍都指揮使,紹慶、珍州、南平等處沿邊宣撫使、播州安撫使。十八年,遷宣慰使,卒,贈推忠劾順功臣、銀青光禄大夫、平章政事、柱國,追封播國公,謐"惠敏"。

漢英五歲而孤,二十二年,從其母田氏入朝,世祖摩其頂,諭執政曰:"是兒真國器,宜以父爵授之。"賜名賽因不花,授金虎符,拜龍虎衛上將軍,紹慶、珍州、南平等處沿邊宣慰使、播州安撫使,賜金繒、弓矢、鞍勒,封田氏爲貞順夫人。二十四年,漢英族衆搆亂,殺貞順夫人,漢英衰經〈縗絰〉入奏,詔捕賊,縛至成都斬之。二十七年,詔郡縣上計,漢英即括戶口租稅籍以進,世祖大悅,加管軍萬戶。二十八年入朝,奏罷順元宣慰司。是年升播州安撫司爲宣撫司,授漢英宣撫使。會羅甸宣慰使幹羅思誘播州、黃平諸寨,酋詐爲新闢屬地以獻,漢英奏復之,幹羅思患不勝,誣言舊有雄威、忠勝二軍,播州匿弗奏,漢英抗言納土時,二軍已隸別籍。御史臺審覆上之,世祖令寢其事,俄拜侍衛親軍都指揮使。成宗即位,漢英三入朝。大德三年,奏改南詔驛道,分定雲以東地隸播州,西隸新部,減郡縣冗員,去屯丁糧三之一,民大便之。

四年,部蠻桑柘叛,湖廣行省議用兵,漢英言賊勢盛,宜招諭之,不聽。兵出無功,卒從漢英議,始相繼出降。五年,宋隆濟及蛇節等叛,漢英率民兵從行省平章劉二拔都等討之。六年秋九月,連與賊戰,敗之,進壁蹉泥,賊騎卒至,漢英先登陷陣,大軍乘之,賊遂潰,斬獲不可勝計,降宋阿苴,拔筆籠,望風送款者相繼。七年正月,大軍屯募窩,賊衆復合,漢英又敗賊於墨特川,蛇節懼,乞降,斬之。又擒斬隆濟等,西南夷遂平。以功進資德大夫,賜玉帶、金鞍、弓矢。仁宗即位,加上護軍,詔許世襲。延祐四年,黃平蠻劉奔及新部、黎魯等相繼叛,詔漢英撫定之,置戍而還。五年,盧崩蠻內侵,漢英與思州宣慰使田茂忠討之,以疾卒於軍,年四十。贈推誠秉義功臣、銀青光禄大夫、平章政事、柱國,追封播國公,謐"忠宣"。漢英究心濂、洛之學,爲詩文典雅有則,著《明哲要覽》九十卷,《桃溪內外集》六十卷,子嘉貞嗣。《新元史》本傳。

袁桷撰制:"資德大夫,紹慶、珍州、南平沿邊宣慰使,播州安撫使,侍衛親軍都指揮使,上護軍楊漢英,贈推忠效順功臣、銀青榮禄大夫、平章政事、柱國,封播國公,謐'忠宣':繼世立諸侯,審衆賢之有托。推恩保四海,在追遠以彌加。有懷藎臣,庸厚恤典。具官某,著德遐域,效誠先朝。聰敏得於襁抱之初,發諸天性;雅弱置於扈從之側,斷自宸衷。用能絶黨殊鄰,投戈納款;尺天寸地,負版奉閫。先國後己之慮深,尊丰庇民之績著。闓學效文翁之化,好賢師鄒武之風。雅量鎮浮,方橐弓而籋矢,澄懷昧道,時緩帶以輕裘。出門興折軸之悲,行纛應流星之兆。何以勸善,必也正名。循故瓆以加勛,衍圭田而封土。寧綏崇副相之貴,哀衣嚴辨章之稱。噫!忠孝傳家,于以顯昭事厥辟之實;殁存錫命,所宜推圖任舊人之終。精爽有知,欽承無斁。可!"

……

宋濂《楊氏家傳》:楊選,字簡夫,始立,檻二帝播遷,高宗南渡,慷慨負翼戴志,務農練兵,以待征調,士大夫趣之。嗜讀書,擇明師授子經,四方士有賢者輒厚幣羅致,歲以十百計。官至武經郎。生十有三子,軫、軾最良。

軫,字德輿,美鬚長身,狀貌瓌偉,剛果勇決,人服其能,嘗病舊堡隘陋,樂堡百二十里穆家川山水之佳,徙治之,是爲湘江。軫初鞠軾子粲爲後,晚生三子,以粲賢不易初議。尤愛軾,尋授軾堡政,獨築室萬泉以終。畜一虎,馴服,左右常駕以出游,人異之,官至秉義郎。軾,字德載,沈静寬厚,孝友,無閑言,留意藝文,蜀士來依者愈衆,結廬割田使安食之,由是蠻荒子弟多讀書攻文。官至成忠郎,累贈武節郎。

粲,字文卿,小字伯强,幼授《大學》,即掩卷歎曰:"此非一部行程歷乎?必涉歷之至,乃可爾。"長好鼓琴、投壺。開禧二年,蜀帥吳曦叛,帥師赴援,會曦誅,貢戰馬三百、黃白金鉅萬,且請因曦誅大舉北伐,以雪先恥,上優詔答焉。嘉定十二年,復輸馬三百。閩酋偉桂弑父自立,粲聲罪致討,敗其衆於滇池,斬首數千級,辟地七百里。性孝友,安儉素,治政寬簡,建學養士,崇儉約,辨賢佞,務平恕,公好惡,去奢華,謹刑罰,論者多之。楊氏居播十三傳至粲始大,官終武翼大夫,累贈右武大夫、吉州刺史、左衛大將軍、忠州防禦使,賜廟忠烈,封威毅侯。

子价,字善文,英偉沈毅,父殁,以郡政畀其子文,專志養母。端平中,北兵犯蜀,圍青野原,价移檄蜀閫請自效,制置使趙彥納以聞,詔帥家世自贍之兵五千戍夔口,圍解,价功居多,授雄威軍統制。未幾,復白錦堡爲播州,文領郡,价統兵如故。蜀警又急,詔以雄威軍戍虁峽,价分署所部屯瀘、渝間,遣奇兵擊東,捷多,遷武功大夫、閣門宣贊舍人。嘉熙初,制置使彭大雅鎮渝,檄价赴援,价督萬兵屯江南,通蜀聲勢,北兵不敢犯。孟珙宣撫荆湘、余玠制置西蜀,皆倚价爲重,上屢下詔褒美。一日大飯群僧,趺坐,誦佛書數語而終。价好學,善屬文。先是,設科取士未及播,价誦於朝,而歲貢士三人云。贈開府儀同三司,威武、寧武、忠正軍節度使,賜廟"忠顯",封威靈英烈侯。

文,字全斌。紹定中,北兵始入劍,文日閱壯勇爲備,蜀中避地者多歸之。嘉熙中,北兵窺江,彭大雅復來徵師,命裨將趙暹帥萬兵赴戰石洞峽,擊破之,以功轉武德郎、閣門祗候。父卒,詔起文視事,進武功大夫、閣門宣贊舍人。文移書余玠曰:"比年北師如蹈無人之境者,由不能禦敵於門户故也。曷移鎮利閬間,經理三關爲久駐謀,此上計也;今縱未能大舉,擇諸路要險,建城濠以爲根柢,此中計也;下則保江自守,縱敵去來耳;況西番部落已爲北所誘,勢必繞雪外以圖雲南,由雲南以并吞蠻部,矙邕廣,窺沅靖,則後門幹腹深可憂也。"玠偉其論,竟徇中計,後果如文言。淳祐八年,西帥俞興西征,發兵五千人與俱,大戰者三,皆捷,遷右衛大將軍。余玠北伐漢中，文命將趙寅會兵渝上，三次戰又捷。十二年，北兵圍漢嘉，文使總管田萬帥兵五千間道赴之，夜濟嘉江，屯萬山、必據二堡，萬以勁弩射之，敵不能支，遂却，加右武大夫。實祐二年，北兵由島蒙渡馬湖入宣化，宣撫使李曾伯來徵師，文遣弟大聲統兵行，大小九戰又捷，轉左武大夫。五年，北兵循雲南將入播，文馳奏，詔節度使呂文德偕文入閫，諭群酋內屬，大酋勃先領衆降。六年，拜親衛大夫，以解漁城圍，剪烏江寇，功加忠州團練使。景定間，劉雄飛、夏貴守蜀，復江安州，餉禮義山，戰懸壺平，而播兵爲多，進中亮大夫、和州防禦使、播州沿邊安撫使，爵播州伯，食邑七百戶，詔雄威軍加“御前”二字以寵異之，歲贈鹽、帛給邊用，著爲令。文留心文治，建孔子廟以勵國民，民從其化。卒於咸淳元年，贈金州觀察使，元贈榮禄大夫、同知樞密院事、柱國，追封播國公，謚“崇德”。

子邦憲，字仲武，倜儻好書史，善騎射，授成忠郎、雄威軍副都統，通管州事，累遷左金吾衛上將軍、安遠軍承宣使、牙牌節度使。至元十二年，宋亡，元世祖遣使者詔邦憲內附，邦憲捧詔三日哭，奉表以播州、珍州、南平三州之地降。十五年入朝，詔襲守如故，拜龍虎衛上將軍，侍衛親軍都指揮使，紹慶、珍州、南平等處沿邊宣撫使，播州管內安撫使。十八年，升宣慰使，累贈推忠効順功臣、銀青榮禄大夫、平章政事、柱國，追封播國公，謚“惠敏”。

子漢英，字熙載，五齡而孤。二十三年，其母貞順夫人田氏挈朝京師，世祖摩其頂，熟視良久，諭宰臣曰：“是兒真國器，宜以父爵錫之。”賜名賽因不花，授金虎符，龍虎衛上將軍，紹慶、珍州、南平等處沿邊宣慰使、播州軍民安撫使，贈金繒、弓矢、鞍勒遣歸。二十四年，族黨稱亂，殺貞順夫人，漢英衰経入奏，詔捕賊，至益州戮以徇。二十七年，詔郡縣上計，播州鄰境拒命，漢英即括戶口租稅籍進，世祖大悅，加播州等處管軍萬戶。二十八年入朝，奏罷順元宣慰司，升播州安撫司爲宣撫司，授漢英軍民宣撫使。會羅甸宣慰使幹羅思誘播下邑、黃平諸寨酋，詐爲新闢境土以獻，漢英奏復之。吳幹羅思志不勝，誣言舊有雄威、忠勝二軍，思、播匿弗奏，請籍征交州。漢英抗言納土時已隸別籍矣。御史臺審核，上之，詔寢其事，俄拜漢英侍衛親軍都指揮使。成宗即位，入朝者三。大德三年，奏改南詔驛道，分定雲以東地隸播，西隸新部，減郡縣冗員，去屯丁糧三之一，民大便之。四年，部蠻桑柘亂，湖廣行省議用兵，漢英言賊勢方盛，宜招諭之，不聽，出兵久無功，竟以漢英議，始相繼降。五年，右丞劉深討南詔，道出播，漢英輦運軍食無乏。六年，閩婦蛇節、宋隆濟叛，詔合湖廣、四川二省兵征之，命漢英以民兵從。甫出師，卒遇賊，漢英力戰，大軍繼之，降阿苴，拔笮籠，賊復合拒，竟大敗，縛蛇節，斬隆濟、阿女而平之，以功進資德大夫，賜玉帶、金鞍、弧矢。仁宗立，顧禮益厚，進勳上護軍，增賜金帛。延祐四年，黃平南蠻劉奔叛，新部黎魯亦嘯劫聚亂，詔漢英宣撫之，二賊降，置戍而還。漢英爲政，急教化，大治泮宮，南北士來歸者衆，皆量才用之。喜讀濂洛書，爲詩文尚體要，著《明哲要覽》九十卷、《桃溪內外集》八十卷。賜推誠秉義功臣、銀青榮禄大夫、平章政事、柱國，追封播國公，謚“忠宣”。《乾溪集》。

袁桷《播州宣撫楊資德挽詩》：掌武傳無敵，崇儀續上多。精忠書竹帛，英譽蓋山河。絶北驚遼海，投南鎮大河。襲封綱滿篋，錫誥錦成窠。皎皎明玕樹，亭亭碧玉柯。之無文褯認，宮羽短襦哦。魏帝奇何并，唐皇悅李過。幼成端有種，帝鑒之無額。玉帳龍韜秘，青箱鳳篆摩。教民風偃草，撫俗水旋渦。斥境嚴銅柱，征伐指鋏戈。雅游春結佩，小隊曉鳴珂。士飽歌於蒍，軍歡釃巨羅。追亡窮古㵎，濟勝極幽蘿。寸地歸王化，群蠻守詔科。細氊偉密纊，善馬敵名騀。客有依劉感，人傳嗣產歌。氣融汶嶺電，量納蜀江波。葛相功猶在，韋王事若何。雲仍賢莫比，君長禮無苛。閉戶時披褐，看山暫脫鞾。填詞鶯轉切，促軫雁聲楂。芝嶺圖空想，桃源境類訛。盛年真國器，妙質覓山阿。世德蟬聯備，家聲驥子峨。播川瀰震耀，峴石詎沉磨。

又《書楊安撫訓子詩後》：周魯公傳三十四世，夫子紀二百四十二年之行事所不忍言，是則伯禽以後爲無聞矣。家訓之嚴，莫盛于袁柳。若包孝肅、司馬文正廳諠儼在，至諸孫而靡傳。君子之澤五世而斬，夫豈徒言哉！播州楊忠宣公，其子錫爵，作詩訓示，韋玄成之。詩有曰："於戲後人，惟肅惟謹，無忝厥祖，以蕃漢室。"公之詩有焉。今宣撫君盛年執講問學，日積金玉，厥躬以承休譽，克昭乃顯祖，視魯公世家，實爲有光。尚免之哉，則忠宣公實不朽矣！

又《書姚牧庵贈播州楊安撫漢英樂府》：大德末年，楠以史屬預修《成宗實錄》，於時承旨姚先生實領史事，見其塗抹詳定，若不經意，而一受潤色，即燦然斑馬并，此殆其天資學力相需以成者。《思播楊侯朝覲本末》見於太史，先生執筆尤致意焉。惟昔楊侯以中原大族，世領夔州羈縻之州。當蜀破時，一時名士咸往依之，故其文獻承接的有原委，聚書訓子，益振起光榮。惟姚公不忘許與之心，是所謂立賢無方，則凡司文衡，取士類，于是有考。侯之子頤正君來都，溫慎儒雅，與之論前朝事，悉纏纏不絕。示姚公所贈《樂府》，因書以歸之。《清容居士集》。

張起岩《題楊宣慰雲南頌後》：揮戈如筆筆如刀，帥閫文場有此豪。絕域建功追定遠，明時獻頌效王褒。風雲慶會板鱗貴，竹帛光榮汗馬勞。更草新銘刻銅柱，不須辛苦作離騷。《華峰漫稿》。

按：元張起岩《華峰漫稿》有《題楊宣慰雲南頌后》詩一首，袁楠《清容集題跋》內有《書楊安撫訓子詩後》一篇，有《書姚牧菴題楊安撫樂府》一篇，漢英所作之雲南頌、訓子詩，想必在《桃谿集》內，其著作所以斐然可觀者，蓋宋亡時蜀中文士逃居於播者頗多，漢英又篤尚文學，禮接賢士，朝夕居處，濡染甚深，故兩集能如此宏富。觀此諸篇，知當時諸名人皆推許漢英甚至，而漢英之文武兼資，與名流酬酢贈答，一洗邊徼固陋顓蒙之習，溯播中文化之進行，不得不推漢英爲嚆矢也。

又按：牧菴所贈漢英《樂府》，今檢《牧菴集》未載。考《四庫提要》，牧菴著作宏富，後亦散亡，今《四庫》所存之三十六卷係由《永樂大典》搜集而得，故失載之詩文頗多，以牧菴負一代之重望，其集亦歸湮沒，若非《永樂大典》收錄，則所遺更屬寥寥，又何怪漢英所著之《明哲要覽》《桃溪內外集》今無一卷存在也。《續遵義府志》。

——(民國)《貴州通志》之《人物志一》，載《中國地方志集成·貴州府縣志輯》，第9冊，502～504頁

李時華，字芳麓，貴陽人，萬曆壬午鄉舉。歷官御史，峭直忠鯁，彈劾不避權貴，百僚震慄。按四川、河南、廣東漕運，多所興除，如創蜀闡規條，劾粵礦監恣肆，士民咸賴，擢太僕寺卿，告歸，天下想望風采。乾隆《通志》。萬曆二十八年……先是水西安萬銓挾據播州水煙、天旺地。平播，置遵義、平越二府，分屬川、貴，議遵義以渭河爲界，而命安疆臣歸昔侵地。巡撫郭子章以疆臣與有平播功，且許裂土，不宜奪故地。總督王象乾主畫渭還地，互訐奏，累年不決。芳麓疏謂："征播之役，水西不惟假道，又且助兵，刌失之土司，得之土司，播故輸糧，水亦納賦，不宜以土地之故，傷字小之仁。"尚書蕭大亨主芳麓奏，以地歸疆臣。四川科舉，弊竇滋甚，芳麓條上貢院事宜，皆施行。貴州新貴設縣，未有學，芳麓上平播善後事宜及之，下貴撫子章及巡按宋興祖、畢三才議，皆以爲便。三十一年八月，始設新貴縣及黃平州學，改普定、平越二衛學爲安順、平越二府學。清平孫尚書應鰲理學文章冠黔服，卒無子，芳麓誦言："謚得文恭，黔士乃益勵於正學。"《黔詩紀略》。

芳麓疏:"爲三省干戈幸戢,萬年計劃宜周,恭陳一二膚見以備善後采擇事。"内款開:一曰議增縣學。貴當開荒草創之初,經制未備。省城故無府,而有府自隆慶元年始;附郭故無州縣,而有州縣自近始。規模初定,已儼然省會之具體矣。惟是新貴有縣而無學,尚非全制。今播事蕩平,諸凡創建,煥然一新,獨令首善之地,有此缺典,可乎?謂宜增一縣學。官不必添,取諸府、司二學改授一員;廩不必設,取諸府、司二學,各撥十名;廟不必建,府學原與司學共,近方改於城外,則縣學仍府學舊制可也。教官衙舍俱全,一轉移間而規制自大定矣。此非臣一人之私言也,地方先後撫按諸臣皆有此念,獨以加廩之難,又不欲割府司之所有,以是中攔耳。今播已剿平,何難處此廩餼? 應行撫按酌議,詳細具奏"云云。芳麓奏議甚多,惟見此條,猶非此疏之全,惜哉!《黔詩紀略》。

——(民國)《貴州通志》之《人物志二》,載《中國地方志集成·貴州府縣志輯》,第 9 册,第 517 頁

龔萬禄,貴州人。目不知書,有胆志,膂力過人。從劉綎征楊應龍,先登海龍囤,署守備,戍建武所。……《罪惟録》本傳。

——(民國)《貴州通志》之《人物志二》,載《中國地方志集成·貴州府縣志輯》,第 9 册,519~520 頁

張燭,桐梓人,授松坎安撫司。萬曆二十八年,楊應龍反,公奉川督李化龍调赴重慶,從總兵官劉綎由懷陽、楠木山、羊簡台攻穆昭等賊,克九盤,破七陣,至賊前門婁山關。適應龍子朝棟擁苗兵悉鋭至,公陷陣,戰殁,全家殲焉。遺一子承化,僅十歲,由黔撫張鶴鳴撫養成立,迄今猶子繁孫茂云。《訪册》。

袁壆,仁懷人,副總兵袁鑑弟也。……兄鑑,萬曆中討播時爲楊酋下赤水里頭目,與上赤水里父遭酷禍之袁年并不爲之用,首獻地歸誠,率家屬從征。事平,年授鎮撫,婆冠帶總旗。尋以播江内諸司置遵義府,於府西置衛,曰"威遠",以羅氏、袁氏爲衛官,壆爲衛指揮僉事,曾游擊。《黔詩紀略》。

——(民國)《貴州通志》之《人物志四》,載《中國地方志集成·貴州府縣志輯》,第 9 册,613~614 頁

劉宗仁,百户;夏時、董邦仁,皆軍人。三人均萬曆中守東坡營,拒敵死義者。先是,播酋楊應龍爲逆,糾九股苗窺興隆,宗仁等募兵戍東坡以扼之,力竭戰死,而衛城因其時完守備,卒賴以全。事平,郭撫軍子章、梁少參將銓檄守牧建祠祀之。

——(民國)《貴州通志》之《人物志四》,載《中國地方志集成·貴州府縣志輯》,第 9 册,第 617 頁

賈安國,平越衛指揮。萬曆年間,播州楊應龍叛,安國率領軍士百餘人大戰於龍坡坉,陣歿。巡撫郭子章題祀忠勳祠。

宋鷟,草塘安撫司副使。萬曆二十四年,楊應龍叛,擾草塘、乾坪堡等處,鷟與戰於洪頭堡,陣亡。宋鷟,草塘安撫司鷟胞弟,亦於萬曆二十八年,戰死乾溪堡。均《甕安縣志》。

——(民國)《貴州通志》之《人物志四》,載《中國地方志集成·貴州府縣志輯》,第9冊,第618頁

周懋德,都平司正長官。萬曆庚子,奉調征播,運糧有功。天啓壬戌,隨撫院進剿水西安邦彥,血戰陣亡,從祀省城忠臣祠。《忠州府志》。

——(民國)《貴州通志》之《人物志四》,載《中國地方志集成·貴州府縣志輯》,第9冊,第619頁

楊正東,遵義人。萬曆時,楊應龍阻兵淫虐,正東糾被害者赴京告變。適楊應龍贖罪歸,仇殺奏己者,正東弃家潛逃,僅以身免。乾隆《通志》。

王其質,遵義人。明正統間,有王壽卿者,山西陽曲人,由雲南按察遷四川右藩,道播州,病殂,子瑛葬之播,遂家焉。楊氏聘瑛爲師,嗣補播州儒學。

孫世昌,爲楊氏總把官。世昌子晟繼之,楊氏請於部,給冠帶管事。晟生材,材貌俊偉,秀鬚眉,人以"王梓潼"呼之,襲冠帶總把官。性溫才敏,能決疑獄,時有"問事無過王總把"之謠。楊應龍以江外司屬未盡馴化,以材爲提調湄、甕五里、八排地方總管,兼制兩司長官,任事八年,上下恬協。

材生其質,其質睹應龍之虐,屢召用,不就。遂與七大姓謀,訐奏應龍凶逆狀,先挈族避匿龍里,以議覆勘,未果。後其質兩赴京申奏,奉旨於重慶與應龍對勘。兄其斌當會鞫時,指髮裂眦,手捶應龍而歷數其罪狀,兩院壯其氣俠之至。萬曆戊戌,剿議定。庚子春,楚將陳璘由湄、龍路進師,其質以湄、甕地舊屬提調,至軍前獻策。璘令率所管把目土兵爲鄉導,進三渡關,克青蛇寨,戰敗楊珠,同被海龍坉。六月,播平,叙功擬授官。其質辭曰:"向者,一夫播虐,某等陳籲當宁,九死一生,情非得已。今幸天威掃除,某獲保首領,攜妻兒還鄉間,葺理荒業,死瞑目矣,更敢希榮寵乎!"遂歸休老。適黔、蜀争渭河,楊相贖尸地界。總制王象乾召知根播民詢決,其質趨綦江,至東溪卒。兄其斌,工詩,晚年肆志林泉,日與二三耆舊觴詠自適,自號"秀峰布衣",卒年七十。

——(民國)《貴州通志》之《人物志四》,載《中國地方志集成·貴州府縣志輯》,第9冊,第627頁

宗世臣,甕安草塘安撫世孝從弟。慷慨好義,常傾資佐人急。時播酉楊應龍方橫,所

屬諸民苗咸被其毒，世臣與黃平、何思、羅承恩謀發其僭逆狀。會應龍妻張氏爲妾讒殺，其叔時照欲爲鳴冤，世臣遂資之入都上變事。雖命勘，而黔蜀异議，撫剿迄無定局，應龍反，詗執世臣等於偏橋，囚之。播平，乃得釋。然始發逆謀者，世臣力也。《平越州志》。

——（民國）《貴州通志》之《人物志四》，載《中國地方志集成·貴州府縣志輯》，第 9 册，633 ～ 634 頁

黃宇，號禮門，平壩人。萬曆丙子舉人，歷廣南守。好古力行，學者稱爲禮門先生。乾隆《通志》。宇由舉人選雲南呈貢知縣，累官廣西、潯州知府。所至培養士氣，移風易俗。銜命册封安南國王，周旋中節，安南君臣益服上國有人。回籍後，適播州楊應龍反，銜命監雲南、廣西兵，討平之。雲南思宗、羅平士民請准崇祀名宦，黔撫郭子章題准崇祀本邑鄉賢，建有中憲坊。《平壩廢志》引舊《志》。宇，貴州舉人，崇禎間知羅平州事，築城垣、興學校、除害民之政，厥功甚著。《羅平州志》。

——（民國）《貴州通志》之《人物志四》，載《中國地方志集成·貴州府縣志輯》，第 10 册，第 14 頁

馮裕，郡貢生。嘉靖十一年，任山東青州府臨朐縣知縣。愛民如子，執法如山。時播命督芒部餉，挽之有濟。《訪册》。

——（民國）《貴州通志》之《人物志四》，載《中國地方志集成·貴州府縣志輯》，第 10 册，第 22 頁

猶士原，其先長安人，世爲播州土司，遂爲甕安人。至士原尤善撫民彝，宣慰楊鑑亦敬信之。洪武定鼎，贊綏奉朝命。十七年二月二日，帝賜之敕曰：“自古帝王之治天下，遠人慕義，則爵賞以榮之；其頑慢不率，則兵刑以殄之；所以勸善懲惡，遐邇咸安也。爾猶士原，世守夷甸，當朕統一之初，克贊宣慰楊鑑，遵我聲教，撫安人民，已有年矣。今特授承直郎播州宣慰使司蠻夷長官。嗚呼！惟誠可以事上，惟信可以守土，惟敬可以宣化，惟仁可以撫衆，往慎乃職，以稱朕意。欽哉！”旋以征蠻功進秩安撫。

——（民國）《貴州通志》之《人物志四》，載《中國地方志集成·貴州府縣志輯》，第 10 册，25 ～ 26 頁

宋韜，世爲草塘安撫司，骨鯁有節概。成化中，播州宣慰楊輝驕縱，諸長官率唯諾，張淵尤阿順之。輝溺庶子友，欲廢嫡子愛，使友承襲。韜獨持大義，不可，事遂寢。《平越州志》。

——（民國）《貴州通志》之《人物志四》，載《中國地方志集成·貴州府縣志輯》，第 10 册，第 26 頁

越昇,字朝陽,貴州宣慰司人。博學能文,尤長於詩。以經明行修舉,授播州宣慰司儒學訓導,卒官。《圖經》。昇,宣德間以經明行修召,將授館職,會播州宣慰司求明經師化夷,遂授昇播州司訓導,卒。康熙《通志》。

——(民國)《貴州通志》之《人物志四》,載《中國地方志集成·貴州府縣志輯》,第10册,第30頁

朱鷹徵,字蕢圍,甕安人。少敏悟,十歲能文。神宗朝,甕安未設學,應試者附黃平,另立案册,無定額,廩額止七名。鷹徵成童入學,逾年即食餼。天啓辛酉,與葉應甲同登鄉薦,未弱冠也。早卒,未仕,詩文亦散佚,人皆惜之。

葉應甲《朱孝廉墓志銘》:孝廉,諱應徵,字蕢圍,貴州平越府甕安縣人。邑舊屬草塘、甕安二土司地,隸播州楊氏。自平播後,中州吳越楚蜀之士來家於此已久,絃誦成風,而縣未設學。學者附黃平州試。

——(民國)《貴州通志》之《人物志四》,載《中國地方志集成·貴州府縣志輯》,第10册,36～37頁

安泰階,大定人。年十餘,襲宣慰使世職。楊應龍叛,隨官軍討之,有功。其他諸役,亦屢著戰績。萬曆九年卒,年二十有八,無子,弟承襲。《安氏譜》。

——(民國)《貴州通志》之《人物志四》,載《中國地方志集成·貴州府縣志輯》,第10册,42～43頁

袁鑒,仁懷人。以隨征楊應龍功,官游擊。《遵義府志》。

……

周世禄,萬曆丙午科武舉,官至總兵。劉綎《揭子》言:"調兵出關,應援有云如漢官周世禄。"現任守備,管黎雅游擊事,係職舊役。曾任遼陽大凌河備禦,亦知敵情,況職建南班師,曾以黑老虎、阿脊等三百付彼,可調來庶用。令隨帶蠻裝軍兵數百,及泥頭一帶,束元等歸順夷兵挑選三五百名,并帶其部下兵壯一二千或三千四五百,務要精選。命大河指揮李日明同押,星夜前來。職迴環心計,此一枝兵尤堪克敵,非漫言也。但其人惡動喜靜,兼世禄原係播人,恐懷土重遷。乞命彼省撫按,嚴責速赴,毋得千計推托。《遵義府志》。

——(民國)《貴州通志》之《人物志四》,載《中國地方志集成·貴州府縣志輯》,第10册,第44頁

錢鳳翔,正德中年王守仁過偏,翔方幼,慕其學,執贄請爲弟子,守仁深器之。嘉靖年

間,襲指揮世職。招撫播州叛苗吳平章、老木皮等三千二百八十餘名,推升洞庭守備轉福建都司。隆慶二年,升廣西潯梧參將。征府江東崖,克破古摺、黃河、濡洞等地,加升都督,其子中選由諸生襲職,萬曆年間,升雲南都司,以材幹聞,旋衛養疾。郭子章題補貴州都司,坐鎮石阡,保障無虞。後又委開本衛諸葛洞,勤勞備著。《鎮遠府志》。

……

李朝陽,字鳳臺。黃平守禦所千戶。萬曆中討播,以草塘軍圍鐵柱關,攻海龍囤,功多,升指揮使。調守備迤西,子喬襲。《黔詩紀略》。

——(民國)《貴州通志》之《人物志四》,載《中國地方志集成·貴州府縣志輯》,第10冊,第45頁

何敏樹,郡人。放浪山水,寄情詩歌,飄然有出世之致落,著《滄浪孺子集》。乾隆《通志》。敏樹,播州長官司人,當正德中,楊氏名欲興文,實忌州人有學,敏樹警敏能詩,恐觸其忌,浪迹山水以終。著有《滄浪童子集》,今無傳。《黔詩紀略》。

——(民國)《貴州通志》之《人物志四》,載《中國地方志集成·貴州府縣志輯》,第10冊,第48頁

魯一冲,住仙源洞修真。楊應龍播逆,修醮於海龍囤,以利劍鍔逼令道士手緊握而不斷者爲有道行,乃不殺。冲聞而往,握之,鋒悉捲,遂延爲法師,尋遁去。《綦江縣志》。

——(民國)《貴州通志》之《人物志七》,載《中國地方志集成·貴州府縣志輯》,第10冊,第391頁

楊氏女,播州人。宋宣和畫院待詔黃宗道有《播州楊氏奪昆侖關圖》。按《圖繪寶鑑》,宗道,京師人,工蕃馬人物圖,爲元魯國大長公主所寶弄,當時必盛稱其事,故爲圖以象之。皇祐中,廣源州蠻儂智高反,陷邕州,又破沿江九州,圍廣州,嶺外騷動。馬軍副都指揮使狄青上表請行。比入對,自言:"從起行伍,非戰伐無以報國,願得蕃落騎數百,益以禁兵,羈賊首致闕下。"帝壯其言。《宋史·狄青傳》。事下武功大夫楊貴遷曰:"通夜郎,浮牂牁,出不意擊之,漢制南粵之奇策也。吾當報國以自效。"即如瀘,次南川,得暴疾還,《明史·土司傳》。氏領其眾以從。按:貴遷還,遇刺死,其眾未必俱遷,其率誰氏,史審闕文,以圖揆之,必氏也。五年正月,會師賓州,青以一晝夜絕昆侖關,歸仁舖。智高悉眾來拒,執大盾、標槍,衣絳衣,望之如火,陣稍却。青起,麾蕃落騎兵,張左右翼出其後交擊,左者右,右者左。已而,左者復左,右者復右。其眾不知所爲,大敗,走邕州,夜焚城遁。宣和畫院待詔黃宗道圖其事。《宋史·蠻夷傳》。元翰林侍講學士袁桷有詩紀之,曰:"長頭黑髮垂玄雲,矯矯馬首雙手分。雕弓寶刀左右挾,欲領鐵騎趨昆侖。前關濤涌如壞牆,後寨百溜奔溪篁。群蠻簇脣爭叫囂,云是楊

家女子功最高。旋如長蛇轉空洞，快若俊馬凌風飄。還家膏沐帶簪珥，父母見之眼垂泪。君不閑木蘭女兒着金鎧，年少從軍顏不改。一朝服役歸故鄉，樂府相傳至今在。"《清容集》。

田氏，播國公楊邦憲妻。邦憲歿時，子漢英年僅五歲。至元二十二年，田氏挈漢英朝京師，見世祖於大安閣。世祖諭宰臣曰："楊氏母子孤寡來庭，朕其愍之。"賜漢英名賽因不花，錫以父爵。事詳《漢英傳》。封田氏爲貞順夫人。二十四年，族黨搆亂被殺，漢英衰絰入奏，詔捕賊至益州，戮以狗。參《元史》《清容集》。

田氏，播國公楊漢英妻，封遵郡夫人，加播國太夫人。元袁桷《清容居士集》：資德大夫，紹慶、珍州、南平沿邊宣慰使，播州安撫使，侍衛清〈親〉軍都指揮使，上護軍，贈推忠效順功臣銀青榮祿大夫、平章政事、柱國，封播國公，謚忠宣。楊漢英妻，遵義郡夫人，加播國太夫人。田氏外制：婦人中饋，歌采蘋則謹其承先；大夫遠行，誦殷雷則審其勸義。禮有準則，行無過逾。其官某妻田氏，嬪高門之助庸，受外氏之經籍，曹大家之女誡，奉上克謙；魏夫人之僊書，教兒能學。念王事靡鹽之際，知女子有行之宜。夙夜傅恭，寒暑循度。噫！從夫以貴，今已位於小君；勉子惟忠，益有光於先正。茂膺异渥，式介長年。可。按：明初，奢香入覲，誠有開通龍場九驛之功，蓋效田夫人之行也。

——（民國）《貴州通志》之《列女志一》，載《中國地方志集成·貴州府縣志輯》，第10冊，第417頁

《黔中止棺記》一卷、《南三征記》一卷、《黔中平播始末》三卷，明郭子章撰。《明史·藝文志》。

《四庫存目提要》：《平播始末》三卷，明郭子章撰。萬曆間，播州宣慰使楊應龍叛，子章乃巡撫貴州，被命與李化龍同討平之。化龍有《平播全書》，備錄前後進剿機宜，子章亦嘗有《黔記》，頗載其事。晚年退休家居，聞一二武弁造作《平話》，左袒化龍，飾張功績，多乖事實，乃仿紀事本末之例，以諸奏疏稍加詮次，復爲此書，以辨其誣。

按：子章，泰和人，《宦績志》有傳。《平播始末》，《千頃堂書目》作二卷。

《平播錄》五卷，明楊寅秋撰。《明史·藝文志》。

按：寅秋，泰和人，《宦迹志》有傳。是書紀萬曆中討播之役，寅秋監黔、蜀兵平賊事。是役寅秋功爲最，後以勞卒於官，郭子章爲請恤，立祠勛祠以祀之。

《平播全書》十五卷，明李化龍撰。《明史·藝文志》。

《四庫存目提要》：播州楊氏，處唐乾符中據有其地，歷二十九世，八百餘年。萬曆初，楊應龍爲宣慰使，恃險作亂，詔起化龍巡撫四川，尋進總督四川、湖廣、貴州軍務，進討平之，以其地置遵義、平越二府。

——（民國）《貴州通志》之《藝文志四》，載《中國地方志集成·貴州府縣志輯》，第10冊，535～536頁

漢尹珍講堂。唐廣明元年七月六日,播州司户崔礽立。按:碑在綏陽縣旺草里。明萬曆甲辰,知縣詹淑修公署掘地得之,仍建講堂,立舊石而爲之銘。《遵義府志》。在旺草里。唐廣明中,建明知縣詹淑重修。今圮。《采册》在旺里金竹岡,後移旺草場側。《綏陽志》。按:《詹淑講堂銘序》云"萬曆甲辰秋,余修旺草公署,掘地得碑,題曰'漢尹珍講堂,唐廣明元年七月六日播州司户崔礽立'。西南人向學,蓋自珍始。唐人標其遺迹,必有所據。廣明距今六百年,講堂不知圮於何代,爰即公所爲講堂,仍立唐人故石而爲之銘"云云。考:平播後置綏陽,其城池公署即今縣治中間,并無遷徙。

———(民國)《貴州通志》之《金石志一》,載《中國地方志集成·貴州府縣志輯》,第11册,第88頁

銅佛像,未見。

按:《明統志》:像在宣慰司佛光寺内。據《楊氏先德廟碑》,其先有名選者,獵於荒莽中,見一岩人物,從獵者疑爲怪,白其事。選遣人往視,則風雷暴至不可邇。選自往,風雷如初,有僧進曰:"古像靈异,必齋戒誠敬乃可。"如其言而往,獲睹其像,乃徙於觀音院,今徙於本寺。考:明宣慰司治即今府治,像存亡未詳。《遵義府志》。

———(民國)《貴州通志》之《金石志一》,載《中國地方志集成·貴州府縣志輯》,第11册,第94頁

按:《明統志》云:"宋忠烈公楊燦以十訓刻石示子孫,曰'如能順從,則世享福壽'"。《貴州通志》云:"碑在白錦堡。"《潛溪集》云:"粲作家訓十條,曰'盡臣節,隆孝道,守箕裘,保疆土,從儉約,辨賢佞,務平恕,公好惡,去奢華,謹刑罰'。"《遵義府志》。

粲,嘉定時人。同上。

虎峰山銅佛像,存,在桐梓縣虎峰。

按:像在桐梓縣虎峰之崇德廟中,楊价所鑄。《遵義府志》。

———(民國)《貴州通志》之《金石志一》,載《中國地方志集成·貴州府縣志輯》,第11册,第96頁

楊忠宣公神道碑銘,佚。據袁桷《清容集》:資德大夫,紹慶、珍州、南平沿邊宣慰使,播州安撫使,侍衛親軍都指揮使,上護軍,追贈推忠效順功臣、銀青榮禄大夫、平章政事、柱國,封播國公,謚"忠宣"。公神道碑銘,袁桷譔。

按:碑銘原文見《人物志》。

———(民國)《貴州通志》之《金石志一》,載《中國地方志集成·貴州府縣志輯》,第11册,第98頁

海龍岡。《明史·李化龍傳》:"海龍於諸險中爲最。"《方輿紀要》:"在今府城北三

十里。四面斗絶,後有側徑,僅容一線,應龍依爲天險。"《遵義府志》。

按:海龍在府城北四十里龍岩山東。一帶孤懸,群山囷結,左右環溪,陰深峻險,舊名龍岩囷。父老言楊逆據此時曾堰海龍壩之水,使環囷下,自宣慰司至囷二十里外即乘舟而往,未知然否。其囷播平後兵備道傅光宅即其上建海潮寺。同上。

——(民國)《貴州通志》之《古迹志五》,載《中國地方志集成·貴州府縣志輯》,第11册,第184頁

桃溪莊。《方輿紀要》:"萬曆中,水西安疆臣討楊應龍由西路沙溪、馬站、石壁、花毛田而進,奪落濛關,至大小田,焚桃溪莊,逼近播州,賊勢遂窘。"

按:桃溪莊在今桃溪上源,所稱上莊、下莊,是楊氏別業也。石壁即今之石鼻莊,在府西一百里。落濛關即今樂民城,在府西五十五里。花毛田在府西八十里。大水田在府西三十里。《明史·童元鎮傳》:賊伏兵大水田,此皆水西由沙溪入播所經地,在城之西南三十里,惟上水關湍水最急,步行與乘輿均險甚,過此則風景極佳也。山重水復,樵徑幽邃,游人罕至。光緒戊申,知府袁玉錫建崇樓,掘荷池。己酉,邑舉人劉式穀復建石橋於上流,於是桃溪之游客日盛。《訪册》。

——(民國)《貴州通志》之《古迹志五》,載《中國地方志集成·貴州府縣志輯》,第11册,第185頁

福光寺。在府城。《明統志》:"銅佛像在宣慰司福光寺內。"

按:《楊氏宣德廟碑》:"其先有名選者,獵於荒榛中,見古佛像,齋戒徙於觀音院,今徙本寺。"《清統志》。考:明宣慰司治即今府治,像存亡未詳。《遵義府志》。按:《通志》稱"佛光寺",《遵義志》同。

——(民國)《貴州通志》之《古迹志五》,載《中國地方志集成·貴州府縣志輯》,第11册,第186頁

雷音寺。在府城南五十里。水中突起一山,其下有飛雲菴,前有雷水堰,堰臨大山寺,在九龍山下。萬曆四十二年,僧宗蓮即楊輝墓祠基址建。《遵義志》。寺內有退齋楊侯輓詩跋碑,今尚存。《訪册》。

茅衙寺。在城北十五里茅坪,原名仙莊岩,初爲楊應龍妻田惜玉所居,稱曰茅衙。平播後,李氏得之,改建爲寺。康熙《志》。

按:寺在郡北十五里,俗謰爲磨牙寺,相傳明楊應龍妾田氏所居。寺側以石筧數百丈引水入池,曰田氏澡塘也。後面怪石高下巃嵸,有亭臺遺址。下瞰平田,舊實大池,地殊幽勝。惜玉無可考,當非即田雌鳳。羅孝廉倚衡云:"居茅衙者乃應妾張氏,非田氏。"亦未審何據也。《播雅》。

大成寺。在正安城北五十里。唐乾符間,南詔陷播州,築城於此,垣基趾尚存。川南有瑪瑙城、羅尾城,一時同建。又云此城乃南宋寶祐年建。《遵義府志》。

——(民國)《貴州通志》之《古迹志五》,載《中國地方志集成·貴州府縣志輯》,第11册,第187頁

辰山寺。在綏陽城西十五里。乾隆《志》。

按：本名普福禪寺。明成化甲辰，宣慰使楊愛建。《遵義府志》。

——（民國）《貴州通志》之《古迹志五》，載《中國地方志集成·貴州府縣志輯》，第11冊，第188頁

紫池。在獨山州境。《訪册》。……夜郎乃播，屬桐梓縣。播與貴陽僅隔烏江一線。而平播之後，割其半以隸黔，今之黃平、湄、甕、餘慶是也。……《黔書》。

——（民國）《貴州通志》之《古迹志七》，載《中國地方志集成·貴州府縣志輯》，第11冊，第193頁

平月。平越軍民府，元平月長官司。明洪武十四年，置平越守禦戶所。十五年閏二月，改爲平越衛。十七年，升軍民指揮使司，領長官司五，屬四川布政司，尋屬貴州都司。萬曆二十九年四月，置平越軍民府於衛城，屬貴州布政司。《明史·地理志》。平越城，今《府志》：“洪武十四年，建土城，置衛於此。三十年，改甃以磚石，有門四，城八里有奇。”《方輿紀要》。萬曆二十九年，播平，就平越衛設平越軍民府，以播州草塘、甕水二司地設甕安縣；以播州餘慶、白泥二司設餘慶縣；以播州、苦竹壩、三里、七牌地設湄潭縣，俱隸府。《職方典》。康熙十一年，改平越衛爲縣，附郭。乾隆《通志》。嘉慶三年，改府爲直隸州，省平越府，知縣移治新設之興義縣。《平越州志》。平越府山溪深險，苗夷環伺，介黔播之肘腋，爲楚蜀之藩維。萬曆中，分道討播，平越其北出之要也。事平，置府於此，厚襟帶之防，成犄角之勢，屹然雄鎮矣。《方輿紀要》。

——（民國）《貴州通志》之《古迹志十》，載《中國地方志集成·貴州府縣志輯》，第11冊，第205頁

飛練堡。在甕安縣廢草塘司北十里，旁有飛練泉。明萬曆中，播酋作亂，攻貴州邊界，圍飛練。又攻東坡、欄橋諸寨，焚之。楚黔路梗，黃平、龍泉所在告急是也。《方輿紀要》。甕安縣宋北有飛練堡。萬曆二十七年二月，楊應龍敗官軍於此，都匀楊國柱、指揮李廷棟皆死。《明史》。飛練囤在甕安城西三十里，明楊應龍反，敗官軍於此。《平越州志》。

天邦囤。在甕安縣東廢草塘司西北三十里。明萬曆中，貴州兵討楊應龍，與賊戰於飛練堡，賊佯走天邦囤，誘官軍至，盡殲之。《方輿紀要》。甕安縣有天邦囤。《明史·地理志》。

——（民國）《貴州通志》之《古迹志十》，載《中國地方志集成·貴州府縣志輯》，第11冊，第206頁

思州田氏

德祐元年四月癸亥，加知思州田景賢與知播州楊邦憲并復州團練使。九月辛未，加

景賢福州觀察使。《宋史》。徽宗大觀元年,番部長田祐恭入朝。祐恭即思州田氏祖。宣和元年,以田祐恭加貴州防禦使。貴州之名始此。高宗詔興元年,置思州軍。領安彝、邛水、思邛、鷅川四縣地。理宗紹定夏四月丁酉,詔田應已駐思州。開慶元年秋七月辛亥,知播州楊文、知思州田應庚各遷官一級。以守無勤勞。

　　至元十二年冬十二月己亥,四川行樞密咨順請降,詔貸播州安撫楊邦憲、思州安撫田景賢,并許世封,從之。夏五月乙卯,詔諭思州安撫使,使其來附。十五年,思、播安撫使田景賢、楊邦憲請歸宋舊借鎮遠、黃平二城,仍徹戍卒,不允。同時田景賢等請降詔禁戍,毋擾思、播民,從之。十五年,賜思州田師賢部軍衣服及鈔有差。十八年改思州宣慰司爲宣慰司兼管內安撫使。二十一年夏閏五月己卯,思、播二州隸順元路宣撫司。二十八年丁未,改思州安撫司爲軍民宣撫司,隸湖廣省。三十年夏四月癸亥,括思、播等處亡宋涅手軍。冬十二月乙亥,督思、播二州及鎮遠、黃平發宋舊軍征安南。成宗元貞元年二月,思州田曷剌不花入來貢。仁宗四年春二月庚子,思州宣撫司招諭官唐銓以洞蠻楊正思等來朝,賜金帛有差。泰定帝二年,思州洞蠻楊盈千等入貢。四年冬十一月庚午,以田仁爲思州宣慰使。康熙《志》。

　　——(民國)《貴州通志》之《土司志一》,載《中國地方志集成·貴州府縣志輯》,第11册,第226頁

　　元豐四年,有楊光震者助官軍破乞弟,殺其黨阿訕。大觀二年,木攀首領趙秦、播州彝族楊光榮各以其地內屬,詔建溱、播二州,後皆廢。康熙《志》。

　　——(民國)《貴州通志》之《土司志一》,載《中國地方志集成·貴州府縣志輯》,第11册,第230頁

　　(元成宗貞元)十一月丁丑,增烏蒙、烏撒等處宣慰司,楊漢英請以己力討未附蠻。仁宗元祐五年十月己丑,播州南寧長官洛麼作亂,思州守臣換住哥招諭之。七年十二月丁未,播州蠻蠻的羊籠等來降。《元史》。

　　沿邊溪洞宣慰使司。至元二十八年,播州楊賽音布哈言,洞民近因籍戶懷疑竄匿,乞降詔招集。又言向所授安撫職任隸順元宣慰司,其所管地於四川行省爲近,乞改爲軍民宣撫司,直隸四川行省,從之。以播州等處管軍萬戶侯楊漢英爲紹慶、珍州、南平等處沿邊宣慰使,行播州軍民宣撫使、播州等處管軍萬戶,仍虎符。漢英即賽音布哈也。仍頒所請詔旨,詔曰:"爰自前宋歸附五十餘年,閱實戶數乃有司當知之事,諸郡皆然,非獨爾播。自今以往,咸奠厥居,流移失所者,招諭復業,有司常加存恤,毋致煩擾,重困吾民。"《元史》。

　　——(民國)《貴州通志》之《土司志一》,載《中國地方志集成·貴州府縣志輯》,第11册,第231頁

（萬曆）十三年，播州宣慰楊應龍以獻大木得賜飛魚服。國亨亦請以大木進，乞還給冠帶誥封如播例。既而木竟不至，乃諉罪於木商。上怒，命奪所賚。國亨請補貢以明不欺，上仍如所請。萬曆二十六年，國亨子疆臣襲職。會播州楊應龍反，疆臣亦以戕殺安定事爲有司所案，科臣有言其逆節漸萌者，詔不問，許殺賊圖功。疆臣奏稱："播警方殷，臣心未白。"上復優詔報之。巡撫郭子章許疆臣以應龍平後，還播所侵水西、烏江地六百里以酬功，於是疆臣兵從沙溪入。有蜚語水西佐賊者，總督李化龍檄詰之，疆臣遂執賊二十餘人，率所部奪落濛關，至大水田，焚桃溪莊，應龍伏誅。初，應龍之祖以內難走水西，客死，宣慰萬銓挾之，索水烟、天旺地，聽還葬，其地遂爲水西所據。及播州平，分其地爲遵義、平越二府，分隷蜀、黔，以渭河中心爲界。總督王象乾代化龍，命疆臣歸所侵播州地。子章奏言"侵地始於萬銓而非疆臣"云云。詳前事。

——（民國）《貴州通志》之《土司志二》，載《中國地方志集成·貴州府縣志輯》，第11册，第233頁

播州楊氏

宋熙寧六年五月癸卯朔，以播州楊貴遷之子光震爲三班奉職。《宋史·神宗紀》。大觀二年，播州夷族楊光榮以地內屬，詔建播州。《宋史·蠻夷傳》。播州楊文貴獻其地，建遵義軍。《宋史·地理志》。《遵義府志》云，《宋史·地理志》又云："大觀二年，南平夷人楊文貴等獻地，建爲州。是光榮獻地時，文貴亦獻地，文憲撰《傳》遺之也。"德祐元年四月癸亥，加知播州楊邦憲復州團練使，趣兵入衛。九月辛未，加邦憲利州觀察使。《宋史·瀛國公紀》。

按：楊貴遷事，《宋史》紀載無多，有見於宋人文集者。蘇軾《答李琮書》云："天常正月中與軾言：'播州首領楊貴遷者，俗謂之楊通判，最近烏蠻，而梟武可用。天常姓王，父齊雄，結髮與西南夷戰，夷人信畏之。天常幼隨其父入夷中，近歲，王中正入蜀，亦令天常招撫近界諸夷。夷人以其齊雄子，亦信用其言。見原書。又有宋大郎者，乞弟之死黨，凶猾有謀略。若官中見委説楊貴遷令殺宋大郎，必可得也。'數日前，有從蜀中來者，言貴遷已殺宋大郎，納其首級，與銀三千兩。以此推之，天常之言，殆不妄也。"又云："使辯士招説十州五圍、晏州六縣、水陸十二村、羅氏鬼主、播州楊貴遷之類，作五六頭項，更番出兵，以蹂踐乞弟族帳。《蘇東坡集》。

播州宣慰司

遵義府即播州，秦爲夜郎且蘭地，漢屬牂牁。唐貞觀中，改播州。乾符中，南詔陷播，太原楊端廣募復其城，爲播人所懷服。歷五代，子孫世有其地。

宋大觀中，楊文貴納土，置遵義軍。

元世祖授楊邦憲宣慰使，賜其子漢英名賽因不花，封播國公。

洪武四年，平蜀，遣使諭之。五年，播州宣慰使楊鏗、同知羅琛、總管何嬰、蠻夷總管鄭瑚等相率來歸，納元所授金牌、銀印、銅章，詔賜鏗衣幣，仍置播州宣慰使司，鏗、琛皆仍舊職。領安撫司二，曰草塘、曰黄平；長官司六、曰真州、曰播州、曰餘慶、曰白泥、曰容山、

曰重安,以嬰等爲長官。七年,中書省奏:"播州土地既入版圖,當收其貢賦,歲納糧二千五百石爲軍儲。"帝以其率先來歸,田稅隨所入,不必以額。已,復置播州黃平宣撫司。十四年,遣使齎敕諭鏗率步騎兵爲傅友德先鋒。十五年,城播州沙溪,以官兵一千人、土兵二千人戍之,改播州宣慰司隸貴州,改黃平衛爲千戶所。十七年,鏗子震卒於京,命有司歸其喪。二十年,徵鏗入朝,帝諭以守土保身之道,賜鈔五百錠。二十一年,以播州宣慰使司并所屬宣撫司官子弟入太學,敕國子監官善訓導之。

永樂四年,免播州荒田租,設重安長官司,隸播州宣慰司,以張佛保爲長官,以佛保嘗招輯重安蠻民嚮化故也。七年,宣慰使楊昇招諭草塘、黃平、重安所轄當科、葛雍等十二寨蠻人來歸。

正統十四年,宣慰使楊網老疾,以其子輝代。七年,調輝兵征銅鼓、五開叛苗,賜敕頒賞。

成化十年,以播州賊齎果等屢歲爲患,敕責川、貴鎮巡官。

正統末,苗蠻聚衆寇邊,土官同知羅宏奏:"輝有疾,乞以其子愛代。"帝命愛襲職,仍敕愛即率兵從總兵官剿賊。先是,輝奏所屬夭壩干地五十三寨及重安所轄灣溪等寨屢被苗蠻占據,乞令湖貴會兵征之。命如輝言。部議以愛年幼,請仍起輝暫理軍事,征調機宜悉聽都御史張瓚裁處。瓚督輝等破諸苗山寨,又議設安寧宣撫司并懷遠、宣化二長官司,建靖南、龍場二堡,命輝董其役。輝調兵民五千餘立治所、委所,屬黃平諸長官分甃城垣。將竣,輝因奏:"工之未畢者,宜命臣子愛董之而聽臣致仕如故。"詔從之。時灣溪既立安寧宣撫,爛土諸苗惡其逼,遂引齎果等攻陷夭漂、靖南城堡,圍安寧。愛新襲,力弗能支,求援於川貴二鎮。兵部奏起輝再統兵剿之,又敕川貴兵爲助。二十二年,愛兄宣撫楊友訐奏愛,帝命刑部侍郎何喬新往勘。詳前事。

弘治元年,增設重安守禦千戶所,命播州歲調土兵一千助戍守。七年,以平苗功賜敕勞愛。十四年,調播州兵五千征貴州賊婦米魯等。正德二年,升播州宣慰使楊斌爲四川按察使,仍理宣慰事。舊制,土官有功賜衣帶,或旌賞部衆,無列衛方面者。斌狡橫,不受兩司節制,諷安府〈撫〉羅忠等上其平普安等戰功,重賂劉瑾,得之。逾年,巡按御史俞緇言不宜授,乃裁之,仍原職。初,友既編置保寧,愛益恣,厚歛以賄中貴,徵取友向所居凱里地者獨苛。同知楊才居安寧,乘之胺削尤甚,諸苗憤怨。凱里民爲友奏復官,弗得,乃潛入保寧,以友還,糾衆作亂,攻播州,焚愛居第及公私廨宇略盡,遂殺才,多所殺戮。愛屢奏於朝,帝命鎮巡官調兵征之。會友死,遂緩兵。已而鎮巡官言:"友子弘能悔過自新,且善撫馭,蠻衆願聽其約束。其前爲友所焚殺者,俱已隨土俗折償,且還所侵奪於官。乞授弘冠帶爲土舍,協同播州經歷司撫輯諸蠻。其家衆置保寧者仍歸之,隸播州管轄。并諭斌與弘協和,不得再造釁端。"報可。未幾,播州安撫宋淮奏:"貴州凱口、爛土苗婚於凱離、草塘諸寨,陰相搆結,誘山苗爲亂。乞賜斌敕,令每年巡視邊境,會湖廣鎮巡官撫處。"部議土官向無領敕出巡者,諭斌宜撫綏土衆,輯睦親族,以副朝廷優待之意。因授致仕宣慰愛爲昭毅將軍,給誥命,賜麒麟服。時斌又爲其父請進階及服色,禮科駁之,以服色等威所繫,不可假。兵部以愛舊有剿賊功,皆許之。斌復爲其子相請入學,并得賜冠帶。十二年,播州安撫羅忠、宋淮等奏:"斌有父喪,欲援文臣例守制,但邊防爲重,乞仍令掌印理事。"初,楊宏既歸凱里,與重安土舍馮綸等有怨。宏卒,綸等誘苗蠻攻之,更相仇殺,侵軼貴州境。巡撫鄒文盛言狀,且請移文四川會官撫處,逾歲不報。文盛乃遣參議蔡潮入播州,督致仕楊斌撫平之。因言:"宜復安寧宣撫,俾宏子弟襲之。斌未衰,宜仍起視事,以制諸蠻寨。潮有撫蠻勞,宜量擢。"兵部議:"安寧已革,不可復,斌子既代,亦不可起。土官應襲與否屬四川,非黔所得專。盛所請難行,而功不可誣。"十六年,賜斌蟒衣玉帶。嘉靖元年,賜播州儒學《四書集註》,從宣慰楊相奏也。宏既死,其弟張求襲職不得,時盜邊,劫白泥司印信,復與相搆兵。守臣乞改凱里屬貴州,以張爲土知州解釋之。兵部議:"張習父兄之惡,幸免於辜,敢肆然執印信以要挾,當命川貴守臣按其前後爭產、殺人諸罪,置於理。若張悔過輸情,還所獲印,尚可量授一官,聽調殺人以自效。倘或怙終,必誅以爲玩法戒。"既,遂許張襲宣撫,而改安寧爲凱里,隸貴州。初,楊相之祖、父皆以嫡庶相爭,梯禍數世。至是,相復寵庶子煦。嫡子烈母張悍甚,與烈盜兵逐相,相走,客死水西。烈求父尸,宣慰安萬銓因要求水烟、天旺故地而後予尸,烈陽許之。及相喪還,烈靳地不予,遂與水西搆難,又殺其長官王黻,時嘉靖二十三年也。烈既代襲,遂與黻黨李保治兵相攻,垂十年,總督馮岳調總兵石邦憲討平之,并禽獲真州叛苗盧阿項父子。詳前事。

隆慶五年,烈死,子應龍請襲,命予職。

萬曆元年,給應龍宣慰使敕書。八年,賜故宣慰楊烈祭葬,從應龍請也。十四年,賜應龍飛魚服,又復引其祖斌賜蟒例。部議,以斌有軍功,且出特恩,未可爲比。帝命以都指揮使銜授應龍。十八年,貴州巡撫葉夢熊疏論應龍凶惡諸事,巡按陳效歷數應龍二十四大罪。十九年,夢熊主議播州所轄五司改土爲流,悉屬重慶,與四川巡按李化龍意相左,化龍遂引嫌求斥。蓋應龍本雄猜,阻兵嗜殺,所轄五司七姓悉叛離。嬖妾田,屠妻張氏并及其母。妻叔張時照與所部何恩、宋世臣等上變,告應龍反。夢熊請發兵剿之,蜀撫按并主撫。朝議命勘,應龍願赴蜀不赴黔。詳前事。二十年,楊應龍反。二十一年,巡撫王繼光進討敗績,黔師協剿亦無功。時四川新撫譚希忠與貴州鎮撫再議剿,御史薛繼茂主撫。應龍上書自白,遣其黨携金入京行間,執原奏何恩詣綦江縣。二十二年,以兵部侍郎刑玠總督川貴,駐四川。二十三年,玠至蜀,檄重慶知府王士琦詣綦江,趣應龍安穩聽勘。應龍、士琦爲請,竟獲寬宥,益怙終不悛,遂叛焉。詳前事。二十四年,應龍殘餘慶,掠大阡、都壩,焚劫草塘、餘慶二司及與隆、都勻各衛。又遣其黨圍黃平,戮重安長官家,勢復大職〈熾〉。二十五年,流劫江津及南川,臨合江,索其仇袁子升,縋城下,磔之。時兵備王士琦調征倭,應龍益統苗兵大掠貴州洪頭、高坪、新村諸屯。已,又侵湖廣四十八屯,阻塞驛站,調原奏仇民宋世臣、羅承恩等挈家匿偏橋衛,襲破之。大索城中,戮其父母,淫其妻女,備極慘酷。二十七年,朝廷以貴州巡撫江東之剿賊,無功,罷之,以郭子章代。詳事〈前〉事。而起李化龍節制川、湖、貴州諸軍事,調東征諸將劉綎、麻貴、陳璘、董一元南征。時應龍乘大兵未集,陷綦江,屠之。二十八年,應龍五道并出,破龍泉司。時總督李化龍已移駐重慶,徵兵大集,誓師,发八路進攻。劉綎、吳廣等連破婁山關、海龍囤等險要。應龍窮蹙,同愛妾二閫室縊,且自焚。詳前事。吳廣獲其子朝棟,急覓應龍尸,出焰中,賊平。計出師至滅賊,百十有四日,八路共斬級二萬餘,生獲朝棟等百餘人。化龍露布以聞,獻俘闕下,剮應龍尸,磔朝棟、兆龍等於市。播州自唐入楊氏,傳二十九世八百餘年,至應龍而亡。三十一年,播州餘逆吳洪、盧文秀等叛,總兵李應祥等討平之。分播地爲二,屬蜀者曰遵義府,屬黔者爲平越府。《明史》。

按:《遵義志》云:"楊端者,其先太原人。仕越之會稽,遂爲其郡望族。後寓家京兆。唐末,南詔叛,陷播州,久弗能平。僖宗乾符三年,下詔募驍勇士將兵討之。端夢神告曰:'爾亟往,此功名機也。'端與舅謝將軍詣長安,上疏請行。上慰而遣之。行次,蜀蠻諜知之,欲退者半。乃詣瀘州、合江,徑入白錦,軍高遙山,據險立寨,結土豪史、蔣、黃三氏,爲久駐計。蠻出寇,端其奇兵擊之,大敗。尋納款結盟,而退唐祚,移于後梁。端感憤發疾,卒,子孫遂家于播。"《元史·楊賽因不花傳》:"其先太原人。唐季南詔陷播州,有楊端者以應募起,竟復播州,遂使領之。五代以來,世襲其職。"《明史·土司傳》:"唐乾符初,南詔陷播。太原楊端應募,復其城,爲播人所懷。歷五代,子孫世守其地。"《續宏簡錄·楊賽因不花傳》:"唐季,南詔陷播州。端應募起,復之,遂使領焉。五代以來,世守茲土。"《明統志》云:"唐乾符初,南詔陷播州。端本太原人,應募領兵復播州。能諭以威德,縻以恩信,蠻人懷服。五代以來,子孫世襲其職。"《貴州通志》同,惟改"世襲其職"爲"世襲宣撫使"。按:端領播州,宋有宣撫使之名。故史傳但云"襲職",或云"世有其土"。至宋代粲以下,播人始襲安撫使。元代始改安撫爲宣撫,安得五代便襲此官。《通志》誤。

宋贈太師,太師生牧南。既嗣世,痛父業未成,九溪十洞猶未服,日夜憂憤。其子部射逞其志,選練將卒伐羅閩。顧祖禹《方輿紀要》:"烏江出水西閩地,知潛溪所言羅閩,《元史》及《類編》,'閩'皆指水西也。"時閩附南,射深入。閩匿將士,絕其後,部射力戰死。子三公抱尸不去,閩執以歸,牧南卒,三公幽於閩半載。會阿永蠻酋長黑定與閩有連,語之曰:"殺其父而囚其子,人弗爲也。盍歸諸?"閩不答,黑定怒,夜以一牝馬竊載俱歸,且發兵納三公界上。三公遣衛兵檄詔謝巡檢,謝帥彝僚逆之,會綦江。僚忽懷逆异志,引舟岸北,呼謝曰:"爲我語若主,當免我科賦,否則不以舟濟。"三公怒,瞋目視舟,嘘者三,舟奔而前,三公涉涉,彝僚爭持牛醴酒爲謝。三公剪帛繫僚頭,吸水噀之,帛成蛇形。僚伏地哀祈,誓輸賦,不敢反。三公復噀之,帛如初。三公生二子:寶、實。寶當立,以自才不逮,讓於實。實字真卿,閏宋太祖受命,即欲遣使入貢。會小火楊及新添族二部作亂,實同謝巡檢討之。夜薄賊營,盡殲其衆。實傷流矢,病創而卒。實生昭,字子明,既嗣世。二弟先、蟻,各擁强兵。先據白錦東遵義軍,號下州;蟻據白錦南近邑,號揚州,昭不能制。未幾,蟻稱南衛將軍,舉兵攻先,且外結閩兵爲助。謝巡檢子都統謂昭子貴遷曰:"蟻召仇讎而賊同氣,罪不容於死,盍討之?"遂大發兵,設二伏於高遙山,要其歸而擊之,閩大潰,赴水死者數千,蟻亡入閩。貴遷,太原人,與端爲同族。其父充廣,考《宋史·楊業傳》,文廣爲廣西鈐轄,此云"充廣",似誤。宋贈太師中書令、業之孫、莫州刺史、充本州防禦使延朗之子,嘗持節廣西,與昭通譜。昭無子,充廣報貴遷爲之後。自是守播者,皆業之子孫也。《元史·楊賽因不花傳》：“端五傳至昭，無子，以族子貴遷嗣。”《續宏簡錄》同。

貴遷，字升叔，慶曆、皇祐間，儂智高亂邕，貴遷曰：“通夜郎，俘牂牁，出其不意擊之，漢制南粵之奇策也。吾當報國以自效。”即如瀘，次於南川，得暴疾。將還，其季父先使南川鉅族趙隆要殺之。官至武功大夫、德州刺史。《宋史·神宗紀》：“熙寧六年五月癸卯朔，播州楊貴遷道子光震來貢，以光震爲三班奉職。”三子：光震、光榮、光明。光震字長卿。瀘南夷羅乞弟叛，瀘遣使乞師，光震督兵行。時閭黨宋大郎與乞弟通，遏其歸道。光震與戰，連七日不決。遣帳卒王龍間道走播，趣謝都統濟師。謝至武婆山，見二酋縱騎橫槊馳騁，若指揮其衆。以勁弩射其一，應弦而斃。其一大憤，拔刃衝陣。謝斫傷其首，殺之，即宋兄弟也。二彝懼而退，因不能瀘患。光震官至從義郎、沿邊都巡檢使。五子：文廣、文真、文錫、文貴、文宣。

文廣，至〈字〉敬德，少孤。仲父光榮潛謀篡立，衆弗與。光榮奔高州，欲藉蠻兵以危宗國。文廣與部將謝石近、謝成忠謀，奉書幣逆光榮以歸，事之如初。光榮復欲陰酖文廣，文廣詭爲不知，愛敬日篤。黃標儀盜發光震墓，文廣捕斬之，事連其弟理郭。理郭奔高州，與蠻謀作亂。會老鷹寨僚穆族亦叛，文廣命謝都統討葬之，斬理郭，戮穆僚，釋其黨七人。初，西平傃視諸苗尤桀黠難制，文廣偕成忠夜入其柵，擒獲之，尋數其罪，貸焉。當文廣之時，楊氏先世所不能縻結者，至是叛討服懷，無復攜貳，封疆闢而戶口增矣。年僅三十六而沒，君子惜之。官至武節大夫。三子：惟聰、惟吉、惟信。

惟聰，字晦之，七歲而孤，育於母舅謝石近家。石近以主少衆貳，因奉光榮攝堡事。光榮立，日久益固位。惟聰既長，光榮深懼之，置毒魚中，欲加害。覺之，弗食。光榮復爲送婦〈歸〉高州，紿與俱將殺於中途。謀洩，弗果行。光榮志，籍播州二縣地千七百里往獻於朝，詔即其地建白錦堡，原按當云“建播州”，加光榮禮賓使。《宋史·蠻夷傳》：“大觀二年，播州夷族楊光榮以地內屬，詔建播州。”又《地理志》：“大觀二年，播州楊文貴獻其地，建遵義軍。”又曰：“大觀二年，南平夷人楊文貴等獻其地，建爲州。”是光榮獻地時文貴亦獻地，文憲撰傳道之也。《宋朝事實》云：“大觀二年，蕃帥楊文貴獻地，東西北二千里，南北六百一十二里，以其地置軍。”原注云：“唐貞觀元年，析牂牁，置遵義縣，屬朗州。十一年，州廢，縣亦省。十三年，復立播州，亦復置縣。十四年，更名羅蒙。十六年，更名遵義。後自播州徙州治。唐衰，播州爲楊氏兩族所分據，一居播州，一居遵義，以江水爲界。其後居播州者曰光榮，得唐所給州銅牌；居遵義者曰文貴，得州銅印。大觀二年，兩族各獻地，皆自以爲播州。議者以光榮爲族帥，難重違其意，乃以播州立州，遵義立軍。”按：光榮獻地置州，文貴獻地置軍，《宋史》既分書之，而播州下又云“文貴等獻地置州”，偶不審也。當以《宋朝事實》所載爲得。至文貴乃文廣弟，其所獻地，必文廣在日所割授者有之，當未久。李氏以爲“唐衰，兩族分據”，亦誤也。李氏又稱之蕃帥，或廣卒後曾攝堡事，銅印之得即以此歟？

光榮謖，惟聰率部伍出迎。光榮預置毒於茗以俟，隸人誤進，光榮啜之即斃，惟聰始親政。光榮弟光明慸惟聰，暮夜以兵劫之，惟聰出禦，光明敗，奔蜀，訴於部使者李獻，誣惟聰謀不軌。獻入其辭，矯發南平諸寨兵入播。惟聰憤懣不自勝，大集兵拒戰，敗其師。事聞，詔奪獻官，進惟聰修武郎、左班殿直，賜金帶錦袍，慰諭之。光明因亡入閬而死。居無何，惟吉復作亂，殺惟聰二子，衆怒，共誅之。惟聰深懲家難，禱於上下神祇，誓曰：“世世子孫，不可以權假人。違此言者，天實殛之。”惟聰復生二子：選、遨。選字簡夫，始立，值徽、欽二帝播遷，高宗南渡，慷慨負翼戴志，務農練兵以待征調，士大夫韙之。性嗜讀書，擇名師授子經，聞四方士有賢者，厚幣羅致之，歲以十百計。益士房禹卿來市馬，爲夷人所劫，轉鬻者至再，選購出之，遷于〈於〉客館，給食與衣者數載。歲大比，選厚饋，遣徒衛送還益，竟登進士第。遨貳子〈於〉選，謀入閬作亂，選邑，邑喪，明而終。官至武經郎。生十有三子，唯軫、軾最良。

軫，字德興，美髯長身，狀貌瓌偉，剛用果決，人服其能。嘗病舊堡隘陋，樂堡北二十里穆家川山水之佳，徙治之，考穆家川，即今府治。白錦堡，《通志》云"在府北三百里"，蓋承《輿地紀勝》及《統志》誤。是爲湘江。軫初無嗣，鞠軾子粲爲後，晚生三子：勛、焄、鼎，以粲賢，遂不易。初議尤愛軾，尋授軾堡政，獨築室萬泉以終。軫畜一虎，馴服左右，常駕以出游，人异之。官至秉義郎。軾，字德載，沉静寬厚，孝友無間言，遇軫諸子不啻若己出。初，先據下州，世治兵相攻，凡七傳至煥。《宋史·寧宗紀》："嘉定五年九月庚戌，遵義寨夷楊煥來獻馬。"軾之幕官猶泳從容白曰："骨肉相殘，彝狄之俗也。上下楊其初由一人而分，干戈日夜相尋。孰若講信修睦，復兄弟之親乎？"軾欣然曰："吾有志久矣，子爲我往説之。"泳至下州，煥頓顙受命，遂盟而還。軾留意藝文，蜀士來依者愈衆，結廬割田，使安食之。由是蠻荒子弟多讀書攻文，土俗爲之大變。軾官至成忠郎，累至武節郎。

粲，考乾隆《通志》《明統志》并作"璨"，《元史》作"粲"，與此同，云"貴遷八傳至粲"，字文卿，小字伯强。幼授《大學》，即掩卷嘆曰："此非一部行程歷乎，必涉歷之至乃可爾。"長，好鼓琴投壺。粲母弟輝有寵於父，幾奪其位，粲亦欲以位讓之，因猶泳言，得不廢。開禧二年，蜀帥吳曦叛，粲帥師赴援救。會曦誅，不果。貢戰馬三百，黃白金鉅萬。《明統志》："璨，端十三代孫。嘉泰初，襲播州安撫使。開禧初，蜀帥吳曦叛，璨輸金錢、戰馬以助國用，邊患遂息。"且請因曦誅，大舉北伐，以雪先耻。上優詔答焉。《宋史·寧宗紀》："開禧三[年]十月乙卯，復珍州遵義軍。"嘉定十二年，復輸馬三百于〈於〉蜀帥，蜀帥以聞，上益嘉之。南平彝穆永忠盗據公家田，粲曰："穆不道，犯王略，吾爲藩臣，可緩其死耶！"帥衆討平之，斬永忠，歸其田。南平閬酋偉桂弑父自立，粲聲罪致討，敗其衆於滇池，斬首數千級，闢地七百里，獲牛羊、鎧仗各千計。煥違盟，抄掠界上，粲遣兵誅之，歸煥所掠地賦於珍州，下楊平，邊患遂息。粲性孝友，安儉素，治政寬簡，民便之。復大修先廟，建學養士。作家訓十條曰："盡臣節，隆孝道，守箕裘，保疆土，從儉約，辨賢佞，務平恕，公好惡，去奢華，謹刑罰。"論者多之。楊氏居播，十三傳至粲，始大官，終武翼大夫，累贈右武大夫、吉州刺史、左衛大將軍、忠州防禦使，賜廟"忠烈"，封威毅侯。三子：《元史》云"粲生价、佐、佑"。

价，字善父，英偉沈毅，自少不群。《明統志》云："价未生時，將校有夢神自靖州來，號蜀將軍者。价生，貌如之。紹定中，襲職。"父没，以郡政畀其子文，《元史》云"价生文"，專意養母。端平中，北兵犯蜀，圍青野原。价曰："此主憂臣辱時也，其可後乎！"乃移檄蜀閫請自效。制置使趙彦訥以聞，詔許之。馳馬渡劍，帥家世自贍之兵五千戌蜀口，圍解，价功居多，詔授雄威軍都統制。未幾，復白錦堡爲播州，文領郡，价統兵如故。蜀警又急，詔价以雄威軍戌夔峽，分屬所部屯瀘渝間，遣奇兵擊東，遂以捷多邊武功大夫、閤門宣贊舍人。嘉熙初，制置使彭大雅鎮渝，檄价赴援。价督萬兵征江南，通蜀聲勢，北兵不敢犯。孟珙宣撫荆湘，《宋史·孟珙傳》："嘉禧三年，元兵大舉臨江。珙策必道施、黔以透湖、湘。元帥入蜀，施、夔震動。四年，珙遣楊鼎、張撫往辰、沅、靖三州，同守倅曉諭熟蠻，講求思、播、施、黔支徑，以圖來上。"余玠制置西蜀，皆倚价爲重，上屢下詔褒美之。价指天誓曰："所不盡忠肠以報上者，有如皦日。"一日，大飯群僧，价跌坐，誦佛書數語而終。价好學，善屬文。先是設科取士未及播，价誦於朝而歲貢士三人云。贈開府儀同三司，威武、寧武、忠正軍節度使，賜廟"忠顯"，封威靈英烈侯。《宋史·理宗紀》："淳祐四年五月丁巳，武功大夫雄威軍都統制楊价世守南邊，連年調戌播州，捍禦勤瘁，詔价轉右武大夫、文州刺史。"

文，字全斌。紹定中，北兵始入劍，文日閲士卒爲備，蜀中避地者多歸之。嘉熙中，北兵窺江，彭大雅復來征師。价（"价"當作"文"）命禆將趙暹帥萬兵赴戰石洞峽，擊破之，以功轉武德郎、閤門祇候。《明統志》云："文寶祐間授武德郎。"誤，當以此云"嘉熙"爲是。《通志》云"授承德郎"，誤之誤也。父卒，詔起文視事，進武功大夫、閤門宣贊舍人。文移書余玠曰："比年北師如蹈無人之境者，由不能禦敵於門户故也。曷移鎮利閬間，經理三關爲久駐謀，此上計也；今縱未能大舉，擇諸路要塞，建城壕以爲根柢，此中計也；下則保江自守，縱敵去來耳。況西番部落已為北所誘，勢必撓塞外以圖雲南，以并吞蠻部，闖邕廣，窺沅靖，則後門斡腹，深可憂也。"玠偉其論，竟徇中計，後果如文言。淳祐八年，西帥俞興西征，發兵五千人，與俱大戰者三，皆捷，遷左衛大將軍。余价〈玠〉北伐漢中，文命將趙寅會兵渝上，三次戰，又捷。十二年，北兵圍漢嘉，文使總管田萬率兵五千間道赴之，夜濟嘉江，屯萬山、必勝二堡。萬以勁弩射之，敵不能支，遂卻。加右武大夫。《宋史·理宗紀》："寶祐二年七月己酉，詔思、播州連年捍禦，其守臣田應庚、楊文各官一轉。"寶祐三年，北兵由烏蒙渡馬湖入宣化，宣撫使李曾伯，考《宋史·曾伯傳》但載"為四川宣撫使"，來徵師，文遣弟大聲統兵行，大小九戰，又捷，轉左武大夫。《宋史·理宗紀》："寶祐四年五月甲辰，羅氏鬼國遣報思、播言：'元兵屯大理國，取道西南，將大入邊。'詔以銀萬兩使思、播結約羅鬼為援焉。"五年，北兵循雲南入播，文持奏，詔節度使呂文德偕文入閫，諭群酋內屬，大酋勃先領眾降。《宏簡錄》："理宗寶祐五年閏四月，田應寅乞屯瀘、叙以援思、播。宋理宗寶祐六年正月甲戌，詔樞密院編修官呂逢年詣蜀閫，趣辦關隘，屯柵糧，相度黃平、思、播諸處險要緩急事宜，具工役以聞。四月丁酉，詔御前忠勝軍副都統制往播州，共築關隘、防隘。七月己亥，呂文德入播州，詔荊、湖給銀萬兩。"六年，拜親衛大夫，以解漁城圍、剪烏江寇功。按：二事未詳。加忠州團練使。景定間，劉雄飛、夏貴守蜀，復江安州，餉禮義山，戰懸壺，平，而播兵為多。進中亮大夫、和州防禦使、播州沿邊安撫使，爵播川伯，食邑七百戶；詔雄咸軍加"御前"二字以寵異之，歲賜鹽、帛給邊用，著為令。《宋史·理宗紀》："開慶元年七月癸亥，以知播州楊文、知思州田應庚守禦勤勞，詔各官一轉。"《元史·紐璘傳》："戊午之明年春，紐璘討思、播二州，獲其將一人。"按：戊午之明年乃開慶元年也。文留心文治，建孔子廟以勵國民，民從其化。卒于咸淳元年，贈金州觀察使。元贈榮祿大夫、同知樞密院事、柱國，追封播國公，諡"崇德"。《明統志》《貴州通志》皆云"文卒，贈光祿大夫、樞密使"，不言元，不言"不言同知院事"，皆有脫誤。"光祿""榮祿"，未知孰是。生一子邦憲，《元史》云："文生邦憲。"《貴州通志》云："憲，价子。"由誤文為价，因誤价也。字仲武，倜儻有大志，好書史，善騎射。始冠，授成忠郎、雄咸軍副都統，通管州事。二年，閫大舉入寇，破立邊諸戍，邦憲出師拒之。閫敗卻，尋潛渡烏江，步騎猝至，民大駭。邦憲部署諸將，令曰："必剪此寇而後朝食。"蠻懼，引退，甫涉江，邦憲追擊，大敗閫眾於中流，斬首千級，擒其酋長汝歸，進武節大夫。《明統志》云："憲襲父職。端平間，蠻人掠境，領兵拒之，擒其酋長，進武節大夫。"《貴州通志》同，沿邊安撫使。閫又悉兵寇下邑，邦憲復敗之，獲酋阿祚，歷舉其罪狀而釋之，閫自是懼不復出。拜利州觀察使。《宋史·瀛國公紀》："德祐元年四月癸亥，加知思州田景賢、知播州楊邦憲并復州團練使，使趣兵入衛。九月辛未，加田景賢福州觀察使、楊邦憲利州觀察使。"遷金吾衛上將軍、安遠軍承宣使、牙牌節度使。

至元十二年，宋亡，元世祖遣使者詔邦憲內附。《元史·世祖紀》："至元十二年十二月己亥，僉書四川行樞密院事：'順元播州安撫使楊邦憲、思州女撫田景賢未知順逆，乞降詔使之自新，并許世紹封爵。'從之。邦憲捧詔三日哭，[奉]表以播州、珍州、南平軍三州之地降。《元史·世祖紀》："至元十四年三月庚戌，僉事東西兩川行樞密院事昝順言：'比遣同知隆川事趙孟烯賚詔招諭田、楊二家，亦各遣使納款。'"《續宏簡錄·楊賽因不花傳》："至元十四年，邦憲言：'本族自唐至宋，世守此土將五百年。今願納土內附。'世祖即ენ降璽書，授為紹慶、珍州、南平等處沿邊宣撫使。"《元史·世祖紀》略同。十五年，入朝，詔襲守如故，拜龍虎衛上將軍，侍衛親軍都指揮使，紹慶、珍州、南平等處沿邊宣撫使，播州管內安撫使。播下邑黃平壤近于荊地，荊之戍卒欲奪而南，邦憲發其奸，請復歸黃平。十八年，升宣慰使。《元史·世祖紀》："至元十八年閏八月丁巳，命播州每歲親貢方物。"十九年，閫叛，州發諸路兵進討。師道播而入，邦憲給饋餉，命將卒與之俱，乃夷之。累贈推忠效順忠臣、銀青榮祿大夫、平章政事、柱國，追封播國公，諡"惠敏"。一子，漢英，字熙載，五齡而孤。二十三年，《元史》本傳作"二十二年"，其母貞順夫人田氏挈之朝京師。世祖摩其頂，熟視良久，諭宰臣曰："是兒真國器也,宜以父爵錫之。"賜名"賽因不花",授金虎符,龍虎衛上將軍,紹慶、珍州、南平等處沿邊宣慰使,播州軍民安撫使,賜金繒、弓矢、鞍勒,遣歸。二十四年,族黨搆亂,殺貞順夫人。漢英衰絰入奏,上詔捕賊至益州,戮以徇。二十七年,詔郡縣上計,播之鄰境拒命,漢英即括戶口租稅籍進,世祖大悅,加播州等處管軍萬戶。漢英入朝,奏罷順元宣慰司,升播州安撫司爲宣撫司,授漢英軍民宣撫使。會羅甸宣慰使斡羅思誘播下邑黃平諸寨酋,詐爲新闢境土以獻,漢英奏,復之。斡羅思恚不勝,誣言舊有雄威、忠勝二軍,思、播匿,弗奏,請籍征交州,漢英抗言納土時已隸別籍矣。御史臺密核上之,詔寢其事,俄拜漢英侍衛親軍都指揮使。

成宗即位,漢英入朝者三。大德三年,詔錫漢英世守其土。漢英奏改南州驛道,分定雲以東地隸播,西隸新部,減郡縣冗員,去屯丁糧三之一,民大便之。[四]年,蠻部桑拓亂,湖廣行省議用兵,漢英言："賊勢方盛,宜招諭之。"不聽,兵久出無功,竟以漢英議始相繼降。五年,右丞劉深討南詔,道出播,漢英輦運軍食無乏。六年,闔婦蛇節、宋隆濟叛,詔合湖廣、四川二省兵征之,命漢英以民兵從。甫出師,卒遇賊,漢英力戰,大軍繼之,降阿苴,拔乍籠。賊復合拒,竟大敗,縛蛇節,戰隆濟、阿女而平之。以功進資德大夫,賜玉帶、鞍、弧矢,語在前事。

仁宗立,顧禮益厚,進勛上護軍,贈賜金帛。延祐四年,黃平南蠻廬犇叛,新部黎魯亦嘯劫聚亂。漢英宣撫之,二賊降,置戍而還。《元史》本傳云："至大四年,加勛上護軍,詔許世襲。播南廬崩蠻內侵,詔賽因不花暨思州宣慰使田茂忠帥兵討之。以疾卒於軍,年四十。"按:漢英卒年四十,以世祖至元二十五年年十二計之,當在仁宗延祐五年,則廬崩事即當在延祐時。《家傳》爲得,惟失書卒年耳。史以爲至大四年者,誤也,當在五年。而《家傳》云"四年",疑史所載"再入覲,年十二"爲年十三之誤。《續宏簡錄》本傳又云："八年,播南廬崩蠻內侵,率兵討之,以疾卒於軍。"此八年承大德,殊爲失考。惟"卒軍"同《元史》,與《家傳》"降戍而還"異,未知孰是。《元史·仁宗紀》:"延祐五年十月己丑,播州南寧長官洛麼作亂,思州守臣換住哥招諭之。洛麼遣人以方物來覲。六年四月,中書省臣言:'雲南土官病故,子孫兄弟襲之,無則妻承夫職。遠方蠻夷,頑獷難制,必任土人,可以集事。今或缺員,宜從本俗,□職以行。'制曰可。"漢英莅政,急教化,大治泮宮,南北士來歸者衆,皆量才用之。喜讀濂洛書,爲詩文尚體要,著《明哲要覽》九十卷、《桃溪內外集》六十四卷。賜推誠秉義功臣、銀青榮祿大夫、平章政事、上柱國,追封播國公,謚"忠宣"。其妻田氏亦善讀書,人以爲難能。無子,以弟播州招討安撫使如祖之子嘉貞嗣。考:《元史》但云:"子嘉貞嗣。"《明統志》《貴州通志》并云:"嘉貞,漢英子。"

嘉貞至治二年來朝,英宗賜名"延禮不花"。累官資德大夫、湖廣行省右丞、沿邊宣慰宣撫使。考:《明統志》:"嘉貞至治初授播州等處管軍萬戶、侍衛親軍都指揮使、上護軍。討平楊留總之叛,進湖廣行中書省左丞。"《貴州通志》同。嘉貞卒。《元史·英宗紀》:"至治三年二月癸酉,罷播州黃平府長官所一,從其民隸黃平。"《泰定帝紀》:"泰定二年七月丙辰,播州蠻黎平愛集群夷爲寇,湖廣行省請兵討之,不許。招播州宣撫使楊也里不花招諭之。十月癸巳,播州凱黎苗率諸賽〈寨〉苗僚爲寇。三年正月丙午朔,播州宣慰使楊燕里不花招諭,蠻酋黎平愛等來降。六月癸未,播州蠻黎平愛復叛,合謝烏窮爲寇,宣慰使楊禮里不花招平愛出降,烏窮不附,命湖廣行省討之。十一月辛酉,播州蠻宋王保來降。四年七月甲辰,播州蠻謝烏窮來獻方物。九月甲寅,湖廣土官宋王保來獻方物。十一月辛卯,以降蠻謝烏窮爲蠻夷官。"《文宗紀》:"天曆二年正月丁丑,四川曩加台攻破播州猫兒亞隘,宣慰使楊延里不花開關納之。壬午,播州楊萬戶引四川賊兵至烏江峰,官軍敗之,八番元帥脫出亦破烏江北岸賊兵,復奪關口。諸王月魯帖木兒統蒙古、漢人、答剌罕諸軍及民丁五萬五千,俱至烏江。二月丙午,湖廣行省調兵鎮播州。癸丑,諸王月魯帖木兒等至播州,招諭土官之從囊加台者。楊延里不花及其弟等皆來降。六月，順元、思、播州諸驛，因兵興，馬多羸瘠，驛户貧乏，令有司市馬補之。至順元年三月甲寅，乖西獨蠻三千人入松梨山，燒沿邊官軍營堡。"《順帝紀》："至正十二年六月，紹慶宣慰使楊延禮不花遥授湖廣左丞，楊伯頭卜花爲紹慶宣慰使，换文資楊城爲沿邊溪洞招討使兼征行萬户，回賜先所拘收牌面。"按：也里不花、燕里不花、延里不花即延禮不花，國語取聲近，本無所謂專字也。子資德大夫、播州軍民宣撫宣慰都指揮使忠彦嗣。忠彦卒，子資德大夫、紹慶珍州南平等處沿邊宣慰使、播州軍民安撫使、侍衛親軍都指揮使元鼎嗣。元鼎卒，無子，田氏以如祖季子嘉議大夫、湖廣行省參知政事、播州沿邊溪洞招討使城之子鏗嗣。考：《明統志》《貴州通志》并云："鏗，嘉貞從子。"按：明〈元〉末，明玉珍據蜀，播州爲其所有。《全蜀藝文志》載楊璟諭明昇書曰"足下疆埸，南不過播州"是其證也。洪武四年，明太祖平蜀，遣使諭之。五年，播州宣慰使楊鏗、同知羅琛、總管何婴、蠻夷總管鄭瑚等相率來歸。（永樂）七年，宣慰使楊昇，考：《明統志》："鏗洪武初率其屬張坤、趙簡來朝，授宣慰使，賜敕獎諭，俾其永堅臣節。後屢隨大軍討平叛寇，卒，贈懷遠將軍。子昇襲職，莅政勤敏，邊境遂寧。永樂初，請開學校，薦士典教，州民亦崇習詩書禮義。"《貴州通志》同。招諭草塘、黄平、重安所轄當科、葛雍等十二寨蠻人來歸。宣德三年，昇賀萬壽節，後期，禮部議予半賞，帝以道遠勿奪其賜。正統十四年，宣慰使楊綱老疾，以其輝代。成化十年，土官同知羅宏奏輝有疾，乞以其子愛代，帝命愛襲職。二十二年，愛兄宣撫楊友訐奏愛，帝命刑部侍郎何喬新往勘，見上。弘治七年，以平苗功賜敕勞愛。正德二年，升播州宣慰使楊斌爲四川按察使，仍理宣慰事，見上。斌爲子相請入學，并得賜冠帶。嘉靖元年，賜播州儒學《四書集註》，從宣慰楊相奏也。初，楊相之祖父皆以嫡庶相争，梯禍數世。至是，相復寵庶子煦。嫡子烈母張悍甚，與烈盗兵逐相，走，客死水西，詳前事。烈求父尸，宣慰安萬銓因要挾水烟、天旺故地，而後予尸，烈陽許之。及相喪還，烈靳地不與，遂與水西搆難，又殺其長官王黻，時嘉靖二十三年也。烈既代襲，遂與黻黨李保治兵相攻，垂十年。隆慶五年，烈死，子應龍請襲，命予職。萬曆元年，給應龍宣慰使敕書，見前事，其後應龍以叛誅。播州自唐入楊氏，傳二十九世，八百餘年，至應龍而亡，乃分播地爲二，屬蜀者曰遵義府，屬黔爲平越府。《遵義府志》。

播州宣慰同知威遠衛指揮羅氏

……唐貞元十四年正月望日，（羅）榮卒，二子：仁勇，官次瀘州；仁智。仁智生敬德、敬禮、敬義。敬德娶司馬趙瓚女，生諫。諫生太汪，《羅氏族譜》。太汪少而孤。閩叛，出依瀘州叔祖仁勇家避住。上命蔡、宋、康、高四經歷討之，弗克。乾符間，命總戎楊公端討之，道由瀘、叙。太汪詣營獻策，遂克平之，以功居最，授不次之官，復居於播。三子：瑁、璿、瑋。瑁授宣威將軍，生曜。曜生禎、祥、禧、祐。禎生艮、震。艮授播州大首領，生仕興、仕隆、仕起。仕興字仲誠，官至秉義郎，生瓚、瑄、琪。琪生杰、從。取謝氏，授□□郎，加授武功大夫，卒年五十九，子禄正、禄鐘、禄厚。《羅氏譜》。禄厚節義施惠，俗尚淳然，《秉信碑記》。撫楊氏孤惟聰，有碑銘。子二：顯忠、顯信。顯信生晟，授武經郎，生允昌、允安。允昌授承信郎，生淳，授成忠郎，生信、泰、成。信遷崇義郎，生君旺。《羅氏譜》。以詩禮自衛，《秉信碑記》。授武功大夫。生魁，授虎威將軍、左武大夫、總管湖北江淮四川等處諸軍馬事。生季和、季明、季賢。季和授武功大夫、閤門宣贊舍人，同知播州沿邊安撫司事兼黄平知府。生震之、演之、交之。震之授武德將軍兼黄平軍民元帥府，《羅氏譜》。威德并著，猫猺順服，名譽翕然，《秉信碑記》。生勛、雲、毅、稷。雲生瑞、瑋、琛。《羅氏譜》。琛在元爲播州宣慰使同知。洪武四年,太祖平蜀,遣使招諭。五年,與宣慰使楊鏗等相率來歸,貢方物,納元所授牌印,詔仍置播州宣慰使司,琛仍同知。《明史》。

——(民國)《貴州通志》之《土司志三》,載《中國地方志集成·貴州府縣志輯》,第11册,242~246頁

羅氏自唐迄明,分據播州,校楊氏先後多閱百餘年。《心齋隨筆》。

——(民國)《貴州通志》之《土司志三》,載《中國地方志集成·貴州府縣志輯》,第11册,第247頁

成化十四年,陳蒙爛土長官司張鏞奏秃壩干賊首齋果侵掠,豐寧長官司楊泰亦奏峰峒陸光翁等聚爛土爲亂,詔起宣慰楊輝會兵討之。詳前事。

——(民國)《貴州通志》之《土司志四》,載《中國地方志集成·貴州府縣志輯》,第11册,第250頁

正統末,鎮遠苗蠻金壹僞稱天王,與播州苗相煽亂,遂圍平越、新添等衛。

——(民國)《貴州通志》之《土司志四》,載《中國地方志集成·貴州府縣志輯》,第11册,第251頁

遵義
播州長官司

長官王氏附郭,元爲播州軍民都鎮撫司,隸播州宣撫司。明洪武九年,改爲長官司。《明統志》。按:《王氏傳》:"至王積仁以附播被擒,遂隕其宗。"

長官司

明太祖洪武五年,播州總管何嬰等相率歸朝,貢方物,改總管爲長官司,以嬰等爲長官司長官。《明史》。按:《何氏傳》:"至何恩不附播逆,有功當世。"

播州千户長官

長官宋氏,宋宣之後。明太祖洪武初,其裔道純同宣慰楊鏗納土,授千户長官。《遵義府志》。

正安州
真州長官司

長官司鄭氏,唐鄭畋之後。明太祖洪武五年,其裔鄭瑚歸附,授長官司,累傳至清代裁革。《心齋隨筆》。

副長官

宋駱，世華之後。洪武初，以駱氏爲副長官。萬曆時，改土判官。《正安州志》。按：《心齋隨筆》云："真安土判官駱姓與同知鄭姓，至國初皆革去。"又《遵義府志》云："按，真州正長官之爲鄭氏，副長官之爲駱氏，以《明史》所見定之，更無可疑。"

吏目

冉瑚於洪武初爲真州正長官司。萬曆時，其裔冉晟改授土州同。袁治《土官記》按《遵義府志》云《正安志》載'冉氏稱長官'必有誤。考《明史·職官志》，長官司長官、副長官之外，尚有長官司吏目一人，冉氏其吏目歟？

仁懷縣

懷德長官

長官安氏，其先世及承襲子孫均見後。《訪冊》。按：《遵義府志》云："懷德長官，史於播州不載仁懷。"安氏在明爲夷目，非長官。李疏亦甚燎，而孫《志》、《仁懷縣志·建置》云："嘉靖間，領以長官，隸播州。"豈當時曾增設長官而旋廢歟？《明史·烏蒙等軍民府土官傳》："嘉靖七年，有懷德長官阿濟，望隴勝得一職，以存隴後。"當別一懷德也。又按：《心齋隨筆》載："唐時入播七姓，楊端、太子少師羅榮、後軍鎮武總戎鄭畋之子開龍皆見，一曰'安增將軍，廣平清河人'。"疑即此安氏之祖。

儒溪長官司

前明袁崇簡由磁城千户所遷唐朝壩世襲儒溪長官司，子□襲職。萬曆中年建金子囤以爲保障，誥封懷遠將軍，其弟初亦封是職。璽長子袁起龍，萬曆二十八年，平播，起龍爲儒溪、歸化保指揮。二十九年，清疆界，起龍所轄河西地方張家壩抵蘭州青杠寨爲界。今以廢柳灘碑文考之，其地約縱橫三百餘里。

《平播全書·李化龍疏》云："有投降夷目原非長官，本無冠帶，但賞格曾坐名開諭：輒爾先事歸誠，亦宜稍事眷酬，以明恩信。如上赤水里頭目袁年父遭酷禍，投降最早，宜授以所鎮撫職銜。下赤水里頭目袁鑒，仁懷里頭目王繼先，安、羅二村頭目羅國明、羅國顯、安鑾，以上五名，念其返誠歸正，量授冠帶總旗。"按："頭目"兩字與《赤水訪冊》長官司之名不符，俟考。

——（民國）《貴州通志》之《土司志五》，載《中國地方志集成·貴州府縣志輯》，第11册，第270頁

王震孫，播州人。宋端平初，元兵犯蜀。震孫率衆禦蜀，日解難息民。事聞，授從義郎，總重慶路兵馬鈐轄。王夢麟《譜序》云："同太原嫡系入播者，有一祖震孫，總重慶路兵馬提轄，與余玠犄角，保障川東。"當即播州改官王氏祖。《明史·土官傳》："嘉靖二十三年，楊烈與水西搆難，并殺其長官王黻。"黻或作黼，播州千户長官宋氏。《李化龍疏》："播州長官司王積仁以附播被擒，獻俘闕下，與楊氏俱滅。"餘無考。

播州長官司何氏

何大本者，掛大將軍印，奉命征蠻，終於播，後襲宣慰司總管。明洪武五年，其裔何嬰

歸附,授長官司長官。萬曆庚子,何恩憤楊應龍肆虐,弃職,率七姓舊人宋世臣等赴闕上書,請討楊應龍。命川、黔兩省會勘,黔議剿,川議撫。應龍因以黃白千金行賄,至綦江,恩遮獲以充軍餉。督帥李化龍以爲中軍提調,又命其弟愍爲劉綎嚮導,斬箐直入,師逼海龍屯,播平,恩兄弟與有功焉。又《府志》原注云:"《采訪册》:何中立,字大本,臨江新瑜人。唐僖宗時,官司馬,掛大將軍印。平播有功,終於宋。墓在府治東四十里,清乘上流五里何家寨。"按:《通志》不言大本時代,恐傳聞未確,姑附此。

播州千户長官宋氏

唐乾符間,有真定宋宣爲節度使、豐城侯、副元帥,征播夷有功,留守其地。洪武四年,其裔道純同宣慰楊鏗納土,後授千户長官,管轄沙溪等里。十七年七月,敕曰:"自古帝王治天下,遠人慕義,則爵賞以榮之,其頑慢不率,則兵刑以殄之,所以勸善懲過,遐邇咸安也。爾宋道純世守蠻夷,當朕統一之初,克贊宣慰楊鏗,撫我聲教已有年矣。爾道純,應授播州承值千户指揮長官之職。惟誠可以事上,惟善可以宣化,惟仁可以撫衆,惟信可以守土,往慎乃職,以欽朕意。"嘉靖二年,宋建襲。隆慶三年,楊應龍奪宋氏田莊,害宋恩等十七命,宋宗富赴京奏討賊。萬曆間,五司七姓訐奏應龍,宋亦與焉。事載《平播全書》。采"宋氏廟碑"及"宋如龍""宋雄才"二碑。

正安州志真州長官鄭氏

播州長官司,元爲珍州、思寧等處長官司,隸播州宣撫司。至正末,改"珍"爲"真"。明洪武十七年,改爲真州長官司,在宣慰使司東二百里。鄭氏其先出於唐宰相鄭畋。畋長子開成蔭邊鎮。四子開龍官淮南節度使,娶朱温女。入播者開龍,未詳其事。宋珍州人有昌孫者,其裔也。嘉熙間,元兵犯蜀,剽掠珍州。昌孫率民兵禦之,事聞,授本州總制。至元世爲珍州蠻夷總管。明洪武五年,蠻夷總管鄭瑚與宣慰梁〈楊〉鏗等相率來歸,朝貢方物,納元所授牌印章,敕詔改總管爲長官司,瑚即爲長官司長官。從征南將軍傅友德破僞夏,擒其將江中立,入覲,賜印綬。三十一年,從仁襲。永樂八年,釗襲。宣德八年,永忠襲。正統七年,璽襲,從征有功。成化四年,旭襲。正德三年,鏊襲。嘉靖十年,建珪襲,後征綦江、南川二縣大盜有功。十四年,文襲,從征箐子坪苗賊,屢調征叙州夷首,平白蓮教匪有功,續領獎賞。萬曆二年,紹爵襲。十四年,葵襲,從征馬湖叛寇有功,後因脅附楊應龍,查勘改設流官,納土獻印,降爲土州同,替襲。按《遵義府志》:"萬曆二十八年征播,鄭葵率先歸附,以千人從軍爲鄉導。播平改流,仍以土官爲州同知,葵授其職。"後未詳。

真州副長官駱氏

……《元史·地理志》:"播州軍民安撫所屬但有平溪、上塘、羅駱家等處。"未必即珍州之駱。《明史·播州傳》:"馬孔英入真州,用土官鄭葵、駱麒爲鄉導。"鄭爲長官,故知駱爲副長官。李化龍《平播善後疏》:"真州兵進當之初,正、副長官各以千人從軍,合將真州。"長官即爲該州土同知,副長官即爲土判官。是改流以後,麒即爲土判官,其前後皆未詳。

真州長官冉氏

……萬曆二十七年，大兵平播，總督李化龍疏請改流，改真州正長官司冉晟，伯剛之子，爲本州土州同，此後替襲。按：《冉氏族譜》"明萬曆二十七年，楊應龍肆逆，督師李化龍八路進兵。冉晟率先歸附，與副長官等各率千人從軍"云云。今考《平播事迹》"總兵馬孔英從南川入，以參將周國柱、宣撫冉馭龍等隸，僉事徐仲佳監之。又大兵未至重慶，時推官高折枝監紀軍事，督酉陽宣撫冉馭龍敗賊於官壩。及孔英至珍州，用土官鄭葵、駱麒爲鄉導，逼桑木關，關內民降者千計"云云。

———（民國）《貴州通志》之《土司志五》，載《中國地方志集成·貴州府縣志輯》，第 11 册，第 271 頁

仁懷廳志懷德長官司安氏云："唐乾符二年，有安朝何者從征南詔有功，世爲懷彝長官。宋、元、明世有今仁懷縣地，後又改爲懷德長官司。萬曆二十八年征播，長官安巒投誠爲鄉導，地方賴以不擾。播平，改威遠衛長官，當有'千户'二字。"

《心齋隨筆》云："唐時，入播七姓，楊端、羅榮、鄭開龍、安增外，又令狐滈，太原人，中軍左護衛將軍。成展，交城人，中軍右護衛將軍。楊威，清河人，前軍副元戎。三人之後，當亦世爲土官，今無考矣。桐梓縣令狐、成姓者最蕃，即其裔。"

按：三姓較有事實者，惟成氏。《遵義府志》云："唐僖宗乾符三年，南詔陷播，巢賊并起。帝奔蜀都。成展敕封中軍右護衛將軍、總領鎮戎侯。平播奏凱旋師。其後裔成昌在元時敕封贊平播參軍，追封奉議大夫，賜劄安居。子成侯襲職，籍管調重慶、播州等處地方。太傅宰三世成嗣宗襲職管軍，升授同知都勻軍民府司馬大夫，又授云騎尉，升奉議大夫。其墓俱在澗壩村。子孫世居，其官稱不可曉。"

……

平越直隸州

高坪，土舍。

李氏管高坪諸寨。其先有李鑒者，偃師人。明洪武四十三年，播州宣慰楊氏劄授長官。

中平，土舍。

土舍孫氏管中坪諸寨。其先有孫福海者，上元人。明洪武時，宣慰司楊氏劄授長官。

甕安縣

草塘，安撫司土縣丞。

唐貞觀二年，宋景陽以功世授湖廣節度使。至宋，世授都總管。至元天歷元年，改授都勻土知府。明洪武二十五年，宋邦佐征黔功，世授草塘安撫司，屢傳至世孝。萬曆二十九年，改授土縣丞。

甕水，長官司土縣丞。

唐乾符七年，猶朝覲，以征苗功授四川播州宣慰使甕水長官司。歷宋元至明洪武十

七年,改授安撫司。萬曆二十八年,改授甕安土縣丞……甕水原無印信,亦稱長官,見李化龍《平播疏》,餘詳後。

餘慶縣

餘慶長官司土縣丞

唐時,毛巴以功授餘慶知州。歷宋元至明洪武二年,改爲長官司。萬曆二十九年,改授餘慶縣土縣丞……按:《方輿紀要》云"餘慶長官司在宣慰司南六十里"。又《遵義府志》云"餘慶知州之名非唐所有"。《通志》殊失考。《蠻司合志》:"宣德中有長官司毛釗。"

白泥長官司土縣丞

元時,楊正寶以功授白泥司副長官。明洪武十二年准襲前職。萬曆二十八年平播後,設白泥司,授本襲土主簿。……按:白泥長官司在宣慰司東南三百里。

湄潭縣

容山長官司

在宣慰使司東二百四十里。元爲容山長官司,明因之。《通志》云:"播人韓志聰洪武間征普定有功,授長官司,世襲。"《播州傳》:"有容山長官韓瑄。"按:容山在縣城西南,有三江水。《平越州志》作"餘慶縣屬",誤。

《平越州志》云,"按:《徐志録·土司》於'高坪牌中坪牌'下云:'平播後,止存楊義司,其高坪、中坪,不過委人收糧,其人本係逐年更換,自明末多故,因循久不換人,恐其覬覦承襲,混稱土官,不可不防其漸。'"

……又載草塘安撫司土縣丞云:

宋邦佐,唐節度使、都勻總管景陽之後……廷瀕生鷥,累官副使。萬曆十七年,鷥子世臣與何承恩、張時照詣川湖,告楊應龍罪惡。二十六年冬,應龍同弟兆龍統苗兵大劫偏橋、黃平、重安、草塘、紅頭、飛練、乾溪等處。鷥及何承恩殉節偏橋衛。……時播州宣慰使楊輝欲廢嫡子愛,立庶子友。長官張淵阿順之。韜謂"楊氏家法立嗣以嫡,友不應立",輝不得已,立愛。而友誣愛逆謀,聞於朝。命刑部侍郎何喬新聽訟播州,訪諸得其始末。白愛誣,友奪官安置,播賴以安。傳子淮奏貴州凱口、爛土苗婚於凱離、草塘諸寨,陰相結搆,乞賜敕令每年巡視,會湖廣鎮巡官撫處。部議不行。正德十二年,奏宣慰使楊斌有父喪,欲援文臣例守制,但邊防爲重,乞仍令掌印理事,詔從之。父子皆侃侃持大節。……是時播州宣慰司楊應龍阻兵嗜殺,所轄五姓七司悉受其害。嬖妾田雌鳳,屠妻張氏并及其母。鷥子世臣與應龍妻叔張時照、何恩上變,告應龍反。二十四年,應龍殘餘慶、大阡、都壩,劫草塘等處及興隆、都勻各衛,戮重安長官,勢大熾。二十五年,流劫江津、合江,大掠洪頭、高坪、新村諸屯,又侵湖廣四十八屯,阻塞驛站。詗原奏仇民宋世臣、羅承恩挈家匿偏橋衛,襲破之。鷥與承恩均死焉。世臣脫走。後以征應龍功,授都督同知、明威將軍。二十八年,應龍敗滅,改土設流,以草塘、甕水兩司地歸縣治。罷安撫司爲土縣丞。……宋氏初治飛練，應龍之亂，鷟戰死洪頭堡，鷺戰死乾溪堡，鸞不得已避居猴場，治下司。故至今下司猶有土縣丞廢署遺址焉。

<small>按:《元史·志》:"世祖至元二十八年，以楊漢英爲紹慶、珍州、南平等處沿邊宣慰使，以黃平州及舊州草塘等處長官屬焉。"《明史稿》:"洪武五年，播州宣慰使楊鏗歸附，其黃平府舊州、草塘等長官司并隸播州如故。"</small>

又載甕水長官司土縣丞猶氏云:

……會南詔陷播州，久弗能平。僖宗乾符三年，下詔募驍勇士將兵討之。太原楊端應募，率其鄉人令狐、城〈成〉、趙、猶、婁、梁、韋、謝八族復之，崇義其一也。既平播，授端播州安撫使，崇義亦惡鎮其地，設司江界河隸屬播。<small>按:崇義授甕水長官當與楊端授播州安撫使同時，但史乘皆無明文，猶氏子孫直謂授崇義播州宣慰使，不特無以處，楊端是時亦無宣慰使之名。《桑梓述聞》駁之，猶未詳考也。</small>

——(民國)《貴州通志》之《土司志五》，載《中國地方志集成·貴州府縣志輯》，第11册，272~273頁

《南齊書·氐楊氏傳》:"蜀楊氏之先出於氐，是播州楊氏固氐族也。"李化龍《討播誓師文》:"本以夷種，世廁漢官。"其《播州善後事宜十二事》"限田制"條云:"播之舊民號楊保子，俱人給田三十畝，凡不能楊保語者，無論曾否寄住，不得妄自指認無主民田。"《清一統志》:"楊保，播州裔，龍里爲多。"嘉靖《通志》:"施秉縣、黎平潭溪司之楊黃，皆思播流裔。"乾隆《通志》:"佯僙，播之遺民有楊、龍、張、石、歐等姓。"《黔南職方紀略》:"播州楊氏族居在貴州者曰佯僙。是'楊保'即'佯僙'，亦即'楊黃'，皆氐羌族。蓋氐羌族楊氏之在播州亦如盧鹿族安氏之在水西，同爲土民巨族矣。"

……

《唐書·梁睿傳》又云:"犍本建寧土人，蓋亦如播州楊氏，托於太原楊端，殆皆出後人增餙。……"

——(民國)《貴州通志》之《土民志一》，載《中國地方志集成·貴州府縣志輯》，第11册，295~296頁

九股苗在興隆衛凱里司，本黑苗同類。武侯南征，戮之殆盡，存九人，璲〈遂〉爲九股，散處蔓延，地廣而族移。其衣服、飲食、婚姻、喪祭，概與八寨、丹江等同。而性尤剽悍，頭戴鐵盔，後無遮肩，前有護面兩塊，即鑄於盔，極重。身披鐵鎧如背搭，止及乳下，用鐵鍊周身，形如圈籠，綴於上，坐則縮，立則伸，約重三十斤。下以鐵片纏腿，健者結束，尚能左執木牌，右持標桿，口銜利刃，捷走如飛。大鎗重約十餘斤，鉛子重八九錢不等，發至百步外，着人立糜洞。又有牛尾鎗，幾與內地子母炮埒。强弓名曰"偏架"，長六七尺，三人共張矢，無不貫。前明播州之亂，爲楊應龍羽翼，雖調兵十數萬誅滅楊應龍，而九股未

勦,伏莽劫掠,時出爲害,由地曠而險,猝難制服。

——(民國)《貴州通志》之《土民志一》,載《中國地方志集成·貴州府縣志輯》,第11册,第303頁

氐羌族

蜀楊氏之先出於氐。《南齊書·氐楊氏傳》。播州楊氏即氐族。李化龍《討播誓師文》:"本以夷種,世廁漢官。"《黔南職方紀略》謂:"播州楊氏其族屬在貴州者曰'佯僙',今都匀、石阡、黎平諸府皆有之。又遵義、龍泉一帶有種人曰楊保。"乾隆《通志》以爲亦播州之裔,是佯僙、楊保,皆氐族也。

蜀楊氏之先出於氐。晉世有楊茂鬓,事見《南齊書》。播州楊氏,氐族也,其族屬曰"佯僙"。見上。一曰"楊黃",楊黃通漢語,衣服亦近於漢人。知祀先祖,有疾病則祭鬼乞福,婚姻亦以牛爲聘禮,以竹器盛食。嘉靖《圖經》。

施秉縣之楊黃,乃思、播流裔,其俗遇元宵、端午二節臨近,寨硐男女期會,架鞦韆爲樂,流俗尚在。

大萬山司居民,古爲溪蠻域,皆楊黃之屬,語言不改,土音、服食頗近於漢。以三月一日至二十五日爲把忌,凡婚喪、飲食、衣服所有亦多避忌,有不忌者,云"禍患至焉"。

黎平府潭溪司之楊黃亦思播流裔,男女服飾少异漢人,親婚喪祭以一犬購之爲厚禮。清平縣有佯僙。嘉靖《志》。

按:楊黃、佯僙、佯黃、楊荒,一音之轉耳。《貴陽志》云:"播州楊氏,其族屬之在貴州境者曰'楊黃'。"證以嘉靖《圖經》、嘉靖《志》應以"楊黃"之稱爲是。

佯僙苗在施秉縣一曰"楊荒",其種亦夥,都匀、石阡、黎平、萬山之中皆有之。荊璧〈壁〉四立而不塗,門户不扃,出則以泥封之。男子計口而耕,女子度身而織。暇則挾刀操筍,以漁獵爲業,婚喪以犬相遺。《清一統志》。

佯僙,播之遺民也,有楊、龍、張、石、歐等姓。《一統志》所載"都匀等府外施秉、龍泉、黃平、餘慶及龍里皆有之",餘同上。乾隆《志》。

佯僙苗,惟定番州有之,居太平諸寨,婚禮以牛馬爲聘,喪則宰牛馬以祭,戚族皆以犬相通。《貴陽志》。

按:《黔南職略》云:"佯僙居萬山之中,荊璧而塗户,出則扃其門而以石壘之,俗類仲家定番。"《訪册》云:"佯僙最樸,居中區多盧、石、羅等姓。"並記於此。

佯僙苗,黎平屬,潭溪、新化、歐陽、中林、亮寨、湖耳、隆里、萬山之中皆有之,把祭以三月朔,人死則焚其衣,掊其牛馬祭之。餘同上。《黎平志》。

佯僙一曰"楊黃",其種亦夥。父母死則焚其衣服,殉以牛馬,云若贈鬼者然。《炎徼紀聞》。

黃平州自有明置郡以後,境内之佯僙,衣冠、嫁娶與漢人同,無可辨認。《黃平州志》。

右楊黃

楊保苗。性奸狡,婚姻、祭葬悉同漢人,龍里居多。楊保,播州裔,死葬亦有哀輓之禮,龍里爲多。《清一統志》。楊保多在遵義、龍泉,其婚姻、葬祭頗多漢人,但性狡而獷,間或緣事官司、差役、拘提,輒抗拒不出。乾隆《志》。遵義各屬極僻所在,今尚有楊保數家,皆與漢人雇佃,淳樸不知犯法。而向來土著者,至今漸漬禮教,皆與漢人無別。俗以其老籍謂之轉窩子,然其人家類忠愨勤儉,鮮作奸犯科事,與籍他省機詐百出迥然不同,太樸之風亦幸存矣。《遵義府志》。

按:楊維青《悝聱詩鈔》云:"楊保苗在遵義,播酋楊應龍之後裔。喪盡、哀婚、憑媒,寨事大小,皆取決於鄉老。或告官吏,畏懼不出。"

——(民國)《貴州通志》之《土民志四》,載《中國地方志集成·貴州府縣志輯》,第11冊,321~322頁

(宋)元豐四年,有楊光震者,助官軍破乞弟,殺其黨訛。大觀二年,木攀首領趙泰、播州夷族楊光榮者以地內屬,詔建泰、播二州,後皆廢。《遵義府志》。

——(民國)《貴州通志》之《土民志四》,載《中國地方志集成·貴州府縣志輯》,第11冊,第327頁

播州楊氏,其族屬在貴州境者曰"楊黃",此又楊黃之所由起也。《貴陽府志·苗蠻傳》。

——(民國)《貴州通志》之《土民志七》,載《中國地方志集成·貴州府縣志輯》,第11冊,第333頁

播州前宣慰楊相,避禍,逃之水西安氏,後以病死,播人取尸,水西不與。多開供費之銀,求以地贖尸,播人難之。或爲之謀曰:"以鹽浸紙,曬乾爲券,三年必碎爛。然後與之爭地,彼無憑據,且以還我。"如是議,尸果歸。數年後爭地,契已碎爛,水西計窮,而地終不肯歸。後告督府,勘明,亦不肯歸,則以贖尸事尚在人口故也。

永從縣皮林蠻,當播逆發難時糾諸苗反,佐逆攻陷縣城,焚五開衛。播滅,沅撫江公鐸會師,命總兵陳公璘等七道進討,平之。時萬曆辛丑三月也。

——(民國)《貴州通志》之《雜志一》,載《中國地方志集成·貴州府縣志輯》,第11冊,第364頁

播中海龍囤,離城七十里,楊應龍孽地也。楊氏自有唐稱臣納貢,儼有疆土,自比夜郎,至應龍跋扈不恭,私具甲兵,習操練,陵虐兆姓,坐嘯山林。有田雌鳳者,美而善媚,遂

孿之,所欲,無不稱意。時以酷刑治部下,俾雌鳳觀之以爲樂。聲聞朝廷而問罪之師至。先應龍入京,與大刀劉將軍最善,劉知其有异志,固勸之,且曰:"若不悔,他日拴汝者非我而誰!"後果如其言。

——(民國)《貴州通志》之《雜志一》,載《中國地方志集成·貴州府縣志輯》,第 11 册,第 365 頁

播酋楊輝既以家法立嫡子愛,而孿愛庶兄友,欲兩貴之。因上其平苗功,請於凱里置安寧宣撫以居友,友、愛遂相尋構兵。友告愛反狀,謂:"愛嘗夢騎龍登天門,上帝謂之曰:'此南方赤帝子也。'既醒,龍成五色,因作詩,有'霹靂一聲震天下,南方驚起赤鱗龍'之句。廷命按鞫,不實,論友死,贖免,仍仇殺不已。友子宏復與愛子斌尋先怨,仇及數世。土人爲之語曰:"骨肉仇醢,參商播凱。"并見《蠻州合志》。

萬曆二十七年,播酋叛,勢甚張。十月,鄉人譚經歷恕避兵深岩,忽聞石裂,有文在石上,云:"聚山岩,人化血,石壁壞,諸蠻絶。"巡撫郭子章鏤版以傳,明年賊果滅。

宣慰司氏族之大也,黔粵諺云:"思播田楊,兩廣岑黃。"

——(民國)《貴州通志》之《雜志四》,載《中國地方志集成·貴州府縣志輯》,第 11 册,第 388 頁

附游記

黔志[*]

播州東通思南，西接瀘北，走綦江，南接貴竹、萬山一水，抱遶縈迴，天生巢穴，七日而達内地。然其地坐貴竹，而官繫川中。故楊酋應龍伺川中上司則恭，見貴竹則倨。川議賞，貴議剿，非一日矣。及王中丞繼光倉促舉事，挫辱官兵，於是天討難留，而又加以七姓五司，素被傷殘，赴闕請剿。然彼酋畏懼天兵之至，情願囚首抹腰，聽勘處分，蓋彼酋因子死巴獄，而又防七姓之侵陵，故死不敢入重慶，而不憚囚服了事者，其情也，何敢輒萌他變，而此中以曾拒王師，故心疑之，而不敢前。余弟圭叔守重慶，覘知顛末，單車入，往諭之，彼遂出松坎來迎。松坎者，此入三日而彼出五日程也……

  ——《黔志》，載《邊疆史地文獻初編·西南邊疆》（第三輯），第 18 册，340～341 頁

 * （明）王士性：《黔志》，載《邊疆史地文獻初編·西南邊疆》（第三輯），第 18 册，340～341 頁。

黔游記程[*]

　　黔入玉屏抵貴陽，程無過十，里無過五百，然中介牂牁江，直通古州八萬。李襄毅平播駐黎峨里寨大風洞，可伏甲。

　　——《黔游記程》之《序》，載《中國西南地理史料叢刊》，第 8 册，第 79 頁

---

　　[*]（清）崔應階：《黔游記程》，載姚樂野、李勇先、胡建强主編：《中國西南地理史料叢刊》，巴蜀書社，2014 年。